HISTOIRE & PATRIMOINE DES COMMUNES DE BELGIQUE

LA PROVINCE DE NAMUR

HISTOIRE & PATRIMOINE
DES COMMUNES DE BELGIQUE

PROVINCE DE NAMUR

Secrétaire d'édition
Gilbert Menne

Rédacteur en chef
Emmanuel Brutsaert

Mission photographique
Johan De Meester

Racine

www.racine.be

Tour & Taxis – Entrepôt royal
Avenue du Port, 86 C / bte 104 A
B-1000 Bruxelles

D.2008, 685 2.32
DÉPÔT LÉGAL novembre 2008
ISBN 978-2-87386-580-1

MISE EN PAGES LetterLust | Stefaan Verboven
CARTOGRAPHIE Institut Géographique National (cahier de cartes) ;
Aquaterra sa | Tele Atlas sa (plans de villes) ;
Elke Feusels (carte synoptique des communes)

AVANT-PROPOS

La collection Histoire & Patrimoine des Communes de Belgique propose – par le texte et l'iconographie – la carte d'identité des dix provinces de Belgique.

Le présent volume retrace l'histoire et répertorie le patrimoine culturel et naturel de toutes les communes de la province de Namur.

La rédaction a été confiée à une nombreuse équipe d'auteurs locaux, différents pour chaque commune. Une série de thèmes transversaux – du patrimoine fortifié au patrimoine karstique, des bières d'abbaye aux jardins historiques du Namurois – sont en outre traités par des auteurs spécialisés sous forme d'encadrés hors texte.

L'iconographie – quelque 400 photos inédites – a été spécialement réalisée pour cet ouvrage.

Un cahier de cartes à l'échelle 1 : 100 000 reprend toutes les communes et localités fusionnées, jusqu'au plus petit hameau.

L'index détaillé mentionne, à côté des noms des communes et localités, ceux des principales curiosités et de tous les monuments et sites classés de la province.

BRABANT WALLON
HAINAUT
FRANCE
Branchon
Taviers
Boneffe
Noville-sur-Mehaigne
Hemptinne
Aische-en-Refail
Mehaigne
Bolinne-Harlue
Ernage
Grand-Leez
Liernu
Eghezée
Forville
Sauvenière
Longchamps
Hanret
Saint-Germain
Leuze
Cortil-Wodon
Gembloux
Meux
Dhuy
Upigny
Fernelmont
Bierwart
Grand-Manil
Lonzée
Saint-Denis
Tillier
Noville-les-Bois
Corroy-le-Château
Warisoulx
Waret-la-Chaussée
Pontillas
Sombreffe
Beuzet
La Bruyère
Marchovelette
Hingeon
Villers-lez-Heest
Bothy
Bossière
Cognelée
Franc-Waret
Tongrinne
Mazy
Isnes
Bovesse
Émines
Daussoulx
Gelbressée
Landenne
Ligny
Boignée
Saint-Martin
Champion
Marche-les-Dames
Seilles
Rhisnes
Vedrin
Vezin
Andenne
Balâtre
Onoz
Temploux
Saint-Marc
Boninne
Scalyn
Velaine
Spy
Suarlée
Bouge
Lives-sur-Meuse
Namêche
Bonneville
Coutiss
Jemeppe-sur-Sambre
Saint-Servais
Keumiée
Mornimont
Belgrade
Namur
Beez
Loyers
Maizeret
Thon
Haillot
Moustier-sur-Sambre
Soye
Flawinne
Jambes
Erpent
Haltinne
Auvelais
Ham-sur-Sambre
Floriffoux
Mozet
Ohey
Moignelée
Malonne
Wierde
Faulx-les-Tombes
Tamines
Arsimont
Franière
Floreffe
Sambreville
Wépion
Naninne
Gesves
Falisolle
Fosses-la-Ville
Dave
Sart-Bernard
Sorinne-la-Longue
Aisemont
Bois-de-Villers
Sorée
Sart-Saint-Laurent
Lustin
Le Roux
Vitrival
Lesve
Courrière
Florée
Sart-Eustache
Profondeville
Maillen
Assesse
Arbre
Rivière
Mont
Crupet
Schaltin
Saint-Gérard
Annevoie-Rouillon
Durnal
Godinne
Natoye
Bioul
Biesme
Mettet
Graux
Yvoir
Spontin
Emptinne
Warnant
Évrehailles
Purnode
Dorinne
Hanzinne
Denée
Haut-le-Wastia
Braibant
Tarcienne
Oret
Furnaux
Houx
Sovet
Thy-le-Bauduin
Sosoye
Anhée
Ciney
Gourdinne
Biesmerée
Ermeton-sur-Biert
Berzée
Somzée
Hanzinelle
Stave
Falaën
Sommière
Lisogne
Thynes
Thy-le-Château
Sorinnes
Achêne
Rognée
Laneffe
Bouvignes
Taviet
Pry
Chastres
Morialmé
Serville
Weillen
Leignon
Clermont
Fraire
Florennes
Flavion
Gérin
Dinant
Foy-Notre-Dame
Castillon
Walcourt
Yves-Gomezée
Saint-Aubin
Corenne
Anthée
Onhaye
Anseremme
Conneux
Fontenelle
Vogenée
Dréhance
Hemptinne
Hastière-Lavaux
Waulsort
Hastière-par-dela
Chevetogne
Silenrieux
Jamagne
Rosée
Morville
Furfooz
Celles
Hastière
Daussois
Vodecée
Franchimont
Custinne
Jamiolle
Hermeton-sur-Meuse
Falmignoul
Omezée
Falmagne
Villers-le-Gambon
Houyet
Villers-Deux-Églises
Hulsonniaux
Blaimont
Philippeville
Soulme
Gochenée
Surice-Lautenne
Ciergnon
Soumoy
Mesnil-Saint-Blaise
Mesnil-Église
Samart
Vodelée
Senzeilles
Hour
Wanlin
Cerfontaine
Sautour
Merlemont
Romedenne
Heer
Agimont
Finnevaux
Neuville-le-Chaudron
Villers-sur-Lesse
Sart-en-Fagne
Wiesme
Romerée
Gimnée
Doische
Feschaux
Villers-en-Fagne
Matagne-la-Grande
Baronville
Han-sur-
Focant
Niverlée
Dion
Roly
Martouzin-Neuville
Ave et
Lavaux-Sainte-Anne
Matagne-la-Petite
Beauraing
Vaucelles
Winenne
Javingue
Mariembourg
Fagnolle
Mazée
Pondrôme
Dourbes
Wancennes
Treignes
Boussu-en-Fagne
Nismes
Honnay
Frasnes
Vierves-sur-Viroin
Olloy-sur-Viroin
Felenne
Aublain
Dailly
Petigny
Vonêche
Froidfontaine
Couvin
Viroinval
Vencimont
Pesche
Le Mesnil
Bourseigne-Vieille
Gonrieux
Bourseigne-Neuve
Oignies-en-Thiérache
Malvoisin
Sart-Custinne
Presgaux
Patignies
Brûly-de-Pesche
Rienne
Gedinne
Willerzie
Cul-des-Sarts
Brûly
Louette-Saint-Denis
Louette-Saint-Pierre
Graide
Bièvre
Petite-Chapelle
Houdremont
Naomé
Nafraiture
Monceau-en-Ardenne
Orchimont
Oizy
Vresse-sur-Semois
Membre
Bohan
Alle
Sugny
0
10 km

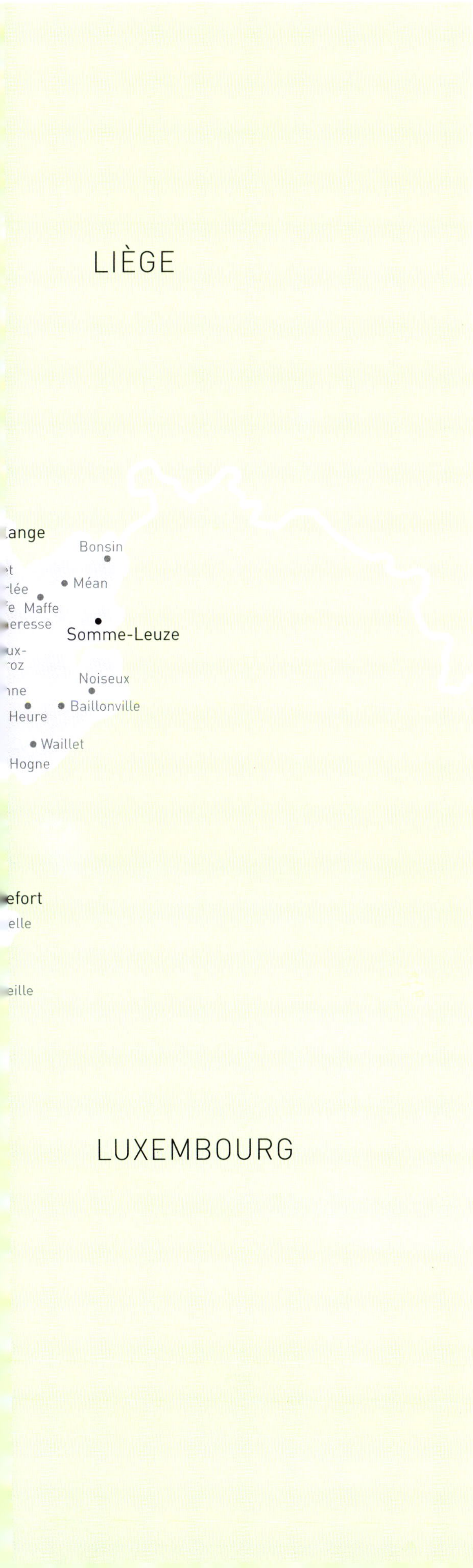

TABLE DES MATIÈRES

ORGANISATION DE L'OUVRAGE

CLASSEMENT

Toutes les communes (issues de fusion) de la province de Namur sont traitées par ordre alphabétique. Les localités (anciennes communes, villages) sont traitées alphabétiquement à l'intérieur de leur commune respective.

RUBRIQUES GÉNÉRALES

Pour chaque commune

- les localités fusionnées
- la superficie et le nombre d'habitants

Pour chaque localité

- le code postal
- l'étymologie du toponyme
- l'appellation des habitants (et éventuellement leur sobriquet)
- le profil géographique
- le profil socio-économique
- le nombre d'habitants
- l'accès par transports en commun ou par route

HISTOIRE ET CURIOSITÉS

Le corpus descriptif commence par un historique succinct de la localité. Suit la description systématique de toutes les curiosités (À VOIR). Si nécessaire, une grande commune peut être subdivisée en plusieurs secteurs géographiques, par exemple « au nord du centre », « au sud-ouest du centre », etc.

ÉVÉNEMENTS-GASTRONOMIE

Une liste des événements annuels ou périodiques et des spécialités gastronomiques clôture la présentation de la commune/localité. D'autres informations pratiques (promenades pédestres ou cyclistes, adresses d'hôtels et de restaurants, etc.) n'ont pas été retenues dans le cadre de cet ouvrage.

PLANS

Pour certaines villes et grandes communes, un plan suggère des itinéraires de visite au moyen de numéros.

CARTE DE LA PROVINCE

Au début de l'ouvrage figure une carte administrative de la province avec toutes les communes et localités.

CAHIER DE CARTES TOPOGRAPHIQUES

Un cahier de cartes topographiques très détaillées de l'Institut Géographique National (échelle 1 : 100 000, 1 cm = 1 km) permet de situer chaque localité, village ou hameau de la province.

INDEX

L'ouvrage se termine par un index détaillé des toponymes et des principales curiosités. Il donne les noms de communes en CAPITALES, les noms de localités (composantes des communes) en romain, les curiosités et monuments ou sites classés en *italique*. Les toponymes suivis d'une référence avec C (Carte) se retrouvent dans le cahier de cartes au début de l'ouvrage.

LES AUTEURS

Nous remercions chaleureusement tous les auteurs qui ont collaboré à l'édition de cet ouvrage, ainsi que Jacques Toussaint pour ses précieux conseils. Pour la rubrique des noms d'habitants, le Guide des gentilés, établi par Jean Germain et publié par le Service de la langue française du Ministère de la Communauté française, a constitué une source incontournable. Pour les notices consacrées à l'histoire et au patrimoine, le Dictionnaire des Communes de Belgique *publié par le Crédit communal en 1980-81 et les volumes de la série* Patrimoine monumental de la Belgique *édités par Mardaga à partir de 1971 doivent être cités parmi les principaux ouvrages de référence.*

ANDENNE Raymond Frennet ; Trésor et Musée de la collégiale d'Andenne
ANHÉE Karl Danse ; Syndicat d'initiative Anhée-Meuse-Molignée
ASSESSE France Tilmant
BEAURAING Christian van den Steen, Marie-Christine Claes
BIÈVRE Jean-Pierre Lambot
CERFONTAINE André Lépine ; Musée de la vie régionale
CINEY Jacques Descy ; Royal Cercle culturel de Ciney
COUVIN André Minet
DINANT Michel Lefftz, Mathieu Piavaux, Axel Tixhon
DOISCHE Jean-Marie Bertrand ; Centre culturel de Doische
ÉGHEZÉE Marc Debuisson, Daniel Oger
FERNELMONT Serge Chasseur, Marcel Delforge
FLOREFFE Ghislaine Lomba
FLORENNES Marc Belvaux, Yves Bouillet, Paul Collart, Michel Delbushaye, Jean Évariste, Élisa Ferron, René Lebrun, Jacqueline Michaux, Raymond Reman ; Société d'histoire et d'archéologie du Florennois
FOSSES-LA-VILLE Jean Lecomte
GEDINNE Jean-Pierre Lambot
GEMBLOUX Marc Pirotte (Office du tourisme de Gembloux), Remy Bauvin, Olivier de Trazegnies, Philippe Josis
GESVES Claude Sansen ; Cercle historique, archéologique et culturel d'Haltinne
HAMOIS Louis Genette ; Cercle archéologique de Hamois
HASTIÈRE Georges Hublet ; Office du tourisme d'Hastière, Henri Léonard ; « Les Amis d'Agimont », Jonathan Porignaux ; Maison du Patrimoine d'Hastière
HAVELANGE André Dessaint, Michel Éloy, Jocelyne Huppe, Jean Quoibion
HOUYET Jacques Lebrun
JEMEPPE-SUR-SAMBRE Philippe Carlier
LA BRUYÈRE Paul Gilles, Jean-Claude Dujardin ; Art, Histoire et Culture
METTET Françoise Auvenne
NAMUR Emmanuel Bodart
OHEY Adolphe Ronveaux
ONHAYE Jean Elleboudt ; Syndicat d'initiative d'Onhaye
PHILIPPEVILLE André Mathieu ; Syndicat d'initiative de Philippeville, Christian Malburny ; « Archéophil »
PROFONDEVILLE Étienne Delmotte ; « Profondeville Lustin, perles de la Meuse » ASBL
ROCHEFORT Christian Limbrée ; Cercle culturel et historique de Rochefort
SAMBREVILLE Michel Lorand ; « ArchéoSambre », Cercle Archéologique de la Basse-Sambre, Christian Bouchat
SOMBREFFE Axel Tixhon
SOMME-LEUZE Jean Deconinck ; Cercle historique de Somme-Leuze
VIROINVAL Pierre Cattelain
VRESSE-SUR-SEMOIS Jean-Pierre Lambot
WALCOURT Jean Barreaux, Gilbert Delbart, Aimée Fontenelle-Charlier, France et Jacques Ganty, Roger Golard
YVOIR Guy Boodts, Jacques Brilot, Jean Germain

ENCADRÉS HORS TEXTE

La préhistoire en Namurois, par Grégory Abrams et Dominique Bonjean
Les barrages de l'Eau d'Heure, par André Lépine
Le monastère de Chevetogne, par Emmanuel Brutsaert
La forêt de Thiérache, par Pierre Cattelain
La dinanderie, par Jacques Toussaint
La chaussée romaine Bavay-Tongres. Une voie de l'Empire, par Marie-Hélène Corbiau
Laurent-Benoît Dewez, « Premier architecte de la Cour », par Mathieu Piavaux
Châteaux et jardins de la province de Namur, par Olivier de Trazegnies
Patrimoine fortifié en Namurois, par Philippe Bragard
Félicien Rops et son musée, par Véronique Carpiaux
Richesse du patrimoine karstique du Namurois, par Yves Quinif
La Calestienne et les pelouses calcicoles, par Pierre Cattelain
Tradition monastique et « bière à façon », par Christian Laporte

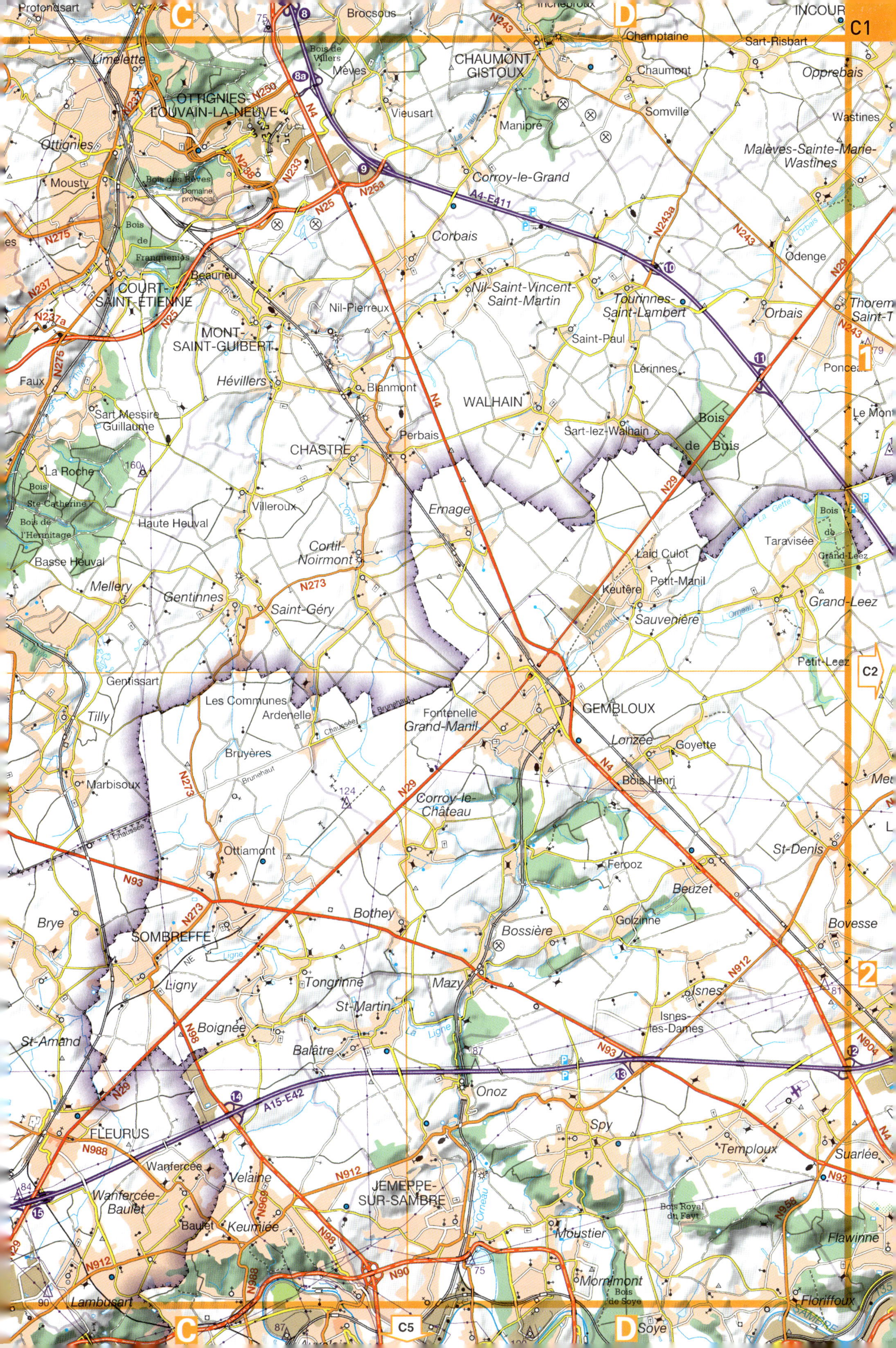
C
D
C1
C2
C5
1
2
Limelette
OTTIGNIES-LOUVAIN-LA-NEUVE
Ottignies
Mousty
Bois des Rêves
Domaine provincial
Bois de Franquenies
COURT-SAINT-ÉTIENNE
Beaurieu
MONT-SAINT-GUIBERT
Faux
Sart Messire Guillaume
La Roche
Bois Ste-Catherine
Bois de l'Hermitage
Haute Heuval
Basse Heuval
Mellery
Gentinnes
Hévillers
CHASTRE
Villeroux
Cortil-Noirmont
Saint-Géry
Gentissart
Tilly
Les Communes
Ardenelle
Bruyères
Marbisoux
Ottiamont
Brye
SOMBREFFE
Ligny
St-Amand
Boignée
FLEURUS
Wanfercée
Wanfercée-Baulet
Baulet
Keumiée
Velaine
Lambusart
Tongrinne
St-Martin
Balâtre
Bothey
Mazy
Onoz
JEMEPPE-SUR-SAMBRE
Moustier
Mornimont
Bois de Soye
Soye
Spy
Temploux
Bois Royal du Fayt
Suarlée
Flawinne
Floriffoux
Isnes
Isnes-les-Dames
Golzinne
Bossière
Beuzet
Ferooz
Corroy-le-Château
St-Denis
Bovesse
GEMBLOUX
Lonzée
Goyette
Bois Henri
Fontenelle
Grand-Manil
Keutère
Sauvenière
Petit-Manil
Laid Culot
Grand-Leez
Petit-Leez
Taravisée
Bois de Grand-Leez
Ernage
Perbais
Blanmont
Nil-Pierreux
WALHAIN
Sart-lez-Walhain
Bois de Buis
Lérinnes
Saint-Paul
Tourinnes-Saint-Lambert
Nil-Saint-Vincent-Saint-Martin
Corbais
Corroy-le-Grand
Vieusart
Mèves
Bois de Villers
Brocsous
CHAUMONT-GISTOUX
Manipré
Champtaine
Chaumont
Somville
Sart-Risbart
Opprebais
Wastines
Malèves-Sainte-Marie-Wastines
Odenge
Orbais
Thorem
Saint-T
Ponceau
Le Mon
INCOUR
Me
A4-E411
A15-E42
N4
N25
N25a
N29
N93
N98
N233
N238
N250
N237
N237a
N275
N273
N243
N243a
N912
N904
N958
N960
N988
N90
Chaussée Brunehaut
L'Orne
La Ligne
L'Orneau
La Gette
La Thyle
Sambre

C2
A
B
1
2
C1
C6
Achelette
Jauche
Petit-Hallet
Glimes
Opprebais
Wansin
N240
Hédenge
Carrefour St-Michel
Bomal
Wastines
Thorembisoul
Jandrain-Jandrenouille
Sainte-Marie-
Autre-Église
Grottes
Laloux
N91
N279
Folx-les-Caves
Thorembais-les-Béguines
Mont-Saint-André
Jandrenouille
Saint-Joseph
Geest-Gérompont-Petit-Rosière
Offus
Merdorp
N29
Réserve naturelle
RAMILLIES
Thorembais-Saint-Trond
Le Chenois
Grand-Rosière-Hottomont
Chaussée Romaine
Boneffe
Branchon
Ambresin
N243
PERWEZ
N624
N972
Taviers
WASSEIGES
Réserve naturelle
Le Mont
Noville-sur-Mehaigne
N991
N984
N924
Harlue
Meeffe
Aische-en-Refail
Bolinne
Hemptinne
N652
ÉGHEZÉE
Mehaigne
N643
N964
Liernu
Seron
Hambraine
Grand-Leez
Longchamps
Hanret
Séressia
N912b
Saint-Germain
N912
Forville
Upigny
Cortil-Wodon
Otreppe
Dhuy
N942
Leuze
FERNELMONT
Noville-les-Bois
Gochenée
N643
Bierwart
Meux
Waret-la-Chaussée
Tillier
Sart d'Avril
Pontillas
N912
A4-E411
N934
LA BRUYÈRE
Les Boscailles
Bois du FERNELMONT
Bois de Fernelmont
Tronquoy
N80
Warisoulx
A15-E42
Villers-lez-Heest
Marchovelette
Hingeon
Bovesse
Franc-Waret
Émines
Cognelée
N80
Gelbressée
N942
Daussoulx
Rhisnes
Vedrin
Ville en Waret
Bellaire
175
N91
87
80
82
N904
Gueulette
Vezin
N942a
St-Marc
Boninne
Wartet
Sclaigneau
Champion
106
Forêt Domaniale de Marche-les-Dames
Marche-les-Dames
N4
N959
Rocher du Roi Albert
Bois l'Évêque
Suarlée
Brumagne
Namêche
St-Servais
Bouge
N93
Beez
N90
Belgrade
NAMUR
Forêt
Flawinne
Loyers
N90
Lives-sur-Meuse
Thon
N4
Bois Wanchalle
Maizeret
Jambes
Erpent
Floriffoux
N90
Bauce
N954
Limoy
Goyet

C
D
C3
Trognée
Boëlhe
N615
N637
Petit-Axhe
Bleret
N80
Poucet
Le Brusquet
Hollogne-sur-Geer
Grand-Axhe
N69
N65
GEER
Au Poncia
N637a
Abolens
Darion
N637
Bovenistier
R62
Saives
Blehen
Le Geer
Lens-Saint-Servais
Ligney
Chaussée romaine
FAIMES
Limont
N637
Crehen
Villers-le-Peuplier
N64
Lens-Saint-Remy
Omal
Termogne
La Folie
Sainte-Anne
Celles
N80
Viemme
DONC
N69
Waleffe-Saint-Georges
Les Waleffes
Haneffe
N69
romaine
Chaussée
Tourinne-la-Chaussée
Waleffe-Saint-Pierre
Borlez
Moxhe
N65
Hard
BRAIVES
Avennes
Aineffe
Seraing-le-Château
1
La Neuville
Brivioulle
Latinne
Atrive
Ville-en-Hesbaye
N80
Ciplet
N64
Vieux-Waleffe
Vaux-et-Borset
Chapon-Seraing
Au Boland
Fallais
Pitet
Dreye
VERLAINE
Warnant-Dreye
A15-E42
Yern
BURDINNE
Vissoul
Fumal
6
Fize-Fontaine
Foncourt
7
VILLERS-LE-BOUILLET
124
Lamontzée
N652
Oteppe
Marneffe
N684
N614
Jehay-Bod
Roua
Marexhe
N631
Huccorgne
Vinalmont
Boin
Bois de Hama
Wanzoule
Flône
81
Bois de Moha
N652
Antheit
N65
Halbossart
Bôlette
N64
Bende
Bois Planté
N643
Ferrières
A15-E42
N684
N614
HÉRON
Lavoir
8
Longpré
Moha
Les Pâturages
Ampsin
N617
AMAY
La Sarte
WANZE
Petite Wanze
N643a
Couthuin
N643
Centrale nucléaire
161
100
LA MEUSE
Forseilles
Envoz
Sur les Trixhes
Oha
Tihange
Neuville-sous-Huy
Bois de Bellegrange
Marsinne
Lamalle
Petit Bois
Surlemez
Bas-Oha
HUY
Bois
81
de
Tihange
Landenne
Java
Beno
N698
St-Léonard
Bois de Wanhériffe
2
Gives
N90
La Sarte
Ben-Ahin
N641
Férée
78
N66
Seilles
75
LA MEUSE
Hoyoux
Andenelle
N698
Strée
2000 T
N90
Grand Bois de Barse
ANDENNE
75
Vieux Barse
Vierset-Barse
Solières
N636
78
Bohissau
Bois d'Heer
Bois de Goesnes
76
N641
MARCHIN
Groynne
Grand Marchin
Coutisse
Limet
Saint-Mort
Perwez
Nalamont
Linchet
altinne
Filée
Molu
Vyle-et-Tharoul
C
Haillot
C7
D

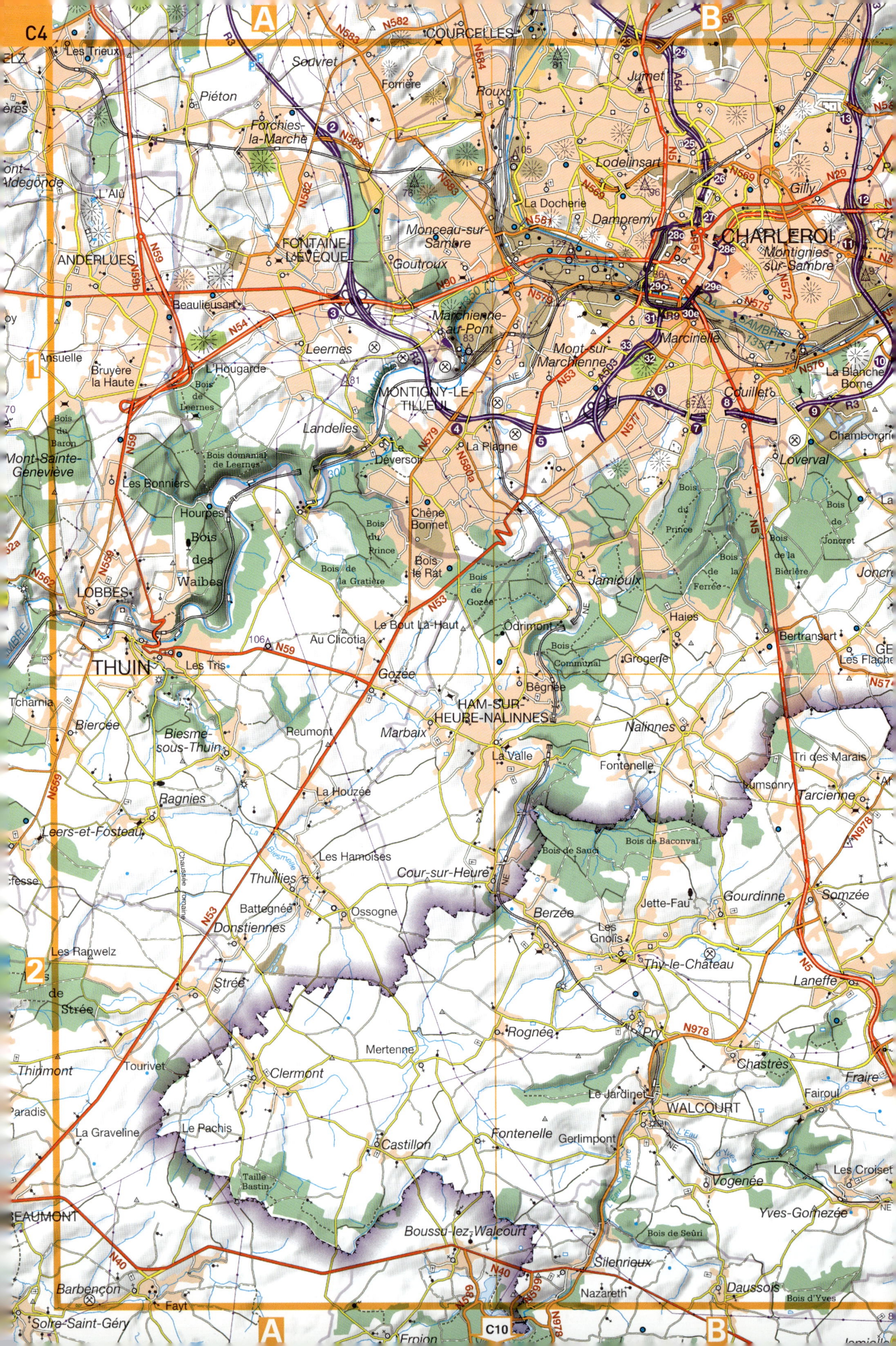
C4
A
B
1
2
COURCELLES
Les Trieux
Souvret
Forrière
Roux
Jumet
Piéton
Forchies-la-Marche
Lodelinsart
Gilly
L'Alu
La Docherie
Damprémy
ANDERLUES
FONTAINE-L'ÉVÊQUE
Monceau-sur-Sambre
Goutroux
CHARLEROI
Montignies-sur-Sambre
Beaulieusart
Marchienne-au-Pont
Leernes
Mont-sur-Marchienne
Marcinelle
Ansuelle
Bruyère la Haute
L'Hougarde
Bois de Leernes
MONTIGNY-LE-TILLEUL
Couillet
La Blanche Borne
Landelies
La Plagne
Chamborgn
Bois du Baron
Mont-Sainte-Geneviève
Bois domanial de Leernes
Le Deversoir
Loverval
Les Bonniers
Hourpes
Bois des Waibes
Chêne Bonnet
Bois du Prince
Bois de la Gratière
Bois le Rat
Bois de Gozée
Jamioulx
Bois de Joncret
Bois de la Bierlère
Bois de la Ferrée
Haies
LOBBES
Le Bout La-Haut
Au Clicotia
Odrimont
Bertransart
Les Flache
THUIN
Les Tris
Gozée
Bois Communal
Grogerie
Bègnée
Tcharnia
HAM-SUR-HEURE-NALINNES
Biercée
Biesme-sous-Thuin
Reumont
Marbaix
Nalinnes
La Valle
Fontenelle
Tri des Marais
Tarcienne
Ragnies
La Houzée
Leers-et-Fosteau
Les Hamoises
Bois de Sauci
Bois de Baconval
Cour-sur-Heure
Thuillies
Jette-Fau
Gourdinne
Somzée
Battegnée
Ossogne
Berzée
Donstiennes
Les Gnolis
Thy-le-Château
Les Ranwelz
Strée
Laneffe
Rognée
Pry
Mertenne
Chastrès
Thirimont
Tourivet
Clermont
Fraire
Le Jardinet
Fairoul
WALCOURT
La Graveline
Le Pachis
Castillon
Fontenelle
Gerlimpont
Vogenée
Les Croiset
Taille Bastin
Yves-Gomezée
BEAUMONT
Boussu-lez-Walcourt
Bois de Seûri
Silenrieux
Barbençon
Fayt
Nazareth
Daussois
Bois d'Yves
Solre-Saint-Géry
Erpion
C10
N582
N583
N584
N569
N581
N59
N54
N90
N53
N579
N580a
N577
N575
N576
N572
N5
N29
N978
N40
A54
R3
SAMBRE
L'Eau d'Heure

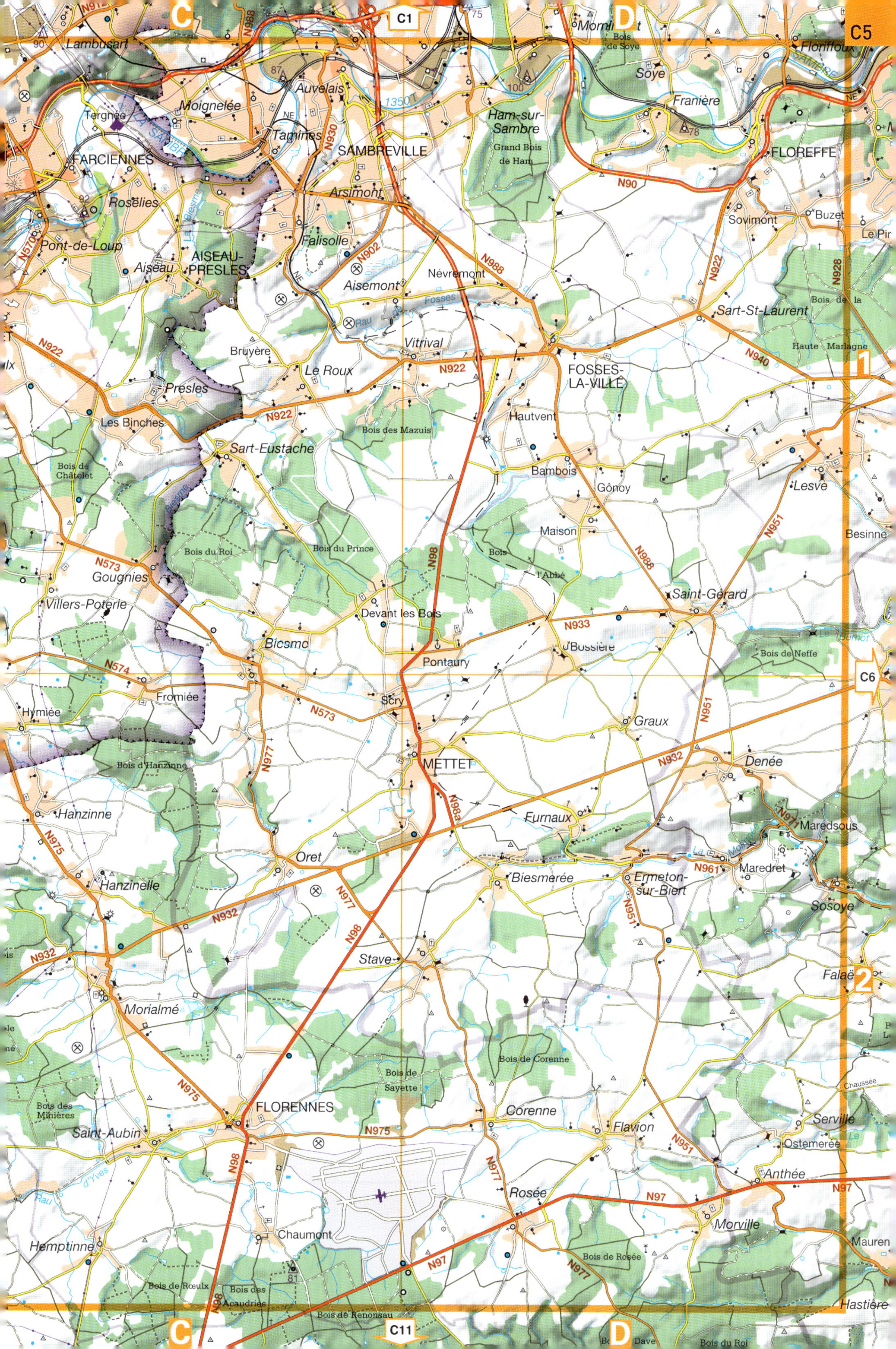
C
D
C1
C5
Lambusart
Mornimont
Bois de Soye
Floriffoux
Soye
Moignelée
Auvelais
Franière
Tergnée
Tamines
Ham-sur-Sambre
Grand Bois de Ham
FARCIENNES
SAMBREVILLE
FLOREFFE
Arsimont
Roselies
N90
Sovimont
Buzet
Le Pir
Pont-de-Loup
Falisolle
Aiseau
AISEAU-PRESLES
N902
N988
N922
N928
Névremont
Aisemont
Sart-St-Laurent
Bois de la Haute Marlagne
Fosses
N940
Vitrival
N922
Bruyère
Le Roux
FOSSES-LA-VILLE
1
Presles
Les Binches
Hautvent
Bois des Mazuis
Sart-Eustache
Bambois
Bois de Châtelet
Gônoy
Lesve
Maison
Bois du Roi
Bois du Prince
Bois
l'Abbé
N951
Besinne
N573
Gougnies
N98
N988
Villers-Poterie
Saint-Gérard
Devant les Bois
N933
Bicsmo
Bussière
Bois de Neffe
Pontaury
N574
C6
Fromiée
Scry
Hymiée
N573
Graux
N951
N977
METTET
Denée
N932
Bois d'Hanzinne
N983
Hanzinne
Furnaux
Maredsous
N971
N975
Oret
Biesmerée
Ermeton-sur-Biert
N961
Maredret
Hanzinelle
Sosoye
N977
N951
N932
N98
N932
Stave
Falaë
2
Morialmé
Bois de Corenne
Bois de Sayette
N975
Bois des Minières
FLORENNES
Corenne
Serville
Saint-Aubin
N975
Flavion
N951
Ostemerée
N98
N977
Anthée
N97
Rosée
N97
Morville
Chaumont
Hemptinne
Mauren
N97
Bois de Rosée
N977
Bois de Rœulx
Bois des Acaudries
Bois de Renonsau
Hastière
C11
Dave
Bois du Roi

C6
A
B
C2
C5
C12
1
2
Jambes
Erpent
Limoy
Goyet
Bauce
Malonne
Gros Buisson
Mozet
Faulx-les-Tombes
Bois l'Évêque
Andoy
Bois Brûlé
Wierde
Mont Sainte-Marie
Naninne
Buzet
Le Piroy
Wépion
Fooz
Dave
Sur les Sarts
Bois de Dave
Bois de Naninne
Sart-Bernard
Bois des Acremonts
Haute Marlagne
Bois-de-Villers
Tailfer
Fonds de Lustin
Bois d'Arche
Corioule
Lustin
Maillen
Courrière
Lesve
Arbre
PROFONDEVILLE
Grande Hulle
Bois de Nismes
Ivoy
ASSESSE
Le Hameau
Besinne
Rivière
Mont
Bois de Marli
Bois de Mont
Rouillon
Grupet
Godinne
Bois d'Allvau
Annevoie-Rouillon
Bioul
Hun
Durnal
Vincon
Herbois
Warnant
YVOIR
Évrehailles
Spontin
Dorinne
Salet
Purnode
Maredsous
Réserve naturelle
Houx
Haut-le-Wastia
ANHÉE
Awagne
Sosoye
Bois Wuilmotte
Falaën
Sommière
Réserve naturelle
Lisogne
Thynes
Bois de Loumont
Bouvignes-sur-Meuse
Taviet
DINANT
Sorinnes
Chaussée Romaine
Weillen
Serville
Foy-Notre-Dame
Gerin
ONHAYE
Anseremme
Dréhance
Boisseille
Maurenne
Celles
Freyr
Furfooz
HASTIÈRE
Réserve naturelle de Haute-Meuse
Hastière-Lavaux
Hastière
MEUSE
Gendron
N90
N954
N92
N947
N4
A4-E411
N941
N951
N928
N931
N944
N932
N971
N937
N948
N96
N936
N97
N94
N910
N915
N95
15
16
18
18bis
19
164

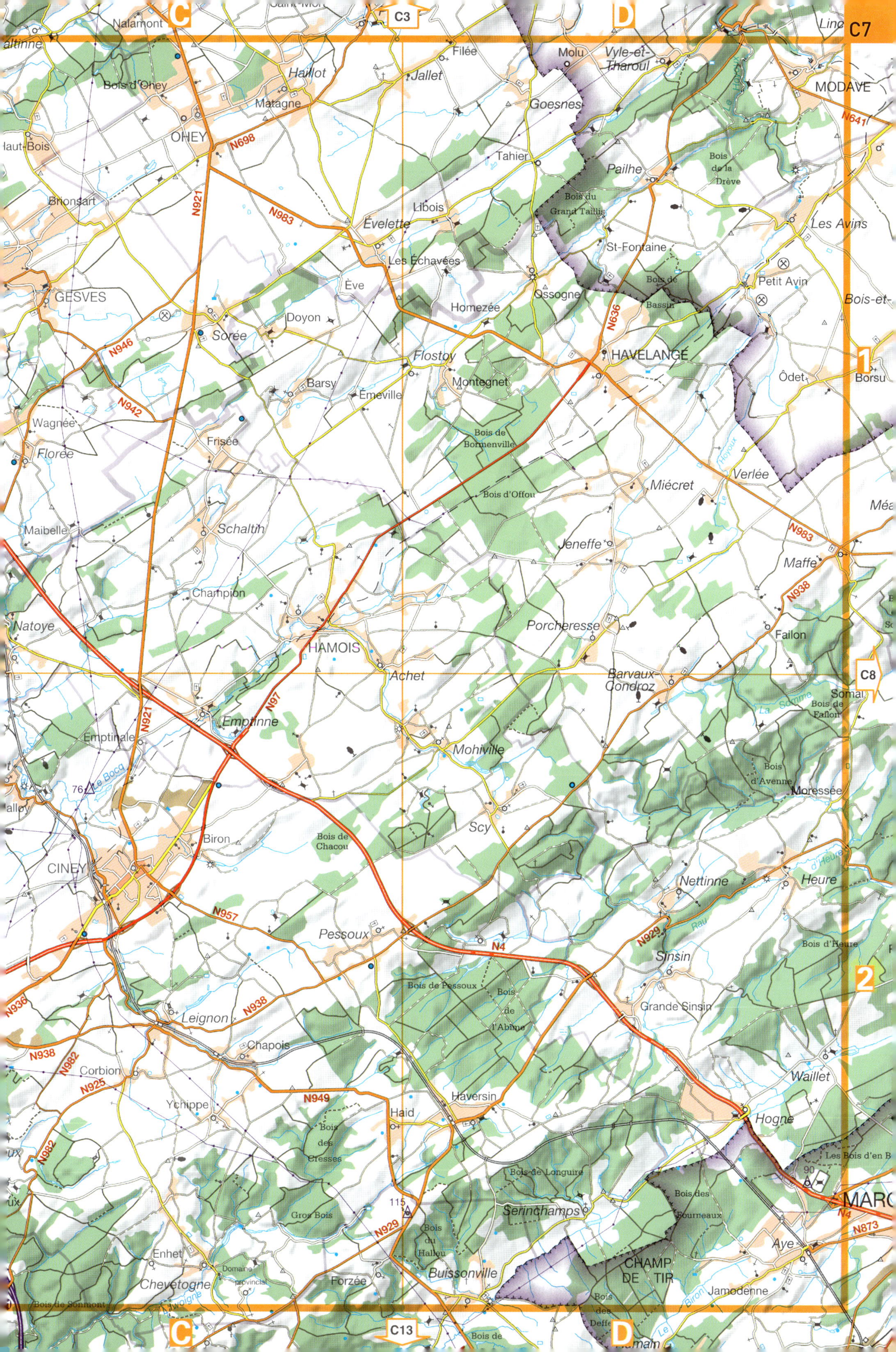
C
C3
D
C7
Nalamont
Bois d'Ohey
Haillot
Matagne
OHEY
N698
Filée
Jallet
Molu
Vyle-et-Tharoul
MODAVE
N641
Goesnes
Tahier
Pailhe
Bois de la Drève
Bois du Grand Taillis
Les Avins
N921
N983
Brionsart
Libois
Évelette
Les Échavées
St-Fontaine
Petit Avin
Bois de Bassin
Bois-et-
GESVES
Ève
Homezée
Ossogne
N636
Doyon
Sorée
N946
Flostoy
HAVELANGE
1
Barsy
Émeville
Montegnet
Ôdet
Borsu
N942
Wagnée
Florée
Frisée
Bois de Bomenville
Verlée
Miécret
Bois d'Offou
Maibelle
Schaltin
Jeneffe
N983
Maffe
Champion
N938
Natoye
Porcheresse
Failon
HAMOIS
Achet
Barvaux-Condroz
C8
Somal
Bois de Failon
N921
N97
Emptinne
Emptinale
Mohiville
Bois d'Avenne
Moressée
76
Le Bocq
Biron
Scy
Bois de Chacou
CINEY
Nettinne
Heure
N957
Pessoux
N929
Sinsin
Bois d'Heure
N4
2
N936
Leignon
N938
Bois de Pessoux
Bois de l'Abîme
Grande Sinsin
Chapois
N938
N982
Corbion
N925
Waillet
Ychippe
N949
Haid
Haversin
Hogne
Bois des Cresses
N982
Les Bois d'en B
Bois de Longuire
90
Bois des Fourneaux
115
Gros Bois
Serinchamps
MARC
N929
Bois du Halleu
N4
N873
Enhet
Aye
CHAMP DE TIR
Chevetogne
Domaine provincial
Forzée
Buissonville
Jamodenne
Bois de Sonmont
Bois des Deffe
C
C13
D
Bois de

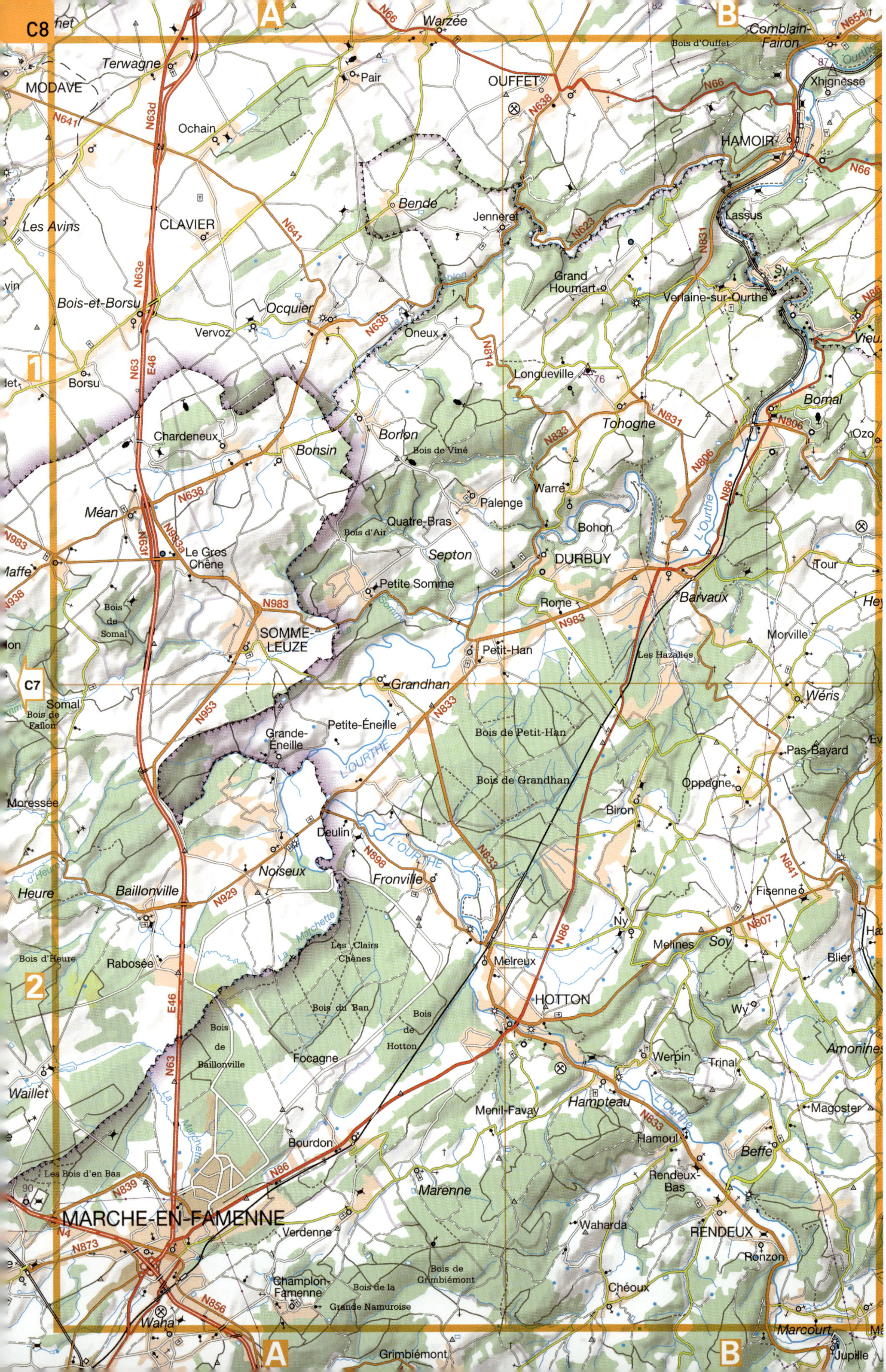
C8
A
B
C7
1
2
Warzée
Comblain-Fairon
Bois d'Ouffet
Xhignesse
Terwagne
Pair
OUFFET
MODAVE
Ochain
HAMOIR
Bende
Jenneret
Lassus
CLAVIER
Les Avins
Grand Houmart
Sy
Verlaine-sur-Ourthe
Bois-et-Borsu
Ocquier
Oneux
Vervoz
Longueville
Borsu
Bomal
Tohogne
Chardeneux
Borlon
Bois de Viné
Ozo
Bonsin
Palenge
Warre
Méan
Quatre-Bras
Bohon
Bois d'Air
Le Gros Chêne
Septon
DURBUY
Tour
Petite Somme
Barvaux
Bois de Somal
Rome
SOMME-LEUZE
Petit-Han
Les Hazalies
Morville
Grandhan
Wéris
Somal
Bois de Fallon
Grande-Eneille
Petite-Éneille
Bois de Petit-Han
Pas-Bayard
Bois de Grandhan
Oppagne
Moressée
Biron
Deulin
L'Ourthe
Noiseux
Fronville
Heure
Baillonville
Fisenne
Ny
Les Clairs Chênes
Melines
Soy
Bois d'Heure
Rabosée
Melreux
Blier
HOTTON
Bois du Ban
Bois de Hotton
Wy
Bois de Baillonville
Focagne
Werpin
Trinal
Amonines
Waillet
Hampteau
Menil-Favay
Magoster
Bourdon
Hamoul
Beffe
Rendeux-Bas
Les Bois d'en Bas
Marenne
MARCHE-EN-FAMENNE
Verdenne
Waharda
RENDEUX
Ronzon
Bois de Grimbiémont
Champlon-Famenne
Bois de la Grande Namuroise
Chéoux
Waha
Marcourt
Grimbiémont
Jupille
N66
N654
N641
N63d
N638
N623
N831
N63e
N814
N63
E46
N806
N833
N86
N983a
N631
N983
N938
N953
N898
N929
N841
N807
N839
N873
N4
N856
N86

C9
C
D
1
2
C10
Solre-Saint-G
Grandrieu
Rue de Là-Haut
Le Hameau
Frasies
Sivry-Gare
Bois de Martinsart
SIVRY-RANCE
Sautin
FORÊT DE RAN
La Ver
Bois de Vieux Sart
Montbliart
FORÊT DE
La Fagne
Bois de Bailièvre
Bois de Salles
Bailièvre
Macon
Salles
Monceau-Imbrechies
Villers-la-Tour
MOMIGNIES
Bois de Macon
Bois de Monceau
Beauwelz
Grande Thiérache
Seloignes
Bout d'en Haut
La Saboteri
Les Taillettes
Bois de Malapaire
Bois de la Masure
N596
N53
N593
N591
N592
N595
N99
Obrechies
Bérelles
le Fay
Choisies
Bout-la Haut
Solrinnes
Eccles
Dimechaux
Hestrud
NATUREL
Offies
Dimont
Chapelle
Fontaine
Sars-Poteries
Solre-le-Château
Beaurieux
Epinoy
Clairfayts
Felleries
Muid
ONAL
Sains
Liessies
Ramousies
Eppe-Sauvage
Lac du Val Joly
Parc départemental
Croix Trélon
Château de la Motte
L'AVESNOIS
Forêt domaniale de Bois l'Abbé
Forêt de Trélon
Moustiers-en-Fagne
Wallers-Trélon
Trélon
Glageon
Cim. militaire franco-anglais
Ohain
Fourmies
Anor
Forêt Domaniale de Fourmies
Passe d'Anor
Hauty
Bois

C10
C4
C9
C14
A
B
1
2
Barbençon
Fayt
Solre-Saint-Géry
Erpion
Le Flayi
Nazareth
Daussois
Bois d'Yves
Jamiolle
Bois du Trou des Renards
Bois des Brûlés
Four à Verre
Vergnies
Renlies
Le Fribou
Grand Haywyes
Taille de la Scierie
Bois Brûlé
Lac de la Plate Taille
Barrage de Falemprise
Soumoy
Villers-Deux-
Senzeille
CERFONTAINE
Fourbechies
FROIDCHAPELLE
FORÊT DE RANCE
La Verrerie
Rance
FORÊT DE SENZEILLE
Bois de Cerfontaine
Bois des Hamaides
Bois d'Hernoi
Bois du Seigneur
Bois de Belvaux
Bois dit Tête des Morts et Marets
Bois de Frasnes
Bois de la Ferrière
Bois de Walestru
Les Géronsarts
Bois Madame
Bois Gérard
Bois Robert
BOIS DE LA FAGNE
Bois de Salles
Bois de Robechies
Robechies
Bois de Virelles
Réserve naturelle
Les Quartiers
Aublain
Boussu-en-Fagne
Beauchamp
Virelles
Lompret
Vaulx
Dailly
Salles
Saint-Remy
CHIMAY
Pesche
Gonrieux
Boutonville
Baileux
Bourlers
Forges
Presgaux
Bois de Saint-Remy
Bois de Forges
Bois de Chimay
Bois de Bourlers
Bois de Baileux
Taille Gaspard
Bois de Gonrieux
Brûly-de-Pesche
Bois du Duc
Bout d'en Haut
La Saboterie
Bois de Seloignes
Les Taillettes
Bois de la Thiérache
N589
N589a
N907
N978
N978a
N5
N939
N53
N53a
N594
N593
N595
N99
R55
N964
141

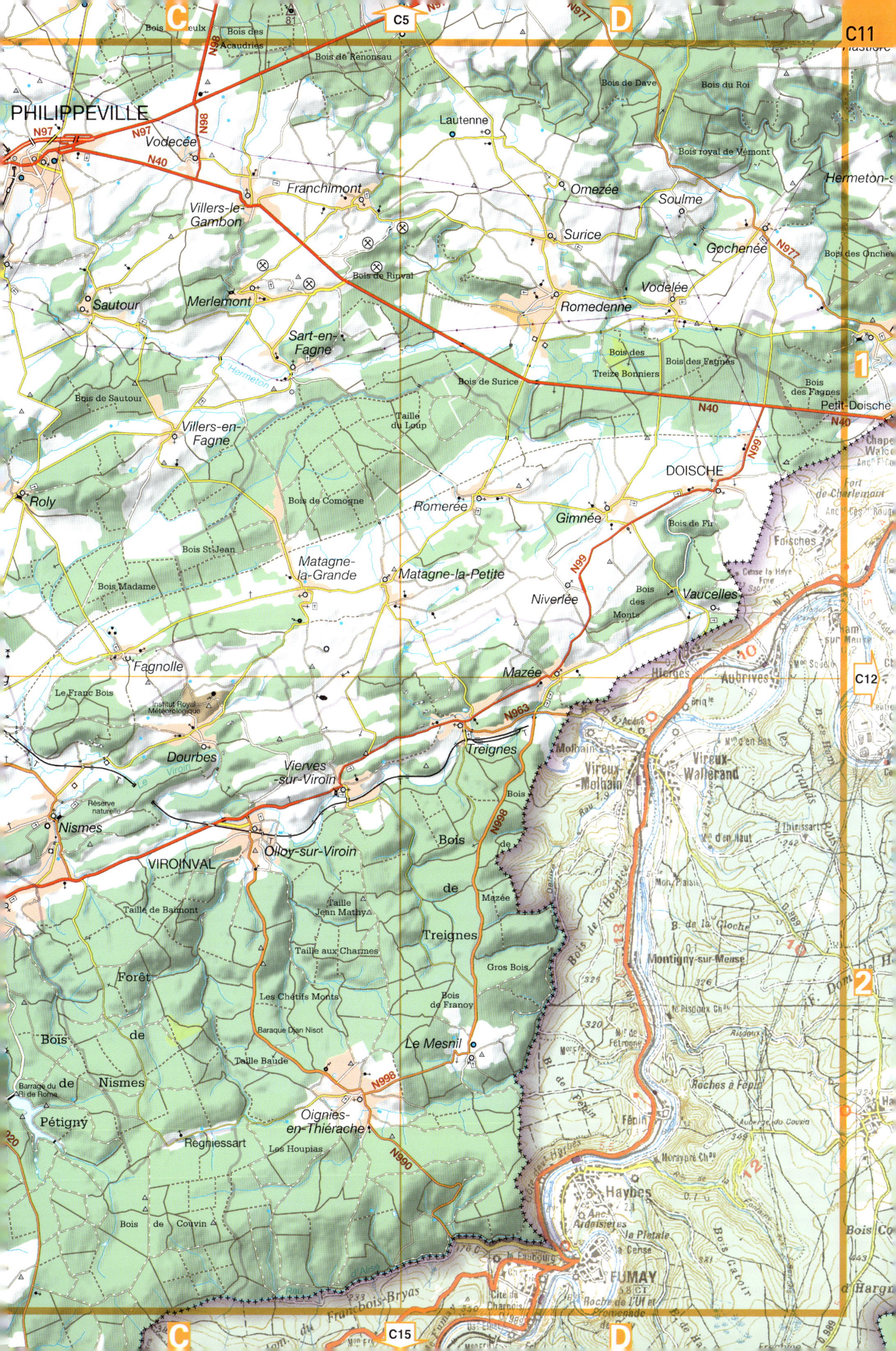
C11
C5
C15
C12
C
D
1
2
PHILIPPEVILLE
Vodecée
Villers-le-Gambon
Franchimont
Lautenne
Omezée
Soulme
Surice
Gochenée
Hermeton-s
Bois de Dave
Bois du Roi
Bois royal de Vémont
Bois des Onches
Bois des Acaudries
Bois de Renonsau
Bois de Rinval
Sautour
Merlemont
Romedenne
Vodelée
Sart-en-Fagne
Bois des Treize Bonniers
Bois des Fagnes
Petit-Doische
Bois de Surice
Bois de Sautour
Taille du Loup
Villers-en-Fagne
DOISCHE
Roly
Bois de Comogne
Romerée
Gimnée
Bois de Fir
Bois St Jean
Matagne-la-Grande
Matagne-la-Petite
Bois Madame
Niverlée
Bois des Monts
Vaucelles
Fagnolle
Mazée
Hierges
Aubrives
Le Franc Bois
Institut Royal Météorologique
Dourbes
Treignes
Vierves-sur-Viroin
Réserve naturelle
Nismes
Olloy-sur-Viroin
VIROINVAL
Vireux-Molhain
Vireux-Wallerand
Bois de Treignes
Taille de Baimont
Taille Jean Mathy
Taille aux Charmes
Gros Bois
Forêt
Bois de Nismes
Les Chétifs Monts
Bois de Franoy
Baraque Djan Nisot
Le Mesnil
Taille Baude
Barrage du Ri de Rome
Pétigny
Oignies-en-Thiérache
Regniessart
Les Houpias
Bois de Couvin
Montigny-sur-Meuse
Roches à Fépin
Fépin
Haybes
FUMAY
N97
N40
N98
N977
N99
N963
N998
N990

C12
A
B
C6
C11
C16
1
2
N915
Hastière-Lavaux
HASTIÈRE
Réserve naturelle de Haute-Meuse
Freyr
Furfooz
MEUSE
Hastière-par-delà
Waulsort
Falmignoul
Falmagne
Hulsonniaux
Gendron
Herhet
Hermeton-sur-Meuse
Bois de Bréjoul
Blaimont
N989
Bois del Priesse
Le Pelé Tienne
Férage
HOUYET
LA LESSE
N929
N94
N95
N96
N910
Bois des Onches
Les Virées
Heer-Agimont
Agimont
Heer
Mesnil-St-Blaise
Mahoux
Mesnil-Église
Finnevaux
N908
N909
Bois des Fagnes
Petit-Doische
N40
Bois des Firmandes
Bois du Roi
Grande Hour
Maisoncelle
Wiesme
Feschaux
Bois de Faurdau
Chapelle Walcourt
Fort de Charlemont
GIVET
Fromelennes
Fortifications
Rancennes
Flohimont
Charnois
Chooz
Petit Chooz
Landrichamps
Baronville
Focant
Gozin
Martouzin-Neuville
Martouzin
Dion-le-Val
Dion
BEAURAING
Eclaye
Pondrôme
Winenne
N981
Javingue
Wancennes
Bois des Rois
Bois aux Sept Chênes
Bois de Beauraing
Bois de Wancennes
N981
Felenne
Vonêche
Froidfontaine
Grand Bois de Sevry
Bois Croix Canard
Bois l'Abbé
Bois de Tanton
Virée du Lac
Vencimont
Les Rausquins
Gros Bois
Bourseigne-Neuve
Bourseigne-Vieille
Bois de Sart-Custinne
Bois de Gèrhène
Hargnies
Le Franc Bois
Malvoisin
Bois Champai
Bois des Chênes
Sart-Custinne
Haut-Fays
Gros Bois de Bièvre
Patignies
N935
N952
Rienne
Willerzie
Bois Roissau
GEDINNE
Devant Prâji
Arboretum
Bois Com aux d'Hargnies

C
C7
D
C13
Cheveugne
Domaine provincial
Forzée
Buissonville
TIR
Jamodenne
Bois de Sonmont
Bois des Deffes
Humain
FAMENNE
Bois de St-Remy
Mont-Gauthier
N929
N918
N949
Havrenne
N836
Marloie
N86
Bois de Briquemont
Frandeux
Station de Radioastronomie
Hargimont
Bois de Mont-Gauthier
Les Auges
Fenffe
Briquemont
Laloux
Bois des Aujes
Bois de Behogne
A4-E411
22
Ciergnon
N911
Forêt de Fèsches
On
Bois du Ban
Jamblinne
ROCHEFORT
Bois de On
Vignée
Plantis de Jamblinne
Jemelle
Wanlin
Villers-sur-Lesse
Lesse
1
N849
N918
Éprave
Lomme
Wimbe
Bois de Villers
Réserve naturelle
N803
Ambly
Lessive
N889
Han-sur-Lesse
Forrières
Réserve naturelle de Lesse et Lomme
Bois des Renards
N955
Wavreille
En Naw'chin
Genimont
Banalbois
22a
Lomme
N849
Bois du Roptai
Turmont
N86
Masbourg
Lavaux-Ste-Anne
Auffe
Lesterny
Ave-et-Auffe
Belvaux
Bois de Wéve
N94
Réserve naturelle Lesse et Lomme
La Hardie
23
A4-E411
Grupont
Froidlieu
N835
Bure
WELLIN
N846
Au Bois de Machi
Resteigne
TELLIN
Lomprez
Chanly
Tier de Grand Han
Halma
N846
Awenne
N880
Devant les Tiennes
Bois de Dessus
Mohier
276
Le Neupont
N889
Bois St-Michel
Mirwart
Glaumont
Bois Rabanet
Bois Thiry
Bois de Tellin
N857
N40
Bois d'Halma
23a
Bois de Smuid
Fays-Famenne
Les Hougoulles
Bois de Bestin
N855
2
Arville
Les Falizes
Sômière de Wellin
Bois de Mohimont
N857
DAVERDISSE
Bois de Transinne
Poix St-Hubert
N808
Fourneaux
Smuid
Belle Hé
Séchery
N40
N40a
Le Côrot
Bois de Renimont
Redu
24
Virée de l'Almache
Bois de Daverdisse
Bois de Mianfays
Transinne
Gembes
N808
Station E.S.A.
Le Gros Bois
Lesse
Le Marcha
Fond Guérin
Bonipré
Bois-à-Ban
Bois Herbé
Le Bôlè
Porcheresse
Grand Rôli
C17
Chamont
LIBIN
La Hèye
Villance

C14
A
B
C10
N964
Bois du Duc
Bois de la Thiérache
La Wartoise
Forge-Philippe
Rièzes
Bois des Hauts Marais
Cul-des-Sarts
Petite-Chapelle
L'Escaillère
L'Eau Noire
N589
F. de Signy-le-Petit
la Gruerie
B. de Suzanne
Four Gérand
les Mille Arpents
St Hubert
la Loge Rosette
Cses Dupont
Regniowez
Cses Pierrard
La Grande Chaudière
Taillette
1
Droghon
la Fermière
Bois des Hingues
le Gd Douaire Fme
la Croix Colas
Bois de Signy
B. Royal dit B. Sobinet
Cses Drouin
Beaucamp
Aérodrome de Rocroi Regniowez (Inutilisable)
la Guinguette
le Rouilly
Signy-le-Petit
la Croix Bala
Beaulieu
le Gros Caillou
Cses Gallois
Fosses Rousseaux
Goncelin
la Courte Soupe
la Roche
Rue de la Sarte
Chêne
Sévigny-la-Forêt
Fligny
Bosneau
Pont d'Any
Eteignières
le Part
Haut Taillis
Forêt dom. des Potées
le Moulin
Tarzy
la Neuvillette
Mon Plaisir
Bel Air
Mon Idée
la Dame Vergeon
Maubert-Fontaine
Neuville-lez-Beaulieu
les Buttes
Auvillers-les Forges
Auge
N43-E44
le Paradis
13,5
10
Anthény
Foulzy
le Château
Narcinseaux
Etalle
Tremblois-lès-Rocroi
Bossus-lès-Rumigny
Fontenelle
Champlin
Girondelle
Rouilchamps
Chilly
Laval-Morency
Estrebay
le Carbonnet
les Oliviers
Marby
Blombay
Blombizeux
Laval d'Estrebay
les Aubignys
Flaignes-Havys
2
Rumigny
l'Hôpital Ferme
la Vallé
Chât. de la Cour des Prés
Havys
le Clos Berteau
Pont Aubert
Aouste
Prez
la Cerleau
Cernion
Belzy
l'Echelle
Houssoie
la Reupette
le Moulin
Bay en Rue
la Hérissonnerie
le Malpas Fme
le Hazard
Aubigny-les Pothées
Petits Caillaux
Fme du Bois Royal
Logny-Bogny
Villaine
Grands Caillaux
Liart
Vaux-Villaine
la Férée
les Roberts Fmes
Lépron-les Vallées
Bruyères
les Bonnomets
les Héneaux
la Grevinerie Fme
la Viotte
les Namonts
le Bois-des Hales
Marmelont
la Marzelle Fme
Malgretout
Valconte
la Guinguette
Fontaine Olive Fme
10,5

C
C11
D
C15
1
2
C16
Moulin Manteau
Forêt dom. du Francbois
F. de Hiraumont
Pavillon de Diane
Tilay Champ
Bois de Fumay
B. Bryas
Gué d'Hossus
la Huquette
le Bout den Haut
Bois Communaux
REVIN
Mt Malgré Tout
Roche de la Faligeotte
Mon. des Manises
Anchamps
Roches de Laifour
Laifour
la Baudine
Rochers des Dames de Meuse
Haute Manise
les Vieilles Réserves
F. Dom. des Hez d'Hargnies
Calv. du Maquis des Manises
B. de Revin
Mt Tranet
Haute Butte
Frechine aux Bairons
les Hauts Buttés
les Bas Buttés
B. des Boulettes
les Woieries
Hiraumont
St Nicolas
Centrale Electrique
Bassin de Whitaker
Bassin des Marquisades
Vallée de Misère
B. Communaux de Rocroi
Bois Hilet
Roches de l'Empereur
Neuve Forge
Bourg-Fidèle
les Mazures
l'Abbaye
Bois des Aisances
le Moulin
Lambrèque
Monthermé
Longue Roche
F. Dom. de Château-Regnault
B. des Cerceaux
Roche à 7 heures
la Longue Haie
Laval-Dieu
Phade
la Malvisée
Tournavaux
Deville
B. des Waibes
Croix Bouzin
Vieille Forge
Tranche du Cloo
Base de loisirs
Bois d'Harcy
L. des Vieilles Forges
Roche de Roma
Roche aux 7 villages
Roche des 4 Fils Aymon
Chât. Regnault
Bogny
Braux
Levrezy
COMM. DE BOGNY-SUR-MEUSE
Sécheval
le Paquis
le Pt du Jour
le Champ de Renwez
Dom. du Bois de Ro
Bois du Triage de Renwez
la Boutillette
Bois des Houdelipmonts
Harcy
Renwez
Onchamp
Château
Montcornet
Arreux
Enf. de Nouzonville
Meillier Fontaine
GR Ardennes-Eifel
Joigny-sur-Meuse
Solférino
Nouzonville
Vallée de la Meuse
la Forge
B. de Gesly
Murtin-et-Bogny
Sormonne
Lonny
Cliron
Charoué
Houldizy
Sorel
B. de la Havetière
Tournes
Damouzy
Ham-les-Moines
Haudrecy
Aérodrome de Charleville-Mézières
Etion
la Houillère
la Mal Campée
Montcy-St-Pierre
Montcy-N.-D.
Aiglemont
Base nautique
le Vieux Moulin
Place Ducale
Remilly-les-Pothées
la Grève
Belval
Warcq
CHARLEVILLE
Basilique
Préfecture
Rempart
MÉZIÈRES
Sury
Giraumont
St-Marcel
Chapelle
Clavy-Warby
Thin
B. de Charnois
Manchester
Prix-lès-Mézières
Anc. Abb. des Sept Fontaines
CHARLEVILLE-MÉZIÈRES
Mohon
Villers
Vivier-Guyon
St-Laurent
les Ronces
Romery
Rotonde

C16
A
B
C12
C15
1
2
Willerzie
GEDINNE
N952
Devant Prâji
Mairies
Franc Bois
Le
Gros
Bois
Bois de Rienne
Gros Bois
Louette-St-Pierre
Louette-St-Denis
N95
Bois Côrai
Plate Pierre
N935
Houdremont
N913
BIÈVRE
Bois de Chevaudos
Bois St-Jean
Bois d'Auje
Bois de Séchefau
N914
Bellefontaine
Bois des Ropes
Bois de Nafraiture
Nafraiture
Bois Notre-Dame
Petit-Fays
Monceau-en-Ardenne
Flèrifoi
N973
Orchimont
Oizy
Réserve naturelle de Bohan-Membre
VRESSE-SUR-SEMOIS
Bois de Jérôme
Six Planes
N945
Gros-Fays
Bois d'Anchowé
Membre
Bohan
Laforêt
Chairière
Cornimont
Bois de Naglémont
Bois de Sahu
Bois de Bohan
Mouzaive
N819
Gochamp
Alle
Hour
Rochehaut
Frahan
Bagimont
Bois des Godrises
Sugny
Pussemange
Poupehan
N810
Corbion
Forêt de Sugny
Bois des Bourgeo
les Hautes Rivières
Thilay
Gespunsart
Neufmanil
la Grandville
St-Laurent
Issancourt et Rumel
Bosseval-et-Briancourt
Fleigneux
Semois
Meuse

C
C13
D
C17
1
2
Bois Herbé
Porcheresse
Grand Rôli
Le Bôle
Châmont
Villance
LIBIN
Bois-à-Ban
La Hêye
Grinchî
Les
Spèches
Our
Maissin
N808
Glaireuse
Rôlibuchi
Rôlichène
Les Godos
Bois à Ban
N899
Derrière Haumont
Anloy
Bois de Roumont
La Hêye
N40
Beth
Les Hautes Virées
Les Francs Bois
Opont
Bolchet
Lesse
Ochamps
Bois
Pafau et Gros Bois
Naomé
Framont
Bois de Vêsé
Bois Huet
Burtimpré
A4-E411
Bois de Gerondé
Tibaubois
PALISEUL
Jehonville
Merny
Bour
Acremont
Forêt de Luchy
N853
Carlsbourg
N89
Offagne
N853
Assenois
Bois d'Outrouge
Bois du Defoi
N845
N899
Bois du Nouveau Ban
Nollevaux
Fays-les-Veneurs
N853
N884
BERTRIX
N95
Bois de
St-Hubert
N853
Plainevaux
N89
N816
N819
N845
N819
Mogimont
Fayiè
Bois de
Menuchenet
Bellevaux
Le Bois à Ban
Le Combri
Orge
N89
La Spèche
Bois de la Haie
N884
Plat Bois
Bois
de
Babinaye
Banetai
N824
Senseruth
Noirefontaine
N865
Curfô
N816
Auby-sur-Semois
Les Hayons
Les Ardoisières
N826
N866
Cugnon
N884
Bochaban
N816
JILLON
Han du Han
N865
Dohan
Mortehan
Poursumont
La Semois
N884
N865
N828
Bois Grande Dansau
HERBEUMONT
FORÊT DE
HERBEUMONT
N816
N89
Bois d'Aisance
FORÊT
DE
BOUILLON
Bois
Haumont
Fèchère
N83
Bois de Conques
FORÊT
N83
DE
Bois de Ste-Cécile
Bois du Dos le Loup
Domanidle
Bois des
Bois de Remy
N884
D
Bois de Meussin

ANDENNE

- arrondissement de Namur
- localités : Andenne, Bonneville, Coutisse, Landenne-sur-Meuse, Maizeret, Namêche, Sclayn, Seilles, Thon, Vezin
- 8 657 ha ; 25 609 habitants (01/01/2011)

ANDENNE | 5300

- en 870 *Andana* (origine celtique ?)
- Andennais
- ville commerçante, traversée par la Meuse, anciennement industries traditionnelles de l'argile (poteries, faïence, pipes), altitude de 80 à 100 m
- gare ferroviaire, N 90, N 921, lignes de bus 12 Namur-Huy, 13 et 14s Andenne-Ciney, 19 Andenne-Forville, 37s Andenne-Ville-en-Waret, 38 Andenne-Namêche, 42 Andenne-Namur, 42s Andenne-Maizeret
- 1 537 ha

HISTORIQUE

En 692, sainte Begge fonde un monastère aux abords d'une source, à l'endroit où la vallée s'élargit en un hémicycle de collines boisées ou rocheuses, non loin d'un pont romain qui reliait le Condroz à la grande chaussée de Tongres à Bavay. Détruit au 12e siècle et jamais reconstruit, ce pont était certainement encore en usage au temps de sainte Begge. Le centre primitif du ban d'Andenne devait sans doute se situer à Andenelle, à proximité du pont. Sainte Begge ayant établi son monastère à l'écart de l'ancien *diverticulum* romain, l'agglomération se serait peu à peu déplacée pour se grouper autour de ce centre religieux, devenu en même temps son centre administratif. Begge était la fille du maire du palais Pépin Ier dit l'Ancien ou de Landen, décédé en 640, et de Itte. Née vers 620, elle avait épousé Anségise, fils d'un puissant personnage d'Austrasie : Arnould, futur évêque de Metz. Ils vécurent dans leur domaine de Chèvremont. Leur descendance fut prestigieuse : Pépin II dit le Jeune ou de Herstal, Charles Martel, le vainqueur de Poitiers, Pépin le Bref, qui se fit sacrer roi des Francs, et Charlemagne, qui devint empereur d'Occident en 800. Vers 670, Anségise est assassiné. Sans doute les rois et les leudes se sentaient-ils menacés par cette famille qui devenait de plus en plus puissante. En 692, Begge décide de fonder à Andenne un monastère de type mérovingien, c'est-à-dire un monastère double composé de deux quartiers distincts : l'un réservé aux frères, l'autre aux sœurs et comportant, fait exceptionnel, sept sanctuaires. Begge se rend à Rome pour faire approuver la règle de sa fondation par le pape Dieudonné II, alias Adéodat (672-676). Elle obtient de l'institution fondée par sa sœur sainte Gertrude, abbesse de Nivelles, des religieuses et des religieux pour remplir le rôle de monitrices et de moniteurs de sa nouvelle fondation. Ceux-ci suivaient la règle sévère du moine irlandais saint Colomban, adoucie au 8e siècle par celle de saint Benoît. Au 11e siècle, la fondation évolue en un chapitre séculier comptant trente chanoinesses et dix chanoines. Sainte Begge meurt en 694, après avoir doté son abbaye du ban d'Andenne. C'était la fraction nord-est d'un ancien *fiscus* mérovingien qui chevauchait la Meuse et avait son centre à Seilles. Enfants de Pépin l'Ancien et d'Arnould de Metz, hauts dignitaires et riches propriétaires fonciers, Begge et son époux Anségise étaient à la tête d'un immense domaine qui s'étendait de la haute Meuse à la vallée du Rhin en englobant la riche Hesbaye et des domaines en Brabant.

La collégiale Sainte-Begge domine la ville

La grande Ourse et la petite Ourse, œuvre de Louis Noël (2003)

La collégiale, œuvre maîtresse de Laurent-Benoît Dewez

Le ban d'Andenne, objet de la donation primitive, comprenait dès l'origine trente-deux seigneuries et cours de justice dont les anciennes communes d'Andenne, Bonneville, Coutisse, Landenne, Seilles et Vezin. Sur celles-ci, le chapitre d'Andenne possédait le droit de haute et basse justice et d'y nommer une cour échevinale qui rendait la justice avec l'aide du comte de Namur, avoué du chapitre. Les anciennes communes de Maizeret, Namêche, Sclayn et Thon faisaient, elles, partie du comté de Namur. On suppose que c'est le fils de Begge, Pépin, qui dota l'abbaye d'un important domaine dans la haute Meuse : le ban de Sassey. À noter qu'à la différence de celui de Nivelles, le chapitre d'Andenne n'a jamais possédé une abbesse en titre. Sainte Begge restait-elle en droit abbesse d'Andenne ? On ne sait. Les dignitaires du chapitre étaient la prévôte, chargée de la direction spirituelle, la doyenne, responsable de la gestion matérielle, l'écolâtre, à qui incombait la formation des jeunes chanoinesses, et la chantre. Les chanoines n'étaient pas tous prêtres, mais devaient être clercs. Ils s'occupaient de l'administration du domaine. Pour célébrer les offices et administrer les sacrements, le chapitre disposait de prêtres semainiers et de chapelains. Chanoinesses et chanoines pouvaient quitter le chapitre pour se marier, mais ils perdaient alors leur prébende.

Une charte du 1er juin 1101 de l'empereur Henry IV confirme qu'Andenne est une ville libre dépendant directement du chapitre pour l'administration temporelle et spirituelle, avec droit de basse et haute justice. Le chapitre, qui ne dépendait que de l'empereur et du pape, nommait les membres de sa cour de justice : mayeur, échevins, greffier et sergents, dont relevaient les autres seigneuries dépendantes du chapitre. Il était protégé par un avoué : le comte de Namur. Le 24 juin, veille de la Saint-Jean, la prévôte « *rendait la mairrye* » qui nommait ou confirmait le mayeur et les échevins ; la doyenne, « *la semainerie* », en donnant une fleur à chacun. À partir du 12e siècle, le recrutement des chanoinesses se fit exclusivement dans la noblesse (de deux à seize quartiers de noblesse, imposés par le pouvoir laïc). De là le soin des familles de haut rang à veiller à ne pas se voir amoindries par mésalliance ou bâtardise. Ainsi le monastère primitif devint-il un chapitre noble, impérial et royal à prédominance féminine. La collation des prébendes des chanoinesses et des chanoines était une prérogative du souverain. Les nombreuses fondations et rentes, notamment d'une « *table des pôvres* », attestée par des manuscrits du 15e siècle exposés au Musée de la collégiale, témoignent de l'intérêt des membres du chapitre pour les pauvres, les malades et l'éducation de la jeunesse. En 1785, l'empereur Joseph II, surnommé l'empereur sacristain, ordonna le transfert du chapitre d'Andenne à Namur et sa réunion avec celui de Moustier-sur-Sambre. En 1789, après la mort de Joseph II, le gouvernement des Pays-Bas autrichiens ayant révoqué les édits concernant les affaires ecclésiastiques, la majorité des membres du chapitre reprit possession de son église collégiale. Le chapitre noble d'Andenne fut finalement supprimé par un édit de la République française portant suppression des chapitres séculiers (1797).

« Andenne aux sept églises » fut la dénomination officielle d'Andenne dès le début du 12e siècle. La place du Chapitre correspond à ce qui fut dénommé pendant des siècles « les Encloîtres », c'est-à-dire un vaste quartier religieux entouré d'une enceinte sur laquelle s'ouvraient quatre portes. Ils renfermaient les sept églises et les habitations des chanoinesses, les chanoines demeurant en dehors de ce quartier.

À l'époque mérovingienne, un monastère ne comportait pas un édifice unique, mais un ensemble de trois « basiliques » de dimensions modestes : l'une, où l'on distribuait les sacrements, était consacrée à la Vierge, la seconde, qui était celle des fidèles, était dédiée à un saint, la troisième était le baptistère, qui portait toujours le nom de Saint-Jean-Baptiste. Fait exceptionnel dans nos contrées, la fondation de sainte Begge comprenait sept églises. La célébration de la liturgie stationnale que sainte Begge avait vu pratiquer à Rome lors de son pèlerinage pour faire approuver la règle de sa fondation pourrait justifier la présence de ces sept sanctuaires : pendant les féries de l'avent, du carême et à certaines fêtes, le Pape se rendait chaque jour dans une église différente pour y célébrer la messe.

Ces églises gardèrent leur fonction liturgique jusqu'à leur démolition nécessitée par leur état de délabrement et le fait que Saint-Jean, l'église paroissiale, devenait trop exiguë pour une population en constante augmentation. Leurs

Au gré des salles du Musée de la céramique d'Andenne

Andenelle : l'église Saint-Pierre, dite « des Sarrasins », remonte au 12e siècle

fonctions étaient les suivantes : Sainte-Marie était destinée aux offices du monastère, puis du chapitre ; Saint-Jean, abritant le baptistère, était l'église paroissiale ; Saint-Pierre était l'église funéraire où sainte Begge fut inhumée ; Saint-Michel était l'église de la cour de justice du chapitre ; Saint-Étienne, située en dehors des encloîtres sur une hauteur, devait être une église fortifiée puisque c'est là que tous se réfugiaient lors des invasions*; Saint-Sauveur, bâtie près de la fontaine, était assez vaste pour servir d'église du chapitre et de la paroisse pendant la construction de la collégiale actuelle ; et Saint-Lambert, qui eut primitivement un autre titulaire puisque saint Lambert vécut après le décès de sainte Begge. En 1762, la collégiale et les six autres églises étaient en très mauvais état. Un état des lieux entraîna la destruction des sept églises et la construction d'une nouvelle collégiale, renfermant les autels des sept églises antérieures.

L'histoire d'Andenne est également inséparable de l'épisode de la *Guerre de la Vache*. En 1273, Guy de Dampierre, comte de Flandre et de Namur, organise un tournoi lors de la foire annuelle d'Andenne. Engoran, jeune paysan de Jallet, offre en vente une vache qu'il a dérobée dans une étable à Ciney. Le propriétaire du bovidé reconnaît son bien et a recours à son bailli, Jean de Halloy, pour se le faire restituer. Celui-ci, n'étant pas dans sa juridiction, propose au voleur de restituer l'objet du délit dans son étable cinacienne. À cette condition, il ne sera pas puni. Dès qu'il se trouve sur les terres du bailli, ses gens d'armes s'en saisissent et le pendent à un arbre. Jallet, le village d'Engoran, dépend de Jean de Beaufort, seigneur de Goesnes, lequel, en représailles, s'en va dévaster les terres du bailli de Ciney. Ce dernier n'entend pas se laisser faire : à son tour il va mettre le pays de Jallet à feu et à sang et fait appel à Guy de Dampierre, auquel il a fait allégeance. Pour celui-ci, c'est une occasion inespérée de jouer un bon tour à son ennemi juré, Jean d'Enghien, prince-évêque de Liège, auquel Ciney appartient, et c'est l'escalade. L'épilogue après deux ans fut la sentence de Philippe le Hardi, roi de France, ordonnant que les choses soient rétablies dans l'état où elles étaient avant les hostilités.

La ville souffrit encore de plusieurs sièges et pillages : en 1429, par les Liégeois ; en 1467, après la bataille de Brusthem, par la garnison de Huy et en 1577, par les troupes de Don Juan d'Autriche et celles de Philippe de Lalaing. Elle fut à nouveau pillée en 1635 lorsque la France, unie à la Hollande, attaqua nos régions ; en 1674, lors de la guerre entre la France et la Hollande, et en 1746-1748, lors de la guerre entre la France et la coalition formée par l'Autriche, l'Angleterre et les Provinces Unies.

Les tragiques événements d'août 1914 ont marqué la mémoire d'Andenne. Le 19 août, l'armée belge fait sauter le pont sur la Meuse ; les troupes allemandes, furieuses de ne pouvoir la franchir, exigent du bourgmestre, le docteur Camus, la remise de la caisse communale, puis le fusillent. Le 20 août, elles traversent la ville en nombre et franchissent le pont provisoire qu'elles venaient de construire. Vers 18 h, un coup de feu retentit, suivi d'une fusillade : les soldats affolés tirent au hasard. Les habitants se réfugient dans les caves. Commence alors le pillage des maisons. D'après des témoins, un soldat allemand entré dans une habitation a déposé une cartouche sur le poêle. Après quelque temps, celle-ci explose, permettant aux soldats d'affirmer que ce sont des habitants qui ont fait feu les premiers. Le lendemain, vers 4 h du matin, les soldats chassent tous les habitants, contraints de tenir les mains levées, vers la place des Tilleuls. Les hommes sont séparés, 3 sont fusillés sur place, 214 sont emmenés le long de la Meuse et fusillés. Les autres hommes sont chargés d'enterrer les victimes, les femmes de faire disparaître les flaques de sang qui souillaient les rues. Quelques jours plus tard, le commandant allemand fait

La porte Saint-Étienne est une des quatre entrées des « encloîtres »

allumer un feu de joie sur la place des Tilleuls et contraint les notables à y assister. Il leur offre du vin chaud, appelant cela le « pardon d'Andenne ». Le 11 mai 1940, l'armée belge fait sauter le pont remplaçant celui de 1915, qui avait été inauguré peu auparavant. Sa reconstruction à l'identique fut effectuée sur ordre de l'occupant. Le 11 juin 1944, quatre résistants le firent sauter, le mettant hors d'usage. Il fut une nouvelle fois reconstruit.

À VOIR

Dans le hameau d'Andenelle, l'**église Saint-Pierre,** dite « des Sarrasins » : construction en moellons de grès et calcaire, en partie du 12e siècle, avec tour et nef romanes en pierre bleue, amplifiée par un transept saillant (1860) et des collatéraux (1923) ; théothèque et bénitiers du 16e siècle.

Rue du Chalet n° 1, petite **maison** en calcaire des 17e et 19e siècles avec façade très caractéristique à colombage et encorbellement (côté droit amputé au 19e siècle) ; rue Cuvelier n° 7, **ancien atelier de travail de l'argile** (1758) : céramique, pipes (la terre plastique ou blanche *derle* qui se tirait au ban d'Andenne était la meilleure du pays et la plus recherchée) ; chaussée Moncheur n° 167, **château de Rieudotte**, ancienne demeure des Bouverye, maîtres de forges, exploitants du fourneau de Rieudotte depuis le 17e siècle : bâtisse en carré à deux tours.

Pour retrouver le passé d'Andenne, il faut se rendre **place du Chapitre**. Au milieu se dresse la **collégiale Sainte-Begge** (1764-1778), chef-d'œuvre de Laurent-Benoît Dewez, architecte officiel du gouverneur Charles de Lorraine (à côté de son autre chef-d'œuvre, civil celui-là, qu'est le château de Seneffe) : édifice en calcaire, dont la façade précédée d'un parvis orné de balustres (inspiré des temples grecs) est à deux niveaux, séparés par un large entablement et ornés de pilastres de style ionique au rez-de-chaussée, corinthien à l'étage. Le chronogramme *D. O.M. Deo DIVaeqVae Beggae VoVere praenobILes AnDanenses Canonicae* (« À Dieu le très bon, le plus grand, ainsi qu'à sainte Begge, les très nobles chanoinesses d'Andenne vouèrent cette église ») donne la date de l'ouverture au culte : 1773. Le fronton est orné d'un écusson en losange avec un lion et trois alérions rappelant les armes de sainte Begge : Brabant et Lorraine. L'édifice comporte trois nefs de cinq travées, un haut transept saillant, un chœur de trois travées, une tour carrée surmontée d'une toiture en forme de cloche, auxquels sont adossés à l'ouest la sacristie, le trésor et le musée, à l'est la salle capitulaire et la demeure de la femme du portail. C'est le seul édifice religieux de Dewez comportant une telle recherche architecturale à l'intérieur : niveaux du sol et décors s'intensifiant à l'approche du sanctuaire, corniche à ressauts dans le transept et le chœur, arcs très ornés dans l'abside, volutes au départ des encadrements des fenêtres, vingt-huit motifs différents de clef de voûte. L'édifice étant orienté nord-sud, l'éclairage tombe très tôt et perdure très tard.

Comme mobilier, citons notamment le *Massacre des Innocents* de Louis Finson (Bruges, 1615), le lutrin griffon, dinanderie de 1518, et les stalles du 17e siècle. Le trésor et le musée renferment des pièces d'orfèvrerie du 16e au 19e siècle, dont la châsse Renaissance de sainte Begge, des sculptures, manuscrits, porcelaines religieuses, ainsi qu'un essai de reconstitution architecturale des sept églises dû à l'architecte P. Halleux.

Adossé au transept ouest, le monument aux morts des deux guerres et au sud-est de la place, la **fontaine Sainte-Begge** en calcaire (1637), ornée d'un mufle de lion, d'où l'eau s'écoule en cascade dans trois bassins. La **porte Saint-Étienne**, une des quatre entrées des « Encloîtres », date de la seconde moitié du 18e siècle. À signaler aussi place Sainte-Begge : au n° 1, une **maison** en briques et moellons en L du 17e siècle (fermant la cour : une remise à voitures) ; au n° 5, la **maison dite de sainte Begge** (ancres de 1623) ; au n° 11, une **maison** en moellons de pierre bleue avec le blason des d'Oultremont surmonté d'une pierre datée de 1633 ; rue Winand n° 36c : le **château de Scovie**, grosse bâtisse en calcaire du 17e siècle sur haute base talutée, défendant l'entrée d'Andenne, avec pignon percé d'un colombier. Rue Charles Lapierre n° 29, le **Musée de la céramique** invite à revivre l'histoire passionnante de la terre plastique des origines à nos jours. À côté de nombreuses pièces de faïence et de porcelaine, on peut y admirer une collection de grès du sculpteur et céramiste Arthur Craco. Deux fontaines de cet artiste, chefs-d'œuvre d'Art nouveau, se trouvent respectivement place du Chapitre (**fontaine aux faisans**) et avenue Reine Elisabeth (**fontaine aux chats**).

Place du Perron, l'**ancien Hôtel de Ville** en pierre bleue (« Anno 1772 ») présente une façade ornée de pilastres à refends au rez-de-chaussée, ioniques à l'étage et d'un fronton triangulaire surmonté d'un clocheton hexagonal ; il renferme toujours dans ses caves les deux cachots du chapitre. Rue Charles Lapierre n° 2, la **maison patricienne** en brique et pierre bleue, avec tour carrée et petit jardin, est datée de 1641. La **promenade du Calvaire**, un sentier en lacets sur le flanc de la colline (départ rue Provost), relie six potales carrées, datées de 1653, surmontées d'un fronton entouré de deux sphères. Elle aboutit au sommet à une petite chapelle aux millésimes « *Anno 1732* » et « *1913* ». Rue Saint-Roch, la **fontaine de l'Ours** est ornée d'un tympan encadré de volutes avec l'effigie d'un ours percé d'une flèche et l'inscription : « *Charles Martel de Pépin 2e fils naturel en l'an sept cent peu plus me mist ici a mort cruele* ». Dans la même rue, la **chapelle Saint-Roch**, dont la porte est surmontée d'un cartouche daté de 1849 et d'une niche abritant une statue de saint Roch, a remplacé une chapelle plus ancienne construite dans un cimetière de pestiférés.

La **place des Tilleuls**, où le nouvel **hôtel de ville** a été inauguré en 1871, est ornée de la **porte du Millénaire**, une sculpture de Félix Roulin réalisée en 2001 ; l'**immeuble Art déco** du n° 48 abrite l'office du tourisme. Sur le mur de l'immeuble n° 15, une **plaque commémorative** rappelle le massacre de trois Andennais par l'armée allemande, le 21 août 1914 ; le « cimetière des fusillés », le long de la Meuse, conserve les restes des 214 autres hommes fusillés le même jour.

Dans le hameau de Groynne, l'**église Notre-Dame** remonte, selon une pierre de fondation, à 1752 ; au n° 8, la **ferme de la Vaudaigle** (17e et 18e siècles) forme un ensemble en U, jadis entouré de douves ; sur le blason armorié au dessus du portail, on peut lire l'inscription : « *Seigneur Wathyer des Fossez dit Gerbehay capitaine et damoiselle Françoise de Vervy son espeuse 1615* ». Rue de Bruyère n° 1, la **ferme de Sur Bruyère** est une construction en grès avec un corps de logis daté de 1740.

ÉVÉNEMENTS

- carnaval des Ours, le 4e dimanche de carême (Laetare)
- biennale de la Céramique, le week-end de la Pentecôte des années paires ; exposition de céramistes sur les places et dans des salles
- festival rock sur la place du Chapitre, le dernier vendredi de juin
- procession Sainte-Begge dans les anciens quartiers, le 3e dimanche de septembre
- les Trairies, parties de cartes avec des cougnous pour enjeu, dans les boulangeries, leurs ateliers et certains cafés, la nuit du 24 décembre

BONNEVILLE | 5300

- en 1294 *Bonnevile*, du latin *bona villa*
- Bonnevillois
- village rural et agricole, altitude de 160 à 184 m
- N 90, lignes de bus 42 Namur-Seilles, 42s Andenne-Maizeret
- 897 ha

La fontaine Sainte-Begge est datée 1637

HISTORIQUE

Le village fit partie de la donation primitive des trente-deux seigneuries du ban d'Andenne.

À VOIR

L'**église Saint-Firmin** est un édifice roman du 11e siècle composé de quatre travées et d'une tour à l'ouest, entourée de l'ancien cimetière. Rue de Strud n° 113, le **château de Bonneville**, précédé d'un parc, est un ensemble en L du 17e siècle cantonné de trois tours d'angle carrées ; la **ferme de Jandren** est contemporaine du château. Au n° 114, la **ferme de Dhuy**, ancienne propriété des Namur, seigneurs de Dhuy et de Flostoy, est un vaste quadrilatère en brique et calcaire, datant en partie de 1587. Rue du Centre n° 165, la **ferme de la Commanderie** en calcaire, datée à la porte de1613, a appartenu à l'Ordre de Malte ; elle était rattachée à la commanderie de Villers-le-Temple.

COUTISSE | 5300

- en 1294 *Coutiches*, du latin *cultum* (?)
- Coutissiens
- village rural, altitude de 180 à 240 m
- N 921, N 941, lignes de bus 13 et 14s Andenne-Ciney
- 1 132 ha

Le château de Bonneville (17e siècle)

HISTORIQUE

Coutisse fit partie de la donation primitive des trente-deux seigneuries du ban d'Andenne.

À VOIR

L'**église Saint-Hubert** est un édifice de style néoclassique en brique et pierre bleue, daté 1846-1850. Rue Lavaux n° 145, la **ferme Delvaux** est un quadrilatère en calcaire, datant de la 1ère moitié du 17e siècle. Rue Bohissaux n° 176, la **ferme de Grosse**, en grès, porte sur une pierre gravée l'inscription « 1882 François Limet ». Rue des Fonds n° 153, le **moulin de Kevret**, construction en L en moellons de grès chaulés (avec ancres de 1551), a conservé son bief, sa roue à aube et sa machinerie. Rue de la Croix, une petite **ferme** du 18e siècle (n° 150) jouxte la **ferme La Croix** en brique et pierre bleue datée de 1791 (n° 152). Rue les Arches n° 168, la **ferme des Arches royales** de la 1ère moitié du 19e siècle, en grès, est intéressante par ses volumes et son homogénéité. Rue Leumont n° 1, la **ferme de Leumont**, en grès et calcaire, est du dernier tiers du 18e siècle.

LANDENNE-SUR-MEUSE | 5300

- en 1208 *Landines*, de *landa* (nom germanique) ?
- Landennais
- village rural, avec d'anciennes carrières, blotti dans un repli de labours de la vallée de la Meuse, altitude de 160 à 215 m
- N 921, ligne de bus 19 Andenne-Forville
- 1 275 ha

HISTORIQUE

Du 12e au 18e siècle, Landenne fit partie de la donation primitive des trente-deux seigneuries du ban d'Andenne.

À VOIR

L'**église Saint-Remy,** édifice classique en calcaire, portant la clé « IHS 1760 », fut construite par le chapitre Notre-Dame de Sclayn qui détenait les dîmes du lieu. Rue de l'Église Saint-Remy n° 41, l'importante **ferme du château**, en calcaire, est une construction en U du 16e siècle avec deux tourelles, grange en large, logis et longue aile d'étables du 17e siècle, percée au pignon d'une arquebusière. Rue du Petit Pont n° 520, la **ferme du Chant d'Oiseaux**, bâtiment en carré des 18e et 19e siècles récemment restauré, est actuellement utilisée à la fois comme ferme, gîte, classes de découvertes et centre de vacances pédagogiques à la ferme. La rue Jean Tousseul est bordée de petites maisons de carriers en moellons, précédées de jardinets. On y voit une **potale** en pierre calcaire avec l'inscription « St Mort priez pour nous » et « Érigée par Joseph Grousse 1811 ». La **Route de la pierre** ou **route Jean Tousseul,** longue de 135 km, est associée au souvenir de l'écrivain Olivier Degée, ouvrier carrier, qui vit le jour à Landenne. Encore enfant, il quitta son quartier pour aller travailler dans les carrières de Seilles, mais délaissa ce rude métier pour prendre la plume et devint bien vite Jean Tousseul, romancier et poète. Ce circuit passe par la maison où il vécut et le cimetière où il repose. Dans le hameau de Mostonbe, la **ferme de Mostombe** en brique et pierre bleue est de la fin du 18e siècle. À *Petit-Waret*, l'**église Sainte-Marie-Auxiliatrice** date de 1840. À remarquer encore rue de Petit-Waret, la **potale** en calcaire avec l'inscription « *Aimez et craignez Dieu* » (n° 167), la **ferme de Petit-Waret**, quadrilatère en grès avec clé de 1778 (n° 252), et rue de Velaine n° 127, la **ferme de Velaine**, quadrilatère de brique et pierre bleue de la 1ère moitié du 18e siècle.

MAIZERET | 5300

- en 1083 *Maserey*, du gentilé *Macerius* (?)
- Maizerétois
- village rural, altitude de 82 à 187 m
- N 90, N 942, ligne de bus 12 Namur-Huy, 42 Namur-Seilles, 42s Andenne-Maizeret
- 494 ha

HISTORIQUE

Le village faisait partie du comté de Namur. Le château de Moisnil fut vendu au 15e siècle à un certain Gilles de la Fontaine, qui ne serait autre qu'un ancêtre du célèbre fabuliste. Jean de la Fontaine y séjourna d'ailleurs en 1692 et y composa *Les animaux malades de la peste*. Tout comme Jean Racine, il suivait Louis XIV lors du siège de Namur, en tant qu'« historiographe ».

À VOIR

L'**église Saint-Martin** est un édifice néogothique en calcaire de 1925. À remarquer : rue du Presbytère n° 7, le **presbytère** en brique et pierre bleue, au seuil précédé d'une pierre portant l'inscription « *F.G.V.R. 1720* » ; rue du Village n° 30, la **ferme** en quadrilatère avec portail de 1716, corps de logis de 1670 et blason d'Ève ; route de Limois n° 9, la **ferme de Bialy** avec corps de logis de 1753 ; chaussée de Liège n° 5, la maison à double corps de pierre bleue, datée 1816 ; rue Gouverneur Galopin n° 46, le **château** en L avec tour du 17e siècle ; rue du Moisnil n° 7, le **château du Moisnil** dans son état du 18e siècle : on y montrait encore naguère le banc où Jean de la Fontaine s'asseyait pour contempler le paysage mosan.

Sclayn : l'église romane Saint-Maurice, fondée au 11e siècle

NAMÊCHE | 5300

- en 1102 *Nammechia*, celtique (?)
- Namêchois
- village rural, anciennes carrières, altitude de 76 à 182 m
- gare ferroviaire, N 90, N 959, N 942, lignes de bus 12 Namur-Huy, 37s Andenne-Ville-en-Waret, 38 Andenne-Namêche
- 621 ha

HISTORIQUE

Namèche faisait partie du comté de Namur.

À VOIR

L'**église Notre-Dame de l'Assomption**, avec sa tour du 16e siècle, agrandie en 1858, contient de nombreux monuments funéraires dont le **gisant gothique** de Mélisende de Hierges et la dalle du peintre Sampson de Thielle. À signaler encore : rue des Fermes n°17, la **ferme du Quartier**, quadrilatère en calcaire du 18e siècle ; rue Fond de Wartet n°1, la **ferme de Montigny**, de la 1ère moitié du 18e siècle ; rue Sous Meuse n° 40, le **presbytère** du 18e siècle ; rue Sous Meuse n° 44, dans un parc le long de la Meuse, le **petit château** en L des 17e, 18e et 19e siècles, ancien siège d'une seigneurie foncière.

SCLAYN | 5300

- en 1102 *Sclain*, en 1132 *Scladinium* (d'origine germanique ?)
- Sclaynois
- village rural ayant comporté deux cités ouvrières, altitude de 72 à 140 m
- gare ferroviaire, N 90, N 968, ligne de bus 12 Namur-Huy
- 432 ha

Reppe : l'église Saint-Martin, édifice roman du 11e siècle

Le porche du château-ferme de Seilles est daté 1714

HISTORIQUE

Siège d'un chapitre fondé en 1106 par l'empereur Henry IV et qui subsista jusqu'en 1787, le village a appartenu au comté de Namur sans interruption depuis sa fondation.

À VOIR

Construite par le chapitre des chanoines séculiers, la **collégiale romane Saint-Maurice** fut fondée vers 1072 par l'abbaye carolingienne de Cornelimunster. Elle possède un mobilier des 17e et 18e siècles, un Christ en croix exceptionnel de grandeur nature du 14e siècle et de nombreuses pierres tombales du 16e. Grand-Place n° 114, le **presbytère** est également une construction médiévale du chapitre de Sclayn. À signaler aussi : avenue des Combattants n° 113, la grosse **maison** en calcaire et pierre bleue avec porte à listel datée de 1724 et rue Jacoby n° 151, la **maison** en pierre de 1726. À ne pas manquer rue Fonds des Vaux n° 339d, les **grottes paléolithiques de Scladina** présentent un état de conservation exceptionnel ; dans ce chantier de fouilles permanent, on a découvert une mandibule et une dent d'un enfant néandertalien vivant il y a 120 000 ans ainsi que des ossements d'animaux préhistoriques. Rue de Cherimont n° 372, le **château de Cherimont**, du 19e siècle, a été reconverti en centre de loisirs. La **cité ouvrière de La Villette**, chaussée de Liège, fut construite fin du 19e siècle par Gustave Dumont, directeur des carrières de Sclaigneaux, situées sur l'autre rive. Cet ensemble comportait des bureaux, des maisons, une cantine, un dispensaire et une chapelle.

SEILLES | 5300

- en 1132 *Sellio*, du latin *silva*
- Seillois
- village résidentiel de tradition ouvrière, altitude de 80 à 210 m
- gare ferroviaire, N 921, lignes de bus 12 Namur-Huy, 13 Andenne-Ciney, 14s Andenne-Ohey, 19 Andenne-Forville, 37s Andenne-Ville-en-Waret, 38 Andenne-Naméche, 42 Namur-Seilles, 42s Andenne-Maizeret
- 973 ha

HISTORIQUE

Seilles fit partie de la donation primitive des trente-deux seigneuries du ban d'Andenne.

À VOIR

L'**église Saint-Étienne,** dont la nef et la tour datent du 11e siècle, possède une très belle statuaire du 16e siècle et des dalles funéraires des 17e et 18e siècles. À noter par ailleurs, rue du Château n° 2, la **ferme d'Atrive** en calcaire, de la fin du 16e siècle, avec un linteau de porte orné des blasons des Orjo et Nève : « *Philippe d'Orjo escuyer 1617* » et « *Ma dalle Marg.tte de Neve sa compne* » ; place Jean Toussseul n°11, le **presbytère** précédé d'un petit jardin, de la fin du 18e siècle ; rue du Château n° 16-17, le **château-ferme**, naguère entouré de fossés, au long corps de logis en calcaire, flanqué au sud de deux tours circulaires, avec porche de 1714 et glissières de pont-levis. Propriété de la famille de Seilles au

Thon : l'église Saint-Remy (18ᵉ siècle)

Entrée médiévale de Thon, un des « Plus beaux villages de Wallonie »

14ᵉ siècle, il passa successivement aux Warisoulx en 1463, aux Crehen en 1580, aux Quarré en 1598, aux Oyenbrugge de Duras en 1620 et aux Borchgrave en 1753. Il est propriété de la ville d'Andenne depuis 1958.

À Reppe, l'**église Saint-Martin,** édifice roman du 11ᵉ siècle, contient une statuaire du 17ᵉ siècle et est entourée de pierres tombales de plusieurs curés de Reppe et de notables de la région du 16ᵉ au 18ᵉ siècle. Rue de Reppe n° 10, la **ferme** de **Nivoye**, avec logis en moellons de calcaire, est du début du 17ᵉ siècle ; n° 50, la **ferme** en U, avec vaste cour, grange en large en brique et pierre bleue, porte le millésime 1755.

La **réserve naturelle de Sclaigneaux** se découvre idéalement en suivant la promenade d'environ 3 heures au départ de l'église de Seilles. Au rond-point de la N 921, *L'ours et son ourson*, sculpture en bronze de Louis Noël de Jemelle, rappelle l'exploit de Charles Martel, petit-fils de sainte Begge, qui abattit un ours qui terrorisait les habitants. Dans le hameau de Wanheriffe, la **maison en moellons** de calcaire du n° 6-7 est du 17ᵉ siècle ; celle à double corps du n° 37, de la fin du 18ᵉ (porte du 17ᵉ).

THON | 5300

- en 1265 *Thun, Thons* (celtique ?)
- Thonais
- village rural et touristique, altitude de 66 à 162 m
- N 90, ligne de bus 12 Namur-Huy, 42s Andenne-Maizeret
- 389 ha

HISTORIQUE

Thon fit partie du comté de Namur depuis sa fondation au début du 11ᵉ siècle.

À VOIR

Un admirable ensemble de maisons, dont beaucoup d'anciens cortils ou moulins, s'échelonnent le long de la rivière le Samson. L'**église Saint-Remi** est un édifice en pierre bleue et brique daté de 1780, avec confessionnaux et statues du 17ᵉ siècle, l'autel, la chaire et des pierres tombales du 18ᵉ. Rue de l'Église, le **château-ferme**, ancien siège d'une seigneurie foncière propriété des Moreau, passée aux Mozet, Nollet et Rahier, est un vaste ensemble des 16ᵉ et 17ᵉ siècles avec un donjon médiéval, un logis gothique et une ferme en calcaire du 17ᵉ siècle. Dans le hameau de Samson, sur une falaise dominant la vallée, se dresse l'**éperon rocheux** surmonté des **ruines de l'ancien château fort**. Rue de Gramptinne, le **château des Forges**, en moellons de calcaire du 18ᵉ siècle, est composé d'une tour et de deux forges portant les armoiries de Raymond ; rue du Ruisseau n° 17, la petite **maison** en moellons de calcaire est datée à l'arrière de 1623. Thon fait partie des « Plus beaux villages de Wallonie ».

VEZIN | 5300

- en 1265 *Fuzins*, du latin *vicinus* (?)
- Vezinois

À la grotte Scladina, les fouilles modernes en microstratigraphie permettent de contrôler le contexte de chacune des découvertes. En médaillon : la mâchoire de l'Enfant néandertalien (moulage M. Toussaint). PHOTO MRW, © ASBL ARCHÉOLOGIE ANDENNAISE

LA PRÉHISTOIRE EN NAMUROIS

Que ce soit au travers d'outils en pierre, d'ossements humains et animaux, ou encore de subtils témoins artistiques, la présence de l'homme dans le Namurois est attestée depuis plus de 150 000 ans. Les vallées incisant les massifs calcaires ont favorisé la formation des grottes, véritables pièges à sédiments qui ont permis la conservation miraculeuse des traces matérielles de nos ancêtres du paléolithique. À leur tour et bien plus tard, les plateaux fertiles ont été conquis par les premiers agriculteurs du néolithique. Ils y ont développé de vastes cultures céréalières ceinturant leurs maisons, parfois même organisées en villages. De façon exceptionnelle, la succession des occupations sur un même site, de la préhistoire jusqu'à nos jours, permet de mettre en lumière des endroits reconnus très tôt propices et stratégiques, comme le site du Grognon au pied de la citadelle de Namur, à la confluence de la Sambre et de la Meuse.

Les hommes de Néandertal, chasseurs-cueilleurs du paléolithique moyen, marquent les premiers les territoires du Namurois des traces de leurs passages. L'Europe quitte alors une phase tempérée et s'engage dans la dernière glaciation. L'outillage est en pierre et composé de pointes, de couteaux et de racloirs qui traduisent une activité orientée vers le gibier. Les restes de mammouths, rhinocéros laineux, bisons, rennes et chevaux que les Néandertaliens ramènent dans les grottes, témoignent, à côté de la consommation de la viande et de la moelle, de l'exploitation de la peau et des tendons.

Historiquement, c'est la découverte de l'homme de Spy, en 1886, qui est la plus marquante. Deux squelettes d'adultes sont exhumés, sur la terrasse de la grotte de Spy, dans des conditions stratigraphiques qui assurent la contemporanéité de ces hommes avec les espèces animales « d'avant le déluge » et un outillage en silex. L'humanité de Néandertal et son ancienneté sont pour la première fois clairement établies et mettent à mal les théories créationnistes réductrices, toujours en vigueur à l'époque.

Près d'un siècle plus tard, à partir de 1993, la grotte Scladina (Sclayn) livre des fragments de la mâchoire d'un enfant néandertalien âgé de huit ans. Le contexte stratigraphique et les analyses radiométriques datent ces ossements d'environ 100 000 ans, ce qui les propulse parmi les plus anciens de notre royaume. De plus, des études sophistiquées ont permis de décoder une partie du code génétique de cet enfant : vieux de cent millénaires, c'est l'ADN humain le plus vieux du monde ! La présence d'autres restes néandertaliens au Trou de la Naulette (Houyet), aux cavernes de l'Abîme (Couvin) et aux grottes de Goyet (Mozet) fait de la province de Namur la zone belge à la plus haute concentration de fossiles humains pour le paléolithique moyen.

Au cœur de la dernière glaciation, il y a environ 40 000 ans, débute le paléolithique supérieur, avec l'avènement de l'homme moderne, encore appelé Cro-Magnon. Une des principales innovations liées à cet hominidé est le fréquent recours à l'outillage en os. Les sagaies, harpons, hameçons traduisent une économie de prédation basée sur la chasse et la pêche. Témoins discrets, les aiguilles à chas illustrent le soin apporté à l'assemblage des peaux. L'art fait aussi son apparition, comme l'attestent les plaquettes découpées en os (grottes de Goyet), les pendeloques d'os, de dents (grotte de Spy) ou de coquillages (grotte du Bois Laiterie à Rivière), les gravures sur plaquettes en schiste et en psammite (Trou de Chaleux à Hulsonniaux, Trou Da Somme à Waulsort), et les premières représentations humaines sous la forme de statuettes (Trou Magrite à Anseremme).

Au mésolithique, il y a 10 000 ans, le mode de vie change autant que le climat. Un interglaciaire tempéré se réinstalle et la forêt reprend ses droits. Le nomadisme perdure, mais les habitats deviennent saisonniers (abri du Pape à Freyr, le Grognon à Namur, abri des Autours et la grotte Margaux à Dinant). La chasse est facilitée par l'usage de l'arc et les outils de pierre se réduisent pour devenir des pointes de flèches. Les rituels funéraires évoluent et les premières sépultures collectives apparaissent comme à la grotte Margaux, dans laquelle ont été inhumés onze adultes féminins.

La sédentarité se développe il y a environ 6 000 ans, au néolithique, et marque un changement radical dans l'économie et dans les relations entre l'homme et son environnement. Pour la première fois de son existence, l'homme plie la nature à ses exigences : il devient l'agriculteur-éleveur que nous connaissons encore aujourd'hui. Les outils en pierre sont désormais polis et la poterie apparaît. De nombreuses sépultures sont mises au jour dans les grottes (trou des Blaireaux à Vaucelles, Trou de la Mâchoire et Trou du Frontal à Furfooz). Parmi les découvertes les plus intéressantes figure celle d'un péroné humain blessé par une pointe de flèche, toujours fichée dans l'os, qui a, par ailleurs, cicatrisé (grotte Bibiche à Dinant).

L'âge du bronze est illustré par de riches dépôts funéraires composés de parures en perles d'ambre, pendeloques de corail, ornements en or (sanctuaire du trou de l'Ambre à Éprave, trou del Leuve à Sinsin), et des dépôts rituels en rivières (Han-sur-Lesse), qui ont livré des épingles ouvragées et des bijoux en or. De l'âge du fer subsistent également des traces de fortifications (Hastedon à Saint-Servais), de petits tertres funéraires appelés « marchets » (Olloy-sur-Viroin) et de nombreuses tombelles.

Ainsi, en Namurois, les découvertes préhistoriques ont été abondantes et souvent spectaculaires. Elles sont l'œuvre de chercheurs déterminés qui souvent ont fait figure de pionniers dans leurs sciences respectives. Les vallées calcaires au relief accidenté ont fourni à l'homme un décor magique où, comme pour les mettre à l'abri du temps, la pérennité de la pierre et le mystère des galeries profondes l'ont convaincu de leur confier leurs biens et leurs défunts les plus chers.

– Grégory Abrams et Dominique Bonjean

Vezin : église Saint-Martin

- village rural avec des nouveaux quartiers résidentiels, altitude de 180 à 217 m
- N 942, N 968, ligne de bus 37s Andenne-Ville-en-Waret, 38 Andenne-Namêche, 40 Namur-Vezin
- 907 ha

HISTORIQUE

Vezin fit partie de la donation primitive des trente-deux seigneuries du ban d'Andenne.

À VOIR

L'**église Saint-Martin** fut reconstruite en 1979. Rue de Houssoy n° 66, la **ferme de Houssoy,** ancien siège d'une seigneurie foncière, possède un **donjon** du 14e siècle, tour forte en moellons de grès ferrugineux à quatre niveaux, classé « monument wallon en péril ». Dans le hameau de Melroy, route de Saint-Germain n° 1-2, le **château-ferme de Melroy**, un château classique en U, est une ancienne seigneurie ayant appartenu en 1580 à Nicolas de Salmier, pour passer ensuite aux Lambillon et aux Corbeeck de Dongelbert ; dans la cour, une tour circulaire isolée du 17e siècle, vestige du château antérieur.

Dans le hameau de Sclaigneaux, rue de la Gare, la **maison** en pierre bleue du n° 27 porte sur le linteau primitif l'inscription : « *Ce présent édifice at este faict faire par François Claret bourgoye et brasseur de la ville de Namur et Jehene Baré son espeuse en l'an 1613* ».

À Sclairmont, la **ferme de Sclairmont,** quadrilatère en calcaire, était au 17e siècle propriété de Colart Godart ; sa grange en large date de 1769.

À Ville-en-Waret, l'**église Saint-Pierre,** de 1861**,** abrite un bénitier du 16e siècle. Rue du Village n° 26, la **ferme** en U, construite en calcaire, est du début du 18e siècle.

ÉVÉNEMENTS

- franche foire de la Tour carrée, dans la ferme de Houssoy, le dimanche avant le 15 août

ANHÉE

- arrondissement de Dinant
- localités : Anhée, Annevoie-Rouillon, Bioul, Denée-Maredsous, Haut-le-Wastia, Sosoye-Maredret, Warnant-Salet
- 6 567 ha ; 7 052 habitants (01/01/2011)

ANHÉE | 5537

- en 1047, *Anheia*
- Anhétois, *Les Djâles*
- plaine du Condroz oriental dans l'Entre-Sambre-et-Meuse, altitude moyenne de 100 m
- N 92, N 96, lignes de bus 34 Namur-Dinant, 35 Dinant-Ermeton
- 560 ha

HISTORIQUE

Anhée est fille de Senenne, *Senina*. Très tôt, une église va surgir à l'endroit où se trouve actuellement le château de Senenne, une construction du 19e siècle en briques rouges, isolée dans le fond de la plaine d'Anhée. En 1160, le comte de Namur la donne à l'abbaye de Floreffe avec pour mission de desservir la paroisse. L'histoire du village va se confondre avec celle de la paroisse de Senenne, très influente. Mais les conflits avec des voisins belliqueux (Namurois, Liégeois, Français) détruisent les chaumières du village établi sur Le Caillou, la plaine qui s'étend le long de la Meuse, au pied de Poilvache. Le sac de Dinant en 1465 va pousser les manants de Senenne (alias Anhée) à reconstruire leurs chaumières plus en aval, là où se trouve l'actuel village.

Jardins d'Annevoie : le château et le Buffet d'eau avec Neptune et Amphitrite de dos. Ces divinités de la mer surplombent des jeux d'eau en cascade et en bon état de fonctionnement depuis 1760

Statue de saint Benoît à l'entrée de l'église abbatiale de Maredret

À VOIR

L'**église Saint-Martin**, construite dans le style néogothique entre 1845 et 1847, a hérité sa chaire de vérité (18e siècle) et un confessionnal (1733) de l'église de Senenne. À y signaler encore deux bas-reliefs dans un médaillon et deux angelots, également du 18e siècle. Derrière l'église, une petite chapelle abrite une statue de saint Stamp, que l'on invoque depuis trois siècles pour les problèmes de marche. Les mamans dont les bébés éprouvent des difficultés à marcher ou qui tardent à s'*astamper* (se mettre debout) viennent lui offrir tantôt des bottines, tantôt des vêtements et même des tétines ! Au bout de la grand-rue, en direction de Maredsous, se trouvent les **forges Bauchau**, un remarquable site industriel du 17e siècle acheté par Joseph Bauchau en 1798. Cette ancienne forge dite « d'en Bas » se distingue par des constructions basses en moellons de calcaire. Elle est aujourd'hui occupée par un hôtelier qui a également aménagé le haut bâtiment en brique, en face, appelé Moulin Bauchau ; celui-ci accueille aujourd'hui le syndicat d'initiative d'Anhée ainsi que l'étonnant **Musée du sucre emballé**, qui présente l'évolution de l'emballage hygiénique et publicitaire du morceau de sucre. Une collection de milliers de sucres du monde entier y côtoie de nombreux documents, des outils et du matériel en provenance des anciennes sucreries. Une distillerie et un moulin à farine occupèrent ces mêmes bâtiments au 19e siècle. Le RAVeL de la Molignée, véritable colonne vertébrale de la commune, part du pont ferroviaire de Houx au pied de la forteresse de Poilvache et traverse discrètement le village en empruntant l'assiette de l'ancienne ligne 150 Dinant-Tamines. Dans un décor féerique au gré de la Molignée, il conduit jusqu'à Maredret, suivant une ligne truffée d'ouvrages d'art.

Jardins d'Annevoie : la cascade dite *française* car elle répond tout à fait à la symétrie et à l'ordonnance caractéristiques du classicisme français

Anhée : la chapelle Saint-Stamp où le saint est invoqué depuis trois siècles en faveur des enfants ayant des difficultés à *s'astamper* (se mettre debout et marcher)

ANNEVOIE-ROUILLON | 5537

- au 13e siècle *Annevoi* et *Hanevoie*, *Roillon*
- Annevoyards ou Annevoiens, Rouillonnais
- plateau condruzien de l'Entre-Sambre-et-Meuse, altitude moyenne de 127 m
- N 932, ligne de bus 21 Namur-Maredsous, 34 Namur-Dinant, 35 Dinant-Ermeton
- 657 ha

HISTORIQUE

Quelques pointes de flèches en silex taillé et des sépultures découvertes dans une caverne rattachent Annevoie à l'époque néolithique. Un tumulus romain, des tombes mérovingiennes ainsi qu'un cimetière franc du 6e siècle sont d'autres témoignages d'une présence humaine fort précoce dans le village qui fit, par la suite, partie du comté de Namur et du baillage de Montaigle.

À VOIR

Créés dans la seconde moitié du 18e siècle par Charles-Alexis de Montpellier, agrandis par son fils Nicolas-Charles, les **jardins d'Annevoie**, patrimoine majeur de Wallonie, sont devenus une attraction incontournable en réussissant la prouesse technique de faire fonctionner les jeux d'eau, les buffets, les cascades, les fontaines sans aucun autre apport d'eau que celui d'une savante utilisation de quatre sources généreuses et d'une rivière, le « ruisseau d'Annevoie », appelé aussi le Rouillon. Une judicieuse exploitation de la technique des vases communicants permet au système hydraulique de fonctionner exclusivement avec la force et la pression des eaux. Si l'intérêt des Jardins se trouve d'abord dans leurs jets d'eau spectaculaires et leur grand canal, il réside également dans leurs futaies, leurs parterres fleuris, leurs plates-bandes colorées, leurs pelouses bien ordonnées et leur statuaire de bronzes en trompe-l'œil. Le décor harmonieux de plus de dix hectares de jardins est essentiellement dû à l'heureux mariage entre le relief accidenté du terrain et la cohabitation de trois styles complémentaires : le style français dans la rigueur des allées et la géométrie des massifs, le style italien dans la chanson et les pirouettes des pièces d'eau et enfin le style anglais représenté par les sous-bois silencieux et les recoins discrets qui apportent une note romantique à l'ensemble, complété avec bonheur par un château.

On parle déjà au 15e siècle de ce **château d'Annevoie**, appartenant alors aux vicomtes de Namur. Racheté au début du 17e siècle par la famille de Halloy, il tombe en 1675 dans le giron des de Montpellier à la suite d'un mariage avec une des filles de Halloy. À partir de 1758, Charles-Alexis, le créateur des jardins, remanie et restaure les bâtiments en se basant sur les notes prises au cours de ses nombreux voyages en France et en Italie. Son architecte Phazelle concrétise ses aspirations en donnant au bâtiment son style néoclassique,

Château Vaxelaire : la drève des tilleuls et le porche d'accès à la cour d'honneur par-delà les anciens fossés défensifs

avec cour d'honneur bordée de dépendances. À l'intérieur, les frères Moretti signent en 1776 de gracieux stucs Louis XV et Louis XVI, blancs et dorés dans l'oratoire. À l'arrière, un balcon coiffé d'un fronton triangulaire classique domine les douves et les jardins.

Le village de Hun, qui s'étire le long de la Meuse un peu en amont d'Annevoie, se signale par sa **chapelle Saint-Christophe** construite en 1926 sur une autre chapelle qui existait déjà en 1662. Juste à côté, le **« vieux château »** dont il ne reste pratiquement plus que le donjon : une tour rectangulaire en moellons (couverte de végétation) remontant au bas Moyen Âge.

GASTRONOMIE

- pisciculture, avec élevage de truites de consommation

BIOUL | 5537

- au 10e siècle *Biurtus*, Biuche
- Bioulois ou Bioulais
- plateau condruzien de l'Entre-Sambre-et-Meuse, altitude moyenne de 250 m
- N 932, lignes de bus 21 Namur-Maredsous, 35 Dinant-Ermeton
- 2 002 ha

HISTORIQUE

La présence humaine est attestée dans le village dès la préhistoire. On y trouve aussi des traces du passage des Gallo-Romains, des Mérovingiens et des Francs. Au 10e siècle, Biouche (Bioul) est une des seigneuries les plus importantes du Namurois. Vers 1200, elle appartient à la famille des Orbais. À force de combats et de mariages, d'héritages et de vols, les patrimoines s'additionnent pour aboutir en 1708 dans les mains de Guillaume Bilquin, puis dans celles des de Moreau, lesquels vendront leurs biens aux Moretus en 1870. En 1906, la famille Vaxelaire leur rachètera le tout. C'est toujours cette famille qui occupe actuellement le château dit de Bioul.

À VOIR

L'**église paroissiale Saint-Barthélemy** est un édifice néogothique en pierres de taille locales reconstruit en 1845 sur l'emplacement d'une ancienne église qui pourrait remonter à l'époque carolingienne (9e-10e siècles). Au centre du village, le **château Vaxelaire** jouait au Moyen Âge le rôle de château féodal muni de tous les moyens de défense de l'époque. Après avoir été incendié en 1554 par les troupes françaises, il sera transformé au 16e siècle en demeure seigneuriale. En 1897, François Vaxelaire restaurera l'ensemble en lui restituant le style du 16e siècle. Le château est un domaine privé rarement visitable. La **ferme de Bruant**, isolée mais robuste, est située près de la route de Warnant. Ses bâtiments forment un important quadrilatère en pierre du pays. À l'ouest de la

L'abbaye bénédictine de Maredsous : l'église abbatiale précédée de l'aile ouest, un bâtiment en pierres calcaires qui sert d'hôtellerie (72 chambres) pour répondre à l'une des principales règles de saint Benoît : l'accueil. À cette règle de l'hospitalité répond également le bâtiment bas de l'avant-plan, destiné à loger des pauvres et des mendiants pendant trois nuits maximum

commune, le **château de Neffe**, non visitable, a été bâti en grès en 1907 sur une butte qui domine le ruisseau du Burnot. Les autres curiosités de la localité se trouvent essentiellement dans les paysages qui défilent au gré des petites routes de campagne à mesure qu'elles s'éloignent du centre du village, niché dans un creux. Depuis une crête située à 250 m d'altitude, on découvre une autre crête qui forme la ligne du partage des eaux des vallées de la Molignée et du Burnot. Des petits chemins conduisent aussi aux vestiges d'anciennes carrières (de marbre bleu belge, de pierre calcaire, de spath calcaire, de grès) ainsi qu'à de nombreuses sablières dont l'une reste sporadiquement en activité. Le plus vieil habitant du village, c'est le **Grand Tiyou**, nom qu'il porte depuis 1497. Ses 15 m de haut et ses 6,30 m de pourtour font de ce vénérable tilleul un des arbres remarquables du pays, que nous rencontrerons fort logiquement au bout de la rue du ... Grand Tilleul.

GASTRONOMIE

- chocolaterie artisanale

DENÉE-MAREDSOUS | 5537

- au 12e siècle *Data*
- Denéens
- plateau condruzien de l'Entre-Sambre-et-Meuse, altitude moyenne de 245 m
- N 932, N 971, lignes de bus 21 Namur-Maredsous, 35 Dinant-Ermeton, 64 Namur-Biesme
- 1 040 ha

HISTORIQUE

Denée est (depuis 1015) une terre liégeoise qui s'enfonce dans le comté de Namur. Dès le Moyen Âge, l'extraction de sa pierre fera sa réputation et marquera son histoire. La venue des Français en 1795 viendra remettre de l'ordre dans le puzzle local ; en effet, les hameaux de Maharenne et de Maredsous, qui étaient d'obédience namuroise, vont se retrouver réunis avec Denée dans le département de Sambre-et-Meuse.

À VOIR

À Maredsous, l'imposante **abbaye Saint-Benoît** retient tous les regards et offre aux visiteurs sa quiétude, ses ateliers d'art, sa bière et son fromage. À la fin du 19e siècle, la rencontre entre Félix de Hemptinne – jeune moine belge entré en religion sous le nom de Dom Hildebrand à Beuron en Allemagne et souhaitant créer une abbaye dans son pays – et Henri-Philippe Desclée – représentant d'une famille d'industriels tournaisiens désireuse d'établir une chapelle sur ses terres de Denée – aboutit, en 1872, à un accord par lequel la famille Desclée cède les terrains de Maredsous pour la construction d'une abbaye qu'elle financera. L'architecte Jean-Baptiste Béthune dresse les plans en style néogothique et utilise les pierres calcaires de la région. L'édifice sera grandiose dans sa sobriété. L'église abbatiale, élevée au rang de basilique, mesure 80 m de long et 28 de large. Deux tours de 54 m flanquent la façade. À l'intérieur, la voûte des nefs en bois peint représente un ciel bleu nuit parsemé d'étoiles dorées. La plupart des vitraux, imaginés et réalisés par les moines et par Béthune, datent de la construction de l'église, terminée en 1888 ; d'autres sont l'œuvre du maître verrier Colpaert et

Cloître extérieur offert par des familles d'élèves de l'école abbatiale (leurs blasons sont visibles à l'intérieur)

Entrée de la porterie avec les chambres d'hôtes vues de face

datent de 1931. À travers leurs chauds coloris, ils racontent les grands mystères chrétiens, ceux des chapelles latérales représentant les saints patrons des donateurs et bienfaiteurs. À signaler aussi une statue de saint Benoît datant du 17e siècle.

En 1881, Dom Gérard van Caloen fonde l'école abbatiale, un collège initialement réservé aux internes, mais qui acceptera plus tard les externes et même la mixité. Dès 1890, Dom Hildebrand veut intéresser les jeunes défavorisés à des activités manuelles, telles que la plomberie, la menuiserie et la cordonnerie. Mais c'est le père Pascal Rox qui reprend le dessein de son père abbé avec la création, en 1903, de l'École Saint-Joseph, une école de Métiers d'Art sacré. Les matières enseignées sont l'orfèvrerie, l'émaillerie, la reliure, la sculpture, l'ébénisterie et, en 1951, la céramique. Grâce au talent du père Sébastien Braun, excellent dessinateur, conjugués à l'esprit novateur de Dom Célestin Golenvaux, l'École produira des artistes comme Félix Roulin, Jean Williame, Émile Souply, Georges Dekoninck et Antonio Lampecco, célèbre céramiste toujours actif à l'heure actuelle. La réputation de l'École des Métiers d'Art et celle de l'École Artisanale de Namur s'additionneront pour former ensemble, en 1964, l'Institut des Arts et Techniques artisanales de Namur, mieux connu sous le signe IATA.

Les moines bénédictins de Maredsous ont aussi à leur actif une traduction fort remarquée de la Bible, connue sous le nom de « Bible de Maredsous », ainsi que la création dans les années 50 d'un important centre Bible et Informatique. Sous la houlette du père Poswick, celui-ci a élaboré de puissants logiciels pour l'étude de la Bible et diffusé pour la première fois celle-ci sur disquettes. Le monastère s'identifie aussi à un centre permanent de pèlerinages et de retraites, marqué par le rayonnement de grandes figures comme Dom Columba Marmion (3e abbé, en 1909, auteur de grands ouvrages de spitiualité), Dom Grégoire Fournier († 1931, fondateur d'un riche musée d'histoire naturelle) ou le père Germain Passelecq († 1999, pionnier du dialogue judéo-chrétien). L'actuel abbé est Dom Bernard Lorent, originaire de la localité voisine de Maredret.

GASTRONOMIE

- la *Maredsous*, bière d'abbaye blonde et brune, est servie dans ses traditionnelles chopes en terre cuite
- l'« assiette des moines » ainsi qu'une gamme de fromages de crème et de croûte parmi lesquels le *Fagotin*

HAUT-LE-WASTIA | 5537

- en 1289 *Hal*, en 1449 *Haulx*, en 1645 *Haut-le-Wasteau*
- Haut-le-Wastiais, *Bocs di Haut* ou *Gattes*
- plateau du Condroz oriental dans l'Entre-Sambre-et-Meuse, altitude moyenne de 202 m
- N 96, ligne de bus 31 Dinant-Falaën
- 400 ha

HISTORIQUE

Le village, haut perché, a connu la visite des Romains. Un cimetière gallo-romain et un colombarium y ont été mis au jour. Au Moyen Âge, les terres de la localité ont appartenu au comté de Namur.

Haut-le-Wastia : la place des Français, avec son église pittoresque et l'ancienne école à droite, ceinturée de jolies petites maisons rustiques en pierres calcaires extraites des carrières avoisinantes

À VOIR

Le village de pierre calcaire, construit sur un plateau surplombant toute la région, offre un merveilleux point de vue sur la vallée de la Molignée. La **place des Français**, ainsi dénommée en raison des combattants français qui défendirent le village et la Meuse en mai 1940, ressemble à une vaste esplanade comprenant le **Musée du souvenir**, qui relate le sautage du pont d'Yvoir et la traversée de la Meuse par les troupes de Rommel à hauteur de l'île de Houx. Un monument imposant a été érigé à la sortie du village vers Sommière en l'honneur des soldats français tombés au cours des combats.

ÉVÉNEMENTS

- commémoration annuelle des combats de 1940, le week-end le plus proche du 10 mai

SOSOYE-MAREDRET | 5537

- en 1289 *Sosuet*
- Sosoyens (peu usité), *les Montagnards* ; Maredrètis (à Maredret)
- plateau du Condroz oriental dans l'Entre-Sambre-et-Meuse, altitude moyenne de 200 m
- N 971, ligne de bus 35 Dinant-Ermeton
- 725 ha

HISTORIQUE

Sosoye a appartenu à l'abbaye de Brogne du 11e au 18e siècle. Même élevé en paroisse autonome en 1607, le village restera confié aux moines de l'abbaye. En 1819, Sosoye se sépare de Saint-Gérard et devient une commune à part entière.

À VOIR

Le village est constitué d'un ensemble d'habitations en pierre du 19e siècle concentrées autour d'un petit promontoire où s'est implantée l'église paroissiale, juste au-dessus d'une Molignée qui aime louvoyer dans les prés. Il présente une belle homogénéité et un charme certain qui lui ont valu d'être reconnu officiellement depuis 2006 comme faisant partie des « Plus beaux villages de Wallonie ». La colline de Ranzinelle, qui longe la rive gauche de la Molignée, communément appelée « **la montagne de Sosoye** », est tapissée de pelouses calcaires qui constituent une réserve naturelle protégée. L'**église Notre-Dame de la Nativité** a été édifiée en moellons, vers 1764, à l'initiative de l'abbaye de Saint-Gérard et du Chapitre de Fosses. Le **presbytère** en moellons, à côté de l'église, date du 17e siècle tandis qu'en face, la **grange aux dîmes** est de 1646.

Village à la fois artisanal et rural, **Maredret** est une pépinière d'artisans très actifs et talentueux. Vitrine permanente de leurs créations, la **Maison de l'artisanat**, située à l'entrée du village, contribue avec l'Atelier d'enluminures de l'abbaye de Maredret et l'École des Métiers d'art de l'abbaye de Maredsous à entretenir une authentique tradition locale. La **galerie d'art** installée dans l'ancienne usine de pâtes à fruits, de cidre et de confitures *La Pommeraie* est l'expression de cette vitalité et de ce savoir-faire artistiques. De l'intérieur de la galerie, on accède au **Musée du bois et de la vie rurale**, une véritable grotte d'Ali-Baba, pleine de surprises. On y fera la connaissance de nombreuses essences d'arbres de l'Entre-Sambre-et-Meuse, de souches énigmatiques aux racines mystérieusement entrelacées, ainsi que de multiples outils qui ont caractérisé, depuis le 18e siècle, les petits métiers du village.

Moins imposante que sa voisine, l'**abbaye bénédictine de Maredret** est la réplique féminine de celle de Maredsous. Elle aussi bénéficie en 1891 d'une donation de 15 hectares de terrains appartenant à la famille Desclée et c'est Agnès de Hemptinne, la sœur de Dom Hildebrand, qui en sera d'abord la prieure en 1893, et l'abbesse en 1900. Dessiné par les architectes Ansival et Paquet en collaboration avec son frère, l'édifice de style néogothique est bâti avec

L'église abbatiale de Maredret, tournée vers l'est, c'est-à-dire vers le soleil levant. En y pénétrant, les moniales et les fidèles entrent dans la lumière

Le village de Sosoye présente de jolies rues sinueuses et de coquettes maisons en pierres locales. Dans le fond, la Montagne calcaire, site protégé, d'un grand intérêt biologique

des pierres calcaires extraites des deux carrières situées dans l'enceinte même de l'abbaye. L'architecte Auguste Van Assche reprendra le chantier de l'église qu'il mènera à bien en 1907. Spécialisées dans l'art de l'enluminure gothique, les moniales bénédictines ont également développé à Maredret un atelier de reliure et d'imagerie religieuse.

ÉVÉNEMENTS

- marché de Noël avec concours de crèches à Maredret pendant les quinze jours autour de Noël ; feu d'artifice le jour de Noël
- fête de l'artisanat le 21 juillet

GASTRONOMIE

- la *Molignette*, apéritif artisanal à base de vin blanc avec, selon les goûts, macération de différents fruits ; se décline aussi en liqueur

WARNANT-SALET | 5537

- en 1315 *Hornen*
- Warnantais
- Condroz oriental dans l'Entre-Sambre-et-Meuse, altitude moyenne de 141 m
- N 971, ligne de bus 35 Dinant-Ermeton
- 1 183 ha

HISTORIQUE

On a découvert dans la localité des vestiges néolithiques et mérovingiens. L'abbaye de Moulins, fondée vers 1231-1233 par le comte de Namur, est d'abord occupée par des moniales cisterciennes ; celles-ci seront remplacées en 1414 par des moines du même Ordre, qui favoriseront le travail du fer et créeront une papeterie. En 1826, Alphonse Jacquier de Rosée acquiert le site de l'abbaye, dont une partie sera reconvertie en usine à cuivre. Depuis 1945, la population s'est étoffée avec l'arrivée d'immigrés italiens engagés dans les fours à chaux de la vallée de la Molignée.

À VOIR

À Moulins, l'**ancienne abbaye**, transformée en château, a conservé son ancienne ferme et une superbe grange de 1762, aménagée pour des réceptions

ÉVÉNEMENTS

- procession de sainte Adèle, invoquée pour les yeux, le premier dimanche de juillet

GASTRONOMIE

- élevage et préparation d'escargots à l'Escargotière. La confrérie gastronomique des Mollassons défend les beignets d'escargots accompagnés d'une sauce mayonnaise à l'ail, dégustés avec une bière artisanale de circonstance

ASSESSE

- arrondissement de Namur
- localités : Assesse, Courrière, Crupet, Florée, Maillen, Sart-Bernard, Sorinne-la-Longue
- 7 880 ha ; 6 680 habitants (01/01/2011)

Au milieu des douves, l'impressionnant donjon de Crupet, dont l'origine remonte au 14e siècle, rappelle la place stratégique du village autrefois situé aux confins de la Principauté de Liège et du Comté de Namur. Les noms de plusieurs familles aristocratiques y sont liés

Magnifique gisant situé dans le porche de l'église de Crupet. Il fut réalisé à la mémoire de Guillaume de Carondelet et de son épouse, décédés respectivement en 1607 et 1602, et dont les noms sont liés au donjon tout proche

ASSESSE | 5330

- en 1181 *Assece*, en 1294 *Asseche*, du latin *assis* = planche, endroit aux planches
- Assessois
- village résidentiel et agricole, altitude de 260 m
- gare ferroviaire, N 4, ligne de bus 66 Namur-Ciney
- 1 462 ha

HISTORIQUE

L'origine lointaine de Assesse, remontant plus que vraisemblablement au haut Moyen Âge, voire au-delà, se matérialise dans des toponymes évocateurs, tel celui de Francesse, lieu-dit de la campagne assessoise où des traces d'occupation prémédiévale ont été mises au jour à la fin du 19e siècle.

À VOIR

À proximité de la maison communale, l'**église Saint-Martin**, réalisée en pierres calcaires, est un bel exemple de l'architecture néoromane de la fin du 19e siècle. Ses dimensions importantes reflètent la ferveur religieuse de cette époque dans un petit village rural. Au cœur de la localité, la rue de la Brasserie rappelle l'une des industries disparues. Plusieurs bâtiments en calcaire – pierre régionale par excellence – attestent l'existence autrefois d'une brasserie à cet endroit. Le territoire assessois compte encore plusieurs belles fermes. L'une des plus remarquables, le long de la route menant à Crupet, est la **ferme de Trignée**, dont la partie la plus ancienne remonte au 18e siècle. Citons encore la ferme voisine de Wavremont.

ÉVÉNEMENTS

- fête du Bois, le dernier dimanche du mois d'août

COURRIÈRE | 5336

- en 1267 *Corires, Corieres,* du latin *corylus* = coudrier
- Courriérois
- village résidentiel et agricole, peu vallonné, altitude 280 m
- gare ferroviaire, E 411, N 4, ligne de bus 66 Namur-Ciney
- 1 130 ha

HISTORIQUE

Le village de Courrière est aujourd'hui divisé en deux parties. Noyau ancien de la localité, le hameau de Petit-Courrière est séparé du hameau de Courrière-Trieu par l'E 411 et la N 4. L'histoire de Petit-Courrière est indissociable de celle du château-ferme et du nom de Jean Muller, marchand et maître de forges, qui l'acheta en 1612.

Courrière : l'église Saint-Quentin jouxtant l'imposant château-ferme de Petit-Courrière

À VOIR

Du centre primitif de Petit-Courrière, il reste aujourd'hui l'**église Saint-Quentin**, entourée de son cimetière, qui jouxte l'imposant château-ferme. La tour carrée de l'église, de style roman, atteste son ancienneté. L'histoire fait remonter son origine au moins au 13e siècle. Les nefs et le portail furent modifiés au 18e siècle, comme l'indique la pierre millésimée 1718 au centre de ce dernier. Le chevet à trois pans fut réalisé en 1742. Entourant l'église, le petit cimetière compte parmi ses sépultures celle d'un soldat anglais tombé au combat durant la Seconde Guerre mondiale. Voisin de l'église, le **château-ferme de Petit-Courrière**, bâti au début du 17e siècle, se présente sous la forme d'un vaste quadrilatère de grès et de calcaire. Autrefois, il était entièrement entouré de douves dont les vestiges sont visibles depuis le cimetière. Le porche d'entrée, précédé d'un pont-levis, donne accès à la basse-cour. Une galerie la sépare de la haute cour, ancienne partie d'habitation du seigneur. Deux angles du mur d'enceinte sont renforcés par des tours circulaires avec des ouvertures d'arquebusières et de fenêtres. Le château s'est agrandi et adapté à sa double fonction agricole et résidentielle jusqu'au début du 20e siècle. Il est actuellement la propriété de la Fédération catholique des Scouts de Belgique.

Le hameau de Trieu s'est développé autour de l'axe du vicinal d'abord, du chemin de fer ensuite. La gare était autrefois un point d'arrêt important. Un hôtel, aujourd'hui habitation privée, existait tout à côté. Parmi les constructions les plus anciennes, la **ferme du Sart-Mathelet** marque l'une des extrémités du village. Elle fut jadis propriété des abbayes de Villers-la-Ville et de Grandpré. Construite aux 17e et 18e siècles comme le château-ferme de Petit-Courrière, elle se présente, comme lui également, sous la forme d'un quadrilatère dont les douves existent encore partiellement. Au centre du hameau de Trieu, l'**église du Sacré-Cœur**, œuvre de l'architecte de Béthune, date de 1872 et est de style néogothique. Bordé par la N 4, le **château du Vivier l'Agneau** est typique de l'architecture du début du 18e siècle. Bâti autour d'un donjon primitif, il était autrefois à la fois château et taverne (implantation courante le long d'une chaussée importante comme la « voie des Ardennes »). La famille de Stassart, dont un éminent membre fut président du Conseil provincial de Namur au 18e siècle, fit construire le château actuel et la ferme contiguë.

GASTRONOMIE

- les excellentens tartes et autres produits de la pâtisserie Pierson, sur la N4

CRUPET | 5332

- en 1278 : *Cripei*, en 1315 : *Crippei*, du patronyme latin *Crispius* (?)
- Crupétois
- village résidentiel, relief condruzien accidenté, altitude variant entre 250 et 300 m
- E 411, ligne de bus 128A Ciney-Yvoir
- 976 ha

Le diable des Grottes figure en bonne place parmi les scènes qui reconstituent la vie de Saint Antoine

HISTORIQUE

Le village de Crupet, réputé par son label de « Plus beau village de Wallonie », se différencie des autres villages de l'entité assessoise par son relief accidenté, faisant de lui un bel exemple de village condruien. Déjà habité à l'époque gallo-romaine et au début du Moyen Âge (des vestiges archéologiques dont plusieurs tombes mérovingiennes en témoignent), Crupet a connu son véritable développement durant le Moyen Âge. Le donjon et l'église en sont les preuves. Bâti sur les flancs de la colline et dans la vallée, le village est arrosé par le ruisseau de Crupet, qui alimentait les nombreux moulins situées le long de son cours. Aujourd'hui, le village de Crupet est principalement connu pour ses grottes construites par le chanoine Gérard au 19e siècle, et surtout par le diable qui y attire les touristes.

À VOIR

La base de la tour de l'**église Saint-Martin** fait remonter son origine à l'époque médiévale. Réalisée dans les matériaux locaux que sont le grès et le calcaire, l'édifice a connu des phases successives d'aménagements et de reconstructions, telle celle du 16e siècle, qui a donné aux nefs leur configuration actuelle. À l'intérieur, une série de dalles funéraires, datées pour la plupart du 17e siècle, rappellent que Crupet a été autrefois le lieu de résidence d'importantes familles du namurois. Autour de l'église, le cimetière a conservé toute son authenticité. À son seuil, un **tilleul pluricentenaire** fait la fierté des Crupétois et pourrait conter plusieurs siècles de vie villageoise. En contrebas de l'église, les **grottes de Crupet**, inaugurées en 1900, sont l'œuvre du curé de l'époque, l'abbé Gérard. Ces grottes entièrement artificielles sont peuplées de 18 statues en plâtre représentant des scènes de la vie de saint Antoine. Trois d'entre elles, dont celle du diable, sont réalisées en bronze. La statue de la Vierge, quant à elle, est taillée dans la pierre. Au milieu de cette mise en scène, une statue représente le prêtre Gérard, agenouillé en prière. Ces grottes attirent toute l'année un nombre impressionnant de curieux. Dans le bas du village, longé par le Crupet, le **donjon** s'élève fièrement au milieu des douves. Déjà cité au début du 14e siècle, ce donjon était une propriété de la principauté de Liège avant d'être acquise par la famille de Carondelet, originaire du Hainaut. Le donjon est précédé d'un imposant porche d'entrée construit à la fin du 16e siècle ou au début du 17e. À proximité, s'échelonnant le long du Crupet, plusieurs imposants bâtiments rappellent l'exploitation ancienne de l'énergie hydraulique pour le fonctionnement des moulins.

À quelques encablures de Crupet, Jassogne est aujourd'hui un hameau isolé. Au Moyen Âge, Jassogne et son hameau de Jassegnoule étaient constitués en une paroisse de taille importante et étaient également le siège d'une seigneurie dépendant du comté de Namur, alors que Crupet, tout proche, était propriété liégeoise. La population de ces deux lieux commença à diminuer dès le 17e siècle, mais le déclin se dessina réellement lors de la Révolution française. Dès le 19e siècle, la paroisse de Jassogne avait disparu et il ne reste plus aujourd'hui à cet endroit, qu'on atteint par une petite route discrète, que quelques maisons, une ferme et un

Au sommet de la colline, l'église Saint-Martin de Yvoy, de style roman, témoigne de la ferveur d'autrefois au sein de ce qui est aujourd'hui un hameau de Maillen, rassemblant quelques maisons et fermes

tilleul pluricentenaire. Le hameau de Jassegnoule a, quant à lui, totalement disparu.

ÉVÉNEMENTS

- kermesse de Crupet, le dernier weekend du mois de septembre

GASTRONOMIE

- la truite de Crupet, spécialité des restaurants de l'endroit

FLORÉE | 5334

- en 817 *Florias*, du patronyme germanique *Floriacas* = appartenant à Floro
- Floréens
- relief peu vallonné, altitude de 250 m
- gare ferroviaire, N 946, pas de ligne de bus
- 1 175 ha

HISTORIQUE

À l'instar de la plupart des autres villages de l'entité d'Assesse, le village de Florée a une origine antique. Il est d'ailleurs construit le long d'une voie romaine à proximité de laquelle des tumuli romains ont été mis au jour.

À VOIR

Bâtie sur une butte, l'**église Sainte-Geneviève** primitive fut construite dès le 11e siècle. Vestige de cette époque, la tour massive et carrée construite en grès et calcaire est surmontée d'une flèche octogonale datant du 16e siècle. Les trois nefs remplaçant le vaisseau primitif remontent aux 17e et 18e siècles. Deux **tilleuls centenaires** classés encadrent l'édifice. Non loin de là, la **chapelle Sainte-Geneviève** côtoie la source du même nom, dont les vertus sont appréciées pour la guérison des maladies des yeux. Au centre d'un parc, le **château de Wagnée**, non visible de la route, remonte au 17e siècle. En divers endroits du village de Florée, plusieurs chapelles témoignent de la ferveur populaire dans les campagnes autrefois. À proximité de l'église, deux fermes rappellent la vocation rurale du village de Florée : la **ferme des Moines**, ancienne propriété de l'abbaye de Grandpré, et la **ferme de la Neuve Cour**, dont l'origine remonte sans doute au 13e siècle et qui était également propriété de cette abbaye fort influente dans la région. À peu de kilomètres du centre de Florée, Maibelle est un hameau aux constructions ancrées sur les flancs de la colline, dont la plupart remontent au 19e siècle. Véritable âme de ce hameau, son tilleul pluricentenaire.

MAILLEN | 5330

- en 1040 *Maillien*, en 1189 *Maillon*, en 1273 *Mailhent*, du latin *Mallius,* gentilé romain
- Maillenois
- altitude 270 m
- N 4, ligne de bus 66 Namur-Ciney
- 1 892 ha

HISTORIQUE

Le lieu-dit Ronchinne est situé sur une colline à quelques kilomètres du centre de Maillen. Étymologiquement, son nom fait penser qu'autrefois s'y trouvait une ronceraie. Ce qui est certain, c'est que ce lieu était déjà habité par les Romains puisqu'une imposante villa, y a été exhumée et fouillée à la fin du 19e siècle.

À VOIR

Le **domaine de Ronchinne** est constitué de plusieurs bâtiments. L'un d'eux, bâti au 19e siècle, fut la propriété du prince Victor-Napoléon Bonaparte et de la princesse Clémentine, fille cadette du roi Léopold II, qui s'y installèrent en 1912 et y aménagèrent le superbe parc. Jouxtant le château princier, le **château-ferme** est la partie existante la plus ancienne du domaine. Il s'agit d'un ancien fief de la seigneurie de Poilvache. Disposés sur un plan en U, ses bâtiments, datés principalement du 16e siècle, se développent autour d'un solide donjon en grès en en calcaire dont l'origine remonte sans doute au 12e siècle. Face à la colline de Ronchinne, Yvoy est un hameau bâti lui aussi sur une hauteur. Quelques maisons et fermes (ferme d'Yvoy, ferme de Coux) se rassemblent autour de la superbe petite **église de style roman** faite de grès. Sa tour, du 17e siècle, précède la nef du 11e et un chœur à chevet plat du 12e. Autour de cette église, le petit cimetière renferme quelques pierres tombales anciennes. Proche du village de Lustin, le **château et** la **ferme d'Arche** constituent un vaste quadrilatère en pierres calcaires du début du 17e siècle. L'existence d'un château à cet endroit est attestée depuis le 16e siècle. Le domaine était alors propriété de la seigneurie de Poilvache. Sa vocation défensive primitive ne fait aucun doute : un pont-levis en

Représentative, par sa tour massive, de l'architecture du 11e siècle, l'église Sainte-Geneviève de Florée se dresse fièrement, avec pour voisins les tilleuls centenaires

Massif quadrilatère en pierres calcaires du début du 17e siècle, le château et la ferme d'Arche constituaient à la fin du Moyen Âge un maillon de la chaîne de défense de la seigneurie de Poilvache

protégeait l'entrée et des douves profondes en ceinturaient les murs extérieurs. Aujourd'hui, le château d'Arche est une propriété résidentielle, dont l'entrée se fait par une magnifique drève de tilleuls.

ÉVÉNEMENTS

- kermesse de Maillen, le 3e week-end du mois de septembre

SART-BERNARD | 5330

- en 1130 : *Bernardi Sartum*, sart de Bernard, du nom d'un moine provenant de l'abbaye de Grandpré
- Sartois
- village au relief accidenté, altitude de 260 m
- gare ferroviaire, N 4, ligne de bus 66 Namur-Ciney
- 773 ha

HISTORIQUE

La configuration de ce village, atypique puisque qu'il ne relie aucun autre lieu par la route, témoigne de son origine : Sart-Bernard est en effet, comme l'indique aussi son nom, le fruit d'un essartage durant la période médiévale. La tradition veut que ce soit le moine Bernard, issu de l'abbaye de Grandpré, qui en fut l'initiateur.

À VOIR

L'**église** paroissiale **Saint-Denis** date de 1911. Elle remplace une antique église de style roman et est bâtie en grès, à l'instar de nombreux autres édifices du village. Au cœur du village, la **ferme de la Cour** remonte au Moyen Âge. La tradition veut que la cour de justice y était établie. Les malfaiteurs qu'elle condamnait à mort étaient pendus au lieu-dit « Barabas » bordant le domaine du château d'Arville, de l'autre côté de la N 4 à la limite de la commune de Namur. À l'entrée du village, au carrefour formé par la N 4 et la rue du Bois d'Ausse, une **chapelle** rappelle le passage de l'impératrice Marie-Thérèse d'Autriche, sortie indemne d'un accident au cours duquel son carrosse avait versé dans le fossé à cet endroit.

ÉVÉNEMENTS

- kermesse de Sart-Bernard, le 2e week-end du mois d'octobre

SORINNE-LA-LONGUE | 5333

- au 11e siècle *In Sorina*, du patronyme *Surius* (?)
- Sorinnois
- village tout en longueur, bâti sur la crête d'une colline condruzienne, altitude de 280 m
- N 4, lignes de bus 14 Ohey-Courrière, 66 Namur-Ciney
- 472 ha

HISTORIQUE

Contrairement à la plupart des constructions des autres villages de l'entité d'Assesse, les maisons de Sorinne-la-Longue sont faites d'une pierre beaucoup plus claire et lumineuse, la « pierre d'avoine », qui était autrefois extraite à proximité immédiate du village.

À VOIR

Le long de la rue du Centre, au détour d'un virage, surgit l'imposante **église Notre-Dame**, édifice de style néoclassique construit en 1846 en grès et calcaire. Plus loin, au lieu-dit Bethléem, alors que la route plonge vers les fonds de Sorinne, un petit chemin en sous-bois amène le promeneur vers la **source du Cratch**.

ÉVÉNEMENTS

- kermesse, le 1er week-end du mois de septembre

BEAURAING

- arrondissement de Dinant
- localités : Baronville, Beauraing, Dion, Felenne, Feschaux, Focant, Froidfontaine, Honnay, Javingue, Martouzin-Neuville, Pondrôme, Vonêche, Wancennes, Wiesmes, Winenne
- 17 455 ha ; 9 062 habitants (01/01/2011)

BARONVILLE | 5570

- en 1070, *Baronville*, du latin *villa* = domaine ou alleu, et *Baro* (nom germain de personne) ou du germain *bara* = homme libre
- Baronvillois
- village résidentiel situé dans la dépression famennienne, le long du Hileau, affluent de la Lesse, altitude de 184 m
- N 95, N 40, lignes de bus 25 Dinant-Beauraing, 141 Dinant-Graide, 422 Beauraing-Doische
- 657 ha

HISTORIQUE

Déjà citée au 11e siècle, la terre de Baronville fait partie des possessions de l'église de Liège (comté de Huy). Importante seigneurie hautaine de la prévôté de Revogne, elle passera aux mains de grandes familles, dont les de Wal, dès 1669. Henri, baron Auguste de Wal (†1829), membre influent de l'État noble de la principauté de Liège, sera le dernier seigneur de l'Ancien Régime. L'église paroissiale fut le siège de l'actuel doyenné de Beauraing jusqu'en 1868.

À VOIR

Au centre du village, à l'écart de la route Beauraing-Dinant, bel ensemble de bâtiments du 18e siècle, comprenant le château, l'église et le presbytère. L'**église Saint-Maurice** (1789), de style néoclassique, est typique par sa façade à fronton triangulaire porté par quatre pilastres toscans, ainsi que par la flèche octogonale de son clocheton. Mobilier Louis XVI, et couvercle en laiton des fonts baptismaux daté de 1720. L'imposant **château de Baronville**, d'allure classique (Louis XV) en U, possède une avant-cour close de murs courbes et de douves. L'aile gauche, la plus ancienne, est datée de 1759. Pillé en 1793 par les révolutionnaires français, le château abrita de 1901 à 1910 des religieux français de l'abbaye de Saint-Maur-sur-Loire chassés par les lois Combes.

La Tour carrée à Sevry remonte à la fin du 15e siècle

Beauraing : vitrail de Louis-Marie Londot dans l'église Saint-Martin

BEAURAING | 5570

- en 873, *Bierant*, du celto-gaulois *bier* = source et *ant* = vallée
- Beaurinois
- important centre commercial, touristique, d'enseignement et de pèlerinage (depuis 1932), traversé par le ruisseau le Biran, altitude de 182 m
- gare ferroviaire, N 95, N 911, N 40, lignes de bus 25 Dinant-Beauraing, 26 Beauraing-Wellin, 49 Beauraing-Felenne, 141 Dinant-Graide, 241 Beauraing-Haut-Fays, 341 Beauraing-Bourseigne-Vieille, 421 Beauraing-Jemelle, 422 Beauraing-Doische, 423 Beauraing-Houyet, 9 Beauraing-Alle
- 2 086 ha

Le château de Baronville est de facture classique du 18e siècle

HISTORIQUE

L'histoire de Beauraing se confond pour une part avec celle de son château. Pairie du comté de La Roche, possession du comté de Namur dès le 11e siècle, puis cédée en 1199 au comte de Luxembourg, la terre de Beauraing appartint à différentes familles féodales : les Herbigny (fin du 14e siècle), les Berlaymont (dont Charles, au 16e siècle, qui fut gouverneur de Namur), les Beaufort-Spontin à partir de 1689. L'histoire plus récente de Beauraing est marquée par les apparitions de la Vierge, du 29 novembre 1932 au 3 janvier 1933, à cinq enfants des familles Degeimbre et Voisin. Depuis la reconnaissance du culte en 1943, des foules nombreuses se rendent à Beauraing en pèlerinage.

À VOIR

L'**église paroissiale Saint-Martin**, de style néogothique (1861, architecte G. Vierset) possède un maître-autel de style Louis XV, des vitraux de L.-M. Londot (1961) et un chemin de croix de Jean Willame. À 100 m de l'église se trouvent les sanctuaires marials. Le **jardin de l'Aubépine**, lieu des apparitions, vaste espace réservé à la prière, est bordé par un muret de moellons côté rue, un pont et un talus de chemin fer, l'ancien couvent des sœurs de la Doctrine chrétienne et une esplanade. Une statue en marbre (art déco tardif), réalisée en 1946 par Aurélien Pierroux, est placée sous l'aubépine des apparitions. Deux auvents en voiles de béton, dont l'un surmonte un autel massif, sont l'œuvre de l'architecte Roger Bastin (vers 1960). On accède par un escalier situé à l'angle des auvents à la « petite crypte », qui abrite un chemin de croix en céramique de Max Van der Linden. L'imposante **chapelle votive** de style roman érigée sur l'esplanade à l'entrée des sanctuaires est due à l'architecte Michel Claes. Chargé d'une riche symbolique des nombres, l'édifice traduit dans la pierre l'histoire des événements. En retrait de la chapelle, s'étageant sur la colline, une « grande crypte » est surmontée d'une « église supérieure » qui peut accueillir plusieurs milliers de pèlerins. L'ensemble, de béton et de moellons calcaires (architectes Roger Bastin et Guy Van Oost), a été achevé en 1968 et contient des œuvres de Max Van der Linden. Un **musée marial** évoque les événements de 1932-33 et présente l'iconographie mariale du monde entier.

À l'angle de la route de Rochefort et de la rue de l'Aubépine, le Centre culturel, construction d'allure classique du troisième quart du 19e siècle, occupe des bâtiments de l'ancien hôtel de ville. En haut de la rue de Luxembourg, qui borde le parc du château, la modeste **chapelle du Calvaire** (18e siècle) contient un Christ en croix (16e) et une Vierge avec saint Jean (début 17e siècle) en bois polychromé.

L'**ancien château féodal,** devenu le *Castel Sainte-Marie* depuis son rachat en 1945 par l'ASBL Pro Maria, est disposé au sommet d'un éperon rocheux qui domine Beauraing et la plaine de la Famenne. Détruit en 1793 par les révolutionnaires français, il fut rebâti en 1857 par l'architecte français Mestral pour le compte du duc d'Osuna, Grand d'Espagne. Passé un porche en matériaux de réemploi du 16e siècle, on découvre divers bâtiments entourant une vaste cour rectan-

Le centre de Dion, dominé par l'église Saint-Martin

Beauraing : la chapelle votive sur l'esplanade des sanctuaires (architecte Michel Claes)

gulaire : une remise à voitures du début du 18e siècle avec, en façade, trois portails en plein cintre et une très haute bâtière d'ardoise ; une importante habitation, principalement du 18e siècle, appelée « L'Épi » ; plus haut, passé un porche daté de 1747, la cour basse, au fond de laquelle un long bâtiment, souvent remanié depuis, servit d'écuries au temps des Osuna. Cette aile est flanquée de deux tours en poivrière dont les parties inférieures seraient également du 16e. La cour haute donne accès aux niveaux supérieurs de trois tours massives du château proprement dit, dont un incendie ravagea en 1889 les ailes aujourd'hui disparues ; l'une d'elles supporte un carillon de 29 cloches (vers 1950). La base des tours remonterait à la période médiévale et au 16e siècle. Le **parc du château** est entouré de hauts murs de pierre. À flanc de colline, la **chapelle Saint-Pierre-aux-Liens** est un modeste édifice mononef à abside semi-circulaire, du 12e siècle. Il s'agit de l'église du hameau disparu de Loyers. En contrebas s'élève la statue en fonte de la duchesse de Beaufort-Spontin, mère du duc d'Osuna. Les anciennes tanneries du 19e siècle, situées au Faubourg-Saint-Martin, ont été aménagées par la commune de Beauraing en « Pôle beaurinois ».

ÉVÉNEMENTS

- célébrations mariales annuelles : 1er mai, ouverture de la saison des pèlerinages ; 15 août après-midi, rassemblement des enfants ; 21 août au soir, procession aux flambeaux des sanctuaires au château ; 22 août, pèlerinage international ; 29 novembre, anniversaire de la première apparition en 1932
- « Le Castel en fête » – festival des arts de la rue – a lieu dans le parc chaque année paire, en septembre

DION | 5570

- du latin *devona* = sacrée (source sacrée ?)
- Dionais
- village frontalier (France), partagé en deux entités : Dion-le-Val et Dion-le-Mont, terrain accidenté et collines, arrosé par les ruisseaux de Dion et des Alloux
- activités forestières, agricoles et d'élevage, altitude de 192 m
- N 40, lignes de bus 49 Beauraing-Felenne, 422 Beauraing-Doische
- 1 280 ha

HISTORIQUE

On a trouvé des traces d'implantation humaine aux temps préhistoriques et durant les périodes gallo-romaine et mérovingienne (*diverticulum* Givet-Pondrôme).

Dion-le-Mont fut terre liégeoise (comté d'Agimont). Achetée par Charles Quint en 1555, elle passa à la France en 1678 et revint aux Pays-Bas en 1699 (convention de Lille). Dion-le-Val, avant son acquisition par Charles Quint, était un simple écart de la baronnie de Beauraing (comté de Marche).

Revogne : la chapelle Saint-Étienne (1777)

À VOIR

L'**église Saint-Martin**, de style classique, bâtie au centre de la localité en 1739, fut réaménagée en 1878 par l'architecte Luffin. À l'intérieur, un confessionnal style Louis XIV (vers 1700) et un banc de communion du 18e siècle. Pierres tombales des 17e et 18e siècles à l'extérieur. Sur la route de Beauraing, bel **abreuvoir circulaire** du 19e siècle en dalles de calcaire. Rue des Vérennes, grosse **ferme** dont le logis est daté de 1727. À Dion-le-Val, rue de Givet, belle **ferme** du début du 18e siècle. En face du logis, chœur de style classique d'un ancien édifice religieux (début du 18e siècle).

FELENNE | 5570

- au 11e siècle, *Felenias* ; en 1555, *Fellene,* qui signifierait « terre de potier »
- Felennois
- village situé à la limite du territoire français et de l'Ardenne, bâti sur les pentes douces d'une colline, activités agricoles et forestières, altitude de 347 m
- N 981, ligne de bus 49 Beauraing-Felenne
- 1 746 ha

HISTORIQUE

À l'origine (11e siècle), Felenne est un simple écart de Givet-Notre-Dame, possession liégeoise qui deviendra comté d'Agimont. Acheté en 1555 par Charles Quint au prince-évêque, qui en reste suzerain, ce comté relève alors de la prévôté d'Agimont, l'une des circonscriptions administratives du Luxembourg. Felenne sera territoire français de 1678 (traité de Nimègue) à 1699 (convention de Lille), date à laquelle il retournera aux Pays-Bas.

À VOIR

L'**église Saint-Pierre-aux-Liens** est un édifice datant du 18e siècle (nef) et de 1840 (tour massive, sacristie, cinquième travée de la nef, chœur). La **chapelle Saint-Joseph** (à l'angle de la rue Géhénot), de style néoclassique, est datée de 1875 (façade reconstituée en 1947). Dans la vallée de la Houille, le **moulin d'Olenne**. Ses bâtiments en L furent construits aux 18e et 19e siècles et modifiés en 1930. Mentionnons aussi de nombreuses fermes en long datant pour la plupart de la seconde moitié du 19e siècle.

FESCHAUX | 5570

- *Fescals* (12e siècle), puis *Faisseaux*, du latin *fiscalium* = fiscal (lieu de perception d'impôt)
- Feschautois
- localité de moyenne importance, à habitat traditionnel, développée dans la vallée du ruisseau « Le pré d'en bas », altitude de 229 m
- N 95, N 929, lignes de bus 25 Dinant-Beauraing, 46 Anseremme-Houyet, 141 Dinant-Graide
- 967 ha

HISTORIQUE

Un gisement de silex est à l'origine d'une implantation humaine (pierre taillée). Pour la période mérovingienne, un vaste cimetière de 140 sépultures a été découvert au lieu-dit Les Icous. Feschaux fut une terre du comté, puis de la prévôté d'Agimont, vendue à Charles Quint en 1555, cédée à la France de 1678 (traité de Nimègue) et rendue aux Pays-Bas en 1699 (convention de Lille). Au début du 19e siècle, la paroisse fut acquise aux idées du stevénisme.

À VOIR

L'**église** paroissiale **Saint-Jean-Baptiste** est un édifice de type classique daté au portail de 1859. À l'intérieur, les fonts baptismaux de 1623 constituent la seule trace datée du village avant sa dévastation, en 1636, par le prince François de Lorraine.

L'école, vaste construction de brique et de pierre bleue, est un exemple typique des bâtiments scolaires de cette époque. Sa façade porte l'inscription « 1866 | École communale ».

FOCANT | 5572

- de *Fourcamps*, puis *Forkans* (1343), du latin *forca* = fourche, et *campus* = plaine
- Focantais
- village-rue très étiré, quartier de villas, zones agricoles, au cœur de la vaste dépression de la Famenne, altitude de 138 m
- N 911; ligne de bus 421 Beauraing-Jemelle
- 959 ha

HISTORIQUE

À l'origine domaine de Silvestre Court (devenu Fescourt), possession de l'abbaye de Stavelot, seigneurie foncière conservée pour les moines jusqu'à la fin de l'Ancien

Régime, la seigneurie de Focant est rattachée au comté de La Roche, inféodé au Luxembourg. La seigneurie passe dans différentes familles dont les la Marck (15e siècle), Ligne-Arenberg (milieu du 16e), Coclet, Hamal. Rattaché à la France sous Louis XIV, le territoire de Focant sera le théâtre de luttes importantes pendant la Révolution brabançonne.

À VOIR

À proximité d'une ferme qui conserve de rares vestiges du château s'élève l'**église** paroissiale **Saint-Pancrace**, dont la nef a été bâtie en 1853 (chœur de 1834). La tour date de 1871. Cet édifice néoclassique renferme une dalle commémorative de la famille de Hamal et des pierres tombales du début du 18e siècle.

La porte de Lomprez à Revogne, en contrebas du château, est un vestige de l'enceinte médiévale

FROIDFONTAINE | 5576

- *Fret-fontainne* en1309, le village tire son nom d'une très ancienne fontaine d'eau fraîche située en son centre
- Froidfontainois
- localité rurale située sur le versant en pente douce du ruisseau d'Ombelle, altitude de 320 m
- N 95, ligne de bus 341 Beauraing-Bourseigne-Vieille
- 772 ha

HISTORIQUE

Habité dès le haut Moyen Âge, comme en témoignent de nombreuses traces archéologiques, Froidfontaine dépendit de l'abbaye de Stavelot et fit partie du Luxembourg, son sort ayant longtemps été lié à celui de Tanton, terre templière passée à l'ordre des Chevaliers de Saint-Jean de Jérusalem. Au fil du temps, Froidfontaine se détache de Tanton qui, en déclin, ne fut plus qu'un écart rattaché aujourd'hui à Vonêche. À la fin du 17e siècle, le village passa temporairement à la France avant de revenir aux Pays-Bas. Comme Vonêche, Froidfontaine adhéra au stevénisme. C'est à Tanton que fut installée, au début du 19e siècle, la taillerie de la cristallerie de Vonêche.

À VOIR

L'**église** paroissiale **Sainte-Catherine**, construite en 1871-72 selon le plan de l'architecte namurois Gilbert, possède un beau lustre en cristal à pendeloques (19e siècle).

HONNAY | 5570

- en 1050 *Ogna*, du latin *Hunacum* = val de Huno (?)
- Honnasien
- village rural sur le versant nord à faible pente de la Famenne, vastes prairies et élevage bovin, altitude de 258 m
- N 40, ligne de bus 26 Beauraing-Wellin
- 1 428 ha

HISTORIQUE

Honnay est situé sur le *diverticulum* romain Givet-Rochefort. Nombreuses traces d'occupation romaine et mérovingienne. Le sort de Honnay était lié à Revogne, village de taille modeste, mais au riche passé, blotti au creux de la vallée de la Wimbe, qui dominait du haut d'un éperon calcaire un château et une église. Revogne, aujourd'hui simple hameau, a été pendant des siècles le centre le plus important de la Famenne. Possession depuis 1115 de la principauté de Liège, il sera le centre administratif de la prévôté et une place fortifiée assurant la défense d'une vingtaine de villages environnants. Les abbayes de Stavelot, Saint-Hubert et Waulsort y sont propriétaires fonciers. Défaite par les Bourguignons en 1466, Revogne connaîtra un lent déclin, passant aux mains de diverses familles, dont les de Harroy et les de Fère.

À VOIR

L'**église** paroissiale **Notre-Dame** (1868), édifice néoroman en moellons de calcaire dû à l'architecte Luffin, renferme une Assomption peinte sur bois du 16e siècle. L'école, de style néoclassique, est datée de 1875. Le **château** à l'ouest du village est un vaste ensemble de deux bâtiments parallèles du 19e siècle.

Neuville : ermitage de Damien

Sevry : abreuvoir circulaire du 19e siècle en dalles de calcaire

À Revogne, le **château-ferme** domine la Famenne. L'ensemble massif de bâtiments situé en contrebas de l'ancienne forteresse médiévale est adossé à un imposant vestige de l'ancien mur d'enceinte de la bourgade, construit pour l'essentiel au 17e siècle. De cette enceinte médiévale subsiste, au-delà du pont sur la Wimbe, une tour porche gothique avec voûte en berceau (13e - 14e siècles), appelée **porte de Lomprez** ou « porte romaine ». En contrebas du château, la **chapelle Saint-Étienne**, datée de 1777, renferme un bénitier daté de 1623, des autels du début du 18e siècle et des statues des 17e et 18e siècles. Le **chemin** au bas de la chapelle et **la ligne de crête avec les ruines de l'ancien château** sont classés comme sites.

JAVINGUE-SEVRY | 5570

- en 1297, *Javengle* ; *Sevri*, puis *Sevry*, du latin *supericus* ou *suvericus* = lieu le plus élevé
- Javinguois et Sevrytois
- Javingue est blotti près du ruisseau l'Hileau, en terre de Famenne, au pied d'une colline dominée par Sevry, village-frontière entre la Famenne et l'Ardenne ; altitude de 218 à 332 m
- villages agricoles, forestiers et d'élevage
- N 981, ligne de bus 49 Beauraing-Felenne
- 1 002 ha

HISTORIQUE

Terres principautaires au Moyen Âge, les villages de Javingue et de Sevry appartiendront respectivement à Liège (Sevry) et au Luxembourg (Javingue). Javingue relèvera du comté d'Agimont et sera le siège de la cour prévôtale et du bailliage. Sevry, centre paroissial, avec église et cimetière, dépendra de la prévôté de Revogne. Les deux villages seront réunis en une seule commune.

À VOIR

Au centre de Javingue, le **château** bâti en 1770 en style traditionnel servit de résidence au bailli. À Sevry, le **château** néoclassique, en retrait de la rue de Vencimont, est une vaste demeure avec bâtière à la Mansart datant de la première moitié du 19e siècle. À proximité, la **tour carrée** (dite « la Tourette ») avec le logis y attenant remonte à la fin du 15e siècle et fut remaniée par la suite. Elle conserve son allure médiévale avec, en façade, sa fenêtre à accolade, sa latrine en encorbellement au premier étage et sa toiture d'ardoise à coyau. L'**église Sant-Étienne** a été bâtie en 1862.

MARTOUZIN-NEUVILLE | 5573

- en 1264, *Martiniscus* ; en 1579, *Marthouville* ; du latin *Martis*, nom propre (?), et *villa*, exploitation agricole ; Neuville = nouvelle localité
- Martouzinois et Neuvillois
- villages ruraux contigus, accrochés sur le versant nord schisto-calcareux de la dépression famennienne, altitude de 157 m
- N 911, ligne de bus 421 Beauraing-Jemelle
- 674 ha

HISTORIQUE

Le territoire de Martouzin fait partie dès 862 des possessions de l'abbaye de Stavelot. Terre templière relevant plus tard des possessions des chevaliers de Saint-Jean de Jérusalem, elle est aussi rattachée comme terre seigneuriale au territoire luxembourgeois en 1357. Elle passera, jusqu'à la fin de l'Ancien Régime, dans différentes familles, dont les Hamal, puissants seigneurs de Vierves. Neuville, seigneurie hautaine de la prévôté de Revogne, sera l'apanage de familles distinctes de Martouzin, dont les Thier à partir de 1703.

Le village de Neuville domine la plaine de la Famenne

À VOIR

À Martouzin, à côté de l'actuel cimetière, la **chapelle Notre-Dame de Grâces** est datée de 1837. Le culte à Notre-Dame de Grâces s'y confond avec celui de Notre-Dame de Foy. À Neuville, la **chapelle de l'Assomption de Notre-Dame** (13e siècle, chœur reconstruit en 1704) est un rare édifice roman, du moins pour la nef à deux travées de 1253. Un chœur du début du 18e siècle a remplacé le chœur primitif et la tour a été rebâtie en 1806. Très belle porte romane avec linteau portant une croix (insigne de l'ordre de Saint-Jean de Jérusalem). Fonts baptismaux romans du 12e siècle, statues des 16e et 17e siècles, mobilier du 18e, Vierge habillée du 19e. Au lieu-dit « bois d'Ouchy », qui domine le village, se dressent les **ruines d'un château,** vestiges d'une forteresse du 11e siècle dégagée vers 1990 par le Cercle d'Histoire de Beauraing.

PONDRÔME | 5574

- en 1055, *Pondrome*, du germain *Baldram*, nom du propriétaire d'un alleu (?)
- Pondrômois
- important village traversé par la Wimbe et la Snaye, à l'est de la vaste dépression de la Famenne, altitude de 240 m
- agriculture et élevage, zone commerciale
- N 40, lignes de bus Beauraing-Wellin, 241 Beauraing-Haut-Fays, 341 Beauraing-Bourseigne-Vieille, 9 Beauraing-Alle
- 1 744 ha

HISTORIQUE

On a trouvé des traces significatives d'occupation humaine du néolithique et des époques gallo-romaine et mérovingienne. Partagée très tôt entre les abbayes de Stavelot, de Waulsort et de Florennes, objet de la convoitise des comtes de Namur et de Luxembourg et des princes-évêques de Liège, Pondrôme dépendra dès le 15e siècle de la baronnie de Beauraing et ressortira à la prévôté de Poilvache. Bien foncier de l'abbaye de Stavelot, seigneurie hautaine dès 1321 (vicomté), elle passe aux mains de nombreuses familles, dont les Villers-Marzbourg à partir de 1762 jusqu'à nos jours.

À VOIR

L'**église** paroissiale **Saints-Cosme-et-Damien**, édifice néoclassique de 1833, contient des fonts baptismaux romans du 12e siècle en pierre bleue, un socle en pierre de l'ancienne chaire de vérité (1558), un autel central à portique daté de 1744 et des dalles funéraires du 18e siècle. Le village comprend de nombreuses fermes en long datées du second tiers du 19e siècle. Rue de Wellin, **ferme-château** seigneuriale de plaine. Ce bâtiment en cours de restauration possédait quatre tours carrées, des douves et un pont-levis. L'ensemble date du milieu du 17e siècle. Dans le hameau d'Éclaye, le **château** est une vaste demeure à double corps datée de 1763 ; sa **chapelle** fut bâtie en 1823 à l'emplacement de l'ancienne église paroissiale détruite par les révolutionnaires français. Le **viaduc de Thanville** est le plus long ouvrage d'art construit en Belgique au 19e siècle et permet le franchissement de la vallée de la Snaye par la ligne ferrovière Dinant-Athus (15 arches sur piles en maçonnerie de brique, longueur de 300 m, hauteur maximum de 33 m). La **chapelle de la Colline**, construite en 1943, abrite une statue monumentale (4 m) de la Vierge Marie, œuvre de Louis Thomas.

VONÊCHE | 5570

- en 1379, *Vônèche*, du germain *won* = habitat, et *nes* = humide ou wesch = salé

Felenne : la chapelle Saint-Joseph

Le viaduc de Thanville est le plus long ouvrage d'art construit en Belgique au 19e siècle

- Vonêchois
- village agricole, forestier et d'élevage, limitrophe entre la Famenne et l'Ardenne, altitude de 306 m
- N 95, lignes de bus 141 Dinant-Grade, 241 Beauraing-Haut-Fays, 341 Beauraing-Bourseigne-Vieille, 9 Beauraing-Alle
- 907 ha

HISTORIQUE

Vonêche a appartenu successivement à la principauté de Liège (comté d'Agimont) et au duché de Luxembourg. Avant son achat par Charles Quint en 1555, ce modeste village constituait le domaine de grandes familles dont les la Marck (15e siècle) et les Stolberg (16e). Il doit sa renommée à l'importante cristallerie qui, sous l'impulsion de son fondateur, Aimé-Gabriel d'Artigues, y a produit de 1802 à 1830 les plus belles pièces d'usage et de prestige d'Europe. C'était la première cristallerie continentale. Elle fut à l'origine des manufactures verrières de Baccarat (France) et du Val Saint-Lambert.

À VOIR

Un superbe **ensemble de bâtiments-fermes basses** en long des 18e et 19e siècles, dont plusieurs à colombages, avec hourdis en brique ou en torchis, entourent, dans le fond du village, l'espace circulaire où s'élevait l'église, détruite en 1843. L'ancienne brasserie du début du 19e siècle est bâtie en brique et colombage.

L'**église** paroissiale **Saint-Denis**, de style néoclassique, fut érigée en 1843 sur les plans de l'architecte Bolle. Les matériaux qui ont servi à sa construction proviennent de l'ancienne église et des anciens bâtiments de la cristallerie. L'édifice renferme une chaire de vérité du 17e siècle et un maître-autel avec antependium du 18e.

À la sortie du village, à droite de la route Beauraing-Bouillon, un vaste parc s'étend à l'**emplacement de la verrerie et de la cristallerie** (propriété des barons d'Huart depuis 1888 ; ne se visite pas). De la manufacture subsistent, au sud du parc, une vaste halle-glacerie en briques (vers 1821), largement transformée, et un château-gentilhommière, ancienne habitation d'Aimé-Gabriel d'Artigues, qui la fit construire vers 1813. De style Louis XVI, l'édifice possède deux façades symétriques à neuf travées et une toiture à la Mansart. Un pavillon chinois octogonal en bois, installé à Baccarat par d'Artigues, fut transféré à l'arrière du château en 1823. La vaste orangerie de style néoclassique, au nord du château, a été construite en 1846.

WANCENNES | 5570

- en 1050, *Wancène*, puis *Wansina* ou *Wansine*, du nom germain *Wandso* (= propriété de Wandso ?)
- Wancennois
- village-rue agricole établi à la limite de la Famenne, qu'il domine sur un coteau escarpé, altitude de 303 m
- N 40, ligne de bus 49 Beauraing-Felenne.
- 1 200 ha ; 94 habitants

HISTORIQUE

Site archéologique de première importance, avec une vaste villa gallo-romaine (lieu-dit Salmont), un cimetière romain et un cimetière mérovingien qui ont livré une grande quantité d'objets, conservés au Musée archéologique de Namur, Wancennes fit partie dès 985 du comté de Huy, possession des princes-évêques de Liège. Paroisse primitive de Beauraing jusqu'à la fin du 15e siècle, Wancennes relevait pour partie de l'abbaye de Stavelot. La seigneurie de Wancennes passa ensuite dans différentes familles et finit par être un simple écart de la baronnie de Beauraing.

À VOIR

Érigée au centre du village en 1777, l'**église Saints-Gervais-et-Protais**, de style classique, en moellons de calcaire et de grès, renferme un ostensoir-tourelle en argent du début du 16e siècle. Depuis le haut du village, on jouit d'une vue remarquable sur la Famenne et sur la vallée de la Snaye. Une partie du **parc du château de Beauraing**, classé comme site, fait partie de Wancennes. La **ferme des Loges avec ses alentours** est également classée comme site.

WIESME | 5571

- en 1078, *Vema*, en 1179 *Vesma*, du latin *vimen*, saule
- Wiesmois
- petit village agricole de Famenne, niché dans la vallée de l'Hileau, altitude de 157 m
- N 95, ligne de bus 423 Beauraing-Houyet
- 740 ha

HISTORIQUE

Wiesme fut la cible parfaite des luttes d'influence qui se déroulèrent durant l'Ancien Régime entre les princes-évêques de Liège et les comtes de Namur et de Luxembourg, ainsi que du désir des Pays-Bas de se prémunir, par une politique d'achat de terres en région famennoise, contre les visées expansionnistes de la France. Dépendant à l'origine de la prévôté de Poilvache et – au spirituel – de l'abbaye de Waulsort, la terre de Wiesme sera acquise en 1357 par la comtesse de Namur et passera ensuite aux mains de familles seigneuriales, dont les Beaufort-Spontin (baronnie de Beauraing) en 1689. Le hameau de Maisoncelles connaîtra un sort différent : il passera de la prévôté de Revogne au comté d'Agimont. Acheté en 1555 par Charles Quint, il fera dès lors partie du duché de Luxembourg.

À VOIR

L'**église** paroissiale **Sainte-Geneviève**, de style néoroman, fut édifiée en 1933. Elle renferme un confessionnal du 17e siècle.

WINENNE | 5570

- en 1130, *Osnines*, en 1321 *Osinines*
- Winennois
- village agricole et forestier, situé au sommet d'une colline schisteuse qui domine la plaine famennienne, altitude de 302 m

Vonêche : l'église néoclassique Saint-Denis

- N 981, ligne de bus 49 Beauraing-Felenne
- 1 293 ha

HISTORIQUE

Déjà mentionné en 862 parmi les biens de Stavelot, Winenne, terre principautaire (Liège), relevait du comté d'Agimont jusqu'à la fin du 17e siècle. Le domaine acheté en 1555 par Charles Quint au prince-évêque deviendra territoire français en 1697. Winenne fera partie du département de Sambre-et-Meuse, puis de la province de Namur.

À VOIR

Construite en style néoclassique en 1843, l'**église** paroissiale **Saint-Remacle** a conservé de l'église antérieure le maître-autel, le couvercle des fonts baptismaux (daté de 1687) et une pierre tombale de 1695. Dans le quartier de la brasserie, on peut encore voir la maison du brasseur et l'ancienne brasserie (fin 19e siècle, début 20e), et à proximité du ruisseau du Hileau, l'**ancien moulin de Winenne**, qui date des 18e et 19e siècles (remanié au 20e).

BIÈVRE

- arrondissement de Dinant
- localités : Bièvre, Graide, Monceau-en-Ardenne, Naomé, Oizy
- 10 959 ha ; 3 197 habitants (01/01/2011)

Le village de Naomé serré autour de l'église

Oizy : la chapelle du Bon Secours est un « sanctuaire à répit » où l'on venait baptiser les enfants mort-nés

HISTORIQUE

Bièvre recèle un site archéologique d'un haut intérêt. Aux environs de la chapelle d'Oizy a été mise au jour une station de débitage de silex remontant à l'époque épipaléolithique. Les nombreuses pièces trouvées ici donnent à penser que le site était toujours utilisé vers 5 000 avant J.-C. Des stations semblables ont été découvertes en quelques autres endroits de l'Ardenne ; c'est pourquoi on parle à propos de ces populations primitives de *culture ardennienne*. Elles sont qualifiées aussi de « derniers chasseurs », car après elles, ce sera la sédentarisation et l'apparition progressive de l'élevage et de l'agriculture. Un autre site pourrait présenter un intérêt archéologique : celui du *Ku du Fourni*, localisé en contre-haut de la Roche Mouselle. Il s'agit probablement d'un site fortifié du type des éperons barrés, c'est-à-dire une colline qui s'avance en pointe (généralement entre deux cours d'eau) et dont deux des côtés, constitués de versants en forte déclivité, forment déjà une défense naturelle ; les hommes n'ont plus alors qu'à creuser une tranchée et à élever une palissade du côté non protégé, pour fortifier le lieu. Le site du Ku du Fourni n'a pas encore été fouillé. Il aurait pu être utilisé par les peuplades celtes, mais aussi au très haut Moyen Âge. Cela dit, l'actuel territoire de la commune de Bièvre ne semble pas avoir été réellement habité jusque longtemps après les grandes invasions. On n'y trouve nulle trace d'occupation gauloise ou gallo-romaine. Ce n'est qu'à partir du 8e siècle qu'on voit apparaître dans l'un ou l'autre document les noms des localités. Ainsi dans un acte fameux, daté de 770-779, un certain Albéric, devenu abbé de Stavelot, donne à son monastère le *Wandelaicus mansus* – ou manse de Wandelaïc – qu'il avait reçu précédemment de Pépin le Bref. Dans ce document, différentes dénominations peuvent être mises en rapport avec des noms de lieux ou même de villages : *Frusciaco* pour Frouchi, *Provisiacas* pour Prâjy, *Bezfontana* pour Bellefontaine, *Hasi* pour Achy, *Beveris* pour Bièvre, *Graida* pour Graide et *Aldemega* pour Naomé. Ce manse (unité féodale d'exploitation agricole), qui devait s'étendre à une bonne partie du territoire communal de Bièvre, constituait en fait un démembrement du domaine (ou « fisc ») royal de Paliseul (appelé alors *Palatiolus*, « petit palais »), qui appartenait aux souverains mérovingiens. Ceux-ci avaient fait de Palatiolus une sorte de relais pour les chasses qu'ils menaient dans la région.

Dans le haut Moyen Âge, le territoire qui compose aujourd'hui la commune de Bièvre se trouva d'abord dans l'orbite du pagus d'Ardenne, puis dans celle du comté de Chiny. C'est par suite d'un démembrement que, vers la fin du premier millénaire, fut constitué le comté d'Orchimont, lequel allait englober tous les villages biévrois, hormis celui de Graide, d'abord villa (domaine rural) du temps des Mérovingiens et finalement dépendance de la châtellenie de Mirwart. Le comté d'Orchimont sera amoindri en 1234, lorsque seront cédées à l'évêque de Liège, duc de Bouillon, les terres de Gros-Fays, Cornimont et Six-Planes, ainsi que la moitié de Oizy. Ce territoire,

Bièvre : le pavillon Saint-Hubert, siège de l'administration communale depuis 2000

Bièvre : anciennes écuries rénovées, abritant le Centre culturel

auquel il faut encore ajouter, hors commune de Bièvre, le village de Chairière-la-Grande et la moitié du fief de Liboichamps, constituera la seigneurie de Gros-Fays, une des plus riches du duché de Bouillon, dont le seigneur deviendra hauscotier, c'est-à-dire qu'il aura la charge de la surveillance des forêts dudit duché. L'autre moitié de Oizy, avec les villages de Monceau et de Petit-Fays, formera une mairie relevant directement de la cour d'Orchimont. Un siècle après la cession de la future seigneurie de Gros-Fays, en 1331, la totalité de la terre d'Orchimont deviendra une prévôté du duché de Luxembourg. En dépendront toujours : les villages de Bièvre, Naomé, Baillamont, Monceau, Bellefontaine, Petit-Fays et la moitié de Oizy.

Dans les derniers siècles de l'Ancien Régime, l'actuel territoire de Bièvre comportait donc six seigneuries, chacune avec une cour justicière : Bièvre, Naomé, Bellefontaine et Baillamont, qui dépendaient du duché de Luxembourg (prévôté d'Orchimont), Graide, qui relevait aussi de Luxembourg mais par la châtellenie de Mirwart, et Gros-Fays, qui appartenait au duché de Bouillon. À ces seigneuries, il faut encore ajouter la mairie de Oizy, elle aussi luxembourgeoise, mais sous la dépendance directe d'Orchimont.

En ce qui concerne l'organisation religieuse, la totalité du territoire dépendait de l'évêché de Liège. Graide est probablement la paroisse la plus ancienne, mais c'était aussi le siège (mentionné dès 837) d'un vaste doyenné – pas moins de 45 paroisses – au sein de l'archidiaconé de Famenne. Graide se retrouvait encore au cœur de l'organisation des « croix banales », nom donné à des pèlerinages propitiatoires collectifs ayant pour destination la basilique de Saint-Hubert. L'autre paroisse importante, tout aussi ancienne, était celle de Oizy, qui s'étendait à l'origine à Monceau, Petit-Fays, Baillamont, Gros-Fays, Cornimont et Six-Planes. Mais ces trois dernières localités en furent détachées en 1586 et relevèrent alors de la nouvelle cure de Gros-Fays. Il faut noter que Naomé dépendait de la paroisse de Graide, et Bellefontaine de celle de Louette-Saint-Denis, tandis que Bièvre formait une paroisse avec Gembes.

Dans les derniers siècles, les villages qui composent l'entité de Bièvre ne furent épargnés ni par les guerres, ni par les épidémies. Le 17e siècle fut sans doute le plus dramatique, ravagé d'une part par la peste et d'autre part par la guerre que se livraient la France et l'Espagne. Plus près de nous, le 23 août 1914, le combat de Bièvre, qui se termina par la victoire des Allemands, provoqua des destructions et des exactions considérables. Les villages les plus éprouvés furent Bièvre (72 maisons incendiées, 17 villageois fusillés) et Monceau (27 maisons incendiées), auxquels s'ajoutèrent les localités pillées, particulièrement Oizy, Petit-Fays, Bellefontaine et Baillamont. Si la Seconde Guerre mondiale n'a pas donné lieu à de tels crimes et destructions, la région fut par excellence une terre de résistance. Les camps de maquisards, disséminés dans les forêts, y furent nombreux. Sur le territoire de Bièvre, un haut lieu de cette résistance fut le moulin de Gros-Fays, un des principaux relais du maquis. Un terrible drame se déroula tout à la fin de la guerre, le 1er septembre 1944, lorsque les maquisards de Graide se retrouvèrent encerclés par les troupes allemandes. Pris au piège, 17 d'entre eux y laissèrent leur vie.

Concernant l'organisation administrative, la Révolution française mit brutalement fin à l'écheveau complexe édifié sous l'Ancien Régime. En 1795, tous les villages de Bièvre se retrouvèrent dans le département de Sambre-et-Meuse, partagés entre le canton de Gedinne (dont relevaient Bièvre et Graide) et celui d'Orchimont (dont dépendaient les autres localités). En 1801, ce dernier canton fut supprimé et intégré à celui de Gedinne. Après la période française, le canton de Gedinne fut repris dans la province de Namur, et sur le plan religieux, le doyenné du même nom releva du diocèse de Namur. Quant aux divisions communales,

Monceau-en-Ardenne : la fontaine Saint-Furcy, de style néogothique à quatre colonnes, surmontée de la statue du saint

elles ne seront pas modifiées avant 1964, année où il fut procédé à deux premières fusions : les villages de Monceau, Petit-Fays et Bellefontaine allaient former la nouvelle commune de Monceau-en-Ardenne, tandis que Oizy allait s'adjoindre Gros-Fays (dont dépendait Six-Planes), Cornimont et Baillamont. En 1976, Monceau-en-Ardenne, Oizy, Naomé, Graide et Bièvre furent fusionnés sous cette dernière appellation.

Si l'activité agricole est aujourd'hui essentiellement tournée vers l'élevage bovin et la production laitière, la sylviculture, et plus spécialement la production de sapins de Noël, occupe également une place non négligeable. Ceci étant, l'essentiel de l'activité économique de Bièvre ne relève plus dorénavant du secteur primaire, mais bien du commerce, de l'industrie et du tourisme. Si le secteur touristique couvre largement l'ensemble du territoire communal – notamment par le biais des gîtes ruraux –, les secteurs du commerce et de l'industrie sont essentiellement concentrés dans les villages de Bièvre, de Graide et de Graide-Station ainsi que le long de la N 95 Dinant-Bouillon jusqu'au zoning de Baillamont. Il s'agit entre autres de construction métallique, de scierie et de transformation du bois (dont la fabrication de pellets), et d'importants garages automobiles. Enfin, presque parallèlement à l'important axe de pénétration qu'est la N 95 (sur laquelle viennent se greffer les N 914 et N 945, qui descendent vers la vallée de la Semois), court la voie ferrée qui joint Dinant à Bertrix. Au départ de Graide-Station, elle permet d'atteindre d'un côté Namur et de l'autre, Libramont. Cette ligne est également empruntée par un gros trafic de marchandises, sous le nom de « Athus-Meuse ».

BIÈVRE | 5555

- en 770-779 *Beveris* ; du celte *Bebra*, castor
- Biévrois
- commerce et services, sylviculture et transformation du bois, élevage bovin et production laitière, altitude de 360 à 395 m
- N 95, lignes de bus 141 Dinant-Graide, 42 Rochehaut-Gedinne, 166B Bertrix-Gedinne
- 2 130 ha

À VOIR

Dans le village même de Bièvre, le long de la grand-route, se dresse le **pavillon Saint-Hubert**, édifié spécialement en 1884 pour abriter l'équipage et la meute du « Rallye Famenne », dont les chasses à courre étaient fameuses, ainsi que pour donner asile aux chasseurs et à leurs hôtes. Le bâtiment et ses dépendances furent rachetés et rénovés par l'administration communale de Bièvre, qui s'y installa en l'an 2000. Dans les anciennes écuries, également restaurées et transformées, ont pris place le centre culturel et le syndicat d'initiative. Bièvre possède de **belles hêtraies**, surtout localisées à l'extrémité septentrionale du territoire (notamment le Bois de Grinchî et l'excroissance du Gros Bois de Bièvre).

GRAIDE | 5555

- en 779 *Graida* = prairie humide, du germain *gradi*
- Graidois

Graide : la tour massive de l'église Saint-Denis, parfois appelée « tour de Pépin »

- construction métallique, scierie, garages et commerces, élevage, altitude de 350 à 380 m
- gare ferroviaire, N 913, lignes de bus 141 Dinant-Graide, 42 Rochehaut-Gedinne, 166B Bertrix-Gedinne
- 2 100 ha

À VOIR

L'**église Saint-Denis** (classée en 1947) se dresse sur une butte et a une tour massive comme un donjon médiéval. Celle que l'on connaît aujourd'hui, parfois appelée la « tour de Pépin », a été reconstruite en 1657 ; elle est surmontée par une courte flèche octogonale. La nef actuelle remonte à 1775 ; elle abrite un Christ en croix datant du 16e siècle. Parmi les édicules et monuments que l'on peut trouver sur le territoire de Bièvre, il faut mentionner le **Monument du Maquis**, dans la vallée de la Rancenne, érigé en souvenir du combat de Graide et des dix-sept résistants qui y perdirent la vie. Le territoire recèle **deux réserves naturelles** situées entre Graide et Graide-Station : celles du Roda et de la Voie de Baillamont. À signaler encore quelques arbres remarquables, dont le plus fameux – dans la Virée d'Herbois – est un énorme hêtre dénommé « le Chandelier », dont il a effectivement la forme gigantesque.

Oizy : le château de Gros-Fays (vers 1684), manoir rural traditionnel à double corps

MONCEAU-EN-ARDENNE | 5555

- en 1330 *Monceaux* = le petit mont
- Moncellois
- localité axée sur l'élevage et la sylviculture, altitude de 370 à 400 m
- N 914, lignes de bus 42 et 42/1 Rochehaut-Gedinne
- 2 234 ha

À VOIR

La **fontaine Saint-Furcy**, en contrebas du village de Bellefontaine, consiste en une petite construction légère de forme carrée et de style néogothique, à quatre colonnes, surmontée d'une statue du saint. Une véritable source y coule, et l'édicule a été classé en 1990.

Le ruisseau de Ruaumoulin est souvent appelé **ruisseau de Petit-Fays** lorsqu'il est longé par le tronçon de la N 914 qui va de ce village à Vresse. C'est alors un parcours scénique bien connu des touristes, constitué de véritables gorges aux déclivités impressionnantes, jonchées d'éboulis et hérissées de crêtes rocheuses ; l'une d'entre elles a pour nom la « Roche aux vipères ». Dans le fond des gorges, la route n'est qu'une succession de virages, dont certains en épingle à cheveux. Lorsqu'on vient de Petit-Fays et qu'on entame la descente, on trouve à main droite une ancienne prairie fangeuse – le Pré Royet – dans laquelle, selon la tradition populaire, des cloches auraient été cachées.

Toujours dans cette vallée de Ruaumoulin émerge – de la colline – la **Roche Mouselle**, un abri naturel ayant servi de refuge et devenu un lieu de dévotion. En effet, lors des combats du 23 août 1914, les enfants de Petit-Fays y avaient été rassemblés pour réciter le chapelet lorsque des montures militaires, terrorisées et emballées, effectuèrent une chute du haut des rochers ; mis à l'abri pour la prière, tous les enfants furent sains et saufs. On fit alors la promesse de construire à cet endroit une **grotte mariale**, ce qui fut effectivement réalisé en 1942.

Oizy : la chapelle Notre-Dame de Bon Secours, isolée dans la campagne, enserrée par deux énormes tilleuls

Élevage bovin et production laitière constituent encore l'essentiel de l'activité agricole de Bièvre

Le **moulin à eau de Ruaumoulin** a été prisé par plusieurs peintres et a inspiré le romancier Jean Rogissart lorsqu'il écrivit *Coline, le Meunier du Fays*. Une **réserve naturelle** fait face au village d'Orchimont, dont elle porte le nom.

NAOMÉ | 5555

- en 770 *Aldemega*, en 1290 *à Waumés*, en 1528 *Awomey* ; = la terre d'Aldom (nom d'homme germanique)
- Naoméens
- village axé sur la sylviculture et l'élevage, altitude de 370 à 385 m
- N 913, ligne de bus 166 Bertrix-Gedinne
- 1 297 ha

À VOIR

Sur le mur d'une maison est incrustée une pierre mystérieuse : il s'agit du « carré magique » comportant une inscription hermétique qu'on peut lire semblablement de diverses façons. Parmi les nombreux étangs créés sur le territoire de la commune, il faut noter celui du Douaire (d'environ un hectare) au bas du village de Naomé.

OIZY | 5555

- en 915 *Ausegias*, en 1104 *Osois* = la terre de Auso (nom d'homme germanique)
- Oiziciens
- élevage et sylviculture, tourisme rural, zoning de Baillamont, altitude de 370 à 380 m
- N 945, lignes de bus 42 et 42/1 Rochehaut-Gedinne, 45/2 Bertrix-Bouillon
- 3 198 ha

À VOIR

L'**église Saint-Hubert** (classée en 1975) est un édifice à une seule nef construit vers 1770, précédé d'une tour trapue datant de la fin du 17e siècle et surmontée d'une flèche reconstruite en 1877. L'église, toujours entourée de son cimetière, possède une voûte où riches moulures et corbeilles s'enchevêtrent. Le mobilier religieux est du 18e siècle, notamment le maître-autel, la chaire de vérité (œuvre de Pierre Delogne en 1768) ainsi qu'une statue polychrome de saint Hubert ; à noter également des fonts baptismaux avec des têtes d'angle, datant du tout début du 16e siècle. Toujours à Oizy, mais isolée dans la campagne, se dresse la **chapelle de Notre-Dame du Bon Secours** (classée aussi en 1975, tout comme les deux énormes **tilleuls** qui l'enserrent). Il s'agit d'un sanctuaire à répit, c'est-à-dire où les parents d'enfants mort-nés venaient demander une sorte de résurrection temporaire, juste le temps de procéder au baptême ; placé dans l'autel, un ex-voto bien connu rappelle cette pratique. Antérieurement au bâtiment actuel (qui remonte au 18e siècle), un oratoire aurait déjà été érigé en 1648. Cette chapelle demeure un lieu de pèlerinage vénéré ; la procession qui y conduit annuellement est sans doute la manifestation collective la plus ancienne du territoire de Bièvre (hormis les traditionnelles fêtes patronales, ou ducasses).

Le **château de Gros-Fays**, bâti vers 1684, était bien sûr étroitement associé à la seigneurie du même nom. Il s'agit d'un manoir rural traditionnel à double corps en moellons de schiste, avec deux tourelles adossées ; les deux niveaux du bâtiment sont surmontés d'une haute toiture. En face, séparée par la voirie communale, se trouve la **ferme du château** (ou aile des dépendances), construite dans la seconde moitié du 18e siècle. Le **moulin de Gros-Fays** fut, comme nous l'avons dit, un haut lieu de la résistance en 1943-1944. Le **moulin de Mitauge** avec ses dépendances forme un bel ensemble en U. Non loin du moulin coule la **source du Diable**.

ÉVÉNEMENTS

- procession Notre-Dame du Bon Secours, à l'Ascension

CERFONTAINE

- arrondissement de Philippeville
- localités : Daussois, Senzeilles, Silenrieux, Soumoy, Villers-deux-Églises
- 8 610 ha ; 4 841 habitants (01/01/2011)

CERFONTAINE | 5630

- en 1049 *Serfontanis* ; en 1180 *Cerfontanis* : la source de Caerus (?), puis *Cerffontaine* ; blason populaire : la fontaine du cerf
- Cerfontainois
- au centre de l'Entre-Sambre-et-Meuse, sur la ligne de partage du bassin de la Meuse et de la Sambre ; point culminant : 292,5 m ; forêts (55 % du territoire) ; sources de l'Eau d'Heure (affluent de la Sambre) et de la Brouffe (affluent de l'Eau blanche)
- élevage, campings, tourisme, sports nautiques (barrages de l'Eau d'Heure), champ d'aviation de plaisance
- N 978 ; lignes de bus 136D Florennes-Rance et 132A Walcourt-Philippeville
- 2 405 ha

HISTORIQUE

Occupé dès le néolithique, comme l'atteste la découverte de grattoirs aux Roches, le territoire de Cerfontaine renferme aussi un cimetière belgo-romain du 2e siècle. En 1049, l'abbé de Florennes achète l'alleu de Cerfontaine à l'abbaye de Mouzon (Ardennes françaises). Bientôt, les seigneurs de Florennes deviennent les avoués de cet alleu. En 1180, le village compte deux églises. En 1556, suite au démembrement de la baronnie de Florennes, les Cerfontainois, accusés de félonie par leur nouveau seigneur Henri de Ghoor, baron de Pesche, sont spoliés de 600 bonniers de bois qui ne seront récupérés qu'en 1800 sous la période française. Aux de Ghoor succèdent les Milendonck et les Croÿ-Solre. Le village dépend successivement de la principauté de Liège (1049-1793), du département des Ardennes (1793-1815) et de la province de Namur à partir de 1816 ; du point de vue religieux, il fera en outre partie du diocèse de Metz depuis le Concordat jusqu'en 1822. La ligne de chemin de fer Charleroi-Vireux, entreprise en 1853, fonctionnera jusqu'à sa suppression en 1970, lors de la construction des barrages de l'Eau d'Heure.

En 1940, Rommel passe par Cerfontaine à la tête de la 7e *Panzerdivision*. L'occupant y construira un champ d'aviation, satellite de celui de Florennes, qui sera opérationnel durant la bataille de Normandie ; à la libération, il servira d'hôpital aux troupes américaines. Le 30 décembre 1943, une forteresse volante américaine s'écrase sur les hauteurs du village.

Parmi les activités traditionnelles de Cerfontaine, on signalera principalement : un fourneau de forge, situé près du moulin, qui fut en activité durant le 17e siècle, les carrières de pierre bleue et de marbre rouge, l'exploitation des bois et, au 19e siècle, l'industrie du sabot et la dentellerie, puis les scieries et le charbon de bois.

Cerfontaine est la patrie d'Arthur Balle (1878-1958), poète et chercheur, auteur d'un dictionnaire wallon du cru.

Soumoy : église Saint-André

Senzeilles : église Saint-Martin

Cerfontaine : église néogothique Saint-Lambert

Cerfontaine : kiosque et Chambre de ville (ou maison communale)

À VOIR

Le centre de la localité donne une impression de richesse à cause de son imposante **église néogothique** (1884) et de ses **écoles** monumentales (1866) en pierre bleue du pays. À quelques pas, un élégant **kiosque en ferronnerie** (1931) s'élève en face de la « chambre de ville » ou maison communale (1826). Les anciennes maisons traditionnelles – pierre calcaire, chaulée ou non, et toit en ardoise – donnent un cachet authentique aux vieux quartiers. La **gare**, bâtie sur un pont (1920), abrite depuis 1973 un **Musée de la vie régionale** consacré à l'histoire, au folklore et à l'artisanat, avec notamment la reconstitution d'un atelier de sabotiers d'autrefois. **Deux monuments** gardent le souvenir de nos alliés : l'un élevé au pré-barrage de Falemprise en l'honneur des onze soldats français tombés en mai 1940, l'autre, sur les hauteurs vers Virelles, rappelle la chute, fin 1943, du B-17 américain.

Outre des sentiers RAVeL, de nombreuses promenades fléchées sillonnent le territoire ; un sentier éco-pédagogique, en boucle de plusieurs kilomètres, est ponctué d'une quinzaine de panneaux explicatifs sur la vie de la forêt.

ÉVÉNEMENTS

- Foire verte de l'Eau d'Heure, le 1er week-end d'août
- marche militaire folklorique Saint-Lambert, le 15 août

DAUSSOIS | 5630

- en 1281 *Dassuis*, en 1315 *Dassues*, puis *Daussoy*
- Daussutois ; sobriquet : les *Malots*
- zone agricole et d'élevage
- N 40, lignes de bus 132A Walcourt-Philippeville et 136A Florennes-Walcourt
- 773 ha

HISTORIQUE

Eilbert de Florennes, mort en 977, possède Daussois ainsi qu'une cinquantaine de villages d'Entre-Sambre-et-Meuse. En cas de conflit, les habitants, qui jouissent du droit de sauvement, peuvent se réfugier à Beaumont. En 1265, le comte de Namur y prélève des capitations alors que le village ne lui appartient pas. Tout en suivant la coutume liégeoise, Daussois fait partie du comté de Hainaut, mais sa situation à la limite des principautés territoriales en fait progressivement une terre franche ; celle-ci est reconnue notamment en 1472 suite à une tentative d'imposition de guerre, puis confirmée en 1611 par les archiducs.

Au 15e siècle, le village est divisé en deux seigneuries: d'un côté, les van Pede, de Watermaele, van der Noot et d'Yve, de l'autre, les familles de Senzeilles et de Groesbeeck. Les deux seigneuries sont réunies en 1591 par le mariage de Jean de Groesbeeck avec Hélène d'Yve.

Vers 1611, Jean de Robaulx acquiert Daussois de Gérard de Groesbeeck et en 1614, y construit un château qui sera incendié en 1914. En 1622, le même Jean de Robaulx, par ailleurs homme de loi, fut nommé prévôt et gouverneur de la ville et du comté de Beaumont. On lui doit un « occasionnel » sur la bataille de Fleurus en 1622, libelle de propagande au sujet de cette mi-victoire ou mi-défaite qui mit aux prises Charles de Mansfeld et les troupes espagnoles. Ce seigneur de Daussois, qui s'était adonné à la forgerie avant d'être réhabilité comme noble, meurt en prison en 1655 à Mons, où il avait été emprisonné à la place du prince de Chimay pour qui il s'était porté garant. L'église conserve la tombe de son père Toussaint (1546-1618), bailli durant cinquante ans de la châtellenie de Couvin, de la baronnie de Pesche et d'Entre-Sambre-et-Meuse.

Par la suite, le village est convoité par la France, qui veut disposer d'un libre passage de Philippeville vers Maubeuge. Terre liégeoise en 1780, il fait partie, l'espace de quelques mois, du Département des Ardennes en 1794, puis de celui de Sambre-et-Meuse. Ses principales activités économiques se résument dans l'extraction du fer (jusqu'au 19e siècle), puis de terre glaise, et la saboterie (jusqu'en 1950). Le village fut incendié à deux reprises au cours de son histoire : en 1794 par les Français et en 1914 par les Allemands.

À VOIR

L'**église Saint-Vaast**, du 16e siècle, renferme des fonts baptismaux du 13e ainsi que la tombe de Toussaint de Robaulx (1546-1618), bailli d'Entre-Sambre-et-Meuse. Le **château-ferme**, incendié en 1914, conserve une tour d'angle et une entrée monumentale.

ÉVÉNEMENTS

- marche militaire folklorique Saint-Vaast, le dimanche du Saint-Sacrement

Daussois : église Saint-Vaast

SENZEILLES | 5630

- en 1016 *Sencile* ; en 1166 *Sencela*, *Sencelin* ; puis *Sainzelle*; de *sentis*, buisson épineux (?)
- Senzeillois
- zone agricole et forestière, élevage
- N 978, lignes de bus 132A Philippeville-Walcourt et 136A Florennes-Walcourt
- 2 185 ha

HISTORIQUE

Siège d'une villa romaine incendiée par des rôdeurs francs vers 250, Senzeilles fut la propriété des Rumigny-Florennes jusqu'au 12e siècle. En 1113, Arnould de Morialmé cède les trois quarts du village à l'abbaye Saint-Nicaise de Reims ; le dernier quart est offert un peu plus tard à l'abbaye de Florennes. Du 12e au 15e siècle, la terre de Senzeilles est l'apanage d'une famille éponyme se rattachant à la maison de Morialmé. Les seigneurs du lieu jouent un rôle de premier plan dans les comtés de Hainaut et de Namur, voire en Angleterre. La baronnie échoit ensuite aux Lannoy. Un représentant célèbre de cette famille, Charles (1498-1527), seigneur de Senzeilles, gouverneur de Tournai puis vice-roi de Naples, gagne la bataille de Pavie en 1525 et fait prisonnier le roi de France François Ier, qui lui remet son épée.

Le donjon, puis le château, assurent la défense de la région jusqu'au 16e siècle. Ainsi, les 300 hommes, envoyés le 25 juin 1554 au secours de Mariembourg assiégée par Henri II, arrivent trop tard et se retirent à Senzeilles. La baronnie devient propriété des Croÿ jusqu'en 1706, puis des Orléans. Fief hennuyer, Senzeilles devient français au traité de Nimègue (1678), puis liégeois en 1772. Repris en 1793 dans le Département des Ardennes, district de Couvin, il devient chef-lieu d'un canton municipal comprenant Cerfontaine et Neuville (jusqu'en l'an IX), avant d'intégrer la province de Namur en 1816.

Le 16 février 1944, un maquis installé dans la forêt est attaqué par l'occupant ; onze hommes, pris les armes à la main, seront pendus à Breendonk ainsi qu'un responsable de la résistance locale, Julien Lehouck, échevin et châtelain de la commune.

L'extraction du marbre rouge depuis le 18e siècle, la saboterie, un atelier mécanique et une manufacture de maroquinerie (jusqu'en 1950) constituent l'essentiel de l'histoire économique du village.

À VOIR

Le **château** de tradition gothique (16e siècle), en pierre bleue et en brique, entouré de tours d'angle, ne se visite pas. Une élégante tourelle d'escalier octogonale flanque le corps de

Senzeilles : carrière de marbre du Beauchâteau

logis auquel on accède en passant sous un porche d'allure médiévale. La **carrière de marbre rouge du Beauchâteau** présente un site d'extraction avec un mur d'une vingtaine de mètres de hauteur scié dans la colline. Avant 1914, un autodidacte a construit une **horloge astronomique**, toujours visible rue de l'Horloge 196, dont les treize cadrans sont actionnés par un seul mouvement. Une pierre commémorative rappelle le souvenir de Simone Lehouck-Gerbehaye, rescapée du camp de Ravensbrück, première femme sénateur.

ÉVÉNEMENTS

- fêtes en plein air, le premier week-end d'août

SILENRIEUX | 5630

- en 868, *Silino rivo* : rivière de Silène
- Silenrivains
- paysage vallonné, bois
- activités : élevage
- ligne de bus Philippeville-Walcourt 132A, N 40, N 978
- 1 624 ha

HISTORIQUE

L'existence de *marchets* avec « mobilier » daté de Hallstatt et de la Tène prouve l'occupation du sol à cette époque (âge du fer). En 1850, plusieurs tombes romaines furent fouillées au lieudit Forèt, non loin d'une voie romaine secondaire (dans l'axe Beaumont-Philippeville-Givet). En 868, le village fait partie du domaine de l'abbaye de Lobbes avec obligation de la bancroix. Le chapitre de Thuin en devient très vite le seigneur tréfoncier, mais le comte de Namur en est l'avoué. Depuis le 14e siècle, on note de nombreux conflits de voisinage avec Walcourt au sujet des bois, qui se ne terminent qu'en 1827 par le partage en trois lots dévolus respectivement à Silenrieux, à Walcourt et au gouvernement.

L'abbaye du Jardinet, à Walcourt, obtient dès 1441 le droit de prendre du bois de chauffage à Silenrieux, puis reçoit le patronage de la cure et acquiert peu à peu de nombreuses propriétés dans le village ; elle y fait même construire un moulin en 1543. Cette abbaye serait-elle à l'origine des noms de Bethléem, Nazareth et Galilée, donnés à certaines de ces propriétés ?

L'industrie du fer apparaît à partir du 16e siècle sur les sites de Falemprise, Battefer et, à la limite avec le Hainaut, Féronval. Un ouvrier de fourneau de Silenrieux figure parmi les ouvriers wallons établis en Suède au 17e siècle. Dans la seule année 1616, on brûle jusqu'à neuf sorcières dans le village.

De 1683 à 1698, sous Louis XIV, Silenrieux fut forcé de reconnaître la souveraineté française et la jeunesse du lieu se cotisa pour payer l'équipement de miliciens. Cette même jeunesse participait chaque année, au moins depuis le milieu du 18e siècle, à la procession de la Trinité à Walcourt, pour laquelle elle recevait de la poudre en vue des décharges de mousquets.

Le village intègre ensuite le Département de Sambre-et-Meuse. Il est desservi par le chemin de fer de 1852 jusqu'à la construction des barrages de l'Eau d'Heure en 1970. En 1914, treize maisons sont incendiées, tandis qu'en 1940, les mitraillages causent la mort de seize personnes, dont plusieurs réfugiés. Les anciens hauts fourneaux de Falemprise et de Battefer font place respectivement à une scierie

Silenrieux : Ry Jaune

de marbre de 1880 à 1970 et à la pisciculture, pendant que se développent l'industrie du bois, la saboterie et l'élevage.

Silenrieux est la patrie de Piret (1758-1838), le premier fabricant de sucre de betterave, et de Léonard (1825-1897), peintre et lithographe.

À VOIR

L'**église Sainte-Anne** conserve une peinture de l'artiste local Léonard. En contrebas, rue de la Forge, on peut voir la chute d'eau de l'**ancien** moulin. L'Eau d'Heure a creusé son chemin dans une vallée assez abrupte, très pittoresque.

ÉVÉNEMENTS

- marche militaire folklorique Sainte-Anne, fin juillet

SOUMOY | 5630

- en 1113 *Solmagne, Solmayn* ; en 1217 *Somain* ; puis Soumois.
- Soumoisiens
- paysage vallonné
- activités : élevage
- ligne de bus Philippeville-Walcourt 132A
- 633 ha

HISTORIQUE

Le village est situé au sud d'un *diverticulum* romain. Eilbert de Florennes († 977) est seigneur du lieu. En 1113, un de ses descendants, Arnould de Morialmé, cède ses biens à l'abbaye Saint-Nicaise de Reims. Le village passe ensuite par mariage dans la maison de Senzeilles, dont plusieurs représentants occupent des postes importants en Angleterre, tel le deuxième seigneur du nom, Henri de Senzeilles, expatrié après 1189. Alard Ier de Senzeilles, seigneur de Soumoy, mort avant 1405, épouse Catherine de Hallendas, dame de Chantemerle (Hermalle-sous-Huy). Le village passe ensuite à la branche de Soumagne. Jean II de Senzeilles, qui a pris le parti du roi de France, perd sa seigneurie, que Maximilien d'Autriche offre le 12 décembre 1477 à Gilles de Bouzanton, prévôt de Chimay. La seigneurie revient cependant par la suite à la famille du seigneur déchu. Ainsi, Jacques de Glymes obtient Soumoy en 1502. En 1616, un des ses descendants, Gabriel de Glymes, cède à son tour la seigneurie de Soumoy à Jacques de Robaulx, fils de Toussaint, bailli d'Entre-Sambre-et-Meuse et frère du seigneur de Daussois, le village voisin. Le nouveau seigneur fait construire un château qui existe toujours. En 1678, l'abbaye bénédictine de Saint-Nicaise à Reims cède ses droits sur la paroisse aux prémontrés de Bonne-Espérance, qui nomment les curés jusqu'au Concordat. Soumoy est ensuite cédé par l'empereur à la principauté de Liège en 1780. Le village est incorporé peu de temps dans le département des Ardennes avant de dépendre de celui de Sambre-et-Meuse.

Traditionnellement, la main-d'oeuvre locale a été employée dans l'extraction du minerai, la forgerie et l'exploitation des bois.

À VOIR

Le **château** du début du 17e siècle, situé au nord d'un grand parc, présente un volume cubique, coiffé d'un haut toit pentu en ardoise et flanqué de deux tours carrées ; il est entouré d'écuries, de deux fermes avec cour distincte et d'une ancienne habitation en pierre. La petite **église** pitto-

Soumoy : dépendance du château

Villers-deux-Églises : statue de saint Pierre

resque en moellons de calcaire, à une seule nef et surmontée d'un clocheton carré, était à l'origine la chapelle castrale. Le chœur conserve deux pierres tombales armoriées des seigneurs du lieu ainsi que d'un ancien curé et une théothèque, ou tabernacle, du 16e siècle en pierre bleue.

ÉVÉNEMENTS

- marche militaire folklorique Saint-André, le dimanche après le 15 août
- « Passée des âmes » : vente aux enchères dont le produit sert à célébrer des messes pour les défunts, le dimanche après la Toussaint

VILLERS-DEUX-ÉGLISES | 5630

- en 1018 *Villare ad duas ecclesias*
- Villersois ; sobriquet : les *Djobins*
- zone agricole
- activités : élevage
- ligne de bus Philippeville-Walcourt 132A, N 40
- 990 ha

HISTORIQUE

Le nom du village est explicite : *villare* signifie partie ou division d'une *villa* ou domaine (en Wallonie, il existe 23 villages de ce nom). On a découvert en 1850 à Frégivau une centaine de tombes romaines du 2e siècle, comprenant un nombre élevé de pièces de monnaie frappées par Néron, et en 1888, 14 tombes au Mont.

Dès 1018, l'abbaye Saint-Jean de Florennes possède des biens à Villers, notamment le cinquième de l'église Saint-Pierre. En 1147, Berthe, fille de Godescalc et d'Alpaïde de Morialmé, offre à la même abbaye son alleu de Villers et la moitié de l'église Saint-Pierre ; en 1164, son frère, Philippe de Tinlot, cède également sa part de Villers. Par contre, un autre frère et une autre soeur gratifient l'abbaye de Floreffe : Gérard, moine de cette dernière abbaye, lui fait don en 1155 de son alleu de Villers, et en 1170, Emma, dame de Senzeilles, épouse de Simon de Thiméon, lui donne l'autre église de Villers. Le 19 juillet 1588, l'abbaye de Floreffe vend ses droits de Villers à sa consoeur de Florennes pour 28 florins de Brabant, étant donné que son église Saint-Martin était « *entierement ruineusse et caducque* ». À l'époque moderne, le village est partagé entre quatre seigneuries, avec chacune son mayeur et sa justice : celles du marquis de Florennes, de Saint-Jean (ou de l'abbaye de Florennes), de Sainte-Marie ou du Traigneaux (vendue en 1746 à François Jacques, bourgeois de Philippeville) et enfin, des chevaliers ou du marquis d'Yves. En 1793, le village, incorporé au département des Ardennes, est à la tête d'un éphémère canton municipal comprenant Yves et Saint-Lambert, Jamiolle, Silenrieux et Daussois. Pour ce qui est de l'activité économique, on retiendra surtout l'extraction du fer jusqu'en 1850 (le village comprenait plusieurs lavoirs de minerai) et de marbre rouge jusqu'en 1950. Aujourd'hui, le village compte quelques fermes consacrées à l'élevage.

À VOIR

Village étiré en longueur où subsistent de nombreuses constructions en calcaire du lieu. L'**église Saint-Pierre**, construite en 1891, est dotée de vitraux modernes et conserve des dalles funéraires des 17e et 18e siècles. Le village s'enorgueillit d'une imposante **statue de saint Pierre**, en pierre de France sur un piédestal de marbre rouge du lieu, et d'une **statue** en cuivre repoussé **de Notre-Dame de Beauraing**, dues à des artistes renommés, Hector Brognon et Philippe Denis. L'ancienne carrière de marbre du Traigneaux, noyée, sert à la plongée sous-marine.

ÉVÉNEMENTS

- marche militaire folklorique Saint-Pierre, fin juin-début juillet

Le lac de Falemprise

LES BARRAGES DE L'EAU D'HEURE

C'est vers 1960, après l'élargissement du canal de Charleroi à Bruxelles, que l'on réfléchit à la création de retenues d'eau dans le bassin de la Sambre : il fallait assurer à cette rivière un débit minimum de 5 m^3/seconde, soutenir par là le débit de la Meuse, réduire les effets de la pollution industrielle et urbaine, et assurer également l'alimentation en eau potable de la région de Charleroi.

Il est assez vite décidé de construire un barrage sur l'Eau d'Heure à Silenrieux, soit à dix km de sa source. Or, il s'avère que la superficie noyée n'est pas suffisante pour le volume d'eau retenu. Pour éviter qu'une partie de Cerfontaine, en amont, ne soit expropriée, la capacité manquante est recherchée dans une vallée latérale baignée par le ruisseau de la Plate-Taille, aux confins de Boussu-lez-Walcourt (Hainaut) et de Cerfontaine (province de Namur). Notons ici que l'Eau d'Heure trace la frontière entre les deux provinces depuis sa sortie de Cerfontaine jusqu'à Silenrieux.

La création de deux barrages dont les niveaux diffèrent de 45 m environ présente des conditions intéressantes pour l'implantation d'une centrale électrique dont le fonctionnement schématique est le suivant : turbinage de l'eau – par quatre turbines-pompes – quand on évacue l'eau vers la Sambre, en cas de besoin (avec vente de l'électricité produite), et pompage dans le barrage du bas, la nuit (quand l'électricité est moins chère).

Commencées vers 1971, les différentes retenues d'eau sont opérationnelles dès février 1980.

Des infrastructures touristiques et sportives vont s'installer peu à peu sur le site et dans les environs immédiats : sports moteur sur le barrage de l'Eau d'Heure, voile et plongée à la Plate-Taille, pêche au Ri jaune, plage à Falemprise, village de vacances (bungalows), Aquacentre, champ d'aviation de plaisance.

Le site de la Plate-Taille est dominé par une tour panoramique de 107 m de hauteur et la route construite sur le barrage a une longueur de 790 m. On aime souligner ici que le total des berges des lacs mises bout à bout est plus important que le littoral belge de la mer du Nord !

– André Lépine

Le complexe des barrages de l'Eau d'Heure comprend deux barrages et trois pré-barrages :

Noms	Cote	Volume en eau	Superficie
Eau d'Heure	207 m	14 750 000 m^3	165 ha
Plate-Taille	250 m	68 400 000 m^3	389 ha
Falemprise	208,5 m	1 230 000 m^3	47 ha
Ri jaune	210 m	1 140 000 m^3	31 ha
Féronval	208,5 m	785 000 m^3	21 ha
Total		86 305 000 m^3	653 ha

CINEY

- arrondissement de Dinant
- localités : Achêne, Braibant, Chevetogne, Ciney, Conneux, Leignon, Pessoux, Haversin et Sovet.
- 15 694 ha ; 15 621 habitants (01/01/2011)

ACHÊNE | 5590

- en 1366 *Axhine*, dérivé du germanique *askumnjo* = frênaie
- Achênois
- village rural, arrosé par le ruisseau le Naclinal, altitude de 237 m
- E 411 (sortie 20), N 936, ligne de bus 43/1 Ciney-Dinant
- 1 748 ha

HISTORIQUE

La localité faisait majoritairement partie de la mairie de Ciney, sauf le fief du bois des Mouches, qui relevait de la prévôté de Poilvache. Cette terre seigneuriale sera confiée en 1619 par le prince-évêque Ferdinand de Bavière à la famille Huyet, qui la conserve jusqu'à la fin de l'Ancien Régime.

À VOIR

L'**église Saint-Clément**, primitivement de style roman ainsi qu'en témoignent certains vestiges, a été restaurée et transformée en 1699 et complétée en 1731 avec un chœur de style ogival. La tradition prétend que la tour et le hall d'entrée du presbytère ont été construits avec des matériaux de récupération en provenance du château de Dinant, détruit lors du sac de la ville par Charles le Téméraire en 1466. À noter le clocher avec bulbe, comme à la collégiale de Dinant, et plusieurs pierres tombales remarquables millésimées de 1643 à 1777.

Le **château d'Achêne**, dit « le vieux château », d'origine médiévale avec traces d'un donjon porche dans un vaste corps de logis, a été modifié à l'époque classique. Propriété au début du 15e siècle de la famille de Beaufort, il fut acquis et transformé en ferme en 1832 par le baron Alfred d'Huart et est toujours occupé par ses descendants.

Le **château d'Onthaine**, édifié dans le courant du 17e siècle, fut remis au goût du jour au 18e. Le domaine fut dévolu en 1450 à Jean Salmier, descendant d'une riche lignée patricienne de Dinant, et vendu en 1770 à Joseph de Montpellier, seigneur de Senenne-Spontin, qui rénova le château. Devenu la propriété et la résidence du baron Édouard d'Huart, membre du Congrès national en 1830-1831, ministre des Finances et gouverneur de la province de Namur, il est resté jusqu'aujourd'hui dans sa famille.

ÉVÉNEMENTS

- fêtes communales, le premier dimanche d'octobre

Le château de Leignon est bâti dans le style néogothique exubérant du 19e siècle

Chevetogne : l'église byzantine

BRAIBANT | 5590

- au 13e siècle *Brabante*, vocable composé des radicaux *brach* = friche, et *bant* = frontière, d'où marche de terres en friche
- Braibantois
- localité arrosée par le ruisseau Le Haljoux, altitude de 200 à 300 m
- N 937, lignes de bus 128A/128s Ciney-Yvoir, 430 Ciney-Dinant
- 885 ha

Le château de Halloy fut autrefois une résidence des princes-évêques de Liège

HISTORIQUE

Braibant fit partie du domaine épiscopal de Halloy tandis que ses habitants dépendaient de la châtellenie de Dinant. Jusqu'à la Révolution française, le chef-lieu de la commune est Stée. Depuis le 13e siècle, le chapitre de la collégiale Saint-Pierre de Liège possédait des droits et des biens à Braibant, qu'il conservera jusqu'à la fin de l'Ancien Régime. La terre de Braibant et d'Halloy est érigée en seigneurie hautaine en 1740 par le prince-évêque Jean-Théodore de Bavière en faveur de Maximilien de Villenfagne. Passant à Jean-Baptiste d'Omalius, jurisconsulte de Liège et seigneur de Croix par le mariage de Catherine-Françoise de Villenfagne, le domaine d'Halloy restera dans cette famille jusqu'à la mort de son dernier représentant Julien d'Omalius d'Halloy ; président fondateur de la Société belge de Géologie, fondateur du Musée d'Histoire naturelle de Bruxelles, il fut aussi bourgmestre de Stée, sénateur de l'arrondissement de Dinant et vice-président du Sénat de 1851 à 1869. À sa mort en 1875, le domaine passe via sa fille Sophie aux mains du baron Michel-Edmond de Selys Longchamps. L'importante collection minéralogique amassée par Julien d'Omalius sera conservée au château et visitée par les grands géologues du monde entier. Le 27 août 1914, le fils du Kaiser Guillaume II, accompagné de savants des universités de Berlin et de Munich, venus visiter le château et ses riches collections, y signera une ordonnance au nom de son père interdisant aux troupes allemandes de piller ou détériorer le moindre objet des collections ou document de la bibliothèque du « père de la géologie moderne ». En juin 1944, à la suite de la déportation de Léopold III et de sa famille, le prince Charles vient se réfugier et se cacher au château d'Halloy chez son ami Walther de Sélys Longchamps, un des personnages les plus importants de la résistance locale, avec l'espoir hypothétique de pouvoir gagner l'Angleterre. Ce projet ne se réalisera pas et en remerciement de l'aide reçue, le prince, devenu régent du royaume, nommera son ami chef de cabinet adjoint.

Suite à la vente du domaine d'Halloy en 1987, les collections de minéraux seront transférées au Musée des Sciences naturelles à Bruxelles, tandis que la bibliothèque ira occuper les rayons de celle de l'Université libre de Bruxelles.

À VOIR

De style roman à trois nefs, l'**église Saint-Vincent**, restaurée et agrandie en 1809, contient des fonts baptismaux du 12e siècle, un maître-autel provenant de la collégiale Saint-Martin de Liège et surmonté d'une crucifixion de Michel Deloor (1937), des confessionnaux de style Louis XIV, une chaire de vérité du 17e siècle et une statue de la Vierge, copie d'une œuvre de Del Cour. Sur le coteau de la route Ciney-Yvoir se dresse une **croix de calvaire** récente (1949).

Le **château d'Halloy** fut au Moyen Âge une des douze résidences du prince-évêque de Liège. Le prince-évêque Théoduin (1048-1075) faisait frapper à Halloy des pièces de monnaie à son effigie. Le château, comme tout le Condroz, y compris Ciney, sera dévasté lors de la Guerre de la Vache (1275-1278). Reconstruit, le domaine, tout en restant propriété du prince-évêque, sera géré par un bailli. Aujourd'hui, après transformation, le domaine sert de lieu de réceptions et de séminaires résidentiels.

Stée, commune sous l'Ancien Régime, se compose aujourd'hui d'une seule **ferme**, à l'architecture typique des bâtiments agricoles condruziens des 17e et 19e siècles.

ÉVÉNEMENTS

- fêtes communales, à Braibant la quatrième semaine après Pâques, à Halloy le dimanche qui suit le 8 septembre

CHEVETOGNE | 5590

- en 943 *Cauentonia*, nom d'origine celtique = villa, maison de Cavantos
- Chevetognards
- village rural et boisé, arrosé par l'Yvoigne, affluent de la Lesse, altitude de 317 m
- N 929, lignes de bus 43/2 Ciney-Mont Gauthier, 57/1 Ciney-Chevetogne
- 1 316 ha

HISTORIQUE

Chevetogne était une enclave luxembourgeoise en principauté de Liège, rattachée à la seigneurie de Han-sur-Lesse depuis le 15e siècle. Enhet, territoire liégeois, siège d'une seigneurie hautaine féodale de la principauté de Liège, constituait une des 32 hauteurs de la mairie de Ciney.

Chevetogne était jadis appelée « la capitale d'el besace » parce que peuplée de nombreux bûcherons partant chaque semaine, la besace au dos, travailler dans les forêts d'Ardenne. Située sur la voie de communication dite « Haut Conduit » reliant Saint-Hubert à Namur, c'était le chemin des invasions, des marchands et des pèlerins se rendant à, ou revenant de Compostelle. Il en résultera, à l'emplacement du château Valéry Cousin (domaine provincial actuel), une maison d'asile pour héberger malades et pèlerins, comme à Ciney.

A VOIR

L'**église Saint-Maurice**, récemment réaménagée (1995-96), fut agrandie en 1865 en style Renaissance pour remplacer un petit sanctuaire, souvent transformé au 18e siècle. La **chapelle Saint-Martin** à Enhet, déjà citée en 1575, fut reconstruite en 1860. Son mobilier d'époque se trouve au Musée archéologique de Namur. L'ancien **château Cousin**, comme 80% du territoire de Chevetogne, appartient depuis 1650 à la famille d'Oultremont, qui, en 1738, vendra le domaine en partie à la famille de Wyckersloot de Roestyn et en partie à la famille Delvaux de Fenffe. La première partie passe ensuite à la famille Van der Steen de Jehay pour devenir, après la Première Guerre mondiale, le château Valéry Cousin, du nom d'un industriel bruxellois, et, en 1969, le **domaine provincial** (centre de loisirs, de sports et de camping avec gîtes, restaurants et activités diverses, surtout à la bonne saison). La partie du domaine achetée par les Delvaux de Fenffe, où un château est construit en 1850-52, est cédée en 1903 aux pères bénédictins de Ligugé (Poitiers), expulsés de France par les lois Combes. Ceux-ci y séjournent jusqu'en 1923 et y construisent une chapelle. En 1939, une communauté bénédictine, venue d'Amay-sur-Meuse, y fonde l'actuel **monastère**, voué spécialement à l'œcuménisme. À chaque extrémité du bâtiment sera construite une église : au sud, l'**église byzantine**, édifiée de 1955 à 1957, au nord, l'**église latine**, construite entre 1981 et 1988. Depuis 1990, le monastère de Chevetogne a été élevé au rang d'abbaye.

C'est au château Saint-Roch, dans la nuit du 31 décembre 1944, que fut mise au point la contre-offensive des Alliés

ÉVÉNEMENTS

- fête de Notre-Dame de Luxembourg, consolatrice des affligés, le dimanche qui suit la 4e semaine de Pâques
- pèlerinage à saint Walhère, le dernier dimanche de juin

GASTRONOMIE

- culture locale d'une variété de pommes de terre à pelure noire dite « la corne de Chevetogne »

CINEY | 5590

- au 13e siècle *Ceunaco*, du radical celtique *kouno* = bel endroit, beau site
- Cinaciens
- capitale du Condroz, arrosée par l'Haljoux, le Leignon et le Biron, altitude de 240 à 260 m
- gare ferroviaire, N 97, lignes de bus 13 Andenne-Ciney, 43/1 Dinant-Ciney, 43/2 Ciney-Mont Gauthier, 47 Ciney-Custinne, 48 Ciney-Bonsin, 50s Ciney-Serinchamps, 57/1 et 57/2 Ciney-Leignon, 66 Namur-Ciney, 126a Huy-Ciney, 128a : 128s Ciney-Yvoir, 430 Dinant-Ciney
- 2 894 ha

L'iconostase de l'église byzantine est due au peintre russe Georges Morozov (1900-1993) ; les fresques sont de deux peintres grecs, Rhallis Kopsidis et Georges Chochlidakis

LE MONASTÈRE DE CHEVETOGNE

Unique en son genre, le monastère de Chevetogne, implanté sur une colline dominant le village, est un monastère bénédictin international voué spécialement à l'œcuménisme. La spécificité de la communauté depuis ses origines est l'ouverture aux grandes traditions liturgiques de l'Orient et de l'Occident, par delà les barrières confessionnelles.

Le monastère de Chevetogne a été fondé par Dom Lambert Beauduin (1873-1960), qui, comme moine de l'abbaye du Mont-César (Louvain), avait auparavant animé le renouveau liturgique en Belgique. La rencontre de l'Orient chrétien le rend conscient de la division des églises et inspire son projet de fonder un monastère dédié à l'œcuménisme. En 1925, le père Beauduin s'installe avec quelques confrères à Amay-sur-Meuse, d'où la communauté déménagera à Chevetogne en 1939.

Par ses contacts avec des personnalités des églises séparées de Rome (orthodoxie, anglicanisme, protestantisme), la célébration liturgique selon les traditions byzantine et latine, l'organisation de colloques depuis 1942, la communauté de Chevetogne a voulu engager un dialogue loyal avec les chrétiens d'autres confessions. Elle s'est ainsi mise dès son origine à l'écoute de l'Orient chrétien, et de l'orthodoxie russe en particulier. L'office byzantin est célébré à Chevetogne en slavon, tandis que la divine liturgie (eucharistie) est parfois célébrée aussi en grec. Depuis 1990, le prieuré de Chevetogne a été élevé au rang d'abbaye.

Le monastère est installé dans un ancien château, construit au milieu du 19e siècle par Charles Delvaux de Fenffe, bourgmestre de Chevetogne. Occupé de 1903 à 1923 par les bénédictins de Ligugé en exil, il servit aussi de refuge, à partir de 1932, à des jésuites espagnols, jusqu'à leur remplacement par les moines d'Amay-sur-Meuse.

À chaque extrémité du bâtiment s'élève actuellement une église : au sud, l'église byzantine, construite de 1955 à 1957, au nord, l'église latine, construite entre 1981 et 1988.

L'église byzantine, dédiée à l'Exaltation de la Sainte-Croix, a été édifiée afin de témoigner des richesses spirituelles de l'Orient chrétien. Une église dans la tradition byzantine veut offrir à travers son architecture et son décor intérieur comme un condensé du cosmos, un espace où s'unissent dans l'harmonie les réalités visibles et invisibles. Le fidèle qui y pénètre traverse d'abord un exonarthex (narthex extérieur), ensuite vient le narthex, dans lequel se tenaient les catéchumènes (ceux qui se préparent au baptême) pendant la liturgie eucharistique. La nef est le lieu de l'assemblée des baptisés. Le sanctuaire, où le clergé se dispose autour de l'autel, représente le Ciel, lieu de la présence divine. Ces quatre parties de l'église symbolisent les différentes étapes du chrétien, pèlerin en marche vers le Royaume.

L'iconostase est la paroi couverte d'icônes séparant le sanctuaire de la nef. Celle de Chevetogne est due au peintre russe Georges Morozov (1900-1993). Les deux icônes entourant les portes centrales représentent, l'une, le Christ docteur, tenant le livre des évangiles, l'autre, la Mère de Dieu présentant son fils.

Les fresques sont l'œuvre de deux peintres grecs, Rhallis Kopsidis et Georges Chochlidakis, qui se sont inspirés de l'école macédonienne (11e-14e siècles) et de l'école crétoise (14e-17e siècles) pour le style ; quant au programme iconographique, il est typique de l'époque des empereurs Paléologues (13e-14e siècles). Le sanctuaire a été décoré dans le style serbe par une équipe de peintres sous la direction de L. Raffin. Le narthex contient des scènes de l'Ancien Testament interprétées à la lumière du Nouveau. La nef est couverte de fresques retraçant la vie du Christ.

L'église latine, dédiée au Saint-Sauveur, s'inspire du plan basilical (atrium, nef et sanctuaire). La première pierre, provenant du Mont Sion à Jérusalem, a été posée le 2 novembre 1981 par l'archevêque de Canterbury, le Dr Runcie, et le cardinal Danneels, archevêque de Malines-Bruxelles. Sa consécration par Mgr Léonard, évêque de Namur, assisté de Mgr Bär, évêque émérite de Rotterdam, a eu lieu le 11 mai 1996. L'église est ornée de deux fresques d'inspiration romane dues au moine iconographe russe, l'archimandrite Zénon. L'une, dans l'atrium, représente la Jérusalem céleste, l'autre, dans l'abside, le Christ en majesté. Au sol de l'atrium, un labyrinthe symbolise la quête humaine de Dieu.

Le Centre Œcuménique Dom Lambert Beauduin, construit en 1964, fournit un lieu de rencontre fonctionnel pour les congrès œcuméniques, les réunions d'études et l'accueil de groupes. L'architecte Lucien Kroll a conçu le bâtiment qui s'inscrit dans un vaste paysage dégagé. Il s'adosse à un petit bois et suit les pentes du terrain comme s'il y avait poussé naturellement.

Les moines de Chevetogne accueillent aussi des hôtes qui souhaitent passer chez eux un moment de retraite en lien avec la spiritualité du monastère. Une hôtellerie réservée aux hôtes masculins est située à l'intérieur du monastère. Une deuxième hôtellerie, destinée aux dames et aux familles, est la maison de Béthanie. Une troisième maison, Emmaüs, permet l'accueil de groupes.

– Emmanuel Brutsaert

HISTORIQUE

Ciney fut habitée dès l'époque néolithique. À la période romaine, elle était le carrefour de nombreuses chaussées. Dès 934, l'église de Ciney est confirmée parmi les possessions du prince-évêque de Liège, devenant une des vingt-trois « bonnes villes » de la principauté. « Porte et clef de l'Ardenne », elle fut un champ de bataille important avec au moins trente-quatre occupations, pillages, incendies et destructions entre 1150 et 1789. À partir du 14e siècle, elle sera une ville de foires, caractéristique qu'elle conserve encore aujourd'hui avec son marché hebdomadaire aux bétails gras et maigre (3 000 à 5 000 têtes de bétail) – le premier de Belgique, avant celui d'Anderlecht – qui attire des marchands de Belgique, de France, d'Allemagne et du Luxembourg. Au Moyen Âge, les fermes de Saint-Quentin et de Surlemont (ferme et moulin) constituaient des relais pour les pèlerins se rendant à, ou rentrant de Compostelle, avant ou après l'asile de Chevetogne.

Jadis ville industrielle (carrières, briqueteries, tanneries, taillanderies, conduites d'eau, métallurgie, poêleries, etc.), elle est aujourd'hui un important pôle d'enseignement (secondaire et supérieur) et un centre d'accueil et d'hébergement de l'enfance handicapée et des personnes du troisième âge.

À VOIR

La **collégiale Notre-Dame de l'Assomption** (paroisse Saint-Nicolas) est un bâtiment très ancien, reconstruit tout au long des siècles : les fondations sont gallo-romaines, une tour date du 6e-7e siècle, un étage et la crypte romane (découverte en 1928), du 11e siècle, les fonts baptismaux, du 12e, une chapelle du Rosaire, seule subsistante de sept autres, du 15e, et plusieurs pierres tombales, des 16e, 17e et 18e siècles. Rue des Capucins, l'**église des pères capucins**, dédiée à l'Immaculée Conception, construite de 1904 à 1906, servit de temple protestant pour l'armée allemande en 1917-18. La **chapelle Notre-Dame de Hal**, rue du même nom, à restaurer, existait déjà en 1745. La chapelle du **Mont de la Salle**, à l'usage du public et des résidents de la maison de retraite des Frères des Écoles Chrétiennes, fut installée en 1939. Ce complexe a servi d'hôpital militaire pour les Allemands (1943-44) et les Américains (1944-45). La **chapelle d'Emptinal**, dédiée à sainte Marie-Madeleine, rue du même nom, était déjà accessible aux fidèles au 16e siècle. Elle abrite plusieurs statues anciennes. La **chapelle Saint-Maurice** de Biron, chemin de l'Alloux, fut ouverte au public en 1911. Le **château Saint-Roch**, au Sainfoin, construit entre 1904 et 1906 par Joseph Boseret, notaire du roi Léopold II, fut le siège durant la nuit du 31 décembre 1944 au 1er janvier 1945 d'une réunion extraordinaire d'état-major en présence du maréchal Montgomery et du général américain Clark pour la mise au point de la contre-offensive alliée dans les Ardennes. Son parc de 12 hectares abrite le conservatoire de musique de la ville de Ciney depuis 1962-64. Le **château Saint-Hubert**, érigé en 1852 par le notaire Louis Boseret, père du précédent, est le siège administratif de l'école Saint-Joseph. Le **château de la Haute**, avenue d'Huart, date de 1760-62 ; c'est de ce site que le général – futur maréchal – Rommel donna, le 16 mai 1940, l'ordre à ses blindés de franchir la Meuse à Hastière. Le **château de Linciaux**, bâti vers 1720, fut détruit et transformé

La collégiale Notre-Dame de l'Assomption de Ciney est bâtie sur des fondations gallo-romaines

aux 19e et 20e siècles ; devenu résidence d'une communauté bénédictine expulsée de France de 1902 à 1923, il devint ensuite un centre de colonies de vacances pour enfants défavorisés. Le **château de Massogne**, construit vers 1740, appartient à la famille de Moffarts d'Honchenée ; il sert aujourd'hui de lieu de réceptions. Le **château de Barcenal** est un domaine déjà très ancien, cité dans *Les délices du Païs de Liège* écrit en 1747 par Saumery.

À ne pas manquer sur la **place Monseu**, jadis jardin de monseigneur le prince-évêque, le **kiosque** – le plus beau de Wallonie – construit en 1889 et restauré en 1989, auquel fait face l'ancien bâtiment de la **Poste**, édifié en style flamand en 1912, actuel siège d'une banque.

ÉVÉNEMENTS

- foire aux bestiaux, tous les vendredis
- fêtes communales de Ciney, la 3e semaine d'août
- fêtes communales de Biron, le 1er dimanche d'octobre
- semaine du théâtre wallon, la 3e semaine de novembre
- foire Saint-Éloi, le 1er dimanche de décembre

GASTRONOMIE

- la confrérie « Le Franc-Thour Nostre Damme » : au cœur du Moyen Âge, la ville de Ciney, dévastée après la lamentable Guerre de la Vache, se reconstruit et se remet, grâce à la qualité de son eau et surtout de son houblon, à produire des bières (on y dénombrera pas moins d'une trentaine de brasseries). En 1974, chez Demarche, héritier des vieilles traditions brassicoles, on remet à jour une bière issue de ce passé : ce sera la *Cuvée de Ciney*, qui devra abandonner le terme « cuvée » pour d'obscures raisons, mais qui préservera son goût, relativement sucré dans l'amertume, gardera ses 8° et sera toujours défendue par une confrérie volontaire, quelle que soit sa couleur (blonde, car amère, ou brune, car caramélisée)
- l'Ordre des « Gentes dames de la tarte au macaron » : ces dames ont pris la défense d'une vieille recette « tartulaire » héritée des pèlerins qui s'en revenaient de Saint-Jacques de Compostelle, où ils avaient découvert un petit gâteau sec à base de pâte d'amandes, sucre et blanc d'œuf : l'*almandrados*. À Ciney, il fut broyé, couvert d'un bon alcool (souvent du rhum), mélangé à des œufs additionnés de vanille et devint la couverture de tartes qui font depuis le milieu du 18e siècle la fierté de ces dames

CONNEUX | 5590

- au 13e siècle *Colnidum*, de *collinetum* = endroit dans les collines (?)
- Conneusiens
- village rural boisé, arrosé par le Conneux et le Conjoux, altitude de 268 m
- N 925, lignes de bus 47 Ciney-Custinne, 57/1 Ciney-Leignon
- 1 564 ha

HISTORIQUE

En 747, Conneux fait partie de la donation du maire du palais Carloman aux moines de Stavelot, qui le cèdent au 11e siècle au chapitre de l'église Saint-Jean l'Évangéliste de Liège. C'était une des 32 hauteurs de la mairie de Ciney.

À VOIR

La **chapelle Saint-Martin de Conneux** fut érigée en 1864. Elle abrite dans le porche deux pierres tombales datées de 1727, 1746 et 1619. La **grotte de Conjoux**, rue des Grottes, fut construite avec des rochers artificiels en 1884 en l'honneur de Notre-Dame de Lourdes ; jusqu'à la veille de la Seconde Guerre mondiale, c'était un lieu de pèlerinage fort fréquenté de mai à septembre, avec deux jours exceptionnels le lundi de la Pentecôte et le 16 juillet.

Le **château Saint-Martin,** ou Boseret, fut construit en 1845 par Louis Boseret, notaire à Ciney. Il est toujours occupé par des descendants de cette famille. Le **château de Conjoux**, propriété actuellement de la famille van der Straeten Waillet, était le siège d'une seigneurie et une des 32 hauteurs de la mairie de Ciney. Il a servi d'hôpital de campagne pour l'armée allemande lors de l'offensive von Rundstedt en décembre 1944. Le **château de Reux**, entouré d'un

Le kiosque de la place Monseu est considéré comme le plus beau de Wallonie

Vue sur le hameau de Conjoux

immense parc construit en 1875, est occupé aujourd'hui par les barons Christian et François Goffinet.

ÉVÉNEMENTS

- fêtes communales à Conneux, le deuxième dimanche après Pâques

HAVERSIN | 5590

- habitation de *Hawiricinus* (?)
- Haversinois
- village rural au sol schisteux, très accidenté, altitude de 210 à 340 m
- N 929, ligne de bus 50s Ciney-Serinchamps
- 2 462 ha

HISTORIQUE

Au 16e siècle, Haversin est territoire luxembourgeois, dépendant de la mairie et prévôté de Marche. Le domaine appartiendra successivement à la famille de Haccourt et à celle de Carpentier, souverain maïeur de Dinant jusqu'en 1781.

Serinchamps, une des 32 hauteurs de la mairie de Ciney, fait partie du domaine de l'évêque Walleaud, contemporain de Charlemagne. C'est aussi une des quatre pairies du comté de Rochefort. Elle appartient à la famille de Croix jusqu'en 1515 pour entrer dans le giron de la famille de la Mark jusqu'à la fin de l'Ancien Régime. À la Révolution française, Haversin était un hameau de la commune de Serinchamps, mais il devint le chef-lieu communal avec la construction du chemin de fer.

À VOIR

L'**église de la Sainte-Trinité** de Serinchamps fut consacrée en 1756 par Mgr Jacquet, évêque suffragant de Liège, avec dépôt dans l'autel des reliques des saints Orban et Boniface. Le **château de Serinchamps** fut complètement réaménagé au 19e siècle. Cette propriété occupée par la famille de Senzeille, anoblie par le roi Guillaume d'Orange en 1816, est achetée par le baron Emmanuel de Coppens d'Eeckenbrugge avant de passer par héritage au baron Albert van der Straeten Waillet. Le domaine sera vendu en 1947 à un organisme de colonies scolaires « Dunes et Bruyères » animé par les petites sœurs de Saint-Vincent de Paul du couvent de la rue Haute à Bruxelles. Elle est actuellement à l'abandon.

L'**église Saint-Adelin** d'Haversin fut construite en 1854. Le **château** d'Haversin, décrit par Saumery en 1747, passe au début du 19e siècle à la famille de Bonhome jusqu'en 1922 ; après transformation, il fut revendu à la famille de Ribaucourt, qui l'occupa jusqu'en 1978, avant de devenir en 1986 la propriété d'un entrepreneur anversois qui en a assuré la restauration. Mentionnons encore la **chapelle Saint-Lambert** (18e siècle) et la **chapelle Saint-Pierre** (19e siècle) dans le hameau de Haid.

Leignon : l'église Sainte-Marie, de style néo-Renaissance

ÉVÉNEMENTS

- pèlerinage à saint Christophe, le 1er dimanche de juillet à Serinchamps
- fêtes communales à Serinchamps, le dernier dimanche d'août
- fêtes communales à Haid, le 3e dimanche de septembre
- pèlerinage à saint Lambert à Haversin, le 17 septembre
- fêtes communales à Haversin, le 1er dimanche d'octobre

LEIGNON | 5590

- en 862 *Slenion*, qui proviendrait de l'ancien nom du ruisseau, le Linciaux (?)
- Leignon(n)ais
- village rural, sol calcareux, altitude de 282 m
- N 938, N 949, lignes de bus 43/2 Ciney-Mont Gauthier, 47 Ciney-Custinne, 50s Ciney-Serinchamps, 57/1 et 57/2 Ciney-Leignon
- 1 878 ha

HISTORIQUE

Leignon est cédé en 747 par Carloman, maire du palais, à l'abbé de Stavelot-Malmedy. En 1770, cette abbaye est autorisée, par décret de l'impératrice Marie-Thérèse, à vendre la seigneurie de Leignon pour acheter 18 bonniers de terre dans le duché de Limbourg. Ladite transaction concerne aussi la seigneurie de Corbion et les hameaux d'Ychippe et Chapois. Par contre, Barcenal fait partie de la prévôté de Poilvache, comté de Namur, jusqu'à la révolution de 1789. Leignon et Chapois se singularisent au 19e siècle par trois épisodes anecdotiques mais dignes d'intérêt. Au château de Leignon travaille comme régisseur de 1896 à 1897 un ingénieur agricole de nationalité française, Édouard Degrelle, qui deviendra belge par mariage et père de Léon Degrelle, le fondateur du parti rexiste dans les années 1930.

À Chapois sera fondée en 1894 la première section de l'arrondissement de Dinant du Parti Ouvrier Belge ; un Chapoisien sera ainsi présent à la fondation du Parti Socialiste à Bruxelles en 1896. Toujours à Chapois, en 1891-92, quelques ouvriers des chemins de fer organisent la première section cinacienne du syndicat ouvrier, secteur cheminots, dépendant de la FGTB.

À VOIR

L'**église Sainte-Marie**, de style néo-Renaissance, datée de 1845, remplace un édifice sans doute de 1785 (chronogramme de la porte d'entrée). La **chapelle de Corbion** dédiée à Notre-Dame des Sept Douleurs, à l'origine église paroissiale, est bâtie en 1625 en style néoroman à trois nefs ; elle fut transformée au début du 18e siècle comme l'indique la date de 1716 au-dessus de la porte d'entrée de la nef.

Le **château de Leignon**, reconstruit en 1817 par Dupont de Wève, bourgmestre de Leignon, devient la propriété du comte Adolphe de Gourcy Serainchamps par mariage. Il est vendu en 1881 à Isidore Eggermont, diplomate gantois, qui le transforme entre 1895 et 1900 en style néogothique exubérant, puis à la Société Nationale des Chemins de Fer, qui le reconvertit en centre de vacances pour son personnel. Il a été récemment racheté par un industriel d'origine arménienne.

Dans le hameau d'Ychippe, la **chapelle**, composée d'une nef rectangulaire, fut construite en 1845 en remplacement d'un édifice de 1686. Dans le hameau de Chapois, une première petite **chapelle**, dédiée à saint Roch, est ouverte en 1861. Les habitants du lieu réclament une église avec statut de paroisse, à soustraire à celle de Leignon. Le clergé s'y oppose. Une **église Notre-Dame des Sept Douleurs**, dépendant de Leignon, est édifiée en 1896, mais les Chapoisiens, mécontents, créent une communauté protestante. Ce n'est qu'en 1906 que Chapois devient une paroisse autonome de Leignon.

Annexe du château de Jannée aujourd'hui aménagée en discothèque

PESSOUX | 5590

- en 1512 *Pesessou*, de *essoux*, endroit où on dénombre des pieux (= paxus)
- Pessoutois
- village rural au sol calcaro-schisteux, altitude de 310 m
- N 4, N 938, lignes de bus 48 Ciney-Bonsin, 50s Ciney-Serinchamps
- 1 632 ha

HISTORIQUE

Le domaine de Pessoux est donné à l'abbaye de Stavelot par le maire du Palais Carloman. Il restera sous la dépendance du prince-évêque dans la mairie de Ciney jusqu'à la révolution de 1789. C'est une des huit paroisses de la mairie de Ciney, englobant Jannée et Trisogne.

Jannée étant traversée par une voie romaine, une partie du hameau était intégrée dans la pairie namuroise de Scy, principauté de Poilvache ; par contre, une partie de Trisogne faisait partie de la seigneurie hautaine de Biron.

À VOIR

L'**église Saint-Martin** de Pessoux est un édifice datant de 1890, avec des pierres tombales datées de 1552, 1663, 1725, 1775 et 1790. La **chapelle Saint-Médard** de Jannée, une construction en pierres de taille de style néogothique avec une nef débouchant sur une chapelle castrale, date de 1866.

La **fontaine Saint-Martin** fait l'objet d'une tradition selon laquelle ledit saint, au 4e siècle, s'y serait arrêté pour se reposer. On peut voir dans le bassin de la fontaine un rocher surmonté d'une espèce d'anneau taillé dans la roche auquel saint Martin aurait attaché sa monture. Le **château de Pesesse**, construit entre 1906 et 1908 pour Marie de Woot de Trixhe, est depuis 1950 la propriété de la famille du comte Cornet d'Elzius. Le **château de Jannée**, de style néoclassique, a été édifié au début du 19e siècle à partir d'un bâtiment plus ancien, siège d'un domaine foncier dépendant de la seigneurie de Scy. Toujours propriété de la famille de Woot, il a été transformé en hôtel et ses dépendances aménagées en dancing.

ÉVÉNEMENTS

- fêtes communales à Pessoux et Trisogne, le dernier dimanche de septembre
- fêtes communales à Jannée, le dimanche qui suit le 18 octobre

SOVET | 5590

- en 1354 *Souvet*, du latin *Subius*, gentilice romain
- Sovetois
- village rural, de sol calcareux, arrosé par le Bocq, altitude de 210 m
- N 937, lignes de bus 128s Ciney-Spontin, 430 Ciney-Dinant
- 1 315 ha

HISTORIQUE

Sovet faisait partie de la mairie de Ciney et Croix était une seigneurie hautaine dépendant de la principauté de Liège, tandis que Senenne était une enclave luxembourgeoise dépendant du château de Durbuy.

À VOIR

L'**église Saint-Hubert** de Sovet, de style gothique, date de 1911 et remplace une église construite en 1844 lorsque Sovet fut érigé en paroisse. Beaux vitraux dans le chœur. Le **château-ferme de Vincon** est un bâtiment du 18e siècle à l'architecture traditionnelle typiquement condruzienne, propriété du comte d'Ursel.

ÉVÉNEMENTS

- fêtes communales à Sovet, le premier dimanche d'août

COUVIN

- arrondissement de Philippeville
- localités : Aublain, Boussu-en-Fagne, Brûly, Brûly-de-Pesche, Couvin, Cul-des-Sarts, Dailly, Frasnes, Gonrieux, Mariembourg, Pesche, Petigny, Petite-Chapelle, Presgaux
- 20 693 ha ; 13 833 habitants (01/01/2011)

La Fausse porte constituait le passage entre le château et le bourg

Mariembourg : la maison communale, construite en 1884

AUBLAIN | 5660

- *Alblinum* (868), du latin *alba* : eau blanche
- Aublinois
- village-rue résidentiel et agricole moyennement vallonné, entre 175 et 210 m
- N 939, ligne de bus 156C Chimay-Mariembourg
- 1 116 ha

HISTORIQUE

L'extrémité sud de la crête arquée a dû être occupée par un camp fortifié en « éperon barré », type oppidum gallo-romain. Le village, mentionné en 868 dans le polyptyque de l'abbaye de Lobbes, passe dans le domaine du comte de Hainaut. Partant en croisade, Baudouin II le vend avec d'autres villages en 1093 à Otbert, prince-évêque de Liège. Jusqu'au 15e siècle, le seigneur d'Aublain tient en fief de la famille Rumigny-Florennes une exploitation agricole et une tour de défense construite sur une motte féodale, protégée de fossés et d'une palissade. En 1434, par mariage, la seigneurie passe dans la famille de Senzeille, dont un descendant bâtit, en 1518, un imposant château avec tours, murailles et fossés. Anne de Senzeille épouse, en 1578, Jean II de Groesbeeck, neveu de Gérard de Groesbeeck, prince-évêque de Liège. Cette très riche famille conserve le domaine jusque la Révolution française après avoir racheté la partie qui appartenait au baron de Pesche.

À VOIR

Venant de Dailly, on rencontre sur la droite la **chapelle Notre-Dame du Rosaire** (17e siècle) et un peu plus loin, la grosse **ferme du Moulin** (ou ferme Marchal), ancienne basse-cour seigneuriale sur la rive droite de l'Eau Blanche, au sud de laquelle se trouvait le château du seigneur, aujourd'hui disparu. En montant vers la place, on passe devant le **presbytère** du 16e siècle, entouré de hauts murs. Vers le sommet de la crête s'élève la majestueuse **église Saint-Lambert** (1755). À l'extrémité de la place, à la jonction avec la rue du Fossaire, se découvre la belle **ferme Chasselein**, perpendiculaire à la route, précédée d'une cour et ceinturée de murets, avec une magnifique vue sur la dépression de l'Eau Blanche vers Boussu-en-Fagne. Dans la descente vers la rivière, le **moulin d'Aublain** (18e siècle) est un ancien moulin banal, créé à la fin du 15e. En retournant vers le pont, sur la gauche, on aperçoit une motte féodale du 11e siècle, entourée de fossés.

ÉVÉNEMENTS

- carnaval, le deuxième week-end après le mardi gras
- fête de la Jeunesse, le week-end de la Pentecôte

Aublain : la majestueuse restauration de l'église témoigne de la prodigalité de la famille seigneuriale des de Groesbeeck

Le château de Brûly construit de 1927 à 1930 (architecte Ch. Claes) : une architecture qui se veut imposante pour marquer l'entrée en territoire belge

BOUSSU-EN-FAGNE | 5660

- en 868, *buxutum*, mot latin signifiant taillis de buis
- Boussutois
- village résidentiel étiré au pied du talus de la Calestienne, altitude d'environ 175 m
- N 939, ligne de bus 156C Chimay-Mariembourg
- 2 820 ha

HISTORIQUE

Le sol de la localité a révélé les traces d'une station néolithique avec quelques sépultures (tumulus) ainsi que d'une vaste villa romaine. Par ailleurs, au Tienne de la Chapelle, une cinquantaine de tombes mérovingiennes entouraient les vestiges d'un oratoire.

Depuis l'achat, en 1093, de la terre de Couvin à Baudouin II, comte de Hainaut, par le prince-évêque de Liège Otbert, les seigneurs de Chimay s'imposent progressivement comme avoués. Cette charge de gestion civile et militaire du territoire s'accompagne de privilèges lucratifs. Un prévôt est également désigné pour la surveillance des biens. En 1218, l'avoué Roger de Chimay choisit comme prévôt héréditaire le seigneur de Boussu. Il s'agit probablement de Walter de Boussu. Malgré cette haute fonction de protecteur de la châtellenie de Couvin, celui-ci préfère demeurer dans le manoir qu'il s'est (sans doute) construit.

En 1565, pour reconstruire son château détruit par les Espagnols, Robert de Fays doit emprunter à Jean I Marotte, riche maître de forges. Trois ans après, cet habile et entreprenant bailleur de fonds lui achète non seulement le château, mais aussi la prévôté. À la mort de Jean II Marotte en 1625, les biens de Boussu restent dans la famille Kiévrain-d'Udekem-de Villegas.

Après la révolution française, le château est acquis par les Licot, maîtres de forges de la région, et passe ainsi par mariage, depuis le milieu du 19e siècle, à la famille Hennequin, comte de Villermont, jusqu'à nos jours.

À VOIR

La **ferme de la Chapelle** (ancien oratoire du 12e siècle) borde le chemin qui monte vers l'éolienne de Couvin. Au centre du village, l'**église Saint-Sulpice** (1855), néogothique, possède des dalles funéraires des 17e et 18e siècles. Sur la route descendant vers l'Eau Blanche, voici le magnifique **château de Boussu**. Cette imposante demeure néogothique en moellons assistés de calcaire est implantée dans un parc s'étendant jusqu'à l'Eau Blanche. Un pont construit sans doute à la place de l'ancien pont-levis donne accès au porche d'entrée, de la même époque que la tour circulaire à sa gauche (16e siècle). L'ensemble est ceinturé de douves et constitué d'une vaste habitation en L sur le côté oriental de la cour carrée. À l'opposé, en face du logis, les anciennes dépendances (écuries) occupent tout le côté occidental.

Au-delà de l'ancienne gare et le long de la ligne de chemin de fer, la **ferme de la Forge** reste un témoin de l'important centre métallurgique ayant fonctionné de 1494 à 1850. Sur la route vers Frasnes, le **manoir de la Motte** se dresse à proximité de l'Eau Blanche. À relever aussi, le hameau typique de Géronsarts-Culot, avec ses anciennes fermes herbagères en briques très dispersées le long de la route de Cerfontaine, plus concentrées toutefois près de l'**église Saint-Antoine** (1894). On remarquera que les défrichements avaient commencé très tôt, puisque le minerai de fer était déjà fondu dans des bas fourneaux à l'époque romaine.

ÉVÉNEMENTS

- fête de Géronsarts-Culot, les derniers week-ends de mars et de septembre

Le château de Boussu-en-Fagne, témoin de l'importance du seigneur, prévôt de 1218 jusqu'au début du 16e siècle

BRÛLY | 5660

- *Bruslis* (1390) : brûlage des souches et branchages lors du défrichement de la forêt ardennaise
- Brûlysiens
- village résidentiel, allongé dans la vallée du ruisseau de la Forge du Prince, paysage accidenté de 300 à 370 m
- N 5, ligne de bus 59 Chimay-Couvin
- 1 315 ha

HISTORIQUE

La forge du prince-évêque a été exploitée dès 1599 par Lambert Goreux, qui avait signé un bail avec Ernest de Bavière. Elle cessa son activité en 1845, mais elle est à l'origine de la création de ce hameau qui se développa en village frontalier avec la création de la route Couvin-Rocroi. Il fut érigé en commune en 1826.

À VOIR

L'**église de la Nativité de la Sainte-Vierge** (1831) est de style néoclassique. Le centre de la localité présente une architecture particulière due au notaire Charles Claes : presbytère, château, école, maison communale en brique et pierre bleue et kiosque.

ÉVÉNEMENTS

- carnaval, le samedi après le mardi gras

BRÛLY-DE-PESCHE | 5660

- *Brûly-de-Pesche* (1867) : clairière de défrichage par le feu
- Brûlypeschois
- village résidentiel aux anciennes fermes espacées sur le replat ardennais, altitude entre 260 et 350 m
- N 964, ligne de bus 59 Chimay-Couvin
- 1 105 ha

HISTORIQUE

Le hameau de Pesche fut érigé en commune en 1867. Ce très modeste village sortit de l'anonymat suite à l'établissement sur son territoire du quartier général d'Hitler en mai-juin 1940.

À VOIR

Le **Quartier Général d'Hitler** et le **Musée de la Résistance**. Pour diriger la campagne de France depuis son grand quartier général, Hitler séjourna du 6 au 28 juin 1940 dans ce village-clairière, installé au milieu d'une forêt de

À Brûly-de-Pesche, le bunker du Q. G. d'Hitler pendant la Campagne de France

12 000 hectares. Près de la source, il avait fait construire un bunker en béton camouflé et deux chalets. L'école servait de salle des cartes tandis que l' **église Saint-Méen** (1855) avait été aménagée en salle de réunion où furent rédigées les conditions de l'armistice franco-allemand. Un des deux pavillons reconstruits décrit le séjour du Führer à l'aide de photos et d'un montage audiovisuel. Le second présente, grâce à du matériel d'époque et à des maquettes, les pénibles conditions de vie des résistants dans la forêt. Ne pas manquer d'observer à la sortie du village vers Cul-des-Sarts, sur la gauche en haut de la rue Bridelette, la belle ancienne ferme en long, dite en « bauché » (ancienne ferme Camille Hubert).

ÉVÉNEMENTS

- pèlerinage à la fontaine Saint-Méen, pour la guérison des maladies de la peau, le dimanche qui suit le 21 juillet

COUVIN | 5660

- en 872, *cubinium*, domaine de Covinius
- Couvinois, surnommés *Pansards*
- ville commerçante, industrielle et résidentielle allongée sur les rives de l'Eau Noire, altitude entre 190 et 230 m
- gare ferroviaire, E 420/N 5, N 99, lignes de bus 56 Namur-Couvin, 59 et 60/1 Chimay-Couvin, 60/2 Couvin-Le Mesnil, 156B Mariembourg-Heers-Agimont, 451 Couvin-Charleroi
- 3 310 ha

HISTORIQUE

Le territoire fut occupé depuis le paléolithique. La terre de Couvin du comté mérovingien de Lomme est donnée à l'abbaye de Saint-Germain-des-Prés en 754 et passe ensuite à l'abbaye de Lobbes. La richesse en minerai de fer, en bois et en eau pour la métallurgie assure la prospérité pendant des siècles. S'y ajoute la situation géographique intéressante entre les comtés de Hainaut et de Namur et la France. La Principauté de Liège acquiert en 1093 le domaine de Couvin de Baudouin II de Hainaut, partant en croisade. Mais la châtellenie n'est définitivement constituée qu'en 1203. La ville s'installe sur la rive droite de l'Eau Noire, a son château et s'entoure de murailles qui subsistent jusqu'au 18e siècle. Pour gérer le domaine, le prince-évêque délègue ses pouvoirs civils à un avoué et à un prévôt. La prévôté héréditaire de Couvin passe successivement aux seigneurs de Chimay, aux seigneurs de Boussu-en-Fagne et au prince-évêque Gérard de Groesbeeck. Au 18e siècle, la châtellenie connaît une intense activité d'usines métallurgiques et de scieries. Sous le régime français, la châtellenie disparaît. Le dynamisme et les innovations des maîtres de forges sont à l'origine du développement de la région en un pôle sidérurgique européen, avec six usines à Couvin. Mais les nouvelles techniques de production des hauts fourneaux au coke et des fours à « puddler » signent la mort de cette belle aventure et provoquent la misère de beaucoup de familles. La faillite de l'empire Hannonet-Gendarme, en 1833, accroît la misère jusqu'à la deuxième révolution industrielle du Couvinois en 1888. La société anonyme des Fonderies et Forges Saint-Joseph est constituée pour la fabrication d'appareils de chauffage. Cette relance industrielle suscite la création progressive de quatre autres poêleries. L'exportation permise par la réalisation de la ligne de chemin de fer en 1854 est à la base de cette extraordinaire expansion. Dès 1965, la concurrence et la saturation du marché forcent à des fusions et des faillites. L'autre richesse naturelle, le bois, a aussi connu ses périodes de gloire, notamment avec les célèbres raquettes Donnay. Depuis la fin de cette fabrication en 1988, une certaine reconversion s'opère dans l'usinage de charpentes, portes et châssis, avec plus récemment la valorisation des déchets en pellets de combustible pour la production d'énergie électrique.

La Falaise surplombe le Trou de l'Abîme ; ses calcaires typiques sont à l'origine du « couvinien », adopté par la géologie mondiale

À VOIR

De la **place Piron** et du monument de ce général couvinois, qui s'est rendu célèbre en participant avec sa brigade au débarquement de Normandie en 1944, la vue est splendide sur la majestueuse **Falaise**. En empruntant les allées près du monument René Lyr, illustre écrivain, poète, critique littéraire et musicologue, on atteint le pont au pied duquel se trouve le lavoir. Par la ruelle de l'Escalier, près de la Maison du Tourisme, la vieille ville haute est atteinte au sommet de la rue de la Montagne, près de l'ancienne halle, déjà citée en 1377. Sur la droite, le **presbytère** (fin du 17e siècle), dont le fond de la cave servait d'oubliette-prison. L'**église Saint-Germain**, avec sa tour de 1727, est un édifice de 1765 ; de la même année date sa chaire réalisée par l'ébéniste couvinois Fonder. Sous la Fausse porte commence le circuit du **Vieux Couvin**, en bas de la **rue des Béguines**, nom évoquant le couvent des Récollectines au 17e siècle. Cette rue étroite, longée de petites maisons de pierre, constitue le sommet de la Falaise. Ici et là, quelques vestiges des murailles. À l'extrémité est, on débouche sur la rue des Calvaires, avec sa petite place où sont construites les **deux chapelles des Calvaires** (1671). Un peu plus haut, à la rue des Archers, le **Pachis à l'arc**, siège de la Confrérie des Archers, en 1559. La descente de la rue Albert Colard rejoint le Faubourg de la Ville où, vers le bas sur la droite, la grosse **ferme du Faubourg** (Ferme Walkens) est en voie d'aménagement pour abriter le Centre culturel. Le périple aboutit au bas de la Grand-Place où l'imposante **maison communale** a été construite en 1832 : on peut y découvrir la tapisserie de la bataille d'Héliopolis et l'Espace Général Piron. Par la rue du Bercet, en laissant sur la droite l'Athénée Jean Rey, ancienne École Normale de l'État créée en 1865, on aboutit à la place Général Piron, où se trouve sa maison natale.

Un autre circuit, vers le sud de la ville, est aussi d'un grand intérêt : près du pont, la rue de la Falaise, créée en 1870 lors de l'aménagement de la rive droite de l'Eau Noire, conduit à la maison n° 11. Derrière celle-ci, au niveau du toit, s'ouvre le **Trou de la Falaise**, véritable lucarne naturelle par laquelle le comte à la Houssette, Jean de Croÿ, sire de Chimay (1460-1470), aurait sollicité sa délivrance de la prison du château, en criant sa détresse à un berger surveillant son troupeau au pied du rocher. Plus loin, derrière la maison n° 27, la Falaise connaît une double renommée. La première est mondiale et d'ordre géologique, par ses premiers et plus anciens calcaires de Belgique (350 millions d'années), essentiellement constitués de quatre bancs de calcaires coralliens stratifiés ou biostromes (Couvinien). La seconde réputation lui vient du **Trou de l'Abîme**, dont la terrasse de l'énorme abri sous roche a livré des vestiges préhistoriques, romains et médiévaux. À hauteur de la maison n° 2, sur la droite, un petit sentier longeant la rivière conduit à la rue de la Marcelle, près du pont du Home Saint-Joseph. Un peu plus loin, à l'extrémité de la rue de la Foulerie, sur la droite, on découvre le **moulin de la Foulerie** (17e siècle), aménagé et exploité en forge par Hannonet-Gendarme de 1824 à 1833. Ensuite, par la rue du Pont du Roi et la rue de Pernelle, en

Le monumental perron de l'église Saint-Germain

se dirigeant vers Brûly, on peut encore voir sur la gauche le **Grand** et le **Petit Pernelle**, hauts fourneaux et laminoirs qui ont fonctionné de 1546 à 1833. À l'extrême nord de la ville, sur la droite de la Route Charlemagne, vers Frasnes, le **château Saint-Roch**, la ferme, la rampe de chargement du haut fourneau, le pont-barrage et le parc du 18e siècle ne peuvent être ignorés.

ÉVÉNEMENTS

- fête de Géants, le 21 juillet

CUL-DES-SARTS | 5660

- Cul-des-Sarts (1550), c'est-à-dire extrémité des essarts de la Principauté de Liège
- Cul-des-Sartois
- plateau ardennais, altitude d'environ 360 m
- village résidentiel
- N 964, ligne de bus 59 Chimay-Couvin
- 2 788 ha

HISTORIQUE

Dès la fin du 15e siècle, l'implantation très dispersée de la population est due à l'installation de forges sur les rivières et ruisseaux pour l'utilisation de la force hydraulique. L'industrie du fer avait en outre un grand besoin d'artisans du bois. Ce sont le prince-évêque de Liège et Philippe III de Croy, duc d'Aerschot, baron de Montcornet, qui commencent à accorder des autorisations d'essartage et des concessions de terrains boisés, au milieu du 16e siècle. C'est l'origine des divers hameaux dépendants de Couvin, qui sollicitent leur indépendance en tant que villages. Mais les bois « Le Différend » du Pays de Liège sont l'objet de nombreux démêlés avec les gens de la baronnie de Montcornet, qui s'en approprient les droits d'usage et de pâturage jusqu'à la fin du 18e siècle. Ces bois épiscopaux deviennent finalement propriété de la Société Générale des Pays-Bas, puis de Cul-des-Sarts après son érection en commune. La rudesse du climat et la pauvreté du sol expliquent la misère de beaucoup d'habitants qui n'ont qu'une maison basse, aux murs typiques en torchis recouverts de « bauché » (planches de bois) et à toit de chaume. L'exploitation de deux ardoisières, les forges, une saboterie et l'usine de tabac Thomas-Philippe (1802) ont assuré le développement économique du village pendant quelques décennies.

À VOIR

L'**église Saints-Pierre-et-Paul** (1897) est de style néogothique. Le **Musée des Rièzes et des Sarts** a été installé dans la première école du village, une construction basse au toit de chaume, datant du début de la période française (1801). Ce musée de la vie rurale expose des meubles, objets de vaisselle et outils évoquant les rigueurs de la vie quoti-

Du 13e au 15e siècle, les Halles constituent le centre des activités commerciales

La Brasserie des Fagnes à Frasnes est un musée avec fabrication artisanale de bières

dienne dans cette rude région des Rièzes et des Sarts. **Trois grosses fermes** y ont été construites à la fin du 19e siècle, lors des derniers défrichements : Saint-Joseph, de la Motte et du Bailly.

ÉVÉNEMENTS

- carnaval, le 3e samedi après le mardi gras

DAILLY | 5660

- en 868, *Daleias, Daliacum*, domaine de Dallius
- Daillaciens, surnom : *Oulennes* (chenille en patois)
- village résidentiel avec extensions en étoile, situé dans la Calestienne, altitude moyenne de 220 m
- N 939, lignes de bus 60/1 Chimay-Couvin, 156C Chimay-Mariembourg
- 1 095 ha

HISTORIQUE

Les tombes, monnaies et statuettes romaines découvertes confirment le passage d'un diverticulum. En 868, Dailly est propriété de l'abbaye de Lobbes ; par après, certains biens passent aux abbayes de Waulsort et de Floreffe, sans qu'on en ait gardé trace. Ce sont des procès qui révèlent, notamment en 1223, l'arbitrage entre l'abbaye de Waulsort et Roger, seigneur de Chimay. Avec la destruction du château fort par les Français en 1545, la communauté rurale semble s'enfoncer dans la misère. Les chefs de famille se plaignent que les terres et les prairies sont possédées par des habitants d'autres villages et tout particulièrement par la très puissante famille de Groesbeeck.

À VOIR

L'**église Saint-Quentin** est construite avec son cimetière sur les ruines du château et fut agrandie au début du 17e siècle. Sur la place Saint-Quentin, tout le long de la rue du Faubourg et du chemin de l'Aubligneux, le **patrimoine rural**, en moellons de calcaire extrait d'une ancienne carrière au sud-ouest du village, présente une très grande variété. Tous les types de maisons s'y observent : fermes tricellulaires en long, certaines ayant une étable supplémentaire, maisons bicellulaires et maisons ouvrières. Au nord-ouest, en bordure de l'Eau Blanche, l'ancienne **ferme du Moulin** a adjoint à son élevage bovin l'exploitation d'un pondoir et a transformé une partie du logis en gîte rural. Enfin, les versants et le sommet du **Gros Tène du Bi,** colline de calcaire corallien allongée d'ouest en est, ont été colonisés par une végétation d'une très grande diversité, liée aux microclimats dus aux changements d'exposition, de pente, d'épaisseur et de drainage du sol. Le versant d'adret (exposition au sud) constitue un bel exemple de pelouse calcicole d'une grande richesse floristique ; elle a été érigée en **réserve naturelle** gérée par les RNOB.

FRASNES | 5660

- en 779 *Fraxinum*, c'est-à-dire frêne
- Frasnois, surnommés *Leus*
- village résidentiel et industriel, à noyau dense sur le versant sud-oriental de la colline « Carrières du Nord », altitude moyenne de 120 m
- N 5, lignes de bus 60/2 Couvin-Le Mesnil, 156B Mariembourg-Heers-Agimont, 156C Chimay-Mariembourg, 451 Couvin-Charleroi
- 1 760 ha

HISTORIQUE

Des vestiges néolithiques et romains témoignent de l'occupation très ancienne du territoire. Certains écrits, dont celui de Charlemagne en 779, attestent que ce territoire avait déjà été donné par Pépin de Herstal au monastère de Chèvremont. Frasnes passe ensuite dans le domaine de

L'église Sainte-Madeleine à Mariembourg, édifiée lors de la construction de la forteresse

l'abbaye de Saint-Germain-des-Prés, au milieu du 9e siècle. Plus tard, il fait partie du domaine du comte de Hainaut, puis de la châtellenie de Couvin, composante de la Principauté de Liège. Au 16e siècle, Charles Quint, ayant été élu empereur germanique, pour se prémunir de nouvelles incursions de troupes françaises, obtient du prince-évêque l'autorisation d'établir des forteresses. Il achète, au confluent de la Brouffe et de l'Eau Blanche, le hameau de Vérofle où existent couvent, chapelle, cimetière et moulin, appartenant à l'abbaye de Floreffe. Les siècles suivants, Frasnes connaît les mêmes épreuves que ses voisins avec la plus terrible le 24 août 1914, quand 145 maisons sont incendiées et 12 civils fusillés par les Allemands. L'axe routier et le chemin de fer concourent dès la fin du 19e siècle au développement industriel centré sur l'exploitation de la carrière du Tiène du Lion (calcaire corallien pour concassage, marbre, fabrication de chaux). Au début du 20e siècle s'installe la S.A. Fonderie du Lion, ou EFEL, destinée à la fabrication d'appareils de chauffage.

À VOIR

L'église Saint-Remi est un édifice de 1826. Au nord-ouest du village, le hameau de Géronsarts-Frasnes est constitué de fermes herbagères dispersées d'ouest en est, le long du chemin de Senzeille, vers le **château de Tromcourt**. Cette ferme-château, construite en 1660, est exploitée en 1690 par le maître de forges Nicolas Darche, qui en devient vite propriétaire. Cet important domaine agricole, ceint d'un mur, constitue un grand quadrilatère. Celui-ci comprenait un étang, une longue aile abritant une maison d'ouvriers agricoles, deux étables-écuries avec fenil, une petite grange, une maison d'ouvriers et la somptueuse demeure du maître des lieux. En face, une imposante grange et un parc, en partie boisé, qui longe la route.

ÉVÉNEMENTS

- carnaval, le week-end après le mardi gras

GONRIEUX | 5660

- en 869, *Gonherias*
- Gonrieutois
- village résidentiel avec rue allongée, sur le talus ardennais, altitude de 240 à 300 m
- N 99, ligne de bus 60/1 Chimay-Couvin
- 606 ha

HISTORIQUE

Comme d'autres villages appartenant à l'abbaye de Lobbes – Chimay, Dailly, Boussu – Gonrieux fait l'objet de prétentions de la part de quelques seigneurs de la région, malgré l'administration de la châtellenie et du prince-évêque. Ce sont essentiellement les droits d'usage de la forêt et le travail du fer qui sont en cause. La métallurgie, qui remonte à l'époque romaine, provoquera des conflits incessants depuis le 16e siècle jusqu'en 1830. Le fourneau et la forge sont cités pour la première fois en 1509. Pour en accroître la production, le haut fourneau a été rehaussé par l'utilisation du charbon de bois. S'agissant d'un des plus anciens de la région, il a été démonté pierre par pierre en 1963 pour être reconstitué intégralement dans le cadre du Musée du Fer et du Charbon de Liège.

À VOIR

L'**église Saint-Georges**, dont la tour de 1700 possède un clocher bulbeux, a été reconstruite en 1903 dans le style néo-roman. À l'entrée de la rue du Dowaire, comme dans la rue d'En Haut, la rue des Fondrys et la rue Bayard, d'anciennes **fermes en long**, en moellons de calcaire, témoignent de la proximité des bonnes terres de la Calestienne au nord du village. À l'extrémité sud de la rue d'En Haut, juste au carrefour de la rue de la Chapelle, un sentier descend vers les **étangs de Gonrieux**, créés sur le ruisseau d'Aine pour faire fonctionner les machines de l'ancien fourneau, propriété du prince de Chimay. À la limite du Hainaut, rue de la Pierre-qui-tourne, se dresse un **menhir néolithique**.

ÉVÉNEMENTS

- carnaval, le quatrième week-end après le mardi gras
- fête communale, le deuxième week-end de juillet

Mariembourg : Place Marie de Hongrie

Mariembourg : la pompe a été construite en 1863 sur le puits de la place forte

MARIEMBOURG | 5660

- nom donné en l'honneur de Marie de Hongrie, sœur de l'empereur Charles Quint ; première mention en 1546
- Mariembourgeois
- ville résidentielle, dans la plaine alluviale de la Fagne, altitude de 159 m
- gare ferroviaire, E 420/N 5, lignes de bus 56 Namur-Couvin, 60/2 Couvin-Le Mesnil, 156B Mariembourg-Heers-Agimont, 156C Chimay-Mariembourg, 451 Couvin-Charleroi
- 754 ha

HISTORIQUE

En 1519, François Ier, roi de France, fortifie la frontière nord de son pays. Pour résister à l'artillerie naissante, la trouée de la Fagne ne peut guère être défendue par les vieilles forteresses régionales. En 1542, la sœur de Charles Quint, Marie de Hongrie, gouvernante des Pays-Bas, est chargée de repérer des endroits propices pour construire une place forte. Avec ses experts, elle en trouve un, près du pont à Fresnes, en terre liégeoise, dans la seigneurie de la Brouffe, propriété de l'abbaye de Floreffe depuis 1134. En 1546, la ville forteresse est construite et porte le nom de Mariembourg en l'honneur de la gouvernante. Le 23 juin 1554, les troupes françaises du roi Henri assiègent la forteresse, considérée comme imprenable ; elle capitule néanmoins trois jours plus tard. Jusqu'à son démantèlement en 1853, elle sera prise, restituée et reconstruite de nombreuses fois. Elle sort alors de son enfermement à l'intérieur de ses fortifications et fossés. L'arrivée du chemin de fer en fait un nœud ferroviaire, sans toutefois générer un véritable développement industriel. Malheureusement, les deux guerres de 14-18 et de 40-44 ne l'épargneront pas. Créé à la suite du contournement de la N 5 vers 1980, le parc industriel à l'ouest de la ville a mis des années à se développer.

À VOIR

La **place Marie de Hongrie**, ceinturée d'une rangée de tilleuls et d'une moitié piétonne, est centrée autour de la pompe monumentale (1863) qui constitue l'emblème de la ville. Vers cette place centrale convergent huit rues, à partir de quatre boulevards construits à l'emplacement des remparts et des fossés. L'**église Sainte-Madeleine**, de style Renaissance, a été construite en 1542. Avant de gagner la place Léopold Roger, au chevet de l'église, un monument rappelle l'exploit de la première liaison aérienne Bruxelles-Léopoldville par cet illustre Mariembourgeois. Entre la rue Saint-Louis et l'impasse de l'Arsenal se dresse l'**Hôtel de Ville**, édifice néogothique (1884) derrière lequel l'**arsenal** a été bâti en 1819 par les Hollandais sur l'emplacement du couvent des sépulchrines (1629). Un détour s'impose vers la chaussée de Givet, où l'époque héroïque du rail est remise à l'honneur par la **Société du Chemin de Fer des 3 Vallées** : à voir surtout la locomotive à vapeur du type EX26(M) et le passage à niveau. Dans toutes les rues, les anciennes maisons sont typiques, mais la plus caractéristique est la **maison espagnole** à l'extrémité de la rue de France, à l'angle avec le boulevard des Combattants. Par l'avenue du Roi Soleil, on atteint la **chapelle du Calvaire**, fondée en 1614, et plus loin, au milieu du cimetière, la **chapelle Notre-Dame de la Brouffe**, à l'emplacement du couvent des nobertines, remplacé en 1270 par celui des prémontrés.

Aspect caractéristique de la forêt de Thiérache à Viroinval PHOTO PIERRE CATTELAIN

LA FORÊT DE THIÉRACHE

La forêt de Thiérache couvre une superficie d'environ 1 000 km² d'un seul tenant à l'ouest de la Meuse, répartie sur la Belgique et la France. Au 18e siècle, les parties de la forêt ardennaise les plus éloignées des villages sont exploitées en taillis sous légère futaie, en révolutions de quinze ans environ, pour la production de charbon de bois vendu aux maîtres de forges. Elles sont aussi exploitées en futaies où le chêne domine et dont le produit est réservé à la menuiserie et à la charpenterie. Certaines coupes sont également affectées à la vente de bois de chauffage aux bourgeois. Les zones les plus proches des villages sont réservées aux habitants, qui y disposent de droits d'usage pour leurs besoins en charpente, bois de chauffage, pâturages des bestiaux après les coupes et l'essartage. Seules quelques parcelles ne sont pas boisées : elles constituent les siris, terrains où la commune concède un droit de culture aux jeunes ménages, sans transmission héréditaire. Les siris encore partiellement cultivés au début du siècle, plus encore au cours de la dernière guerre, sont abandonnés après 1950 à un repeuplement spontané en épines et feuillus ou reboisés en résineux ou feuillus. Aux 19e et 20e siècles, la durée de la révolution dans l'exploitation des taillis sous futaie passe à 20, puis à 25 et même à 28 ans, de manière à fournir les grosses perches de bois de mine, surtout en chêne, charme et bouleau, dont la production remplace celle du charbon de bois. On écorce les taillis de chêne pour les tanneries jusqu'en 1946. Les grumes de bouleau fournissent la matière première de la saboterie, qui s'éteindra dans la région après la Seconde Guerre mondiale. Dans la futaie, l'utilisation du chêne pour la fabrication des travées de chemin de fer s'ajoute aux autres productions après 1860 et constitue le principal débouché du chêne jusqu'à nos jours. Dès 1809, un quart du bois est réservé pour croître en gros chênes de menuiserie et charpenterie. Les aisements sont englobés dans les coupes à vendre. Cependant, une ou plusieurs parties de coupe y restent cédées à prix très réduit aux habitants pour leur chauffage, soit en rabinage ou enlèvement de sous-bois, soit en affouage (taillis entier), sauf dans les réserves. Le pacage du bétail dans les jeunes coupes disparaît vers 1930, l'essartage ou culture de seigle sur brûlis cesse à la fin du 19e siècle ; il recommencera sporadiquement au cours des deux dernières guerres. L'Ardenne a conservé, depuis la fin du 18e siècle, un taux de boisement constant et élevé. Les 3/4 environ des boisements sont actuellement en feuillus. La forêt ardennaise recèle une faune abondante, en particulier en ce qui concerne les vertébrés. Par temps de pluie, vous aurez sans doute la chance de croiser la salamandre, légendaire batracien noir et jaune. Par contre, vous avez peu de chance d'observer le chat sauvage, bien que ses populations soient en nette augmentation, car c'est un animal très discret. Il en est de même de toute la faune des petits carnassiers : belette, martre, hermine... Les rapaces diurnes, par contre, sont nombreux et variés ; la buse, par exemple, se rencontre fréquemment. Avec de la chance, vous pourrez aussi observer la bondrée, qui ressemble fort à la buse, l'autour et les milans.

– Pierre Cattelain

À Pétigny, le pont du Baty enjambe l'Eau Noire

Les grottes de Neptune, anciennement grottes de l'Adugeoir, sont ouvertes et exploitées depuis 1889

ÉVÉNEMENTS

- fête communale et marche-pèlerinage à Notre-Dame de la Brouffe, le week-end du 15 août

PESCHE | 5660

- en 790, *Pesco*, du latin *pascum* : pré
- Peschois ou *Peschelots* ; surnom : poires (au début du 20e siècle, une vieille Peschoise s'était exclamée à la vue d'une montgolfière : « On dirait unc poire ! »)
- village résidentiel avec une rue grimpant sur le talus ardennais, au sud du plateau de la Calestienne, altitude d'environ 250 m
- N 99, ligne de bus 60/1 Chimay-Couvin, 156c Chimay-Mariembourg
- 956 ha

HISTORIQUE

En 790, il est question d'une terre donnée par Folrad à l'abbaye de Saint-Germain-des-Prés. Dès le 12e siècle, les chevaliers-seigneurs jouissent de la confiance du prince-évêque. Au milieu du 16e, les seigneurs Rumigny-Florennes font administrer leurs possessions par des baillis ; c'est alors qu'apparaît la baronnie de Pesche, avec Henri de Ghoor. Le 8 mai 1835 est créée la congrégation des Filles de Marie, en vue d'enseigner les jeunes filles. Entre 1842 et 1874, 90 écoles villageoises ouvrent leurs portes. En 1869 est encore accordée l'autorisation de créer un École normale.

À VOIR

L'**église Saint-Hubert** a été érigée en 1756. Sur la place, l'**ancienne maison du Bailli**, construite en 1608, fut achetée par la commune en 1854 pour y établir la maison communale, l'école primaire et le logement de l'instituteur. En contrebas de quelques ruines de l'ancien château, on peut encore voir l'ancienne ferme de la Basse-cour. À l'est du village, la **chapelle Notre-Dame de Bonne-Pensée** a été construite en 1646 par le comte de Milendonck, seigneur de Pesche.

ÉVÉNEMENTS

- carnaval, le week-end précédant le mardi gras
- fête des Poires, le dernier week-end d'août

PÉTIGNY | 5660

- en 868, *Dithineis*, terre de Ditton
- Pétignolais
- village résidentiel dense de confluence, altitude d'environ 120 m
- N 99, lignes de bus 56 Namur-Couvin, 60/2 Couvin-Le Mesnil
- 1 767 ha

HISTORIQUE

L'occupation humaine est attestée par les fouilles dès le paléolithique. Après avoir été propriété de l'abbaye de Lobbes, ce village évolue dans le contexte de la châtellenie.

À VOIR

L'**église Saint-Victor** (1870) est de style néogothique. En bas de la rue Chevreule subsistent la **ferme** et le **château de Monge**, seigneur en 1760. Au nord-ouest vers Frasnes, le pont du Bâty enjambe l'Eau Noire, dont la disparition souterraine a façonné les **Grottes de Neptune**, aménagées à la fin du 19e siècle. Ces grottes ont été creusées par le parcours de l'Eau Noire dans les fissures du calcaire sur une longueur explorée de 150 mètres, à l'intérieur du massif des « Monts ». Cette rivière souterraine, encore inconnue, constitue le plus long recoupement hydrogéologique d'un méandre de Belgique : près de 3 km en ligne droite, pour réapparaître à Nismes après une traversée de 10 à 48 heures. Le site a commencé à être exploité touristique-

Pétigny : le barrage du Ry de Rome dont la construction s'est terminée en 1982

ment dès la fin du 19e siècle. À la suite des derniers aménagements en 1971, la visite commence par la découverte pédestre des deux étages supérieurs très concrétionnés et se poursuit par une navigation en barque sur le lac créé, agrémentée d'un « son et lumière » avec cascades. Le visiteur retrouve enfin l'Eau Noire aérienne, 10 mètres plus haut. Au milieu des bois, le **barrage du Ry de Rome** est situé non loin des vestiges d'un ancien couvent-ermitage du 15e siècle.

ÉVÉNEMENTS

- carnaval, le week-end précédant le mardi gras

PETITE - CHAPELLE | 5660

- en 1602, *Chapelle Bernaux*
- Chapellois
- village résidentiel aux maisons espacées, sur la Crête ardennaise, altitude d'environ 362 m
- N 5, ligne de bus 59 Chimay-Couvin
- 779 ha

HISTORIQUE

C'est à la fin du 16e siècle qu'un herdier trouve dans un buisson une statuette de la Vierge. S'étant avérée miraculeuse, elle devient l'objet d'une dévotion telle que les récollets de l'ermitage de Pétigny décident de lui construire, en 1602, une petite chapelle qui donnera son nom à ce hameau du Brûly, lui-même hameau de Couvin. Finalement, Petite-Chapelle est détaché de Brûly pour devenir commune en 1842.

À VOIR

L'**église de l'Assomption de la Sainte-Vierge**, construite au centre du village, date de 1868. Il subsiste quelques maisons et fermes en « bauché », généralement rénovées.

ÉVÉNEMENTS

- fête communale, le troisième week-end de septembre

PRESGAUX | 5660

- en 1686, *Pré de Ségaud*
- Presgautois
- village résidentiel dans une clairière de déboisement, sur le talus ardennais, altitude d'environ 300 m
- N 99, ligne de bus 60/1 Chimay-Couvin
- 522 ha

HISTORIQUE

Le territoire de Presgaux fit partie de Gonrieux jusqu'en 1913. À l'origine, les habitants de ce hameau vivaient des métiers du bois : bûcherons, charbonniers, sabotiers. Après la Première Guerre mondiale, une importante saboterie mécanique fournit du travail à des ouvriers et des ouvrières. Cette activité cessa en 1954.

À VOIR

L'**église Sainte-Marguerite de Cortone** est un édifice du début du 20e siècle (1904). Sur la place, la vieille chapelle Notre-Dame de Messine (1671) voisine avec le Vieux Chêne. Presque toutes les maisons sont en moellons de grès ferrugineux ardennais.

ÉVÉNEMENTS

- carnaval, le troisième week-end après le mardi gras
- fête des Cerises, le troisième week-end de juillet

La chapelle Notre-Dame de la Brouffe à Mariembourg est un vestige du prieuré des Nobertines de Vérofle (1134)

DINANT

- arrondissement de Dinant
- localités : Anseremme, Bouvignes, Dinant, Dréhance, Falmagne, Falmignoul, Foy-Notre-Dame, Furfooz, Lisogne, Sorinnes, Taviet, Thynes
- 9 989 ha ; 13 921 habitants (01/01/2011)

ANSEREMME | 5500

- au 9e siècle *Anseromia* (*Anserisama* : endroit très favorable)
- Anseremmois
- village situé au confluent de la Meuse et de la Lesse, altitude de 96 m
- gare ferroviaire, N 95, N 97, lignes de bus 25 Dinant-Beauraing, 45 Anseremme-Gendron, 46 Anseremme-Houyet, 141 Dinant-Graide
- 772 ha

HISTORIQUE

Comme toutes les localités situées sur la Lesse, Anseremme présente un grand nombre de grottes dont certaines ont livré un matériel archéologique très ancien. Ainsi, un squelette à caractères négroïdes datant du mésolithique a été exhumé au lieu dit « Moniat » en 1928. La mention la plus ancienne du village apparaît dans un document de 815 par lequel l'évêque Walcand de Liège fait don de ce fief, ainsi que de ceux de Haux et d'Hordenne, à l'abbaye de Saint-Hubert. L'avoué de cette terre porte le titre de vicomte d'Anseremme. Celui-ci est le comte de Namur jusqu'en 1320, puis cette charge passe aux familles d'Orjo (1320), d'Auxbrebis (15e siècle) et Noirfalise (1586), avant de revenir définitivement à l'abbaye de Saint-Hubert (1633). Les bourgeois d'Anseremme participaient à l'élection du magistrat de Dinant, pouvaient faire partie de ses métiers et jouissaient des mêmes droits et exemptions. Les Dinantais, pour leur part, intervenaient dans la construction et l'entretien du Pont Saint-Jean, enjambant le confluent. En 1790, les patriotes belges y remportèrent une de leurs dernières victoires contre les troupes autrichiennes avant l'effondrement de la Révolution brabançonne.

Après la réorganisation administrative française, la seigneurie est constituée en commune, intégrant le hameau de Neffe situé sur l'autre rive de la Meuse. Jusqu'à la révolution industrielle, l'activité économique principale reste l'agriculture, puis l'industrie métallurgique, mais aussi textile (le « Mérinos » à Neffe), et surtout extractive au 19e siècle. La vocation touristique de la commune connaît ensuite une extension remarquable, d'abord sous l'impulsion des artistes, surtout peintres, qui aiment y œuvrer et s'y distraire. Rops, Hagemans, Boulenger, Thévenet, des Ombiaux fréquentent régulièrement l'auberge installée par Auguste Boussingault au pied du charreau de Dréhance. Dès 1964, Anseremme est intégrée dans la commune de Dinant.

Adolphe Sax est né à Dinant en 1814 et mort à Paris en 1894. Fils d'un fabricant d'instruments de musique, il invente une nouvelle famille d'instruments, les « saxophones ». Installé à Paris en 1842, il s'impose rapidement dans le milieu musical de son époque

À VOIR

Le noyau initial de la localité semble être situé aux abords du prieuré, dans le décor impressionnant de la « darse », petit port de plaisance sur la Meuse. De cet endroit, il est possible d'effectuer des promenades permettant d'admirer les sites du **Colébi,** de **Moniat** et de **Freÿr.** La rue du Prieuré présente un charmant alignement de petites maisons en moellons de calcaire chaulés ou peints, disposées de part et d'autre d'une voie pavée. L'ancien relais de halage (n°12-16) remonte probablement au début du 17e siècle. Plus loin, on

Église Saint-Lambert de Bouvignes vue des ruines de Crèvecœur

découvre l'élégant **château d'Anseremme**, ancienne propriété de l'abbaye de Saint-Hubert. Cet ensemble forme un quadrilatère irrégulier flanqué de cinq tours d'angle dont les parties principales datent des 16e et 17e siècles. Il garde les traces de l'ancienne église paroissiale reconstruite en 1780, désaffectée en 1907 et détruite en 1961. D'importantes restaurations y ont été effectuées au 20e siècle. Pour rejoindre l'actuel centre d'Anseremme, situé au confluent de la Lesse et de la Meuse, le **quai Van Geert** offre d'élégantes traces du temps où le lieu était une destination privilégiée de villégiature, c'est-à-dire au début du 20e siècle. Tout près du petit « pont Saint-Jean », qui enjambe la Lesse, se dresse l'église Sainte-Anne, élevée au début du siècle en style néogothique. Au lieu de s'engager dans la rue Caussin, qui permet d'entrer dans Dinant via le célèbre rocher Bayard, le promeneur appréciera de remonter les méandres de la Lesse par la rue des Forges. Il gagnera bientôt le site de **Pont-à-Lesse**, occupé par un hôtel installé dans un ancien château classique et par une ferme dont la construction remonte au début du 19e siècle. Après ce passage aux bords de la Lesse, le visiteur peut rejoindre le plateau en empruntant la rue de Waulx, qui conduit à la ferme du même nom, ancienne dépendance de l'abbaye de Saint-Hubert. Cet ensemble clôturé en moellons de calcaire présente des parties du 17e siècle.

ÉVÉNEMENTS

- fête de la bière, le dernier week-end de juillet

BOUVIGNES | 5500

- au 9e siècle *Bovinis* (*Boviniacum* : ferme aux bœufs)
- Bouvignois
- ancienne cité médiévale coincée entre la Meuse et la forteresse de Crèvecœur dont les ruines pittoresques dominent encore l'agglomération. Elle présente un tracé urbain en damier et un ensemble remarquable d'habitations des 17e et 18e siècles. Altitude : 111 m
- N 96, lignes de bus 31 Dinant-Falaën, 34 Namur-Dinant, 35 Dinant-Ermeton, 433 Namur-Mont/Dinant
- 550 ha

HISTORIQUE

Les recherches archéologiques attestent l'occupation de l'endroit à partir du néolithique (trou Madame) ; des tombes mérovingiennes ont par ailleurs été découvertes au hameau de Bouyet. Comme son nom l'indique, le site a une vocation essentiellement rurale à l'origine. Le domaine appartient dès le 10e siècle aux comtes de Namur. Ceux-ci décident au 12e siècle de fortifier l'endroit, suite à l'éviction de leur autorité sur la cité dinantaise. La ville est ainsi créée pratiquement « ex nihilo », comme l'atteste son plan d'urbanisme à damier. Elle se spécialise également dans les activités de la batterie du cuivre et devient, du même coup, la grande concurrente de la puissante ville de Dinant, en pleine expansion du 11e au 15e siècle. Dans ce contexte de rivalité, Bouvignes se dote de fortifications efficaces, avec notamment la tour de Crèvecœur construite à partir de 1320. Les Dinantais et les Liégeois échouent ainsi par deux fois (en 1321 et 1430) dans leur tentative de prendre la ville. Les premiers décident la construction d'une puissante tour de l'autre côté de la Meuse, baptisée « tour de Montorgueil ». Destiné à écraser les Bouvignois sous les projectiles les plus divers, l'édifice sera détruit sur ordre du prince-évêque de Liège en 1445. Ces luttes aboutissent en 1466 à la destruction de la ville de Dinant par Charles le Téméraire, fils de Philippe le Bon, duc de Bourgogne. Entrée en possession du comté de Namur en 1429, cette puissante famille clôt ainsi les rivalités pluriséculaires opposant Dinant et Bouvignes. Cette dernière connaît alors un essor considérable. Les batteurs de cuivre bouvignois sont particulièrement réputés à l'époque de Charles Quint. Moins d'un siècle plus tard, ils subissent cependant le même sort que leurs concurrents dinantais. Dans le cadre des guerres opposant l'Espagne et la France, le roi Henri II envoie dans les Pays-Bas espagnols une imposante armée, dotée d'une forte artillerie, afin d'affaiblir la puissance de Charles Quint. Les forteresses médiévales installées sur les bords de la Meuse ne résistent pas à la puissance de feu des canons français. Bouvignes est prise après une seule journée de siège, le 8 juillet 1554, et complètement ravagée. Elle subira de nouvelles destructions aux 16e et 17e siècles

Le pont Saint-Jean à Anseremme sur le confluent de la Meuse et de la Lesse

Les ruines de la tour de Crèvecœur dominant Bouvignes et la Meuse

pendant cette période de troubles incessants. Son développement économique s'en ressent lourdement et la ville entre dans un long déclin. Elle garde toutefois son statut de siège de baillage du comté de Namur.

Après l'annexion à la République française, l'ancienne cité rivale de Dinant n'obtient qu'un statut de municipalité. Elle accueille néanmoins à cette époque l'habitation d'un riche maître des forges, Antoine-François Amand, qui s'est enrichi dans l'activité métallurgique, en plein essor dans la vallée de la Haute-Meuse. Au 19e siècle, une importante industrie textile s'installe au nord de la bourgade et se spécialise dans le tissage et la filature. Parallèlement, des carrières continuent à procurer de nombreux emplois, même si le caractère rural de Bouvignes se développe également. Par contre, durant le 20e siècle, la bourgade connaît un second déclin, surtout après la cessation des activités industrielles dans les années 1960. Heureusement, lors de la dernière décennie, d'importants efforts ont été menés dans le cadre de la revalorisation urbaine de Bouvignes. Petit à petit, celle-ci propose un cadre de vie attractif et la récente création d'un Musée du patrimoine médiéval mosan promet un nouvel avenir touristique à cette glorieuse cité, patrie du grand peintre mosan Henri Blès.

À VOIR

L'**église Saint-Lambert** est une église paroissiale gothique bâtie à flanc de colline à différentes époques. La partie orientale est du début du 13e siècle. Contre toute attente, l'accent vertical de l'édifice, matérialisé par sa tour de plan carré, est placé à l'est. Cette tour, partiellement reconstruite vers 1550, surmonte une large travée de plan carré dans laquelle s'ouvre l'abside hexagonale du chœur, légèrement outrepassée, et deux petites chapelles latérales à chevet plat. Si la chapelle nord médiévale est remarquablement conservée – admirer notamment les belles colonnes à chapiteaux à crochets du début du gothique – celle du sud date, pour l'essentiel, du 20e siècle (1924). La nef reste mal datée (15e siècle ?), son état actuel résultant d'une reconstruction presque intégrale entre 1924 et 1927 par l'architecte H. Vaes, suite aux dommages subis lors de la Première Guerre mondiale. Le bel espace scandé par des colonnes que nous observons aujourd'hui semble assez fidèle à l'état médiéval. De nombreux doutes subsistent néanmoins sur la configuration médiévale du couvrement. Le berceau lambrissé actuel est en effet une reconstitution hypothétique. À l'ouest s'ouvre une deuxième abside polygonale que l'on date de la seconde moitié du 15e siècle et qui constitue l'un des témoignages les plus tardifs des contre-chœurs, si nombreux dans l'architecture romane de la région mosane. Sous le flanc nord subsiste une petite salle souterraine voûtée d'arêtes (la « crypte »), d'ordinaire datée du 12e siècle. De la période médiévale, l'église paroissiale de Bouvignes conserve principalement un remarquable **Christ en bois** attendant la mort sur la « pierre froide ». Le grand **retable de la Passion** en bois polychromé témoigne pleinement de la pénétration de la Renaissance dans la vallée mosane. Cet ensemble, qui a malheureusement perdu quelques-uns de ses reliefs sculptés et ses peintures, a été réalisé par un atelier anversois peu après le sac de Bouvignes de 1554. L'œuvre, fortement teintée d'italianisme, appartient au petit groupe des derniers retables produits par les ateliers de la métropole scaldienne. Deux petits vitraux datés de 1556 (nef) et de 1562 (sacristie) constituent les seuls vestiges d'un ensemble qui fut certainement beaucoup plus vaste.

La Renaissance tardive est bien représentée dans le patrimoine bouvignois par une série de statues de saints en bois dont la plus étonnante est celle de sainte Marguerite d'Antioche, une des très rares sculptures témoignant de l'influence marquée du maniérisme italien dans nos régions. Pour l'époque baroque, on notera la belle chaire de vérité

La maison espagnole de Bouvignes, musée du patrimoine médiéval mosan

provenant de Floreffe et attribuée à Pierre Schleiff (17e siècle), ainsi que la série d'apôtres en médaillons, vestiges probables d'anciennes stalles, qu'il faut attribuer au grand sculpteur baroque liégeois Guillaume Évrard (1709-1793).

Contre l'église Saint-Lambert s'appuie une des deux grosses tours de l'ancienne **porte de la Val**. Cet ensemble monumental, dont seules les parties basses sont conservées, date de la fin du 14e siècle, avec des parties du 13e et quelques transformations, pour les baies notamment, que l'on situe au 16e. Un petit tronçon de rempart s'appuie de l'autre côté du chevet de l'église ; il reliait primitivement l'église au château comtal dont quelques ruines sont conservées sur un étroit promontoire rocheux. De cet imposant **château comtal**, bâti dès la fin du 11e siècle et pendant tout le bas Moyen Âge, ne subsistent aujourd'hui que quelques vestiges de murs et de caves ; on observera notamment les vestiges d'un donjon de plan rectangulaire, daté du 12e siècle. Placée en contre-haut, sur un éperon rocheux dominant la petite cité médiévale, la **tour de Crèvecœur** est beaucoup plus visible dans le paysage bouvignois. Sa construction – probablement orchestrée à la fois par la ville et le comte, et s'étalant sur les 14e et 15e siècles – répond à l'édification par les Dinantais au début du 14e siècle, de l'autre côté de la Meuse, de la tour de Montorgueil. L'ensemble, de plan plus ou moins triangulaire, comprend une tour carrée centrale (début du 14e siècle), des murs d'enceinte entourés de fossés, parfois creusés dans le roc (fin du 14e), et une avancée en fer à cheval du 15e pourvue de canonnières. Déjà conquis en 1554 par le roi de France, cet ensemble castral médiéval sera démantelé sous Louis XIV en 1672.

En contrebas de l'église s'étend la place du baillage, qui a conservé d'intéressantes constructions de différentes époques. La **Grande maison du marché**, aussi appelée « **Maison espagnole** », est sans nul doute l'édifice le plus remarquable. Cette importante bâtisse fut construite de 1569 à 1578 dans un style marqué par des emprunts Renaissance. Les pignons, de style plutôt baroque, sont datés vers 1620. Restauré en 1924 et en 1977, cet édifice est devenu, en 2008, la *Maison médiévale du patrimoine mosan* et propose de redécouvrir la civilisation médiévale de la région en combinant à sa collection permanente des expositions thématiques diverses. **Plusieurs maisons** du 17e siècle (n° 4) ou du 18e jalonnent également cette petite place. Leurs façades présentent une combinaison de baies cintrées ou à linteau droit, en calcaire de Meuse, parfois avec une intéressante porte moulurée (n° 18), et de murs en briques souvent chaulés ou en moellons de calcaire.

Outre ces bâtiments imposants, le visiteur éprouvera un réel plaisir à déambuler dans les **ruelles bouvignoises**. En haut de la place, on tournera à gauche pour s'engager dans la rue Richier, bordée de quelques bâtisses remarquables. Celles-ci affichent tantôt un style traditionnel assez sobre, comme l'ancienne **maison du marguillier** (n° 29), construite vers 1708, tantôt une ordonnance de baies plus franchement classique, comme cette petite maison du milieu du 18e siècle à l'angle de la ruelle du marché. On remarquera également la **maison dite de Saint-Walhère** (n° 41) datée de la seconde moitié du 17e siècle. L'**ancien presbytère** (n° 54), avec ses trois corps de bâtiments construits en plusieurs phases, dans le courant du 18e siècle, autour d'une cour centrale rectangulaire, figure également parmi les édifices remarquables de cette rue. Le **château Amand** (n° 58) a été aménagé vers 1820 dans les bâtiments de l'ancien couvent des sépulcrines, dont il subsiste deux ailes, datées respectivement de 1670-1680 et de 1720-1730. Enfin, un peu plus loin dans la rue Richier, s'élève la petite **chapelle Sainte-Ermelinde**, construite au milieu du 18e siècle et dont la façade réutilise une niche baroque du 17e ornée de volutes. La rue des Potiers, perpendiculaire à la rue Richier, conserve une **maison en pan de bois** du 16e siècle (n° 4-6) très intéressante ainsi qu'une maison traditionnelle du 17e et, derrière des murs de clôture, une bâtisse du 18e. Le promeneur tournera ensuite à gauche dans la rue É. Fétis, jalonnée de plusieurs façades anciennes. Aux maisons traditionnelles de la fin du 17e ou du 18e siècle s'ajoute un **pan de bois** datable **du 16e siècle** (n° 68). En longeant toujours la rue Fétis, il est possible de s'aventurer dans l'une ou l'autre ruelle qui s'ouvre sur la gauche de la rue. Toutes plus ou moins parallèles les unes aux autres, selon un schéma urbanistique assez régulier, elles abritent encore quelques intéressantes maisons bâties au 17e ou au 18e siècle et l'une ou l'autre construction néoclassique du 19e. La rue Barbier conserve en outre une **belle maison** (n°3-5) en calcaire et au pignon de briques de la fin du 16e ou du début du 17e siècle. On peut ensuite remonter l'une ou l'autre de ces venelles pour rejoindre la seconde partie de la rue Richier. Vous y découvrirez quelques pans de murailles, derniers vestiges

Le rocher Bayard culmine à 35 mètres. Autrefois soudée à la colline, la roche a été creusée au 17e siècle. Son nom dérive de la légende des quatre fils Aymon

des anciens remparts de la ville, datant du 15e siècle ; voir notamment les restes de la porte Chevalier. Des fouilles réalisées à proximité ont permis de dégager d'importantes fondations de ces remparts, dont les bases de deux tours, l'une en fer à cheval, et l'autre, la tour Gossuin, de plan circulaire. Dans la même rue subsistent également d'intéressantes façades des 17e et 18e siècles. Remarquer notamment la **maison dite du notaire** (n° 10-14), du milieu du 18e siècle, et l'une ou l'autre façade de la même époque. En quittant la rue Richier pour s'engager dans la rue Cardinal Mercier, on passe à proximité d'une **belle maison** des 17e-18e siècles (n° 3), avant de longer le chevet occidental de l'église Saint-Lambert pour s'éloigner progressivement du centre historique de la petite cité en remontant le versant de la rive gauche de la Meuse.

ÉVÉNEMENTS

- kermesse de Bouvignes, le troisième dimanche de septembre

DINANT | 5500

- de *Deonant*, nom d'origine celtique signifiant « vallée divine » (?)
- Dinantais, *Copères*
- la ville s'étend le long de la Meuse entre celle-ci et la roche, dominée par la masse calcaire de la citadelle, que semble rejoindre le pittoresque bulbe en ardoise de sa collégiale. Le pont qui enjambe le fleuve maintient le lien avec un autre cordon d'habitations qui s'est installé sur l'autre rive. Altitude : 96 m
- gare ferroviaire, N 92, N 96, N 97, lignes de bus 20 Dinant-Florennes, 25 Dinant-Beauraing, 34 Namur-Dinant, 35 Dinant-Ermeton, 43/1 Dinant-Ciney, 43/2 Ciney-Mont Gauthier, 52 Dinant-Herbuchenne, 141 Dinant-Graide, 154A Dinant-Givet, 430 Dinant-Ciney, 431 Dinant-Yvoir, 433 Namur-Dinant
- 1 846 ha

HISTORIQUE

Outre la toponymie qui a voulu voir dans le nom de Dinant l'évocation d'un culte de Diane, les origines de la ville restent encore nébuleuses. Les traces d'une occupation préromaine sont rares. Quelques restes préhistoriques ont été découverts dans les grottes de Montfat. Rien de comparable cependant aux prestigieuses fouilles de la vallée de la Lesse et des Rochers de Freÿr. Si la polémique persiste quant au statut de ce site à l'époque romaine, il est très certainement le lieu de passage du fleuve, la chaussée Bavay-Trèves ayant laissé de belles traces de chaque côté de la rive. L'endroit exact d'un gué ou d'un pont n'a cependant pas été identifié.

Vue classique de la collégiale, les pieds dans la Meuse, et dominée par la citadelle

Détail du monument de l'Hôtel de Ville (1927)

À ce jour, il n'y a donc guère d'indices archéologiques d'une occupation romaine d'une quelconque importance.

Par contre, l'époque mérovingienne fournit une quantité importante d'éléments prouvant la naissance d'une agglomération rapidement prospère. Des tombes du 4e au 7e siècle ont été exhumées à Leffe. Un atelier monétaire est en activité à partir du 7e siècle. La première mention de la ville (*civitas*) est attestée en 675. En 744, l'abbaye de Stavelot obtient l'exemption d'un tonlieu exigé à Dinant. Un pont et des activités portuaires complètent les atouts de cet emplacement à l'époque carolingienne. Une abbaye Notre-Dame est citée en 870. Enfin, les limites d'un vicus apparaissent progressivement.

Autour de l'an mil, deux pouvoirs se partagent le contrôle de la ville : le comte de Namur possède le nord de l'agglomération et l'évêque de Liège a obtenu la possession du vicus au sud de l'emplacement de l'abbaye, celle-ci restant une propriété royale. Vers 1040, l'évêque de Liège Nithard fait ériger un château sur le promontoire dominant la vallée. Trente ans plus tard, l'évêque Théoduin obtient de l'empereur Henri IV l'ensemble des droits régaliens sur le territoire de la ville, excluant ainsi l'autorité du comte. Dans la foulée, l'abbaye est transformée en une collégiale avec un chapitre de chanoines tandis que le comte de Namur se hâte d'élever un château sur l'autre rive de la Meuse, à Bouvignes.

Dès l'aube du 13e siècle, sinon dès la fin du 12e, les marchands dinantais connaissent une expansion remarquable. Ils se distinguent en Allemagne, en Flandre et en Angleterre, se spécialisant dans le commerce des matières métalliques et l'exportation des pièces de cuivre fabriquées en ville : les dinanderies. Sur le plan politique, ces marchands et les batteurs obtiennent progressivement des droits de participation à la vie publique. Sous le contrôle étroit de l'évêque, ils administrent la cité tout en dominant le reste de la population et les autres métiers. Ils participent également aux nombreux conflits qui ensanglantent la région et dont la vallée mosane constitue le principal enjeu. La milice dinantaise met ainsi plusieurs fois le siège infructueusement devant Bouvignes et saccage le château de Poilvache en 1430. Lorsque le comté de Namur échoît aux ducs de Bourgogne en 1429, ces luttes continuent, mais l'adversaire n'est cette fois plus à la portée de l'orgueil des Dinantais. Le fils de Philippe le Bon, Charles le Téméraire, entreprend le siège de Dinant en août 1466. Grâce à la puissance des nouveaux moyens d'artillerie, il prend la ville après huit jours de siège. Celle-ci est alors livrée au pillage et incendiée complè-

Palais de Justice de Dinant (1879)

Vue du collège Notre-Dame de Bellevue, depuis la citadelle

tement. Les chroniqueurs de l'époque comparent cette destruction à celles des cités antiques de Carthage et de Troie.

Par la suite, la vallée mosane continue de constituer un enjeu majeur de la politique stratégique et du marché économique européen. La cité relève rapidement ses ruines, mais elle ne retrouvera jamais son lustre médiéval. Elle est soumise aux guerres désormais menées par les monarques espagnols et français. Les armées d'Henri II en 1554 et de Louis XIV en 1675 prennent et endommagent la ville, malgré la neutralité de la principauté de Liège. L'économie locale n'est plus dominée par la batterie du cuivre, mais vit de plus en plus de ses carrières, notamment de marbre, et de ses tanneries et papeteries. Après l'annexion à la République française, en 1795, la ville est intégrée au département de Sambre-et-Meuse et devient un chef-lieu d'arrondissement. En 1815, elle assiste à la retraite des armées françaises commandées par le maréchal Grouchy qui parvient à rallier son territoire national après la défaite de Waterloo, sans avoir pu participer à cette bataille.

Dinant conserve alors son statut administratif dans le cadre de la province de Namur, dont le territoire est fortement remanié par rapport au découpage de l'époque française. La forteresse de l'Ancien Régime fait alors place à une citadelle dont le rôle est de protéger le royaume contre une tentative d'invasion française venant par la Meuse. Elle complète ainsi la barrière formée par les autres citadelles (Namur, Huy et Liège). En 1830 cependant, elle ne pourra contrecarrer les mouvements patriotiques belges qui aboutiront à la déclaration d'indépendance. Plusieurs Dinantais rejoindront la capitale pour participer aux combats de septembre et François-Joseph Pirson siégera au Congrès national, au sein duquel il jouera un rôle non négligeable dans le cadre de l'adoption de la Constitution de 1831. Le 19e siècle assure à la cité mosane un renouveau économique. D'une part, des industries textiles s'installent sur les rives de la Meuse et procurent de l'ouvrage à des milliers d'ouvriers. D'autre part, à la fin du siècle, Dinant, « la fille de Meuse », devient une station thermale appréciée et développe une vocation de tourisme de haut standing. Dotée d'un casino, d'hôtels modernes, la ville séduit par la beauté de son site et constitue le lieu de départ des excursionnistes.

Ce lieu de quiétude est complètement dévasté lors de l'invasion allemande d'août 1914. Repoussées par l'artillerie française le 15 août, les armées du Kaiser Guillaume II incendient complètement la ville le 23 août et exécutent 674 habitants, accusant ces derniers de « francs-tireurs ». Durant l'entre-deux-guerres, le visage de la cité est fortement remodelé. Les rues respectent désormais un alignement plus strict. Les habitations sont conçues dans un style relativement conventionnel. L'activité textile se maintient tandis que la population touristique se transforme considérablement. Des activités de divertissement (bateaux mouches, grottes, monuments, musée) sont mises en place pour attirer un public populaire qui répond favorablement. Cette évolution s'est encore accentuée après la Seconde Guerre mondiale, malgré un vieillissement progressif des infrastructures touristiques. L'exploitation du personnage d'Adolphe Sax, génial inventeur du saxophone (en 1846) natif de Dinant, a rendu un certain dynamisme à l'image assez vieillie du tourisme dinantais. Somme toute, le site reste parmi les plus pittoresques de la Belgique et recueille toujours un important succès international.

À VOIR

RIVE DROITE

Située à l'extrémité sud de la ville, sur la rive droite, la rue Alexandre Daoust conserve quelques bâtisses remarquables de différentes époques. La **grosse maison** tradi-

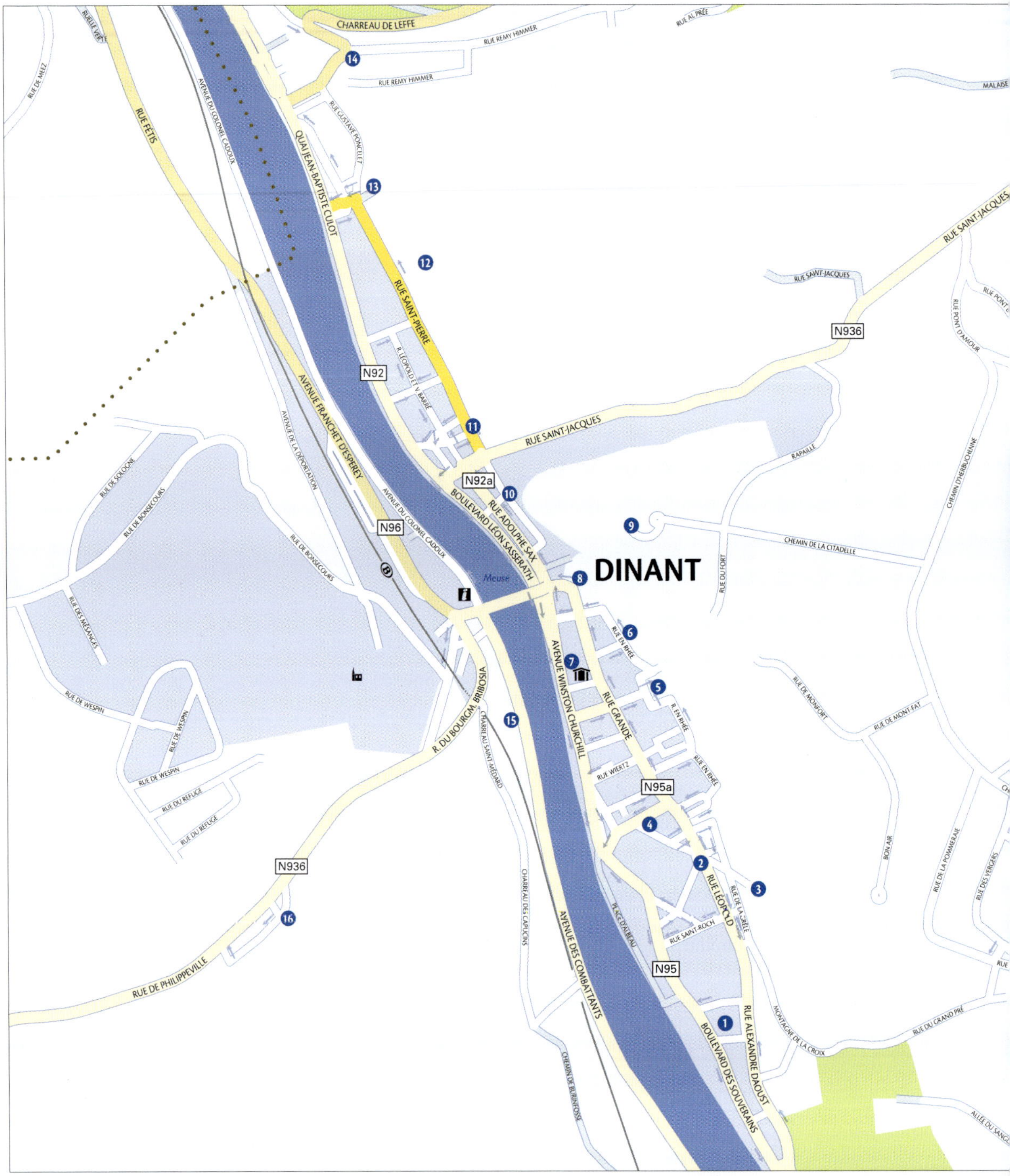

À VOIR

1 Place d'Armes
2 Place Saint-Nicolas
3 Impasse du Couret
4 Rue des Trois Escabelles
5 Palais de Justice
6 Rue en Rhée
7 Hôtel de ville
8 Collégiale Notre-Dame
9 Citadelle
10 Petite place
11 Place J. Patenier
12 Tour de l'Empereur
13 Église Saint-Georges
14 Abbaye de Leffe
15 Couvent des Capucins
16 Grotte « La Merveilleuse »

tionnelle édifiée en 1672 par les comtes de Villers-Masbourg constitue le bâtiment le plus ancien. Plusieurs maisons du 18e siècle, de style classique, en brique et pierre de taille, peuvent encore être observées (n° 60 et n° 84), de même que d'intéressants hôtels de maître néoclassiques construits dans la seconde moitié du 19e siècle (n° 15 et n° 8). À signaler en particulier un bel hôtel de maître néo-palladien, la **maison Herbecq** (n° 15). Cette rue porte également la marque de l'architecte dinantais É. Frankinet, avec une **belle façade de style Art nouveau** ornée de sgraffites de P. Cauchie (n°53), et la villa d'Albeau, maison personnelle de l'architecte traitée à la manière des maisons de villégiature mosanes, et qui se caractérise notamment par sa galerie à l'étage, d'esprit Art déco. Dans la rue Alexandre Daoust, tourner ensuite à gauche pour accéder à la place d'Armes ❶. On y découvre la **maison d'arrêt**, vaste complexe néoroman construit en 1849-1851 par l'architecte Dumont et l'entrepreneur Gaudinnes. Le corps d'entrée monumental, flanqué de deux tourelles circulaires, se dégage clairement d'un mur d'enceinte rythmé par de petites échauguettes. À l'intérieur, le plan hexagonal très original fait de cet édifice un cas unique dans l'architecture carcérale de Belgique. Dans la rue Georges Cousot, qui donne sur la place d'Armes, se dresse encore, au-delà d'un hôtel de maître du troisième tiers du 19e siècle (n° 3), l'ancien couvent des carmélites, fondé en 1605. Le bâtiment actuel présente une tour d'escalier de plan carré, de la première moitié du 17e siècle, un corps central de la première moitié du 18e avec des baies en partie transformées au 19e et une aile de style néotraditionnel assez tardif également. La rue Cousot permet ensuite d'accéder, sur la droite, à la rue Saint-Roch. À l'angle de cette rue (n° 22) s'élève une **maison du 16e siècle** dont l'étage est fermé par un mur en pan de bois, aujourd'hui enduit, qui surmonte un rez-de-chaussée en calcaire de Meuse. Au milieu de cette rue, tourner à gauche pour entrer dans la rue Courte Saint-Roch. Parmi les quelques façades du 19e siècle, parfois en style néoclassique (n° 2-4) subsiste également un pan de bois bien plus ancien, aujourd'hui dissimulé par un épais enduit extérieur. La rue Pont-de-l'Isle, dotée d'une maison du début du 18e siècle, donne ensuite accès à place Saint-Nicolas ❷, traversée par la rue Grande. Sur cette petite place, un immeuble d'angle en briques et pierres de taille attire l'attention, notamment par sa belle porte surmontée d'un balcon en fer forgé et ses baies à montants harpés. Remarquer aussi, à l'angle de la rue des Trois Escabelles, une maison du 17e siècle dont les ancres du pignon donnent la date 1626. Derrière la place Saint-Nicolas, la petite rue É. Dupont abrite encore une bâtisse de la première moitié du 18e siècle dont la façade, en briques et pierres de taille, est entièrement couverte d'enduit. Donnant sur la rue É. Dupont, l'**impasse du Couret** ❸ conserve encore quelques belles façades de maisons bâties entre le 16e et la fin du 18e siècle. Remarquer la combinaison fréquente d'un rez-de-chaussée en moellons et pierres de taille et d'étages en briques avec fenêtres en calcaire dont le type varie suivant l'époque de construction. Une maison (n° 6) conserve par ailleurs un étage à pan de bois. Dans le prolongement de l'impasse du Couret, on trouvera également la **tour Saint-Servais** ou **du Carroy**, l'un des derniers vestiges des anciens remparts de la cité.

Maison du Pléban (16e siècle), siège du musée de la Pataphonie

Non loin de la rue É. Dupont, vers le sud, s'étend la petite **rue de la Grêle**, qui conserve plusieurs maisons de la première moitié (n° 15 et n° 26) ou du milieu du 18e siècle (n° 24). À l'arrière de la rue de la Grêle, quelques vestiges subsistent d'une ancienne porte de la ville, la porte Saint-Nicolas. Plus encore vers le sud, la rue Montagne de la Croix gravit le versant oriental de la vallée. Elle rappelle le parcours du pèlerinage vers Foy-Notre-Dame lors de l'épidémie de peste de 1625 et est jalonnée aujourd'hui encore de petites stations de procession. Une petite potale moderne, tout d'abord, en pierre calcaire, intègre un socle millésimé 1649 et 1731. Plus haut, une autre potale remonte au 19e siècle, avec un socle du 17e siècle réemployé.

Rejoindre ensuite la rue Grande par la rue Sainte-Menge, en jetant un œil sur la petite chapelle Saint-Nicolas, édifice mononef bâti par Frankinet en 1926 et qui allie avec bonheur un style classique assez sobre à quelques accents plus baroques, notamment dans sa tour d'angle ou son portail. La rue Grande, l'une des plus importantes artères de la cité depuis le Moyen Âge, mène à la collégiale Notre-Dame. Elle est bordée de maisons construites au 19e ou au 20e siècle, de styles assez variés. Parmi les bâtiments néoclassiques majeurs figure l'hôtel de ville (n° 108-112). Ce vaste bâtiment en L a été construit en 1924-1925 par les architectes bruxellois R. Monnaert et F. Petit sur l'emplacement de l'ancienne résidence du prince-évêque de Liège, Joseph-Clément de

Intérieur de la collégiale Notre-Dame (chœur du 13e siècle)

Bavière, qui datait du premier quart du 18e siècle. Sa destruction par les troupes allemandes en 1914 explique la construction de l'édifice actuel. Le casino (n° 23-37), construit par Frankinet et inauguré en 1932, offre dans sa longue façade un bel exemple de style éclectique, tandis que les deux corps d'angle sont traités dans un style Art déco.

Plusieurs rues perpendiculaires à la rue Grande et qui mènent au fleuve conservent également quelques maisons d'un grand intérêt, comme par exemple, dans la rue des Fossés, ces belles façades en briques et calcaire de la fin du 18e siècle (n° 16 et n° 20). La **rue des Trois Escabelles** ❹, qui donne sur la rue des Fossés, a été complètement épargnée par les destructions de la Première Guerre mondiale. Les quelques petites bâtisses du 18e siècle qu'elle abrite encore méritent assurément le détour. La rue Wiertz ne manque pas non plus d'intérêt, avec ses maisons néoclassiques de la seconde moitié du 19esiècle ou encore l'ancien atelier du peintre A. Wiertz, dont la façade actuelle résulte d'une reconstruction des années 1920 intégrant des éléments de remploi de l'ancienne halle des bouchers (fin 16e siècle) qui s'élevait au même endroit. On pourra notamment admirer la frise Renaissance dont les métopes sont ornées de macarons et de bucranes.

Depuis la rue Grande, prendre la rue qui mène au palais de Justice. Cet imposant bâtiment néobaroque trône au centre d'une place aménagée en fonction de lui. Il est l'œuvre des architectes Luffin et Boveroulle. La façade, très chargée, notamment avec son imposant avant-corps rythmé par des colonnes jumelées en forte avancée, est datée de 1879.

De la place du Palais de Justice ❺, on accède à la rue en Rhée ❻ pour découvrir tout d'abord une sculpture gothique enchâssée dans une maison du 20e siècle (n° 1), puis, un peu plus loin, les vestiges de l'ancien refuge des moines de l'abbaye de Florennes (n° 37). Du bâtiment initial, qui remonte vraisemblablement au 16e siècle, ne subsistent que quelques murs, dont la partie droite du bâtiment et le pignon à rue. Cette partie oppose un rez-de-chaussée en moellons et un étage en briques et pierres de taille en surplomb, reposant sur de grosses consoles. Plus loin sur la droite s'étend la belle façade de la **maison du Pléban** (n° 51). Cette appellation désigne en fait deux habitations distinctes à l'origine, réunies aujourd'hui en un même ensemble abritant le **musée de la Pataphonie**. Chacune présente un rez-de-chaussée en pierre et un étage en pan de bois. Dans la partie de gauche, le pan de bois, de la fin du 15e siècle (vers 1495), constitue l'une des structures de ce type les plus anciennes en région mosane. Il s'élève sur un mur peut-être plus ancien encore. L'autre pan de bois, caractérisé par la multiplication des décharges en croix de Saint-André, date en revanche de la fin du 16e siècle (vers 1585). Les autres façades et la structure intérieure, où le pan de bois est encore bien conservé, mérite également le détour. L'état actuel de ces constructions résulte de la restauration de 1995, assez fidèle à l'état supposé primitif.

Rejoindre ensuite la rue Grande par la rue Le Boulangé et remonter un peu celle-ci jusqu'à la rue Saint-Martin. Cette rue est bordée par l'hôtel de ville ❼ et s'achève, en bord de Meuse, par la **porte Saint-Martin**. Vestige le plus significatif des anciens remparts urbains, elle remonte peut-être à 1637 et aurait donc appartenu aux fortifications aménagées avant l'occupation française de la fin du 17e siècle. Accolé à l'hôtel de ville, ce petit édifice en briques et pierres de taille a été fortement restauré après la Première Guerre mondiale. En longeant l'avenue Winston Churchill dans le sens du fleuve, on arrive à la place Reine Astrid, dont un des angles est occupé par un immeuble de Frankinet bâti dans un style éclectique.

La partie nord de la place Reine Astrid est bordée par un monument d'une valeur artistique tout à fait exceptionnelle pour la région, à savoir l'ancienne **collégiale Notre-Dame** ❽, aujourd'hui paroisse principale de la ville. Imposante église gothique adossée au rocher de la citadelle, la collégiale Notre-Dame de Dinant fut construite après la destruction de l'église romane (1227) par la chute d'un pan de rocher la surplombant. La partie orientale, traditionnellement datée entre 1227 et 1279, présente un chœur en abside polygonale outrepassée, entourée d'un large déambulatoire sans chapelles rayonnantes, et un transept s'ouvrant sur deux petites chapelles disposées de part et d'autre du choeur. La nef, à trois vaisseaux, compte quatre travées. Elle aurait été érigée dans la seconde moitié du 13e siècle.

Elle est précédée d'une travée supportant les deux tours de la façade occidentale et dont les supports, plus massifs, ont donc été renforcés en conséquence. Belle élévation intérieure à trois registres dans l'ensemble de l'édifice. Noter la minceur remarquable des colonnes du chœur et les nombreux culots qui supportent les voûtes. Un passage légèrement surélevé (« coursière »), d'inspiration champenoise, longe les fenêtres du déambulatoire et celles des collatéraux. Les voûtes actuelles, à liernes et tiercerons, datent de la fin du 15e siècle. Elles ont été construites après l'incendie de l'édifice par Charles le Téméraire en 1466. C'est également du 15e siècle que l'on date la chapelle sud du chœur, dite « chapelle des Anglais », à laquelle Van Assche a donné au 19e siècle l'aspect d'une petite tribune.

La façade occidentale affiche deux tours massives de part et d'autre d'une travée centrale dans laquelle s'ouvre, au rez-de-chaussée, le portail principal de l'église et, au-dessus, une large fenêtre, et est surmontée d'un clocher bulbeux dont la forme remonte au 16e siècle (1566). Dans le mur nord de la nef a été intégré un ancien portail roman dont les reliefs sculptés très endommagés subsistent à l'extérieur. Le porche placé au sud, contre la dernière travée de la nef, date du 14e siècle. Ses deux pignons, fortement restaurés, sont ornés d'un groupe de la résurrection à l'ouest (fortement dégradé) et d'un couronnement de la Vierge au sud. Ce porche abrite un intéressant portail sculpté, du 14e siècle également. Il jouxte un porche plus ancien, du second quart du 13e, transformé en chapelle (du baptistère) et dans lequel est conservé un remarquable portail sculpté de la même époque.

L'aspect actuel de l'église doit également beaucoup à la campagne de restauration de Van Assche au 19e siècle (1875-1892) et à celle menée par Chrétien Veraart dans les années 1920, après le bombardement et l'incendie de l'église au cours de la Première Guerre mondiale. La plupart des ornements extérieurs – pinacles, fleurons, garde-corps – datent de cette dernière campagne. C'est également à Veraart que l'on doit les arcs-boutants actuels de la nef, censés évoquer les arcs-boutants médiévaux qui auraient disparu au début du 19e siècle, et les deux pignons du transept qui remplacent les croupes des toitures que l'on peut observer sur les vues anciennes de l'église. De l'époque médiévale subsiste le gisant de Gérard Blanmostier (†1356) en pierre de Meuse, les fonts baptismaux, dans le même matériau, de Lambert Art de Namur (1472), et quelques statues de saints en bois polychrome. La **chaire de vérité** (1725-1726) mérite l'attention. L'ange placé au-dessus de l'abat-son semble s'être posé à l'instant ; la jambe gauche suspendue dans les airs, le bras droit déployé latéralement, il sonne du buccin pour appeler les fidèles à écouter la parole du prêcheur. Cette parole était légitimée par la présence symbolique des évangélistes, représentés en buste sur les côtés de la cuve, ainsi que par celle de saint Materne, sur le portillon. Cette chaire fut réalisée par le menuisier dinantais Jean Croquet, tandis que le sculpteur liégeois d'adoption Cornelis Vander Veken (1666-1740) se chargeait des sculptures. Le contrat étant conservé, on sait qu'il était prévu une représentation allégorique de l'Église pour supporter la cuve. Un groupe sculpté en bois de tilleul, par le même sculpteur, montre sainte Anne enseignant à la Vierge. Sous la peinture moderne, on décèle de rares vestiges de la polychromie ancienne imitant le marbre blanc de Carrare. En 1741, Simon Cognoulle (1687-1744) réalisa les grandes statues en bois polychrome de saint Lambert et de saint Materne. Son maître Renier Rendeux (1674-1744) exécuta la statue de saint Hubert et Denis-Georges Bayar (1690-1774) se chargea de celle de saint Perpète. Actuellement reléguées au fond de l'église, ces sculptures étaient destinées à être placées de part et d'autre du maître-autel, ce qui explique leurs dimensions colossales.

Grande verrière dans la partie méridionale de la collégiale

En longeant le flanc sud de la collégiale, on accède aux escaliers qui mènent au **fort** ou **« citadelle »** ❾, bâti sur le principal rocher de Dinant. La construction d'une place forte sur le promontoire rocheux dominant la ville remonte probablement au 11e siècle. En 1466, Charles le Téméraire fait raser le château médiéval. Quelques travaux de reconstruction, réalisés au 16e siècle, n'ont guère laissé de traces, pas davantage d'ailleurs que les importants travaux de fortification menés par Vauban de 1675 à 1698. Le fort actuel résulte en effet de grands travaux menés au 19e siècle, sous la domination hollandaise, par l'ingénieur-capitaine E. Bergsma. Il se présente sous la forme d'un pentagone

Jehan Josès, aigle-lutrin, laiton coulé, vers 1370, hauteur : 190 cm.
Houffalize, église Sainte-Catherine © IRPA/KIK

LA DINANDERIE

La Meuse relie les hauts lieux de la dinanderie : Dinant et Bouvignes, Namur, Huy, Liège, Maastricht. Au départ de la vallée mosane, la dinanderie (production tant battue que coulée) rayonnera dans l'Europe entière et ce pendant plusieurs siècles. Il appartient à Philippe de Commynes (†1511) d'avoir cité le premier le terme dinanderie. Il dit de Dinant : « ville très riche à cause d'une marchandise qu'il faisoient de ces ouvrages de cuyvre qu'on appelle dynanderie ». Antoine Furetière reprend également ce mot dans son fameux dictionnaire (1726). La dinanderie y est décrite comme une « Marchandise de cuivre jaune. Les poëlons & chauderons platines & chenets de cuivre appartiennent à la dinanderie. Dans les tarifs des Aides il y a des articles particuliers pour la taxe des dinanderies. Ce mot vient de Dinant, ville du Païs de Liège ; païs abondant en calamine, dont le mêlange avec la rosette fait le cuivre jaune. Ainsi on appelle dinanderie, parmi les Marchands, le cuivre jaune que la ville envoye pour toute l'Europe. On appelle même en plusieurs lieux les chaudronniers, Dinandiers ». Le laiton ou cuivre jaune était l'aurichalcum (ou l'orchal, l'arcal, en ancien français) ou substitut de l'or. À la fin du Moyen Âge et pendant les Temps Modernes, on mesurait la fortune d'un individu par la vaisselle d'étain, mais surtout de cuivre qui garnissait son dressoir. Ces vaisselles imitaient la vaisselle d'or et d'argent. Dans son De la Pirotechnia publié à Venise en 1540, Vannaccio Biringuccio, ingénieur siennois qui visita nos régions, s'exprime en ces termes : « ... le laiton est de cuivre teinté par art en une couleur jaune. Ce fut certainement une découverte splendide dont il faut louer les alchimistes, bien que celui qui l'ait trouvé se soit peut-être trompé, pensant avoir transformé le cuivre en or... et ce cuivre qui d'abord était rouge était rendu d'un beau et doux jaune, presque semblable par la couleur à un or de 24 carats... »

La vallée mosane dispose d'atouts incomparables pour la mise au point du laiton puisqu'elle possède d'importants gisements de calamine (minerai ou oxyde de zinc) rentrant dans sa composition. La derle, terre argileuse naturellement réfractaire et propre à la fabrication des creusets, des fours et des moules de fonderie, y est également exploitée. Le combustible (bois) s'y trouve aussi en abondance. Le cuivre est quant à lui importé des régions proches de l'Empire (particulièrement du massif du Harz). Les voies de communication (routes et fleuves) permettent le transport des matières premières et des produits finis. L'essor de la dinanderie réside dans la combinaison de ces différents facteurs.

Dinant devancera les autres villes mosanes par le développement de son commerce. Dès le 13e siècle, ses représentants disposent de franchises et d'un entrepôt sur la Tamise à Londres. C'est une des rares villes non portuaires à faire partie de la ligue hanséatique. Les marchands dinantais fréquentent les marchés allemands, scandinaves, russes, italiens, français. On les retrouve aux foires de Champagne ou de Saint-Denis près de Paris. La production s'intensifie, les ateliers se multiplient et essaiment vers les Flandres et le Brabant. À la fin du 13e siècle, de nombreux dinandiers originaires de Dinant et Bouvignes (sa rivale) s'installent à Tournai et y développent une industrie du laiton. À partir de 1450, Bruxelles et Malines deviennent des centres importants de la fonderie de cuivre grâce à des artisans dinantais.

Les pièces de mobilier liturgique sont en général de grande dimension et exécutées par le procédé de la fonte. Ces œuvres permettent de se faire une idée sur la fonderie de laiton. Les pièces coulées de dimensions plus modestes, à destination domestique ou liturgique, sont souvent en moins bon état de conservation ou difficilement repérables. Il est intéressant dans ce cas d'examiner les représentations d'intérieurs que donnent les Primitifs flamands.

Plusieurs fondeurs issus de Dinant nous sont connus au travers des œuvres qui subsistent. C'est le cas de Jehan Josès, fondeur du chandelier pascal et de l'aigle-lutrin de la basilique Notre-Dame de Tongres (1372) ou de l'aigle-lutrin de l'église Sainte-Catherine d'Houffalize (vers 1370).

À partir du 16e siècle, la fonderie de laiton décline au profit de la batterie de cuivre, essentiellement des pièces usuelles à usage domestique obtenues par le procédé du repoussé. Le dinandier utilise des feuilles de cuivre ou de laiton mesurant 100 x 200 cm ou 66 x 132 cm. L'épaisseur des feuilles à travailler varie de 0,4 à 1 mm et exceptionnellement de 1,5 à 2 mm. Le procédé se divise ensuite en deux opérations bien distinctes : le battage et la ciselure.

La vie et l'œuvre du batteur de cuivre dinantais Léonard Dusart (1624 - entre 1685 et 1689) nous sont mieux connues grâce à une étude récente de Marc Belvaux. Ses œuvres signées et datées entre 1649 et 1673, sont conservées dans plusieurs églises et musées de Belgique, dont le Musée provincial des Arts anciens du Namurois. On a recensé à ce jour principalement des rafraîchissoirs, des plateaux à offrandes, deux lampes de sanctuaire, une monstrance reliquaire et un pupitre. Un rafraîchissoir est particulièrement intéressant car il développe un savant schéma iconographique prouvant une grande connaissance de l'Antiquité ; quatre médaillons présentent des empereurs romains à cheval : Vitellius, Vespasien, Titus et Domitien.

– Jacques Toussaint

Monument au cimetière français, situé aux abords de la citadelle

Bateau-mouche classé photographié devant le rocher de Freÿr

irrégulier dont les différentes ailes, abritant chacune plusieurs salles casematées, enserrent, dans la partie supérieure du fort, une longue cour centrale. Après la visite de la citadelle, la configuration des rues invite à repasser devant la façade occidentale de la collégiale Notre-Dame pour s'engager dans la rue Adolphe Sax. C'est dans cette partie de la ville que se concentre l'hommage rendu au célèbre inventeur du saxophone, plus particulièrement sur la petite place ⑩ aménagée plus ou moins à mi-longueur de cette rue, où se dresse le **monument Adolphe Sax** réalisé par Félix Roulin en 1994. Les importantes destructions de la Première Guerre mondiale ont eu raison de la plupart des constructions antérieures au début du 20e siècle. Les façades qui rythment l'architecture de cette rue datent des années 1920-1922 et sont surtout d'inspiration néoclassique, à l'exception d'une bâtisse élevée par Frankinet vers 1930 et dont la façade affiche le style Art déco (n° 60).

Parallèle à la rue Adolphe Sax, en bordure du fleuve, le boulevard L. Sasserath contient un **alignement de façades** postérieures à la Première Guerre mondiale, mais qui reposent encore pour la plupart sur un soubassement en pierre de taille couronné par d'imposantes consoles en calcaire, qui permettent l'encorbellement des étages supérieurs. Ce soubassement et ces consoles rappellent les constructions de la fin du Moyen Âge et des Temps modernes qui s'élevaient autrefois en cet endroit. Entre les deux rues, la place J. Patenier ⑪ est dominée par la **Maison du peuple**. Cette imposante construction en grès et calcaire de Meuse, de style néotraditionnel, affiche également, dans la façade du rez-de-chaussée, des influences Art déco. Une signature gravée dans la pierre bleue identifie l'architecte bruxellois Ferdinand Brunfaut et date le bâtiment de 1922. Un petit détour par la rue Saint-Pierre, qui longe le rocher, permet ensuite de découvrir une petite chapelle bâtie en 1938, derrière laquelle subsistent, contre la paroi rocheuse, quelques vestiges de la chapelle médiévale, qui remonteraient peut-être au 13e siècle. Sur le flanc de la colline, un **mur de fortification** se dresse dans les jardins des maisons de la rue Saint-Pierre. Il mesure 450 m de long et présente quatre tourelles à intervalles réguliers. Les vestiges d'une tour plus imposante surgissent dans la première partie de cette enceinte. Il s'agit des restes de la **tour de l'Empereur** ou « tour Maximilien » ⑫, dont l'existence est avérée au 15e siècle, mais dont l'état actuel doit beaucoup aux travaux réalisés au 17e. En suivant ensuite la rue Saint-Pierre vers le nord de la cité, on débouche sur une petite place bordée par l'église Saint-Georges de Leffe.

RIVE GAUCHE

Le long de la Meuse, au sud du pont, s'étend l'avenue des Combattants. Un peu à l'écart de l'agglomération urbaine, la maison Mouchenne se signale dans le paysage par sa tourelle d'angle coiffée d'une flèche bulbeuse. Cette belle maison de villégiature mosane fut construite vers 1925 par É. Frankinet. La rue du Ruisseau abrite les vestiges de l'église Saint-Médard, un petit édifice construit probablement aux 12e-13e siècles, rebâti partiellement à la fin du 15e et encore transformé au 17e. Une portion de la façade médiévale est encore visible, avec une porte conservée et les vestiges de plusieurs baies comblées. Entre l'avenue des Combattants et la rue Bribosia s'étend l'ancien **couvent des capucins** ⑮. Ce vaste complexe architectural construit à flanc de versant s'impose comme une pièce maîtresse dans la volumétrie actuelle de la cité. Les capucins s'installent à Dinant en 1613 et font alors bâtir un imposant couvent qui domine la cité. Dans l'état actuel, les bâtiments du 17e siècle cohabitent avec d'importantes constructions du dernier quart du 19e siècle. L'église, la petite chapelle Saint-Marcoul qui la jouxte à l'ouest et les bâtiments conventuels datent encore, pour l'essentiel, du début du 17e siècle. On observe notamment un millésime 1615 dans la façade de l'église. Les

Cour intérieure de la citadelle

transformations des bâtiments conventuels, souvent du 19e siècle, semblent s'être limitées au percement de nouvelles baies ou à la modification de fenêtres anciennes. Au nord et à l'ouest de ce complexe s'étendent des constructions plus récentes, datées du dernier quart du 19e siècle. C'est également de cette époque que date l'actuel cloître, placé au centre du quadrilatère composé par la combinaison des différents bâtiments. Non loin de la rue Bribosia, et un peu plus haut, le **Charreau des capucins** a servi à l'édification du monastère de Bethléem. Cet ensemble monumental date de l'extrême fin du 19e siècle.

La rue de la Station commence, au bord du fleuve, avec un imposant bâtiment, l'Hôtel des Postes (n°1), construit par É. Frankinet en 1924 en style éclectique. Plus loin, un groupe d'immeubles date de la même époque (vers 1920). C'est la tendance Art déco ou une inspiration néoclassique qui ont présidé à l'organisation de leurs façades. Dans la rue de la Déportation, en contre-haut de la rue de la Station, la **grosse villa** construite à flanc de coteau mérite assurément l'attention, avec sa tour dont la toiture se termine par une mince flèche octogonale, le faux pan de bois qui orne le pignon et sa galerie en bois au bel étage. Dans le prolongement de la rue de la Station, enfin, l'avenue Franchet d'Esperey arbore un édifice néoclassique de la seconde moitié du 19e siècle, aujourd'hui divisé en deux habitations. En suivant cette avenue, on rejoint progressivement la petite localité de Bouvignes, située en aval de Dinant, sur la rive gauche. Dans le sens inverse, le promeneur peut s'engager dans la route de Philippeville (n°146) pour atteindre le chalet d'entrée de la célèbre **grotte « La Merveilleuse » ⓰**.

LEFFE

En venant de la rue Saint-Pierre, l'**église Saint-Georges ⓭** est le premier édifice remarquable de la petite entité de Leffe. Cette petite église en moyen appareil de grès et de calcaire fut construite probablement dans la première moitié du 13e siècle. Le portail actuel, du 18e siècle, livre accès à une nef assez trapue, à trois vaisseaux, dotée d'une élévation peinte et stuquée de facture classique (18e siècle) et couverte d'un plafond à caissons datant vraisemblablement du 17e siècle. La partie orientale se compose d'un chœur fermé par une abside polygonale à sept pans, venue remplacer vers 1670 le chevet plat primitif. Deux petites chapelles à chevet plat, du 13e siècle, s'étendent des deux côtés du chœur, avec lequel elles communiquent. Des travaux d'entretien du chœur et des chapelles durant les années 1980 ont permis de dégager de **très belles peintures murales**. Les deux scènes principales, datées du 14e siècle, se situent dans le chœur : une *Adoration des mages* (sud) et une *Dernière cène* (nord). Elles sont surmontées de saints ajoutés au 16e siècle. L'église comporte encore un beau mobilier témoignant des différentes périodes de sa construction. Ainsi, une belle *Sedes Sapientiae* de la première moitié du 13e siècle remonte aux origines de l'église. Malheureusement, sa polychromie vient d'être totalement renouvelée. Dans le fond de l'église, on remarquera un beau calvaire en bois datant de la fin du style gothique et montrant déjà la pénétration du style de la Renaissance en vallée mosane. De l'autre côté du portail d'entrée, un grand Christ en croix à l'anatomie puissante témoigne de l'influence michelangélesque dans la région (16e siècle). La rue G. Poncelet relie la petite église paroissiale à l'abbaye de Leffe. Elle est bordée de maisons construites pour la plupart au 18e et au 19e siècle, de facture assez sobre.

L'**abbaye de Leffe ⓮** est à l'origine un prieuré prémontré fondé en 1152 et dépendant de l'abbaye de Floreffe jusqu'en 1200, quand le petit établissement devient une abbaye indépendante. Une inondation destructrice (1460), puis le sac et l'incendie de la ville par Charles le Téméraire (1466) causent d'énormes dégâts au monastère. D'importants travaux menés aux 17e et 18e siècles transforment complètement la physionomie de l'abbaye médiévale. En 1796, les biens d'église sont nationalisés et l'institution monastique est officiellement supprimée. Au 19e siècle, les bâtiments subsistant serviront de carrière à ciel ouvert ou permettront d'abriter certaines manufactures (verrerie puis papeterie) avant de retrouver leur fonction traditionnelle lorsque les bâtiments sont cédés à l'Ordre des prémontrés en 1902. La communauté monastique moderne est issue de l'abbaye de Tongerlo. L'état actuel porte l'empreinte des grands travaux de restauration menés entre 1950 et 1980 par F. Bonaert. À l'entrée de l'abbaye, un beau **portail baroque**

L'abbaye de Leffe

Le château de Chession, dans les Fonds de Leffe

daté vers 1715 constitue l'unique vestige de l'abbatiale du 18e siècle. Dans une petite cour à proximité, l'eau d'une fontaine s'écoule dans une cuve baptismale supportée par un chapiteau gothique de l'ancienne église Saint-Menge. Les bâtiments monastiques sont groupés en quadrilatère autour d'une vaste cour centrale de plan rectangulaire dont la partie occidentale est occupée par le nouveau cloître, bâti après 1918 et remanié vers 1940. À l'ouest se dresse l'église, qui est en fait une grange du début du 18e siècle affectée depuis 1903 au culte monastique. Derrière l'église s'élève une tour de plan carré dont les deux derniers registres, qui abritent les cloches, sont de 1935. Fermant la cour centrale au nord, une longue aile en brique et pierre de taille affiche une belle architecture du 18e siècle à laquelle l'abbé Bauwens (1930-1944) a fait adjoindre un avant-corps néo-baroque. L'aile sud, qui lui fait face, conserve en certaines de ses parties une belle élévation du 17e siècle dont une façade-pignon baroque datée de 1661 et une façade datée par ancres métalliques de 1682. L'aile orientale donne sur l'emplacement de l'ancien cloître et date probablement du 17e siècle. Elle fut fortement remaniée au 20e siècle et intègre depuis un beau portail du 17e siècle provenant de l'ancien béguinage de l'abbaye.

L'ancienne bibliothèque de l'abbaye, aujourd'hui séparée des autres bâtiments et bordant la rue Himmer, est relativement bien conservée, du moins dans son élévation extérieure, datée de 1720. Dans la même rue, une grande maison néoclassique du dernier tiers du 19e siècle (n° 45) mérite également l'attention, de même que la **maison natale du peintre Antoine Wiertz** (n° 264), une bâtisse au demeurant fort ordinaire. Dans la même rue s'étend la cité industrielle construite vers 1925 par Remy Himmer, riche industriel dirigeant les entreprises de filatures installées en bordure de Meuse. Ce complexe architectural offre un bel exemple d'habitat ouvrier organisé en maisons mitoyennes pratiquement toutes semblables. L'**ancien moulin Capele** (n° 391-397) fait également partie des monuments remarquables de cette rue. Si le bâtiment d'origine remonte au 17e siècle, il a été considérablement transformé à différentes époques. Une aile en moellons de calcaire témoigne encore de l'état primitif tandis que le corps de logis en brique et pierre de taille, partiellement enduit, constitue l'intervention tardive la plus évidente. Un peu plus haut dans la rue Himmer, le **château de Chession** garde encore de beaux morceaux de son architecture primitive, datée du début du 18e siècle, mais que des transformations du 19e ou du 20e siècle rendent souvent peu lisibles. Une mince tour de plan carré, assez peu perturbée, marque l'angle sud-est tandis qu'une tour porche, placée au nord, a été fortement transformée à différentes époques.

ÉVÉNEMENTS

- festival international de saxophone, tous les quatre ans depuis 1994
- Dinant Jazz Night, le dernier week-end de septembre
- régates de baignoires sur la Meuse, le 15 août
- concours du plus grand mangeur de flamiche et grande braderie, le premier week-end de septembre

GASTRONOMIE

- la flamiche : tarte aux œufs, au beurre et au fromage gras (fromage de Romedenne)
- la couque de Dinant : biscuit très dur fabriqué à base de farine et de miel
- la couque de Rins : couque de Dinant fabriqué avec du sucre (du nom de son inventeur)
- la bière de Leffe n'emprunte que son nom à l'abbaye de Leffe. De fabrication industrielle, elle n'est plus liée en rien à l'ancienne production locale, aujourd'hui abandonnée

Le château de Walzin (Dréhance), dominant la Lesse

DRÉHANCE | 5500

- au 12ᵉ siècle Drehanche, de *drevantia* : la rapide, ou *derventia* : la chênaie
- Dréhançois
- village agricole situé sur le plateau condrusien dominant le confluent de la Meuse et de la Lesse. Le territoire de cette entité est coincé entre la Lesse, au sud, et le Froidvau, au nord. Altitude : 255 m
- N 97, ligne de bus 67/1 Dinabus
- 558 ha

HISTORIQUE

Les trouvailles archéologiques datant de l'époque préhistorique sont d'une grande importance quantitative et qualitative. Les grottes situées sur les bords de la Lesse ont livré des restes d'animaux de l'époque glaciaire (rennes, mammouths, ours), mais surtout une mâchoire attribuée au type néanderthalien (trou de la Naulette). Cette découverte, effectuée par Ed. Dupont en 1866, apporte un argument déterminant en faveur de la théorie de l'évolution, vingt ans avant la mise au jour des squelettes de Spy.

Ensuite, l'occupation du territoire se cristallise sur le promontoire dominant la Lesse, à Walzin. Délimitant la frontière sud de la principauté de Liège, ce site est occupé par un château au moins depuis le 13ᵉ siècle. Possédé en fief par d'importantes familles dirigeantes de Dinant, puis nobles de la région, le château est détruit et reconstruit plusieurs fois aux 15ᵉ et 16ᵉ siècles. En 1581, il entre dans le domaine de la famille de Brandebourg, puis par mariage dans celle d'Yve jusqu'à la Révolution française. Il fut ensuite acquis par Alfred Brugman.

Le village de Dréhance, intégré dans la commune de Dinant depuis 1964, est cité à partir du 13ᵉ siècle. Ses habitants tirent leurs ressources de l'agriculture, puis de l'élevage à partir de la fin du 19ᵉ siècle. La moitié d'entre eux travaillent en outre dans les carrières du Penant et dans les usines textiles dinantaises jusqu'à la fermeture de celles-ci au milieu du 20ᵉ siècle.

À VOIR

La curiosité principale se situe à l'extérieur de l'actuel village de Dréhance. Il faut rejoindre les bords de la Lesse en empruntant la rue de Walzin. Au sommet d'une impressionnante falaise calcaire se dresse le **château de Walzin**. Remaniée à plusieurs reprises entre le 15ᵉ et le 20ᵉ siècle, cette forteresse est composée d'un châtelet d'entrée (16ᵉ ou 17ᵉ siècle), des restes d'une ferme castrale et du château proprement dit. Celui-ci épouse précisément la physionomie de l'éperon rocheux. Des éléments d'origine, il reste sans doute le donjon ainsi qu'une tour d'angle, mais les campagnes de restauration réalisées aux 19ᵉ et 20ᵉ siècles ont fortement dénaturé l'architecture primitive tout en donnant à l'ensemble une grande cohérence. Non loin de là, émergeant à peine de la végétation, on peut encore voir les **ruines de Cavrenne**. Situées à 100 m au-dessus de la Lesse, celles-ci révèlent les restes d'un donjon qui pourrait remonter au 13ᵉ siècle et d'une tour porche de la même époque.

Le **centre du village** présente un visage homogène de façades de calcaire construites, pour la plupart, au 19ᵉ siècle, époque de laquelle datent également l'église (1840 et 1895) et l'école (1871). Dans le village (87, rue d'Anseremme), on peut encore observer la **ferme de la Boverie**, gros ensemble clôturé présentant des parties du 17ᵉ (grange), mais surtout du début du 19ᵉ siècle. Plus haut dans le village (26-28, rue du Tige), la **ferme de la Chevalerie** se distingue par un intéressant logis remontant à la première moitié du 17ᵉ siècle. Derrière celui-ci, des bâtiments de dépendances ont été remaniés au 19ᵉ siècle tout en conservant une partie du gros œuvre de la fin du 16ᵉ siècle.

ÉVÉNEMENTS

- fête de Dréhance, le premier dimanche de septembre

FALMAGNE | 5500

- au 9ᵉ siècle *Falmana* (Famenne)
- Falmagnais
- village rural à l'implantation relativement dispersée sur le plateau situé au sud de la vallée de la Lesse. Le paysage est surtout occupé par des pâturages et quelques cultures céréalières. Altitude : 239 m

- N 95, N 989, lignes de bus 25 Dinant-Beauraing, 141 Dinant-Graide
- 962 ha

HISTORIQUE

Des populations semblent avoir occupé ce site à partir de l'époque néolithique, comme l'attestent de nombreux objets taillés qui y ont été découverts (plateau d'Hulbise). Des sépultures mérovingiennes ont aussi été exhumées au lieu-dit « Crevia ». La mention, à la même époque, d'un *pagus Falmanensis* a conduit certains étymologistes à réaliser un rapprochement entre le lieu « Falamagne » et le territoire « Famenne ». Il est vrai que cette localité est précisément située à la limite des zones géologiques du Condroz et de la Famenne. Au 10e siècle, une paroisse y dispose de son siège. Son nom est associé à une importante famille, les Falmagne, qui occupe des charges importantes entre le 12e et le 14e siècle (notamment deux évêques de Trèves). L'église, dédiée à saint Pancrace, est érigée en collégiale, sans doute dès le 11e siècle. Elle était pourtant décrite comme tombant en ruine lorsqu'elle fut cédée à l'abbaye de Waulsort (1163). Progressivement, celle-ci va entrer en possession de l'ensemble d'un domaine fortement morcelé jusque là. Le comté de Namur y exerçait vraisemblablement la justice hautaine dès cette époque. Le reste du domaine est inféodé à la famille de Nychinne (15e siècle), puis passe aux d'Ève (1522) avant d'être incorporé aux possessions de Thierry de Brandebourg, puis finalement de la famille de Spontin-Beaufort en 1711.

À VOIR

Le cœur du village est occupé par une vaste place, dite du « bâti », d'où émerge l'**église** paroissiale **Sainte-Geneviève**. L'édifice actuel a été construit au 18e siècle et remanié en 1885-1887. Il ne conserve pas de trace de la fameuse collégiale du 11e siècle. Plusieurs fermes délimitent l'espace de la place, offrant un beau décor homogène des 18e et 19e siècles. Reliant le haut du village à la chaussée Dinant-Beauraing, l'avenue de la Restauration présente, elle aussi, un ensemble régulier de fermes du 18e siècle. Le promeneur atteint finalement le **moulin de Falmagne** en empruntant la rue des étangs. Dans la petite vallée du ruisseau de Falmagne, il découvrira encore un charmant bâtiment allongé dont le logis est millésimé de 1739 et les dépendances, de 1766.

ÉVÉNEMENTS

- ducasse de Falmagne, le premier dimanche après le 3 janvier
- la petite kermesse, le dimanche après le 8 septembre

FALMIGNOUL | 5500

- au 13e siècle *Falminiola, Fallemannialla* : la petite Falmagne
- Falmignoulois
- la superficie de la localité est légèrement inférieure à celle de Falmagne, mais la population est y plus nombreuse. L'habitat s'organise le long du ruisseau de « la Prée ». Les terres de culture céréalière dominent les prairies. Sur le promontoire dominant la Meuse, la localité est le point de départ de nombreuses promenades et le point de rendez-vous des alpinistes escaladant les célèbres rochers de Freyr. Altitude : 200 m
- N 95, N 989, lignes de bus 25 Dinant-Beauraing, 141 Dinant-Graide
- 673 ha

Le moulin de Falmagne

HISTORIQUE

La curiosité naturelle majeure de la localité est le **ravin du Colébi**. Dans les grottes qui s'y ouvrent, des traces d'occupation remontant à l'époque néolithique ont été découvertes dès la fin du 19e siècle. Le site n'a pas fourni d'indices d'habitat pour les périodes romaine et mérovingienne.

La terre de Falmignoul apparaît au 9e siècle comme dépendance de la paroisse d'Anseremme lors du don de cette dernière à l'abbaye de Saint-Hubert par l'évêque Walcand de Liège. Par contre, le hameau du Mont dépend du comté de Namur et fait partie de la prévôté de Poilvache. Il est encerclé par la seigneurie de Château-Thierry, fondée au 10e siècle par Thierry de Faing. Édifié sans doute au 13e siècle, un château est spectaculairement planté sur le promontoire qui domine la Meuse. Aux mains du comte de Namur, il contrôle la vallée de la Meuse tout en protégeant

L'entrée du parc naturel de Furfooz

les abbayes d'Hastière et de Waulsort. Il est pris et incendié à plusieurs reprises : en 1390 par les Dinantais, en 1554 par Henri II de France et enfin, en 1675 par les troupes de Louis XIV. Après cette date, il ne sera plus relevé. Tandis que la seigneurie de Falmignoul reste dans le domaine de l'abbaye de Saint-Hubert durant tout l'Ancien Régime, les seigneuries de Mont et de Château-Thierry connaissent des titulaires différents jusqu'en 1562, quand Pierre de Brandebourg les réunit. Ces terres passent ensuite à la famille Beaufort-Spontin, à l'exception d'une partie du ban de Mont, qui connaît de nombreux changements de propriétaires jusqu'à la fin de l'Ancien Régime. Après l'annexion de nos régions à la République française, les différentes seigneuries sont réunies dans la commune de Falmignoul. L'activité économique principale réside dans l'agriculture, mais aussi dans l'industrie brassicole, toujours représentée à Falmignoul.

À VOIR

Les habitations se sont implantées le long de la chaussée Dinant-Beauraing ainsi que le long du « tige » (crête) conduisant au sommet du plateau surplombant la Meuse. L'**église Saint-Nicolas** est située au centre de ce noyau de petites fermes et de maisons modestes. De style néoclassique, elle date de la moitié du 19e siècle, avec du mobilier remontant au 18e. Dans la rue du Crétia, quelques habitations se distinguent par leur masse plus imposante (n°122 et n°115). Dans la rue de Dinant, ce sont les bâtiments communaux qui se distinguent (n° 65-66) : la maison communale, l'école et la demeure de l'instituteur forment un bel ensemble du début du 19e siècle. En parcourant la rue Haute, on peut observer deux belles fermes. La première, située au n° 155, a abrité un très réputé musée de la moto et du cycle. Elle présente une ancienne grange datant sans doute du 17e siècle et les vestiges d'une curieuse porte charretière. Non loin, en bordure du village, une grosse ferme semi-clôturée constitue un ensemble pratiquement homogène du 18e siècle. Le logis est daté de 1746, les étables de 1738 et 1766, la grange de 1771. En quittant le village par le plateau, on trouve un chemin agricole conduisant vers les versants de la vallée de la Meuse. Au bout de celui-ci se découvrent les **ruines de Château-Thierry**. La vue sur la Meuse y est splendide. Les vestiges datent sans doute du 15e siècle, mais de nombreux travaux y ont été effectués entre le 14e et le 17e siècle.

ÉVÉNEMENTS

- fête de Falmignoul, le troisième dimanche de septembre

GASTRONOMIE

- bières artisanales de la brasserie Caracole : la *caracole*, la *troublette*, la *saxo* et la *nostradamus*

FOY-NOTRE-DAME | 5504

- au 17e siècle *Fay*, de *Fagia* : hêtraie
- Notredamiens
- localité située sur le plateau condrusien, entourée de cultures et de prairies ainsi que de plusieurs bois. Le village garde encore quelques traces de son prestigieux passé de lieu de pèlerinage. Altitude : 225 m
- N 97, N 936, ligne de bus 67/1 Dinabus
- 393 ha

HISTORIQUE

Foy n'est jusqu'au 17e siècle qu'un lieu-dit proche du petit hameau de Boisseilles. Celui-ci, situé sur la route de Dinant à Celles, semble avoir été occupé depuis l'époque romaine. Le domaine est cité au 9e siècle dans le cadre d'une donation à l'abbaye de Stavelot. Il est ensuite morcelé en plusieurs fiefs dont la possession échoit le plus fréquemment à d'importantes familles marchandes de Dinant. Il fait cependant partie du comté de Namur et est intégré dans la prévôté de Poilvache. En 1609, un charpentier découvre dans un chêne provenant du bois de Foy une statuette de la sainte Vierge. Recueillie par le seigneur de Celles, elle est considérée comme miraculeuse dès 1616. Elle devient alors l'objet d'un pèlerinage important et conduit à la construction, en 1623, d'une imposante église richement ornée. Foy-Notre-Dame constitue, dès lors, un lieu de culte emblématique de la contre-réforme. Des pèlerinages s'y développent depuis les régions environnantes, surtout dans le contexte des épidémies qui ravagent la contrée au 17e siècle. Le culte de Foy-Notre-Dame a connu un rayonnement important jusque dans les pays voisins, notamment sous l'influence des jésuites. Vu le développement de la localité consécutif à son rôle religieux, la commune érigée après l'annexion à la République française installe son siège à Foy, tandis que Boisseilles en constitue le hameau. Tombé en désuétude au 18e siècle, le culte de Notre-Dame de Foy est ravivé au début du 20e siècle sous l'impulsion de l'évêque Heylen.

Durant la veillée de la Noël 1944, la pointe avancée de l'offensive von Rundstedt est écrasée sous les obus anglais lancés depuis le village de Sorinnes.

La silhouette élancée de l'église de Notre-Dame de Foy, majestueux navire baroque contenant la statuette miraculeuse de la Vierge

À VOIR

Destination ultime de nombreux pèlerinages, l'**église de Notre-Dame de Foy** se voit de loin. Ce grand vaisseau en brique et pierre bleue est éclairé par dix-neuf hautes fenêtres. Son portail, de style Louis XIII, montre une imposante niche Renaissance et affiche le blason du prince-évêque de Liège, avec le millésime de 1623. À l'intérieur, le **plafond** présente 145 panneaux sculptés et peints par Michel et Jaspard Stilmant au 17e siècle. Le riche mobilier est contemporain de la construction de l'église (maître-autel en marbre de 1626, tabernacle à tambour, fonts baptismaux, etc.). À l'entrée du cimetière entourant l'église, un remarquable **calvaire** de type baroque (1633) signale le terme du pèlerinage. Les habitations et fermes du village ne remontent guère au-delà du 19e siècle. À signaler un **passage** charretier aménagé dans l'alignement des maisons et couvert d'une structure en colombage et brique (n° 24, rue de Mahène). Cette route conduit au hameau de Boisseilles traversé par la chaussée Dinant-Houyet. De l'autre côté de celle-ci se dresse le château, construit à la fin du 18e siècle et transformé au 19e. L'ensemble est complété par une « maison du jardinier », contemporaine du château et surtout par l'imposante ferme. Comprenant deux cours, l'une du 17e et l'autre du 19e, elle s'ouvre par un large porche d'entrée couvert d'une lourde toiture à la Mansart. Le gros logis remonte à la charnière des 17e et 18e siècles. Dans la deuxième cour, on peut observer un ancien abreuvoir pour chevaux.

ÉVÉNEMENTS

- pèlerinage dit « sous les armes », le lundi de Pentecôte

FURFOOZ | 5500

- au 13e siècle *Forfo*
- Furfooziens
- village occupant le sommet du plateau condrusien, bordé par la vallée de la Lesse. Altitude : 205 m
- N 910, ligne de bus 67/1-67/2 Dinabus
- 669 ha

HISTORIQUE

Les nombreuses grottes creusées au bord de la Lesse ont fourni un matériel archéologique parmi les plus riches du pays. Elles ont été fouillées, et le sont encore, depuis le milieu du 19e siècle. Les « trou du Frontal » et « trou des Nutons » ont révélé des ossements et des outils remontant au paléolithique (environ 14 000 ans avant J.-C.). D'autres cavernes révèlent une occupation néolithique tandis que, sur le plateau dit de « Hauterecenne », ont été mis au jour des vestiges datant de l'époque romaine tardive. À partir du 3e siècle de notre ère, une forteresse ainsi qu'un petit établissement thermal ont accueilli une garnison, puis des troupes d'origine germanique, qui ont installé une nécropole dans les ruines des bains. Le promontoire semble

La solide ferme de la Tour à Lisogne (16e siècle)

avoir encore été occupé aux périodes mérovingienne et carolingienne.

Au Moyen Âge, Furfooz n'est qu'une dépendance de la seigneurie de Celles. Le domaine appartient à la famille de Beaufort depuis 12e siècle jusqu'à la fin de l'Ancien Régime. Quant au hameau de Sûre, il constitue un fief appartenant à la principauté de Liège et dont le premier titulaire connu est un bourgeois de Dinant au 14e siècle, avant d'aboutir, au 17e siècle, dans le domaine de la famille de Rahier.

La commune de Furfooz est créée à l'époque française. Essentiellement rurale, elle tire ses ressources de l'agriculture et de l'élevage. En 1948, une partie de la commune est transformée en parc naturel et confiée à l'asbl « Ardenne et Gaume ».

À VOIR

Furfooz se distingue, avant tout, par le site dit « du camp romain ». Le **parc naturel** constitue en fait une magnifique promenade conduisant le visiteur à la découverte des vestiges des habitants du lieu, installés sur les rives de la Lesse depuis la préhistoire jusqu'aux premiers siècles de notre ère. On y visite un petit établissement thermal reconstitué, les **ruines de la forteresse de Hauterecenne** (construite au 3e siècle et occupée jusqu'au 13e) et plusieurs **grottes de l'époque paléolithique**. L'ensemble du site, protégé depuis 1948, renferme une flore et une faune exceptionnelles. En quittant le parc, on ne peut qu'emprunter la rue du camp romain. Celle-ci est bordée d'habitations datant, pour la plupart, du 18e et 19e siècles. Très homogènes, en moellons de calcaire, les petites fermes se succèdent. La **ferme de Saint-Hubert** (n° 29) présente un ensemble clôturé plus imposant, tandis qu'au n° 31, on peut encore observer le travail du maréchal-ferrant. En dehors du village, au cœur du plateau condrusien, s'élève la solide **ferme de Sûre** qui domine les villages de Dréhance et Furfooz. Elle conserve encore un donjon du 13e siècle, mais qui a été fortement remanié au cours du temps. La plupart des bâtiments ont été construits au 19e siècle.

LISOGNE | 5501

- au 11e siècle *Lisonia*, de *Lindsonia* : villa de Liudiso
- Lisognois ou Lisognais
- localité essentiellement rurale située sur un « tige » caractéristique du plateau condrusien ; elle comprend trois petites entités : Lisogne, Awagne et Loyers. Altitude : 260 m
- N 936, lignes de bus 67/1-67/2 Dinabus, 430 Dinant-Ciney, 431 Dinant-Yvoir
- 914 ha

HISTORIQUE

Les traces archéologiques les plus anciennes retrouvées à Lisogne remontent à l'époque romaine (fondations d'une villa, sépultures à incinération). Néanmoins, le siège de la paroisse primitive était situé à Awagne. En effet, une donation du 7e siècle fait état d'un domaine cédé par Sigebert à l'abbaye de Stavelot. L'avoué est le comte de Namur et le premier seigneur de Lisogne semble être un ancêtre de Jean de Jodion, puissant seigneur namurois au début du 13e siècle. Durant le Moyen Âge et les Temps modernes, cette seigneurie, morcelée puis réunie, appartient à des familles dinantaises ou namuroises. Tandis que la paroisse d'Awagne dépend de l'abbaye de Leffe, celle de Lisogne reste une dépendance de la paroisse de Sorinnes jusqu'au 15e siècle.

La paroisse et le territoire communal recouvrent finalement la même circonscription lors de la refonte administrative de l'époque française. Au début du 20e siècle, le progrès de l'élevage conduit au développement des prairies fourragères.

Le charmant presbytère d'Awagne

À VOIR

Les trois villages occupent un des tiges condrusiens, constituant le sommet de la tôle ondulée qui caractérise les paysages agricoles de la région.

Lisogne présente un visage homogène avec ses solides habitations en moellons de calcaire, essentiellement bâties au 19e siècle. Au centre de la localité, l'**église Saint-Barthélemy** présente une architecture néoclassique du milieu du 19e siècle. Empruntant la rue du centre (beaux exemples de maisons avec étable du 19e siècle), le promeneur peut s'attarder devant le n° 29 et observer une belle ferme dont le logis date du 18e siècle. Dans le jardin, il découvrira un remarquable cadran solaire en marbre rose millésimé de 1707. Par la rue du Corbeau basse, on atteint la rue de la **ferme de la Tour**. Cette ferme, isolée à l'ouest du village, présente des vestiges du 16e siècle (parties de l'aile occidentale) et tire son nom de la petite tour circulaire flanquant la cour au sud. On termine le tour du village par la rue du Forbo, qui nous emmène devant le **château de Lisogne**, ensemble en U construit aux 17e et 18e siècles, avec une élégante façade enduite datée de 1762. La ferme à côté présente un plan en L et a été bâtie dans la première moitié du 19e siècle. Au n° 4 de la même rue, l'ancien presbytère remonte au 18e siècle, comme le manifeste la clé de voûte millésimée.

Reprenant la rue Froidin, le promeneur rejoint le village de *Loyers*, dont l'habitat a été fort développé durant les dernières décennies. De la petite entité d'origine, il subsiste surtout les habitations disposées le long du chemin du Buc. Au n° 17 de cette voie d'accès, on peut découvrir un vaste ensemble en grès remontant, pour certaines parties de la grange, au 17e siècle. Entre Loyers et Awagne, la drève des Fagnouls conduit à une belle ferme isolée dont les parties les plus anciennes remontent au 17e siècle (étroit logis en moellons de calcaire).

Le plus ancien des trois villages, *Awagne*, a aussi conservé une remarquable homogénéité. La plupart de ses petites maisons datent du 19e siècle et s'ordonnent parfaitement au cœur de ce charmant petit village en moellons de calcaire. Le **presbytère** (n° 12, rue de Purnode) est un petit bijou des 17e (partie basse) et 18e siècles (étage et dépendances). La rue Saint-Quentin nous conduit ensuite aux abords d'une **imposante ferme**, anciennement dépendante de l'abbaye de Leffe. Ce vaste ensemble clôturé conserve quelques traces du 17e siècle et présente deux logis. Le second, datant du début du 18e siècle, se singularise par la hauteur de son volume et l'élégance de sa porte en plein cintre.

ÉVÉNEMENTS

- fête de Lisogne, le dernier dimanche d'août
- fête d'Awagne, le quatrième dimanche après Pâques
- fête de Loyers, le deuxième dimanche d'octobre

SORINNES | 5503

- au 11e siècle *Surina*, de *sura* : humide
- Sorinnois
- localité rurale agricole située sur le plateau condrusien, directement à l'est de Dinant. Elle est implantée sur l'axe routier Dinant-Ciney, qui suscite la création d'exploitations commerciales. Altitude : 270 m
- N 936, lignes de bus 43/1 Dinant-Ciney, 67/1-67/2 Dinabus
- 1 110 ha

HISTORIQUE

Quelques vestiges (tombes, villa) attestent une occupation de ce sol fertile dès l'époque romaine. Au Moyen Âge, le domaine est partagé entre le comté de Namur et la principauté de Liège. Au nord, la terre dépend de la cour féodale liégeoise et appartient, dès le 14e siècle, à deux seigneurs différents. Elle échoit à la fin du 16e siècle à Jean de Villenfagne. Quant à la partie namuroise, située au sud de la route, elle dépend directement de la prévôté de Poilvache. Elle est possession de Gilles de Brandebourg en 1626, puis du procureur général du Conseil de Namur, Nicolas Cuvelier, en 1680. L'année suivante, cette seigneurie est cédée à Jean de Villenfagne, qui unifie donc l'ensemble du domaine. Cette famille se maintient à Sorinnes jusqu'à la fin de l'Ancien Régime. Elle habite encore aujourd'hui le château qui se dresse fièrement au milieu d'un parc longé par la route de Ciney.

La chapelle Saint-Remy, ancienne chapelle castrale

Sorinnes devient le siège d'une commune très vaste après l'annexion de nos régions à la République française. L'activité y est essentiellement agricole, mais le sous-sol est aussi exploité au 19e siècle. La localité connaît une forte croissance démographique à cette époque (de 180 habitants en 1801 à 525 en 1890), avant de subir une nette diminution au début du 20e siècle.

À VOIR

Le centre ancien du village se situe autour de l'église et non le long de la chaussée Dinant-Ciney, qui a connu une occupation de plus en plus dense au fil du 19e et du 20e siècle. L'**église Saint-Martin** est un bel édifice classique construit en 1777 et agrandi en 1860 (façade et tour clocher). Son élégant mobilier date principalement du 18e siècle (le confessionnal se trouvait dans l'église des jésuites de Dinant). Juste à côté, l'actuelle **ferme du château** renferme les vestiges de l'ancien château. Le logis présente un imposant cube traditionnel de la première moitié du 17e siècle et contient un escalier d'origine. La grange remonte à la fin du 16e siècle. Le reste des dépendances date du 19e, sauf peut-être la tour-porche dont des éléments peuvent provenir du 17e.

Le « **nouveau château** » a été construit entre 1802 et 1807 par la famille de Villenfagne, puis agrandi en 1867. S'ouvrant sur un beau parc, la façade chaulée en rose est percée de sept grandes fenêtres rectangulaires. Les tours ont été ajoutées en 1867. À l'intérieur, l'escalier est de style Louis XVI et les stucs du salon sont à la mode Directoire. Passant devant le château, la chaussée de Ciney nous conduit sur le plateau de Jauvelan, au centre duquel émerge la **ferme** du même nom. Cet imposant ensemble en moellons de calcaire date des 18e et 19e siècles. Le porche d'entrée est daté de 1803 et le logis remonte au milieu du 19e siècle.

ÉVÉNEMENTS

- fête de Sorinnes, le dernier dimanche de spetembre

TAVIET | 5503

- au 14e siècle Taviers, de *taberna* : taverne
- Taviétois
- petit village rural situé sur le versant d'une petite vallée. Altitude : 237 m
- N 936, ligne de bus 43/1 Dinant-Ciney
- 713 ha

HISTORIQUE

Quelques traces archéologiques révèlent une occupation de la terre de Taviet à l'époque romaine (monnaies, céramique) et mérovingienne (sépultures). La seigneurie fait partie de la principauté de Liège, dès le début du Moyen Âge sans doute. Le domaine est relevé par un Jean de Taviers en 1319. Il passe ensuite aux Merdorp, puis aux Creu avant d'être acheté par une famille dinantaise, les Houyet, au 16e siècle. Les de Rougrave en héritent ensuite au 18e siècle et le possèdent jusqu'à la fin de l'Ancien Régime. Sous la domination française, les terres de Taviet et Liroux sont annexées à la municipalité d'Achêne. Les cultures céréalières fournissent les ressources principales au village, qui connaît une augmentation démographique régulière au cours du 19e siècle. Le château est acquis par le baron d'Huart, qui y réalise d'importants travaux entre 1882 et 1900.

À VOIR

La **chapelle Saint-Remy** est un charmant petit sanctuaire de style classique. Elle présente un beau portail Louis XIV en façade avec les armoiries des familles Rougrave-Lopez Gallo. Elle fut en fait érigée par le seigneur de Taviet en 1736 et servit de chapelle castrale. Elle est surmontée d'un élégant clocheton. À l'intérieur, on peut observer de beaux stucs Louis XIV et un mobilier de même style. Derrière se dresse le **château**, au milieu d'un grand parc arboré. Les vestiges des fortifications médiévales ne sont plus guère visibles. L'état actuel est directement tributaire des aménagements réalisés aux 19e et 20e siècles par les propriétaires, donnant à l'ensemble un air « romantique » avec de solides tours circulaires et un plan carré. L'association du soubassement en moellons calcaires et des murs en briques confère à la construction un bel effet esthétique.

ÉVÉNEMENTS

- fête de Taviet, le deuxième dimanche de septembre

Presbytère, église Saint-Martin et porche d'entrée de la ferme du château de Sorinnes

Vue de l'ensemble fortifié de la ferme-château de Thynes

THYNES | 5502

- au 11e siècle *Tienes*, de *teona* : colline
- Thynois
- village occupant une excroissance du plateau condrusien baignée par un petit ruisseau, le Barbion. Situé aux sources de la Leffe, le village se présente comme un ensemble compact d'habitations en pierres calcaires. Altitude : 231 m
- N 936, lignes de bus 67/1-67/2 Dinabus, 430 Dinant-Ciney, 431 Dinant-Yvoir
- 829 ha

HISTORIQUE

Des vestiges romains, mis au jour aux abords des fermes de Thibaumont et de Romerée, attestent l'occupation du site dès le début de notre ère. Par la suite, le promontoire situé au-dessus du Barbion a été fortifié, au plus tard au 11e siècle. Des seigneurs de Thynes sont cités à partir de cette époque (le premier, Thierry, en 1018). La terre ressortit à la cour féodale de Liège. Ce fief appartient successivement à d'importantes familles du Namurois, puis des Pays-Bas. La famille de Thynes s'éteint au 13e siècle. Le bien passe alors dans l'apanage des de Faux, puis aux de Looz d'Agimont et aux de Proest de Melin au 14e siècle, avant de rejoindre le domaine de Guydegoven en 1476 et d'Oyembrugge de Duras au 16e siècle jusqu'à la fin de l'Ancien Régime. Le village regroupe un peu plus de deux cents âmes à l'aube du 19e siècle. À la veille de la Première Guerre mondiale, il en comptera près du triple. L'agriculture céréalière emploie la plupart de ces habitants, tandis que l'élevage se développera surtout au 20e siècle.

À VOIR

Au sommet de l'éperon rocheux qui domine le ruisseau appelé Barbion, un petit édifice roman s'élève curieusement au milieu de l'ancien cimetière. Il s'agit, en fait, d'un remarquable **chœur** clôturé par une abside semi-circulaire et surmontant une magnifique crypte. Ce petit sanctuaire, qui remonterait au 11e siècle, constituait la partie principale d'une église fondée par la puissante famille de Thynes. Celle-ci était consacrée à saint Nicolas et a été démolie en 1875. Le mur fermant le chœur à l'ouest ainsi que la charpente datent du 19e siècle. Dans la **crypte**, de fines colonnes monocylindriques supportent d'élégantes voûtes d'arêtes. Des fouilles récentes, réalisées dans le cadre de la restauration des murs d'enceinte du cimetière, n'ont pu préciser l'époque de construction de ce chœur et de la crypte.

À quelques mètres de celle-ci, un ensemble complexe occupe le reste de l'éperon rocheux. Il s'agit de la **ferme-château** de Thynes. Elle s'est progressivement élargie à partir du centre, où fut bâti un premier donjon (au plus tard au 13e siècle). Ensuite, un logis rectangulaire fut ajouté à l'est et un second bâtiment plus petit au sud (13e siècle). Les traces de ces constructions sont difficiles à repérer. Par contre, le bâtiment élevé au siècle suivant à l'ouest du donjon primitif présente de belles traces de cette époque, notamment deux beaux pignons. Au 16e siècle, un petit bâtiment, logis pour le fermier (?), constitue une dernière annexe du donjon. Les principaux agrandissements sont ensuite réalisés aux 17e et 18e siècles afin de donner le visage actuel de cet ensemble. Au nord, une cour est fermée par un portail baroque (18e siècle) et une petite tourelle circulaire (17e). Le nouveau logis y est établi et montre deux beaux niveaux en briques. Au sud, une autre cour est dominée par une tour-porche datée de 1773 et fermée par des dépendances datant du même siècle.

ÉVÉNEMENTS

- fête de Thynes, le dimanche après la Fête-Dieu

1739

DOISCHE

- arrondissement de Philippeville
- localités : Doische, Gimnée, Gochenée, Matagne-la-Grande, Matagne-la-Petite, Niverlée, Romerée, Soulme, Vaucelles, Vodelée
- 8 401 ha ; 2 907 habitants (01/01/2011)

DOISCHE | 5680

- Doische, situé sur la chaussée romaine Givet-Saint-Quentin, devrait son nom à un certain Dotius. Celui-ci y aurait fait construire une villa qui a donné son nom au village
- Doischiens, *Cayau di Dwèche*
- village résidentiel et agricole assez vallonné, entre 170 et 220 m
- N 99, lignes de bus 60/2 Couvin-Heer-Agimont, 138A Florennes-Doische, 156B Mariembourg-Heer-Agimont, 422 Beauraing-Doische
- 1 001 ha

HISTORIQUE

Au Moyen Âge, Doische faisait partie de la seigneurie de Hierges, jusqu'au traité des Limites en 1772.

À VOIR

En contre-haut de l'église actuelle, sur une butte sauvage, apparaît encore le site du sanctuaire antérieur où subsiste l'ancien cimetière. Le clocher de la fin du 16e siècle, démoli en 1860, était qualifié de « forteresse ». L'**église Saint-Georges**, édifice néogothique en moellons de calcaire, datée de 1860, a été restaurée en 1978. Sur une butte schisteuse dans une courbe de la voirie se dresse la remarquable **ferme-château** en moellons de calcaire, érigée en 1573 par Jacques Ghenart, doyen du concile de Chimay. Plus au sud, on découvre la remarquable **habitation** à double corps en moellons de calcaire construite au 18e siècle par le notaire J.-J. Anceau, aujourd'hui siège administratif du lycée.

ÉVÉNEMENTS

- marché d'art et d'artisanat dans le quartier de la Pireuse, à l'Ascension

Église Saint-Remy de Romerée

Doische : « Les Pauvres »

GIMNÉE | 5680

- au 9e siècle, *Geminiaca*, au 12e siècle, *Gemigni*, du latin *Geminius*, propriétaire romain d'une villa
- Gimnéens
- gros village résidentiel et agricole assez dense, en calcaire et ardoises, établi sur une butte, assez vallonné, entre 180 et 220 m
- N 99, lignes de bus 60/2 Couvin-Heer-Agimont, 138A Florennes-Doische, 156B Mariembourg-Heer-Agimont, 422 Beauraing-Doische
- 870 ha

HISTORIQUE

À l'époque romaine, un certain Geminius serait venu construire une villa à l'emplacement actuel de la ferme du Blocus. Les quelques familles

Gimnée : Maison espagnole

Gimnée : chapelle de l'Ermitage, appelée aussi chapelle Notre-Dame de la Croix

autochtones dispersées dans les environs, appréciant les avantages qu'offraient la civilisation et la paix romaines, vinrent s'installer dans le quartier de la Fontaine qui devint ainsi le berceau du village, qui prit le nom de Geminius. Sous l'Ancien Régime, Gimnée est un des huit villages de la seigneurie de Hierges, dépendant de la principauté de Liège.

À VOIR

Sur une butte, entourée des hauts murs du cimetière jadis fortifié par des tours d'angle, se dresse l'**église Saint-Servais**, intéressant édifice classique daté de 1770, qui conserve à son chevet la tour de l'église antérieure reconstruite vers 1720. En façade, la porte d'entrée est surmontée d'un fronton triangulaire où sont reproduites les armes du duc d'Aremberg, seigneur de Hierges. En contrebas de l'église se dresse une importante habitation cubique de deux niveaux sur cave du 16e siècle, dite **maison espagnole**. Seule, la face droite du logis a conservé sa structure ancienne en colombage. L'étage en encorbellement repose sur des solives calées par des aisseliers. Le long de la route du Viroin se dresse la **chapelle Notre-Dame de la Croix,** édifiée en 1666, autrefois lieu de pèlerinage très fréquenté. On venait y implorer la Vierge surtout en faveur des enfants mort-nés dans l'espoir d'un éventuel retour à la vie, le temps nécessaire pour recevoir le baptême.

GOCHENÉE | 5680

- en 1289, *Gosignées*, en 1480, *Gossinées*
- Gochenéen
- village résidentiel et agricole, carrières de marbre rose, assez accidenté, entre 140 et 220 m
- N 40, ligne de bus 453 Philippeville-Heer-Agimont
- 1 006 ha

HISTORIQUE

Au 10e siècle, la terre de Gochenée appartenait au seigneur de Rumigny-Florennes. Lors de la fondation de l'abbaye Saint-Jean (Florennes) en 1018, la famille de Rumigny fit don d'une partie de ses terres au nouvel établissement. Le village de Gochenée était compris dans cette donation. Terre liégeoise dépendant de la seigneurie de Florennes au Moyen Âge, Gochenée appartint aux Temps Modernes aux Pays-Bas, puis à la France.

À VOIR

L'**église Saint-Géry** est un joli petit édifice classique du 18e siècle en moellons de calcaire, comprenant une mince tour carrée en façade, une mononef de deux travées et un chœur à trois pans. L'**école communale**, aujourd'hui reconvertie en salle des fêtes, est une longue bâtisse néoclassique de deux niveaux en moellons de calcaire, datée de 1854, décorée d'une frise de brique dentée sous la bâtière d'ardoises à croupes.

MATAGNE-LA-GRANDE | 5680

- en 868, *Matagna*, en 1215, *Mataigne*, en 1420, *Matangne* : propriété de Mattanius ou Matta, nom de femme germanique ?
- Matagnards
- village résidentiel et agricole au pied de la Calestienne, assez accidenté, entre 180 et 275 m

Matagne-la-Petite : chapelle Saint-Hilaire, ancienne église paroissiale du petit village d'Ossogne aujourd'hui disparu

- N 99, lignes de bus 156B Mariembourg-Heer-Agimont, 452 Philippeville-Matagne-la-Grande
- 1 358 ha

HISTORIQUE

Le site, occupé dès le néolithique, le sera à nouveau à l'époque romaine. La terre de Matagne, qui à l'origine comprenait les deux Matagne et Matignolle, faisait partie des domaines de l'abbaye de Lobbes au 9e siècle. Possession dès le Moyen Âge de la baronnie de Vierves, cette terre suivra les vicissitudes de la baronnie jusqu'à la fin de l'Ancien Régime.

À VOIR

L'**église Saint-Laurent** fut reconstruite en 1926 à l'emplacement et à l'imitation de l'église antérieure dont subsiste la **tour** en moellons de calcaire, portant à la clé « Réédifiée par la Communauté en 1760 ». Sa corniche est biseautée sous la belle flèche d'ardoises à tambours octogonaux. Derrière l'église, l'**ancien presbytère** est une belle maison traditionnelle en moellons de calcaire chaulés, datée sur le linteau de la porte de 1732. Au centre du village, la **ferme seigneuriale des Quatre-Chemins** est composée de deux gros volumes perpendiculaires à la rue, reliés entre eux par deux étables reconverties en gîtes ruraux ; la recherche patente de la symétrie et de la régularité des rythmes, scandés par les ouvertures, est caractéristique de l'architecture de prestige au 18e siècle. Elle fut propriété des comtes de Hamal, seigneurs de Vierves jusqu'à la fin de l'Ancien Régime. Au Tienne de Noël, le **sanctuaire gallo-romain** du 3e siècle comprenait trois temples, un oratoire, un portique de façade et un bâtiment de dépôts d'offrandes.

MATAGNE-LA-PETITE | 5680

- *cfr* Matagne-la-Grande
- Matagnards
- village résidentiel et agricole articulé autour de deux rues en T bordées de fermes en long, souvent perpendiculaires, et de petites maisons en calcaire, assez vallonné, entre 180 et 220 m
- N 99, ligne de bus 156B Mariembourg-Heer-Agimont
- 948 ha

HISTORIQUE

À l'origine, les deux Matagne et Matignolle (aujourd'hui hameau de Treignes) formaient une seule et même communauté appelée Matagna (868-869, *cfr* le polyptyque de l'abbaye de Lobbes). La première distinction entre les deux Matagne remonte à l'année 1382, mais c'est un document de 1470 qui désigne le village actuel sous le nom de Mataigne-la-Petite.

Matagne-la-Petite : vue sur la dépression de la Fagne entre Condroz et Calestienne

À VOIR

L'**église Saint-Remy** est une construction néoclassique en moellons de calcaire réglés, rebâtie en 1846 selon l'inscription figurant au-dessus du portail. Depuis 1660, elle abrite les très beaux **fonts baptismaux** romans du 12e siècle provenant d'Ossogne. Au pied de l'église, le **carmel**. Autrefois château des comtes de Hamal, seigneurs de Vierves, cette propriété a accueilli des carmélites françaises durant près de septante ans. Actuellement propriété de l'UCL, elle accueille des groupes d'étude. C'est un gros volume carré en moellons de calcaire, surmonté d'une toiture à quatre pans et cantonné de quatre tours carrées des 17e et 18e siècles, à couverture pyramidale. La **chapelle Saint-Hilaire** est en fait l'ancienne église paroissiale d'un petit village aujourd'hui disparu, Ossogne. Située à l'écart du village, la chapelle est une construction romane du 11e siècle. Au Moyen Âge, le domaine d'Ossogne, village et église, était la propriété de l'abbaye de Saint-Benoît sur Loire dans le diocèse d'Orléans.

NIVERLÉE | 5680

- *Nevreleis* (1140), *Nevrelees* (1260)
- étymologies incertaines : Nebriliacas, terre de Nebrila, ou Nerviliaca, terre de Nervilius ?
- Niverléen
- Minuscule village légèrement ondulé, groupant un ensemble de maisons et de fermes en calcaire, d'altitude entre 235 et 240 m
- N 99, ligne de bus 60/2 Couvin-Heer-Agimont
- 376 ha

HISTORIQUE

Niverlée, comme Gimnée, Doische et Vaucelles, fit partie de la seigneurie de Hierges jusqu'à la fin de l'Ancien Régime.

À VOIR

Au milieu de son cimetière emmuraillé, l'**église de l'Assomption de Notre-Dame** est un édifice classique en moellons de calcaire daté en façade de 1757. Parmi plusieurs dalles funéraires des 16e, 17e et 18e siècles, on peut admirer la très ancienne **tombe du chevalier Georges de Niverlée**, mort en 1262, une des plus belles de cette époque reculée que possède encore la Belgique. C'est également dans cette minuscule église qu'Héribrand de Hierges, compagnon de Godefroy de Bouillon en Terre Sainte lors de la première croisade, fut enterré en 1125, de même que son épouse Hodierne de Rethel. Au chevet de l'église, la belle **ferme** clôturée en moellons de calcaire date de la fin du 17e siècle.

ROMERÉE | 5680

- *Romereius* (932)
- étymologies proposées : terre de Rotmarius ou de Rodmer, homme franc ?
- Romereén
- la structure de base de la localité est celle d'un village-rue, légèrement vallonné, entre 160 et 200 m
- N 40, lignes de bus 138A Florennes-Doische, 156B Mariembourg-Heer-Agimont
- 1 310 ha

HISTORIQUE

Au Moyen Âge, Romerée était un bien de l'abbaye de Saint-Gérard de Brogne, placée sous la protection du seigneur de Hierges.

À VOIR

La rue des Tilleuls, grande voie qui parcourt tout le dessus de la colline, rassemble l'essentiel des habitations et des fermes. Elle est interrompue en son milieu par une place

Niverlée : église de l'Assomption de Notre-Dame entourée de son cimetière

triangulaire où se dressent l'église du 18e siècle et deux gros complexes agricoles anciens, attestant la présence seigneuriale. Le trait marquant de la rue des Tilleuls est la largeur de l'espace entre ses deux fronts bâtis. Ces vastes dégagements, appelés usoirs, étaient destinés à accueillir les fumiers, les provisions de bois et l'outillage agricole des petites fermes tricellulaires composant la rue. L'**église Saint-Remy**, édifice en moellons de calcaire assisés, est datée de 1739 par les ancres de la tour. C'est une mononef de trois travées, prolongée par un chœur semi-circulaire, marqué à l'ouest par la silhouette de la tour et de sa flèche polygonale à ressauts, d'allure baroque. À gauche de l'église, une **grosse ferme** en long du 18e siècle présente, à droite, un logis de deux niveaux et deux travées de fenêtres, au centre, un portail de grange en plein cintre sur montants harpés, et une vaste bâtière d'ardoises à croupettes. De l'autre côté de la rue, une **ravissante demeure** du début du 19e siècle, avec baies à linteau échancré sur montants harpés, porte à traverse surmontée d'une grande baie d'imposte ornée d'un motif néoclassique de feuillage, et bâtière d'ardoises à croupettes et coyau. À remarquer aussi le **puits** creusé dans le schiste avec mur de margelle en moellons calcaires du 19e siècle.

SOULME | 5680

- *Soulmes* (1057), *Sulmas* (1188)
- Soulmois
- au sommet d'une colline dominant la vallée de l'Hermeton, assez accidenté, entre 140 et 220 m
- N 40, ligne de bus 453 Philippeville-Heer-Agimont
- 689 ha

HISTORIQUE

La découverte d'un petit cimetière gallo-romain à Soulme atteste l'antiquité de l'habitat de ce lieu. Le premier texte faisant allusion au territoire de Soulme date de 1057. Il s'agit d'un document dans lequel l'évêque de Liège Théodium ratifie un échange faisant entrer Soulme dans le patrimoine de l'abbaye de Saint-Jean de Florennes. Les moines de Florennes s'installèrent donc à Soulme au 11e siècle et y édifièrent la première église, dont la tour romane fortifiée subsiste encore aujourd'hui.

À VOIR

Le minuscule village est marqué par l'enclos qui réunit le sanctuaire et le presbytère, ainsi que par un ensemble de fermes et de maisons des 18e et 19e siècles en calcaire chaulé ou non sous bâtières d'ardoise ou d'éternit. L'**église Sainte-Colombe** est un édifice en moellons de calcaire entouré des murs du cimetière. Elle comprend une tour romane, trois nefs gothiques du 16e siècle et un chœur à chevet plat du 13e. Grosse tour talutée de plan carré en petits moellons des 11e-12e siècles. Les **fonts baptismaux** romans ont une lourde cuve ronde ornée de quatre masques du 12e siècle. L'**ancien presbytère**, grosse maison en moellons de calcaire irréguliers, est entouré d'un jardin. C'est une construction remontant à la première moitié du 17e siècle et aménagée en style classique au 18e. À l'écart du village, dans la vallée, en bordure de l'Hermeton, un **ancien moulin** en moellons de calcaire de la fin du 17e siècle a été réaménagé en 1797. La machinerie est toujours en état de marche et le bief, les vannes et le déversoir sont toujours en place. Soulme est un des « Plus beaux villages de Wallonie »

VAUCELLES | 5680

- le toponyme *Valcellas* (868-869) vient de *valicillae* = petites vallées
- Vaucellois

Soulme : maison typique du village

Vaucelles : église Saint-Pierre

- petit village résidentiel et agricole, assez accidenté, entre 140 et 225 m
- N 99, lignes de bus 60/2 Couvin-Heer-Agimont
- 317 ha

HISTORIQUE

Autrefois, Vaucelles faisait partie de la baronnie de Hierges, dont les ruines du château se dressent toujours au-delà de la frontière franco-belge.

À VOIR

L'**église Saint-Pierre** est un édifice néogothique en moellons de calcaire construit en 1859. L'**ancien moulin,** installé le long de la Joncquière, petit affluent de la Meuse, est daté de la première moitié du 18e siècle. La **chapelle Notre-Dame de Bon Secours**, petit édifice néoclassique en calcaire de plan carré avec chevet à trois pans, présente une clé millésimée de 1839 et un vantail avec baie d'imposte à boiserie néoclassique. Le site de la **Montagne de la Carrière** est reconnu pour son intérêt biologique exceptionnel.

VODELÉE | 5680

- *Wodeillées* (1470) doit son nom à un seigneur franc du 7e siècle, Wodon ou Wodillon
- Vodeléen
- village assez vallonné, entre 160 et 210 m, établi sur une pente descendant vers un court affluent de l'Hermeton. Maisons et fermes en calcaire et aussi en marbre rose extrait localement depuis le 18e siècle
- N 40, ligne de bus 453 Philippeville-Heer-Agimont
- 526 ha

HISTORIQUE

Vodelée fut une dépendance de l'abbaye de Saint-Jean de Florennes depuis 1018 jusqu'à la fin de l'Ancien Régime. Avec ses cinq carrières et son moulin à marbre, Vodelée sera, dans l'entre-deux-guerres, un des hauts lieux du marbre de la région de Philippeville. La carrière du Petit-Mont exploitait, dans un récif corallien particulièrement bien développé, différentes variétés de marbre. Actuellement noyée, la carrière est utilisée par un club de plongeurs comme plan d'eau d'entraînement. Outre les carrières abandonnées, une trace bien visible de l'exploitation des gisements de marbre est la réutilisation abondante dans l'architecture locale des 19e et 20e siècles de moellons de calcaire rose, déchets cédés aux ouvriers par les patrons carriers.

À VOIR

La nouvelle **église de la Conception de la Sainte Vierge**, construite en 1871 en style néo-gothique, est entièrement élevée en calcaire rose de Vodelée. En haut du village se profilent d'**anciennes fermes** dont l'une, en quadrilatère, fortifiée au 17e siècle, borde une place où se situait l'ancienne église incendiée au 16e siècle. À l'ouest du village, l'**ancien moulin** le long de l'Hermeton est un moulin de deux niveaux en moellons de calcaire jadis chaulés, desservi par une porte surbaissée et harpée, surmontée d'un cartouche portant le millésime 1791. Isolée au milieu des bois, à flanc de colline, la **chapelle Notre-Dame de Bonne Fontaine** est une bâtisse en calcaire de plan rectangulaire, reconstruite en 1929 à l'imitation du sanctuaire du 17e siècle, avec bâtière d'ardoises surmontée d'un clocheton bulbeux. En contrebas, à proximité d'un vieux charme, la **source de Bonne Fontaine**.

Gimnée : église Saint-Servais entourée de son cimetière anciennement fortifié

ÉGHEZÉE

- arrondissement de Namur
- localités : Aische-en-Refail, Bolinne-Harlue, Boneffe, Branchon, Dhuy, Éghezée, Hanret, Leuze, Liernu, Longchamps, Mehaigne, Noville-sur-Mehaigne, Saint-Germain, Taviers, Upigny, Waret-la-Chaussée
- 10 280 ha ; 15 375 habitants (01/01/2011)

AISCHE-EN-REFAIL | 5310

- Aische, soit du nom du ruisseau Nachau, soit de *esche* ou *oesche* en vieil allemand, *esca* en latin médiéval (champs entourant un village), et Refail, *fayt* (hêtre)
- Aischois
- village résidentiel et agricole, légèrement vallonné, entre 150 et 160 m
- ligne de bus Namur-Perwez
- 893 ha

HISTORIQUE

Aische-en-Refail est située au bord de la voie romaine Bavay-Tongres. Des traces de villas romaines y ont été découvertes. La plus ancienne mention du village remonterait à un acte de 805 dans lequel Nebelong, proche parent de Charles Martel, donne à l'abbaye de Saint-Denis à Paris ses biens situés à *Hasca* sur la rivière *Lachara*. Au Moyen Âge et aux Temps Modernes, Aische relevait de plusieurs seigneuries : une seigneurie avec haute, moyenne et basse justice, une seigneurie foncière, relevant des comtes de Namur, mais également une seigneurie et cour féodales. Elles sont réunies en 1462 par la famille de Vaulx de Refayt. Au 14e siècle, pour la chasse aux loups, le comte de Namur possédait également une louveterie au château de la Respaille au nord-ouest du village, aujourd'hui détruit. En 1855, le dixième de la population émigra vers le Wisconsin.

Ferme du manoir de Là-Bas à Aische. Les barons de Posson rebâtirent en 1734 la ferme actuelle attenante au château ainsi que l'ancien manoir. Sur les deux tours figurent leurs armoiries : trois burettes (en dialecte, posson signifie pinte)

Le château d'Aische-en-Refail

À VOIR

La **chapelle de la Croix-Monet** (à l'entrée du village en venant de Namur) est dédiée à Notre-Dame des Affligés et a été érigée en 1717. Restaurée en 2006, elle contient un très beau mobilier. En prenant à droite 300 m plus loin, on longe la **ferme et** les **ruines du château** (12e siècle). Plus loin, le **Manoir de Là-bas** (18e siècle) abrite un terrain de camping.

ÉVÉNEMENTS

- Grand feu, en février

BOLINNE-HARLUE | 5310

- du prénom germanique *Bolo*. *Harlue* serait issu du nom primitif du ruisseau *Herla* ou *Harla*
- Bolinnois
- village résidentiel et agricole légèrement vallonné, entre 135 et 150 m
- ligne de bus Namur-Jodoigne
- 508 ha

Le château d'Harlue, avec sa grosse tour carrée et ses deux tours rondes, a été reconstruit et fortifié au 17e siècle

HISTORIQUE

Bolinne-Harlue est formée de deux entités distinctes réunies en 1810 après avoir formé déjà une seule entité au 18e siècle avec Éghezée. Au 11e siècle, le chapitre Sainte-Gertrude de Nivelles percevait la dîme de l'église de Bolinne. Au 14e siècle, l'avoué tient ses biens en fief du comte de Namur. La première mention d'Harlue remonte à un acte de 1040 par lequel l'évêque de Liège, Wazon, donne au chapitre Saint-Barthélemy des biens qu'il y possède. Le château d'Harlue est le siège de la seigneurie, dont le comte de Namur possède tous les droits au 13e siècle. Cet ensemble est exceptionnel, ayant conservé tous les bâtiments d'une seigneurie : château, ferme, presbytère et église.

À VOIR

Le **site d'Harlue** (route de Ramillies) contient :

- l'**église Saint-Martin** de style classique en brique et pierre bleue du 17e siècle. Très beau mobilier, mausolée avec gisants ;
- le **château** reconstruit et fortifié au 17e siècle. Grosse tour carrée et deux tours rondes (non visitable) ;
- le **presbytère**, une maison basse de style brabançon de la fin du 18e, en brique chaulée et pierre bleue ;
- la **ferme**, un quadrilatère en brique et pierre bleue, chaulé vers la cour, rebâti au 18e siècle après un incendie, puis en grande partie reconstruit au 19e siècle.

ÉVÉNEMENTS

- pèlerinage à sainte Philomène, en août

BONEFFE | 5310

- *Bona ava* ou *effe* se réfère à une bonne eau
- Boneffois
- village résidentiel et agricole légèrement vallonné, entre 133 et 147 m
- ligne de bus Namur-Jodoigne
- 614 ha

HISTORIQUE

Au 11e siècle, l'évêque de Liège fait don de Boneffe à l'abbaye Saint-Laurent de Liège. Le comte de Namur est désigné comme avoué. Au 13e siècle, une abbaye cistercienne de femmes s'installe sur la rive gauche de la Mehaigne, citée en 1222 sous le nom de « Sainte-Marie-de-Boneffe ».

Cette petite abbaye est bien vite remplacée par une plus grande sur la rive droite de la rivière. En 1461, des moines cisterciens occupent le monastère appelé dorénavant « Val Saint-Feuillen ». Située à deux pas de la voie romaine Bavay-Cologne, elle subira de nombreuses destructions dues aux passages des armées. En 1568, le feu bouté par les Hollandais la détruit complètement. En 1706, la bataille de Ramillies se déroule à proximité. À la Révolution française, elle est vendue. Il n'en subsiste aujourd'hui que la ferme.

À VOIR

Belles fermes fortifiées. Rue du Parc, l'**ancienne abbaye** dont il subsiste la ferme et la prélature (18e siècle) : grange imposante avec portail daté de 1763, grandes ailes à chaînages. À côté de l'église, le **presbytère** (18e siècle) avec fenêtres à meneaux.

La chapelle de la Croix-Monet à Aische-en-Refail, récemment restaurée, date de 1717 et contient un très beau mobiler

BRANCHON | 5310

- de *Brancio* (origine celtique)
- Branchonnais
- village résidentiel et agricole légèrement vallonné, entre 133 et 147 m
- ligne de bus Namur-Jodoigne
- 516 ha

HISTORIQUE

Le village, dont une première mention apparaît au 13e siècle, est situé sur la chaussée romaine Bavay-Tongres-Cologne. Au Moyen Âge, les sires de Branchon constituent une lignée très influente dans le comté de Namur. Au 19e siècle, un industriel du sucre (Joseph Zaman) décide de relier les sucreries d'Ambresin et Boneffe à la ligne de chemin de fer Namur-Tirlemont par une petite voie ferrée surélevée à plus de 5 mètres du sol au cœur du village. Elle est inaugurée par le roi Léopold II en 1880. En 1917, les Allemands s'en emparent et le démantèlement des voies suivra de quelques années l'Armistice.

À VOIR

L'**église Saint-Jean** (18e siècle) avec peintures, ameublement en chêne, gisants, et le **château** (17e siècle) agrandi et restauré avec **ferme** du 19e siècle (porche avec colombier) face à la rue du Baty.

DHUY | 5310

- du nom primitif du ruisseau *Hoius* qui traverse le village
- Dhutois (en wallon: *Dûtîs* et *Boscayîs*)
- village résidentiel et agricole légèrement vallonné, entre 155 et 195 m
- ligne de bus Namur-Perwez
- 1 051 ha

HISTORIQUE

La commune contient un hameau important, Les Boscailles. Au Moyen Âge, Dhuy fait partie des biens de l'abbaye de Villers-le-Ville qui y possède une grange. Au 13e siècle, le nom d'une famille de Dhuy apparaît. Trois fiefs se partagent le territoire : le château Bayard, la tour de Dhuy et la seigneurie du Sart, dont fait partie les Boscailles et qui relève du seigneur de Thy-le-Château. Les deux premiers fiefs dépendent directement du duc de Brabant. En 1390, le fils du comte de Namur rachète le domaine du château Bayard et la tour de Dhuy. Jean III, comte de Namur, l'offrit à son fils naturel Philippe de Namur. Aujourd'hui encore, le château Bayard est la propriété d'un descendant. Parmi la lignée, citons Philippe V de Namur. Ses biens sont confisqués par le duc d'Albe en 1567. Faisant partie des signataires du Compromis des nobles et ayant soulevé des armées contre les Espagnols, il eut la tête tranchée en 1568.

À VOIR

Le fleuron du patrimoine de Dhuy est le **château Bayard** (18e siècle), route de La Bruyère, avec son parc et son étang. L'**église Saint-Remi** (18e siècle) contient des peintures, des dalles funéraires et un cénotaphe en marbre noir aux armes de la famille de Namur. À signaler encore, plusieurs **belles fermes** en carré et, route des Six-Frères, le **tumulus** éponyme.

ÉVÉNEMENTS

- Grand feu, en février

ÉGHEZÉE | 5310

- de *Unguentiacas*, « les terres d'un nommé Unguentius », en 1145 *Ugenseis*
- Éghezéens
- village résidentiel et agricole légèrement vallonné, entre 140 et 165 m

Le Gros-Chêne à Liernu serait, selon la tradition, contemporain de Charlemagne

- ligne de bus Namur-Jodoigne
- 584 ha

HISTORIQUE

Les premières mentions d'Éghezée remontent au 12e siècle et ont trait à la famille du même nom, qui tient en fief les terres d'Éghezée du comte de Namur avec des droits étendus au 14e siècle. De nombreux autres fiefs existaient sur l'étendue d'Éghezée. Le village devient pôle central par sa situation de carrefour. Ce rôle est renforcé par la construction de la route de Namur en 1728, qui y rencontre la chaussée de Louvain, la route d'Orp-Jauche, la chaussée d'Andenne (1853) et celle de la Sambre et de Sambreville (1851). En 1869, on construit le chemin de fer Namur-Tirlemont et la gare. Cette ligne est supprimée au début des années 1960.

À VOIR

L'**église** du 18e siècle conserve des boiseries, des dalles funéraires, ainsi que des fonts baptismaux de 1571. Rue de Frocourt, le **château** éponyme, peu visible, est une splendide propriété privée avec étang. Plus loin se découvrent **deux belles fermes** des 18e et 19e siècles.

ÉVÉNEMENTS

- Grand feu, en mars
- Fêtes d'été, le week-end du 15 août
- braderie, fin juin
- marché de Noël

HANRET | 5310

- du celtique *han*, trou, et *rech*, noir. « Noir Trou » est un lieu-dit d'Hanret
- Hanrétois
- village résidentiel et agricole légèrement vallonné, entre 143 et 162 m
- ligne de bus Namur-Jodoigne
- 873 ha

HISTORIQUE

Hanret est citée en 868-869 dans le polyptyque de Lobbes. Au début du 11e siècle, le monastère de Saint-Jacques à Liège reçoit de l'évêque des biens situés à Hanret. Le comte de Looz est désigné comme avoué. L'église était à la tête d'un doyenné et possédait une crypte, attestée dès le 15e siècle, qui fut comblée lors la reconstruction au 18e siècle. Hanret semble composée de deux villages distincts, Hanret proprement dit autour de l'église, et La Vallée vers Hemptinne. On remarque la présence de deux autres toponymes sur les anciennes cartes : vers Forville, le remarquable château-ferme de Montigny, et entre Hanret et Hemptinne, le château Legros. En 1429, Hanret est dévasté lors d'un affrontement entre le prince-évêque de Liège et le comte de Namur. En 1689-90, les troupes françaises mettent le feu au village pour le punir de s'être opposé aux réquisitions. En 1695, Hanret est le lieu d'un choc entre les armées française et impériale, et subit destructions et pillage.

À VOIR

L'essentiel du patrimoine est représenté par l'**église** du 18e siècle (boiseries, pierres tombales et fonts baptismaux du 16e siècle), plusieurs belles **fermes** et, à l'écart vers Seron, le **château-ferme de Montigny** (17e siècle) entouré de douves.

LEUZE | 5310

- du celte *Lodusa*, terre boueuse
- Leuzois (en wallon : les *Sias*)
- village résidentiel et agricole légèrement vallonné, entre 158 et 180 m
- ligne de bus Namur-Jodoigne
- 824 ha

HISTORIQUE

L'occupation de la localité remonte à l'époque romaine (traces de villas et de tumuli), mais c'est la construction de la chaussée Namur-Louvain en 1728 qui lui donnera son importance. Au Moyen Âge, Leuze est divisée en quatre principaux fiefs : Leuze, Winée, Roissia et la terre franche brabançonne de Crolcu. Ces fiefs seront réunis à la fin du 18e siècle par la famille de Corswarem, seigneur de Longchamps depuis 1652. Leuze souffre des nombreux sièges de Namur au 17e siècle et du passage de troupes croates.

Isolé dans la campagne d'Hanret, le château de Montigny est un splendide ensemble fortifié avec douves, construit au 17e siècle

La proximité de Namur par la chaussée et la construction du chemin de fer en 1866 (supprimé au début des années 1960) favoriseront la croissance de la population.

À VOIR

Plusieurs **belles fermes** du 18e siècle : du Baron et du Coria, rue de Cortil ; du Roissia, dans la rue du même nom, des Keutures, rue de la Terre-Franche, et une ferme avec **tumulus**, rue de Rhion. À signaler aussi les **chapelles** du 18e siècle, rue de Rhion et chaussée de Louvain.

ÉVÉNEMENTS

- festival rock en septembre
- Village de Noël, en décembre

LIERNU | 5310

- de *Lederna*, nom primitif du ruisseau de Liernu, ou de *laers*, *leerne*, terrain vague, terre non cultivée
- Liernusiens
- village résidentiel et agricole légèrement vallonné, entre 150 et 171 m
- ligne de bus Namur-Perwez
- 620 ha

HISTORIQUE

Des vestiges romains ont été fouillés en 2006 dans le village. Si la première mention de Liernu remonte à 1189, la famille du même nom n'apparaît qu'au 13e siècle. En 1289, le comte de Namur possède encore tous les droits seigneuriaux dans le village, ainsi que la haute et basse justice. Au 16e siècle, il existe deux fiefs à Liernu, de la Cense et de la Rigauderie, attestés dès 1340. Il existe également une cour foncière dite de sainte Gertrude à la ferme de la Cour. La ferme de la Cour, ancienne vicomté, appartenait au 17e siècle à la famille de Corswarem. Liernu possédait également une haute cour citée déjà en 1290. Le village est ruiné par les guerres aux 17e et 18e siècles. Près de l'église se dresse un chêne réputé millénaire. La confrérie du Gros Chêne veille sur le vénérable arbre depuis 1978.

À VOIR

Derrière l'église, **Gros-chêne** qu'on dit contemporain de Charlemagne, et la **ferme de la Cour** (grange classée, 18e siècle). Autres belles **fermes :** de la Natoye (rue du Gros-chêne), des Trieux dans la rue du même nom, de la Rigauderie rue de la Blanchisserie, et du Moulin le long de l'autoroute, côté ouest.

ÉVÉNEMENTS

- Grand feu, en février
- Chapitre du Gros-Chêne, en mai
- feux de la Saint-Jean, en juin

LONGCHAMPS | 5310

- du latin « *longus campus* »
- Longcampois, en wallon « *Dès frés* » (des frères)

La ferme du Monceau à Mehaigne est une vaste construction carrée, flanquée de tours et entourée de fossés à demi comblés

- village résidentiel et agricole légèrement vallonné, entre 149 et 170 m
- ligne de bus Namur-Jodoigne
- 412 ha

HISTORIQUE

De nombreux vestiges attestent la présence romaine, dont un tumulus anciennement sur la place communale. La particularité de Longchamps au Moyen Âge est d'être une enclave brabançonne en terre namuroise. Ce domaine avait été donné à un fils naturel du duc de Brabant, Jean Meewe, par son frère en 1304. Sous la puissante famille de Longchamps descendant de Jean Meewe, plusieurs villages dépendent de Longchamps, comme Fernelmont, Mehaigne ou Noville, avant que les partages des successions ne disloquent ce domaine. En 1652, la terre de Longchamps est érigée en baronnie au profit de la famille des Corswarem. Cette terre est qualifiée de terre franche et franche baronnie à la fin du 17e siècle. La chapelle castrale, édifiée en 1241, est érigée en église paroissiale en 1837 après qu'en 1804, les habitants eurent refusé d'enterrer leurs morts et de baptiser leurs enfants à l'église de Mehaigne, dont ils dépendaient. Longchamps est connu pour son activité sucrière depuis le transfert de l'ancienne râperie d'Éghezée en 1959.

À VOIR

L'**église** du 18e siècle, avec fonts baptismaux du 17e et dalle à trois gisants ; plusieurs **belles fermes** du 18e siècle.

ÉVÉNEMENTS

- kermesse, début août

MEHAIGNE | 5310

- en référence à la rivière Mehaigne, appelée *Mahanna* au 11e siècle (du celtique *medu*, rivière)
- Mehaignois, en wallon «*Djotîs*» (mangeurs de choux)
- village résidentiel et agricole légèrement vallonné, entre 137 et 156 m
- ligne de bus Namur-Perwez
- 475 ha

HISTORIQUE

En 1277, l'église de Mehaigne est l'objet d'un conflit entre l'abbaye de Malonne et l'abbaye de Salzinnes pour sa collation (bénéfice ecclésiastique). C'est la première qui a gain de cause. Ensuite, l'avouerie et la seigneurie du village passent dans les mains de différents propriétaires jusqu'à la Révolution. Mehaigne souffre au 17e siècle des exactions des troupes espagnoles et françaises, du prince de Condé et du prince d'Orange. Les habitants se réfugient dans le château, devenu ferme du château, ou plus loin au château fort de l'actuelle ferme du Monceau. La terre du Monceau est alors un alleu, c'est-à-dire une terre libre, contrairement au fief. Le château, composé d'impressionnants bâtiments,

L'église romane de Saint-Germain (12e siècle)

La ferme de la Haute Aveine à Noville-sur-Mehaigne (18e siècle)

possédait des douves, un pont-levis et de nombreuses tourelles, selon une gravure du 17e siècle.

À VOIR

Trois **fermes** du 18e siècle : *du Château* à côté de l'église (beau portail et important corps de logis), *Au-delà de l'Eau* en direction de Aische (beau porche colombier), puis **du Monceau** dans la rue du même nom (pierres avec blasons).

NOVILLE-SUR-MEHAIGNE | 5310

- *Nova villa* ou *Neuve ville* désigne un nouveau domaine rural, un nouveau village
- Novillois
- village résidentiel et agricole légèrement vallonné, entre 136 et 154 m
- ligne de bus Namur-Jodoigne
- 711 ha

HISTORIQUE

Proche de la chaussée romaine Bavay-Tongres sur laquelle se situe le célèbre tumulus d'Hottomont, le village a une origine ancienne. La seigneurie de Noville est mentionnée au 12e siècle. Le château del Motte, qui baigne dans la Mehaigne, en est le siège. Sa situation au bord de la chaussée et à la frontière du comté de Namur et du duché de Brabant lui vaut d'être le lieu de plusieurs affrontements comme, en 1194, lorsque le comte de Namur s'y heurte aux chevaliers brabançons. La bataille de Ramillies en 1706 s'y étendit et on y retrouva des canons français embourbés dans les marais. Noville fut rattachée à la province de Namur en intégrant l'entité d'Éghezée lors de la fusion des communes.

À VOIR

Le **château** et l'**ancien moulin à eau** peu visibles, dans une propriété privée. Trois **belles fermes** en carré au bout du village, avec le **château Soldy** (19e siècle).

SAINT-GERMAIN | 5310

- saint Germain d'Auxerre est le patron de la paroisse
- Germinois
- village résidentiel et agricole légèrement vallonné, entre 155 et 172 m
- autoroute E 411 sortie 12, ligne de bus Namur-Perwez
- 708 ha

HISTORIQUE

Selon la légende, saint Germain, évêque d'Auxerre, serait passé en 447 par le village. Il y installe une famille et indique l'endroit où doit être construite une première chapelle. De plus, il aurait fait jaillir une source qui est encore un lieu de dévotion pour les parents dont l'enfant est chétif ou éprouve des difficultés à marcher. Le village pourrait être antérieur au 5e siècle, comme l'attesterait l'origine romaine des noms des fermes de Matinée et de Jennevaux, qui proviendraient respectivement des dieux Mars et Janus. Le cœur du village est peut-être à situer au lieu-dit « Champ de la motte », où se trouvait une motte, résidence d'une famille de *milites* comtaux attestée dans les premières décennies du 12e siècle. L'église date du 12e siècle. Saint-Germain a souffert des guerres des 17e et 18e siècles et du passage des troupes sur la route de Perwez. La population de Saint-Germain bénéficie de la proximité de l'autoroute E 411 inaugurée en 1973.

À VOIR

L'**église romane** du 12e siècle, en partie reconstruite en 1902, conserve une chaire de vérité néoromane (1902) en pierre bleue portant le Christ et les évangélistes incrustés en pierre de Gobertange, un grand Christ en croix en chêne (1643) et des fonts baptismaux de 1604 ; les vitraux de 1902 représentent la vie de saint Germain l'Auxerrois, qui aurait fait jaillir une **fontaine miraculeuse** (rue de la Brasserie). À côté de l'église, la **ferme de la Sitine** (17e siècle), ainsi que plusieurs autres anciennes fermes. Route de La Bruyère, le **château de Jennevaux** (19e siècle).

ÉVÉNEMENTS

- bénédiction des enfants à la fontaine de saint Germain, début août

TAVIERS | 5310

- du mot latin *taberna* (taverne)
- Taviétois
- village résidentiel et agricole légèrement vallonné, entre 133 et 150 m
- ligne de bus Namur-Jodoigne
- 546 ha

HISTORIQUE

Des soubassements – de ce qui était probablement une habitation romaine – ont été mis au jour en contrebas de la chaussée Bavay-Tongres. Des pièces de monnaie et un cimetière romains y ont été découverts. En 1070, le comte de Flandre donne l'alleu de Taviers à l'abbaye de Saint-Hubert. Après avoir connu plusieurs propriétaires, la seigneurie foncière de Taviers appartient à l'abbaye de Boneffe en 1510, avant d'échoir à la famille des chevaliers d'Yve, barons de Soye. En 1604, cette famille reçoit des archiducs les seigneuries hautaines de Taviers et le hameau de Francquenée, en dédommagement de la destruction de ses propriétés en 1596 et en récompense de ses services prestés dans l'armée. Les terres de la famille d'Yve sont vendues au début du 19e siècle et la famille des princes de Merode en hérite. Le village bénéficie d'une ligne de chemin de fer et d'une gare jusqu'au début des années 1960.

À VOIR

La **ferme Stevenart** à côté de l'église (17e siècle). Porche surmonté d'une pierre aux armes de l'ancien curé Lupinus et daté de 1669. La **ferme Dethy** au milieu du village, route de la Hesbaye, avec porche daté de 1806 et corps de logis de 1745. Plus loin vers Noville, la **ferme du Château** (17e siècle) en quadrilatère entouré de champs. Portail à colombier et dalle armoriée. Au hameau de **Francquenée** (vers Boneffe), **chapelle** (18e siècle) et **ferme fortifiée** (17e siècle).

UPIGNY | 5310

- *Ulpiniacus*, la terre d'Ulpinius
- Upiniens
- village résidentiel et agricole légèrement vallonné, entre 148 et 161 m
- ligne de bus Namur-Perwez
- 334 ha

HISTORIQUE

Upigny se sépare de la commune de Dhuy en 1837 sur la demande de ses habitants. Au 14e siècle, le fief de la Tour, relevant du comte de Namur, a pour siège l'actuelle ferme de la Tour. Un autre fief est celui du château d'Elzée, comprenant la bâtisse et ses dépendances, qui existe déjà au 12e siècle. L'histoire d'Upigny depuis le 19e siècle est intimement liée à la famille Petit. Agriculteurs de profession, ils ont exercé différentes fonctions publiques, en plus du mayorat de la commune, en relation avec leur métier de base. Cette famille étendue est maintenant à la tête de plusieurs grosses exploitations dans les villages avoisinants et à Upigny, dont une réputée dans la production du foie gras, la ferme du Try.

À VOIR

L'**église** (18e siècle) avec très bel ameublement d'époque. À côté, la **ferme de la Tour** (clos Saint-Michel, 18e siècle). Route de La Bruyère, la **ferme du Try** (ou d'Assonleville, à partir du 17e siècle), mieux connue sous le nom de « Ferme d'Upignac », du nom de la société qui élève et prépare les canards.

GASTRONOMIE

- foie gras de canard et ses dérivés : rillettes, magrets, gelée, confit

WARET-LA-CHAUSSÉE | 5310

- de *water* (eau)
- Warétois, en wallon: *Bauyârds* (bâilleurs)
- village résidentiel et agricole légèrement vallonné, entre 170 et 194 m
- ligne de bus Namur-Jodoigne
- 611 ha

HISTORIQUE

La famille de Waret, mentionnée en 1180, exerce dès le 13e siècle de hautes fonctions pour le comté de Namur. Au 14e siècle, on trouve à Waret-la-Chaussée le fief dit de la Grande Maison, le plus important sur le territoire de Waret. Le nom de Waret-la-Chaussée est antérieur à la construction de la chaussée Namur-Louvain en 1728, puisqu'au 14e siècle, son nom est Wareis-le-Chachie. Un château ainsi qu'une ferme attenante à celui-ci sont édifiés au 18e siècle.

Sur le territoire de Waret, depuis le début du 17e siècle, une autre ferme appartient aux Croisiers de Namur, chanoines réguliers qui suivaient la règle augustinienne. Au 19e siècle, une briqueterie est installée près de l'église et de nombreuses excavations sont encore visibles, là où étaient extraits de l'argile et du sable.

À VOIR

L'**église** (18esiècle) avec bel ameublement et pierres tombales extérieures. La **ferme du château** (18e siècle), rue Saint-Donat, avec tour et étang. Le **château** (19e siècle) a été récemment restauré. La **ferme des Croisiers** (18e siècle), rue de la Croisette, ancienne propriété des moines Croisiers.

La chaussée romaine à Taviers

LA CHAUSSÉE ROMAINE BAVAY-TONGRES. UNE VOIE DE L'EMPIRE

La voie romaine Bavay-Tongres appartient à l'un des axes routiers principaux de la Gaule septentrionale. Elle est une section de l'itinéraire qui reliait Boulogne-sur-Mer, port sur la Manche, et Cologne sur le Rhin, deux points stratégiques importants de la politique impériale.

Mise en service vers 20-15 avant Jésus-Christ, la chaussée s'inscrit dans le programme routier d'Auguste, le premier empereur dans le cadre de l'organisation du territoire conquis par César ; il établit un réseau de communications majeures, centré sur les nouveaux centres administratifs, les villes, chefs-lieux de cités, comme Bavay et Tongres. Celui-ci sera étoffé par de nombreuses routes secondaires qui sillonnent les campagnes et par les voies d'eau.

Le nom antique de cette voie n'est pas connu ; par contre elle figure sur les listes de l'Itinéraire d'Antonin et sur la Table de Peutinger, deux célèbres documents routiers de l'époque romaine tardive. Une borne milliaire de l'époque d'Antonin a subsisté ; elle fut découverte à Péronnes-lez-Binche et est exposée au musée de Mariemont.

Entre Bavay et Tongres, le parcours routier antique compte 145 km. C'est une voie de crête qui prend appui sur la ligne de partage des bassins de la Meuse et de l'Escaut, ce qui lui confère une stabilité naturelle et une empreinte paysagère forte. Au départ de Bavay, la route file tout droit sur pratiquement 70 km ; elle abandonne cette rectitude au niveau de Gembloux et la retrouve à partir d'Omal jusqu'à Tongres, après avoir contourné très précisément les vallées de l'Orneau, puis de la Mehaigne. La voie antique surligne la limite entre les deux provinces de Namur et du Brabant wallon.

La construction révèle une architecture de qualité. L'implantation se distingue par le creusement de fossés latéraux tracés à 20 m de l'axe central qui est lui-même marqué au sol par un sillon. Le plus souvent, la mise en œuvre est assez simple ; elle fait appel à des matériaux locaux. Sur le sol nivelé, on étend des matériaux fins qui sont recouverts par un empierrement constitué de pierres brutes, mais régulières, généralement de calibre moyen. Les recharges sont rares ; mais en quelques endroits, elles témoignent de travaux d'entretien ou de réparation. Le profil est bombé. La largeur approche souvent 6 m. Les fossés de drainage ne sont pas toujours présents.

La voie Bavay-Tongres a joué un rôle prépondérant dans la romanisation de nos régions. Non seulement elle a assuré les liaisons administratives et militaires, mais a aussi favorisé les échanges économiques et culturels. Dès l'Antiquité, son passage a suscité la création de bourgades routières, dont certaines sont devenues de florissantes agglomérations, et l'érection de nombreux tumulus toujours présents dans le paysage de Hesbaye. Durant la seconde moitié du 3e siècle, la voie antique devient une ligne d'appui militaire qui participe à la défense du territoire lors des invasions massives de peuples germaniques et de la déstabilisation de la frontière sur le Rhin. Des fortins ou des tours sont construits.

À Baudecet (Gembloux), un sanctuaire avec fanum, établi en bordure de la chaussée, fut fréquenté durant le Haut Empire. Quelques kilomètres plus à l'est, on rencontre l'agglomération routière de Taviers. Quelques tumulus ponctuent le parcours namurois. En entrant sur le territoire de Gembloux, la voie était accostée par le tumulus de Penteville à Cortil-Noirmont (Chastre), qui sera transformé en forteresse à la période tardive, mais aussi par le tumulus d'Hottomont à Ramillies. Comme d'autres situés à quelque distance de la chaussée, mais aujourd'hui arasés, ils représentaient de remarquables monuments funéraires de riches propriétaires gallo-romains.

Aujourd'hui, la voie romaine est un des rares monuments antiques conservés et visitables dans notre région. Souvent appelée « chaussée Brunehaut » ou « chaussée romaine», elle est bien préservée dans la mémoire collective, mais aussi de manière exceptionnelle dans le paysage actuel.

– Marie-Hélène Corbiau

FERNELMONT

- arrondissement de Namur, canton d'Éghezée
- localités : Bierwart, Cortil-Wodon, Forville, Franc-Waret, Hemptinne, Hingeon, Marchovelette, Noville-les-Bois, Pontillas, Tillier
- en 1269, *Fernoismont*, en 1285, *Freneumont*, le mont planté de frênes
- Fernelmontois
- 6 553 ha ; 7 242 habitants (01/01/2011)

Drève d'entrée du château de Fernelmont

Noville-les-Bois : une des tours d'angle du château de Fernelmont

BIERWART | 5380

- en 1234, *Beaurewart*, de *bever*, castor, et de *water*, eau
- Bierwartois
- paysage hesbignon, légèrement ondulé, village agricole et résidentiel
- N 80 et 643, lignes de bus 17 Namur-Acosse, 18 Forville-Huy, 19 Forville-Andenne, 55/2 Éghezée-Hingeon
- 487 ha

HISTORIQUE

Le village actuel de Bierwart comportait deux cours foncières : Otreppe et Bierwart. Otreppe est déjà cité dans une charte de 1034. Une tour seigneuriale y fut construite vraisemblablement vers la fin du 10e siècle. La famille d'Otreppe en fut la première propriétaire, suivie par les familles de Hun, de Senzeilles et d'Yve. De son côté, Bierwart avait été attribuée, au 12e siècle, par le comte de Namur à Clarembaut d'Atrive. Le fief fut ensuite cédé à l'abbaye de Salzinnes. Le comte ayant repris possession du fief, il l'engagea à Thierry de Haneffe, sire de Seraing-le-Château (1362). Bierwart passe ensuite par succession dans la maison de Hun (1420-1557), puis dans celles d'Eve (1557-1560) et de Hamal (1560-1675). On doit à Jean, baron de Hamal, la construction du château actuel de Bierwart (1600-1604). Le fief fut ensuite cédé en hypothèque au créancier principal, Pontian I d'Harscamp, qui racheta Otreppe, unissant ainsi les deux communautés. Les Harscamp se succédèrent à Bierwart jusqu'en 1794 ; à ce moment, le baron d'Harscamp décède sans postérité, léguant le domaine en toute propriété à son arrière-nièce de Croix, épouse du comte Alphonse de Bryas, d'une famille noble originaire d'Artois. Elle entra en possession du bien au décès d'Isabelle Brunelle, dernière comtesse d'Harscamp et usufruitière. La famille en resta propriétaire jusqu'en 1921.

À VOIR

L'**église Saint-Denis** fut construite en 1872 en style néoroman pour remplacer celle qui se trouvait au milieu du cimetière actuel. On peut encore voir dans ce dernier une pierre tombale de 1362 et un beau **calvaire** du 16e siècle. Précédé d'une drève de marronniers, l'actuel **château-ferme**, avec sa gracieuse tour-porche, et dont les derniers aménagements ont été apportés au corps d'habitation il y a un siècle, fut le siège d'une importante exploitation agricole. La famille Lahaye afferma la cense du château pendant plus d'un siècle (1817-1921). On peut voir également la **ferme d'Otreppe**, déjà citée en 1034, et reconstruite au 19e siècle. Le village conserve encore plusieurs maisons basses en colombage et briques couvertes de chaux. Le **Bois du Troka**, propriété de la Région wallonne, s'étend sur plus de 100 ha et renferme de très beaux feuillus.

Seron : tumulus sud

GASTRONOMIE

- la ferme du Tilleul, ancienne maison de maître, est devenue le siège d'un élevage d'escargots. Ce centre d'héliciculture produit les « Petits gris de Namur » ©, présents sur les tables des plus célèbres restaurants de Belgique

CORTIL-WODON | 5380

- en 964, *Curtils*, de l'ancien français courtil, jardin, terre, propriété
- Cortisiens
- village hesbignon légèrement vallonné, agricole et résidentiel
- N 643, lignes de bus 142B Namur-Ramillies-Jodoigne et 55/1 Éghezée-Marchovelette
- 936 ha

HISTORIQUE

À l'origine, le comte de Namur possédait toute la justice sur Cortil, Hambraine, Baugnet et Tiroul. Il ne la possédait pas sur Nivocourt, Vodon et Vodeceau. En 1275, Nivocourt, qui appartenait à cette époque à Noville-les-Bois, fut vendu au prieuré de Géronsart, qui le garda jusqu'à la fin de l'Ancien Régime. Celui-ci acquit également les droits sur Vodon.

Le fief de Baugnet, inféodé à Noville-les-Bois, était tenu en 1299 par les Baugnet, branche cadette des Noville ; il passa ensuite aux del Venne, puis aux Longchamps (1562), ensuite aux Woelmont (1574). Jacques de Woelmont reçut par héritage la seigneurie d'Hambraine en 1574. Il en acquit la haute, moyenne et basse justice en 1626, ainsi que la seigneurie hautaine de Cortil en 1627.

À VOIR

L'**église Saint-Martin** date de 1820. Elle contient la dalle funéraire de Guillaume de Courty datée de 1576. L'**ancien château d'Hambraine**, qui appartint aux de Woelmont jusqu'en 1885, fut reconstruit en 1815-1816 et détruit en 1951. Seule subsiste une tour avec arquebusière, datant de 1652, avec son clocheton octogonal, qui fut aménagée en logis. La ferme attenante a perdu sa vocation agricole. En face du parc se trouve la **petite école** d'Hambraine, réputée à son époque pour être la plus petite école de Belgique. Elle comportait une pièce de 70 m² qui a été aménagée en vue d'expositions temporaires. La **chapelle d'Hambraine** dépendait autrefois de l'abbaye Saint-Jacques de Liège. Construite en 1574 par Josselette de Longchamps, épouse d'Herman de Woelmont, elle renferme la belle pierre tombale de Jacques de Woelmont.

Plusieurs **fermes en carré** parsèment le village. Les plus caractéristiques sont celles d'*Harzée*, qui possède un remarquable corps de logis aux armes de l'abbesse de Salzinnes (1760), propriétaire depuis 1239, de *Nivocourt*, la mieux conservée dans son état original, et de *Tiroule*. Les fermes de *Récourt* et de *Baugnet* conservent quelques beaux restes. Une **réserve naturelle** (39 ha 64 ca), gérée par l'association Ardenne et Gaume, s'étend non loin de cette dernière.

FORVILLE | 5380

- en 1149 *Foris villa*, de Foris, dehors et de *villa*, centre agricole : hors du domaine
- Forvillois
- village résidentiel et agricole, légèrement vallonné
- N 643, lignes de bus 16 Namur-Hannut, 18 Forville-Huy, 19 Forville-Andenne et 55/2 Éghezée-Hingeon
- 1 208 ha

Le château de Franc-Waret, majestueuse construction de style Louis XV due à l'architecte Chermanne

HISTORIQUE

Durant tout l'Ancien Régime, Forville a fait partie du ban de Meeffe, enclave de la principauté de Liège à l'intérieur du comté de Namur. Jusqu'en 1639, le ban dépendait directement du chapitre cathédral de Liège. En 1639, Richard de Hemricourt en acquit la haute, moyenne et basse justice. Cette famille, demeurant au château de Seron, garda cette seigneurie jusqu'à la Révolution. En 1812, le château de Seron passa par mariage dans la famille Libioulle, qui le conserva jusqu'en 1941. Ayant toujours fait partie du pays de Liège, la commune fut transférée à la province de Namur en 1823, la paroisse pour sa part passant au diocèse de Namur en 1843.

À VOIR

L'**église Saint-Lambert** fut construite en 1793. Elle conserve au jubé une toile du peintre liégeois Englebert Fisen. Le maître-autel à colonnes, de style classique, provient de l'église Saint-Michel de Liège, aujourd'hui disparue, où il avait été élevé vers 1685. Dans le **cimetière**, on peut voir la grande dalle funéraire de Richard de Hemricourt († 1713) et de Marie Magdeleine de Binckem († 1725).

La **chapelle de Seron**, construite en 1856 sur l'emplacement d'une chapelle très ancienne, contenait deux monuments exceptionnels : le premier est la plus ancienne pierre tombale de la région. Sur cette stèle en gothique rayonnant d'une grande rareté sont représentés Eustache de Seron († 1381), revêtu d'une armure, et son épouse Maroie († 1382). Le second, vu sa qualité, a été transféré au Musée des Arts anciens du Namurois. Il s'agit d'une *Sedes Sapientiae* de la deuxième moitié du 12e siècle ; une copie l'a remplacée.

Le **château de Seron** fut construit en 1633 par la famille de Hemricourt sur l'emplacement d'un château beaucoup plus ancien. Une tour de coin ronde en fournit le témoignage. Une très jolie galerie toscane agrémente sa façade. La ferme contiguë, de la même époque, est un bel exemple de ferme wallonne « en carré ».

À la limite de Seron et de Meeffe, on aperçoit les **trois tumuli de Seron**, encore appelés « les tombes », vestiges romains des 1er et 2e siècles, fouillés en 1854. On peut voir leur mobilier au Musée archéologique de Namur : cruchons en verre, urne, vases, vaisselle en céramique. Au Moyen Âge, ils étaient réputés servir de lieu de rassemblement des sorcières avec le diable.

La **ferme de Thiribut**, reconstruite au 19e siècle, fut d'abord une grange qui appartenait déjà en 1202 à l'abbaye liégeoise du Val Saint-Lambert ; celle-ci en garda la propriété jusqu'à la Révolution française. Les arrenteurs en furent les familles de **Tiribu**, Hun, Carondelet, Brandebourg, de Berlaymont et d'Oultremont, qui la rachetèrent après la Révolution française.

La belle **ferme de Forville**, toujours en activité comme la précédente, est située sur la grand-route qui traverse le village.

FRANC-WARET | 5380

- en 1280, *Fran-Warese*, en 1281, *Franck-Warez* de franc, libre, et de *waret*, *water*, eau
- Franc-Waretois, surnommés « *les mougneux d'ri* », les mangeurs de riz
- village condrusien légèrement vallonné, résidentiel et agricole
- N 80, lignes de bus 16 Namur-Hannut, 17 Namur-Acosse et 55/1 Éghezée-Marchovelette
- 572 ha

HISTORIQUE

Au début du 16e siècle, le fief de Franc-Waret est la propriété des familles Wayaulx, puis d'Yve. Il fut ensuite engagé en 1640 à Jean de Groesbeeck, époux d'Hélaine d'Yve, dame tréfoncière de Franc-Waret. La seigneurie resta dans cette famille jusqu'en 1789, avant de revenir à la famille de Croix, qui donna à l'Espagne deux vice-rois de l'Amérique espagnole au 18e siècle, Charles au Mexique et Théodore au Pérou et au Chili, et enfin, toujours par filiation, aux d'Andigné, qui la possèdent encore.

À VOIR

L'actuel **château de Franc-Waret** fut bâti vers 1750-1756 par l'architecte Chermanne à l'emplacement d'un château plus ancien. Construction de style Louis XV, pleine de majesté, elle conserve cependant sa tour carrée et une ronde de l'ancienne demeure. À l'intérieur, on peut admirer un superbe escalier Régence avec chapelle, ainsi que des tapisseries représentant des scènes de chasse de l'em-

Hemptinne : ancien presbytère-ferme du 18e siècle

pereur Maximilien. On peut également se promener dans son très beau jardin à la française. L'**église Saint-Remi**, ancienne chapelle castrale agrandie en 1669, fut à nouveau remaniée en 1889. Avec le château, elle forme un ensemble remarquable et contient du mobilier intéressant : autels Louis XV, boiseries, peinture de Jordaens et pierres tombales des anciens seigneurs. Le trésor contient de remarquables pièces d'orfèvrerie et des ornements sacerdotaux de très grande valeur. L'ancien presbytère, datant de 1667, et l'ancienne grange aux dîmes ont été transformés en demeures privées.

Diverses **fermes** parsèment la campagne : *Graux*, construite en 1748 par l'architecte du château, *Haute Fontaine*, où l'on tenta, au 19e siècle, d'extraire de l'oligiste, de *Try*, qui appartenait à l'abbaye de Marche-les-Dames, de *Murchy*, à la limite de Marchovelette.

ÉVÉNEMENTS

- rencontres musicales de Fernelmont, dans l'église Saint-Remi, quatre week-ends en septembre-octobre

HEMPTINNE | 5380

- au 12e siècle, *Hemetina*, terre d'un certain Hementius
- Hemptinnois
- village hesbignon agricole et résidentiel, légèrement vallonné
- N 652, lignes de bus 16 Namur-Hannut et 55/2 Éghezée-Hingeon
- 442 ha

HISTORIQUE

Preuve de son occupation très ancienne, on a découvert dans le sol d'Hemptinne un trésor de monnaies romaines datant du 4e siècle. Le village contenait au Moyen Âge de nombreux fiefs. Celui de Skendremael était propriété des de Hemptinne vers 1330. Il passa ensuite aux de Berlo, qui le vendirent à Jean de Marotte, lequel devint seigneur de Hemptinne en 1626. Après quoi il passa aux Legros jusqu'en 1782. Le fief du Manoir fut également acheté en 1618 par Jean de Marotte. Quant au fief de Héran, il passa des Berlo (1343) aux Longchamps, puis aux Oultremont, et enfin aux Mélotte. Les « dames d'Aywières » de l'abbaye de Couture-Saint-Germain y eurent d'importantes propriétés avec une cour foncière, ainsi que la dîme.

À VOIR

La **ferme d'Aywières**, en forme de quadrilatère fermé, avec sa tourelle de guet du 17e siècle transformée en chapelle au 18e, sa grange aux dîmes et sa grange en long du 18e, est caractéristique. Elle forme avec la **ferme du Sanglier**, caractérisée par sa haute grange en large du 19e, et la **ferme du Tourteau**, toujours exploitée, un ensemble assez exceptionnel.

L'**église Saint-Georges**, avec un bas-relief (1671) en façade, ainsi que son horloge datée de 1774 provenant de l'abbaye de Boneffe et l'ancien **presbytère-ferme** du 18e siècle y attenant, avec son porche-colombier et son perron brabançon à double volée, forment un autre ensemble caractéristique. Le **cimetière** présente à ses coins d'anciennes défenses avec barbacanes et meurtrières.

HINGEON | 5380

- en 1222, *Hengion*, du nom du ruisseau local, l'Haigneau
- Hingeonnais, surnommés « *les Pelés* »
- village mi-hesbignon, mi-condruzien, agricole et résidentiel, légèrement vallonné
- autoroute E42 (sortie 10), N 80, lignes de bus 17 Namur-Acosse et 55/2 Éghezée-Hingeon
- 511 ha

HISTORIQUE

Hingeon était parsemé de nombreux fiefs (Wesche, Tournay, etc.). La seigneurie hautaine fut accordée à Philippe de Ponty en 1626. Son petit-fils, Jean-Philippe de Ponty, fut créé baron d'Hingeon par l'impératrice Marie-Thérèse en 1753. L'abbaye de Floreffe y possédait un domaine agricole assez important.

À VOIR

La **ferme de Floreffe**, très beau bâtiment en carré qui appartenait à l'abbaye du même nom, conserve une grange en long du 18e siècle. La **ferme du château**, ancienne demeure castrale des de Ponty, barons d'Hingeon et de Pontillas, a été transformée au 19e. Elle abrite actuellement un centre d'hippothérapie. La **ferme du Tilleul** présente encore des étables du 17e siècle, époque de sa construction par les de Ponty.

L'**église Saint-Médard** en pierre calcaire, date de 1872. Elle possède une cuve baptismale de 1701. Sur la grand-route se dresse la **chapelle Notre-Dame du bon Secours**, du début du 17e.

Une maison en colombage du 18e en provenance d'Hingeon est conservée au Musée de la Vie rurale à Saint-Hubert.

Noville-les-Bois : le château de Fernelmont et son donjon-porche du 13e siècle

MARCHOVELETTE | 5380

- de *marche*, territoire aux confins d'un ban, et de *Scovelette*, nom du ruisseau local
- Marchovelettois
- village résidentiel et agricole, en grande partie condrusien, vallonné
- N 80, lignes de bus 16 Namur-Hannut et 55/1 Éghezée-Marchovelette
- 501 ha

HISTORIQUE

Jean de Wasserwas, par son mariage en 1433 avec Benoîte Daules, devint seigneur de Marchovelette et du Bois d'Erpent, fief de la localité. Son fils Jean fut, en 1522, nommé baron. Les de Wasserwas étaient également seigneurs de Gelbressée. En 1700, le domaine passa dans la famille Legros, puis, par mariage aux d'Orjo de Gaiffier, Selliers de Moranville et enfin, aux Carlier d'Odeigne.

À VOIR

L'**église Saint-Martin**, de 1767, renferme des fonts baptismaux (vers 1600) avec cuve hexagonale à têtes d'angle. Dans le parc qui lui fait face, le **château** d'architecture classique en brique et pierre bleue est du début du 19e siècle. Entre le château et l'ancienne ferme de la basse-cour, aujourd'hui démantelée, on peut voir les restes d'une **ancienne glacière** souterraine à cuve rectangulaire et voûte.

Près de l'église, la **chapelle des Sept douleurs**, en briques chaulées, élevée vers la fin du 18e siècle, a été récemment fort bien restaurée. La **ferme Pierre Côme** fut reconstruite en moellons de calcaire au début du 20e siècle. Elle était déjà citée au 17e comme propriété de Pierre Cosme de Nuremberg. Le **fort de Marchovelette**, construit par le général Brialmont, faisait partie de la ceinture défensive de Namur. Il résista héroïquement aux assauts allemands tant en 1914 qu'en 1940. Le **cimetière militaire** dit « de Marchovelette », situé sur Champion, à la limite du village, conserve les dépouilles des soldats belges et français morts lors de la défense de Namur

NOVILLE-LES-BOIS | 5380

- du latin *nova villa*, nouvelle exploitation agricole
- Novillois
- village hesbignon résidentiel et agricole, légèrement vallonné
- N 643, lignes de bus 16 Namur-Hannut et 55/1 Éghezée-Marchovelette
- 1 051 ha

HISTORIQUE

Le village de Noville comportait à l'origine de nombreux fiefs appartenant à la famille de Noville. La propriété fut divisée en « écarts » afin de pouvoir donner des moyens de subsistance aux cadets de la famille : Dompire, Fernelmont, Tour Gobin, Recourt, Baugnet. D'autres, Comognes, Nivocourt, Harzée, furent attribués à des monastères pour le salut de l'âme des donateurs. Petit à petit, la famille de Fernelmont parvint à prendre l'ascendant sur les autres seigneurs. En 1421, Henri de Dongelbergh, dit de Longchamps, grand bailli du comté de Namur et époux de Marie de Fernelmont, en reçut la haute justice. La famille acquit en 1466 le fief de Dompire, de la Tour Gobin et d'autres terres.

À VOIR

Le **château de Fernelmont**, construit au milieu d'un étang artificiel, a fourni le nom de la nouvelle entité née de la fusion des communes en 1977. Son **donjon-porche** était relié à l'extérieur par un pont-levis. Cette tour d'habitation, classée monument exceptionnel par la Région wallonne, est un des donjons les mieux conservés de notre Région. Il peut être daté des environs de 1290, tandis que le château proprement dit date des années 1550-1600. Construit dans un site exceptionnel par Godescalc de Noville, ensuite de Fernelmont, il faut surtout y admirer sa galerie toscane. Dans la basse-cour qui le précède, une jolie remise servait à ranger les chariots. Après les de Fernelmont, il fut la propriété de Dongelbergh-Longchamps (1421), des de Marbais (1543), des de Barwitz (1618), qui furent nommés barons de Fernelmont par l'empereur, enfin des Harscamp (1709). La famille française de Croix, déjà propriétaire de Franc-Waret, en hérita (1805), suivie par les d'Andigné (1874) et les de Mandat-Grancey (1968).

Non loin de là, la **ferme de Dompire**, très ancien fief, vient d'être restaurée. Son nom rappelle l'existence à cet endroit d'une ancienne chapelle dédiée à saint Pierre. La **ferme de la tour Gobin** fut reconstruite par les Harscamp au 18e siècle. Au centre du village, face à la place réaménagée, se dresse l'**église Saint-Étienne** ; dans le chœur de cet édifice classique de 1772, on peut voir les huit panneaux sculptés par Denis Georges Bayar, représentant la vie de la Vierge et provenant de la collégiale Notre-Dame de Namur. À voir également dans l'église du hameau de Sart d'Avril, le chemin de croix peint par Franz Damien.

On peut encore se promener dans les deux bois qui ont donné son nom au village. Quoiqu'elle ait décru considérablement, le **bois de Fernelmont** (150 ha) et le **bois de Tronquoi** (82 ha) ont encore une superficie remarquable.

Au nord du village se dresse un **arbre**, au milieu de la campagne de Goury : il rappelle la libération par les habitants de Noville du comte Jean de Namur, capturé vers 1290 par les habitants du ban de Meeffe, qui faisait partie de la principauté de Liège. En remerciement, le suzerain donna, le 12 février 1299, aux habitants le droit d'affouage dans le bois du Tronquoi. Grâce à ce don, ce dernier appartient aujourd'hui encore à la communauté de Fernelmont. C'est probablement ce fait d'armes qui valut aux Novillois d'être appelés « les francs hommes » et leur village Noville-les-Franshommes durant plusieurs dizaines d'années.

Sart d'Avril, hameau de Noville, vit la naissance du peintre Franz Damien, connu par ses représentations de la famille royale, et d'Ernest Montellier, compositeur et figure bien connue du folklore namurois.

PONTILLAS | 5380

- en 1130, *Pontilaz*, en 1380, *Pontilhache*, qui vient soit de *pontiliacus*, domaine appartenant à Pontilius, soit de *pontilius*, petit pont
- Pontillassien
- village hesbignon résidentiel et agricole, légèrement vallonné
- N 80, lignes de bus 17 Namur-Acosse, 18 Huy-Forville, 19 Andenne-Forville et 55/2 Éghezée-Hingeon
- 518 ha

HISTORIQUE

En 1487, Guillaume Charlet acquit le fief de Pontillas de Gille de Foriere et regroupa les différents fiefs et alleux. Par les Ponty, qui en héritèrent en 1642, puis par Caroline de Marotte et son mari Henri Henault, en 1800, par les Lahaye et enfin les Ramet (1929), propriétaires actuels, le domaine depuis cette date s'est toujours transmis par héritage et n'a jamais été vendu. Sous les Ponty, il fit partie de la baronnie d'Hingeon.

À VOIR

Dans l'**église Saint-Martin**, reconstruite en 1790, on peut voir une cuve baptismale du 16e siècle. Dans le **cimetière**, une croix d'occis de 1622 rappelle la mémoire de six victimes de la guerre de Trente ans. Le **château-ferme**, à côté de l'église, date du début du 18e siècle et est surtout remarquable par son magnifique haut porche avec pilastres à bossage et un fronton qui abrite une dalle aux armes martelées. Il était le siège de la seigneurie hautaine. La **ferme de Narmont**, isolée dans la campagne vers Landenne, est une belle construction avec portail cintré ; elle faisait autrefois partie de la principauté de Liège. Entre la ferme du Vertbois et la route de Namur, près de l'échangeur, se situe une petite **réserve naturelle** gérée par l'association Ardenne et Gaume.

TILLIER | 5380

- en 868, *Theoliras*, en 1066, *Thelieres*, de *tegularias* et *tegularium*, fabrique de tuiles
- Tilliérois
- village hesbignon agricole et résidentiel, légèrement vallonné
- N 942, ligne de bus 142 B Namur-Ramillies-Jodoigne
- 327 ha

HISTORIQUE

En 1236, l'abbé de Flone vendit toutes ses possessions aux religieuses de l'abbaye Notre-Dame du Vivier de Marche-les-Dames, ce qui correspondait à environ la moitié des terres du village. Elles gardèrent ces biens jusqu'à la Révolution. Une autre partie importante du village était constituée du fief de la Motte, qui appartenait vers 1350 à la famille de Tillier, puis passa aux Gobin en 1401, ensuite en 1645 aux Erpent et aux Tutélaire, et enfin en 1714 aux Doucet de Tillier, qui le conservèrent jusqu'au milieu du 20e siècle.

À VOIR

Le **château de la Motte** fut reconstruit vers 1714 par Martin Doucet sur l'emplacement de l'ancien manoir. Logis très élégant, il fait face à un petit étang et possède dans ses jardins un joli pavillon en colombage. Les **fermes de l'abbaye** et **de Jonquoy**, magnifiques fermes en carré typiques de la Wallonie, témoignent encore de la richesse et de la puissance de l'abbaye de Marche-les-Dames.

Le château de Franc-Waret

FLOREFFE

- arrondissement de Namur
- localités : Floreffe, Floriffoux, Franière, Soye
- 3 990 ha ; 7 819 habitants (01/01/2011)

FLOREFFE | 5150

- soit du celte *flor* et *icca* = propriété fleurie, soit du germain *flor* = plaine et *ahwjô* = eau
- Floreffois
- noyaux urbanisés à fonction commerciale et résidentielle, surfaces agricoles et forestières, zone industrielle, sillon houiller sambro-mosan et Ardenne condrusienne (Marlagne) ; de 89 m à 250 m
- N 90, gare ferroviaire, ligne de bus 10 Namur-Chatelineau
- 1 856 ha

HISTORIQUE

Depuis le paléolithique, la présence humaine est attestée sans discontinuité sur ce territoire partagé entre deux entités géographiques distinctes : le plateau boisé de l'Ardenne condrusienne ou Marlagne et la vallée de la Sambre. Le village s'est implanté le long du Wéry, un affluent de la Sambre, à proximité de la convergence des deux vallées. Au 7e siècle, Floreffe est le centre d'une vaste exploitation agricole faisant partie du domaine royal. Au 12e siècle, l'alleu ainsi constitué est acquis par Godefroid comte de Namur. Sa situation aux confins du comté fait de Floreffe, devenue ville et franchise, un centre commercial et un point stratégique important durant tout le Moyen Âge. Un centre religieux également, par l'établissement en 1121 d'un monastère norbertin richement doté qui devint l'une des abbayes les plus prospères du comté. En 1672, les droits seigneuriaux furent cédés à l'abbé de Floreffe. L'histoire de l'abbaye et celle de la commune demeurent étroitement liées jusqu'à la fin de l'Ancien Régime. L'ère industrielle va amener un nouvel essor pour cette localité rurale de la vallée de la Sambre, desservie dès 1843 par la ligne de chemin de fer Liège-Mons. Manufacture de produits chimiques, glacerie, carrières et autres petites industries s'installent à proximité immédiate des voies de communication. Le centre du village s'urbanise et se développe en direction de la gare, tandis que ses hameaux de Buzet et Sovimont garderont jusqu'au dernier quart du 20e siècle leur physionomie et leurs activités rurales. Dans les années 1960, les grands travaux de normalisation de la Sambre et de contournement du centre de la localité par la nationale Namur-Charleroi vont modifier considérablement l'aspect de la commune et couper le village en deux en isolant les quartiers situés à l'est. De nouveaux zonings industriels s'établissent tandis que le phénomène de rurbanisation affecte toutes les zones de la commune.

L'ancienne abbaye, classée patrimoine exceptionnel de Wallonie

Soye : chapelle Saint-Roch. Le portail cintré est daté 1636

À VOIR

À proximité immédiate de l'agglomération, sur le promontoire qui sépare les deux vallées, se dresse l'**ancienne abbaye**, dont le site et les bâtiments sont classés patrimoine exceptionnel de Wallonie. En 1121, Godefroid, comte de Namur, et son épouse Ermesinde font don à Norbert de Gennep, fondateur de l'ordre de Prémontré, de leur alleu de Floreffe pour y établir un monastère. La construction des bâtiments primitifs se prolonge jusqu'à la fin du 13e siècle. En 1280, un mur de clôture, toujours visible aujourd'hui, est érigé, entourant l'abbaye et ses dépendances. Très vite, l'abbaye connaît un essor

Église abbatiale : ordonnance, rigueur et dépouillement caractérisent l'œuvre de Laurent-Benoît Dewez

Abbaye : galerie toscane

remarquable comme en témoignent ses filiales installées sur le territoire de la Belgique actuelle, de l'Allemagne, de la France, et en Terre sainte : cinq abbayes, un prieuré (future abbaye de Leffe) et huit communautés de femmes. Témoins de la vitalité de cette époque, deux chefs-d'oeuvre représentatifs de l'art mosan : la *Bible de Floreffe*, aujourd'hui au British Museum, et le *Polyptyque-reliquaire de la vraie croix*, conservé au Louvre. Divers chantiers se succèdent sur le site jusqu'à la fin des années 1700. Au 18e siècle, à la faveur de la paix enfin rétablie dans nos régions, de grands travaux sont entrepris qui vont rénover quasi totalement les bâtiments existants et aboutir au complexe abbatial que nous connaissons aujourd'hui.

En 1797, les prémontrés sont expulsés, l'abbaye pillée, le patrimoine dispersé et les bâtiments mis en vente. Ils sont rachetés par les religieux associés, mais ces derniers ne purent cependant reconstituer une communauté viable. En 1819, un collège s'installe dans les murs de l'ancienne abbaye. Il a fonctionné sans interruption depuis lors et est toujours connu sous l'appellation « petit séminaire de Floreffe ». Cette occupation des lieux a contribué à préserver de la démolition et de la dégradation l'ensemble des bâtiments qui nous sont parvenus. Deux constructions récentes sont venues s'y ajouter pour faire face à l'expansion croissante de la communauté scolaire actuelle.

On pénètre dans le site par le flanc sud du promontoire, le long du Wéry. Dans le mur d'enceinte, un portail monumental donne accès à une drève au sommet de laquelle se trouve l'abbaye proprement dite. En contrebas de cette allée bordée par un muret, la basse-cour regroupe les bâtiments domestiques : moulin, ferme, grange et dépendances. Au centre, le **moulin brasserie**, édifié au 13e siècle, est un témoin exceptionnel d'architecture industrielle médiévale. Ce bâtiment en pierre, d'un volume imposant, abritait germoir, moulin, brasserie et cellier. Entre ses deux ailes en équerre, au rez-de-chaussée, passe le bief du ruisseau qui alimentait les trois roues. Son architecture extérieure d'inspiration romane se caractérise par des baies cintrées et en tiers-point harmonieusement réparties sur l'ensemble du bâtiment à deux niveaux séparés par un cordon larmier. L'intérieur converti en établissement Horeca a perdu sa machinerie d'origine, mais conserve des vestiges significatifs de sa fonction première. Deux ensembles en brique et pierre bleue clôturent le périmètre : au sud, le corps de logis à toiture mansardée de la **ferme** du 18e siècle et ses dépendances autour d'une cour fermée ; sur la porte à traverse chantournée du logis, des

Abbaye : cour intérieure

armoiries avec le chronogramme de 1756 ; au nord-est, une aile en L avec logis et dépendances, percée par un porche daté 1649 ; attenante à l'ancien corps de logis, la grange en long du début du 18e siècle fait la jonction entre ces deux parties.

Dominant le site, un peu à l'écart des quartiers abbatiaux, la **bibliothèque** date de 1725. Ce bâtiment à trois niveaux, en brique et pierre bleue, a été édifié par-dessus les anciennes infirmeries, une construction médiévale du 13e siècle dont subsiste le niveau inférieur voûté. Flanquée de deux pavillons d'angle et d'un avant-corps central surmonté d'un fronton, la façade principale du bâtiment est orientée vers le village. Elle est rythmée par l'alternance des formes géométriques des frontons décorant les hautes fenêtres à six jours de la bibliothèque proprement dite. Cette grande salle située au dernier étage conserve une voûte entièrement peinte d'un décor en trompe-l'œil de style rocaille réalisé vers 1760 par l'artiste tessinois G.-A. Caldelli.

En haut de la drève, un porche en plein cintre percé dans l'aile sud des bâtiments conventuels donne accès à la **cour d'honneur** située sur le replat et entourée par les trois prélatures et l'église abbatiale. Les trois bâtiments des **quartiers abbatiaux**, en brique et pierre bleue sur haut soubassement de pierre, ont été construits à des moments différents du 18e siècle. Au-delà des divergences de style, c'est la symétrie et l'homogénéité de cet ensemble architectural qui prédominent. Les matériaux utilisés, les panneautages de brique et pierre bleue, les cordons de pierre, l'alignement des bâtiments, tous ces éléments témoignent d'un souci de privilégier une cohésion et une harmonie générales. De part et d'autre du porche, formant un angle, l'aile construite sous l'abbé Van Werdt en 1725 est de la même époque que la bibliothèque, mais d'une architecture plus sobre de style traditionnel. Le bâtiment voisin, le quartier de l'abbé Dartevelle, construit en 1750, adopte une allure plus recherchée avec ses pavillons d'angle à coins coupés, son avant-corps central, son fronton et ses hautes fenêtres. Au sud, dans le prolongement du bâtiment Van Werdt, la prélature de l'abbé Dufresne, construite par l'architecte J.-F. Wincqz en 1781. Le bâtiment à double corps, de style classique, s'élève sur une base talutée ; une rampe conduit à l'avant-corps central en pierres à refend, percé d'un porche en plein cintre mettant en liaison cour et jardins arrière. De la même époque, les anciennes écuries et remises à voitures rythmées par six arcades longent la cour à l'ouest. À côté de celles-ci, face au jardin à la française, un escalier à double volée donne accès à un second jardin aménagé sur une terrasse. Au fond, un portique à sept colonnes toscanes, surmonté d'un faux étage et flanqué d'une tourelle à toiture en cloche, constructions typiques du 17e siècle servant de décor au jardin d'agrément. Sur la même ligne, une tour carrée du 18e siècle. Plus bas, la Porte du Nangot, un porche

Floriffoux : porche d'entrée de la ferme de la Tour, millésimé 1570

à caractère défensif construit vers 1660, s'ouvre vers le bois qui couvre le versant méridional de la Sambre.

Les **décors intérieurs** sont à la hauteur de l'architecture extérieure : carrelages et parquets, menuiseries, escaliers monumentaux et fers forgés des rampes, marbres des cheminées, stucs des voûtes et des plafonds, décors peints sur bois et sur enduit, tableaux et sculptures. Citons entre autres : un tableau représentant *saint Norbert* attribué au frère Jacques Nicolaï, peintre dinantais à l'inspiration nettement rubénienne, et, provenant d'un ancien calvaire, les *deux larrons* en chêne grandeur nature dus au ciseau de Ligier Richier, sculpteur lorrain représentatif de la Renaissance.

Au nord, la cour d'honneur, fermée par une balustrade, offre une large vue vers la vallée de la Sambre et les localités environnantes. C'est de ce côté, conformément au plan cistercien traditionnel adopté ici, que se dresse l'**église abbatiale**. Sa façade date de l'abbé Dartevelle (1737-1756) et a été appliquée contre la façade ogivale d'origine pour l'harmoniser avec l'ensemble des bâtiments de la cour d'honneur. Colonnes annelées, médaillons, statues, ailerons et autres motifs décoratifs lui confèrent une allure baroque. Un fronton courbe à volutes a été remplacé fin 19e siècle par le fronton triangulaire actuel. L'église abbatiale a été bâtie en plusieurs phases : d'abord le transept et le chœur romans durant une première campagne de construction de 1165 à 1190 ; ensuite les nefs, de 1230 à 1250, année où est célébrée la consécration. Ce gros-œuvre d'époque médiévale, toujours en place, constitue la base de départ de toutes les adaptations ultérieures. Au 16e siècle, sous l'abbé Guillaume Dupaix, la tour est érigée sur le bras sud du transept et les plafonds d'origine sont remplacés par des voûtes d'ogives. Au 17e siècle, l'abbé Roberti supprime le chœur roman au profit d'un nouveau chœur de cinq travées avec abside à cinq pans percée de grandes fenêtres ogivales. Au début du 18e siècle, l'abbé Dartevelle fait appliquer une façade d'inspiration baroque contre la façade médiévale et modifier les baies des bas-côtés. Enfin, de 1770 à 1775, l'abbé Dufresne confie à Laurent-Benoît Dewez la rénovation intérieure de l'église. Les remaniements successifs sont perceptibles sur le flanc nord de l'église, où voisinent des témoins des différentes périodes de construction et de modification.

À l'intérieur, Laurent-Benoît Dewez a opéré une véritable révolution : rhabillage et enveloppement des voûtes, supports, arcades ; modification ou obturation des baies ; raccourcissement du transept ; nouveau pavement. Le décor néoclassique ainsi créé « *par le lattis et le platras* » est saisissant, résultat d'une subtile organisation de l'espace, d'un art de la mise en scène, du jeu des contrastes. On notera le contraste entre la sobre blancheur du décor mural et la somptuosité du dallage, où il utilise la polychromie des différents marbres qu'il assemble selon des compositions géométriques variées, ainsi que la mise en scène dans les bras du transept, dont il a réduit la longueur et condamné les petites chapelles latérales qui se terminent par un demi-cercle où s'inscrit un autel surmonté d'un cénotaphe. À la croisée, la voûte est surmontée d'un lanternon. L'entrée du chœur est soulignée par deux petits autels à retable qui isolent les stalles. Dans l'abside en cul de four, le maître-autel en marbre et bois marbré est une composition de Dewez intégrant des éléments antérieurs, comme les quatre colonnes torses supportant le couronnement. Ce dernier est surmonté d'une représentation de Dieu le Père, scène en bois peint sculptée en 1774 par Pierre-François Le Roy, élève de Delvaux. Deux chapelles latérales, dédiées à saint Norbert et à saint Augustin, séparent l'abside du chœur dont toute la longueur est occupée par les **stalles**, fleuron du patrimoine wallon et témoin important de l'art baroque. Autant ordonnance, rigueur et dépouillement caractérisent l'œuvre de Dewez, autant les stalles respirent l'exubérance, la fantaisie, la vigueur. Au nombre de 74, elles furent réalisées entre 1632 et 1648 par Pierre Enderlin, sculpteur namurois d'origine allemande. Les médaillons sculptés dans le haut des lambris présentent un programme iconographique évoquant les fondateurs et réformateurs d'ordres religieux. Autour de ces figures et dans la partie basse des stalles, l'artiste s'est livré, jusque dans les moindres motifs ornementaux, à une débauche d'inventivité, de diversité, d'expressivité, caractéristiques du baroque, selon un style très personnel. Les petits anges musiciens placés aux extrémités ont été rajoutés au 18e siècle et sont dus au sculpteur P.-F. Le Roy. La sculpture baroque est actuellement représentée dans l'église par une dizaine de statues en bois acquises en 1880 et provenant de l'église Saint-Jacques à Liège. Citons entre autres la *Vierge du Magnificat* de Jean Del Cour, un *Saint-Joseph* de Vander Veken, six œuvres de Jean Hans et deux œuvres de Cognoulle. Le décor du buffet d'orgue situé dans le transept fut également acheté au couvent des Dominicains à Bruxelles.

La structure architecturale intérieure et les décors peints des murs de l'église primitive sont toujours bien visibles dans la partie du transept condamnée par Dewez, de même qu'au niveau des charpentes. Ces dernières, respectivement des 12e, 13e et 17e siècles, correspondent aux différentes phases de construction de l'église et illustrent l'évolution des techniques des charpentes de toiture dans nos régions. Au sud de l'église, attenante au cloître remodelé au 18e siècle, la salle capitulaire présente deux parties distinctes. L'une, du 17e siècle, à voûte d'ogives et colonnes toscanes, est contemporaine du nouveau chœur de l'église. La seconde, à voûte d'arêtes sur colonnes et pilastres, est du 12e siècle et correspond à la salle romane primitive ; une baie géminée à colonnes et chapiteaux doubles s'ouvrant sur le cloître a été dégagée. Dans l'aile occidentale du cloître est conservé un cellier aux murs peints d'un décor médiéval à fleurettes.

Au 20e siècle, deux extensions à usage scolaire vinrent s'ajouter au complexe abbatial. La première, parallélipipède de béton brut construit en 1965 par l'architecte Roger Bastin, se démarque par son modernisme audacieux des bâtiments anciens ; le second, davantage intégré à l'ensemble, fut réalisé en 1995 par les architectes T. Lanotte et P. Lambry.

Dominant le site de l'abbaye, sur le même promontoire, la **ferme de Robersart**, ancienne exploitation agricole de l'abbaye, est incluse dans son mur d'enceinte. Cet ensemble clôturé en grès et calcaire, de style traditionnel, remonte au 17e siècle, mais conserve quelques vestiges d'origine médiévale ; l'ancien corps de logis a été détruit lors des bombardements de 1944. Près de la ferme, une **potale** dédiée à Notre-Dame de Hal est datée 1700 par chronogramme. À 100 m de là, la **chapelle du Grand Bon-Dieu**, millésimée 1716, où l'on peut voir une copie à l'identique d'un Christ en croix du début 14e siècle, dont l'original est conservé à l'abbaye. Situé sur la crête séparant la vallée de la Sambre de celle du Wéry, l'endroit offre une vue sur les deux vallées, le versant hesbignon et les hauteurs de la Marlagne. Un peu plus loin, à la limite de Floreffe et de Franière, la **pierre Sainte-Agathe,** appelée le Beau Borne au 17e siècle, est, selon la tradition, un ancien mégalithe. Vers Sart-Saint-Laurent, la **ferme de Winbosteck**, ancienne exploitation de l'abbaye, comprend un ensemble de bâtiments allant du 16e au 19e siècle. En face de l'abbaye, sur le versant opposé de la vallée encaissée formée par le Wéry, se dresse au sommet d'une petite colline la **chapelle Saint-Roch** entourée de ses tilleuls centenaires. Cette chapelle votive, dédiée à saint Roch et saint Fiacre, fut érigée en 1632 à la suite d'une épidémie de peste. Cette première construction en brique, de tradition gothique, fut prolongée d'une travée en pierre en 1744. L'endroit offre un point de vue unique sur l'abbaye et le village. Devant la chapelle, un mur d'enceinte délimite un terrain en forte pente, anciennement jardin et verger de l'abbaye, aujourd'hui coupé en deux par la nationale 90. En contrebas, le long du ruisseau, l'étang de retenue qui alimente le bief du moulin s'accompagne d'une **tour colombier** du 17e siècle en pierre et brique et à toiture en cloche.

Floreffe : la chapelle Saint-Roch, entourée de ses tilleuls centenaires, fut érigée en 1632 à la suite d'une épidémie de peste

Sous l'abbaye, la rue du Séminaire mène, à gauche, vers le centre du village. Sur la place du Vieux Moulin, ancien emplacement du moulin banal, un chemin monte vers l'**église** paroissiale **Notre-Dame du Rosaire**, située un peu plus bas que l'abbatiale, à la pointe du même promontoire, et entourée de son cimetière. Plus ancienne que l'abbaye, elle est mentionnée sur la charte de donation en 1121. Elle fut reconstruite sous l'abbé Dufresne en 1771 dans le style de l'époque. D'une construction antérieure subsistent la tour en pierre et le chœur du 16e siècle. Décoration et mobilier du 18e voisinent avec quelques belles pièces du 17e, dont la chaire de vérité, œuvre régionale d'époque maniériste, des confessionnaux de même facture et les panneaux sculptés des portes de la nef. L'autel majeur, mélange d'inspiration baroque et d'éléments classiques, comporte une table sculptée dans un marbre gris veiné de blanc provenant d'une carrière locale.

À hauteur de la maison communale, la rue du Carmel relie la rue Romedenne à la N 90. Au sommet de la côte, près du couvent de carmélites construit en 1908, la **chapelle Notre-Dame des Affligés**, édifice en grès, déplacée à cet endroit en 1968 lors de la modification de la voirie, a été reconstruite avec les matériaux d'origine. Édifiée en 1632, elle abrite une très belle pietà. Au-delà de la N 90 s'étend le quartier du Coriat. Un sentier longeant le bois mène à la **chapelle Saint-Renelde** située dans un enclos arboré. Cette chapelle votive, érigée en 1905 par la famille de Dorlodot à proximité d'un point d'eau, perpétue un culte plus ancien. Dans la direction de Namur, rue Célestin Hastir, près de la gare désaffectée, les installations restées intactes de l'ancienne caserne de gendarmerie de type 1900 abritent le **Musée Interpolice Sambre et Meuse**.

Derrière la maison communale, la rue Joseph Hanse perpétue le souvenir du célèbre grammairien et académicien, né à Floreffe en 1902. Elle conduit au pont de Sambre situé

Floriffoux : le château de Dorlodot, demeure d'inspiration élisabéthaine construite au 19e siècle

sous l'abbaye et au-delà duquel le hameau de **Mauditienne** s'étend sur le versant longeant un ancien bras de Sambre. En amont, dans la courbe dessinée par la Sambre, le **site d'Hamptia**. Sur la rive gauche, la **ferme** du même nom est une ancienne exploitation acquise par l'abbaye en 1125. L'ensemble clôturé, en brique et pierre bleue, a été rebâti aux 17e et 18e siècles sous l'abbé Henri d'Eersel, dont les armes figurent sur la façade principale. Sur la rive droite, un autre bras de Sambre résultant des travaux de normalisation de la rivière dans les années 1960 fait partie de la **réserve naturelle** aménagée en 1989 sur 6 ha 39. Sur le versant, le bois du Nangot est repris en zone Natura 2000.

Dans la vallée escarpée formée par le Wéry, le massif calcaire traversé par le ruisseau a été creusé de multiples grottes. Au carrefour des routes se dirigeant respectivement vers Fosses et Bois-de-Villers, le **domaine des Grottes** comprend tout un réseau de cavités souterraines, explorées dès 1876, où ont été mis au jour des vestiges archéologiques remontant au paléolithique. Le château, construction néomédiévale de 1894, s'accompagne d'une fausse ruine romantique. Le massif, couronné de pelouses calcicoles, est profondément entaillé par la carrière de dolomie dont l'exploitation a pris fin en 1988 et qui constitue un site naturel de grand intérêt. En face, perpendiculaire à la route menant à Buzet, le **Stordoir,** ancienne forge puis moulin à huile ayant appartenu à l'abbaye depuis le 13e siècle ; la bâtisse traditionnelle en long est datée 1734. Passant sous le hameau de **Sovimont**, la route conduit au centre de **Buzet**, dont l'**église Saint-Ghislain**, édifice néoroman, a été érigée en 1900. Comme Sovimont, le hameau formé à l'origine d'un petit noyau d'habitations groupées autour de la place et de quelques fermettes isolées voit les zones résidentielles s'étendre tout au long d'un réseau de rues et de chemins. Buzet se situe entre les terrains du carbonifère et ceux du dévonien caractérisant la Marlagne. Une zone de prairies et de bois contraste avec les campagnes ouvertes du **plateau de Robionoy** qui sépare Floreffe de Buzet et offre un point de vue panoramique sur les deux pôles de la commune : Sambre et Marlagne. Vers Bois-de-Villers, le **bois du Duc** s'étend sur 760 ha. Domaine privé, il fait partie de la Haute Marlagne, vestige de l'ancienne forêt d'Ardenne. La **ferme du Manoir**, ancienne résidence seigneuriale, se niche dans une enclave défrichée en face du **Lakisse**, écart isolé entre Malonne et Bois-de-Villers où autour de la ferme du même nom se groupent d'anciens vergers.

ÉVÉNEMENTS

- festival musical Esperanzah, le 1er week-end d'août
- marche des Turcos (tour Saint-Roch), à la mi-août

GASTRONOMIE

- bière de Floreffe (bière d'abbaye)

FLORIFFOUX | 5150

- de *florifolium* = diminutif de Floreffe
- Floriffoliens
- localité à caractère rural avec forte extension des zones urbanisées à vocation résidentielle, zone industrielle, vallée de la Sambre, versant du plateau hesbignon ; de 89 m à 190 m
- N 958, ligne de bus 22 Namur-Floriffoux
- 635 ha

HISTORIQUE

À la fin du 13e siècle, Floriffoux est chef-lieu d'une mairie ; au 15e siècle elle fait partie de celle de Floreffe. En 1672, la seigneurie est acquise par René-Victor d'Yve et réunie à la baronnie de Soye jusqu'à la fin de l'Ancien Régime. Filiale de Floreffe, l'église fait partie des biens donnés en 1121 à l'abbaye de Floreffe. Elle sera érigée en paroisse au début du 19e siècle. L'activité agricole y est prépondérante. La localité connaît un intermède industriel dans le courant du 19e siècle avec l'exploitation de mines de charbon. Le charbonnage Sainte-Barbe cessera son activité en 1924. Dans les années 1960, la commune voit son paysage modifié par les travaux de rectification du cours de la Sambre et la construction d'une nouvelle route, la N 958, reliant Floreffe à Suarlée. Au sud-est de la localité, une nouvelle zone industrielle se crée de part et d'autre de la Sambre.

À VOIR

Au centre de la localité se dresse l'**église** paroissiale **Sainte-Gertrude**, édifice néogothique érigé en 1899. À proximité, vers la Sambre, le **château**, bâtiment en équerre cantonné de trois tours carrées, a été construit au 17e siècle à partir d'un noyau plus ancien et transformé au 19e. La route de Saint-Hubert mène au bois du même nom qui se signale par la présence d'un arbre à clous, le **chêne Saint-Hubert**, témoin de pratiques ancestrales. Les travaux de normalisation des années 1960 ont fortement modifié le cours de la Sambre et les terrains environnants. Le **barrage éclusé** actuel situé en aval date de cette époque. En amont, au-delà du pont routier, la **noue de Floriffoux**, ancien méandre recoupé, s'étend entre la route de Suarlée et la ferme de la Tour. Il a été reconverti en zone de pêche et réserve naturelle. Un sentier le longe et mène, rue Maugère, à la **fontaine Sainte-Gertrude**, un petit bassin en pierre recueillant l'eau d'une source. Dans la rue Oscar Gubin toute proche se trouve le porche d'entrée de la **ferme de la Tour**. Cette ferme en carré a appartenu à Pierre Gaiffier, bourgmestre de Namur, comme l'atteste la date de 1570 figurant au portail sur la clé de remploi. À l'angle sud-est du quadrilatère, une tour carrée à trois niveaux, datant de 1702, se signale par sa toiture en pavillon coiffée d'une flèche d'ardoises baroque sous couverture pyramidale. À l'ouest, une volumineuse grange en long en brique et calcaire sur soubassement de grès remontant au 16e siècle. À l'angle des rues Gubin et Francot, la **ferme Valentin** date du 18e siècle. Ses bâtiments reconstruits en grande partie au 19e siècle et fortement remaniés présentent encore quelques beaux détails architecturaux d'origine. La rue Francot mène à un carrefour où se dresse un **vieux chêne** dont le tronc est en partie cimenté. Cet arbre remarquable d'une circonférence de 5 m 45 est âgé d'au moins 250 ans.

Floriffoux : vieux chêne d'une circonférence de 5 m 45, âgé d'au moins 250 ans

En direction de Soye par les rues du Chêne et Juste Chaput, apparaît, émergeant de la végétation, le chevalement de l'ancien **charbonnage Sainte-Barbe**. La concession s'étendait sur 500 ha. L'exploitation cessa définitivement en 1924. Il en reste quelques bâtiments dont la salle des machines et la galerie de roulage menant au pont qui, par-dessus la Sambre, acheminait les wagonnets jusqu'à la gare de Floreffe, pont aujourd'hui disparu. Le site est aujourd'hui propriété de la Croix Bleue. Au loin, au nord, à l'orée du bois de Poujoux, apparaît le **château de Pavillon**, un relais de chasse du 18e siècle agrandi dans les années 1930. De la rue du Bois Planté, on jouit d'une vue panoramique sur Floreffe, ses campagnes et la vallée de la Sambre vers Namur. À l'est, en bordure du massif boisé, se profile le **château de Dorlodot**, situé à Floreffe, grosse demeure d'inspiration élisabéthaine construite au 19e siècle.

FRANIÈRE | 5150

- au 12e siècle, *Frasneris*, de *fraxinarias* = les frênaies
- Franiérois
- noyau urbanisé à fonction résidentielle, zones agricoles, bois, vallée de la Sambre et contreforts de l'Ardenne condrusienne, de 89 m à 205 m
- N 90, gare ferroviaire
- 731 ha

HISTORIQUE

Franière et ses dépendances appartiennent au Moyen Âge au comté de Namur. Dès le 13e siècle, Franière fit partie de la mairie de Floreffe. À partir de 1672 et jusqu'à la fin de l'Ancien Régime, les abbés de Floreffe exercèrent les droits seigneuriaux sur Franière, Deminche et Trémouroux. L'abbaye de Floreffe et le chapitre de Fosses-la-Ville se sont partagé les droits de la paroisse mentionnée dès 1191. Jusqu'au 19e siècle, l'habitat est resté très localisé, essentiellement

Franière : chapelle Saints-Pierre-et-Paul, érigée en 1674

regroupé autour de quelques grosses exploitations agricoles. L'activité industrielle débute avec l'ouverture de mines de houille au début du 19e siècle. Mais c'est principalement l'installation de la Manufacture des Glaces de Saint-Gobain en 1898 qui va favoriser l'essor et l'urbanisation de la localité. En 1961, on recensait quatre entreprises qui occupaient 775 personnes. Quant à la Glacerie, elle a cessé son activité en 1975.

À VOIR

À l'entrée de la localité en venant de Floreffe, sous les Roches Saint-Pierre, une ancienne carrière, la rue longe la **chapelle Saints-Pierre-et-Paul**, petite mononef de tradition gothique en calcaire, sommée d'un clocheton carré, érigée en 1674. En face, entre la voirie et le chemin de fer, se trouve l'ancienne **Glacerie**. Des anciennes installations, endommagées en 2001 par un incendie, il ne reste que deux cheminées et quelques bâtiments. Le Chemin Privé passe entre le mur de clôture du site et une série d'anciennes maisons ouvrières ; au bout, isolée dans un parc, l'ancienne demeure des directeurs de la Glacerie, aujourd'hui **Centre culturel**. Non loin de là, la rue de Trémouroux escalade le versant vers le quartier du même nom. Dans un virage débouche un chemin qui mène au **calvaire de Franière**, ensemble à deux niveaux, érigé en 1930. Dominant la localité, il offre un vaste panorama sur toute la vallée et ses environs. Au-delà de Trémouroux, de l'autre côté de la N 90, la **ferme de Gilberoux**, isolée sur le sommet du plateau, regroupe un vaste ensemble de bâtiments du 19e siècle ordonnés autour d'une cour carrée qui s'ouvre par un porche-colombier. Aux abords du Centre culturel, la rue de l'École se dirige vers la place rejoignant la rue de Deminche. Celle-ci conduit au quartier et à la **ferme de Deminche**, un ensemble en quadrilatère regroupant autour de la cour des constructions classiques du 18e siècle, corps de logis, remise à chariots, grange en long, et des dépendances du 19e siècle. On regagne la place communale par la rue du Calvaire en remarquant au passage la **chapelle du Vieux Calvaire**. Cette chapelle ouverte abritait autrefois un *bon Dieu d'Djiblou* (Gembloux), objet d'une dévotion très populaire.

À proximité de la place, surplombant la Sambre, l'**église** paroissiale **Sainte-Agathe** se présente comme un édifice à trois nefs en brique et pierre bleue, flanqué à l'ouest d'une tour romane du 12e siècle en grès et calcaire. Les nefs latérales et le chœur, de style gothique tardif, datent de 1634. Le portail du 13e siècle placé dans l'axe témoigne des réaménagements intervenus au cours du 19e siècle. À côté, l'**ancien presbytère** regroupe autour d'une cour des bâtiments de style traditionnel des 17e et 18e siècles. De là, rejoignons la **gare** de Franière, bâtie en 1871 et actuellement désaffectée. Un passage souterrain mène à la rue de la **Boulonnerie.** Le bâtiment de cette ancienne fabrique, toujours debout avec sa toiture en sheds, fut en activité de 1900 à 1954 et occupa une centaine de personnes. Un peu plus loin, la **ferme des Cailloux**, chaulée, en brique et pierre bleue, se compose de bâtiments des 18e et 19e siècles, avec remploi de linteaux du 16e. Au-delà de sa grange en long, une perspective s'ouvre vers la Sambre dont le cours rectifié a laissé sur l'autre rive un bras marquant la limite entre Franière et Soye. La **noue des Trois Bonniers** longe un versant boisé et constitue avec ce dernier un site naturel protégé, classé zone Natura 2000.

ÉVÉNEMENTS

- marche des Zouaves, en juillet

SOYE | 5150

- en 841, *Sodeia*, de *suttegia* = étable à porcs
- Soyens
- village à caractère rural, forte extension des zones résidentielles, vallée de la Sambre et versant du plateau hesbignon, de 89 m à 190 m
- N 90, ligne de bus 22 Namur-Floriffoux
- 768 ha

HISTORIQUE

Le domaine de Soye est mentionné dès 841. Au 10e siècle, il compte parmi les biens liés à l'abbaye de Gembloux. En 1396, la seigneurie foncière et hautaine de Soye est donnée par Guillaume II, comte de Namur, à Robert de Hemptinne. Sept familles vont se succéder à la tête du fief. Au décès de la dernière descendante, en 1829, l'héritage passe aux mains d'une branche collatérale, la famille de Blommaert, puis par ventes successives au propriétaire actuel.

Le hameau de Jodion a constitué jusqu'à la fin de l'Ancien Régime une seigneurie indépendante de Soye. Possession de l'abbaye jusqu'au 17e siècle, elle relevait de la haute cour et franchise de Floreffe. En 1626, Anne de Lonchin, douairière de Soye, acquit Jodion et étendit sa juridiction sur les deux seigneuries. En 1808, les deux villages réunis ne forment plus qu'une seule commune.

Le caractère essentiellement rural de la localité reste encore très marqué. Terres agricoles et bois se partagent le territoire, qui n'a pas connu de véritable industrie, à part quelques tentatives très localisées d'extraction de houille. Actuellement, comme dans la plupart des communes rurales des environs de Namur, les zones résidentielles se multiplient et l'habitat tentaculaire s'étire le long des voiries.

Soye : le château de 1663, réaménagé au 19e siècle

À VOIR

La place de Soye illustre l'ensemble traditionnel château – ferme seigneuriale – église, noyau primitif du village. Le château et la ferme mitoyenne, édifiés au 17e siècle par François-Philippe d'Yve, formaient à l'origine un vaste quadrilatère fermé entouré de douves. Le **château** datant de 1663 a remplacé une demeure plus ancienne. Son aspect actuel résulte des réaménagements du 19e siècle. Une allée d'arbres mène à la cour et à l'ensemble en brique et pierre bleue construit en équerre et regroupant des bâtiments d'époques diverses. Au fond, le corps de logis dont la façade principale est tournée vers l'étang et le parc situés au sud, là où, primitivement, se trouvait l'entrée du château. Au centre et aux extrémités du bâtiment, trois tours carrées dont l'une, surmontée d'une tourelle de vigie, date du 16e siècle. En souvenir du passage du grand Dauphin, fils de Louis XIV, qui accompagnait son père au siège de Namur en 1692, une chambre du château porte le nom de chambre du Dauphin. Derrière l'étang, vers la rue de Spy, la **chapelle Notre-Dame d'Ourchet**, petite construction circulaire en briques chaulées de 1641, avec niche et toiture en cloche. Près de la chapelle, le Ry des Migniats qui, venant de Temploux, traverse toute la localité et se déverse dans la Sambre en alimentant au passage l'étang du château. La **ferme du château**, séparée de ce dernier par un mur, forme un ensemble clôturé. Elle a subi peu de modifications depuis sa construction. Au nord, une drève parallèle à celle du château mène à un porche-colombier. Une pierre armoriée portant devise et blason de la famille d'Yve orne l'étage de la tour, où les glissières de l'ancien pont-levis ont été obturées. Autour de la cour, de 90 x 67 m, se répartissent de façon symétrique des bâtiments en brique et pierre bleue sur base de grès avec toitures en tuiles rouges, formant un remarquable ensemble très homogène, d'esprit baroque. La grange en double large occupe le côté ouest cantonné de deux tours dont subsistent les fondations. Les ailes nord et sud, occupées par les étables et les écuries, sont rythmées par des portes et fenêtres sur montants en harpes saillantes. Elles se terminent aux extrémités par des remises à voitures à trois arcades cintrées, datées par ancre respectivement de 1664 et 1688, avec clé aux armes d'Yve, Reede et Brandebourg. Proche du complexe seigneurial, l'**église** paroissiale **Saint-Amand**, construite en 1754 et entourée de son cimetière clôturé, se présente comme un édifice classique en brique et pierre bleue. Les collatéraux ont été ajoutés en 1829 et l'avancée en façade en 1843, avec remploi de l'ancien portail du 18e siècle. À l'intérieur, plafonds stuqués et maître-autel classique en bois du 18e siècle voisinent avec des chapiteaux à feuilles de plantain et une cuve baptismale en calcaire, vestiges d'un édifice plus ancien.

À l'extrémité nord-est de la place, au-dessus d'une source tarie, se dresse la **chapelle Saint-Amand**, une potale classique du 18e siècle, édicule cylindrique à toiture en cloche sur un socle en briques. À côté, un chemin de terre se dirige vers l'**étang de la Vignette**, qu'il longe avant de rejoindre la rue Nouvelle et le quartier du Rissart. De la place, la rue Saint-Amand mène à la **chapelle Saint-Roch**, édifice en brique et pierre de forme octogonale avec toitures à pans et bulbe, oculi de pierre et chaînages harpés aux angles. Au centre, le portail cintré est daté à la clé 1636 et surmonté d'une niche baroque. Au bout de la rue Saint-Roch, on rejoint la rue de la Basse-Sambre et le hameau de Jodion. Un peu plus bas, sur la gauche, la **chapelle Saint-Martin** de Jodion faisait partie des biens donnés par les comtes de Namur à l'abbaye de Floreffe ; cette charte du 27 novembre 1121 est la première mention connue de la chapelle. L'édifice actuel date de 1629, ce qui coïncide avec l'acquisition, trois ans plus tôt, de la seigneurie de Jodion par la famille de Soye. C'est une mononef de tradition gothique, en moellons de grès et calcaire, terminée par un chevet à trois pans. À l'intérieur, le chœur orné de stucs classiques et son maître-autel de style Renaissance sont séparés de la nef par un arc triomphal flanqué de deux petits autels dédiés à la Vierge et à saint Martin. La **ferme del Cour**, ancienne propriété de l'abbaye, fait face à la chapelle. C'est un ensemble à cour carrée entourée de bâtiments des 17e et 18e siècles. Sa belle grange en long a malheureusement été détruite par un incendie en 1995. Au sommet de la rue de la Basse-Sambre, sur la crête, la **chapelle Notre-Dame des Affligés** a été érigée en 1872 près de l'endroit où se dressait le gibet de l'ancienne circonscription, comme le rappelle la rue du Chêne à la Justice qui aboutit à ce croisement. L'endroit offre une superbe vue panoramique sur les différents hameaux qui composent la localité.

FLORENNES

- arrondissement de Philippeville
- localités : Corenne, Flavion, Florennes, Hanzinelle, Hanzinne, Hemptinne, Morialmé, Morville, Rosée, Saint-Aubin, Thy-le-Bauduin
- 13 362 ha ; 11 560 habitants (01/01/2011)

Florennes : le château, occupé successivement par les familles Rumigny-Florennes, Lorraine-Vaudémont, Glymes-Jodoigne et Beaufort-Spontin qui le vendirent en 1898. À gauche, la tour de garde de 1862 se prolonge par le corps de logis (16ᵉ siècle) et l'orangerie (17ᵉ). Le château aujourd'hui classé est en voie de restauration

Collégiale de Florennes : statue équestre de saint Gangulphe

CORENNE | 5620

- en 1015, *Colrinas*
- Corennois ; *Tièsses di cuchèts* (têtes de cochons)
- village rural avec de larges zones agricoles, terrains et sol variés avec quelques coteaux, entre 250 et 295 m d'altitude
- N 977, ligne de bus 20 Dinant-Florennes
- 702 ha

HISTORIQUE

Les tombes et les vestiges de bas fourneaux, qu'on appelle dans la région « crayats de Sarrasins », indiquent que Corenne remonte à l'époque romaine. On y trouve également un cimetière gallo-romain. Le nom du village est mentionné pour la première fois dans le testament établi par Arnould de Rumigny-Florennes avant son départ pour Rome. À son décès, ses biens furent attribués à l'abbaye de Florennes, fondée par sa famille. Sous l'Ancien Régime, l'abbé de Florennes était le seigneur de Corenne, en principauté de Liège, et relevait de la cour féodale de Florennes. Toutefois, le comte de Namur, en 1289, levait certains droits. Quelques habitants jouissaient du droit de bourgeoisie mais étaient tenus à la banalité du moulin de Stave. Ils étaient obligés également d'assurer la garde du château de Florennes

À VOIR

Dans l'état actuel, l'**église Saint-Quentin** est un édifice de style néogothique ; construit en 1888 et restauré en 1968, il possède un Christ en croix du 18ᵉ siècle. Près de l'église, on peut voir une **ferme** dont le corps de logis, en moellons de calcaire, remonte au début du 17ᵉ siècle. Vers Flavion, une **ferme** en brique de la fin du 19ᵉ siècle comprend une grange intéressante dont les murs possèdent sept grandes arcades aveugles et de petites baies cintrées dans les pignons. Les autres bâtiments datent des 18ᵉ et 19ᵉ siècles. La **ferme Saint-Hubert** date du 17ᵉ siècle ; sa grange du 19ᵉ siècle est probablement construite sur des bases du 17ᵉ.

FLAVION | 5620

- en 1284, *flavius* ou *flavium*, dérivé du latin
- Flavionnais ; *Tautes au riz* (tartes au riz)
- village rural avec de larges zones agricoles, sol assez varié, minerai de fer ; entre 240 et 300 m d'altitude
- N 97 ; ligne de bus 20 Dinant-Florennes
- 1 388 ha

HISTORIQUE

Les premières traces de vie à Flavion remontent à la préhistoire. De l'occupation romaine, il subsiste les substructures d'une villa, des monnaies, plusieurs tombes isolées, deux cimetières avec des bijoux et du mobilier funéraire. On a également trouvé des fibules en or de l'époque mérovingienne. En 1265, Flavion fait partie du domaine comtal de Montaigle.

Flavion : la ferme-château. Entrée secondaire donnant accès aux communs

Il existait deux seigneuries hautaines : celle de Flavion, appartenant à la famille de Neverlée, et celle du bois de Dave, dont le premier possesseur connu fut Clarembeau d'Atrive, suivi successivement des familles de Haneffe, Hun, Tingnée, Courtejoie, Rembach et les Jacquier de Rosée. L'abbé de Waulsort jouit également dès 1317 de la franche pêcherie sur le Flavion et des droits sur le hameau de Hayée. Le village fut brûlé trois fois au 15e siècle et pillé en 1683 par les troupes espagnoles.

À VOIR

L'**église Saint-Martin**, édifice néogothique en moellons calcaires, date de 1845. Elle contient, sur le maître-autel, une toile de l'Assomption du 18e siècle et dans une chapelle, un Christ en croix du 17e siècle. Le chemin de croix en cuivre est l'œuvre du sculpteur Félix Roulin**,** né à Dinant en 1935. Au centre du village, la ferme la plus importante est la **ferme du château**, dont le logis est de la seconde moitié du 16e siècle. Le portail, daté de 1850, est orné d'une dalle armoriée de la famille de Névérlée de Baulet. Au bord du Flavion, la **ferme de Par-delà l'eau** conserve également des constructions de la fin du 16e siècle. Le **moulin de Flavion**, cité dans les documents dès 1265, a cessé ses activités en 1937. Les bâtiments actuels datent des 17e et 18e siècles. Le « **château Closon** », ancienne étude des notaires Mélot, est devenue un centre évangélique protestant. On peut admirer dans le village de nombreuses **chapelles** ou potales. Le hameau de Biert compte plusieurs fermes importantes.

ÉVÉNEMENTS

- grand feu, le mardi gras
- marche Saint-Martin, le dernier dimanche de septembre

FLORENNES | 5620

- en 946, *Florines*, en 1015, *Florinas*, en 1187, Florinensis, en 1336, Fleurines, en 1567, Florene, puis Florennes (19e siècle) ; du latin *flor(is)*, fleur, avec suffixe germanique *-ingas*
- Florennois ; *Bergeots* (bergers)
- village urbanisé, quartiers de villas et zones agricoles ; vallonné, entre 250 et 305 m d'altitude
- N 522 et N 375, lignes de bus 20 Dinant-Florennes, 56 Namur-Couvin, 61 Florennes-Mettet, 136A Florennes-Walcourt, 136B Florennes-Rance, 137A/138B Charleroi-Florennes, 138A Florennes-Doische
- 2 853 ha

HISTORIQUE

La découverte de plusieurs tombes et d'une petite villa d'époque gallo-romaine ainsi que d'un cimetière franc comprenant 117 tombes indique que le territoire a été occupé relativement tôt. Florennes fut le siège d'une des plus importantes seigneuries liégeoises de l'Entre-Sambre-et-Meuse, jusqu'à la création au 11e siècle de la seigneurie de Morialmé

Flavion : l'église Saint-Martin surplombant des maisons anciennes

Florennes : la chapelle Saint-Pierre abritant le caveau des Beaufort-Spontin

Flavion : intérieur de la chapelle Notre-Dame de Lourdes

au profit d'une branche cadette des Rumigny-Florennes. Elle possédait les droits d'avouerie sur les domaines du prieuré d'Hanzinne et de l'abbaye de Florennes. Au comte Eilbert, premier seigneur connu de Florennes, succédèrent quatre grandes familles : Rumigny-Florennes (944-1270), vassale du prince-évêque de Liège, de Lorraine-Vaudémont, de Glymes (maison de Glymes-Jodoigne, 1556-1771), et les marquis de Beaufort-Spontin jusqu'à la vente en 1896 du château et des propriétés attenantes. Sous l'Ancien Régime, Florennes possédait trois hautes cours de justice : celle du seigneur hautain, celle de l'abbaye ou de Saint-Jean-Baptiste, et celle de la cour féodale Vaux ou de Pède ; cette dernière fut acquise par le seigneur de Florennes vers 1519. Au 15e siècle, la ville, fortifiée par des remparts flanqués de dix grosses tours, comptait quatre portes et trois corps de garde. En 1554, au cours de conflits survenus entre Henri II et la Maison d'Autriche-Espagne, la ville et sa collégiale furent détruites. Dans la soirée du 15 juin 1815, le général comte de Bourmont, réuni avec son état-major à Florennes, décida de trahir Napoléon avant de se livrer aux Prussiens. En 1942, les Allemands construisent une base aérienne ; occupée par les Américains en 1944, elle sera remise en état dès 1947 par la Force Aérienne belge. Des missiles nucléaires américains y seront déployés entre 1985 et 1989. Signalons encore les noms de deux Florennois célèbres : Firmin Lambot et Léon Scieur, vainqueurs du Tour de France, le premier en 1919 et 1922, le second en 1921.

À VOIR

La **collégiale Saint-Gangulphe** fut construite vers l'an 1002 par Arnould de Rumigny-Florennes et consacrée par Notger, évêque de Liège. Au début, l'oratoire roman avait pour superficie celle de la grande nef actuelle, le maître-autel étant placé sous le jubé actuel et la sacristie sous la tour ; il fut agrandi par Wéric, troisième abbé du monastère (1022-1038). La dernière transformation date de 1755 à l'initiative de Dom Maur Bertrand. Le maître-autel, réalisé au 17e siècle en chêne sculpté, peint et doré, contient les reliques des SS. Prosper et Candide et est chargé d'ornements du style Louis XV restaurés en 1838. L'aigle-lutrin en bois date du 18e siècle.

Parmi les statues, on notera une Vierge et un Bon Dieu de Pitié datant du 16e siècle, et la statue équestre de saint Gangulphe de Varennes (décédé au château d'Avallon en 763), avec coffret contenant ses reliques. L'ancien orgue, réalisé en 1732 par Jacques Genard de Charleroi, est toujours visible au jubé ; un nouvel instrument, dû au facteur Thomas de Ster-Francorchamps, a été placé en 2002 sous la seconde arcade.

Le chapitre de Saint-Gangulphe fut fondé en 1029, soit quelques années avant la création de l'abbaye bénédictine de Saint-Jean, située sur Saint-Aubin, et resta toujours étroitement dépendant de cette dernière. En 1605, il décide de fonder un nouveau couvent qui abritera, durant près de deux siècles, les pères récollets. En 1798, les scellés sont apposés par la République et les biens, mis en vente. Les chanoines arrêtés seront dirigés sur l'île de Ré d'où ils ne seront libérés qu'en 1800. Suite au Concordat, la collégiale sera réaffectée au culte.

L'origine du **château de Florennes** remonte à l'érection d'un château en bois vers l'année 842. C'est au comte Eilbert qu'on attribue vers 944 la construction du château en pierres entouré de murailles. En 1155 est signalé un « castrum », seigneurie liégeoise aux mains de la famille Rumigny-Florennes. En 1465, le château et la ville sont fortifiés au moyen de fossés. L'entrée était pourvue d'un pont-levis par lequel Marguerite de France passa en 1577 avant de se

Hanzinelle : pompes alimentant autrefois l'ancien abreuvoir

Hanzinelle : statue de Saint-Christophe précédant le porche de l'église

réfugier dans la basse cour. En 1704, sur ordonnance de Louis XIV, la forteresse fut définitivement démantelée. Du château médiéval, il ne reste aujourd'hui que deux tours reliées par quelque 20 mètres de remparts situés dans le fond de la cour. Le corps de logis, qui date du 16e siècle, fut probablement adossé à l'ancien mur de rempart, vu l'importante épaisseur de son mur extérieur. La tour dite « au billard », reparementée et allongée vers 1830, fait office d'angle avec l'orangerie reliée au logis, construite entre 1825 et 1844. Le passage entre cour et parc au moyen d'escaliers, créé au début du 18e siècle pour mener aux jardins, est muni d'une large porte aux montants harpés en fer forgé, surmontée des armes de la maison de Beaufort-Spontin. À l'intérieur de la cour, la « fontaine du marquis », érigée en 1751, porte un écu aux armes des Glymes-Jodoigne. Un perron d'esprit Louis XIV appareillé à refends et surmonté d'une toiture en cloche est adossé à une tourelle d'escalier menant aux étages. À l'angle du bâtiment, une remise à voitures d'esprit classique a gardé ses arcades. Le château accueillera successivement un collège de jésuites et une école libre pour filles. La **chapelle Saint-Pierre,** dénommée autrefois « hors les murs », fut érigée comme ermitage (1221) par Hugues Ier de Rumigny, seigneur de Florennes ; réédifiée en 1821 en moellons de calcaire sous l'égide de Louis Ladislas de Beaufort-Spontin, elle abrite le caveau des membres de sa famille. Une dalle millésimée est surmontée des armoiries des Glymes ainsi que d'une niche Louis XIV. Complètement rénovée en 1995, elle n'est ouverte que lors de la marche des SS. Pierre-et-Paul.

Le **musée Spitfire** fut créé en 1993 pour perpétuer les traditions du 2e wing. Il retrace l'histoire de la base depuis sa création par les Allemands en 1942. Outre les photos, documents, uniformes ou matériel d'époque, la pièce maîtresse en est le Spitfire XIV sur lequel volait le colonel Lallemant, D.F.C., premier commandant de la base opérationelle. On y trouve une superbe collection de tous les avions de la Force Aérienne ayant appartenu à la base.

ÉVÉNEMENTS

- marche Saints-Pierre-et-Paul, dimanche 29 juin ou le dimanche suivant le 29 juin

HANZINELLE | 5621

- en 1148, *Hansinellas* ; en 1302, *Hansineles* ; en 1314, *Hansinelles*
- Hanzinellois; *Mau à leûs pîds da zias* (mal à leurs pieds à eux)
- village rural avec de larges zones agricoles, terrains et sol variés avec quelques coteaux, entre 210 et 271 m d'altitude
- N 375 et N 562, lignes de bus 137A Charleroi-Chatelineau, 138B Charleroi-Florennes
- 752 ha

HISTORIQUE

Jusqu'à la fin de l'Ancien Régime, Hanzinelle appartient au chapitre cathédral Saint-Lambert de Liège, seigneur hautain et seigneur foncier ; il a haute, moyenne et basse justice. L'avoué de la seigneurie de Hanzinelle est le seigneur de Morialmé ; dès le 15e siècle son pouvoir ne fut plus que symbolique. Une des ressources principales fut l'industrie du fer avec la création, dès 1280, de forges qui resteront en activité jusqu'en 1890. Le moulin banal, cité dès 1280, et une brasserie, citée au 16e siècle, resteront en activité jusqu'au 20e siècle. Les « accords d'Hanzinelle » ayant trait à la sidérurgie wallonne furent signés en 1978 au château dit Ry Massart. Une des grandes figures du village est l'architecte Jean-Baptiste Chermanne (Hanzinelle 1704 - Thuin 1770), qui conçut ou réalisa de nombreux édifices dans l'Entre-Sambre-et-Meuse ; il fut chargé, entre autres choses, de suivre l'exécution de la cathédrale Saint-Aubain à Namur.

À VOIR

La **source du Ry Gille** ou **fontaine d'el Goulotte**, lavoir à ciel ouvert en pierre calcaire, sert actuellement de fontaine publique. Le **château Francq**, construit en 1681 par les époux Francois Pochet et Marie Jalhay, est un manoir traditionnel à double corps de deux niveaux et de trois travées avec dépendances. L'**église Saint-Christophe**, bâtie en 1899 sur les plans de F. Van Riel, est soutenue par douze colonnes en pierre bleue ; les boiseries sont de Vermeulen de Louvain tandis que la statue de saint Christophe, à l'extérieur, est de Sapyn. À chaque extrémité de la **place d'Hanzinelle** sont érigées **deux pompes** monumentales identiques (19e siècle). Leur pilier cruciforme supporte un lourd entablement orné de quatre couronnes de laurier, dont l'une sert d'attache au bras, et de quatre cracheurs léonins. À leur base, trois bassins communiquent entre eux. Appelée naguère **château dit Ry Massart**, cette gentilhommière fut construite en 1763 par Jean-Baptiste Chermanne pour le maître des forges, Joseph Puissant. Elle est entourée d'un vaste parc arboré avec un étang de 2 ha réalisé pour le lavage du minerai de fer. Bâtisse classique d'une grande sobriété. À l'intérieur : boiseries, escalier et cheminées Louis XV ; peintures marouflées de Pierre Balthazar de Blocq (1729-1795) reprenant l'histoire de Don Quichotte d'après des gravures d'Antoine Coypel (18e siècle) et conservées au château. Le **château du Donvau**, de style néoclassique, fut construit en 1854 par Lucien Poncelet et servit de brasserie jusqu'à la faillite de celle-ci en 1912. En 1945, la propriété a été acquise pour y créer le Home Harmegnies, toujours en activité.

Hanzinne : la chapelle Saint-Oger (1642) surmontée des armoiries de son fondateur, maître Gilles Liboutton, doyen de Florennes et curé d'Hanzinne

ÉVÉNEMENTS

- grand feu, le samedi qui suit le mardi gras
- marche Saint-Christophe, le dernier dimanche de juillet

HANZINNE | 5621

- en 1114-1121, *Hancenias* ; en 1148, *Hanzines*, dérivé d'un nom germanique de personne (Hanzo), puis *Hancina* (ferme de Hanzo)
- Hanzinnois ; *Chînards* (moqueurs)
- village rural et résidentiel, sur le versant d'une crête calcaire, entre 200 et 226 m d'altitude
- N 975, lignes de bus 137A Charleroi-Chatelineau, 138B Charleroi- Florennes
- 895 ha

HISTORIQUE

On a retrouvé sur le territoire des vestiges d'un habitat néolithique ainsi que des tombes romaines et mérovingiennes. Avant le 11e siècle s'y établit une prévôté bénédictine qui dépendait de l'abbaye de Saint-Médard de Soissons. Elle eut pour avoués les seigneurs de Florennes, ensuite ceux de Morialmé, qui ne se firent pas faute de la spolier. La prévôté, administrée depuis le 16e siècle au profit de chanoines liégeois, fut supprimée en 1793. De 1590 à 1625, le village subit la vague de répression de la sorcellerie. Durant les guerres de Louis XIV, Hanzinne fut fourragé par les troupes françaises. Le minerai de fer y fut exploité du 13e siècle jusqu'au début du 19e. L'extraction de la pierre et du marbre, dès 1890, ainsi que de la terre plastique dont on fit sur place tuiles et tuyaux, perdura jusqu'en 1975. Selon la tradition, le duc Oger-le-Danois, au service de Charlemagne, accompagna Rolende sur le chemin de l'exode vers Aix-la-Chapelle, avant de venir mourir à Hanzinne. Cette terre d'histoire a donné lieu au folklore toujours vivant dans la région : les marches de l'Entre-Sambre-et-Meuse.

À VOIR

Dans l'**église gothique Saint-Georges**, reconstruite en 1870 en pierre calcaire, on peut voir, datant du 16e siècle, un bénitier gothique en pierre bleue à quatre têtes d'angle, une statue en bois de sainte Anne trinitaire et la châsse-reliquaire de saint Oger. Les vitraux (1904) sont ordonnés selon la coutume : les saintes à droite et les saints à gauche. L'enclos paroissial, réaménagé en 1993, est devenu le **clos de l'Hélicon**, un kiosque moderne. La **ferme de la Prévôté**, propriété de l'abbaye Saint-Médard de Soissons jusqu'à la fin de l'Ancien Régime (vestiges des 16e et 17e siècles), est une bâtisse clôturée en moellons calcaires avec une longue cour intérieure rectangulaire. Parmi les chapelles, la **chapelle Saint-Oger** (1642), d'allure baroque en moellons de calcaire chaulés sur base goudronnée, est un lieu

Morialmé : monument aux Marcheurs érigé en 2004 à l'occasion du 150e anniversaire de la marche Saint-Pierre

incontournable lors de la marche folklorique de Saint-Oger et Sainte-Rolende ; il faut citer aussi la **chapelle Saint-Quirin** (1849), édifice néogothique octogonal en pierre calcaire, la **chapelle Saint-Donat** (16e siècle), potale gothique en pierre bleue percée sur trois côtés, et la **chapelle Notre-Dame des Affligés** (1854), édifice néogothique octogonal en pierre calcaire.

ÉVÉNEMENTS

- marche Saint-Oger et Sainte-Rolende, les dimanche et lundi de Pentecôte

HEMPTINNE | 5620

- en 1015, *Hiemetines*, *Hemmetines*, en 1033, *Hammetinas*, en 1050, *Haimentinas* (suffixe germanique *-in(g)as*)
- Hemptinnois ; *Bwèsos* ou *Gros dj'noux* (genoux)
- village agricole et résidentiel, sol varié, entre 225 et 280 m d'altitude
- N 5, lignes de bus 136A Florennes-Walcourt, 136B Florennes-Rance
- 697 ha

HISTORIQUE

La première mention connue d'Hemptinne date du début du 11e siècle, lors d'un échange de la villa d' « Hemmetines » entre l'abbaye de Haumont (Nord de la France) et la jeune abbaye de Florennes. Cette dernière gardera Hemptinne et son église dans son patrimoine jusqu'à la fin de l'Ancien Régime. La seigneurie hautaine appartient à l'abbé qui y exerce la justice, perçoit les droits seigneuriaux, lève la dîme et possède la collation de la cure. Le seigneur de Florennes (famille de Rumigny) est l'avoué de ce domaine relevant de la principauté de Liège. Dans les bois subsistent encore d'anciennes bornes, frappées d'une crosse d'évêque, marquant la limite entre la principauté et le comté de Namur. Les habitants du village ont toujours vécu de l'agriculture, même si certains furent employés dans les mines de fer et les carrières des environs.

À VOIR

L'**église Saint-Remy** (1885), en pierre calcaire du pays, fut restaurée en 1985. Elle contient des vitraux décorés de médaillons figuratifs, deux autels latéraux de style baroque, des fonts baptismaux en pierre bleue (17e siècle) et des statues de saint Remy et de la Vierge aux raisins (16e).

À signaler diverses chapelles, dont celle de **Saint-Roch** avec au sommet réemploi d'une croix gothique fleurdelisée en fonte. Au cimetière existent encore quelques **pierres tombales** de curés d'Hemptinne des 17e et 18e siècles. **Fermes** et **granges** anciennes sont des vestiges des propriétés de l'abbaye de Florennes sous l'Ancien Régime (18e siècle).

ÉVÉNEMENTS

- grand feu, le samedi suivant le mardi gras
- marche Saint-Walhère, le 1er dimanche d'août

MORIALMÉ | 5620

- en 1086, *Morealmes, Morelmes,* en 1186, *Moreilmeis*, du latin *Morelli mansus* (manse de Morellus)
- Morialmétois ; *Cousses* (cousins)
- sol de calcaire et schiste, vallonné entre 200 à 275 m d'altitude; en sous-sol : argile et anciennes mines de fer
- N 522 et N 375, lignes de bus 136A Florennes-Walcourt, 137A/138B Charleroi-Florennes
- 1 297 ha

HISTORIQUE

À l'époque romaine, Morialmé était traversé par la chaussée Bavay-Trêves. En 1870, on y a découvert un trésor de pièces romaines à l'effigie des empereurs Domitien (1er siècle) et Gordien III (3e siècle), et en 1980, un cimetière gallo-romain d'une vingtaine de tombes, avec mobilier funéraire, a été mis à jour au lieu-dit « le Douaire ». Au Moyen Âge, Morialmé devient le siège d'une importante seigneurie relevant de la principauté de Liège dont Durant, premier prince-évêque, cité en 1021, était d'origine morialmétoise. Arnoul de Rumigny-Florennes fut en 1086 le premier seigneur de Morialmé. La terre appartiendra successivement aux Condé, aux Merode et finalement aux Bryas, qui l'occupèrent de 1650 jusqu'à la Révolution française.

Morialmé : clocher de l'église Saint-Martin reconstruite en 1909

À VOIR

L'**église Saint-Martin,** édifice éclectique en brique et pierre bleue, reconstruite en 1910, renferme un Christ en croix en bois (16e siècle), des grandes orgues réalisées par Salomon Van Bever (1911), un carillon de 16 cloches fondues chez Slegers à Tellin (1956) et, depuis 1883, le sanctuaire de saint Stamp, vénéré par et pour les personnes qui ont des difficultés de locomotion. Le **château**, classé en 1979, comprend deux parties, dont la centrale fut édifiée par Charles de Bryas à la fin du 17e siècle. Il s'agit d'un important corps d'habitation formé par un long volume de dix travées, dont les deux niveaux en brique reposent sur un soubassement biseauté en pierre tandis que les deux ailes latérales de style classique ont été accolées en H aux extrémités du logis. La salle d'armes abrite un **exceptionnel décor de stucs en relief** représentant des trophées militaires ainsi que des motifs végétaux et floraux. Au centre du mur frontal, auquel s'adosse la conciergerie, se trouve un porche monumental à la toiture en bulbe aplati. Le tympan en pierre de sable est aux armes des comtes de Bryas. Des chapelles, potales et croix d'occis parsèment le territoire, dont la **borne-potale Vieille-Sainte-Barbe** (16e siècle), qui abrite une statue sous niche gothique en pierre bleue et une **croix gothique** (16e siècle) en fonte aux bras polygonaux fleurdelisés. Sur le site de Fraire-la-Petite se dresse, isolée en pleine campagne, la **chapelle Saint-Pierre**. L'existence de cette chapelle est à mettre en parallèle avec l'histoire de l'extraction et du travail du fer dans la région. La fameuse charte des minières dite « de Morialmé », datée de 1384, est un document tout à fait d'avant-garde pour la défense des droits des ouvriers. Parmi les cinq jurés signataires du document, quatre demeuraient à Fraire-la-Petite. La chapelle constitue pour les habitants de la région un important lieu de pèlerinage à saint Pierre.

ÉVÉNEMENTS

- marche Saint-Pierre, le dimanche 29 juin ou le dimanche suivant

MORVILLE | 5620

- en 1028, *Mauri villa*, villa de Maurus, ancien propriétaire d'une villa romaine
- Morvillois ; *Macrâles* (sorcières)
- village rural avec de larges zones agricoles, sol ondulé, argileux et rocailleux ; entre 102 et 300 m d'altitude
- N 97, ligne de bus 20 Dinant-Florennes
- 1 456 ha

HISTORIQUE

Les premières traces de vie à Morville datent de l'époque romaine ; il s'agit de vestiges d'exploitations métallurgiques. De cette époque, on a également retrouvé les ruines de treize habitations et des tombes avec des objets funéraires. Au 15e siècle, une forge avec marteau et affinoir est construite sur le ruisseau de Flavion (Floyon). Elle sera plus tard intégrée dans les propriétés des Jacquier de Rosée, importants maîtres de forges à Anthée. Le terrier du comté de Namur de 1602 signale deux fermes, l'une appartenant à Gilles d'Orjou et l'autre à l'abbaye cistercienne de Félipré, près de Givet. Morville fit partie de la commune d'Anthée jusqu'en 1892.

À VOIR

L'**église Saint-Alexandre** (1879) est de style néoroman en moellons de calcaire. En contrebas, la **ferme de la Fosse** est un complexe de bâtiments du 16e siècle transformés aux siècles suivants. À côté de l'église, la **ferme du Culot** est composée de constructions des 18e et 19e siècles ; la grange est datée de 1743. Au milieu du village se situe le **temple protestant**. À noter également la **double entrée du cimetière** de Morville, l'une réservée autrefois aux catholiques et l'autre aux protestants.

ÉVÉNEMENTS

- grand feu, le samedi suivant le 18 mars
- marche Saint-Martin, le dernier dimanche de septembre

ROSÉE | 5620

- au 11e siècle, *Rosis* ; *ros* vient probablement de *rausiacum* = lieu aux roseaux
- Roséens ; *Gouzeaux* (« gozettes » = chaussons aux pommes)
- zone essentiellement rurale et agricole, nombreuses maisons et fermes en moellons calcaires, de 230 m à 312 m, point culminant de l'Entre-Sambre et Meuse
- N 97 et N 977, ligne de bus 20 Dinant-Florennes
- 1 605 ha

HISTORIQUE

La découverte d'une station de l'âge du fer et d'une hache en silex atteste l'occupation très ancienne du site. De la période romaine, une route traverse la région en direction de la villa d'Anthée ; de l'époque mérovingienne, on a mis au jour un cimetière contenant 65 tombes et différents objets et bijoux à Juzaine. Rosée apparaît pour la première fois dans un texte en 1050 : la villa de *Rolceas-Rauseacum*. Jacques-Gabriel Jacquier de Rosée, puissant maître de forges, réunira vers 1730 les deux seigneuries qui se partageaient la localité : Rosée et les Chaudrons. En 1940, l'armée française livre ici ses derniers combats et Rosée subit plusieurs bombardements.

À VOIR

L'**église** paroissiale **Saint-Remi,** reconstruite en 1870 en brique et pierre bleue, fut rénovée en 1998. Elle abrite entre autres un chemin de croix restauré en 2004, un maître-autel en marbre du 18e siècle, un banc de communion en marbre noir avec seize colonnettes en albâtre de style maniériste, un vitrail représentant le baptême de Clovis et une statue de saint Remi en bois. À la Bruskaye, la **chapelle Notre-Dame de Beauraing**, de style néogothique en moellons de calcaire, renferme un Christ en croix des 16e-17e siècles. Dans le village subsistent certains **puits**, surmontés de **pompes** monumentales, et de nombreuses fermes anciennes datant des 16e-19e siècles. Vers Dinant, la **ferme de la Chevalerie** est une grosse métairie clôturée en moellons de calcaire avec logis et étables sous fenil et accès par un beau portail en plein cintre. La **ferme de la Laiterie,** mentionnée comme château et siège de la seigneurie de Rosée au 17e siècle, est un important quadrilatère en moellons de calcaire. Au nord, un gros volume abritant le logis est flanqué d'une tour-colombier à l'angle. Altéré par l'adjonction d'un bâtiment de laiterie en 1936, il est actuellement aménagé en appartements. La route Rosée-Soulme (N 977) offre un très beau paysage boisé.

ÉVÉNEMENTS

- marche Saint-Remi, le 3e dimanche de juillet

SAINT-AUBIN | 5620

- en 1817, *Saint-Aubin*, en l'honneur du saint, évêque d'Angers au 6e siècle
- Saint-Aubinois ; *Djireux* (j'irai)
- zone essentiellement rurale et agricole, vallonnée, entre 230 et 290 m d'altitude
- N 98 et N 975, lignes de bus 136A Florennes-Walcourt, 136B Florennes-Rance, 137A/138B Charleroi-Florennes
- 1 336 ha

HISTORIQUE

Il est établi que l'évangélisation de Saint-Aubin et de Chaumont a débuté vers l'an 700. Le village apparaît dans l'histoire avec la fondation en 1010, par Gérard de Florennes, de l'abbaye Saint-Jean-Baptiste de Florennes, attestée par un diplôme de l'empereur Henri II. L'abbaye fut supprimée et pillée lors de la Révolution française en 1793, puis démolie. L'abbé de Saint-Jean en détenait à la fois la seigneurie hautaine et la seigneurie foncière, les dîmes et la collation, tandis que le seigneur de Florennes en était l'avoué. La paroisse de Saint-Aubin, absorbée par celle de Florennes en 1808, fut réofficialisée le 1er janvier 1835. Du 17e au 19e siècle, le travail du fer permit le développement de l'économie villageoise. Plusieurs moulins et carrières ont été exploités, dont une argilière toujours en activité.

À VOIR

De **l'abbaye Saint-Jean-Baptiste de Florennes**, il ne reste aujourd'hui que la **ferme**. Les bâtiments, d'époques différentes, sont disposés en U autour d'une vaste cour carrée avec en son centre un abreuvoir circulaire (18e siècle) restauré en 2007. De l'ancienne hôtellerie (18e siècle, transformée fin du 19e), subsistent une tourelle abritant un escalier à vis, six écuries sous fenil, le porche fermé par des portails surbaissés, un bâtiment plus profond ayant abrité la brasserie et le four, la grange ouverte en brique et calcaire avec dépendances et étables sous fenil, et d'anciens jardins clôturés par des hauts murs de calcaire. Dans le village, la **ferme de la Maladrerie** est un ensemble dispersé en moellons de calcaire des 18e et 19e siècles qui abritait la léproserie dépendant de l'abbaye. La **cense de l'abbaye** ou **grande cense**, reconstruite au 18e siècle, est une remarquable ferme en moellons de calcaire à l'allure d'une forteresse, avec cour polygonale et portail surbaissé à clé avec une grange à porte bouchée au linteau frappé d'un écu « IHS/1732 ». À

Saint-Aubin : ferme de l'abbaye, quartier des étrangers érigé en 1720 par Simon Nenquin, abbé de Florennes

Thy-le-Bauduin : intérieur néoroman de l'église Saint-Pierre

l'intérieur, les pièces sont couvertes de voûtes nervurées en brique. Le **petit moulin** (17e siècle) est en moellons de calcaire avec triple vanne en pierre bleue ; le **grand moulin** fut quant à lui une tannerie de 1905 à 1938. L'**église** paroissiale **Notre-Dame du Mont Carmel** construite en 1900 en moellons de calcaire renferme un ancien bénitier transformé en fonts baptismaux de style gothique primaire (16e siècle), un fragment de la pierre tombale de Martin de Remouchamps (abbé de l'abbaye de 1574 à 1600), un maître-autel de 1929 en marbre rouge royal et des statues polychromes : sainte Barbe (17e siècle), saint Roch (18e), Notre-Dame du Mont Carmel (19e), saint Jean l'Évangéliste et saint Aubin (16e).

ÉVÉNEMENTS

- grand feu, le samedi suivant le mardi gras
- marche à Notre-Dame du Mont Carmel, le 16 juillet ou le dimanche suivant

THY-LE-BAUDUIN | 5621

- Thy viendrait de *thyers*, signifiant « monticule », Bauduin tirerait son origine du nom d'un légionnaire romain qui y aurait vécu
- Thyriobalduiniens ; *godis* (éleveurs de verrats)
- zone essentiellement rurale et agricole, sol varié avec quelques coteaux, entre 190 et 260 m d'altitude ; forêt domaniale de « Tcheslet » ou « Cheslé »
- N 5 et N 532, lignes de bus 111A Thuillies-Walcourt, 451 Charleroi-Couvin, 138s Florennes-Thy-le-Bauduin
- 378 ha

HISTORIQUE

Les vestiges d'une forteresse celtique ou gauloise (armes en fer, monnaies gauloises) ont été mis au jour au « Cheslé » ; des objets du 1er au 3e siècle furent par ailleurs extraits d'une villa gallo-romaine. Aux Temps Modernes et jusqu'à la fin de l'Ancien Régime, Thy-le-Bauduin était une seigneurie faisant partie de la terre de Morialmé, principauté de Liège, quartier de Sambre-et-Meuse. Le bourg relevait de deux cours foncières : celle du seigneur de Morialmé et celle de l'abbé de l'abbaye bénédictine de Liessies (nord de la France). Au début du 17e siècle, elle connut plusieurs procès de sorcellerie. Malgré la neutralité de la principauté de Liège, la localité eut à subir les guerres du 17e siècle. Elle fut pillée en 1649 par les troupes lorraines à la solde de l'Espagne. Sous le régime français, Thy-le-Bauduin devint une municipalité à part entière.

À VOIR

La place réunit un ensemble de bâtiments, maisons, granges, étables et dépendances agricoles en moellons calcaires des 17e-19e siècles. L'**église** paroissiale **Saint-Pierre** (1876), de style néoroman, est bâtie sur l'emplacement d'une ancienne chapelle du 15e siècle. En face de l'église, la **ferme des moines de l'abbaye de Liessies** a conservé son corps de logis de la première moitié du 17e siècle, remanié à la fin du 18e, comme la façade au 20e, une grange et des dépendances du 19e. Rue du Tienne, on découvre une autre **ferme,** remaniée au 18e siècle, avec étable, fenil, porcheries et grange du 19e. Le **moulin du Petit Bois** est un ancien moulin du 18e siècle fortement réaménagé au 20e, dont l'ancien bief pour l'alimenter de l'eau du Thyria et le canal de vidange sont encore visibles. La **chapelle Sainte-Brigitte** (sainte Brigide d'Irlande), construite en 1851 en briques avec toiture en ardoises, est entourée de deux tilleuls, l'un planté en 1851, l'autre en 1930 à l'occasion du centenaire de l'indépendance de la Belgique.

ÉVÉNEMENTS

- marche Saint-Pierre, le dimanche suivant la marche des Saints-Pierre-et-Paul de Florennes

FOSSES-LA-VILLE

- arrondissement de Namur
- localités : Aisemont, Fosses, Le Roux, Sart-Eustache, Sart-Saint-Laurent, Vitrival
- 6 239 ha ; 10 037 habitants (01/01/2011)

AISEMONT | 5070

- au 14e siècle, *En-les-Monts*, *Inzémont* en wallon ; au 19e siècle, *Aisemont*
- Aisemontois ; sobriquet wallon : les *Gadis* = gardiens de chèvres ; autrefois chaque famille du village élevait une ou plusieurs chèvres
- village rural, agriculture, élevage, zone industrielle, carrières de chaux et de pierres calcaires, plateau vallonné entre 166 et 217 m d'altitude
- N 98, ligne de bus 150A Tamines-Ermeton-sur-Biert
- 560 ha

HISTORIQUE

Jusqu'au 19e siècle, Aisemont était un hameau de la ville de Fosses. Ce n'est qu'en 1871 qu'il fut érigé en commune distincte. Il garda ce statut jusqu'en 1977. On possède fort peu de renseignements sur les origines de la localité. Des tombes découvertes sur son territoire attestent que le site était occupé à l'époque franque. Après la christianisation de nos régions, les habitants d'Aisemont durent, pendant mille ans, se déplacer à Fosses pour accomplir leurs devoirs religieux et enterrer leurs morts. En 1666 le village fut doté d'une chapelle, mais ce n'est qu'en 1867 qu'il fut érigé en paroisse indépendante, avec une église, un presbytère et un cimetière. Sous l'Ancien Régime, l'histoire d'Aisemont se confond avec celle de la ville de Fosses, dont elle partagea les vicissitudes au cours des siècles. Les bourgeois d'Aisemont jouissaient des mêmes droits civils et politiques que ceux de Fosses. Le caractère agricole de la localité tient à la fertilité du sol ; les récoltes de céréales y sont généralement abondantes. En outre, par son emplacement sur un site de roches calcaires, Aisemont a connu, au 19e siècle, un essor économique remarquable par l'exploitation industrielle de carrières de pierres et de chaux qui, de nos jours, occupent encore 80 ouvriers.

À VOIR

Aisemont est une véritable curiosité par l'alignement des maisons du village le long de son unique rue et de deux ruelles parallèles à celle-ci. Au centre du village, l'**église** paroissiale **Saint-Joseph** construite dans un style néoclassique, en briques et en pierres bleues, date de 1860. À l'intérieur, des statues et des motifs sculptés en bois témoignent du talent des artistes locaux. En bordure de la place, une grotte dédiée à Notre-Dame de Lourdes a été édifiée à la fin de la Seconde Guerre mondiale et inaugurée en 1946. Non loin de là s'élève l'**arbre du Centenaire**, planté en 1971 lors des fêtes du centenaire de la commune. Un mur de la salle paroissiale est garni d'un **grand médaillon** à l'image d'une chèvre cornue à souhait : c'est celle qui, un jour, dans les campagnes d'Aisemont, aurait encorné, bousculé et mis en fuite un soldat prussien qui menaçait le gardien du troupeau. Depuis, la *gade* du *gadi* est devenue l'emblème du courage et de la ténacité des Aisemontois.

Le buste reliquaire de saint Feuillen (16e et 18e siècles)

Collégiale Saint-Feuillen : les fonts baptismaux du 13e siècle

Collégiale Saint-Feuillen : tour du 11e siècle

Fosses : kiosque à musique (1937) édifié sur le modèle d'un pavillon du parc de Versailles

ÉVÉNEMENTS

- fricassée du Mardi-gras, offerte avec du pain à tous les assistants
- Grand feu, le premier dimanche du Carême
- fête communale avec la sortie de la *limotche*, une bête à cornes maléfique, qui parcourt les rues du village et qui, rouée de coups, s'écroule et meurt après avoir accouché d'une nouvelle *limotche*, le premier dimanche de septembre
- marche Notre-Dame, le premier dimanche d'octobre

FOSSES | 5070

- au 7e siècle, *Fossa* : fosse en latin ; au 10e siècle, *Fossues* = génitif de Fosses en latin du Moyen Âge ; au 19e siècle, *Fosse* ou *Fosses* ; en 1949, Fosse ; en 1963, Fosses-la-Ville
- Fossois ; sobriquet, *les Chinels*
- agglomération blottie au creux de la vallée de la Biesme, dans une « *fosse* », et entourée de hameaux situés sur des collines recouvertes de bois et de champs cultivés ; 95 à 265 m d'altitude
- N 98 et 922, lignes de bus 10 Namur-Châtelineau, 56 Namur-Couvin, 150A Tamines- Ermeton-sur-Biert
- 2 081 ha

HISTORIQUE

La découverte d'outils en silex atteste que le site de Fosses était habité aux temps préhistoriques. À l'époque celtique, un hameau baigné par la *Bebrona* (la Biesme) se situait à l'emplacement de la ville actuelle. Au 2e siècle après J.-C., le pays de Fosses devint le siège d'une importante *villa* romaine. On a mis au jour à Taravisée un cimetière datant de la même époque et renfermant un mobilier à incinération. Au 7e siècle, sainte Itte, la fille du maire du palais Pépin l'Ancien, et sa fille, sainte Gertrude de Nivelles, étaient propriétaires d'un vaste domaine comprenant les localités de Fosses, Aisemont, Falisolle, Vitrival et Auvelais. Tout en gardant pour leur famille la nue-propriété de ce domaine, elles en concédèrent la jouissance à un moine venu d'Irlande, saint Feuillen, qui en 651 fonda, avec un groupe de ses compatriotes, le premier monastère irlandais de notre pays. Au début du 10e siècle, ce monastère devient la propriété des princes-évêques de Liège et se transforme en un chapitre de chanoines, qui s'installent sur l'emplacement de l'actuelle place du Chapitre, tandis que se constitue aux abords de la place du Marché une agglomération occupée par une population civile. Telle est l'origine de la dualité topographique du centre urbain de Fosses : une *ville de chanoines*, connue sous le nom d'*encloître*, et une *ville des bourgeois*. À cette époque, la population était gouvernée par deux seigneuries distinctes : celle de l'évêque de Liège qui régnait sur la ville des bourgeois et sur les hameaux périphériques ; celle du chapitre local qui gouvernait l'encloître comprenant l'église collégiale et les maisons claustrales destinées aux chanoines et à leurs serviteurs. Au 12e siècle, la ville fut détruite par le comte de Namur, puis reconstruite et entourée de solides remparts. Au 13e siècle, le chapitre de Fosses connut un essor

Fosses : chapelle Sainte-Brigide (17e siècle)

Fosses : chapelle Sant-Roch (1635)

qui lui fit acquérir des biens, droits et revenus dans plus de soixante localités de la Wallonie actuelle. Cette prospérité économique lui permit d'exercer une pression matérielle et spirituelle sur les habitants de l'agglomération urbaine, mais ceux-ci prirent rapidement conscience de l'opportunité de réagir. C'est ainsi qu'ils obtinrent leurs premières franchises, la création d'une juridiction composée de magistrats fossois (1234) et d'une halle destinée à promouvoir le commerce local (1267). En revanche, le chapitre connut alors une certaine décadence, due à un relâchement de la discipline, à un régime de prébendes individuelles et au délaissement progressif de la vie commune. En 1302, les bourgeois se soulevèrent contre les chanoines qui leur imposaient leur privilège de juridiction et il fallut l'intervention *manu militari* du prince-évêque pour faire cesser la révolte. En 1318, la ville de Fosses fut dotée d'un conseil communal dont les bourgmestres et conseillers étaient élus chaque année par la communauté des bourgeois. Le pouvoir communal appartenait à l'assemblée générale des bourgeois appelés à se prononcer sur toutes les affaires qui mettaient en cause les principaux intérêts de la communauté urbaine. Le conseil communal devait se limiter à gérer les affaires courantes. Ainsi s'exerçait la démocratie urbaine à Fosses à cette époque. Le respect de la liberté personnelle, de l'inviolabilité du domicile et de la propriété privée était garanti à tous les habitants et non seulement aux bourgeois. La paroisse était régie par un curé (le *vesti*), qui depuis 1273 était choisi par le chapitre. Malheureusement, le pays de Fosses, enclavé dans le comté de Namur, subit le sort peu enviable des terres marginales et devint un véritable champ de bataille au cours des siècles. Brûlée en 1408, en 1429 et en 1554, la ville fut pillée par les Huguenots en1568, dévastée par la peste en 1634 et rançonnée en 1640 et 1653 par des troupes d'occupation, mais elle parvint chaque fois à se relever. En 1795, après leur victoire de Fleurus, les Français occupèrent le pays, le chapitre fut supprimé et Fosses devint le chef-lieu du sixième canton du département de Sambre-et-Meuse. En 1830, plusieurs Fossois participèrent aux combats de Bruxelles. Au 19e siècle, le pays connut un développement de l'agriculture dû à une politique de déboisement et à l'adoption de techniques nouvelles. Au cours de la seconde moitié du 20e siècle, la localité a subi une crise économique sans précédent. La plupart des petites entreprises artisanales et commerciales ont disparu les unes après les autres. De nos jours, la ville de Fosses est devenue un gros village dont les habitants s'appliquent à développer un tourisme basé sur la richesse du folklore local et du patrimoine historique de la cité.

À VOIR

En entrant dans le faubourg fossois *d'En Leiche*, on aperçoit la **chapelle Saint-Roch**, dont le bâtiment s'élève sur une légère butte située à gauche de la chaussée. Il s'agit d'un édifice construit en moellons de calcaire et en brique, en 1635, pour conjurer une épidémie de peste. La chapelle abrite une statue de saint Roch en bois polychrome du 18e siècle. Un peu plus loin, à gauche, le **château d'En Leiche**, ancien couvent des Sœurs Grises, dont la façade à rue, construite en briques sur soubassement biseauté de moellons, présente dix travées de fenêtres datant du 17e siècle. Avant de pénétrer dans le centre de Fosses, ne pas manquer d'emprunter, à droite de la chaussée, la route menant au Domaine de Sainte-Brigide, situé sur une petite colline surplombant la ville. La **chapelle Sainte-Brigide**, construite en calcaire de tradition gothique, date du 17e siècle, mais des fouilles archéologiques ont permis de découvrir les vestiges de trois édifices antérieurs érigés au même endroit : une cellule monastique du 7e siècle, une chapelle carolingienne du 9e siècle et une chapelle romane du début du 12e siècle. La chapelle actuelle comprend une nef de trois travées, un chevet à trois pans, deux porches et une tour surmontée d'un pavillon d'ardoises. Des vestiges de la chapelle romane et notamment la façade de celle-ci sont visibles à l'intérieur de la tour, acces-

Fosses (place du Marché) : vitrail du Chinel

Fosses : le musée du petit Chapitre contient une riche collection de poupées folkloriques

sible au public. Dans la nef éclairée par quatre fenêtres munies de vitraux s'élève un monolithe calcaire de 2 m 30 de hauteur ; c'est une **tourelle eucharistique** construite en style gothique de la fin du 15e siècle. Les porches sont surmontés d'une chambrette à feu ouvert qui servait autrefois de logement à un ermite. Il faut savoir qu'à l'époque où saint Feuillen est arrivé à Fosses, les moines irlandais avaient l'habitude de construire à une certaine distance de leur monastère un ermitage où l'abbé de la communauté devait se retirer pendant toute la durée du carême. Ce sont ces moines irlandais qui ont introduit le culte de sainte Brigide à Fosses et il est probable que ce sont eux qui ont édifié un premier oratoire en son honneur sur le site de la chapelle actuelle. C'est pourquoi on s'est permis d'y reconstituer un ermitage à l'image de ceux que les moines irlandais construisaient au temps de saint Feuillen. On a d'abord édifié un **oratoire** en pierres sèches et en forme de coque de bateau renversée avec, à l'intérieur, les copies d'un reliquaire, d'un évangéliaire, d'un calice et d'un ciboire, conformes aux modèles irlandais du 7e siècle. Puis ce fut la construction d'une **cellule monastique** en pierres sèches et en forme de ruche, comme il en subsiste plusieurs exemplaires en Irlande. Et enfin on a rouvert un **puits d'eau lustrale** dédié à Brigide, incarnation chrétienne de *Briganda*, déesse païenne de la fécondité. Cet ermitage, unique en Belgique, a été inauguré le 22 juin 2002 en présence de la représentante de l'ambassadeur d'Irlande à Bruxelles. En descendant en ville par la rue Delmotte, on aperçoit le nouveau bâtiment de la **Justice de Paix**, construit en 1987. On peut y visiter une exposition permanente de moulages de sceaux du chapitre et de la commune de Fosses, de croquis reproduisant des monnaies frappées à Fosses au Moyen Âge, ainsi que des photographies de documents d'archives du 10e au 18e siècles. La salle d'audience est ornée de vitraux, de fers forgés et de tableaux représentant l'emblème de la justice de paix, une balance mariée à une colombe, ainsi que des coins pittoresques des différentes localités du canton. Autour de la place du Marché se situent l'hôtel de ville construit en 1895, la **Coû del Mairesse**, une ruelle du Moyen Âge, et le **vieux Moulin**, ancien moulin banal du prince-évêque de Liège, dont la façade latérale, du 16e siècle, sert de support à une ancienne meule et est creusée d'une niche abritant une statuette de sainte Catherine, patronne des meuniers. La façade principale, entièrement refaite au 20e siècle, conserve un ancien portail mouluré en plein cintre et est percée de deux fenêtres munies de vitraux réalisés en 1953. Au centre de la place se dressent un **kiosque** édifié en 1937 sur le modèle d'un pavillon du parc de Versailles et une **statue des Chinels** réalisée en 1986, excellent ouvrage de dinanderie en ronde-bosse ; dommage que la patine qui recouvre les personnages évoque un sabbat de sorciers plutôt que la danse de joyeux bossus. En revanche, les **vitraux du vieux Moulin** figurent fort bien les personnages pétillants des Chinels. Montons à présent sur la place du Chapitre, au centre de laquelle une **pompe** datant du 18e siècle est abritée dans un pilier de pierre et surmontée d'un vase. Autour de

Fosses : reconstitution d'un ermitage irlandais du temps de saint Feuillen (7e siècle)

Fosses (place du Marché) : statue des Chinels

la place, le **Musée du Petit Chapitre** renferme une belle collection de poupées folkloriques, et le Monument des Marcheurs, inauguré en 1986 et sculpté en bas relief sur pierre de France, représente des militaires dont les uniformes ont malencontreusement perdu leurs couleurs d'origine. La place est entourée de **maisons claustrales** datant des 17e et 18e siècles. On sait qu'à cette époque les chanoines de Fosses habitaient dans des maisons particulières, où nombre d'entre eux menaient une existence de célibataires s'enivrant et vivant en concubinage. Parmi les maisons claustrales qui ont subsisté jusqu'à nos jours, la plus remarquable est la **maison du Doyen**, rebâtie en 1622 au fond d'une cour et adossée à une grosse tour, la tour Blamont, qui faisait partie des remparts. La **collégiale Saint-Feuillen** est un ensemble architectural composé d'éléments datant de différentes époques. La **tour romane**, construite au 11e siècle en moellons de calcaire et de grès, est flanquée de deux solides tourelles d'escaliers. Autrefois, la salle située au rez-de-chaussée de cette tour était destinée au culte des paroissiens de Fosses. Ceux-ci en effet n'ont jamais possédé d'église particulière. La flèche de la collégiale, de style baroque, date du 18e siècle. De nos jours, un carillon de 19 cloches joue, aux heures et aux demies, l'air des *Chinels*. Une **crypte en hors-d'œuvre**, la seule qui subsiste aujourd'hui en Belgique et située au chevet de l'église, date de la fin du 11e siècle. Elle se termine à l'est par trois absidioles destinées à des autels particuliers et est éclairée par plusieurs vitraux dont un à l'image de saint Feuillen et un autre à celle de sainte Gertrude, réalisés en 1999 et en 2001. Au 18e siècle, les murs extérieurs de la **nef d'époque romane** ont été recouverts de briques avec chaînages en grès blancs, tels qu'on peut encore les voir aujourd'hui. À l'entrée de la collégiale se dresse une **croix irlandaise** en pierre calcaire inaugurée en 1998 en mémoire de saint Feuillen. On accède dans l'église par un porche qui abrite une **maquette** réalisée en 1998 ; elle représente la topographie d'un monastère irlandais du 7e siècle, avec ses cellules, ses oratoires, son hôtellerie et ses autres bâtiments. En 2005, on a inauguré une **statue de saint Feuillen** qui accueille le visiteur à son entrée dans le sanctuaire. La collégiale abrite de nombreuses statues dont celles de saint Éloi (16e siècle), de sainte Julienne (16e siècle), de saint Feuillen (17e siècle), de saint Hubert (17e siècle), de sainte Gertrude (18e siècle) et de Notre-Dame de Walcourt (18e siècle). Un long chœur est séparé de la nef par une clôture en marbre et une **grille en laiton** du 18e siècle. Le maître-autel de style baroque est flanqué de deux statues du 17e siècle. Six chapelles sont aménagées le long des flancs nord et sud du bâtiment ; une d'entre elles abrite des **fonts baptismaux** en pierre datant du 13e siècle, ainsi qu'un **chapiteau roman** qui représente des oiseaux de mauvais augure (des *basilics*) dont les cous entrelacés sont ceux de l'*aspic*, le diable qui tenta Ève au paradis terrestre. Des épisodes de la vie de saint Feuillen sont illustrés par les panneaux des stalles (16e siècle), par les grands tableaux peints du chœur (18e siècle) et par les plaques de cuivre qui recouvrent les parois latérales de l'autel inauguré dans le nouvel espace liturgique à la fin du 20e siècle. La **châsse de saint Feuillen**, revêtue de deux hauts reliefs en argent du 16e siècle, a été rafraîchie et dotée d'une nouvelle civière en 2002. Quant au **buste contenant le crâne de saint Feuillen**, il est constitué de trois éléments d'époques différentes : le buste proprement dit, qui date du 16e siècle, un piédestal daté de 1699 et une petite porte constituée d'une **plaque mobile**, œuvre du célèbre orfèvre Hugo d'Oignies : c'est l'objet le plus précieux du trésor de la collégiale. Enfin, on ne peut quitter Fosses sans aller goûter un moment de détente sur le **site du lac de Bambois**, la plus belle création écologique réalisée à la fin du 20e siècle dans la région, avec ses jardins de senteurs, de la gourmandise et de la poésie, ses affûts ornithologiques, sa pépinière et ses parties de pêche en barque.

Sart-Eustache : château du 17e siècle (tour du 16e)

ÉVÉNEMENTS

- grand feu de Fosses, le samedi avant le mardi gras
- fricassée offerte avec du pain à tous les assistants, le mardi gras
- grand feu à Haut-Vent, le troisième samedi du Carême
- carnaval du *Laetare* ; sortie des Chinels, le troisième dimanche avant Pâques
- pèlerinage aux « baguettes guérisseuses » de sainte Brigide, le premier dimanche de mai
- fête communale de Haut-Vent et sortie de la *limotche,* le troisième week-end de juillet
- marche militaire Saint-Bietrumé, à Bambois, le quatrième dimanche d'août
- marche militaire Saint-Remy, à Névremont, le troisième dimanche de septembre
- marche Saint-Feuillen : plus de deux mille marcheurs, tous les sept ans ; prochaine septennale, le dernier dimanche de septembre 2012

LE ROUX | 5070

- en 1198, *Ruez* ; en 1500, *Roulz*, du néerlandais moyen *Rode* = défrichement ; en wallon, *Reux* = terrain défriché, essart
- Roveliens ; en wallon, les *Routis*
- village agricole : plus de 400 ha de cultures et de prés, plateau entouré de vallées, entre 96 et 200 m d'altitude
- N 922, ligne de bus 10 Namur-Châtelineau
- 739 ha

HISTORIQUE

Dans des grottes situées à l'ouest du village, on a trouvé des silex datant du paléolithique et du néolithique. Quatre bas-fourneaux servant à fondre le fer ont par ailleurs été découverts dans un site où les archéologues ont mis au jour une importante *villa* romaine. Au Moyen Âge et aux Temps Modernes, Le Roux était une dépendance d'Aiseau et faisait partie du duché de Brabant. Une cour compétente en matière de droit rural y rendait la justice. Les *masuirs* (voir Vitrival) jouissaient des droits d'affouage dans les bois communaux. En 1198, la paroisse de Le Roux fut rattachée au prieuré d'Oignies et le culte y fut dès lors célébré par des moines de ce prieuré. Ce n'est qu'au début du 18e siècle que les paroissiens de Le Roux obtinrent un curé résident, un presbytère et une église. En 1795, Le Roux fut détaché du Brabant pour faire partie du département de Jemappes, en Hainaut. En 1806, il devint une commune du département de Sambre-et-Meuse, puis, en 1819, de la province de Namur. En 1914, des combats acharnés eurent lieu dans la plaine de la Belle-Motte, au nord du village ; 380 soldats français y trouvèrent la mort et y furent enterrés. Autrefois, Le Roux a été le siège d'une carrière de schiste et d'une sablière. Toute activité industrielle a aujourd'hui disparu, tandis que l'agriculture s'y est développée aux 19e et 20e siècles.

À VOIR

L'**église paroissiale**, dédiée à sainte Gertrude de Nivelles et située au centre de la localité, a été construite en 1828, en style néoclassique, à l'emplacement d'une première église agrandie en 1734. Le maître-autel est surmonté d'un grand tableau du 18e siècle, qui représente le Christ apparaissant à sainte Marie d'Oignies. Outre une statue de sainte Gertrude du 17e siècle, une dizaine d'anciennes statues en bois sculpté à l'image de saints tutélaires ornent les bas-côtés de l'église. En 1962, un chemin de croix comprenant 14 tableaux en cuivre repoussé a enrichi l'ornementation du sanctuaire. En 1967, on a aménagé dans le chœur un autel en chêne massif, face au peuple, conformément à l'esprit de la nouvelle liturgie. Enfin, une statue en plâtre de saint Mutien-Marie a été inaugurée à la fin du 20e siècle.

La **chapelle Saint-Roch** a été édifiée en 1761 pour empêcher la propagation d'une épidémie de choléra. C'est une petite construction classique en brique, calcaire et grès, située dans un pré surplombant la chaussée, à l'entrée du village. Le **cimetière militaire de la Belle-Motte** est installé au bout de la rue menant à Aiseau ; 4 085 soldats français tués lors de la bataille de la Sambre, en 1914, y sont inhumés. En 1994, un mémorial a été érigé au lieu-dit *Quatre Chemins*, en mémoire des soldats français tués à « *La Belle Motte* ».

ÉVÉNEMENTS

- marche-Sainte-Gertrude, à la procession du 15 août
- fête de Le Roux avec sortie de la *limotche* et du géant *Mazarac*, du nom d'un bandit qui aurait terrorisé autrefois la région, le dernier week-end d'août

Le Roux : 4 085 soldats français tués lors de la bataille de la Sambre (1914) reposent dans ce cimetière

SART-EUSTACHE | 5070

- en 1639, *Sart à l'Estache*, du latin *Sartum* = terre défrichée, et du vieux français *Estache* = le pilori, la potence ; en wallon, *Au Saut à Stache*
- Sart-Eustachois ; en wallon, les *Djins do Saut*
- village agricole et résidentiel, campagnes vertes mêlées de bois de haute futaie, plus de 200 hectares de terres labourées, plaine limoneuse arrosée par la Biesme et par deux de ses affluents
- N 922, ligne de bus 10 Namur-Châtelineau
- 324 ha

HISTORIQUE

Au Moyen Âge, les habitants de la région ont défriché des surfaces boisées et en ont fait des terres labourables. C'est au milieu de ces essarts que se sont élevées les premières maisons des hameaux d'un domaine qui relevait des comtes de Namur et qui, au 12e siècle, comprenait des jardins, des champs cultivés et un moulin. En 1395, un ferronnier de Biesme y édifia deux forges qui se développèrent et devinrent au 17e siècle une *huisine* autour de laquelle se regroupèrent les habitations qui forment le centre actuel du village. En 1562, la chapelle de la localité fut érigée en paroisse. En 1665, le château, les forges et les terres furent vendues à un habitant de Biesme, qui fut le premier seigneur de Sart-Eustache. Après la Révolution française, Sart-Eustache devint une commune de l'arrondissement de Namur et elle garda ce statut jusqu'en 1977.

À VOIR

L'**église Sainte-Croix** en style néogothique a été construite en 1860. Elle abrite des fonts baptismaux du 16e siècle et une chaire de vérité en bois sculpté. Le **château** date du 17e siècle. Il se présente comme une bâtisse construite en briques et en pierres bleues, ceinturée de douves, sauf au sud-ouest, où il donne sur un grand parc agrémenté de pièces d'eau alimentées par la Biesme. La tour a été édifiée au 16e siècle. Autrefois, elle était munie d'un pont-levis. La ferme attenante, dite **ferme de la Basse-Cour**, date du 18e siècle. Actuellement, le domaine est la propriété de la famille d'Orjo de Marchovelette, dont les armes ornent le linteau du porche du château.

ÉVÉNEMENTS

- grand feu, le deuxième samedi du Carême
- marche militaire Saint-Roch, le dimanche avant le 15 août

SART-SAINT-LAURENT | 5070

- en 1121, *Ecclesia Sancti Lamberti de Sarto* ; en 1294, le *Sart-Sainct-Laurens*, du latin *Sartum* = terre défrichée, essart
- Sartois ; en wallon, *Les Sautis*
- village rural comptant plus d'une demi-douzaine de grosses fermes ; importants domaines agricoles, plateau arrosé par un ruisseau affluent de la Biesme et par trois ruisselets, entre 156 et 267 m d'altitude
- N 940, ligne de bus 10 Namur-Châtelineau
- 1 570 ha

HISTORIQUE

Jusqu'au 11e siècle, la quasi-totalité du territoire de Sart-Saint-Laurent était couverte par la forêt de Marlagne. C'est l'essartage de cette forêt qui est à l'origine d'un petit village de bûcherons et d'une chapelle à cet endroit. À proximité coulait une fontaine que les essarteurs dédièrent à saint Laurent. Puis la localité s'étendit non seulement vers Floreffe, mais aussi vers Fosses. C'est pourquoi le village fut bientôt composé de deux hameaux : le Sart-Saint-Laurent (Floreffe, 1 360 ha), qui faisait partie du comté de Namur d'une part, et le Sart-Saint-Lambert (Fosses, 209 ha), qui relevait de la principauté de Liège d'autre part. En 1121, le

Sart-Saint-Laurent : le vieux tchêne à l'imaudje marquait la limite entre les domaines de l'abbaye de Floreffe et de Fosses

Sart-Saint-Laurent : la chapelle Saint-Laurent (16e siècle), chœur d'une ancienne église disparue

comte de Namur concéda à l'abbaye de Floreffe la possession perpétuelle du Sart-Saint-Laurent et au 17e siècle, l'abbé de Floreffe acquit tous les droits seigneuriaux sur les habitants de l'endroit. Quant aux habitants du Sart-Saint-Lambert, ils jouissaient du même statut politique que les habitants de Fosses. Cette situation fut à l'origine de nombreuses difficultés. Les formalités administratives devaient être effectuées soit à Fosses soit à Floreffe et les fidèles étaient contraints de s'y déplacer pour accomplir leurs devoirs religieux. Ce n'est qu'en 1863 qu'une église fut édifiée au centre du village et desservie par un curé résident. En 1890 enfin, une loi mit fin à la division de la localité en deux parties et consacra la constitution d'une commune autonome sur l'ensemble du territoire : la commune de Sart-Saint-Laurent.

À VOIR

En quittant le centre du village et en entrant au cimetière, on aperçoit, au milieu des tombes, la **chapelle Saint-Laurent**, qui n'est autre que le chœur à chevet d'une ancienne église désaffectée et démolie au 19e siècle. Cette première église du Sart avait été construite en moellons de grès et de calcaire au 12e siècle. Au 16e siècle, elle a été munie de fenêtres chaînées et embrasées, toujours visibles actuellement, et en 1866, l'arc de la façade a été restauré en briques. La chapelle renferme un autel en bois et une statue de saint Laurent datant du 16e siècle. Non loin du cimetière se trouve la **fontaine Saint-Laurent**, dont les eaux ont la réputation de guérir les maladies de la peau. Il faut savoir que saint Laurent a subi le martyre, brûlé vif sur un gril. C'est pourquoi il est invoqué pour soigner les éruptions de la peau qui donnent des sensations de brûlure, les *poquètes Sint-Laurint*.

Sart-Saint-Laurent compte une demi-douzaine d'autres chapelles construites aux 19e et 20e siècles ; la plupart sont consacrées à Notre-Dame. Le village est ceinturé de grosses fermes qui témoignent de la vocation agricole de la région. Certaines méritent le détour. La **ferme de Wimbosteck**, qu'on peut apercevoir à droite de la nationale en venant de Namur, se présente comme un ensemble de bâtiments dont la construction s'étale du 16e au 20e siècle. À la fin de l'Ancien Régime, elle regroupait plus de 15 hectares. Dans le prolongement de la rue qui mène à la fontaine Saint-Laurent, la **ferme de Malplaquée** est bâtie à côté d'un **vieux chêne** qui marquait autrefois la limite entre le domaine de l'abbaye de Floreffe et celui de Fosses : un *tchêne à l'imaudje* (en ancien wallon, *limaudje* = borne). Dans le centre du village, l'**église** paroissiale **Saint-Laurent**, construite en pierres bleues et briques, date de 1863. En 1994, elle a été frappée par la foudre, qui a déclenché un incendie détruisant les autels, les confessionnaux, les orgues et le clocher. Des travaux de restauration entrepris en 1997 permirent d'inaugurer, le 18 avril 1999, un sanctuaire rénové dans un style résolument moderne.

ÉVÉNEMENTS

- fête de Saint-Laurent : procession jusqu'à la fontaine, où les marcheurs trempent la crosse de leur fusil dans l'eau guérisseuse, le 15 août

VITRIVAL | 5070

- au 13e siècle, *Vetere Valli* = la vieille vallée ; en 1319, *Vitrieval* ; en 1447, *Vitrivault* ; en 1635, *Vitrival* ; en wallon, *Viètrivaux* = vers les trois vallées
- Vitrivalois : sobriquet, les *Catulas* = truands, pilleurs de grains
- village résidentiel et forestier, ensemble de petites collines arrosées par cinq ruisselets et affluents de la Biesme, entre 150 et 245 m d'altitude
- N 922, ligne de bus 10 Namur-Châtelineau
- 965 ha

HISTORIQUE

Dans la préhistoire, une forêt très dense et très épaisse couvrait la région de Vitrival. Les habitants, depuis l'époque néolithique jusqu'à la fin du 19e siècle, ont déboisé cette forêt pour la convertir en champs destinés à l'agriculture. À l'époque celtique, le vieux chemin gaulois menant de Fosses

Vitrival : la chapelle aux Rats abrite une statue de sainte Gertrude de Nivelles

Vitrival : l'église Saint-Pierre, édifice néoclassique du milieu du 19e siècle

à Walcourt traversait la localité. On a découvert sous les racines d'un arbre un « trésor » composé de quatorze pièces de monnaie romaine, frappées au 3e siècle après J.-C. Après l'an mil, Vitrival devint un hameau de la ville de Fosses. Au 13e siècle, les bourgeois de Vitrival jouissaient des mêmes droits et privilèges que les bourgeois de Fosses et participaient comme ceux-ci aux élections communales. Sur le plan religieux, le culte se célébrait dans une petite chapelle desservie par un prêtre de Fosses. Ce n'est qu'en 1843 qu'une église remplaça cette chapelle, que la localité fut érigée en paroisse et qu'elle fut dotée d'un curé résident. Au Moyen Âge, le territoire de Vitrival comprenait deux domaines distincts. Le premier appartenait au chapitre des chanoines de Fosses, qui y exploitaient une grande étendue de prés, de champs et de bois, notamment le Bois des Chanoines d'une étendue de 600 ha. La deuxième partie de ce territoire appartenait à la ville de Fosses, qui y possédait, elle aussi, plusieurs bois. Le prince-évêque de Liège, seigneur de Fosses, exerçait une autorité souveraine sur la population du domaine communal de Vitrival, et le chapitre possédait, de son côté, les mêmes pouvoirs sur la population de son propre domaine. Cette dualité donna naissance à de nombreux conflits en matière de droits d'usages forestiers, à savoir pour les habitants de l'endroit les droits d'affouage, de pâturage et de glandée. Or, à Vitrival, une catégorie de manants, les *mazuis*, prétendaient avoir depuis des temps immémoriaux le droit de bénéficier de ces usages non seulement dans les bois communaux, mais aussi dans les bois du chapitre, et plus particulièrement dans le Bois des Chanoines ; ce fut la source de nombreux procès. À l'époque, les *mazuis* étaient des habitants de Vitrival qui y possédaient une maison et un bonnier et demi de terre, ce qui les distinguait des manants, dépourvus à cet égard. Toujours est-il qu'après plusieurs litiges, les droits d'usage forestiers des mazuis furent cantonnés, en 1522, à 200 ha du Bois des Chanoines, lesquels prirent le nom de Bois des Mazuis. Sous le régime hollandais, la commune de Fosses acquit, en 1829, la propriété du Bois des Mazuis. En 1947, le droit d'affouage fut étendu gratuitement à chaque chef de ménage après deux ans de résidence à Vitrival. Lors de la fusion des communes en 1977, ce droit d'affouage fut maintenu, mais uniquement en faveur des Vitrivalois et non des autres habitants de la nouvelle entité, au grand dam de certains édiles fossois. De nos jours encore, les autorités communales font procéder chaque année à la délimitation d'autant de parcelles forestières qu'il y a de demandeurs de bois de chauffage et de construction, puis un tirage au sort désigne la coupe attribuée à chaque ménage. Telle est la survivance d'une coutume millénaire qui, à Vitrival, s'exerce toujours suivant son antique procédure, une singularité qui mérite d'être soulignée.

À VOIR

L'**église Saint-Pierre** est un édifice néoclassique en pierres bleues et en briques, construite en 1849. La **chapelle-aux-Rats** située au bout de la rue de Walcourt, abrite une statue de sainte Gertrude de Nivelles, invoquée pour la protection contre les rats et les souris.

Un **bas-relief sur pierre**, situé aux abords de l'église Saint-Pierre, porte des armoiries concédées à Vitrival le 31 octobre 1961, dont le texte est libellé comme suit :

« À la mémoire de nos aïeux. Blason du chapitre des Chanoines de Saint-Feuillen posé devant un chêne ». Il faut savoir que sous l'Ancien Régime, le chapitre de Fosses, seigneur de la plus grande partie du territoire de Vitrival, avait une armoirie à l'image du Lion d'Écosse, en souvenir de saint Feuillen, fondateur du monastère des Scots. C'est pourquoi cette figuration fut adoptée en 1961 par les édiles vitrivalois, en y ajoutant une décoration de feuilles de chênes, symbole du passé forestier de Vitrival.

ÉVÉNEMENTS

- fricassée offerte avec du pain à tous les assistants, le premier vendredi du carême
- grand feu, le premier samedi du Carême
- procession accompagnée par la marche Saint-Pierre, le dimanche le plus proche de la Saint-Pierre (30 juin)
- fête communale, avec sortie de la *limotche*, le deuxième week-end de septembre

GEDINNE

- arrondissement de Dinant
- localités : Bourseigne-Neuve, Bourseigne-Vieille, Gedinne, Houdremont, Louette-Saint-Denis, Louette-Saint-Pierre, Malvoisin, Patignies, Rienne, Sart-Custinne, Vencimont, Willerzie
- 15 156 ha ; altitude entre 185 et 500 m ; 4 437 habitants (01/01/2011)

HISTORIQUE

Une occupation très ancienne de l'actuel territoire de Gedinne est attestée par la découverte, au milieu du 19e siècle, de nécropoles hallstattiennes aux lieux-dits « Fosse-aux-morts » et « Chevaudes ». Dans les deux cas, il s'agit d'ensembles de tombelles à incinération remontant à l'âge du fer (entre 750 et 500 avant J.-C). Après cette première occupation celtique, ni l'archéologie ni l'histoire ne révèlent quoi que ce soit sur une autre présence humaine, et ce pendant un millénaire et demi. Tout porte à croire que, pendant longtemps, ce ne fut qu'un vaste territoire forestier assez inhospitalier, et seulement parcouru pour y chasser. Une première mention écrite apparaît en 1017, lorsqu'un texte hagiographique relate que les reliques de saint Gengulphe ont été abritées dans l'église de Gedinne. En fait, l'émergence des localités gedinnoises dans l'histoire se manifeste à l'occasion de leur participation, dès la fin du 9e siècle, aux « croix banales », processions propitiatoires se rendant à Saint-Hubert. Ensuite, on verra la plupart d'entre elles évoluer au gré des domaines seigneuriaux dont elles dépendent. À cet égard, le territoire gedinnois a été jadis assez partagé. Quatre villages (les deux Louette, Houdremont et Rienne), tout en constituant des seigneuries foncières spécifiques, ont relevé du comté (puis prévôté) d'Orchimont en terre luxembourgeoise. Quatre autres localités (Gedinne, Malvoisin, Patignies, Sart-Custinne) ont formé, elles, la principale enclave du duché du Bouillon (longtemps terre liégeoise, avant de devenir un état souverain au 18e siècle). Quant aux deux Bourseigne, tantôt distinctes tantôt unies, elles appartenaient au comté de Namur (prévôté de Poilvache). Vencimont fut une autre seigneurie foncière, passant des moines de Florennes aux seigneurs de Beauraing. Enfin, Willerzie, en terre luxembourgeoise, eut le destin d'une terre franche. Au cours du 17e siècle, tous ces villages eurent grandement à souffrir des guerres qui opposèrent la France à l'Espagne.

Après la Révolution et l'intégration à la République française, ces localités devinrent autant de communes, d'abord dans le département de Sambre-et-Meuse, puis dans la province de Namur. Au 19e siècle, elles bénéficièrent du désenclavement de cette partie de l'Ardenne grâce à la construction de la voie ferrée Dinant-Bertrix et à la réalisation des routes nationales, dont la N 95 Dinant-Bouillon et la N 935, qui traverse le canton de Gedinne de part en part. Le 20e siècle débuta fort mal, en raison de l'invasion allemande à la fin août 1914. Après le combat dit de Gedinne, extrêmement meurtrier, plusieurs villages furent incendiés et pillés. Willerzie fut ainsi complètement détruit, et Bourseigne-Neuve pour une bonne part. À Louette-Saint-Pierre, outre 38 maisons incendiées, on dénombra dix victimes civiles.

Les trois secteurs traditionnels d'activité économique sont toujours représentés sur l'ensemble du territoire gedinnois. Pour ce qui est du secteur primaire, les exploitations agricoles (essentiellement tournées vers l'élevage bovin et la production laitière) sont complétées par les activités en

Bourseigne : la Houille, un des cours d'eau dans lesquels le castor a été réintroduit

Vencimont : la chapelle Saint-Antoine aux murs recouverts d'ardoises

Croix Scaille

rapport avec la forêt, qui occupe toujours deux tiers de l'espace (bûcheronnage, scierie, commerce de bois). Par ailleurs se sont développées des entreprises – parfois importantes – dans les domaines de la construction et des travaux. Il n'empêche que le secteur tertiaire domine largement, en raison notamment du statut de Gedinne comme chef-lieu de canton. Ceci a engendré la concentration d'une série de services administratifs, d'institutions d'enseignement ainsi que de commerces. Pour le surplus, comme dans toute l'Ardenne namuroise, il y a aujourd'hui une large diffusion, sur l'ensemble du territoire gedinnois, des secondes résidences et des divers types d'hébergement touristique, la concentration la plus forte s'observant à Vencimont.

BOURSEIGNE-NEUVE | 5575

- *In novis Bursinis* (1070, = la nouvelle Bourseigne
- Boursignols
- N 952, lignes de bus 341 Beauraing-Bourseigne-Vieille, 441 Gedinne-Vencimont
- 1 482 ha

BOURSEIGNE-VIEILLE | 5575

- *Bursinas* (814), *Les Vies Borsiennes* (1411) ; pas d'interprétation satisfaisante
- Boursignols
- N 952, lignes de bus 341 Beauraing-Bourseigne-Vieille, 441 Gedinne-Vencimont
- 592 ha

GEDINNE | 5575

- *Geldina* (1028), *Gedina* (1075) = le domaine de Geldius
- Gedinnois
- gare ferroviaire, N 935, N 952, lignes de bus 141 Dinant-Graide, 241 Beauraing-Haut-Fays, 341 et 441 (ext.141), 9 Alle-Beauraing, 42 Rochehaut-Gedinne, 166B Bertrix-Gedinne
- 1 531 ha

HOUDREMONT | 5575

- *Houdremont* (1284) = le mont de Hulderic
- Houdremontois
- N 913, N 935, ligne de bus 9 Alle-sur-Semois-Gedinne-Beauraing
- 1 135 ha

LOUETTE-SAINT-DENIS | 5575

- *Lietra* (946), *Loitre Saint Denis* (1284) ; pas d'interprétation satisfaisante, sinon la référence au saint patron
- Louettois
- N 95, N 935, lignes de bus 9 Alle-sur-Semois-Gedinne-Beauraing, 166B Bertrix-Gedinne
- 985 ha

LOUETTE-SAINT-PIERRE | 5575

- *Lietra* (946), *Loite* (1379) ; pas d'interprétation satisfaisante, sinon la référence au saint patron
- Louettois
- N 935, lignes de bus 9 Alle-sur-Semois-Gedinne-Beauraing, 166B Bertrix-Gedinne
- 2 427 ha

MALVOISIN | 5575

- *Mauesin* (1297), *Malvoisin* (1382) ; pourrait signifier : manse (domaine agricole) établi contre le gré des habitants
- Malvoisinois
- N 95, lignes de bus 141 Dinant-Graide, 241 Beauraing-Haut Fays
- 507 ha

Louette-Saint-Pierre doit son nom au patron de son église

Façade néoromane de l'église de Rienne

PATIGNIES | 5575

- *Pantiniacus* (1235), *Pentegnies* (1235) = le domaine de Pantius
- Patignois
- N 95, ligne de bus 241 Beauraing-Haut Fays
- 838 ha

RIENNE | 5575

- *Riennes* (1139) ; pas d'interprétation satisfaisante
- Riennois
- N 952, lignes de bus 341 et 441 Dinant-Graide
- 1 611 ha

SART-CUSTINNE | 5575

- *le Sart devant Gedinne*, puis *Sart-Custinne* = le défrichement devant Gedinne (donné plus tard au seigneur de Custinne)
- Sartois
- N 952, lignes de bus 341 et 441 Dinant-Graide
- 843 ha

VENCIMONT | 5575

- *Vinocisum montem* (1180), *Vennecimont* (1235) = le mont de Winegis
- Vencimontois
- N 95, lignes de bus 341 et 441 Dinant-Graide
- 863 ha

WILLERZIE | 5575

- *Willerceias* (1028-1045), *Willerzy* (1554) = le domaine de Willirik
- Willerziens
- N 952, lignes de bus 341 et 441 Dinant-Graide
- 2 342 ha

À VOIR

Des anciennes seigneuries de Gedinne subsistent deux « châteaux » datant du 18ᵉ siècle, l'un à Rienne et l'autre à Bourseigne-Neuve. Mais la construction la plus vieille est sans conteste la solide tour à trois niveaux de l'**église de Gedinne**, qui remonte au 13ᵉ siècle. Cet édifice religieux, surtout connu pour son retable polychrome de la fin du 16ᵉ siècle, est encore intéressant à plus d'un titre : si les fonts baptismaux sont gothiques, le chœur, les autels latéraux, la chaire de vérité, le confessionnal et une bonne part de la statuaire sont des 17ᵉ et 18ᵉ siècles. Toujours dans le village de Gedinne, l'**ancienne tannerie** (de 1866) a été complètement rénovée en 1985. Sur la route de Louette-Saint-Pierre,

Village de Gedinne : à droite, l'ancienne tannerie complètement rénovée

la **brasserie Poncelet** – construite vers 1857-1858 – a maintenu le matériel traditionnel de brassage et de fermentation.

Comme dans les deux autres communes de l'Ardenne namuroise, le patrimoine de Gedinne réside néanmoins avant tout dans sa vase couverture forestière, dans ses paysages profondément creusés par les cours d'eau, ainsi que dans la qualité de son environnement naturel. Depuis quelques années, un ambitieux programme de restauration des zones de tourbières et des fonds de vallée – essentiellement par dérésinement – est mené sur les pentes de la Croix-Scaille ainsi qu'au long de la Hulle et du ruisseau de Stole. C'est aussi dans ces cours d'eau et dans la Houille que les castors ont été réintroduits. Deux sites méritent plus particulièrement l'attention. Sur les pentes de la Croix-Scaille, c'est la **Fagne de l'abîme**, une tourbière en voie de restauration, dorénavant affectée en réserve naturelle domaniale ; comme dans les Hautes Fagnes, on peut y pénétrer en empruntant des caillebottis. L'autre site d'intérêt est l'**arboretum**, crée en 1903 en bordure de la route menant de la gare de Gedinne au village de Haut-Fays. Sa superficie est de dix hectares, et 120 espèces d'arbres (tant des résineux que des feuillus) y sont présentées. Par ailleurs, le territoire de Gedinne recèle plusieurs excroissances ou anfractuosités rocheuses dont le légendaire s'est souvent emparé : la *Chambre du curé* et la *Tête de chien* (à Vencimont), le *Trou des sorcières* et le *Trou des nutons* (à Gedinne), un autre *Trou des nutons* (à Willergie), etc.

ÉVÉNEMENTS

- la **féerie des Genêts** à Gedinne (en juin) et le **grand feu** de Rienne (en mars) sont les manifestations festives les plus connues
- plus ludiques sont les fameuses **Soirées en plein air** de Gedinne (en août), et plus sportive est la réputée **course à pied de l'Ardennaise** (en juillet), qui conduit dans les bois de la Croix-Scaille

Le magnifique retable polychrome de l'église de Gedinne (fin du 16e siècle)

GEMBLOUX

- arrondissement de Namur
- localités : Beuzet, Bossière, Bothey, Corroy-le-Château, Ernage, Gembloux, Grand-Leez, Grand-Manil, Isnes, Lonzée, Mazy et Sauvenière
- 9 695 ha ; 24 034 habitants (01/01/2011)

Château de Corroy-le-Château : châtelet d'entrée

Gembloux : ancienne abbaye. Porche d'entrée

BEUZET | 5030

- en 1265, *Beuzeit*, en 1294, *Beusey* : la maison de Bozo (nom de personne germanique)
- Beuzetois
- village sur un vaste bas plateau, altitude de 130 à 185 m
- gare ferroviaire, N 4, pas de ligne de bus
- 752 ha

HISTORIQUE

À la limite nord-ouest du village, au lieu-dit Le Bois Henry, un secteur a livré de l'outillage en silex attestant une occupation du paléolithique supérieur au néolithique tardif. Au Moyen Âge, Beuzet était inclus dans le comté de Namur et ne constitua longtemps qu'une seigneurie foncière dont le possesseur ne pouvait exercer que la justice relative aux propriétés. Les haute et moyenne justices réprimant les crimes et délits restaient aux mains du comte de Namur. La partie occidentale du village, Ferooz, formait une seigneurie hautaine, propriété de la famille éponyme. Elle passa par mariage aux de Waret au milieu du 16e siècle, puis fut acquise dans la seconde moitié du 17e siècle par les Helman. Le dernier seigneur de Ferooz fut Jean-François Hyacinthe Helman, également dernier seigneur de Beuzet. En 1628, la seigneurie hautaine de Beuzet figurait parmi celles conférées par le roi d'Espagne au général Jean t'Serclaes de Tilly, ardent défenseur de la cause catholique durant la Guerre de Trente ans. En 1755, la seigneurie hautaine de Beuzet fut acquise par les Helman, déjà seigneurs fonciers du lieu depuis le siècle précédent. À la suite de l'annexion des Pays-Bas autrichiens à la France en 1795, ces seigneuries furent supprimées et Beuzet devint une commune dans le canton de Gembloux du département de Sambre-et-Meuse. Ferooz lui fut alors adjoint. En 1830, les habitants de Ferooz adressèrent une requête au gouverneur de la province de Namur afin que leur hameau formât une commune indépendante ou fût rattachée à Bossière, demande qui fut rejetée.

À VOIR

L'**église Saint-Pierre** a été construite en style néoclassique en 1862. Le **château de Ferooz**, bâti durant la seconde moitié du 18e siècle dans un parc ceint de murs, fut remanié et agrandi au 20e siècle. La **ferme du château** forme un ensemble en brique et pierre bleue développé à partir d'un noyau probablement du 16e qui comprend encore une tour carrée. La **ferme de la Vallée**, située rue Chainisse13, héberge l'élevage *L'escargot de l'Ourchet*.

GASTRONOMIE

- les *escargots de l'Ourchet* : *Helix Aspersa*, *Petits gris* et *Gros gris*, ont reçu le label de qualité « escargot fermier » octroyé par la Région wallonne. 600 000 gastéropodes sont élevés dans cette entreprise selon des normes rigoureuses qui garantissent au consommateur une qualité irréprochable. Visites guidées avec possibilités de dégustation

Bossière : château de Golzinnes (1804)

BOSSIÈRE | 5032

- en 1140, *Bosires*, en 1202, *Bossires* : du latin *buxus* = buis (?)
- Bossiérois
- village sur un espace de bas-plateaux, entre l'Orneau et l'Ourchet, altitude de 120 à 186 m
- N 4, N 93, ligne de bus 144A Gembloux-Jemeppe-sur-Sambre
- 917 ha

HISTORIQUE

Sous l'Ancien Régime, le territoire actuel se partageait entre trois seigneuries hautaines : Bossière, Golzinnes et Vichenet. Bossière et Golzinnes restèrent très longtemps dans le domaine direct du comte de Namur ; celui-ci possédait à Golzinnes une forteresse constituant la limite occidentale de ses possessions et commandant la trouée de Ferooz, par laquelle passait, au Moyen Âge, la seule route menant à travers la région complètement boisée de Namur à Gembloux. Bien qu'une légende attribue une origine carolingienne à cette forteresse, on croit que ce château a été, sinon construit, du moins agrandi et fortifié par Godefroid Ier, comte de Namur, durant la première moitié du 12e siècle. La forteresse fut détruite et sa garnison massacrée en 1430 lors de la guerre qui opposa le duc de Bourgogne, devenu entre autres comte de Namur, Philippe le Bon, à la principauté de Liège. Le château ne fut jamais reconstruit car, en raison de l'unification bourguignonne, il perdit sa qualité de site frontalier entre deux principautés rivales et donc sa destination militaire.

À la fin du 16e siècle, lors des guerres de religion, le curé de Bossière, Michel de Renichon, manifesta l'intention d'assassiner Maurice de Nassau, fils de Guillaume d'Orange et stadhouder des Pays-Bas septentrionaux. Démasqué à Breda avant d'avoir pu accomplir son dessein, il fut condamné à mort et décapité. En 1628, le général Jean t'Serclaes, comte de Tilly, reçut en engagère du roi d'Espagne Philippe IV de nombreuses seigneuries hautaines pour le récompenser de ses prestations lors de la Guerre de Trente ans. Bossière et Golzinnes figuraient parmi ces seigneuries. Les guerres menées dans nos contrées contre l'Espagne par Louis XIV causèrent elles aussi de nombreux dégâts. En 1675, les Français occupèrent Bossière et y provoquèrent de nombreuses dévastations. Au cours du 18e siècle, la seigneurie hautaine de Bossière fut relevée à plusieurs reprises. Aux Tilly succédèrent les Dongelberg, de Spontin, de Lannoy, Baelmans, de Romrée ainsi que d'autres lignages.

Quant à la seigneurie hautaine de Golzinnes, elle passa, après les Tilly, aux mains des Chaveau, des la Ruelle, des Zualart et enfin des Desmanet de Biesmes. Celle de Vichenet appartint également à diverses maisons : les Vissegny, les Bossimé, les Brant, les Somogy, puis vers 1657 les Romrée.

La paroisse de Bossière remonte à un passé fort lointain et était, sous l'Ancien Régime, très étendue. À la suite de l'annexion des Pays-Bas autrichiens à la France en 1795, ces diverses seigneuries furent supprimées et Bossière devint une commune du canton de Gembloux dans le département de Sambre-et-Meuse. Golzinnes et Vichenet devinrent des hameaux de Bossière. Après la défaite de Waterloo, le 18 juin 1815, des blessés français furent amenés à Bossière au lieu-dit Au Camp. Certains moururent et y furent enterrés.

À VOIR

Entourée du cimetière, l'**église Notre-Dame** constitue un édifice des 12e (tour), 17e et 19e siècles. Le portail en plein cintre de la tour romane ne date que du 18e. Cette église est considérée comme l'une des plus anciennes du diocèse de Namur. Dans la vallée de l'Orneau, à l'extrémité orientale du village, la **ferme d'Alvaux** forme un ensemble semi-clôturé constitué au début du 19e siècle à partir d'un moulin cité au début du 17e. La **ferme du Coqueron**, située entre Bossière et Golzinnes et clôturée, date essentiellement du milieu du 18e. Il subsiste quelques vestiges (tracé de fossés, une tour et une partie du mur d'enceinte) de l'**ancienne forteresse de Golzinnes** détruite en 1430. Le site, place Saint-Cornélis, est actuellement occupé en partie par un petit château néoclassique enduit qui fut bâti en 1804, une ferme du 18e siècle et une ancienne chapelle du 17e aménagée en habitation. Le **château de Vichenet** a été reconstruit en style néogothique dans la seconde moitié du 19e siècle. La **ferme de Vichenet**, ancienne propriété du prieuré d'Oignies, regroupe des bâtiments des 17e et 19e siècles.

BOTHEY | 5032

- au 12e siècle *Boltan*, en 1178 *Bothangne*, d'une racine latine signifiant oseraie, ou nom propre germanique (?)
- Balthoaimois (rare)
- village dans une zone de bas plateaux, traversé par le ruisseau de Saint-Pierre, altitude de 120 à 170 m
- N 93, ligne de bus 347A Gembloux-Tongrinne/Onoz
- 333 ha

HISTORIQUE

Le lieu-dit La Tomballe situé à l'extrémité orientale de Bothey, à proximité de Mazy, indique la présence en cet endroit de sépultures mérovingiennes. Durant le Moyen Âge, la presque totalité du territoire de Bothey était incluse dans le comté de Namur et relevait directement du comte. Une petite partie du village actuel émargeait, par l'intermédiaire de Corroy-le-Château, au duché de Brabant. Le village occupait donc une situation frontalière entre deux principautés rivales. Au 13e siècle, sinon déjà au 12e, les chanoinesses du chapitre noble de Moustier-sur-Sambre possédaient à Bothey une exploitation agricole d'une certaine importance. En 1626, Philippe IV, roi d'Espagne mais aussi comte de Namur, engagea (c'est-à-dire vendit avec faculté de rachat) la seigneurie hautaine de Bothey au baron Martin de Somogy. Celle-ci passa ensuite par héritage aux de Romrée, puis aux Colnet. L'annexion des Pays-Bas autrichiens à la France en 1795 conféra au village la qualité de commune indépendante.

À VOIR

L'**église** paroissiale **Saint-Pierre** a été construite en style classique en 1756 par l'architecte Fazelle. Elle ne comporte qu'une seule nef rythmée par trois travées. Sa façade remaniée au 19e siècle présente deux oculi à quatre clés. La **chapelle Sainte-Anne**, appelée aussi chapelle au Chêne, est érigée dans la campagne à l'extrémité orientale du village. Elle date de 1688. La **ferme et** le **château d'Acosse** regroupent des bâtiments d'époques différentes (17e, 18e et 19e siècles). Le dispositif initial n'apparaît pas clairement en raison des multiples transformations. Le château actuel a été construit en 1828 en style néoclassique. En 1870 mourut le bâtisseur du nouveau château de Bothey, le baron de Pasquet d'Acosse.

Corroy-le-Château : église paroissiale Saint-Lambert (13e-16e siècles)

Son héritage donna lieu à un procès retentissant. Un faussaire, Jean-Joseph Jaumart, s'était déclaré légataire universel grâce à un document habilement façonné. Il fut cependant confondu par un expert en graphologie venu de Paris. Les pères du Très-Saint-Sacrement de Bruxelles achetèrent le château en 1927. Ils y établirent d'abord une maison de vacances, puis une école, de 1931 à 1970. Le château héberge actuellement des personnes handicapées. L'ancienne **ferme du chapitre noble de Moustier-sur-Sambre** s'élève au nord de l'église. Elle conserve un châtelet d'entrée pouvant dater des 13e-14e siècles. Les autres bâtiments datent du 18e, tout comme le **presbytère** construit à proximité. Situé sur la chaussée de Nivelles, l'**ancien relais** « Au chat Botté » constitue une construction d'esprit classique de la seconde moitié du 18e siècle, agrandie et surhaussée au 19e.

CORROY-LE-CHÂTEAU | 5032

- en 1127 : *Colroith,* du latin *coryletum* (bois de coudriers ou de noisetiers)
- Corroyens
- localité essentiellement rurale et résidentielle, à l'extrémité du plateau limoneux de Hesbaye, au relief légèrement vallonné, altitude variant de 125 à 175 m
- N 29, lignes de bus 147A Gembloux-Tamines, 247A Gembloux-Sombreffe, 347A Gembloux-Tongrinne/onoz
- 892 ha

HISTORIQUE

Situé au sud de la route Bavay-Cologne, Corroy contient quelques traces d'une activité à l'époque gallo-romaine. Au 19e siècle, un Néron d'or fut trouvé dans les douves du château. Des fouilles menées en 1976-77 dans la cour du

Gembloux : beffroi communal (tour de l'ancienne église paroissiale Saint-Sauveur)

même bâtiment ont révélé des tuiles d'origine romaine. Il existe toujours à Corroy un hameau dénommé le « Villez », qui indique sans doute l'emplacement d'une ancienne villa de cette époque.

L'agglomération était peu importante et son église relevait de l'abbaye de Floreffe. On sait que saint Norbert y prêcha en 1119 et y fit un miracle. Corroy doit cependant tout à son château et à la longue lignée de princes riches et puissants qui y demeura depuis Baudouin, sire d'Orbais, cité en 1095. Citons, par héritages successifs, les seigneurs d'Orbais (tiges également des premiers seigneurs de Sombreffe ; en 1145, Godefroid de Sombreffe fit don de ses biens de Corroy à l'hôpital de Jérusalem), les Brabant, seigneurs de Perwez, les comtes de Vianden, les comtes de Sponheim, les comtes Palatins du Rhin (Bavière), les comtes de Nassau-Dillenburg devenus princes d'Orange, les comtes de Nassau-Corroy et les marquis de Trazegnies. L'actuelle forteresse, cas unique de résidence princière médiévale et de grand château de plaine en Belgique, date des années 1270-1280 et fut commencée par Philippe de Vianden, petit-fils de l'empereur latin de Constantinople, Pierre de Courtenay. Sa construction transforma cette petite communauté rurale en seigneurie. Les lieux furent pillés et incendiés en 1542 par les Gueldrois de Martin van Rossum, qui y massacrèrent tous les habitants du village. Au Moyen Âge, on mentionne à Corroy un hôtel-Dieu (hôpital), une maison de justice et un établissement de banquiers lombards. Le seigneur avait le droit de battre monnaie. En 1675 (guerre de Hollande), puis en 1690, en 1692 et encore en 1697, le village, le château et l'église furent entièrement ravagés au cours de la guerre dite de la Ligue d'Augsbourg entre Louis XIV et Guillaume III de Nassau, roi d'Angleterre, lequel logea au château le 2 juillet 1695. Deux petites industries s'installèrent dans le village au 19e siècle. En 1830, on signale six métiers à tisser et un moulin à vent. De 1841 à 1864, au lieu-dit Baraque Tricot, au pied de la falaise silurienne de Chênemont, une usine à fabriquer de la poudre à canon se développa, jusqu'à exporter sa production dans l'empire ottoman. Elle déclina à la suite d'une explosion en 1860. Après une chute de sa démographie à la fin du 19e siècle, le village, autrefois agricole, est reparti sur la voie d'un peuplement essentiellement composé de navetteurs.

À VOIR

Le **château de Corroy**, patrimoine majeur de Wallonie, est un exemple unique et exceptionnel de fortification construite à la fin du 13e siècle. Il est resté dans un état de conservation surprenant grâce à la continuité de son occupation et au fait que, dès l'origine (vers 1270), c'était la plus importante construction de ce genre dans l'ancien duché de Brabant, représentant presque le double en surface des deux châteaux d'État du comte Florent V de Hollande : Muiden et Medemblick. Bâti sur le plan du Louvre de Philippe Auguste, il comporte quatre tours d'angle, une chapelle de grande dimension faisant saillie sur le rempart oriental et un châtelet d'entrée, composé de deux tours (les tourelles) ainsi que d'un bâtiment technique complétant le donjon de 1250. À l'exception de cet édifice (détruit entre 1718 et 1743) et du rempart sud, tous les éléments de la forteresse sont restés en place. Une barbacane a été ajoutée au 15e siècle (restaurée en 1718) de même que des bâtiments d'habitation dans la cour intérieure, durant la campagne de modernisation de cet ensemble austère au début du 18e siècle. L'intérieur, complètement refait du 18e au 20e siècle, comporte des décors classés de grande qualité, comme une salle à manger de marbre de 1848, un vaste vestibule néogothique et un salon de toiles peintes datant des années 1770. Le château se situe sur une motte artificielle au milieu d'un **parc** classé de douze hectares.

L'**église Saint-Lambert**, qui dépendait de l'abbaye de Floreffe, est un ensemble de style roman qu'on peut faire remonter au début du 13e siècle, mais dont l'achèvement date du 18e. Une tourelle latérale permet de gagner l'ancien clocher. L'intérieur, très sobre, a été réaménagé en 1962-63 et orné d'un vitrail dû au peintre L.-M. Londot. Il contient quelques belles statues de bois, dont un impressionnant Christ du 17e siècle et l'effigie de Notre-Dame de Corroy, nettement plus tardive. Dans le chœur se trouve la dalle funéraire (vestige d'un monument détruit durant la Révolution française) d'Alexis de Nassau, seigneur de Corroy (vers 1506-1550) et de son épouse Wilhelmine de Bronckhorst-Batemburg.

Rue de la Maison d'Orbais, intégrée à des bâtiments plus modernes, il faut signaler une **jolie maison** du 18e siècle avec un double corps de deux niveaux sur caves, rythmé par cinq travées de fenêtres bombées à clé, reliées par des cordons à hauteur des seuils. Ce fut probablement une résidence de chasse du comte de Corroy durant les travaux de rénovation du château.

La **ferme du Marais**, rue des Marronniers, est un très bel ensemble chaulé, principalement du 17e siècle, jadis bordé par l'étang qui alimentait les douves du château. C'est un quadrilatère compact en briques avec cinq portes en pierre bleue et en plein cintre sur piédroits chaînés. Le corps de logis est de la deuxième moitié du 17e siècle et les fondations de la vaste grange remontent à 1600. La **ferme du château**, anciennement la brasserie seigneuriale, est un bel ensemble de pierre et de brique de la seconde moitié du 17e siècle. Entre les deux fermes, la **digue médiévale** en pierres servait à barrer le ruisseau de Corroy pour former le premier des étangs qui protégeaient le château. Dans le hameau de Chênemont, défigurée par des constructions modernes, la **ferme** du même nom (17e et 18e siècles) domine la campagne environnante. Son corps de logis date de 1618. À remarquer au-dessus de l'entrée de la cour intérieure, la pierre aux armes de René de Nassau-Corroy, seigneur de Chênemont, et de son épouse Catherine de Namur d'Elzée (fin 16e siècle).

Gembloux : Maison du Bailli (fin 16e siècle)

ÉVÉNEMENTS

- fêtes médiévales dans la cour et dans le parc du château de Corroy, le dernier week-end d'avril
- festival de musique au château et dans l'église, de juin à août

ERNAGE | 5030

- en 946, *Asnatgia* : latinisation d'un mot collectif d'origine germanique tiré de *ast* et signifiant soit branche, soit sol cultivé
- Ernageois
- village sur des bas plateaux aux sols limoneux, altitude de 148 à 168 m
- gare ferroviaire, N 4, ligne de bus 25 Jodoigne-Gembloux
- 740 ha

HISTORIQUE

La première mention d'Ernage se rencontre dans la charte que le roi des Germains, Otton 1er, octroya en 946 à l'abbaye bénédictine de Gembloux. Il y est stipulé que le chevalier Wicbertus, le futur saint Guibert, avait accordé au monastère qu'il avait fondé ses propriétés personnelles dans la villa d'Ernage, sauf un demi-manse qu'il avait octroyé à sa sœur Reynuilde. La situation exacte de cette exploitation agricole du bas Moyen Âge ne peut être déterminée avec précision. Au cours de l'Ancien Régime, Ernage fit partie de la terre de Gembloux érigée officiellement en comté au cours du 16e siècle. Dès lors, l'histoire du village se confond en grande partie avec celle de Gembloux. Les 14 et 15 mai 1940, Ernage se retrouva, tout comme Gembloux, au cœur de la manœuvre Dyle, qui opposa la 1re Armée française aux deux divisions blindées du 16e corps d'armée allemand. La voie ferrée Bruxelles-Namur constituait l'unique obstacle susceptible de briser l'élan des blindés allemands. Au 1er janvier 1965, Ernage perdit sa qualité de commune indépendante et rejoignit Gembloux.

À VOIR

L'**église** paroissiale **Saint-Barthélemy** date du dernier quart du 18e siècle en ce qui concerne trois travées de nefs de style classique, tandis que les autres travées et le chœur furent construits dans le même style en 1827. L'édifice possède à l'ouest une tour romane en grès schisteux. Bâti aux 11e et 12e siècles sur un plan carré, il comporte trois niveaux. Sous un oculus à clés de 1905, son porche en pierre bleue surmonté d'un linteau droit date seulement du 19e siècle.

À l'extrémité méridionale du village, rue du Sart-Ernage, la **ferme de Sart-Ernage** forme un quadrilatère en pleine campagne qui appartint, sous l'Ancien Régime, à l'abbaye de Gembloux. La majeure partie des bâtiments date des 19e et 20e siècles. Des dépendances du 18e, notamment une grange en long dont le portail sud est jumelé avec celui du porche, sont cependant conservées.

GEMBLOUX | 5030

- au 4e siècle *Geminiacum* et *Germinicum*, en 946 *Gemblaus* : du nom celtique *Gemel*, à travers la forme latine *gemmelavus*
- Gembloutois
- ville sur un bas plateau assez accidenté, arrosée par l'Orneau, altitude entre 140 et 175 m

À VOIR

1 Statue de Sigebert
2 Potale de l'Ange Gardien
3 Ancienne abbaye bénédictine, actuelle Faculté des Sciences agronomiques
4 Beffroi
5 Église décanale Saint-Guibert
6 Maison du Bailli – Musée de la Coutellerie
7 Chapelle Notre-Dame des Remparts
8 Chapelle-Dieu
9 Chapelle Sainte-Adèle

- gare ferroviaire, N 4, N 29, lignes de bus 32 Namur-Gembloux, 144A Gembloux-Jemeppe-sur-Sambre, 147A Gembloux-Tamines, 247A Gembloux-Sombreffe, 347A Gembloux-Tongrinne/Onoz
- 890 ha

HISTORIQUE

La chaussée romaine Bavay-Cologne passait à la limite septentrionale de Gembloux. Reliant par ses prolongements la Manche au Rhin, cette voie antique présentait une grande valeur stratégique, commerciale et civilisatrice. Elle favorisa l'apparition de villas (exploitations agricoles) à proximité de son tracé. Après la période de prospérité du 2e siècle, la région de Gembloux dut, comme les contrées avoisinantes, affronter les invasions germaniques.

La brutalité de celles-ci incita les habitants à déserter les abords de la chaussée romaine. Ainsi fut occupé le promontoire rocheux qui abrite le cœur historique de Gembloux.

Au 10e siècle, le chevalier Wicbertus, qui sera canonisé en 1110 sous le nom de saint Guibert, fonda à Gembloux une abbaye bénédictine et la dota de propriétés personnelles. Durant le 11e siècle, ce monastère assura l'essor culturel et économique de la localité. Le 12e siècle, par contre, se révéla désastreux pour Gembloux. La bourgade était incluse dans le duché de Brabant, mais à la frontière du comté de Namur. Une grande rivalité régnait entre ces deux principautés. À plusieurs reprises au cours de ce siècle, les troupes du comté de Namur assiégèrent et saccagèrent Gembloux. En 1152, la bourgade reçut l'autorisation de s'entourer de remparts. Ceux-ci englobaient une superficie d'environ sept hectares dont trois étaient occupés par l'abbaye. L'unification bourguignonne, vers 1430, enleva à Gembloux son caractère frontalier périlleux.

Durant la seconde moitié du 15e siècle, Gembloux souffrit des guerres de religion et fut même le théâtre de la bataille du 31 janvier 1578 qui opposa l'armée des États, les Gueux, aux troupes espagnoles commandées par le fils naturel de Charles Quint, Don Juan d'Autriche. Les guerres menées par Louis XIV dans nos provinces prolongèrent la ruine de Gembloux. De plus, le 6 août 1678, un gigantesque incendie accidentel ravagea la ville. Il fallut attendre la seconde moitié du 18e siècle pour que Gembloux connaisse une période de relative prospérité. Le développement de la coutellerie fit perdre au bourg son caractère strictement agricole. Les bâtiments de l'abbaye furent aussi intégralement reconstruits sous la direction de l'architecte Laurent-Benoît Dewez. Cette reconstruction se termina en 1779.

Depuis le milieu du 17esiècle, Gembloux avait été officiellement érigé en comté et le prélat de l'abbaye portait le titre d'abbé-comte. Les moines occupèrent cependant fort peu de temps leurs nouveaux bâtiments. La Révolution française, l'entrée des troupes révolutionnaires dans les Pays-Bas autrichiens et finalement l'annexion de ceux-ci à la France en 1795 sonnèrent le glas de l'Ancien Régime. Le comté de Gembloux fut dissous. Les Français mirent aussi fin à l'appartenance de Gembloux à la mouvance brabançonne. Gembloux devint ainsi une commune du département de Sambre-et-Meuse. De plus, le Directoire ordonna la suppression des ordres religieux et la confiscation de leurs biens. L'abbaye de Gembloux fut supprimée et ses propriétés aliénées en 1797. La destination religieuse du domaine abbatial prenait ainsi fin.

Gembloux : statue du moine-historien Sigebert (1910)

Gembloux fut relié par chemin de fer à Bruxelles en 1855 et à Namur l'année suivante. En 1860 fut fondé, dans l'ancienne abbaye, l'Institut Supérieur Agricole de l'État, qui deviendra au fil des décennies l'actuelle Faculté universitaire des Sciences agronomiques. Les 14 et 15 mai 1940, Gembloux se trouva au cœur de la manœuvre de la Dyle de l'armée française. Le 4e corps de la 1re Armée française, composé de la 1re Division marocaine et de la 15e Division d'infanterie motorisée, y tint en échec pendant deux jours deux divisions blindées allemandes. La ville a progressivement perdu, durant la seconde moitié du 20e siècle, son caractère de bourgade semi-industrielle. Les fusions de communes de 1965 et de 1977 ont érigé Gembloux en centre d'une nouvelle entité qui regroupe douze anciennes communes. Depuis lors, la population de Gembloux s'est accrue significativement. La commune de Gembloux-sur-Orneau fut appelée Gembloux le 1er janvier 1980. En 1992, la Faculté universitaire des Sciences agronomiques a acquis l'ancienne ferme abbatiale et a ainsi reconstitué en sa faveur – à l'exception de l'église, devenue paroissiale dès 1810 – l'intégralité des anciens bâtiments conventuels.

À VOIR

La **statue de Sigebert** ❶, érigée place Saint-Lambert en 1910, fut réalisée grâce à un legs de l'ancien bourgmestre Gustave Docq, décédé en 1906. Ce moine de l'abbaye de

Gembloux: tour d'angle de l'enceinte médiévale, dite « des Sarrasins »

Gembloux : Chapelle-Dieu (18e siècle)

Gembloux, né vers 1030, assura la renommée culturelle de son monastère. Bien que ses écrits comportent de nombreuses approximations ou erreurs, Sigebert est considéré comme l'un des historiens les plus importants du Moyen Âge. Il écrivit entre autres la *Geste des Abbés de Gembloux*, une chronique de l'abbaye depuis sa fondation jusqu'en 1112, date de son propre décès, ainsi qu'une *Chronique universelle* poursuivant l'œuvre de l'écrivain grec Eusèbe de Césarée (265-340) du 4e siècle jusqu'au début du 12e. Du Passage des Déportés, on aperçoit l'ancienne abbaye bénédictine, domaine actuel de la Faculté universitaire des Sciences agronomiques ; ce passage est ainsi dénommé en souvenir de la déportation, le 22 novembre 1916, de plus de 1 200 hommes du canton de Gembloux par l'occupant allemand afin de fournir de la main-d'œuvre à ses usines.

À l'angle du passage se dresse la **potale de l'Ange gardien** ❷, qui date de la première moitié du 18e siècle. Un couronnement en pierre surmonte l'arc en plein cintre de la niche, dont le socle est animé par trois balustres et des ailerons. La sculpture de l'Ange a été réalisée par Bayard, également sculpteur des stalles de l'église. Depuis 1979, une statue de plâtre orne la niche, l'originale étant conservée par un particulier. Sur la gauche du passage, on remarque un **vestige des anciens remparts** urbains datant du 12e siècle. Ce pan de mur se trouvait dans le prolongement de la porte d'En-Haut, une des quatre portes aménagées dans ces fortifications. L'**ancienne abbaye bénédictine** ❸ fut intégralement reconstruite en style néoclassique durant la seconde moitié du 18e siècle. Les travaux débutèrent par la ferme abbatiale et la conciergerie et se poursuivirent ensuite, sous la direction de l'architecte Laurent-Benoît Dewez, architecte officiel de Charles de Lorraine, gouverneur des Pays-Bas autrichiens, par la cour d'honneur, la prélature, l'église et le quartier des moines.

La *conciergerie* est bâtie contre le rempart de la ville qui fut en partie détruit pour permettre la reconstruction du monastère. Deux pilastres à refends cantonnent le porche que surmonte un arc en plein cintre orné d'une clé portant le millésime 1759. Dans le fronton triangulaire mouluré se trouvent la clé de saint Pierre et l'épée de saint Exupère, les patrons de l'abbaye.

De part et d'autre de la porte, deux médaillons en pierre figurant une tête de cheval rappellent l'installation du haras de l'État dans les dépendances du quartier abbatial (1857-1864). La *cour d'honneur* et le *palais abbatial* furent réalisés dans l'esprit néoclassique qui marque l'ensemble de l'abbaye. L'organisation de cette cour, depuis la conciergerie et les deux arches de pierre symétriquement opposées qui donnent accès aux deux autres parties du domaine, conduit au palais abbatial. Le lieu était jusqu'en 1952 occupé par des allées de marronniers. La pièce d'eau a seulement été créée en 1960. Le palais qui s'impose au fond de la cour possède un péristyle ionique sur un perron de trois manches. Le tympan du fronton triangulaire accueille les armoiries de l'abbé Jacques Legrain (avec le moulin à vent comme motif principal) et du comté de Gembloux (les trois clés) sous la couronne comtale et la mitre abbatiale. Les trois portes cintrées, dont la clé représente un caducée, donnent accès à la bâtisse. La porte centrale est surmontée par un médaillon composé d'un angelot tenant en main le glaive et la balance, emblèmes de la justice. Cette figure rappelle la qualité de seigneur hautain de l'abbé - comte sur la terre de Gembloux. À l'intérieur, un escalier monumental se dresse face à la porte centrale. Le départ des rampes est orné, de part et d'autre des marches, de la représentation d'une tortue, mâle et femelle, illustrant la devise *Festina Lente* (hâte-toi sans te presser). Le grand corridor du palais abbatial permet de

Gembloux : ancienne abbaye, cour des Noyers. Monument commémoratif du 50e anniversaire de la fondation de l'Institut Supérieur Agricole (1910) qui deviendra l'actuelle Faculté universitaire des Sciences agronomiques

rejoindre la cour du quartier monastique plantée de noyers jusqu'en 1952. La cour communique également avec le chevet de l'église abbatiale construite en même temps sous la direction de Laurent-Benoît Dewez. Des traces d'arrachement dans la façade du palais abbatial et dans le mur en face séparant l'église de la salle capitulaire prouvent l'existence d'un ancien passage couvert qui permettait à l'abbé-comte de gagner directement l'église depuis son logis.

Le *quartier des moines* présente une architecture semblable à celle du palais abbatial, bien que dépourvue du faste de ce dernier, et contient un *cloître* qui jouxte l'église. Ce cloître, fortement restauré à la fin de la Seconde Guerre mondiale, comporte depuis lors des vitraux représentant les armoiries des abbés qui se sont succédé depuis l'abbé Guibert Martin (début du 13e siècle. Lors de cette restauration, ce cloître a été agrandi d'une petite pièce qui facilite l'accès à un cellier du 11e siècle, unique vestige de l'abbaye médiévale. Au-dessus de l'escalier qui mène à ce cellier, un grand vitrail représente la dédicace de l'abbaye de Gembloux à saint Pierre par saint Guibert.

La *chambre souterraine médiévale*, d'une superficie d'environ 45 m^{2}, est divisée en deux travées par une rangée de piles en pierre calcaire. Les voûtes d'arêtes sont formées par des méplats de schiste. Dans l'angle sud-est de cette pièce se trouve un départ de souterrains qui ont dû former un système d'égouttage pour l'abbaye et pouvaient être utilisés par les moines comme moyen de fuite, l'un des souterrains aboutissant au flanc du promontoire rocheux sur lequel était construit le monastère.

Le **parc de la Faculté universitaire des Sciences agronomiques** accueille une collection de variétés arboricoles qui se trouvent non loin de la *tour des Sarrasins*, un vestige des remparts urbains, en ce qui concerne les résineux, et au nord-est du palais abbatial pour les essences feuillues. Les bâtiments de l'*ancienne ferme abbatiale* se resserrent autour d'une cour centrale dont l'entrée impressionne peu. En effet, seul le porche d'entrée de l'ancienne abbaye devait attirer les regards, l'entrée charretière de la ferme étant placée sous la même bâtière que les autres constructions de l'ensemble agricole. Celles-ci, accolées les unes aux autres, dégagent un espace central. La grange, une des plus importantes de Wallonie, constitue le seul volume qui se détache par sa masse.

Le **beffroi** ❹, venelle Saint-Sauveur, forme la tour de l'ancienne église paroissiale Saint-Sauveur. Sa base pourrait remonter au milieu du 10e siècle. Cet édifice cultuel devait revêtir un aspect sommaire : une tour et une seule nef. La tour, qui exerçait aussi une mission de guet et de défense, était aussi appelée tour de l'horloge. Une référence à cet ornement se retrouve déjà en 1486. La tour fut progressivement exhaussée au fil du temps pour atteindre sa hauteur actuelle. L'église Saint-Sauveur fut désaffectée en 1810 en raison de son état de délabrement et vendue pour démolition. La tour fut alors conservée comme beffroi. Un revêtement de briques, renouvelé en 1889 dans sa section inférieure, recouvre l'édifice. En septembre 1905, un incendie ravagea le clocher du beffroi. Dès 1907, un nouveau, à l'aspect bulbeux, remplaça l'ancien en forme de flèche. En juillet 2005, il a été inscrit sur la liste du Patrimoine mondial de l'UNESCO.

Place André Henin, l'**église décanale Saint-Guibert** ❺ fait partie du plan de reconstruction de l'abbaye bénédictine sous la direction de l'architecte Laurent-Benoît Dewez dans la seconde moitié du 18e siècle. Présentant à l'origine la forme d'une croix grecque, son plan initial fut modifié vers 1810 quand l'édifice devint paroissial. Une nef basse lui fut alors adjointe. En 1885, celle-ci a été exhaussée et lui donne son aspect actuel. Les modifications se remarquent clairement par les différentes couleurs de briques visibles dans les façades.

Parc d'Épinal, la **Maison du Bailli** ❻ appartient à la commune de Gembloux depuis 1951. Cette bâtisse en grès et moellons de calcaire a été reconstruite à la fin du 16e siècle en partie sur deux caves datant des 12e et 13e siècles, dont l'une est voûtée d'arêtes et l'autre en berceau. L'édifice fut agrandi en 1937 d'une travée et d'une seconde tour en briques vers l'ouest. D'autres modifications avaient déjà été apportées au bâtiment au cours des 18e et 19e siècles. L'édifice ne constitua jamais, malgré sa dénomination, la demeure officielle du bailli-maïeur de Gembloux. L'appellation du bâtiment semble remonter à son acquisition au 18e siècle par le notaire Pierre-François Charlier, qui exerçait la fonction de bailli-maïeur de Grand-Leez. La Maison du Bailli se dresse à proximité des anciens remparts et de la tour d'angle sud, encore visible de nos jours. Au rez-de-chaussée se trouvent la salle du conseil communal et le bureau du bourgmestre. Les deux étages abritent le **Musée de la coutellerie et de la vie locale**. Rue Docq, la **chapelle Notre-Dame des Remparts** ❼ a été bâtie en 1852 à la demande de la famille de Savoye. Elle tient son nom de sa situation sur les anciennes fortifications.

Rue Chapelle-Dieu, la **chapelle-Dieu** ❽, datant de la seconde moitié du 18e siècle, remplace un oratoire primitif érigé en souvenir de la bataille qui opposa devant Gembloux, le 31 janvier 1578, les troupes de Don Juan d'Autriche à l'armée des États en lutte contre l'absolutisme de Philippe II. L'édifice de plan octogonal et entouré d'un mur d'enceinte était jadis entouré de sept potales abritant chacune deux stations du chemin de croix. Il n'en subsiste

Gembloux : ancienne abbaye, cour d'honneur et palais abbatial (seconde moitié du 18e siècle)

que quelques pierres éparses. Dans la rue Sainte-Adèle, la **chapelle Sainte-Adèle** ⑨ date de la seconde moitié du 17e siècle. Le blason de Martin Draeck, abbé de Gembloux de 1651 à 1667, est encastré dans un mur intérieur. L'édifice affiche un plan rectangulaire terminé par trois pans cantonnés de contreforts. Les percements sont surmontés d'un plein cintre. Sainte Adèle était invoquée pour la guérison des maux oculaires.

ÉVÉNEMENTS

- premier week-end complet du mois d'août : braderie dans le centre-ville et le quartier de la gare
- 4e week-end de septembre : fêtes de Wallonie
- 2e week-end de novembre : journées internationales de la Coutellerie
- 2e quinzaine de décembre : marché de Noël dans le haut du centre-ville

GASTRONOMIE

- la confrérie des Chevaliers de la Coutellerie assure la promotion de la bière de l'abbaye de Gembloux, des fromages, pâté et saucisson fabriqués avec cette même bière, ainsi que de la liqueur du Coutelier

GRAND-LEEZ | 5031

- en 805, *Les*, du celte *lach* = mare, ou du latin *lacus* = lac
- Grand-Leeziens
- localité dans un paysage typique de Hesbaye, terrain peu accidenté et mollement ondulé à la séparation des deux bassins de la Meuse et de l'Escaut (voie romaine Bavay-Tongres), altitude de 159 à 175 m
- E 411, sortie 11, N 29, ligne de bus 32 Namur-Gembloux
- 1 513 ha

HISTORIQUE

Grand-Leez s'est formé à partir de deux seigneuries hautaines, relevant toutes deux du duché de Brabant : Grand-Leez et Petit-Leez. La distinction entre les deux villages ne remonte qu'au 12e siècle, car, à l'origine, la dénomination commune était Lach (marais) ; des étendues marécageuses avaient succédé à un grand lac qui s'étendait des confins de Gembloux à Aische-en-Refail. L'ancien château féodal de Grand-Leez (démoli vers 1840) était construit sur pilotis au milieu d'un étang. À l'époque romaine, la localité était reliée par un *diverticulum* à la chaussée romaine Bavay-Cologne : une importante colonie s'y établit ainsi qu'en témoignent de nombreux vestiges (tumuli, poteries, monnaies, etc.), les plus anciens retrouvés dans la région.

On trouve la première mention de Leez dans un acte daté de 805, dit « la villa de Leez », où le seigneur nommé Nebelong cède ses biens à l'abbaye de Saint-Denis près de Paris. Après avoir appartenu à cette abbaye, puis à celle de Lobbes (868-869), et à nouveau à l'abbaye parisienne (980), le domaine tomba aux mains de seigneurs laïcs. Grand-Leez et Petit-Leez devinrent seigneuries hautaines du duché de Brabant. À la tête de Grand-Leez, on trouve d'abord les « de Leez » (11e-12e siècles), puis, au 14e siècle, les Diepenbeek et les Sombreffe (vers 1400), ensuite, après de nombreux propriétaires, les de la Marck (à la fin du 16e siècle), qui vendent la seigneurie en 1614 à J. d'Argenteau, seigneur de Velaine-sur-Sambre. En 1618, celui-ci passa un accord avec les prémontrés pour délimiter leurs droits respectifs : le domaine

Grand-Leez : château de Petit-Leez. Corps de logis (17e siècle), siège de la Dieleman Gallery

foncier des religieux englobait une ferme, quelques maisons, des terres et des bois ; le seigneur hautain se réservait les amendes de justice et les droits d'usage de la forêt. Suite au mariage de M. d'Argenteau avec J.H. de Corswarem, la seigneurie échoit à la famille de Looz-Corswarem en 1677.

La seigneurie hautaine de Petit-Leez appartenait au début du 12e siècle à Henri de Petit-Leez, au 14e, à Arnould de Tillich (1311), au 16e, aux de Berlo. Comme à Grand-Leez, Arnould de Tillich y avait déterminé les droits respectifs des religieux de Floreffe et les siens.

La paroisse de Grand-Leez est fort ancienne ; au début du 12e siècle, la perception des dîmes et la collation de la cure appartenaient au seigneur laïc ; en 1153, elles échurent au prieuré de Wavre et en 1175 à l'abbaye de Floreffe. Les prémontrés de Floreffe desservirent la paroisse pendant tout l'Ancien Régime. La chapelle de Petit-Leez en dépendait, ainsi que le hameau de Petit-Manil. Le village fut à plusieurs reprises pillé et ravagé par les passages des troupes d'occupation des guerres de religion successives, les campagnes de Louis XIV, les hostilités liées à la succession d'Autriche, les bandes au service des États généraux des Pays-Bas ou de Guillaume d'Orange. L'occupation française, dès 1794, pesa sur la population par ses impôts et par la conscription : une vingtaine de jeunes en furent victimes. En 1814, les Russes et les Saxons en cantonnement à Grand-Leez réquisitionnèrent hommes et attelages pour transporter les invalides et le matériel dans le pays de Liège.

Vers 1850, la plupart des maisons étaient encore construites en bois et en torchis, avec couverture de chaume. Mal aérées, encombrées de détritus, elles donnaient sur des chemins non encore pavés, avec des égouts à ciel ouvert. Les incendies et les épidémies se multiplièrent. Entre 1850 et 1860, environ 150 habitants de Grand-Leez émigrèrent aux États-Unis et s'installèrent près de la ville de Green-Bay dans le Wisconsin. Ils y fondèrent un village initialement baptisé Grandlez, qui s'appelle maintenant Lincoln (comté de Kewaunee). Les guerres de 14-18 et de 40-45 apportèrent leur lot de malheurs avec de nombreux morts, fusillés, déportés, prisonniers. La seule grippe espagnole de 1918 causa 52 décès.

Si la localité fut toujours essentiellement agricole, ainsi qu'en témoignent de grandes fermes anciennes, elle s'est progressivement transformée en village-dortoir pour les néo-Grand-Leeziens employés dans les villes proches.

À VOIR

À Grand-Leez, place communale, l'**église** paroissiale **Saint-Amand**, bâtie par l'abbaye de Floreffe sur les plans de l'architecte Wincqz, date de 1786. De type basilical et de style néoclassique, elle comporte trois nefs de cinq travées bien éclairées et un chœur d'une travée droite, fermée par une abside semi-circulaire. Rue de la Place, le **presbytère** du 18e siècle, restauré au 19e, possède des tapisseries et des cheminées remarquables. Au salon, au parloir et dans une chambre à l'étage, des peintures murales représentent des paysages du vieux Grand-Leez, des bouquets et des liserons.

La **grange de la dîme,** rue de la Place, date du 18e, mais fut remaniée au 19e. Attaché à un mur donnant sur le jardin de la cure, un crucifix en pierre bleue présente un caractère archaïque remarquable. La **maison communale**, de 1866, fut construite dans le même style et la même brique. Tous ces bâtiments, aujourd'hui rejointoyés de façon réussie, constituent un remarquable ensemble. La **chapelle**

Grand-Manil : château de la Tour (milieu du 19e siècle avec donjon du 13e siècle)

Notre-Dame des Sept Douleurs, près du cimetière, date de 1753. De caractère brabançon, avec porte Louis XIV surmontée d'un cintre bombé et intérieur vouté d'ogives, elle a été récemment rénovée. La **ferme de la Converterie** fut bâtie par l'abbaye de Floreffe pour les frères convers ; sa cour carrée est entourée de constructions du 18e siècle. La **ferme de Légillon**, ou Nivaille, rue Marache, est un ensemble clôturé en briques et pierres chaulées de type brabançon traditionnel, du 17e siècle. La ferme de l'Espinette (1850), rue d'Aische-en-Refail, a appartenu à l'origine aux Lardinois, puis aux Gomand. La ferme de Repeumont, rue de Repeumont, remonte au début du 18e.

Le **bois de Grand-Leez,** ainsi que le bois de Buis voisin, constitue une des rares reliques importantes de la grande forêt qui couvrait autrefois la majeure partie de nos régions. Depuis la préhistoire, cette forêt n'a cessé de subir défrichements et essartages jusqu'au début du 20e siècle, où le bois acquiert sa superficie actuelle (quelque 110 ha). Le bois, maintenu sous végétation forestière à cause de la forte humidité du sol qui le rend peu apte à l'utilisation agricole, relève de la chênaie atlantique mélangée à la jacinthe des bois. Plusieurs dizaines d'espèces végétales, réparties en plusieurs groupes écologiques suivant l'humidité et la fertilité du sol, constituent la strate herbacée. Tout comme les plantes, les animaux de la forêt – mammifères, oiseaux et insectes – se répartissent en zones distinctes. Ils sont tellement variés et nombreux qu'un circuit de promenade touristique et écologique balisé y a été ouvert au public. Début des années 70, suite à l'extraction de sable pour la construction de l'autoroute E 411, le site s'est transformé en étang grâce à la présence de nombreuses sources. La commune y a créé un étang de pêche et maintenu un cadre bien préservé.

À Petit-Leez, le **château-ferme de Petit-Leez**, bâti au 17e siècle, est admirablement proportionné avec ses tours carrées, ses pierres de taille et ses clochetons d'agrément. Ses constructions, groupées autour d'une aire rectangulaire en briques et pierres bleues, ont été remaniées du 17e au 20e siècle et assez sèchement restaurées. On y accède par un portail en plein cintre à l'angle nord-ouest. Au sud, un important logis de style traditionnel, daté au premier niveau de 1618 sur une dalle aux armes des comtes de Grimberghe, est flanqué de deux tours de cinq niveaux. À droite du logis, les étables, auxquelles est accolée une tour massive de deux niveaux, remontent à la première moitié du 17e siècle. Les côtés nord et est datent des 19e et 20e siècles, à l'exception d'un portail à l'est, millésimé 1673 à la clé. Actuellement, le château abrite en même temps la *Dieleman Gallery*, consacrée à la sculpture – on y retrouve aussi bien les grands noms de la sculpture des 19e et 20e siècles que les œuvres d'artistes contemporains du Zimbabwe – et la *Contemporary Art Gallery*, spécialisée en art actuel et qui organise tout au long de l'année des expositions personnelles d'artistes renommés. Le château propose aussi la location de certaines de ses salles et accueille tous types d'évènements.

Les moulins à eau ou les autres moulins à vent du village ayant disparu ou été désaffectés, seul subsiste le **moulin Defrenne**, un moulin à vent circulaire et taluté, en briques chaulées, toujours aux mains de la famille Defrenne. Classé comme monument en 1962 et restauré en 1990 grâce à une large contribution des pouvoirs publics, ce moulin à vent de 1830 a gardé son caractère originel et est toujours en fonction. Le froment est moulu sur des meules en pierre naturelle actionnées à l'électricité ou par le vent. Le meunier accueille les visiteurs et les amateurs de pain complet peuvent se régaler.

Grand-Leez : moulin Defrenne (1830)

GRAND-MANIL | 5030

- en 1070, *Mainil*, du latin *mansionile* = petite ferme
- Maniciens
- localité résidentielle, altitude de 125 à 167 m
- N 29, lignes de bus 27 Gembloux-Chastre-Gentinnes-Marbais, 147A Gembloux-Fleurus-Tamines, 247A Gembloux-Corroy-le-Château-Sombreffe, 347A Gembloux-Saint-Martin- Tongrinne/Onoz
- 609 ha

HISTORIQUE

La chaussée romaine Bavay-Tongres passe au nord de Grand-Manil. La dénomination de la ferme de Penteville, déjà en possession de l'abbaye de Gembloux à la fin du 12e siècle, trahit une origine gallo-romaine. La première mention de la localité apparaît dans la *Geste des abbés de Gembloux* rédigée à la fin du 11e siècle par le moine Sigebert. On y lit que le noble Robert, fil de Boson de Humerée (hameau de Sombreffe) et chanoine de Saint-Lambert à Liège, a donné vers 1040 à l'abbaye bénédictine de Gembloux la moitié de la villa de Manil, plus trois manses. Le reste de cette propriété fut acquis par le monastère dans la seconde partie du 11e siècle. Pendant tout l'Ancien Régime, Grand-Manil fut inclus dans la terre de Gembloux, érigée en comté au 16e siècle. L'abbé-comte y exerçait donc la haute justice. L'histoire de Grand-Manil se confond dès lors avec celle de Gembloux.

À l'instar de nombreux villages de la région, Grand-Manil souffrit énormément, à la fin du 17e siècle et au tout début du 18e, du passage incessant des troupes lors des guerres menées par Louis XIV dans les Pays-Bas espagnols. À la suite de l'annexion des Pays-Bas autrichiens à la France en 1795, Grand-Manil devint une commune du canton de Gembloux. L'ancienne seigneurie de Bertinchamps lui fut rattachée. Jusqu'à la construction de l'église paroissiale Sainte-Thérèse en 1931, Grand-Manil continua à dépendre au spirituel de Gembloux. Le poète et critique littéraire Fernand Séverin (1867-1931), l'un des représentants les plus significatifs du Parnasse et du symbolisme en Belgique, est né à la ferme de Penteville.

À VOIR

L'**église paroissiale**, dédiée à sainte Thérèse de l'Enfant Jésus, a été construite en 1930-31 d'après les plans de l'architecte Victor Marrès. Son style moderne hollandais la distingue très nettement des autres églises situées dans la ville de Gembloux.

Entouré de murs en schiste local, le **domaine du château de la Tour** comprend, à l'angle méridional, un donjon carré du 12e siècle qui entrait dans le système défensif du duché de Brabant face au comté de Namur voisin, une chapelle dédiée aux saints Pierre et Paul sans doute contemporaine de cette tour, ainsi que des constructions néoclassiques du milieu du 19e siècle. La chapelle de Moha a été rebâtie en 1821, mais aurait déjà existé au milieu du 16e siècle.

Grand-Manil compte plusieurs fermes dont l'origine remonte à un passé lointain : **Penteville** forme un ensemble reconstruit et agrandi aux 19e et 20e siècles à partir de bâtiments du 17e ; **Bertinchamps**, dont les constructions datent en majeure partie des 19e et 20e siècles, est déjà citée à l'époque médiévale ; **La Bouverie** constitue un ensemble clôturé du 17e siècle ; **Bedauwe**, siège d'un ancien moulin de l'abbaye de Gembloux à l'époque médiévale, regroupe des volumes datant du milieu du 18e siècle.

ISNES | 5032

- en 1249 *Enes*, en 1265 *Ynnes*, du latin *Idonis villa* = villa ou ferme d'un dénommé Idon (?)
- Isnois
- localité établie sur des bas plateaux, avec des variations sensibles d'altitude, entre 159 et 192 m
- gare ferroviaire de Bovesse, N 93, N 912, pas de lignes de bus
- 498 ha

Lonzée : ancienne abbaye d'Argenton (18e siècle)

HISTORIQUE

La localité se compose de deux parties jadis bien distinctes : Isnes-les-Dames et Isnes-Sauvage. La première appellation trouve son origine dans le fait que, par le passé, des carmélites détenaient des propriétés en ce lieu. La seconde évoque le défrichement plus tardif de cette partie du village. À l'époque médiévale, Isnes-les-Dames et Isnes-Sauvage constituaient des seigneuries hautaines dépendant directement du comte de Namur. Ce dynaste possédait en effet, un kilomètre à peine à l'ouest de ces seigneuries, la forteresse de Golzinnes. Celle-ci dominait la vallée du Ripjoux et commandait une trouée par laquelle passait, à travers une région complètement boisée, la seule route allant de Namur à Gembloux. Cette forteresse marquait aussi la limite occidentale des possessions du comté de Namur. Comme toutes les localités de la région de Gembloux, Isnes souffrit durant le dernier quart du 17e siècle des guerres menées dans nos contrées par Louis XIV, notamment en 1692, lors du siège de Namur. Lors de l'annexion des anciens Pays-Bas autrichiens à la France, Isnes devint une commune du canton de Gembloux. En 1812, le quartier de Saussin, jusqu'alors incorporé à Spy, fut rattaché à Isnes. Sous l'Ancien Régime, Isnes-les-Dames relevait de la paroisse de Bossière, dont l'église était distante de plus deux kilomètres, tandis que Isnes-Sauvage dépendait de la paroisse de Temploux. En 1859, Isnes a été érigée en paroisse indépendante. Ces deux appellations furent supprimées officiellement en 1880.

À VOIR

L'**église** paroissiale **Saint-Hadelin**, construite en style néo-classique en 1858-59, se retrouve à l'intersection des deux grandes parties d'Isnes. Elle recèle un tableau représentant l'Ange gardien, peint vers 1721 par Englebert Fisen de Liège. Le territoire d'Isnes est parsemé de plusieurs fermes : celle des **Dames Blanches** (18e siècle), de **la Tour** (18e, avec adjonction au 19e d'un corps de logis et d'une haute tour en briques), de **la Boverie**, datant essentiellement du 19e siècle tout en conservant des éléments du 18e), **de l'Étang** (19e et 20e siècles, avec étables remontant au 18e) et **de Saussin** (2e tiers du 18e).

LONZÉE | 5030

- au 13e siècle *Lonceus, Lonceia*, en 1289 *Lonsees*, du gentilice Lonceius (?)
- Lonzinois
- village résidentiel de la Hesbaye limoneuse, sur l'Harton, affluent de l'Orneau, altitude de 135 à 184 m
- gare ferroviaire, N 4, pas de lignes de bus
- 533 ha

HISTORIQUE

Dès la fin du 19e siècle et jusqu'à la Seconde Guerre, il existait à Lonzée une industrie sans doute unique en Belgique : l'extraction de la terre verte ou terre-couleur. Il s'agissait de l'exploitation d'un massif de glauconie ou argile verte formé à l'ère secondaire, pendant le crétacé (135 millions à 65 millions d'années). Cette terre servait la fabrication de teintures (en Allemagne et en Autriche) et de stucs mélangés à la craie de Grez-Doiceau. On y a retrouvé des quantités de fossile d'êtres vivants, aussi bien marins (mosasaures, poissons et mollusques) que terrestres (reptiles, tortues).

Des fouilles et l'étymologie attestent une présence préhistorique et gallo-romaine. Au Moyen Âge, on note trois entités distinctes : Harton, Argenton et Lonzée aux confins du duché de Brabant et du comté de Namur. Le traité signé à

Mazy : château-ferme de Falnuée. Ancienne grange (18e siècle)

Maastricht en 1357 fixe la frontière entre les deux provinces sur le ruisseau de Lonzée et d'Harton, qui coupe le village en deux : Lonzée au nord et Argenton au sud. Cette frontière sera contestée par l'abbaye de Gembloux, qui convoite les propriétés de l'abbaye de moniales cisterciennes installées à Argenton depuis 1229. Les procès de ce conflit de juridiction seront entrepris par les États de Brabant et de Namur et ne cesseront qu'à la fin de l'Ancien Régime. La contestation portait également sur le statut de Lonzée : en effet le village était une terre franche au régime fiscal particulier, mais dépendant de la terre de Gembloux, notamment pour l'administration et la justice. Lonzée a la réputation de pays des sorcières. En 1637-1638, des procès de sorcellerie se sont effectivement déroulés devant la haute cour de justice de Gembloux. Sur un gros mois, cinq femmes furent emprisonnées, questionnées, torturées pour finir toutes de la même manière : étranglées et brûlées, et leurs biens vendus pour subvenir aux frais de ces pseudo-procès. La chute de l'Ancien Régime vit le rattachement d'Argenton à Lonzée et sa séparation de la terre de Gembloux. Lors de la fusion des communes de 1965, le village retournera à Gembloux.

À VOIR

L'ancienne **abbaye cistercienne Notre-Dame d'Argenton** fut fondée en 1229 par une communauté de religieuses venues de Grandval (Balâtre) à la demande de Guillaume, seigneur d'Harenton (Harton). Construits dans la tradition mosane en briques et pierres bleues, les bâtiments, reconstruits dans leur quasi intégralité au 18e siècle, sont encore en place, à l'exception du cloître et de la brasserie. Depuis la suppression du couvent en 1796, c'est devenu une exploitation agricole. L'église abbatiale, due à l'architecte namurois Maljean, présente un plan tréflé. La porterie est flanquée de deux tours.

Le **moulin d'Harton** est déjà cité dans les donations de biens à l'abbaye d'Argenton en 1229. Il fut moulin à farine, tordoir et termina en atelier de coutellerie de la fin du 19e siècle jusqu'en 1929. Propriété de l'abbaye d'Argenton, il fut reconstruit en 1741 et restauré en 1992. L'**église** paroissiale **Saint-Roch**, de style néogothique en briques et pierres bleues sous bâtières d'ardoises, date de 1846. Avant cette construction, les Lonzinois allaient aux offices à Gembloux où leurs morts étaient enterrés.

ÉVÉNEMENTS

- grand feu sur le site de l'ancienne abbaye d'Argenton, début mars
- kermesse annuelle du village, le troisième dimanche de juin

MAZY | 5032

- en 1265, *Li Mazis*, du latin *mansus* = petite ferme ou métairie (?)
- Mazyciens
- village sur l'Orneau, altitude entre 105 et 185 m
- N 93, ligne de bus 144A Gembloux-Jemeppe-sur-Sambre
- 564 ha

HISTORIQUE

Le territoire actuel de Mazy était réparti, sous l'Ancien Régime, sur trois seigneuries distinctes, Mazy, Falnuée et Hermoye, incluses dans le comté de Namur et dépendant directement du comte qui y exerça la haute justice jusqu'en 1626. À cette date, Philippe IV, roi d'Espagne, engagea la seigneurie hautaine de Mazy, Monceau et Falnuée à François-Lamoral de Sainte-Aldegonde, baron de Noircarmes.

L'ancienne abbaye bénédictine de Gembloux fut intégralement reconstruite par Laurent-Benoît Dewez en style néoclassique

LAURENT-BENOÎT DEWEZ, « PREMIER ARCHITECTE DE LA COUR »

Né en 1731 à Petit-Rechain, Laurent-Benoît Dewez est l'architecte le plus célèbre des Pays-Bas du sud au 18e siècle. Nanti d'une bourse de la fondation Darchis, il est à Rome en 1754 pour y parfaire son apprentissage. C'est l'époque où Winckelmann, Piranèse ou encore Robert Adam se consacrent à l'étude de l'art antique et posent les bases du néo-classicisme. En 1756, Dewez entre au service de Robert Adam pour dessiner les monuments antiques. En 1758, il est engagé dans le bureau d'architecture des frères Adam à Londres. Il y restera un peu moins de douze mois, avant d'opérer un retour très remarqué dans son pays natal.

En décembre 1758, Dewez reçoit sa première commande officielle : rebâtir l'ensemble de l'abbaye d'Orval. Ce projet gigantesque et de solides appuis politiques et religieux vont assurer au tout jeune architecte une ascension fulgurante. Dans les années 1760 et 1770, les abbayes les plus riches des Pays-Bas s'arrachent ses services pour un projet de reconstruction global ou partiel qui privilégie souvent le palais abbatial ou l'église. On retrouve ainsi Dewez à l'œuvre à Gembloux, Hélécine (Heylissem), Herkenrode, Saint-Trond, Vlierbeek, Florival, Villers, Floreffe, Dielegem, Bonne-Espérance, ainsi qu'aux collégiales d'Andenne ou de Harelbeke.

La célébrité de Dewez auprès des grandes maisons monastiques des Pays-Bas tient tant à son talent et aux formules néo-classiques que l'architecte introduit dans cette région d'Europe qu'à sa position officielle très en vue à la cour de Charles de Lorraine. Apprécié par le prince et par son ministre Coblenz dès le début des années 1760, Dewez reçoit en 1767 le titre de « Premier architecte de la Cour ». Il possède dès lors un droit de regard sur tous les grands chantiers des Pays-Bas autrichiens.

À côté des commandes religieuses, assurément les plus nombreuses, Dewez se voit aussi confier quelques demeures princières, dont le château de Seneffe. Construit entre 1763 et 1768 pour Julien Lepestre, ce projet combine en une belle synthèse l'héritage antique et des références à l'architecture anglaise et française. En 1766, Dewez reprend la direction du chantier du palais de la cour à Bruxelles. Pour le prince Charles, il achève également la construction du château de Mariemont et fournit les plans pour le château Charles, pavillon à construire près de Tervueren. Plusieurs projets de Dewez portent également sur des bâtiments universitaires de Louvain ou encore sur l'hôtel de ville de Binche. La maison de force de Vilvorde figure dans ses grands projets d'architecture urbaine. Ce chantier, entamé en 1774, suscite de nombreuses critiques, lesquelles entraînent l'intervention du Conseil de Brabant et annoncent le déclin de l'architecte de la cour. Écarté de grands projets bruxellois, comme celui de la place Royale, il ne joue plus qu'un rôle anecdotique de conseiller technique sur le chantier de l'église Saint-Jacques-sur-Coudenberg, dirigé par Guimard et Montoyer. Étrillé par de nouvelles critiques, Dewez tombe en disgrâce et perd son titre de premier architecte en 1780. La démolition de près d'un tiers de ses réalisations religieuses dans la tourmente révolutionnaire de la fin du 18e siècle assombrit définitivement les dernières années d'existence de l'architecte, qui meurt, ruiné, en 1812.

– Mathieu Piavaux

Cette seigneurie fut relevée en 1680 par Charles Pellissonnier, dont la famille d'origine bourguignonne avait été anoblie par Charles Quint. Au 18e siècle, elle passa, par mariage, aux mains de la famille de Meldeman de Bouré. Albert-Eugène de Meldeman de Bouré en fut le dernier seigneur hautain.

Hermoie figurait parmi les seigneuries accordées en 1628 par le roi d'Espagne Philippe IV au général Jean t'Serclaes, comte de Tilly, pour le récompenser des services rendus à la cause catholique au cours de la Guerre de Trente ans. En 1755, cette seigneurie fut engagée aux écuyers Albert-Ignace et Pierre-Joseph le Mède, chanoines de la cathédrale de Namur. Le premier nommé céda ses droits à son frère qui fut le dernier seigneur hautain de Hermoie.

En 1692, Louis XIV, en guerre contre l'Espagne et ses alliés, décida d'entreprendre le siège de Namur. Le 25 mai, il logea au château de Mazy, d'où son historiographe Jean Racine écrivit des lettres à son ami Nicolas Boileau. En 1784, Jean-Joseph Jaumenne, maître de forges à Marche-les-Dames, fit construire à Mazy un marteau-pilon et ensuite un laminoir et une forge.

Lors de l'annexion des Pays-Bas autrichiens à la France en 1795, Mazy devint une commune indépendante au sein du département de Sambre-et-Meuse. Le village voisin d'Onoz lui fut rattaché jusqu'en 1819. En 1854, les frères Dejaiffe établirent une scierie de marbre à proximité de l'Orneau qui fournissait la force motrice. Le sous-sol de la localité recèle en effet du marbre noir. Cette roche calcaire appartient au flanc nord d'un grand pli dissymétrique appelé le synclinal de Namur. L'assise compte une épaisseur de 12 mètres. Outre toutes les qualités du marbre (c'est-à-dire une roche susceptible de prendre un beau poli et de le conserver longtemps), ce calcaire est chargé de matières organiques finement divisées et uniformément réparties dans la masse, caractéristique qui lui confère un noir profond. Ayant acquis la part de son frère, Télésphore Dejaiffe édifia, à proximité de la voie ferrée Gembloux-Tamines, une usine à vapeur destinée à travailler le marbre. Commencée à ciel ouvert dans les campagnes de Golzinnes et d'Hermoye, l'extraction du marbre noir fut poursuivie, vers 1870, dans des galeries souterraines. L'usine Dejaiffe ferma ses portes dans le dernier quart du 20e siècle.

En 1871 fut érigée la paroisse Sainte-Barbe. Auparavant, Mazy relevait au spirituel de Bossière.

À VOIR

L'**église** paroissiale **Sainte-Barbe**, construite en style néoroman en 1869, possède trois nefs séparées par deux rangées de quatre colonnes en pierre. Au nord-est du village, à proximité du Ripjoux et d'un bois, se dresse la **ferme d'Hermoye** dont les constructions datent du 16e au 18e siècle. La **ferme-château de Falnuée** se situe à l'extrémité méridionale de Mazy ; les bâtiments datent des 17e et 19e siècles, à l'exception d'un donjon qui remonte au 13e. Formant avec les terrains avoisinants un cadre historique de grande valeur, elle accueille un golf de 18 trous qui rassemble tous les niveaux de difficulté.

Située au bord de la chaussée Namur-Nivelles, la **tour d'équilibre** de la CIBE a été conçue pour tempérer la pression de l'eau en mouvement dans les conduites et prévenir les brusques surpressions ou coups de bélier. La tour de Mazy permet une limitation de la pression en aval correspondant à la cote piézométrique de 200 mètres. Le site constitue aussi un important nœud de vannage du réseau d'adduction où les eaux en provenance de l'usine de Tailfer et du captage de Spontin sont réparties vers les différents axes d'adduction alimentant l'agglomération bruxelloise.

SAUVENIÈRE | 5030

- en 946, *Saluenarias,* du latin *sabulonarias* = endroit sablonneux
- Sauveniérois
- village de la Hesbaye namuroise, sur des bas plateaux à l'épaisse couche de limon, arrosé par l'Orneau et son petit affluent, le Baudecet ; altitude de 142 à 172 m
- N 4, N 29, lignes de bus 32 Namur-Gembloux, 148A Gembloux-Landen
- 1 453 ha

HISTORIQUE

Des témoignages de l'époque gallo-romaine ont été retrouvés dans la localité le long de la voie romaine Bavay-Cologne. À proximité de l'ancienne gare de Sauvenière furent découvertes, en 1898, les ruines de la villa d'Arlansart. De moyenne importance, elle datait de l'époque des Antonins (96-192) et fut détruite par un incendie dû probablement aux invasions germaniques des 3e et 4e siècles.

Au Moyen Âge, Sauvenière se retrouva dans la terre de Gembloux, qui fut officiellement érigée en comté au cours du 16e siècle. L'abbé de Gembloux y exerçait donc la haute justice. Sauvenière souffrit des guerres menées dans la seconde partie du 17e siècle par Louis XIV. Lors de l'annexion des Pays-Bas autrichiens à la France en 1795, le village devint une commune indépendante au sein du département de Sambre-et-Meuse. Il perdit cette qualité par son intégration à Gembloux lors de la fusion des communes du 1er janvier 1965.

À VOIR

L'**église** paroissiale **Sainte-Foy** a été bâtie durant la première moitié du 18e siècle sous l'abbatiat de Pierre Dumonceau, prélat de l'abbaye bénédictine de Gembloux. Elle succédait à une église primitive dont il demeure quelques vestiges. L'édifice actuel résulte de profondes modifications subies vers 1837. La tour d'origine romane, englobée dans les bas-côtés, comporte quatre niveaux cantonnés de chaînages des 16e et 17e siècles.

À l'extrémité méridionale de Sauvenière, le **château-ferme de Liroux** s'élève à l'emplacement d'une villa déjà connue comme propriété de l'abbaye de Gembloux dès la fin du 12e siècle. L'ensemble regroupe des bâtiments principalement du 18e siècle, à l'exception d'un logis bas de la première moitié du 17e et d'une aile néoclassique de la ferme datant de la première moitié du 19e. Dans la campagne de Liroux, la **chapelle Notre-Dame de Lorette** est une construction en style néoclassique du début du 19e siècle avec une abside semi-circulaire. La porte centrale à linteau droit est encadrée par des passages échancrés permettant de faire le tour de l'édifice.

GESVES

- arrondissement de Namur
- localités : Faulx-Les-Tombes, Gesves, Haltinne, Mozet, Sorée
- 6 494 ha ; 6 830 habitants (01/01/2011)

FAULX-LES-TOMBES | 5340

- en 953, *Fals* (falaise), puis, *Fas, Faus, Faux* ; *Les Tombes* dès le 12e siècle (mais jamais retrouvées...)
- Falsitombiens
- territoire partagé entre l'Ardenne condruzienne (160 m) et le versant sambro-mosan (220 m), marqué par le cours du Samson ; habitat très dispersé, nombreuses zones boisées
- N 942 et E 411 (sortie 16), ligne de bus 42 Namur-Andenne
- 1 385 ha

HISTORIQUE

L'occupation du territoire remonte au paléo-néolithique (caverne de Jausse, fouillée en 1968). Au long d'un diverticule courant sur les crêtes du nord, on a trouvé des traces de deux établissements romains : à Fausurchamp et à Maizeroulle. Peu après 953, les seigneuries de Faux et des Tombes font partie de l'alleu de Mozet, hors les possessions de l'abbaye de Grandpré (après 1232). Séparées de Mozet au 17e siècle, elles s'y retrouvent sous le régime français pour devenir une seule commune en 1899. La seigneurie, après les de Faux (de 1066 à 1379), passera dans les mains de nombreuses familles. Le Samson et les gisements de minerais de fer, de plomb et de cuivre ont engendré une importante activité métallurgique dès avant le 14e siècle pour s'éteindre vers 1850, reconvertie peu à peu en activité de mouture jusqu'en 1945. Au cours du 19e siècle et jusqu'en 1945, la terre a été exploitée à Maizeroulle. En 1914, le village se trouva sur la ligne du front d'investissement des forts de Dave, d'Andoy et de Maizeret. En 1916, 141 hommes furent déportés en Allemagne.

Les grottes de Goyet constituent un riche réseau de galeries

Faux-les-Tombes : porche de l'église Saint-Joseph (architecte Henri Beyaert)

À VOIR

En 1874, pour remplacer l'ancien sanctuaire, l'architecte Henri Beyaert dépose les plans de **l'église Saint-Joseph**, un bâtiment néoroman dont la caractéristique est que toutes les longueurs, largeurs et hauteurs sont calculées suivant le nombre d'or (d x 1,618=D). Face à l'église, le **presbytère** date des années 1700. À 2 km au sud se dresse l'**abbaye de Grandpré**, avec son porche (1761 et 1772), sa grange (fin 17e) et son moulin (1673 et 1685). Le site complet a été classé entre 1956 et 1997. Dès 1209, Villers-la-Ville y possédait une grange. Une église apparaît en 1232, des bâtiments réguliers en 1587. L'abbaye se dote rapidement d'une « hydraulique cistercienne » : bief, moulin, forge (3 km en aval) et s'accroît vers Gesves et Sorée. Supprimée en 1796, l'abbaye devient bien national et les bâtiments conventuels disparaissent en 1807. En descendant la vallée sur 3 km, on découvre les tours du **château de Faulx.** Après 1379, les successeurs des de Faux laissent le château et ses dépendances se délabrer. En 1864, l'architecte Beyaert est chargé de rénover l'austère bâtisse. Tout en gardant l'essentiel des bâtiments de 1563, Beyaert enjolive les tours à la façon de Viollet-Le-Duc. Incen-

L'abbaye de Grandpré à Faulx-les-Tombes, site classé

dié en 1961, racheté et restauré par la société Etrimo, il est repris en 1971 par la commune d'Etterbeek, qui en fait son centre d'accueil jusqu'en 1991. Entre-temps, la vieille forge en contrebas (Florenvaux) avait été remise en état, puis transformée en filature (1841). De 1895 à 1950, l'ancien mécanisme a actionné une turbine pour l'éclairage du château. Elle était due à Dulait, précurseur des ACEC de Charleroi. En poursuivant la descente de la vallée et en jetant un regard sur les **rochers de Roquimont** (classés en 1974), on dépasse le beau corps de logis de la scierie Hontoir. Un peu plus loin, un gros bâtiment jaune, flanqué d'une grange du 18e : la **ferme Moreau**. Ce fut le centre d'une vaste propriété, celle des Bauchau, qui exploitaient plusieurs moulins métallurgiques. En 1841, le fonds, sauf les moulins, fut vendu au baron de Bagenrieux (1802-1870), qui transforma le vieux bâtiment (antérieur à 1772) en une gentilhommière. La propriété passa en 1919 aux fermiers Moreau. À 500 m en aval, un ancien **moulin dit « des Anglais »** doit son nom à son mécanisme de démultiplication dû à un... Américain : Ewans (1755-1819). À 2 km à l'ouest, le **château d'Arville**, non accessible, date de 1616 et fut largement modernisé au 19e siècle. Son parc magnifique est agrémenté d'un vaste étang et de fausses ruines féodales, à la mode romantique.

ÉVÉNEMENTS

- concours complet d'équitation à Arville, en juin
- fête de la ruralité, en août
- fête du village, à Faulx (juillet) et à Tombes (août)

GASTRONOMIE

- tarte Grand-mère

GESVES | 5340

- en 1029, *Gengeavia* (de *Gang-Ahwya* : eau courante) ; en 1229, *Gevia*
- Gesvois
- village agricole et résidentiel, très vallonné (Ardenne condruzienne), de 220 à 278 m
- N 942, lignes de bus 14 Ohey-Courrière, 42 Namur-Andenne, 66 Namur-Ciney
- 2 048 ha

HISTORIQUE

L'occupation ancienne du territoire est attestée par des tombes du 5e siècle à Francesse et par une villa romaine au lieu-dit « encloz du Sarazin », fouillée au 19e siècle et en 2006/07. En 851, on cite le hameau de Borsu. Le cœur du village, avec une chapelle et un moulin, date de 987 et devient une avouerie de Huy. En 1326 émerge un premier seigneur issu d'une des quatre « franches familles » du lieu. Jusqu'en 1642 se succèdent plusieurs propriétaires ; l'actuel descend toujours d'une de ces familles. Au confluent du Samson et

Le château actuel d'Haltinne, classé avec ses abords, fut reconstruit en 1688

des affluents locaux se développa de 1386 à environ 1550 une industrie métallurgique, temporairement ravivée en 1787, pour vider de leur substance les « crayats des Sarrasins » accumulés aux siècles précédents. Dans la vallée furent exploitées des carrières de grès (pierre meulière jusqu'environ 1900), de pierre et de marbre (jusqu'en 1960). Sont encore à citer : une éphémère houillère en 1762 et une extraction de minerai de fer au Pourrain de 1876 à 1892. En 1916, 121 hommes du village furent déportés en Allemagne.

À VOIR

Au centre du village, plusieurs maisons datent des 17e-18e siècles. L'**église Saint-Maximin**, reconstruite en 1842/45, garde des éléments de l'ancienne du 18e siècle, dont les autels, les fonts baptismaux et quelques pierres tombales. Près du cimetière, le **Mémorial de la RAF** a été érigé en hommage à l'équipage d'un Lancaster abattu en juillet 1943. En contrebas se découvre le **château de Gesves** : en 1333, le premier seigneur y construisit « une thour près de sa boverie », ébauche du donjon de 1375, noyé dans le bâtiment actuel. En 1712, la ferme fut séparée du château, agrandi en 1870. L'architecte de Béthune (1821-1894) en assura quelques décorations. Dans le bas de la vallée, les **moulins de Hoyoux** et **de Wagnée** datent du 18e siècle.

ÉVÉNEMENTS

- fête du village, fin septembre

HALTINNE | 5340

- en 747, *Hal(t)na* (petite halle) ; en 1104, *Halentina* ; en 1343, *Halletines*
- village éclaté en cinq hameaux, vallonné au nord (versant sambro-mosan), agricole et résidentiel ; vastes zones boisées, sol le plus souvent rocailleux, de 145 à 275 m
- N 941 et N 921, lignes de bus 14 Ohey-Courrière, 42 Namur-Andenne
- 1 393 ha

HISTORIQUE

L'occupation ancienne est attestée par des silex et par un petit établissement romain du 2e siècle sur un diverticule qui court sur la crête nord. Hors Haltinne, les hameaux de Strud (cœur du village), avec son fief du Mont (1380), et de Labas (1343) furent le siège de petites seigneuries. La seigneurie d'Haltinne, créée à partir de cinq petits fiefs contigus fut, dès le 11e siècle, le siège d'un marché assez important pour y avoir son propre « muid ». Une première lignée tint le domaine jusqu'en 1430, suivie d'autres qui l'agrandirent aux limites actuelles du village, surtout par l'achat en 1658 de Strud au Chapitre de Sclayn. Suivirent de hauts fonctionnaires, puis, en 1889, la famille de l'industriel Dumont et ses descendants. D'anciennes activités industrielles ont laissé des traces : la métallurgie, la fabrication du charbon

La chapelle du 16e siècle, sur le Mont-Sainte-Marie à Mozet

de bois, l'extraction de la terre plastique et de la houille. Deux moulins à farine ont été actifs, le dernier terminant sa carrière vers 1945 comme génératrice alimentant le village. En 1914, les « Grosses Berthas » s'y mirent en batterie et en 1916, 121 hommes du village furent déportés en Allemagne.

À VOIR

Le **château d'Haltinne,** initialement une maison forte sur le « fief de la ferme », devient un château en 1644. Incendié en 1684 (avec les maisons du hameau), il est reconstruit en 1688. Une accalmie des conflits permet en 1703 la suppression du pont-levis, le percement de fenêtres, la création d'un parc à la française et la construction de la ferme, agrandie au 19e siècle, les douves restant alimentées par le Strouvia. Dans les environs, on peut encore voir les vestiges de la **butte féodale** de 1289 (céramiques des 12e-14e siècles). À 1 km à l'est survit l'**étang de la Nihée (le « vivier »)** qui faisait fonctionner une forge (1486) alimentée par le minerai des collines de Strud. À Muâche, le **château dit de Bellaire**, du 19e siècle, a remplacé une gentilhommière de 1765. Le hameau a été le siège d'une exploitation de houille en 1732, ravivée de 1810 à 1935 (traces de puits d'exhaure). Dans le parc, un **tilleul centenaire**. Strud est un beau village groupé (règlement sur les bâtisses en milieu rural). Son **église** date du 11e siècle, avec une tour du 9e, surmontée d'une flèche au 17e. Sur une base de 8 piliers et 13 m de long, elle fut doublée en 1891, restaurée en 1931 et encore récemment. Elle offre cinq pierres tombales des 16e, 17e et 18e siècles. À 1 km au sud, le petit **manoir de Labas**, avec sa tour, est cité en 1343, détruit en 1430, restauré au 16e siècle et transformé en 1635 et 1646. Plus loin, le **hameau de Hautbois**, gagné vers 1700 sur les essartages, est caractérisé, après les labours, par une centaine d'**aires de faude**, cercles noirâtres témoins de la fabrication de charbon de bois nécessaire à la métallurgie (fin vers 1850). À proximité, à l'entrée du domaine des Arches (château de 1860, incendié en 1993), le **chalet (dit) finlandais** est un rescapé de l'Exposition Universelle d'Anvers de 1885.

ÉVÉNEMENTS

- fête de Strud, à l'Ascension

MOZET | 5340

- en 747, *Mosania (Mos* = terrain humide) ; en 953, *Mosene,* en 1491, *Mauzet*
- Mozetois
- village agricole et résidentiel ; cœur homogène typique du versant sambro-mosan, altitude de 140 à 220 m
- N 942 et E 411 (sortie 16), ligne de bus 42 Namur-Andenne
- 860 ha

HISTORIQUE

L'occupation ancienne est attestée dans les grottes de Goyet par l'établissement romain de Fausurchamp et par une batterie de fours de potiers des 12e-13e siècles. Passant de Stavelot au Chapitre de Huy en 953, l'alleu de Mozet est créé vers l'an 1000 par un seigneur dont la lignée ne s'éteindra qu'en 1622. Au début du 11e siècle, le village se développe autour de l'église et du donjon. Le domaine reste homogène

Mozet fait partie des « Plus beaux Villages de Wallonie » (ferme du Royer)

tout en cédant quelques écarts, tels Basseilles au 13e siècle, aux Hôpitaux de Namur et des terres à l'abbaye de Grandpré, tandis que Mont-Sainte-Marie appartenait à Arville. En 1638, la seigneurie passe par engagère à plusieurs familles. Le régime français regroupe sur Mozet plusieurs mairies contiguës, mais Faulx et Les Tombes deviennent une commune à part en 1899. L'exploitation de terre plastique s'arrête en 1976. Le bas du village a compté quatre installations métallurgiques avant le 15e siècle. Deux survivront comme moulins de mouture, maintenant arrêtés. En 1914, le village est au centre des combats pour les forts de Maizeret et d'Andoy. En 1916, 65 hommes sont déportés en Allemagne. Depuis 1995, Mozet est classé parmi les « Plus beaux Villages de Wallonie ».

À VOIR

Dans la vallée, le **hameau de Goyet** renferme une dizaine de maisons du 18e siècle. Près du pont, l'ancienne **« Forge l'Abbé »** (Grandpré) est d'abord vouée au cuivre, puis au fer (clouterie en 1861), enfin à la meunerie jusqu'en 1960. Un kilomètre plus bas, un ancien **moulin à farine** du 18e siècle, avec son bief et sa roue, a fonctionné jusqu'en 1950. En face, et aussi sur Andenne, les **rochers des Demoiselles**, classés en 1976. L'attrait principal est offert par les **grottes de Goyet**, classées avec leurs rochers à la même date. Fouillées depuis 1867 (de façon peu scientifique), elles ont cependant livré d'utiles informations lithiques, animales et humaines. Les fouilles de 1998/99 ont permis de découvrir la sépulture néolithique d'un enfant et un nouveau réseau de riches galeries (étude toujours en cours). Les grottes étaient déjà connues en 1790 comme les « souterrains des Sarrasins ». Dans la montée vers Mozet se dresse le **Foyer Saint-Antoine** de 1760, agrandi en 1895 et 1923. Il est venu dans le patrimoine communal par un don en 1867. Un peu plus haut, le **château de Goyet**, construit en1865 sur les plans de l'architecte Vierset-Godin, a fait l'objet d'une restauration soigneuse dès 1984. Au cœur du village même, plus de vingt **belles maisons** lui font mériter son label. L'**église Saint-Lambert**, sur un vieux socle roman, a été construite en 1775 et allongée d'une travée en 1853. Les autels et chaire sont de style baroque. Du parvis, on voit le **presbytère** de 1760 et la **ferme Douxflamme** (1289), achetée par Douxflamme vers 1580 et dont les bâtiments datent de 1600/1700. En face, un important « défoncé » de terre plastique. Enfin, la **ferme du Royer**, du nom de son propriétaire en 1577. Achetée en 1606 par le maître de forge Muller, la grange date de 1601, le logis de 1606 et la tour-porche de 1614. Le **château de Mozet** est sur la hauteur : les vestiges du donjon du 13e siècle sont noyés dans les bâtiments actuels qui gardent la forme de la construction de 1650, largement agrandie vers 1770. La configuration actuelle date des années 1870. Le château est occupé depuis 1964 par les Guides Catholiques de Belgique. À 2 km au sud, on trouve ce qui reste de la vieille paroisse de **Mont-Sainte-Marie**, ruinée vers 1740 et supprimée en 1809. La **tour romane,** barlongue, a perdu sa flèche en 1876. La nef s'était effondrée entre 1710 et 1740. La **chapelle** classée date du 16e siècle. En contrebas, le **Mémorial de l'Armée secrète** : un groupe de résistants avait eu son dernier refuge dans les environs. Pris à parti par les Allemands le 25 juin 1944 à Maibelle (commune de Florée), il perdit vingt hommes. À 1 km à l'ouest de Mozet,

Sorée : l'ancien couvent de Francesse

L'église de Strud et ses abords sont classés

la **ferme de Basseilles**. Le domaine fut vendu aux Hôpitaux de Namur (léproserie) au 13e siècle. La seigneurie de 1755 a construit l'essentiel des bâtiments actuels (porche et grange), qui ont été agrandis au 19e siècle.

ÉVÉNEMENTS

- journée des « Plus beaux Villages de Wallonie», en juin

GASTRONOMIE

- bière « L'Ambrée du Samson » et apéritif « Florange »

SORÉE | 5340

- en 1029, *Suriacus,* 1237, *Soreia,* 1424, *Sorée*
- Soréens
- village agricole, habitat majoritairement en grès (pierre d'avoine), paysage typique du Vrai Condroz, de 270 à 300 m
- N 921, ligne de bus 13 Andenne-Ciney
- 808 ha

HISTORIQUE

Sorée était le siège de trois seigneuries (Liège et Namur). Au 14e siècle, une grosse partie des terres devint la propriété de l'abbaye de Grandpré (Faulx-Les-Tombes). De la fin du 19e siècle jusqu'en 1965, Sorée a connu une évidente prospérité grâce à l'exploitation de la terre plastique, dont l'exportation vers Andenne fut facilitée par la création de la ligne vicinale en 1894, démontée dès 1952. En novembre 1916, vingt-deux hommes du village furent déportés en Allemagne.

À VOIR

L'**église Saint-Martin** (1860) a remplacé la vieille chapelle (1560 et 1806) ; elle conserve une cuve baptismale de 1618 et deux pierres tombales de 1420/23 des seigneurs de Doyon et de 1723 d'un abbé de Grandpré. À droite de l'église se dresse l'imposant **mausolée** (1854) de la famille Borguet, bienfaitrice du village. Aux environs immédiats, deux fermes de caractère des années 1600/1700. Un peu en arrière de l'église, un beau **puits** en pierre d'avoine, de 1810, désactivé comme puits public vers 1950. Au long des N 921 et N 946 subsistent les traces les plus visibles des exploitations de terre plastique, sous la forme de « défoncés », résultats de l'effondrement des galeries. À 1 km vers Gesves, on a une belle vue sur l'**ex-couvent de Francesse** avec sa dépendance, la ferme du même nom, siège d'une « franche taverne », halte sur cette ancienne voie romaine (tombes à incinération du 5e siècle). Le château seigneurial de Francesse (1602, tour en 1620) fut remplacé en 1867 par un manoir « à la mode ». Acquis en 1934 par les Sœurs Bernardines, celles-ci lui substituèrent en 1936 un bâtiment moderne, dû à Henri Vaes (1876-1945), architecte de la reconstruction de l'abbaye d'Orval. Le couvent a été rendu à la vie séculière en 1983. Le ruisseau du Samson prend sa source à Sorée. Son débit est assez puissant pour avoir permis le fonctionnement d'un moulin (1722) à la **ferme Thirifays** (jusque vers 1938). La terre plastique (la « derle ») était utilisée, suivant sa qualité, pour de simples produits locaux (tuiles) ou réfractaires, ou mieux, la faïence fine d'Andenne (la « blanche derle »).

ÉVÉNEMENTS

- fête du village, à la mi-septembre

GASTRONOMIE

- tarte aux macarons

Mozet : la ferme Douxflamme, dont les bâtiments datent du 17e siècle, remonte au 13e

HAMOIS

- arrondissement de Dinant
- localités : Achet, Emptinne, Hamois, Mohiville, Natoye, Schaltin, Scy
- 7 637 ha ; 7 315 habitants (01/01/2011)

ACHET | 5362

- en 1503 *Aixen* ; en 1528 *Aixet* ; en 1589 *Aichet* ; signifierait « petite frênaie »
- Achet(t)ois
- village résidentiel et agricole, relief condruzien, altitude entre 255 et 320 m
- N 97, ligne de bus 126A Huy-Ciney
- 842 ha

HISTORIQUE

Des objets en silex taillé attestent une occupation humaine au néolithique, tandis qu'une hache en grès vert, sans doute d'origine celtique, confirme la présence d'une population avant la colonisation romaine. Achet et son hameau de Monin ont fait partie intégrante de la mairie de Ciney tout au long de l'Ancien Régime. Rattachée à la commune de Hamois lors de la période française, Achet est constituée en une entité distincte en 1898.

À VOIR

Le centre ancien du village se situe autour de l'**église Saint-Jean-Baptiste** construite en 1873 sur les plans de l'architecte Luffin ; cet édifice néogothique renferme deux bénitiers en marbre rose du 18e siècle. L'ancienne **chapelle Saint-Jean**, à côté de l'église, a conservé des vestiges de l'oratoire construit en 1727 par les habitants : un édifice en moellons de calcaire comportant à l'origine une nef de deux travées. Les **ruines de la « Tour Louette »,** sur un faible promontoire boisé et cerné par une boucle marécageuse du Bocq, constituent les vestiges d'un petit château médiéval en quadrilatère, jadis défendu par au moins trois tours circulaires.

La chapelle Sainte-Agathe à Hubinne, mentionnée dès 1161

Scy : les sources du Bocq

EMPTINNE | 5363

- en 1318 *Anetine* ; en 1361 *Enetinez* ; en 1397 *Entines* ; en 1466 *Ennetinnes* ; de l'ancien français *anet*, « petit canard »
- Emptinnois
- village résidentiel et agricole, relief calcaro-argileux et schisteux ; altitude de 239 m
- N 97, lignes de bus 13 Andenne-Ciney, 66 Namur-Ciney, 126A Huy-Ciney
- 1 379 ha

HISTORIQUE

Les vestiges archéologiques exhumés sur le territoire du village témoignent bien de la population gallo-romaine qui y a vécu au premier siècle de notre ère. Sur le plateau du hameau de Champion, à environ 250 m au nord-ouest, une villa gallo-romaine, dont le site a malheureusement été remblayé et n'est donc plus visible, a notamment fait l'objet de fouilles approfondies. Il s'agissait d'une vaste villa construite en plusieurs phases du 1er au 3e siècle, comprenant des installations de bains domestiques du milieu du 3e siècle et comprenant salles à hypocauste, baignoires froides, chambres de chauffe et baignoire à eau chaude.

Le château de Schaltin où furent hébergés clandestinement des enfants juifs pendant la Seconde Guerre mondiale

Emptinne est, dès le Moyen Âge, compris dans la prévôté de Poilvache. Le village constituait la partie la plus étendue du ban de Natoye, qui appartint successivement aux familles d'Argenteau, Corswarem et, à la fin du 15e siècle, de Momalle. La seigneurie sera cédée en 1703 à Laurent Jacquier de Rosée, lequel partagera le ban de Natoye en deux seigneuries distinctes : Natoye et Emptinne.

À VOIR

Isolé au sud du village, le **château de Fontaine** constitue un vaste ensemble en calcaire et brique qui juxtapose aux restes d'un château-ferme traditionnel du 17e siècle une belle demeure classique du 19e. Dans le parc du château, on remarque un cadran solaire du 18e siècle. Les étangs ont été utilisés naguère pour l'exploitation d'une pisciculture.

À l'entrée du hameau du même nom, le **château de Champion** constitue un ensemble bâti essentiellement en moellons de grès chaulés et pierre bleue. L'habitation présente trois niveaux de construction du 17e au 19e siècle. Une belle drève de hêtres aboutit au château. L'angle gauche ponctué d'une tourelle circulaire est un important volume en moellons calcaires de la première moitié du 17e siècle, réaménagé au 18e. Il a servi de relais de poste le long de l'ancienne chaussée Namur-Luxembourg. L'empereur d'Autriche Joseph II y aurait passé la nuit du 4 au 5 juin 1781. Le petit **pont Joseph II** enjambant le Bocq, bâti vers 1722-1724 en moellons de calcaire, a deux arches en arc surbaissé séparées par une large pile.

Le village et ses hameaux de Champion et Emptinal comprennent de nombreuses fermes bâties principalement en calcaire aux 18e et 19e siècles. Citons à Emptinne la **ferme du Bocq**, le **château-ferme** au nord du village, la **ferme** au lieu-dit **Belle-Maison**, la **ferme du Paradis**, la **ferme d'Emblinne** et la **ferme Sur les Sarts**, lieu d'un affrontement entre les maquisards et un détachement de SS à la fin de la Deuxième Guerre mondiale. À Champion, la **ferme de l'Étoile**, ferme clôturée des 17e et 18e siècles. Également à Champion, la **ferme du Grand Moinil,** enclave liégeoise dans le comté de Namur certainement depuis le 16e siècle, est une grosse ferme clôturée en moellons de calcaire, d'allure fortifiée, construite aux 16e et 17e siècles et remaniée par la suite.

ÉVÉNEMENTS

- jardins printaniers au château de Fontaine, le deuxième week-end de mai
- jardins d'automne au château de Fontaine, le premier week-end de septembre

HAMOIS | 5360

- en 895, *Hamoe* ; en 963-1243, *Ham* ; en 1231, 1242, 1297, *Hamaie* ; par la suite *Hamoy*. On y retrouve le radical germanique *ham* signifiant indifféremment : pré, prairie, pâture, herbage
- Hamoisiens
- village résidentiel et agricole, sur le versant droit de la vallée du Bocq, altitude de 252 m
- N 97, ligne de bus 126A Huy-Ciney
- 1 309 ha

HISTORIQUE

Le sol du village a livré de nombreux vestiges de la préhistoire et des époques romaine et franque, notamment un beau spécimen de hache en silex gris. Des tombeaux francs ont été mis au jour en 1861 à Marsin-aux-Frênes, Hamois et Alvaux. Le territoire de Hamois se divisait autrefois en plusieurs parties indépendantes. Hubinne, qui préexistait à Hamois, était une des 32 hauteurs du quartier de Ciney. Buresse était à l'origine une seigneurie allodiale de la principauté de Liège et fut englobée dans la mairie de Ciney dès le début du 16e siècle. Réunies en 1795 pour former la mairie de Hubinne, les trois communautés de Hamois, Achet et Hubinne prirent ensuite le nom de mairie de Hamois. En 1898, Achet et son hameau de Monin furent détachés de Hamois pour former la commune d'Achet.

À VOIR

Classée en 1983, la **chapelle Sainte-Agathe** à Hubinne, autrefois église paroissiale du hameau, est mentionnée dès 1161. Mais son origine est probablement plus ancienne car il y subsiste deux piliers sculptés du 8e siècle remployés dans l'arc triomphal. La chronologie qui y est attachée s'échelonne de l'époque romane à la fin du 18e siècle. Édifice en grès et calcaire, elle se dresse sur la butte d'un ancien cimetière. Le site comprend également l'ancien presbytère devenu école communale, ainsi qu'une ferme en U du 18e siècle fondée sur l'emplacement d'un ancien château médiéval. La **barrière d'Hubinne**, ancien relais de poste construit en 1784, qui servait en même temps d'auberge, mérite également un coup d'œil. La **chapelle Sainte-Barbe** voisine fut reconstruite par le propriétaire du relais.

L'**église Saint-Pierre**, reconstruite entre 1761 et 1763, a conservé des chapelles préexistantes. À signaler deux confessionnaux du 18e siècle, des fonts baptismaux octogonaux en pierre bleue du 15e-16e posés sur un chapiteau renversé (17e) et des statues des saints Pierre et Paul (17e). En contrebas de l'église, l'**ancien moulin** du 18e siècle a conservé toute la machinerie mise en place en 1869. Bief, canal de fuite et canal de dérivation avec leurs vannes sont visibles à l'arrière. De nombreuses fermes en calcaire et en grès jalonnent le village. Citons, entre autres, la **ferme du Puits** à l'ouest, bel ensemble des 17e et 19e en moellons calcaires. La **ferme de Mars-aux-Frênes**, ensemble en ordre lâche aujourd'hui partagée en quatre fermes disposées en carré autour d'une cour herbeuse, présente des bâtiments en calcaire et en grès remontant pour la plupart au 18e siècle, transformés aux siècles suivants. Le **hameau de Buresse** mérite également le détour. Il comprend, isolé au nord, un **château** néoclassique construit en 1822 et agrandi sur la gauche par deux tours latérales vers 1896, la **chapelle Saint-Honoré**, petite mononef de deux travées en moellons de calcaire et de grès dont le gros œuvre pourrait remonter au Moyen Âge, et trois fermes en grès et calcaire qui complètent le noyau historique. L'une d'elles, appelée la **grande ferme de Buresse**, constitue un quadrilatère de la seconde moitié du 17e siècle, dont l'aile nord a été refaite en brique au début du 20e et en grès en 1930.

ÉVÉNEMENTS

- kermesse traditionnelle organisée par la jeunesse du village, le deuxième dimanche d'octobre

GASTRONOMIE

- bière artisanale de la Gatte d'Or, titrant 7,5° (deux variétés : blonde et brune)

MOHIVILLE | 5361

- avant 1229, *in Moeville* ; avant 1260, *Mohyeville* ; en 1314, *Mohierville* ; en 1558 *Mohieville* ; viendrait du wallon *mouhi* = moisi, d'où « humide »
- Mohivillois
- village agricole et résidentiel, en calcaire, situé sur un plateau aux sources du Bocq, altitude de 283 m
- N 4, ligne de bus 126a Huy-Ciney
- 778 ha

HISTORIQUE

Les armes et les objets de pierre taillée découverts à Mohiville rattachent le site à l'époque préhistorique. La population s'y est maintenue à l'époque mérovingienne, comme en témoignent le cimetière et les tombes franques isolées qui ont fait l'objet de fouilles systématiques au 19e siècle. Le territoire de Mohiville offre un exemple édifiant des effets des luttes féodales dans le Condroz par son morcellement entre la seigneurie de Scy, la prévôté de Poilvache et la principauté de Liège. Mohiville comprenait également des biens d'église, comme les propriétés du chapitre de Saint-Hadelin de Visé et le moulin de Scoville, appartenant à l'abbaye d'Aulne. La terre de Ry est une des 32 hauteurs de la mairie de Ciney. Mohiville a été érigée en commune dans le cadre de la réorganisation territoriale imposée par la Révolution française.

À VOIR

Le **lavoir** en grosses pierres de calcaire du 19e siècle est alimenté par une petite source canalisée dans un bac en amont et complété de deux grands bassins garnis d'une tablette inclinée pour battre le linge. L'**église** paroissiale **Saint-Pierre**, implantée à flanc de colline et flanquée d'un vieux tilleul, fut élevée en 1768 aux frais d'Albert-François de Maillen, seigneur de Ry. Elle contient de rares lames funéraires en cuivre des seigneurs de Ry. Situé dans un vallon à la source du Ry, le **château de Ry**, ensemble en moellons de calcaire du milieu du 17e siècle, est ponctué de trois tours d'angle. Le **moulin de Scoville** fut la propriété de l'abbaye d'Aulne de 1231 à la fin de l'Ancien Régime. Perpendiculaire au Bocq, cette importante construction en moellons de calcaire est millésimée « P.S./1743 » par les ancres du pignon gauche. Bief, canal de fuite et canal de dérivation, avec leurs vannes, sont toujours en place.

NATOYE | 5360

- en 1220 *Nathuehe* ; en 1237 *Natoye, Natoie* ; en 1243 *Natoe* ; en 1318 *Natoye* ; en 1495 *Nattoie* ; en 1596 Nattoye ; « prairie humide » (?)
- Natoyens
- village agricole et résidentiel, altitude entre 225 et 275 m
- gare ferroviaire, N 4, lignes de bus 5/2 Saint-Hubert-Nassogne, 128s Ciney-Spontin
- 1 483 ha

HISTORIQUE

Sous l'Ancien Régime, l'actuel territoire de Natoye relevait d'une part du comté de Namur (Natoye, Lé-Fontaine et Francesse) et d'autre part de la principauté de Liège (Skeuvre et Mouffrin essentiellement). Le ban de Natoye devint seigneurie d'Emptinne dès 1361. Objet de multiples transactions, celle-ci fut transférée en 1703 à Laurent Jacquier, seigneur de Rosée, qui sépara Emptinne de Natoye en 1711 et attribua Natoye, qui comprenait aussi Lé-Fontaine et

Francesse, à sa fille et à son gendre Jean-Baptiste Chaveau, dont les descendants se maintiendront jusqu'à la fin de l'Ancien Régime. Quant au domaine de Skeuvre, il fut d'abord une terre luxembourgeoise, dépendant de la prévôté de Poilvache et tenue en fief du prince-évêque de Liège. La seigneurie de Mouffrin, qui engloba le hameau de Gémenne au début du 16e siècle, constitua une des 32 hauteurs de la mairie de Ciney, au pays de Liège.

À VOIR

Le **château de Mouffrin** était jadis précédé au sud d'une importante basse-cour représentée sur les gravures anciennes. D'importants travaux entrepris en 1875 par le banquier liégeois Émile Frésart donnèrent au château l'aspect qu'on lui voit aujourd'hui. Situé dans un vallon, le **château de Skeuvre** est un ensemble des 18e et 19e siècles, à la silhouette ramassée, hérissé de quatre tours d'angle. Dans le parc, on peut voir un beau cadran solaire daté de 1754. C'est ce château qui a servi de modèle au dessinateur Franquin lorsqu'il a imaginé le *château de Champignac* comme cadre des aventures de Spirou et Fantasio. La **ferme du Monument** – en fait l'ancien château de Natoye – est un vaste ensemble en quadrilatère du premier quart du 18e siècle, construit par Jean-Baptiste Chaveau, seigneur du ban de Natoye. À noter son allure quelque peu fortifiée, accentuée jadis par des fossés, correspondant à la mentalité de l'époque. À Gémenne, hameau de quelques maisons en calcaire, certaines bâtisses datent du 18e siècle. À ne pas manquer, l'**ensemble hydraulique** établi sur le Bocq, comprenant des vannes de la première moitié du 19e siècle avec portes métalliques et crémaillères, et en amont, cinq autres vannes en pierre calcaire.

SCHALTIN | 5364

- en 1040 *Scaletin* ; en 1089 *Scalentin* ; en 1291 *Scaltin* ; en 1309 *Statin* ; en 1649 *Xhaltin* ; de la racine germanique *skal* = écorce (cf. moyen néerlandais *schaal* = écaille, cosse)
- Schaltinois
- village agricole et résidentiel, relief condruzien de plateau, entre 160 et 275 m
- N 921, ligne de bus 13 Andenne-Ciney
- 865 ha

HISTORIQUE

Liée à saint Remacle qui y aurait fait jaillir une fontaine et fondé l'église paroissiale, la terre de Schaltin a été donnée à l'abbaye de Stavelot en 747 par Carloman, maire du palais de Childéric II. La seigneurie foncière est restée pendant des siècles dans les propriétés de l'abbaye, tandis que la haute justice, exercée par le comte de Luxembourg, ressortit à la prévôté de Poilvache.

À VOIR

La **chapelle Notre-Dame de Lourdes**, millésimée 1848 au-dessus de la porte, était à l'origine un temple protestant, transformé à la fin du 19e siècle. Situé en contrebas de l'église, le **presbytère** est une grosse bâtisse classique en moellons de grès et de calcaire comportant deux niveaux sur caves accessibles de plain-pied à l'arrière, étant donné la déclivité du terrain. Siège de la seigneurie hautaine dépendant de la prévôté de Poilvache au Moyen Âge, le **château de Schaltin** se trouve en contrebas de l'église, dans un parc traversé par le ruisseau de Champion, et constitue un ensemble en moellons de grès et calcaire, composé d'anciennes dépendances formant un U et du château proprement dit, isolé du côté est et entouré d'eau au 18e siècle. La propriété, où furent hébergés clandestinement des enfants juifs pendant la Deuxième Guerre mondiale, est actuellement occupée par une école professionnelle.

ÉVÉNEMENTS

- kermesse locale, le premier dimanche d'octobre

SCY | 5361

- en 1231 Siers ; avant 1260 *Syere* ; en 1400 *Syes* ; en 1450 *Scy* ; du latin *secarium* = lieu où l'on scie du bois ; il pourrait aussi s'agir du fauchage
- Scyoux
- village agricole, altitude de 300 m
- N 938, ligne de bus 48 Ciney-Bonsin
- 981 ha

HISTORIQUE

Des objets néolithiques et des sépultures à incinération attestent l'existence d'une population sédentaire à cet endroit à l'époque préhistorique. Intégrée dans la prévôté de Poilvache, la terre de Scy constituait une pairie qui conférait à son titulaire le droit d'exercer la juridiction d'appel de toutes les cours de justice de l'ancien comté, prérogative qui sera transférée dès le 15e siècle au Grand Conseil de Malines. En 1626, la terre de Scy est érigée en seigneurie hautaine. Elle passera successivement aux familles le Beau, de Woot de Trixhe, de Spontin et de Propper, qui la conservera jusqu'à la fin de l'Ancien Régime.

À VOIR

Le village bien arboré est établi sur un relief accidenté autour des **sources du Bocq**. Autour de l'église et dans le vallon proche se dessine un groupement assez dense de maisons et de **fermes en long** des 18e et 19e siècles, la plupart en calcaire. Une des sources du Bocq jaillit à un endroit du village nommé « L'homme de fer », où elle forme un étang agrémenté d'une statue. D'autres sources dans le village concourent à former la rivière. L'**église** paroissiale **Saint-Martin**, bâtie en 1847, a conservé un chœur du 17e siècle prolongé par une sacristie du siècle suivant. L'intérieur est d'allure néoclassique et contient un remarquable mobilier en chêne de tradition Renaissance, de la première moitié du 17e siècle : lambris du chœur, chaire de vérité, confessionnal et un autel à retable en marbre rouge et noir, placé en 1729. Mentionnons encore quatre bancs du 18e siècle, des fonts baptismaux en pierre bleue (fin 16e-début 17e) et un calvaire gothique du 15e.

Natoye : le château de Skeuvre, ensemble des 18e et 19e siècles à la silhouette trapue, hérissé de quatre tours d'angle

HASTIÈRE

- arrondissement de Dinant
- localités : Agimont, Blaimont, Hastière-Lavaux, Hastière-par-delà, Heer, Hermeton-sur-Meuse, Waulsort
- 5 474 ha ; 5 676 habitants (01/01/2011)

Le pont à haubans qui enjambe la Meuse à Heer-Agimont est le premier pont de ce genre réalisé en Belgique

Heer : l'église Saint-Servais

AGIMONT | 5544

- en 1248 *Agimot* ; en 1265 *Augimont* ; en 1323 *Agimont, Agemont*, composé de Mont et de l'anthroponyme germanique Augier
- Agimontois
- village résidentiel et rural, altitude de 115 à 176 m
- gare ferroviaire, N 40, N 96, N 977, lignes de bus 60/2 Couvin-Heer-Agimont, 156B Mariembourg-Heer-Agimont, 422 Beauraing-Doische, 453 Philippeville-Heer-Agimont
- 1 027 ha

HISTORIQUE

L'histoire du village d'Agimont se cristallise autour de celle de son château, au centre d'un comté qui figure au 9e siècle parmi les possessions de l'Église de Liège. Inféodé aux familles de Chiny (990), de Looz (1273), de Walcourt-Rochefort (1357), de la Marck (1422), de Stolberg (1545), le comté d'Agimont est acheté en 1555 par Charles Quint à Louis de Stolberg, avec le consentement de l'évêché de Liège, pour en faire un bastion contre la France, et constitue depuis une des circonscriptions administratives du Luxembourg. Le château d'Agimont rappelle la puissance des grands féodaux qui ont dominé la région au Moyen Âge, puis la résistance contre Philippe le Bon, car il a constitué un des principaux repaires des Écorcheurs, ces bandes armées par le comte d'Agimont, Évrard de la Marck, pour lutter contre la puissance bourguignonne. Il va subir par la suite les assauts des armées françaises et sera détruit partiellement par ordre de Henri II en juin 1554. Charles Quint fait alors construire la forteresse moderne de Charlemont sur les hauteurs de Givet ; le château d'Agimont n'offre plus aucun intérêt stratégique, il s'écroule progressivement et est définitivement détruit par Louis XIV en 1698.

Bien que compris parmi les dépendances de la terre de Charlemont cédée à Louis XIV par le traité de Nimègue en 1678, le village d'Agimont est rendu aux Pays-Bas dans le cadre d'une rectification de frontières intervenue en 1773, qui l'échange contre les terres de Foisches. Le territoire d'Agimont est alors constitué en une seigneurie hautaine engagée à Jacques d'Heusy, ministre de Liège à Paris, dont la fille Marie-Christine épouse Jean-André Puissant, le fils d'un important industriel du pays de Charleroi, faisant ainsi passer la terre dans les possessions de la famille Puissant d'Agimont. En 1773, Jacques de Heusy devint propriétaire de la seigneurie de Heer et de Herlette et en 1774, Louis XV lui vendit également la seigneurie d'Agimont.

Agimont s'était développé en une importante agglomération dont l'activité s'est partagée au cours des 19e et 20e siècles entre l'agriculture et l'exploitation d'une carrière (jusqu'en 1937). Elle comptait aussi un nombre important de frontaliers qui travaillaient dans le complexe industriel de Givet. Le secteur tertiaire était représenté par les douaniers, les gendarmes, les employés des chemins de fer et des agences en douane. La vie commerciale y était également assez intense à travers un ensemble de magasins de détail axés vers la clientèle française et la batellerie, complété par

Hastière / Agimont

quelques établissements hôteliers, restaurants, cafés et stations d'essence, toutes activités favorisées par le développement touristique de la région.

À VOIR

De l'ancien **château d'Agimont**, il ne reste que l'ancienne tour médiévale. En 1880, Émile-Clément-Julien Puissant, bourgmestre d'Agimont, et son épouse Hermine de Puysieulx construisent le château moderne d'Agimont. En 1931, Jules Puissant et son épouse Germaine Fliniaux vendent le domaine d'Agimont au comte de Paris. Le comte et la comtesse de Paris y séjournent jusqu'en 1939, se partageant entre leur manoir d'Anjou et Agimont. En 1951, le château est acheté par l'ASBL Fédémétal qui va en faire un centre de vacances. En 1985, Fédémétal cesse ses activités et le château est vendu à un homme d'affaires anglais, Brian Boss ; celui-ci, ruiné par un escroc international, se suicide le 18 février 1993. Le domaine est à nouveau à vendre. Il est racheté en 1996 par M. et Mme Rudy Cuylits d'Anvers, qui entreprennent sa restauration. Mais le 31 août 2001, un incendie ravage le château, qui ne se relèvera pas de ses ruines.

Le **pont à haubans** qui enjambe la Meuse à Heer-Agimont est le premier pont de ce genre réalisé en Belgique. Inauguré en 1974, il est implanté immédiatement en aval de l'ancien ouvrage détruit en mai 1940 et sur l'emplacement duquel un pont provisoire à une bande de circulation, du type Bailey, fut construit en 1948. La **chapelle moderne Saint-Nicolas** (Heer-Agimont), édifiée en 1961-62 près de la route de Philippeville, est dédiée au patron des bateliers. Elle répondait à la nécessité de faire face aux besoins spirituels des résidents, des bateliers et des hôtes de passage qui jusqu'ici assistaient à la messe dans un baraquement provisoire. Œuvre des architectes Roger Bastin et Guy Van Oost, la chapelle abrite une statue moderne de saint Nicolas, due au ciseau de Jean Williame.

ÉVÉNEMENTS

- fête de la Saint-Georges, le 23 avril

BLAIMONT | 5542

- en 1161, Blaimont, en 1300 *in Blathericorte*, combinaison du nom germanique *blad-hari* et de mont
- Blaimontois, *les Copiches* (fourmis)
- village résidentiel situé sur le plateau aux portes de la Famenne, altitude de 250 m
- N 915, ligne de bus 154A Dinant-Givet
- 639 ha

HISTORIQUE

Anciennement agricole, le village est formé d'une rue principale flanquée de part et d'autre de maisons de moellons calcaires (18e et 19e siècles) ainsi que d'anciennes fermes transformées en résidences principales. Blaimont possède un riche passé. On y a trouvé des vestiges néolithiques et romains. Ce fut aussi un alleu – propriété héréditaire exempte d'impôts – dépendant de l'Église de Liège. Il fut rattaché en 1166 à l'abbaye de Waulsort. Par la suite, au moment du litige territorial entre les Pays-Bas, la France et la principauté de Liège, Blaimont fut considéré comme *no man's land*. C'est la raison pour laquelle on fit passer la route reliant la France et la principauté de Liège et la route reliant Bruxelles à Luxembourg.

En septembre 1944, les Allemands cherchèrent refuge à Blaimont après avoir fait sauter le pont de Hastière. Les Américains durent s'y reprendre à quatre reprises pour traverser le fleuve et libérer le village.

À VOIR

L'**église Saint-Lambert**, construite en 1859 en style néoclassique, a été restaurée en 1932.

HASTIÈRE-LAVAUX | 5540

- en 1085 *Harsterias*, de Hastirius, nom d'un général ayant occupé la région à l'époque gallo-romaine (?)
- Hastiérois
- N 96, N 936, ligne de bus 154A Dinant-Givet
- 1 068 ha

HISTORIQUE

Dès l'époque quartenaire, soit environ 18 000 ans avant l'ère chrétienne, Hastière fut habité par l'homme. L'occupation

Fleuron du style roman mosan, l'abbatiale d'Hastière (1033-1035) est une des plus belles églises de Belgique PHOTO JONATHAN PORIGNAUX

romaine d'Hastière est spécialement attestée par l'importante tuilerie que les conquérants installèrent sur le site aujourd'hui appelé « château de la Thylère ». À partir de sa construction, l'histoire de l'abbaye d'Hastière se confondra avec celle des deux Hastière : Hastière-Lavaux et Hastière-par-Delà. Ce sont des moines irlandais qui étaient venus s'installer à Waulsort et à Hastière. Au cours du 14e siècle, le seigneur de Château-Thierry (voir Waulsort) s'approprie l'avouerie sur les territoires du ban situés sur la rive droite, laissant celle de la rive gauche au comte de Namur. Ce dernier constitue une seigneurie hautaine relevant du baillage de Bouvignes et inféodée à l'abbé de Waulsort. Durant la seconde partie du 18e siècle, Hastière-Lavaux a connu une activité industrielle née aussi bien de l'initiative de l'abbaye que de celle de particuliers. En 1764, on y compte deux papeteries gérées par les moines, fabriquant notamment des cartes à jouer diffusées dans tous les Pays-Bas. En 1785, on parle beaucoup de Paul-Louis Cyfflé, sculpteur de renom spécialisé dans la confection de figurines de porcelaine.

Érigée en commune dans le cadre de la réorganisation territoriale imposée par la Révolution française, Hastière-Lavaux compte, à l'aube de l'indépendance belge, une soixantaine de maisons construites en pierres et couvertes d'ardoises. Si la vie économique a été surtout orientée vers l'agriculture, le secteur secondaire y a connu une réelle expansion à la fin du 19e siècle et durant la première moitié du 20e, marquée par l'exploitation de carrières de pierre et de marbre, d'une filature de laine peignée, dotée de teintureries et de lavoirs traitant la production des troupeaux de moutons des environs, et d'une fabrique de crayons (les *Crayons Gilbert*) qui a connu une renommée internationale. Le secteur tertiaire a ensuite pris de l'importance grâce au développement des activités touristiques et des villages de vacances.

À VOIR

L'histoire et le patrimoine d'Hastière sont présentés dans la nouvelle **Maison du Patrimoine** qui a ouvert ses portes en juillet 2008. Ce nouveau musée, véritable maison de la mémoire locale, fait revivre la vie quotidienne et les vieux métiers d'autrefois à travers de nombreux documents, outils et objets anciens. Les techniques de travail et l'outillage sont présentés en plusieurs collections, par métier : tailleur de pierre, maçon, forgeron, ferblantier, ardoisier, bûcheron, menuisier, charron, plombier, cordonnier, sabotier, boulanger, boucher, cuisinier, apiculteur, fermier, etc. L'activité fluviale est représentée par le haleur de péniches, le pêcheur, l'éclusier et le barragiste manuels à Hastière et Waulsort. La vie industrielle est illustrée par une rétrospective des usines locales disparues, telles que Céramanova à Waulsort, la Fabrique de Crayons Gilbert à Hastière, mais aussi l'ancienne filature, la brasserie L'Abeille, l'usine de traitement de sables Sambre et Dyle à Hastière-Lavaux.

Le long de la route menant à Anthée se trouvent les **grottes du Pont d'Arcole**, merveille géologique créée par les eaux du Feron. La beauté et la richesse des concrétions font de la visite de ces grottes un moment inoubliable. Dans ce cadre verdoyant, le visiteur pourra également s'adonner aux joies du minigolf et de la pétanque ou profiter de la plaine

Heer : entrée du parc animalier de Massembre

de jeux et des nombreuses possibilités de promenades. Les grottes sont situées au pied de la côte d'Inzemont ; un sentier pédestre permet de s'y rendre tout en découvrant la beauté naturelle de la vallée du Feron. L'ancien **moulin à eau**, rue Larifosse, est devenu un restaurant logiquement dénommé « La Meunerie ».

ÉVÉNEMENTS

- cavalcade d'Hastière : cortège de fanfares, chars et personnages décorés, le 2e dimanche de juillet
- grand feu d'artifice sur la Meuse, devant le pont et l'abbatiale, le dernier samedi de juillet

GASTRONOMIE

- « La Perle d'Hastière », bière de type « ale blonde » à fermentation haute (8°), et « L'Hastièroise », bière ambrée de 6,5°, brassée exclusivement pour « Le Pichet », taverne hastièroise
- le saucisson à la « Perle d'Hastière »

HASTIÈRE-PAR-DELÀ | 5541

- voir étymologie de Hastière-Lavaux
- Hastiérois
- village résidentiel et touristique le long du fleuve
- N 96, N 915, ligne de bus 154A Dinant-Givet
- 242 ha

HISTORIQUE

À l'aube de l'indépendance belge, Hastière-par-Delà compte 37 maisons bâties en briques ou en pierres et couvertes d'ardoises. La vie économique y a longtemps été dominée par l'agriculture. Depuis environ quarante ans, les anciens vergers sont remplacés par de nouvelles constructions. Comme à Hastière-Lavaux, les activités touristiques se sont constamment développées. À ce rythme, la commune de Hastière deviendra bientôt un des principaux pôles touristiques de la Haute Meuse.

À VOIR

Quelques vestiges archéologiques repérés au flanc du coteau dominant la rive droite de la Meuse témoignent d'une occupation remontant à l'âge néolithique. L'histoire d'Hastière-par-Delà est liée à celle de l'abbaye bénédictine. Monument classé, l'**abbatiale d'Hastière** est un des fleurons de la vallée mosane et une des plus belles églises de Belgique. Au 11e siècle, des moines irlandais s'installent en bord de Meuse et y fondent une abbaye bénédictine. Construite en 1033-1035 dans le style architectural roman mosan, l'abbatiale faisait partie de cette abbaye implantée à ses côtés jusqu'au 18e siècle. Entre 1260 et 1264, l'abside romane est détruite et l'abbatiale est agrandie d'un chœur gothique présentant une remarquable voûte sur croisée d'ogives. Le monastère sera incendié partiellement en 1568 par les huguenots et détruit complètement en 1793 par les révolutionnaires. Restaurée au 19e siècle, l'abbatiale est aujourd'hui un des plus beaux représentants de l'art roman en Belgique, symbole de la foi et des vicissitudes de l'histoire humaine. Le visiteur pourra y admirer des stalles avec miséricordes datées de 1443, des peintures murales, des pierres tombales et une statuaire exceptionnelle : Vierge romane, sculptures de Lambert Lombard, calvaire du 16e siècle, triptyque d'Auguste Donnay et chemin de croix contemporain dû à un artiste vietnamien. Mais ce qui impressionne le plus est sans doute la richesse de la crypte sous l'autel : sarcophages mérovingiens, graffitis du 12e siècle, reliquaires anciens et bien d'autres vestiges de l'ancienne abbaye, témoins de son passé multiséculaire.

ÉVÉNEMENTS

- procession de Saint-Pierre, le dernier dimanche de juin
- marche gourmande et barques fleuries, le week-end du 15 août

HEER | 5543

- en 1085, *Heria*, de l'ancien francique *hara* : hauteur ; en 1200 *Oire-sous-Mueze* ; en 1280 *Hoir* ; en 1555 *Herre*
- Heerois (rare), *les Minouches, les Tchabots*
- village résidentiel et rural bâti entre 180 et 110 m d'altitude
- gare ferroviaire, N 909, lignes de bus 60/2 Couvin-Agimont, 154A Dinant-Givet, 156B Mariembourg-Agimont, 422 Beauraing-Doische, 453 Philippeville-Heer-Agimont
- 770 ha

HISTORIQUE

La terre de Heer, dont l'origine est inconnue, constitue un des écarts de l'important domaine d'Agimont, issu lui-même du fiscus royal de Givet et mué dès le 9e siècle en un comté qui figure très tôt parmi les possessions de l'Église de Liège. Ce comté s'étend autour d'un puissant château féodal, le château d'Agimont, qui a été inféodé à de grandes familles de la noblesse féodale, les Chiny (990), les Looz (1273), les Walcourt-Rochefort (1357), les la Marck (1422), les Stolberg (1545). En 1555, Charles Quint achète le comté d'Agimont à Louis de Stolberg pour en faire un bastion contre la France. Le village de Heer subit comme toute la région les effets dévastateurs des luttes endémiques entre la France et l'Espagne, luttes dont la possession de la prévôté d'Agimont, commandant la haute Meuse, constitue un des enjeux. Il figure parmi les villages de la prévôté cédés à la France en vertu du traité de Nimègue en 1678 et demeure près d'un siècle territoire français. En 1772, Louis XV conclut avec le prince-évêque de Liège le traité des Limites en vue de rectifier la frontière entre la France et le Pays de Liège ; Heer et Hermeton-sur-Meuse sont remis à l'évêque de Liège en échange de Hierges, Chooz et Vireux devenant définitivement françaises. Le roi de France n'en dispose pas moins du domaine féodal de Heer, qu'il engage en seigneurie hautaine à Jacques d'Heusy, ministre liégeois à Paris, et un des négociateurs du traité.

Village essentiellement rural, Heer a cependant compté un nombre croissant d'ouvriers frontaliers allant travailler dans le complexe industriel de Givet.

L'église d'Hermeton

À VOIR

L'**église Saint-Servais** fut bâtie en 1841. Le **parc animalier de Massembre** est un domaine privé appartenant aux Mutualités chrétiennes. Le **castel « Les Sorbiers »** est une ancienne propriété de la famille Boël, aujourd'hui reconvertie en lieu de séjour à caractère social, dans un cadre enchanteur.

HERMETON-SUR-MEUSE | 5540

- en 1181 *Hermentone* (ablatif) ; en 1280 *Ermenton* ; en 1480 *Ermeton sur Meuse*
- Hermetonais
- village résidentiel et rural, altitude entre 100 et 235 m
- N 96, ligne de bus 154A Dinant-Givet
- 535 ha

HISTORIQUE

Deux tombes à incinération contenant des objets de poterie témoignent d'une implantation humaine à Hermeton-sur-Meuse dès le 2e siècle de notre ère. La terre d'Hermeton figure parmi les possessions de l'abbaye de Waulsort qui sont garanties par le pape Alexandre III en 1180. La localité a vécu durant des siècles à l'ombre du puissant monastère dont le domaine s'étend sur les deux rives de la Meuse. Elle est incorporée au ban de Waulsort-Hastière, vaste territoire dont le comte de Namur s'est approprié la souveraineté par le biais de l'avouerie et qu'il a inféodé à l'abbé de Waulsort, lequel en demeure seigneur hautain jusqu'à la fin de l'Ancien Régime. En 1415, les habitants d'Hermeton sont affranchis des droits de formorture et de formariage que le comte de Namur y avait conservés. Ils subissent les effets des guerres qui dévastent la région, particulièrement au 17e siècle dans le cadre des luttes endémiques entre la

Waulsort : l'église romane Saint-Michel

France et l'Espagne. Le village d'Hermeton compte parmi ceux qui sont cédés à Louis XIV par le traité de Nimègue de 1678. Il demeure français jusqu'à la convention des Limites signée en 1772 entre Louis XV et l'évêque de Liège, où il sert de monnaie d'échange contre Hierges, Chooz et Vireux. Hermeton fait depuis lors partie du quartier liégeois d'Entre-Sambre-et-Meuse et la liaison avec l'autre rive y est assurée au moyen d'un bac mis à ferme par le prince-évêque. La vie économique y est longtemps dominée par l'exploitation agricole, qui diminuera ensuite pour ne plus en représenter que 17% en 1950, et cela au profit des prairies et surtout des bois.

À VOIR

Autrefois appelée « Grande Eau », la **vallée de l'Hermeton** est une profonde vallée encore bien préservée. Le promeneur y découvrira le « moulin de l'Hermeton », dit « Martia » (aujourd'hui propriété privée), dont le mécanisme est encore visible. À signaler aussi, près de la Meuse, les panneaux didactiques consacrés au barrage à hausses et à aiguilles, réalisés par le MET, l'ASBL Qualité-Village-Wallonie, la commune d'Hastière et l'Association « les amis d'Agimont ».

ÉVÉNEMENTS

- fête de la Jeunesse d'Hermeton, souvent le dernier week-end d'août

WAULSORT | 5540

- en 981 *Ualcioderum* ; en 1050 *Walciodoro* ; en 1213 *Wauchorre* ; en 1636 *Waulsor* ; de *Volcae* (tribu gauloise), *Walha* en langue germanique, et *durum* (forteresse en gaulois)
- Waulsortois, *les Coucous*
- village résidentiel blotti dans un méandre de la Meuse, à flanc de coteau, en zone Natura 2000
- N 96, ligne de bus 154A Dinant-Givet
- 1 193 ha

HISTORIQUE

En 946, à la demande d'Eilbert, seigneur de Florennes, des moines irlandais, venant d'Écosse, arrivèrent à Waulsort pour y bâtir une abbaye. Quelques années plus tard, les moines waulsortois s'unirent à ceux d'Hastière, ce qui permit à leur communauté d'acquérir une certaine importance. La particularité de l'abbaye de Waulsort était de posséder un trésor dit « Béryl de Lothaire », une intaille sculptée dans du cristal de roche. Ce bijou unique se trouve aujourd'hui au *British Museum*. Non loin de là, sur l'autre rive, la forteresse de Château-Thierry (13e siècle), détruite en 1675 par les troupes de Louis XIV, était chargée de préserver la paix dans la vallée. En 1789, la Révolution française vint mettre un terme à la vie monastique. L'abbaye fut vendue pour devenir propriété laïque ; c'est l'actuel château de Waulsort.

La vie économique du lieu dépendait des deux fermes situées sur les hauteurs. En 1863, la ligne de chemin de fer Dinant-Givet vient transformer le petit village en un haut lieu de villégiature. Celui-ci voit bientôt s'ouvrir une dizaine d'hôtels et autant de pensions de famille, un passage d'eau ouvert d'avril à septembre (le seul restant en Wallonie), des bains de Meuse et divers commerces. Actuellement, l'endroit a gardé tout son charme grâce à son cadre naturel unique. Un port de plaisance, deux villages de vacances, 70 km de promenades balisées invitent à la découverte de ce superbe tronçon de la vallée mosane.

Le hameau de Freyr apparaît dans l'histoire en 1330, en tant que fief du comté de Namur. Le **hameau de Moniat**, ancien écart de la seigneurie de Freÿr, fut rattaché à Waulsort en 1823. Situé au pied d'un versant abrupt, face à Anseremme, ce paisible hameau composé de quelques maisons en calcaire a néanmoins connu une époque animée. Moniat réunissait en effet toutes les conditions nécessaires à l'industrie du fer. Dans cet espace limité, on trouvait à la fois du minerai de fer (limonite), des terres boisées (fabrication du charbon de bois), un ruisseau, le Moneau (Monia en wallon), nécessaire à la force motrice, et un plan d'eau, la Meuse, pour le transport des marchandises. Enfin, le voisinage de Dinant pouvait fournir la main-d'œuvre nécessaire et des débouchés pour les produits finis. Le fourneau à charbon de bois fonctionna de 1502 à 1864, avec l'arrivée de la machine à vapeur et la concurrence des pays voisins. En 1934, Louis Franck installa près de la source de Moniat un établissement destiné à mettre en bouteilles « la plus légère des eaux de table ». Hélas, lors de la construction, en 1980, du « viaduc Charlemagne » de Dinant, la nappe phréatique fut touchée, ce qui provoqua la cessation des activités.

Haut-lieu de villégiature, Waulsort se situe sur un superbe tronçon de la vallée mosane

À VOIR

L'**église romane Saint-Michel**, en bordure du parc du château, est un édifice en moellons de calcaire construite sous l'abbé Lambert (entre 1048 et 1075). Son plan comprend une nef de quatre travées et un chœur plus étroit à chevet plat, tous deux rythmés par des arcades aveugles au tracé en plein cintre. Les fenêtres ont été transformées en 1855. La porte d'entrée en anse de panier à harpes saillantes, d'allure baroque, est millésimée 1711 à la clé et surmontée d'une petite niche du 17e siècle. À signaler à l'intérieur : nombreuses pierres tombales des 14e-15e siècles, bénitier et fonts baptismaux du 16e, autels latéraux des17e -18e et huit médaillons peints du 17e. Dans le chœur, on peut admirer des panneaux peints retraçant l'histoire de la paroisse et des stalles de l'ancienne abbaye du début du 14e siècle.

La place de l'église (place du Centenaire) mérite un coup d'œil (voir notamment une maison du 18e siècle). Rue du Charreau n° 134, l'ancien **presbytère**, classé avec son mur et son jardin, est la demeure familiale du vicaire J.-P. Burlen qui, à sa retraite en 1841, en fit don à la commune à condition d'y loger son remplaçant et de payer à sa servante la somme de 4 000 frs. Le bâtiment vient d'être vendu par la commune de Hastière (2007). On peut encore voir dans le village quelques belles **villas mosanes** datant de la Belle Époque et caractérisées par une tour.

L'ancienne **abbaye bénédictine de Waulsort**, fondée en 946 à la demande d' Eilbert, seigneur de Florennes, est implantée face à la Meuse, un peu en aval du village. À la suite de la Révolution française, l'abbaye sera d'abord nationalisée, puis supprimée en 1796. La propriété sera ensuite rachetée par des ex-religieux avant d'être acquise en 1817 par André de Halloy, dont les descendants l'occupent toujours. Les ruines de l'église abbatiale furent abattues entre 1820 et 1822. Les restes du cloître, puis une partie du quartier abbatial (aile gauche, côté Meuse) seront encore détruits au milieu du 20e siècle. Sur la droite subsistent les dépendances agricoles, les anciennes écuries et remises à voitures. Un porche colombier percé d'un portail donne accès aux anciens jardins et vergers. Les **façades, toitures et alentours** de l'ancienne abbaye sont classés.

Le **château de Freÿr**, classé monument historique et patrimoine majeur de Wallonie, est en outre candidat au titre de patrimoine mondial de l'Unesco. Ravagé en 1554, il fut reconstruit en 1571 par Guillaume de Beaufort. Son architecture, de style Renaissance mosane, est particulièrement gracieuse. Les façades en briques sont garnies de fenêtres à meneaux, reliées par de longues bandes de pierres blanches, très décoratives. Le bâtiment forme un quadrilatère flanqué d'une tour à chaque angle. Les toits sont revêtus actuellement d'ardoise bleue du Pays de Galles. Mais ce qui fait surtout la fierté de Freyr, ce sont les **jardins** composés en 1760 par les frères Guillaume et Philippe de Beaufort-Spontin. Inspirés des jardins de Versailles, ils constituent une parfaite illustration des « jardins à la française ». On y

Les eaux calmes de la Meuse font office de Grand canal aux jardins de Freÿr

CHÂTEAUX ET JARDINS DE LA PROVINCE DE NAMUR

Les rochers de la Meuse ont toujours inspiré les peintres. De Patenier aux graveurs de l'époque romantique, l'étrange ruban d'eau, qui passe en prenant les couleurs du jour et dont les profondeurs s'allient aux ombres quand le soleil décline, a donné beaucoup d'élasticité à leurs pinceaux. La singularité de tels paysages forçait le regard ; la faille qui surgissait d'un coup après tant de coteaux à vaches ou de terre à froment semblait un appel d'air vers cet « autre monde » dont les Celtes avaient l'intuition. Bref, le fleuve, en s'enfonçant dans le calcaire, avait créé son propre univers.

Faut-il croire pour autant que le Namurois ait un visage unique et des châteaux qui recèlent en leurs murs des caractéristiques admirables ? Non ! L'histoire des hommes n'a pas nécessairement suivi des cours de géographie. Il reste que la nature du sol a permis ces architectures de pierre qu'illuminent parfois de longs espaces de brique rose, tandis qu'une douceur toute paysanne imprègne encore des monuments qui se voulaient splendides. Les artisans de ce pays de vallées, comme ceux qui travaillaient dans les replis de la plaine hesbignonne, étaient proches de leurs champs fertiles, sculptaient le chêne ou le marbre rose avec la gourmandise d'un terroir connu pour la saveur de ses fraises, et œuvraient sous la férule d'honnêtes seigneurs. Quelques stucateurs venus d'Italie ou du Tessin, comme les Moretti ou les Vasalli, ne faisaient qu'embellir ces lieux avec un peu de crème fraîche. Nous étions loin de Versailles. Même les « malheurs du siècle » gardaient dans leurs grincements quelque chose de la bonhomie ambiante. Deux ou trois ans après les ravages de la guerre, tout redevenait comme au bon vieux temps.

Du haut des falaises de Freÿr, on peut découvrir l'ampleur du domaine des ducs de Beaufort-Spontin, qui forme une des rives de la Meuse, mais quand on redescend le long des berges, les façades se rétrécissent, les portes épousent la marche des promeneurs et les étroites fenêtres ouvrent sur des salons gentillets, aux décors gracieux et aux dimensions intimes. L'ostentation namuroise ne dépasse pas les murs d'un potager. Annevoie présente une variété presque infinie de jets d'eaux et de petits ruisseaux qui murmurent. Ici pas de machine de Marly. Ces jardins célèbres sont condensés sur quelques hectares et vivent de la générosité d'une rivière qui se contente de couler, non sans disperser son cours en d'innombrables biefs ou tuyaux d'argiles que la pente finit par unir pour recomposer le paysage d'origine. À Corroy-le-Château résonnent encore les galops de la chevalerie. Là s'étaient « chasés » des princes issus de la maison de Brabant qui rêvaient en ces murailles d'imiter les empereurs de Constantinople, leurs ancêtres. Les châteaux forts de la région comptent parmi les mieux conservés de notre pays : Vèves, Walzin, Montaigle, Poilvache, Lavaux-Sainte-Anne, Spontin, Crupet, Fernelmont se partagent entre terre et ciel, les uns optant pour l'élévation d'une falaise et les autres endormis au cœur de fossés d'eaux vives en attendant l'ennemi sporadique. Tous se réfèrent à une féodalité turbulente où le plus belliqueux des hommes cherchait à souffler dans le confort d'un logis, car pourquoi combattre jusqu'à la mort quand on peut mener une existence confortable ? Au 18e siècle cependant, de belles constructions comme Franc-Waret, Lesve, Berzée ou Bioul accomplirent leurs délices en s'entourant de parcs à la française que bordaient de calmes prairies.

Depuis Jean-Jacques Rousseau, le promeneur solitaire herborise en philosophant. Dans le pays de Namur, il s'enracine pour mieux contempler la fraîcheur du monde.

– Olivier de Trazegnies

Autrefois appelée « Grande Eau », la vallée de l'Hermeton est une profonde vallée encore bien préservée

pénètre par deux orangeries du 18e siècle que sépare une belle grille en fer forgé, de style Louis XIV. Le très beau parterre précédant le château compte 33 orangers, dont certains tricentenaires, amenés par voie d'eau de Nancy. C'est la plus belle collection de ce genre du pays, objet des soins les plus attentifs. Quelque 30 000 m^2 de charmilles, taillées en forme de murets et tonnelles, encadrent les jardins, parsemés de buis taillés, de bassins et fontaines. Pour couronner le tout, un pavillon, le Frédéric Salle, érigé en 1774 et décoré par les frères Moretti, permet de bénéficier d'une vue d'ensemble, tant sur les jardins que sur la Meuse toute proche et ses parois rocheuses. On notera que le 18 mai 1675, Louis XIV passa la nuit à Freÿr ; le lendemain, ses armées assiégeaient Dinant. Cinq mois plus tard, le 25 octobre, des représentants espagnols et français y signèrent un traité, dit de Freÿr, et y dégustèrent du café, servi pour la première fois en Belgique. À l'arrière du château se blottit un charmant hameau de quatorze maisons où logeaient les familles employées au domaine, cachées par les grands arbres et les futaies. En face, de l'autre côté de la Meuse, se dressent les falaises fréquentées par les amateurs d'escalade de toutes nationalités. C'est là aussi que se trouve le massif le plus élevé de Wallonie (120 m), un des très rares lieux où niche le faucon pèlerin.

ÉVÉNEMENTS

- kermesse de la Saint-Michel, le 1er week-end d'octobre

GASTRONOMIE

- la Waulnoy, tarte garnie de lard, d'œufs, de noix et de gruyère

HAVELANGE

- arrondissement de Dinant
- localités : Barvaux-Condroz, Flostoy, Havelange, Jeneffe, Maffe, Méan, Miécret, Porcheresse, Verlée
- 10 470 ha ; 5 040 habitants (01/01/2011)

BARVAUX-CONDROZ | 5370

- en 959 *Barevel*, de *bar* = source, et *ava* = eau
- Baravelois
- village résidentiel et agricole, paysage vallonné, forêts, altitude de 220 à 330 m
- N 938, lignes de bus 48 Ciney-Bonsin, 98 Barvaux-Hargimont
- 1 884 ha

HISTORIQUE

Barvaux et Failon ont livré des traces d'occupation par les Celtes, les Romains et les Francs. Au Moyen Âge, l'abbaye d'Aulne y possédait des biens (lieu-dit *Castel-Alne*). La seigneurie de Barvaux passa en 1393 à la famille de Hault-penne, puis aux d'Aspremont. En 1708, un certain Lambert Dehaix assassina le chapelain et fut condamné à la strangulation au *Chêne au Gibet*. Jusqu'à la fin de l'Ancien Régime, Failon formait une seigneurie liégeoise, tandis que Ramezée était une enclave luxembourgeoise.

À VOIR

Au nord de Barvaux, au lieu-dit *Au Tiyou*, un **vieux tilleul** de Hollande (hauteur : 20 m) surplombe le village. Au cœur de celui-ci, le **source Sainte-Marie** (eau très limpide) alimente plusieurs **étangs**. L'ancien moulin à eau est toujours visible à proximité. En prenant la direction de Ramezée, il est possible de rejoindre le lieu-dit *Castel-Alne*, où s'élèvent **quatre séquoias géants** (30-35 m de haut). En se rapprochant encore de Ramezée, on passe à proximité du **chêne au Gibet** (400 ans d'âge) et on arrive au **château**, où on peut encore remarquer quelques arbres imposants (séquoias, châtaigniers, hêtre pourpre). Au sud du village de Failon se trouve le site pittoresque de *La Foulerie*, avec sa rivière et ses étangs.

ÉVÉNEMENTS

- kermesse de Barvaux, à la Pentecôte
- kermesse de Failon, le 1er dimanche d'août

La superbe chapelle Saint-Nicolas à Doyon (11e siècle) est flanquée d'un tilleul tricentenaire

Les fonts baptismaux de l'église Saint-Lambert à Jeneffe datent des 12e et 13e siècles

FLOSTOY | 5370

- en 1064 *Flostuit*, de *frustetum* (= friches) ou de *flostulus* (= petite forêt)
- Flostoyens
- village assez vallonné (entre 250 et 310 m), couvert de campagnes et de bois
- N 97, N 983, ligne de bus 126A Ciney-Huy
- 2 263 ha

Barvaux : la source Sainte-Marie

Prenant la direction nord, une route campagnarde conduit au lieu-dit *La Caracole*, où une coupole en pierre calcaire abritait jusqu'au 19e siècle la **glacière** du château de Bormenville. En passant par le **château d'Émeville**, le chemin mène au village de *Barsy*, où le **musée Monopoli** présente diverses collections (calèches, automates, orchestrions, maquettes). De là, on rejoint le site de *Froidfontaine* avec son **château-ferme** (1581) entouré de douves, sa tour et ses bâtiments de ferme (17e, 18e et 19e siècles).

À *Doyon*, on ne peut manquer la superbe **chapelle Saint-Nicolas** (11e siècle) flanquée d'un imposant **tilleul de Hollande** de 350 ans environ. Dans ce même hameau, un **château** double corps (18e siècle) présente la particularité d'avoir sur le toit une horloge coiffée d'un bulbe.

Le village de *Flostoy*, qui a donné son nom à cette section de la commune d'Havelange, se trouve plus à l'ouest. Son **église Saint-Remy** (16e siècle) contient de très anciens fonts baptismaux (1130) et un retable du 18e siècle représentant le baptême de Clovis par saint Remy, patron du lieu. À proximité, le **château de Flostoy**, appelé aussi *Château Rose*, fut occupé jusqu'en 1689 par le comte de Namur. Un **orme** singulier (24 m de haut), dont le tronc se divise en deux, borde la route Flostoy-Montegnet, ce dernier hameau étant très connu depuis le 19e siècle pour la fabrication artisanale des chaises et fauteuils dits de Montegnet.

HISTORIQUE

Des traces d'établissement romain, qui s'expliquent par la proximité de la voie Arlon-Trêves, ont été mises au jour dans la commune, ainsi que des vestiges francs du 3e siècle. Au Moyen Âge, plusieurs domaines s'y juxtaposent : l'alleu (14e siècle) puis la seigneurie (15e siècle) de Flostoy, la seigneurie liégeoise de Barsy (1616), le castrum (12e siècle) puis la seigneurie hautaine (16e siècle) d'Émeville, la seigneurie liégeoise de Bormenville et le fief de Doyon, en partie liégeois et en partie namurois. De nombreux châteaux y ont été construits, puis réaménagés aux 17e et 18e siècles.

À VOIR

Par la N 97, on aborde le hameau de *Bormenville*. Une drève bordée de hêtres pourpres conduit au **château** relié à une ferme seigneuriale, que jouxtent un étang et un parc agrémenté de séquoias géants et de hêtres de plus de 30 m. En face, on découvre la **chapelle Saint-Laurent** (19e siècle) et la fontaine du même nom dont l'eau, selon la croyance populaire, guérit les maladies de la peau. Dans cette rue subsiste une ancienne forge.

HAVELANGE | 5370

- en 887 *Hablanzia*, de *Havelingen, Haflingen* (= de la famille de Habila)
- Havelangeois
- bourgade résidentielle et commerciale, vallonnée dans sa partie nord (entre 230 et 310 m), avec d'importantes étendues boisées et agricoles
- N 97, N 983 ; lignes de bus 126A Huy-Ciney, 98 Barvaux-Hargimont
- 1 780 ha

HISTORIQUE

Des traces du néolithique (tailleries de silex) et trois villas romaines ont été mises au jour. Au 12e siècle, Havelange faisait partie d'un domaine royal qui fut cédé à la principauté de Liège. Avec quelques villages environnants, il formait un ban passé à la famille de Denville au 14e siècle. Il fut pillé et brûlé en 1429. Rançonné lors de la bataille des Avins (qui fit 7 000 morts en 1635), il fut ensuite décimé par la peste. Il devint seigneurie hautaine en 1684. Le fief d'Ossogne dépendait de la principauté de Liège et du comté de Namur.

À VOIR

Au centre de la localité, la **grand-place** jouxtant l'église Saint-Martin (1868) a été récemment réaménagée dans la perspective d'un lieu de rencontre et de convivialité. On y trouve l'ancienne **ferme des Tilleuls**, du 17e siècle, flanquée de deux tours (site restauré depuis 1982) et abritant actuellement divers services. L'entité d'Havelange est traversée par l'ancienne ligne de chemin de fer convertie en RAVeL : *la Traversine*. **Ossogne**, village typique du Condroz, est niché au fond d'une vallée où coule le Ry d'Ossogne. Par des rues étroites, on peut y découvrir des habitations en pierre d'avoine (grès local), une ancienne brasserie, les vestiges d'un château du 16e siècle et d'une ferme fortifiée (tour, arquebusières, canonnières), un ancien moulin (18e et 19e siècles) toujours équipé de sa roue, de son bief et de sa machinerie, et l'église Sainte-Gertrude (19e siècle).

ÉVÉNEMENTS

- kermesse du quartier de la gare à Havelange, le week-end après la Pentecôte
- kermesse du quartier de Sessine, le dernier week-end de juin
- kermesse d'Ossogne, le 3e week-end d'août
- kermesse du centre d'Havelange, le 2e week-end de septembre

GASTRONOMIE

- élixir des Toursiveux, à base de fleurs de tilleul
- la fraise d'Ossogne

JENEFFE | 5370

- en 1234 *Geneffe*, de *jan* (= rangée) et *ève* (= eau) : eau de la prairie avec des rangées de plantes
- Jeneffois
- village regroupé, résidentiel et agricole, paysage légèrement vallonné (entre 280 et 300 m) avec des étendues de champs et quelques bois
- N 983, lignes de bus 126A Huy-Ciney, 98 Barvaux-Hargimont
- 530 ha

HISTORIQUE

On a mis ici au jour des vestiges romains qui justifient le nom de la rue de la Cave Romaine. La tradition veut que Jeneffe ait été le lieu d'un camp romain attaqué par les Gaulois en révolte contre César. Au Moyen Âge, Jeneffe fut un alleu de la mense épiscopale liégoise. Il fit partie du ban d'Havelange pendant tout l'Ancien Régime.

À VOIR

Dans le chœur de l'**église Saint-Lambert**, de style néoclassique, est fixé un grand crucifix daté approximativement de 1600. Cette église abrite également de remarquables fonts baptismaux en pierre calcaire (12e et 13e siècles) avec un couvercle en dinanderie.

ÉVÉNEMENTS

- kermesse annuelle, le 3e week-end de septembre

MAFFE | 5374

- en 1091 *Maves*, de *Maffo* (nom d'un homme franc) ou du wallon *mafe* (= grange, gerbier)
- Maffois
- village groupé, résidentiel et agricole, vallonné (entre 220 et 330 m), étendues agricoles et bois
- N 938, N 983 ; lignes de bus 48 Ciney-Bonsin, 98 Barvaux-Hargimont
- 767 ha

HISTORIQUE

On a mis au jour des vestiges préhistoriques au lieu-dit *Thier Ambou* (actuelle rue Chérombou), ainsi qu'une villa romaine et des tombes franques. Au Moyen Âge, Maffe fut un alleu de l'abbaye de Stavelot, puis de la collégiale Sainte-Croix de Liège (14e siècle). Il fit partie du ban d'Havelange. En 1887, la commune de Maffe fut amputée de la section de Méan, puis, en 1977, de la section de Somal.

À VOIR

Au centre du village se dresse l'**église** néoromane (1874) dédiée à saint Léger, à côté de deux marronniers remarquables (20 m de haut). Lui fait face un imposant **château-ferme** (17e et 19e siècles) en forme de quadrilatère, autrefois flanqué de tours d'angle (porche remarquable du 18e). Dans la rue Chérombou, un joli **petit musée** présente divers objets de la vie quotidienne au temps jadis. Rue du Val d'Or, on peut observer un ancien **lavoir** typique. Sur la route de Somal, la **chapelle Saint-Léger** (1918) constitue un lieu de pèlerinage pour la guérison des maladies des yeux. Au sud du village, la **stèle dédiée à saint Donat** (1859) est censée protéger les habitants de la grêle et de la foudre. De ce lieu, on découvre un large panorama sur la Famenne et sur l'Ardenne. Onze grands ormes (hauteur : 25 m, circonférence : 3 m) bordent la route N 983 de Maffe à Gros-Chêne.

ÉVÉNEMENTS

- kermesse, le 1er week-end d'octobre

GASTRONOMIE

- la Fermière de Méan produit de façon artisanale une vingtaine de fromages au lait cru de vache et de chèvre

MÉAN | 5372

- au 3e siècle *Meduanto* ; en 1066 *Méan*, du celte *medu* (= hydromel) ou *matu* (= ours, renard), ou bien du latin *medianus* (= domaine au milieu des terres)
- Méanais
- village groupé au paysage vallonné (entre 260 et 340 m), étendues agricoles et bois
- N 63 (E 46), N 638, lignes de bus 48 Ciney-Bonsin, 98 Barvaux-Hargimont, 99 Warzée-Bomal
- 902 ha

HISTORIQUE

L'origine de la localité est sans doute un *vicus* sur la chaussée romaine Reims-Cologne. Au Moyen Âge, une bonne partie de Méan était incorporée au ban d'Havelange. Le reste dépendait de l'abbaye de Saint-Hubert (du 10e au 18e siècle). L'histoire de Méan est liée à la seigneurie de Boffeu. Bassines, pour sa part, était une seigneurie foncière liégeoise.

Méan a fait partie de la commune de Maffe jusqu'en 1887. De 1944 à 1945, le château de Bassines servit de refuge à de nombreux juifs et résistants. En 1944, la population fut enfermée dans l'église durant de nombreuses heures et trois résistants furent fusillés. De 1965 à 1975, la société Méan Motor Engineering s.a. a produit dans ses ateliers du Gros-Chêne quelque 650 voitures de marque *Méan*.

Ossogne : le moulin à eau sur le Ry éponyme

À VOIR

L'**église** néoromane dédiée à saint Étienne (1876) contient du mobilier ancien (chaire de 1742, anges en bois peint du 17e siècle). Dans le cimetière se trouvent les tombes de cinq aviateurs britanniques tués en combat dans le ciel de Méan en 1943. Dans la rue du Centre, on peut apprécier un manoir du 17e siècle.

À *Bassines* subsiste l'entrée monumentale d'un château démoli en 1985. Le hameau du *Gros-Chêne* culmine à 340 m et offre un vaste panorama sur la Famenne et l'Ardenne (horizon à 30-40 km). Un peu en contrebas, une **ancienne ferme** carrée est flanquée de deux marronniers imposants (22 m de haut) qui encadrent l'entrée. Ces bâtiments, au milieu d'un golf de 115 ha, hébergent le *Five Nations Country Club*.

ÉVÉNEMENTS

- kermesse, le 1er week-end de septembre

GASTRONOMIE

- la fromagerie du Gros-Chêne produit de façon artisanale 30 fromages au lait de vache, de chèvre et de brebis

MIECRET | 5376

- en 1343 Merquereye, de *Mercure* (dieu du commerce) ou *propriété de Mercurius*
- Miécrétois
- village groupé, bâti résidentiel et agricole, légèrement vallonné (entre 270 et 300 m), étendues agricoles, peu de bois
- N 983, lignes de bus 126A Huy-Ciney, 98 Barvaux-Hargimont
- 662 ha

HISTORIQUE

La découverte d'un polissoir néolithique atteste une industrie de la pierre polie. Un important établissement gallo-romain fut par ailleurs fouillé en 1967. À l'époque féodale, Miécret faisait partie du ban d'Havelange. Le village fut presque entièrement incendié par les soldats du duc de Lorraine en 1653. En 1916, 37 de ses habitants furent déportés.

À VOIR

Le village offre une unité remarquable dans le bâti en pierre calcaire. Il a conservé ses **bornes fontaines**, témoins du premier réseau de distribution d'eau dans le village. Au centre se trouve l'**église Saint-Léger**, d'aspect fort moderne, érigée en 1962. Non loin de là, la **ferme du Marais** a conservé une ancienne pompe à eau. Un peu à l'écart, au lieu-dit *La Fagne*, on remarquera aussi la **ferme du Bon Marché**, de la fin du 18e siècle.

À la sortie du village, en direction de Jeneffe, une potale, appelée **chapelle Saints-Donat-et-Hubert** (1842), se dresse à l'ombre d'un imposant tilleul (23 m de haut) et d'un hêtre vert, ce dernier ayant été planté pour le centenaire de la Belgique.

ÉVÉNEMENTS

- kermesse, le deuxième week-end de juillet et d'octobre

PORCHERESSE | 5370

- en 1314, *Porcereche* = porcheries
- Porcheressois
- village résidentiel et agricole, paysage vallonné (de 260 à 330 m)
- N 938, lignes de bus 126A Huy-Ciney, 98 Barvaux-Hargimont
- 1 004 ha

HISTORIQUE

On a découvert dans la localité de nombreux objets en silex. Un tumulus a par ailleurs fourni des restes de l'époque romaine à proximité de la chaussée Dinant-Maastricht. Durant tout l'Ancien Régime, Porcheresse-en-Condroz fut compris dans le ban d'Havelange. L'abbaye d'Aulne a possédé à Rémont plusieurs biens. À la fin des années 1930, un centre hospitalier (clinique Saint-Michel) fut installé dans ce village. En 1980, à Champ du Bois, on fora jusqu'à une profondeur de 5 650 m dans l'espoir de découvrir du gaz naturel. Espoir déçu...

À VOIR

À l'entrée du village, en venant de Buzin, sept charmes forment un demi-cercle autour d'une **potale**. Non loin de là, dans une prairie, **cinq tilleuls** entourent deux anciennes bornes sur un promontoire. Dans la rue principale du village, on peut admirer un ancien lavoir, une ancienne forge et le portail monumental du **château** (18e siècle). Un peu à l'écart de Rémont (ensemble de fermes typiques du Condroz), une chapelle isolée veille sur les étendues agricoles environnantes. Une halte sur la N 938 permet de découvrir un vaste panorama (Famenne et Ardenne).

Le village de Miécret a conservé plusieurs belles bornes fontaines

VERLÉE | 5370

- en 1291, *Velleys*, de *Viriliacus* = propriété de Virilius
- Verléens
- paysage vallonné, occupé par des espaces agricoles et quelques bois (entre 265 et 315 m)
- N 983, ligne de bus 126A Huy-Ciney, 98 Barvaux-Hargimont
- 678 ha

HISTORIQUE

Des tombes mérovingiennes ont été mises au jour à Buzin. Au 9e siècle, Buzin et Chantraine appartenaient à l'abbaye de Stavelot. Verlée faisait partie du ban d'Havelange et, avec Chantraine, passa au 15e siècle dans la famille de Marchin. En 1652, une femme, Marie Orban, accusée de sorcellerie, fut condamnée, lors d'un procès retentissant, à être étranglée et brûlée entre Buzin et Failon.

À VOIR

Au nord du village se dresse un mystérieux **obélisque** haut de 7, 80 m, appelé *La Pyramide*. Sa fonction reste énigmatique (repère géodésique ? monument napoléonien ?). Si on prend la route de Fontenoy, on aperçoit une allée de tilleuls qui conduit à la **ferme de Bel Air**, où habitait jadis Marie Orban. À l'ouest de Verlée, intégrée dans un bâti agricole, se trouve la **chapelle Saint-Isidore** (deuxième quart du 18e siècle). La décoration intérieure atteste la richesse d'antan de ces lieux. À Buzin, un **tilleul** à grandes feuilles occupe le carrefour central. Dans ce hameau, plusieurs sources fournissent l'eau à la compagnie de captage local AIEC. C'est là que le Hoyoux prend naissance pour devenir la rivière la plus pentue de notre pays. À un kilomètre de là, on découvre le **château de Chantraine** : selon ce vocable, rainettes et grenouilles chantent dans les douves de cet ensemble architectural des 16e et 17e siècles, regroupant demeure, ferme, ancienne église et tour d'angle (1636).

ÉVÉNEMENTS

- kermesse, le dernier week-end d'août

HOUYET

- arrondissement de Dinant
- localités : Celles, Ciergnon, Custinne, Finnevaux, Hour, Houyet, Hulsonniaux, Mesnil-Église, Mesnil-Saint-Blaise, Wanlin
- 12 314 ha ; 4 568 habitants (01/01/2011)

CELLES | 5561

- au 12ᵉ siècle *Cellae, Cellis* ; en 1373 *Cellez* ; à partir du 15ᵉ siècle *Celles*, du latin *cella* = cellule
- Cellois (à Gendron, les *Marauds*)
- village rural du Condroz, agricole et résidentiel, vallonné, sol argileux et calcaire, altitude de 187 m
- gare ferroviaire de Gendron-Celles, N 94, N 910, ligne de bus 45 (kayaks)
- 2 115 ha

HISTORIQUE

Selon la tradition, Celles doit son origine à saint Hadelin (617-690), originaire de la Guyenne (Aquitaine), qui, après avoir vécu à la cour du roi d'Austrasie, Sigebert, décida de vivre loin du monde comme son maître et ami saint Remacle, fondateur de l'abbaye de Stavelot. Hadelin se retira au milieu des forêts dans une grotte où vinrent se joindre à lui plusieurs compagnons attirés par son renom de sainteté. Les *cellules* que ceux-ci firent construire pour vivre à ses côtés ont donné leur nom au village. Au départ, saint Hadelin, qui avait adopté la règle de vie monastique de saint Remacle, rattacha le monastère qu'il fonda à l'ordre bénédictin. Mais peu de temps après sa mort, ses disciples s'organisèrent et nommèrent un abbé et un prévôt. Lorsque, à la suite des vexations que leur firent subir leurs avoués, les sires de Celles, ils quittèrent la région, l'évêque de Liège, en établissant à leur profit la collégiale de Visé, leur conféra une nouvelle dignité, celle de doyen (1337).

La seigneurie de Celles et son château appartiennent depuis des temps immémoriaux à la famille de Beaufort. Le premier connu de la lignée est Wauthier de Beaufort, sire de Celles, qui épouse au 12ᵉ siècle Ode, dame de Celles. En 1731, Englebert, comte de Beaufort, épouse Isabelle de Jaquier de Rosée. De leur union naissent deux filles : Marie-Robertine et Émilie-Adeline. La première épouse Jacques-Ignace de Liedekerke, grand mayeur de Maestricht, chevalier de Malte, et c'est ainsi que le domaine de Celles passe dans la famille de Liedekerke. Louis de Gavre, comte de Liedekerke de Pailhe, leur fils, est le fondateur de la famille de Liedekerke-Beaufort, actuellement encore propriétaire du domaine de Celles. Un sire de Celles joua un rôle actif dans la « guerre de la Vache » (1273-1275).

Le village de Celles fut connu de manière internationale lors de la Seconde Guerre mondiale, puisque c'est là que fut stoppée la dernière offensive allemande lors de la bataille des Ardennes.

Ciergnon : le château royal, construit par Léopold Ier

Custinne : l'église Sainte-Hélène

À VOIR

Au centre du village, la **collégiale Saint-Hadelin**, de style roman primaire et antérieure au 12ᵉ siècle, est parfaitement conservée. La crypte du 11ᵉ siècle, située sous le chœur, est en forme de croix latine à trois nefs et deux rangs de piliers. Dans une partie non visitable de l'église, on peut lire

Celles : la collégiale Saint-Hadelin, de style roman primaire (11e siècle), parfaitement conservée

Les grilles du château royal

cette très vieille inscription romaine qui daterait du temps de l'empereur Probus (279) : *Ex Voto Neutto Tagausi. V.S.IM.* (copie à l'entrée de l'édifice). Le plafond en bardeaux est curieux. Remarquables aussi sont les stalles, les fonts baptismaux et le bénitier (12e siècle), et dans le chœur, le lutrin fixe en pierre de l'époque ogivale, surmonté d'une dinanderie du 17e siècle. Les quatre tableaux (grisailles) représentent les quatre évangélistes. À relever également des vitraux de 1600, des statues en bois des saints Hadelin, Éloi, Alexandre et des saintes Anne, Begge et Catherine (14e et 15e siècles) et d'intéressantes pierres tombales, notamment celle en marbre noir de Rasse de Celles († 1356) et de son épouse, née de Severy († 1357) et d'autres datant pour la plupart du 16e siècle. Sur la colline, la **chapelle dite de l'Ermitage** a été construite sur l'emplacement de la sépulture de saint Hadelin et près de la grotte où il se retira. Jusqu'en 1789, les ermites attachés au service de l'église de Celles habitaient cet ermitage, dont l'origine remonte au 14e siècle. Le tout a été restauré en 1850 par la comtesse Hadelin de Liedekerke, née baronne Isabelle de Dopff. Dans une petite crypte sous le chœur de la chapelle, un sarcophage porte l'inscription suivante : « Ce sarcophage a été consacré en 1865 à la mémoire de Saint Hadelin, mort en cet endroit le 3e jour avant les nones de février de l'année 690. Il contient des reliques de son corps transféré à Visé en 1338 ». L'empereur Henri III (1039-1056) concéda à l'abbaye de Celles le droit de battre monnaie. Il nous reste de cette fabrication plusieurs deniers très remarquables dont les uns représentent au droit, l'empereur sur son trône et au revers, soit le monogramme de Henri III, très scrupuleusement reproduit, soit un navire ; d'autres montrent un buste couronné entre deux étoiles, et au revers, un château, ou encore au droit, un buste de saint Hadelin et au revers, une église.

Au carrefour, un **char Panther** et une **stèle commémorative** rappellent que le 24 décembre 1944, alors que la bataille des Ardennes faisait rage, la 2e *Panzer Division* allemande, en route vers la Meuse, fut stoppée à Celles par la 2e *Armored Division* américaine et le 3e *Royal Tank Regiment* britannique. Celles marque ainsi le point extrême de cette dernière grande offensive allemande.

À deux kilomètres à l'ouest du village, sur un plateau conique, se dresse le **château de Vêves**, de forme pentagonale, flanqué de quatre tours à poivrières. C'est le spécimen le plus caractéristique de l'architecture militaire du 14e siècle en Belgique. Selon la tradition, son origine remonte à Pépin de Herstal (685) ; il fut détruit par les Normands puis à nouveau en 1200 ; en 1230, on réédifia sur son emplacement une véritable forteresse qui demeura garnie de couleuvrines jusqu'à la fin de l'Ancien Régime. Des restaurations successives modifièrent surtout l'intérieur, notamment à l'époque de la Renaissance, comme en témoigne le vieux balcon dans la cour. La façade nord est couronnée d'une superbe lanterne renfermant une horloge extrêmement ancienne. La chapelle du château a été détruite pendant l'occupation allemande de 1914-1918.

Plus au sud, le hameau de Gendron a fourni un témoignage de l'habitat humain à l'époque préhistorique : la **caverne de Gendron**, dite localement « trou des nutons », est une sépulture de l'âge de la pierre polie ; on y a trouvé dix-sept squelettes.

ÉVÉNEMENTS

- grand feu en mars
- rassemblement de véhicules militaires alliés de la 2e GM, le week-end de l'Ascension
- kermesse annuelle, le dimanche après le 8 septembre
- spectacle médiéval proposé par les habitants, en septembre, dans différents lieux emblématiques du village
- fête de Saint-Hubert, avec rassemblement de cavaliers, le 3e dimanche d'octobre

Celles : le château féodal de Vêves, modèle d'architecture militaire du 14e siècle

GASTRONOMIE

- bière *Cuvée Saint-Hadelin*, blonde ou ambrée
- chausson cellois : farce de lapin, viande de porc, raisins blancs, marinée dans la *Cuvée Saint-Hadelin*
- fromage *l'Ermite*, à pâte dure
- gâteau « Saint Hadelin », pâtisserie locale
- « Crottes de Celles », saucisson sec en forme de crotte

CIERGNON | 5560

- en 1139 *Sernun*, en 1275 *Seregnon*, de *Serenius*, un seigneur romain qui y aurait fait construire sa villa
- Ciergnonais, *Marmozets*
- village rural, agricole et résidentiel, légèrement vallonné, entre 120 et 150 m
- E 411 sortie 22, N 911, lignes de bus 166A Jemelle-Houyet, 421 Beauraing-Jemelle
- 1 533 ha

HISTORIQUE

Les restes d'un fortin romain implanté sans doute au-dessus d'une construction gauloise, qui étaient encore visibles au milieu du 19e siècle dans le domaine royal, rattachent le site de Ciergnon à l'Antiquité, tandis que le cimetière mérovingien d'Hérock, comprenant une cinquantaine de tombes, atteste son occupation à l'aube du Moyen Âge. Une partie de Ciergnon était intégrée dans la seigneurie de Rochefort ; l'autre constituait d'abord un alleu qui se mua en une seigneurie foncière, puis en une seigneurie hautaine relevant de la prévôté namuroise de Poilvache. Ce fief figurait en 1351 dans l'apanage d'une famille de notables locaux, les de Ciergnon ; il passa au milieu du 15e siècle dans celui d'une famille du patriciat de Dinant, les Salmier, pour être donné en 1559 à l'abbaye de Saint-Remy à Rochefort, qui le conserva jusqu'à la fin de l'Ancien Régime.

Les hameaux de Fenffe et Hérock constituaient une seigneurie dépendant de la mairie liégeoise de Ciney, en possession de la famille de Fenffe en 1317. En 1784, Théodore Delvaux, médecin à Rochefort, en est propriétaire. C'est aux descendants de celui-ci que le roi Léopold II achète le domaine en 1891 et l'annexe à celui d'Ardenne, acquis par Léopold Ier, lui-même à l'origine de la construction du château royal actuel sur un promontoire rocheux dominant la Lesse.

À VOIR

Le **château royal de Ciergnon** appartient à la Donation royale, établissement public autonome, rattaché au ministère des Finances. Le château, qui domine le village, est

Finnevaux : tour romane de l'ancienne église (13e siècle)

visible à des lieues à la ronde. Léopold Ier en acquiert le terrain en 1840 et y fait construire le château à la demande de son épouse, la reine Louise-Marie. Mais c'est sous Léopold II que Ciergnon devient vraiment résidence royale. Depuis, la propriété a subi de nombreux aménagements, notamment les jardins et les plans d'eau (l'eau est pompée dans la Lesse, 150 mètres en contrebas) qui s'étendent sur 70 hectares.

En bordure de la N 94, la **chapelle du Maquis** fut construite en 1948 en hommage aux résistants de la Seconde Guerre mondiale, à l'emplacement d'un dur combat livré le 1er septembre 1944.

CUSTINNE | 5562

- en 1270 *Questines*, en 1582 *Custenne*, en 1868 *Custinne* ; désinence latine *ina* devenue *enne* dans le wallon régional
- Custinnois (à Ver, les *Maquets*)
- village rural du Condroz namurois, agricole et résidentiel, terrain très accidenté, altitude de 252 m
- E 411 sortie 21, N 94, ligne de bus 47 Ciney-Custinne
- 1 052 ha

HISTORIQUE

La seigneurie de Custinne était la première et la plus considérable des quatre pairies du comté de Rochefort. Entre autres fiefs en dépendaient Ver et Conjoux. Elle fut acquise en 1271 par Gilles de Saint Vincent, bourgeois et échevin de Dinant. Son fils, Gilles II, seigneur de Custinne et Ver, fut le premier de sa famille qui se titra de Custinne et son nom passa à sa descendance.

À VOIR

L'**église Sainte-Hélène** tient son caractère de l'endroit particulier où elle est établie. À Ver, la **chapelle Saint-Gilles** a été construite en 1924 par les habitants qui firent usage de l'ancienne coutume des corvées.

ÉVÉNEMENTS

- grand feu à Custinne et à Ver, en mars
- kermesse à Ver, le 1er week-end de septembre

FINNEVAUX | 5560

- en 1020 *Fineval*, en 1591 *Finnevaulx* ; de *fin*, extrémité d'une longue dépression appelée le fond de Famenne
- Finnevalois
- village rural agricole de Famenne, plateau rocailleux, sol schisteux, altitude de 240 m
- N 929, ligne de bus 423 Beauraing-Houyet
- 679 ha

HISTORIQUE

Le territoire de Finnevaux recèle des traces de l'industrie de la pierre taillée qui y était pratiquée à l'époque néolithique, favorisée par un important gisement de silex qui traverse le plateau dominant la rive droite de la Meuse en amont de Dinant.

La terre de Finnevaux figure très tôt parmi les possessions de l'abbaye de Stavelot et est comprise sur la liste, dressée en 1131, des biens formant l'avouerie du monastère exercée par le comte de Luxembourg. Le 5 avril 1555, le domaine de Finnevaux est acheté par Charles Quint pour en faire un bastion contre la France.

À VOIR

La **tour romane** de l'ancienne église du 13e siècle.

ÉVÉNEMENTS

- grand feu, en mars
- kermesse, le 1er dimanche de septembre

HOUR | 5563

- au 13e siècle *Our*, au 15e siècle *Hour*
- Hourois
- village rural agricole et résidentiel de Famenne, terrain argilo-calcaire et schisteux, altitude de 174 m
- E 411 sortie 22, N 94, lignes de bus 166A Jemelle-Houyet, 421 Beauraing-Jemelle
- 1 707 ha

L'église de Finnevaux

La Lesse à Ciergnon

HISTORIQUE

Le village de Hour est d'origine très ancienne. On y a identifié les vestiges d'un fort romain sur la rive gauche de la Lesse. À Petite Hour également, on a mis au jour dans le hameau de Lissoir une villa romaine avec hypocauste, et auprès de cette villa, un petit cimetière. Seigneurie foncière avec une cour féodale au départ, Hour devint plus tard seigneurie hautaine.

À VOIR

Sur la colline dominant le village, la **chapelle Notre-Dame de Grâces** constitue le cœur de l'ancienne église romane. Dans l'**église Saint-Martin** actuelle, on peut admirer des fonts baptismaux sur un piédestal à quatre colonnes de style roman byzantin du 11e siècle. À Havenne, une petite **chapelle** dédiée à saint Laurent ainsi que, toute proche, la fontaine du même nom.

ÉVÉNEMENTS

- grand feu, en mars
- kermesse annuelle, le week-end avant le 21 juillet

HOUYET | 5560

- en 1558, *Huyet*
- Houyétois, *les Cayets*
- village résidentiel de Famenne, terrain argileux et schisteux, altitude de 130 m
- gare ferroviaire, N 929 ; lignes de bus 46 Anseremme-Houyet, 166A Jemelle-Houyet, 423 Beauraing-Houyet
- 1 503 ha

HISTORIQUE

Houyet dépendait directement du comté de Rochefort au pays de Liège. Le ban de Houyet comprenait les seigneuries d'Ardenne et de Herhet. Simple pavillon de chasse, le **domaine d'Ardenne** est acheté en 1839 par le roi Léopold Ier qui, sous la direction de l'architecte Balat, l'agrandit et l'embellit considérablement, pour le transformer en **résidence royale**. De 1874 à 1891, Léopold II fait à son tour aménager le parc et restaurer le château, érigé à 240 m d'altitude sur un mamelon au confluent de la Lesse et de l'Iwoigne. Il avait voulu faire de l'endroit un établissement d'accueil où on amenait de Jemelle jusqu'à la gare royale privée située à un kilomètre de la gare de Houyet sur la ligne Dinant-Bertrix les wagons-restaurants de la ligne Ostende-Jemelle ; on accrochait même une voiture spéciale à destination d'« Ardenne » au rapide Paris-Cologne. Peu avant sa mort, Léopold II cède le domaine royal, d'une superficie de plus de 4 500 hectares, à l'État belge. Ravagé par un incendie en 1968, il sera entièrement détruit, à l'exception de la tour Léopold, actuellement *club house* du Golf Royal d'Ardenne. Quant au **château de Fenffe**, longtemps lieu de séjour de nos souverains alors qu'ils étaient « princes de Liège », sa construction remonte au 17e siècle ; acquis en 1891 par Léopold II afin de réunir les domaines de Ciergnon et d'Ardenne, il a été restauré par la Donation royale en 1949. Tous ces châteaux, en particulier Ciergnon, ont bien entendu vu défiler nombre de têtes couronnées et de grands de ce monde, de la reine d'Angleterre Elisabeth II à l'empereur du Japon Hiro-Hito, en passant par le général Eisenhower.

Houyet : chapelle Saint-Roch (1866)

L'église de Houyet date de 1852. C'est le roi Léopold Ier qui en a posé la première pierre le 24 mars 1851. Elle remplace une chapelle, construite, dit-on, par saint Materne, très ancienne en tout cas puisque les registres paroissiaux attestent une visite d'ecclésiastiques en 1446.

De 1850 à 1970, la localité était renommée pour sa coutellerie (entre autres ses couteaux à manche de corne pour la chasse).

À VOIR

Dans l'**église Notre-Dame de l'Assomption**, surmontant le maître-autel, un tableau de F.-J. Navez (1834) représentant la *Vision de sainte Catherine* et un autre de H. Oury (1851) représentant *Sainte Anne enseignant les Saintes Écritures à la Sainte Vierge*, ont tous deux été offerts par le roi Léopold Ier.

En 1866, pour être préservés du choléra, les habitants ont construit la **chapelle Saint-Roch** dans la rue du même nom. En remerciement pour avoir été épargnés de l'épidémie, ils se rendent chaque année en pèlerinage à Foy-Notre-Dame. Dans le hameau de Herhet, une autre **chapelle** est dédiée à saint André (1910). Le long de la Lesse, la « Halte d'Ardenne » était l'**ancienne gare royale** de Léopold II.

ÉVÉNEMENTS

- carnaval et grand feu, en février
- fête du quartier de la gare, le 1er mai
- kermesse annuelle et fête de la musique, le week-end du 15 août

HULSONNIAUX | 5560

- en 1361, *Huy-les-Oneals*, en 1465, *Hulesonniauls*, de *ônias* : petits aunes
- Hulsonniautois ou Hulsognelais
- village agricole et rural, terrain calcaire au nord, schisteux au sud, altitude de 225 m
- gare ferroviaire de Gendron-Celles, N 910, pas de ligne de bus
- 1 006 ha

HISTORIQUE

Hulsonniaux était rattaché à la terre de Falmagne et dépendait de la prévôté de Poilvache. La seigneurie de Chaleux était, elle, aux mains de la famille de Huyet. La localité a gardé, jusqu'à la dernière guerre, de très vieilles maisons typiques en torchis, qui lui donnaient un caractère très original. On y faisait également usage de palanches, mode de transport nécessité par l'étroitesse des nombreux sentiers inaccessibles aux véhicules.

À VOIR

Le hameau de Chaleux, situé dans une courbe de la Lesse, est célèbre par sa **caverne préhistorique**. La grotte, située à 18 m au-dessus de la rivière, a fourni plus de 30 000 silex taillés de main d'homme, des ossements humains et d'animaux, des plaques de grès, des cailloux roulés et un cubitus de mammouth. Le site classé de Chaleux avec ses rochers calcaires dits « **Aiguilles de Chaleux** », dominé par le promontoire rocheux sur lequel était établi le camp romain de Furfooz, est de toute beauté.

ÉVÉNEMENTS

- grand feu, en mars
- kermesse annuelle, le 3e week-end d'août

MESNIL-ÉGLISE | 5560

- en 1470, *Many Egliese*, du latin *manere* : demeurer, en bas latin *manile* : habitation ; Église pour le distinguer de Mesnil-Saint-Blaise
- Mesnilois
- village rural résidentiel, plateau rocailleux, sol schisteux, altitude de 240 m
- N 929, ligne de bus 423 Beauraing-Houyet
- 993 ha

HISTORIQUE

En 1050, la seigneurie de Mesnil est de la prévôté de Revogne. En 1691, elle est acquise par les seigneurs de Lavaux-Sainte-Anne. La seigneurie de Ferage était indépendante de celle de Mesnil-Église et pendant tout l'Ancien Régime, elle a partagé le sort de Finnevaux. En 1135, Ferage et Finnevaux figurent au nombre des possessions de l'abbaye de Stavelot.

À VOIR

L'**église Saint-Rémy**, de style roman, possède de remarquables fonts baptismaux du 12e siècle. En bordure de la grand-route, la **chapelle Notre-Dame de la Salette** a été construite à l'initiative de la première reine des Belges, Louise-Marie d'Orléans. Dans le hameau de Ferage, le **château-ferme**, qu'occupa le roi Léopold Ier avant de construire le château de Ciergnon, appartient à la Donation royale ; il

Hour : la chapelle Notre-Dame de Grâces, subsistance d'une ancienne église romane

constitue la seule survivance de cette ancienne seigneurie. Il possède un parc magnifique.

ÉVÉNEMENTS

- grand feu, en mars
- fête du vent, en juin, avec diverses animations didactiques autour des éoliennes

MESNIL-SAINT-BLAISE | 5560

- en 1050, *Mainis*, du latin *manere* : demeurer
- Mesnilois
- village rural agricole, sur un plateau fertile, altitude de 245 m
- N 915, ligne de bus 25 Dinant-Beauraing
- 1 226 ha

HISTORIQUE

Le plateau dont Mesnil-Saint-Blaise est le centre a été habité dès les âges les plus reculés. Les silex, trouvés en abondance, témoignent d'un habitat relativement important à l'âge de la pierre. En 1344, Mesnil-Saint-Blaise est cité au nombre des dépendances de la prévôté de Poilvache. En 1678, suite au traité de Nimègue, la localité est annexée à la France, mais en 1699, elle est rétrocédée aux Pays-Bas. Par décret du 6 août 1756, le prince Charles de Lorraine replace Mesnil sous sa juridiction primitive : le comté de Namur et la prévôté de Poilvache. Le hameau de Mahoux a toujours été associé à l'histoire de l'agglomération principale, mais de 1796 à 1806, Mahoux a formé une commune indépendante de Mesnil.

À VOIR

À deux cents mètres de la **ferme de la Rouge-Croix**, on voit un **monument** dédié à l'équipage d'un bombardier Halifax de la *Royal Air Force* canadienne, tombé entre Hulsonniaux et Mesnil-Saint-Blaise le 14 juillet 1943.

ÉVÉNEMENTS

- grand feu, en mars
- kermesse, le 1er week-end d'octobre
- fête des Cerises, à Mahoux, le 1er week-end de juillet

WANLIN | 5564

- en 1304 *Wanliers*, en 1514 *Wallin*
- Wanlinois
- village rural agricole et industriel, sol argileux et schisteux, altitude de 138 m
- E 411 sortie 22, N 911, lignes de bus 166A Jemelle-Houyet, 421 Beauraing-Jemelle
- 500 ha

HISTORIQUE

En 1304, Wanlin dépend de la prévôté de Poilvache. Il est cédé en 1334 à Marie d'Artois, comtesse de Namur. En 1596, la seigneurie de Wanlin passe dans les mains du châtelain de Mirwart. En 1689, Marie-Françoise de Gérin, novice chez les sœurs grises de Dinant, est à la tête de la seigneurie. Elle teste en faveur de sa mère Jeanne de Halloy, qui cédera la seigneurie à Catherine-Élisabeth de Lobet.

À VOIR

Dans la rue du Château, l'**écomusée « La Besace »**, installé dans une petite ferme du 19e siècle, rappelle le mode de vie d'autrefois dans une région de Famenne au sol très pauvre.

ÉVÉNEMENTS

- carnaval et grand feu, en février
- kermesse, le dernier week-end de septembre

JEMEPPE-SUR-SAMBRE

- arrondissement de Namur
- localités: Balâtre, Ham-sur-Sambre, Jemeppe-sur-Sambre, Mornimont, Moustier-sur-Sambre, Onoz, Saint-Martin, Spy
- 4 709 ha ; 18 598 habitants (01/01/2011)

La Haute Tour de Villeret domine un hameau de Saint-Martin. Ce donjon du 13e siècle appartient au patrimoine exceptionnel de la Région wallonne

La chapelle de Montserrat à Spy abrite une statue de la Vierge noire

BALÂTRE | 5190

- en 1020 *Balastre Saint Ondegon*, du bas latin *balastrum* = enclos ou balustrade
- Balâtois
- paysage vallonné, traversé par la Ligne et son affluent le Grand-Vaux, altitude entre 120 et 164 m
- N 93, ligne de bus 347 Gembloux-Tongrinne
- 435 ha

HISTORIQUE

Balâtre fut une des plus anciennes seigneuries hautaines du comté de Namur. Y était attachée la charge de panetier de la principauté. Durant tout l'Ancien Régime, la seigneurie changea fréquemment de mains. En 1685, Balâtre fut érigé en comté. En 1189, des cisterciennes créèrent un établissement dans le hameau de Grand-Vaux. Son existence fut éphémère, car les religieuses partirent pour Lonzée dès 1228.

L'économie locale a toujours reposé sur l'agriculture. La pierre calcaire fut par ailleurs exploitée dès le Moyen Âge. Fin du 19e siècle, quatre carrières étaient en activité. Le sous-sol de la localité a également livré grès, sable et minerai de fer.

À VOIR

La **ferme-château de Balâtre** domine la vallée du Grand-Vaux. Cet imposant ensemble fortifié en moellons calcaires s'est développé en quadrilatère à partir d'un donjon médiéval. La vaste grange date du 17e siècle. Une tour carrée donne sur la **place** du village, laquelle séduit par son charme rural. Construite en 1832, l'**église Sainte-Aldegonde** a conservé une tour en pierre du 18e siècle, surhaussée d'un troisième niveau en brique au 20e siècle.

HAM-SUR-SAMBRE | 5190

- en 1192 *Hans*, vocable d'origine germanique désignant un pré entouré d'un cours d'eau en forme de boucle
- Hamois ; *Baloûje* (hanneton en wallon)
- localité urbanisée, bordée au nord par la Sambre et au sud par des collines boisées, altitude entre 90 et 198 m
- gare ferroviaire, N 923, ligne de bus 36 Tamines-Jemeppe-sur-Sambre
- 638 ha

HISTORIQUE

Au Moyen Âge, les seigneurs de Ham faisaient partie des douze pairs du comté de Namur. La première lignée portait le nom de la localité. Un acte de 1062 mentionne le nom de Jean de Ham. La seigneurie passa en 1368

Balâtre : église Sainte-Aldegonde

Jemeppe-sur-Sambre : maison communale

aux de Lor, une famille française, puis, en 1487, à la maison de Seraing. En 1521, Ham fut acquise par Charles de Bourgogne, qui détenait la seigneurie voisine de Froidmont. Pierre Roose, nouveau seigneur de Froidmont, acheta une partie du fief de Ham en 1662 et le solde en 1666.

L'exploitation du charbon marqua l'évolution de Ham au 19e siècle. La première concession fut octroyée en 1819 à la comtesse douairière Marie-Élisabeth de Roose de Baisy et ses filles. Le développement de l'industrie houillère attira dans la localité de nombreuses familles. En 1896, le charbonnage de Ham occupait 555 personnes. Il ferma ses portes en 1926, victime de la crise qui frappait le secteur houiller.

À VOIR

L'**église Saint-Victor** est un édifice néoclassique qui a été érigé en 1852. Ses fonts baptismaux datent du 16e siècle. La partie méridionale du village est occupée par de **vastes bois** que traverse le sentier de grande randonnée GR 125. Ce sentier longe également l'**ancien bras de la Sambre**, havre de paix particulièrement apprécié par les pêcheurs.

JEMEPPE-SUR-SAMBRE | 5190

- en 751 *Gamapio*, de *gam* = jonction, et *apa* = eau ; signifie « confluent »
- Jemeppois
- localité urbanisée, nord rural, sud industriel, altitude entre 89 et 182 m
- gare ferroviaire, N 98, N 930, lignes de bus 23 Namur-Velaine, 58 Tamines-Jemeppe-sur-Sambre, 144A Gembloux-Jemeppe-sur-Sambre
- 899 ha

HISTORIQUE

La découverte de haches et d'autres objets de l'âge du bronze atteste l'ancienneté d'une occupation humaine de type sédentaire. Des fouilles archéologiques menées en 2007 sur le pourtour de l'église ont mis au jour des sépultures et des traces d'habitat datant du 10e siècle. Depuis le 12e siècle jusqu'à la fin de l'Ancien Régime, la seigneurie de Jemeppe appartenait au chapitre de la collégiale Saint-Denis de Liège, tandis que l'avouerie était détenue par le seigneur de Froidmont. Trois lignages possédèrent successivement la seigneurie de Froidmont et l'avouerie de Jemeppe : la maison de Sombreffe, celle de Bourgogne et, à partir de 1638, celle de Roose. Un charbonnage fut exploité durant le 19e siècle dans le quartier du Grand-Bois ; il ferma ses portes en 1927. C'est à Jemeppe que la société Solvay créa, en 1897, son premier site de fabrication de soude caustique par électrolyse du sel. À partir de 1949, l'usine se mit également à produire du polychlorure de vinyle (PVC). En 1928 fut par ailleurs fondée à Jemeppe la Société des Glaces Réunies. Trois ans plus tard, celle-ci mit au point l'exploitation du brevet de la trempe du verre (verre Sécurit). Le site de production de Jemeppe fut transféré à Auvelais au milieu des années 1980.

À VOIR

La **place communale** a fait l'objet de nouveaux aménagements en 2007. Une fontaine octogonale en pierre bleue symbolise les huit villages qui constituent l'entité fusionnée de Jemeppe-sur-Sambre. L'**église Saint-Martin**, de style néogothique, date de 1842. Trois **anciens moulins à eau** jalonnent le cours de l'Orneau. Deux de ceux-ci, dont celui dit « des Dames », sont situés dans le hameau de Goyet. Dans la partie méridionale de la localité, le **casino de l'Amicale Solvay** est un intéressant édifice influencé par l'Art Déco.

MORNIMONT | 5190

- en 1179 *Moringemont*, de *Mor*, du nom du propriétaire du terrain, un certain Maurus, More ou Mornier selon les sources, et *mont* = colline
- Mornimontois
- village résidentiel, zoning industriel de 61 hectares, altitude entre 89 et 195 m
- N 90, pas de ligne de bus
- 292 ha

HISTORIQUE

Depuis le 12e siècle, la seigneurie de Mornimont relevait des abbesses de Moustier-sur-Sambre. Les comtes de Namur en étaient les avoués ou protecteurs. À la fin du 14e siècle, le comte de Namur attribue la qualité de seigneur du lieu à deux autorités ecclésiastiques : l'abbesse de Moustier et le prieur de Floreffe. Durant l'Ancien Régime, Mornimont dépendait de la paroisse de Jemeppe-sur-Sambre. À ce titre, la dîme était perçue par le prévôt du chapitre Saint-Denis de Liège.

La principale activité industrielle de Mornimont fut la chimie. Une fabrique d'acide et de sulfate de soude fut créée dès 1855. En 1883 fut constituée la Société des Produits et Engrais chimiques, laquelle arrêta ses activités en 1947. Une modeste exploitation houillère se fit jour au 19e siècle. Les travaux de rectification du cours de la Sambre ont profondément modifié la physionomie du village. Commencés en 1928, ils se terminèrent en 1935.

À VOIR

Édifiée en 1899 en style néogothique, l'**église** est dédiée à saint Nicolas, le patron des bateliers. Mornimont a conservé une monumentale **pompe à eau** en fonte portant la date de 1904. L'**ancien bras de la Sambre** bénéficie du statut de site *Natura 2000*.

MOUSTIER-SUR-SAMBRE | 5190

- en 1137 *Monasterium super Sambram* ; *moustier* = monastère
- Moustiérois
- village rural et industriel, entre 89 et 123 m d'altitude
- gare ferroviaire, N 90, lignes de bus 36 Tamines-Spy, 58 Tamines-Jemeppe-sur-Sambre-Spy
- 510 ha

HISTORIQUE

Une tradition médiévale attribue la fondation du monastère de Moustier à saint Amand au milieu du 7e siècle. Le texte le plus ancien qui atteste son existence date du 9e siècle. Le monastère était dédié à saint Pierre. Vers 1200, l'abbaye de moniales fut sécularisée et devint le siège d'un chapitre de dames nobles. L'abbaye et sa collégiale furent détruites sous le régime français. Le hameau de Froimont constituait une seigneurie distincte qui appartint successivement à trois familles : les Sombreffe (jusqu'en 1503), les Bourgogne et les Roose (à partir de 1638). Le seigneur de Froidmont était avoué de la seigneurie ecclésiastique voisine de Jemeppe-sur-Sambre. Le château de Froimont, qui dominait la Sambre, fut incendié en 1690 par les troupes de Louis XIV.

Le château des Dames était la demeure de l'abbesse de Moustier-sur-Sambre

Moustier a été gagné par l'industrialisation. Une usine chimique s'y installa au milieu du 19e siècle. En 1883 fut fondée une glacerie qui, après avoir intégré le groupe Glaverbel, fait actuellement partie d'AGC Flat Glass Europe, la branche européenne d'Asahi Glass. L'usine de Moustier est la seule au monde à compter quatre lignes de production de verre plat. Un important atelier de constructions métalliques a également porté loin la renommée de Moustier, avant de disparaître en 1976.

À VOIR

La vieille **place de Moustier** est bordée de demeures patriciennes des 17e et 18e siècles, anciennes résidences particulières des chanoinesses. L'**église Saint-Frédégand**, de style néoroman, a été érigée en 1869. Les fonts baptismaux datent du 16e siècle et proviennent de l'ancienne collégiale Saint-Pierre.

ÉVÉNEMENTS

- festival du cinéma belge, début mars

ONOZ | 5190

- en 1067 *Olnon*. Le nom du village dérive de celui du cours d'eau l'Orneau qui signifie étymologiquement « ruisseau des aulnes »
- Onozien
- village encaissé dans la vallée de l'Orneau, bénéficiant d'un microclimat, altitude entre 100 et 165 m
- N 912, lignes de bus 23 Namur-Velaine, 144A Gembloux-Jemeppe-sur-Sambre, 347A Gembloux-Tongrinne/Onoz
- 184 ha

Les façades et les toitures du château et de la ferme de Mielmont à Onoz ont été classées en 1997

HISTORIQUE

Au Moyen Âge, deux fiefs du comté de Namur se partageaient le territoire actuel de la localité : la seigneurie d'Onoz et celle de Mielmont. Les deux seigneuries furent acquises par les Dave en 1438, puis par les Roose en 1690. Le domaine de Mielmont passa dans la famille des de Beauffort à la suite du mariage contracté en 1830 entre Marie-Élisabeth, comtesse Roose de Baisy, et Louis-Léopold, comte de Beauffort.

Des carrières de pierre calcaire furent exploitées à Onoz dès le 14e siècle. Les premiers fours à chaux y furent construits au 18e siècle.

À VOIR

Le **château de Mielmont** est bâti sur un promontoire en dolomie qui domine de 35 mètres la vallée de l'Orneau. Son édification s'étend du 12e au début du 20e siècle. À l'origine, Mielmont était une importante forteresse du comté de Namur. Du 12e siècle subsiste principalement le haut donjon. Au 16e siècle, Mielmont perdit son caractère militaire pour devenir une résidence. Un vaste site classé englobe le **château**, la **ferme** et le **bois de Mielmont**, le **moulin à eau** d'Onoz, la **chapelle de Montserrat** (sise sur Spy) et la **ferme-château** de Falnuée (située sur Mazy). Petit sanctuaire datant du 18e siècle, l'**église Saint-Martin** renferme un intéressant patrimoine : dalles funéraires, statues du 16e siècle et cartels portant les armoiries de la noblesse locale. Implantée au bord de la Route d'Éghezée, l'**ancienne station de captage d'eau**, construite en 1906 par la Compagnie intercommunale des Eaux de Bruxelles, est destinée à accueillir un **centre d'interprétation de l'Homme de Spy**.

GASTRONOMIE

- produits laitiers de la chèvrerie de Mielmont

SAINT-MARTIN | 5190

- le village porte le nom de saint Martin de Tours, l'évangélisateur des Gaules, dont le culte est très répandu dans la région
- Saint-Martinois
- village situé dans la vallée de la Ligne, affluent de l'Orneau, altitude entre 110 et 161 m
- N 93, ligne de bus 347 Gembloux-Tongrinne/Onoz
- 391 ha

HISTORIQUE

Sous l'Ancien Régime, le territoire actuel du village de Saint-Martin comprenait deux seigneuries : Saint-Martin-Fayat et Villeret. Celles-ci appartenaient au domaine direct des comtes de Namur jusqu'en 1626, date à laquelle François de Sainte-Aldegonde les acquit. À partir de 1655, les deux seigneuries passèrent en diverses mains en raison de partages successoraux et de vicissitudes financières. La paroisse de Saint-Martin relevait de l'abbaye de Floreffe. En 1803, elle fusionna avec celle de Balâtre.

L'agriculture a toujours été l'activité principale de Saint-Martin. Dès le Moyen Âge, des fermes s'y développèrent :

La grotte de l'Homme de Spy est le site paléolithique le plus important de Belgique. Des ossements de trois Néandertaliens y furent découverts en 1886

celle de Fayat, qui appartenait à l'abbaye de Floreffe, et celle de Basse-Villeret, qui dépendait de l'abbaye de Villers-la-Ville. Au 19e siècle, diverses industries extractives virent le jour : carrières de pierre calcaire, de marbre noir et de grès de Fayat, sablonnières et mines de fer.

À VOIR

La **Haute tour de Villeret** est un donjon érigé au 13e siècle. La richesse de son mobilier mural a motivé son inscription sur la liste du patrimoine exceptionnel de la Région wallonne. En contrebas du donjon, la **ferme de Villeret** a conservé des éléments du 16e siècle. Sur la **place du village**, le logis de la ferme date de la première moitié du 18e siècle. La **rue du Faubourg** est particulièrement pittoresque avec sa chapelle entourée par un mur d'enceinte en moellons.

SPY | 5190

- en 1228 *Spies*, du latin *spicarus* = grenier à remiser les récoltes, ou à rapprocher du wallon *spitter* = jaillir en éclaboussant (référence à une source)
- Spirous
- localité à physionomie rurale sur le plateau limoneux, sillonnée par le Spinoit et bordée par l'Orneau, entre 100 et 195 m d'altitude
- N 912, lignes de bus 23 Namur-Velaine, 36 Tamines-Jemeppe-sur-Sambre, 58 Tamines-Spy
- 1 360 ha

HISTORIQUE

Spy a acquis une notoriété internationale avec la découverte, en 1886, d'ossements néandertaliens dans une grotte qui surplombe l'Orneau. Cette découverte fit admettre par la communauté scientifique l'existence d'un type humain archaïque, anatomiquement différent de l'homme moderne. En 1953, un cimetière mérovingien fut mis au jour au pied du château de Spy, appelé plus communément le château Bastin. Au Moyen Âge, la seigneurie de Spy dépendait directement du comte de Namur. En 1612, elle fut acquise par Warnier de Dave, sire de Mielmont. Elle passa aux mains de Jean-Charles Roose (1689), puis de Charles de Coloma (1752). Sous le régime français, Spy fut chef-lieu de canton.

L'économie du village reposa longtemps sur l'agriculture. Avec la création de l'autoroute de Wallonie au début des années 1970, la localité sortit de son isolement.

À VOIR

Entourée d'un **bois classé** comme site *Natura 2000*, la **grotte de l'Homme de Spy** est une destination à recommander aux amateurs de promenades pédestres. Le **château de Spy**, qui s'est développé à partir d'un donjon du 13e siècle, présente une remarquable façade classique en moellons calcaires édifiée au début du 18e siècle. La **ferme de la Tour** tire son nom de son donjon-porche, qui date du 14e siècle. L'imposante **église Saint-Amand**, de style néo-roman, a été consacrée en 1901. Implantée à la limite de Spy et d'Onoz, la **chapelle de Montserrat** abrite une statue de la Vierge noire, invoquée pour la protection des enfants.

LA BRUYÈRE

- arrondissement de Namur
- localités : Bovesse, Émines, Meux, Rhisnes, Saint-Denis, Villers-lez-Heest, Warisoulx
- 5 298 ha ; 8 893 habitants (01/01/2011)

BOVESSE | 5081

- En 1211, *bouech* : élevage de bœufs, bouverie (du latin *bovitia)*
- Bovessois
- village résidentiel et rural, plateau limoneux de la Hesbaye namuroise, altitude 169 m
- gare ferroviaire, N 4, N 904, N 912, ligne de bus 32 Namur-Gembloux
- 449 ha

HISTORIQUE

Bovesse, au 12e siècle, faisait partie du domaine personnel du comte de Namur, qui y avait tous les droits seigneuriaux. Au 14e siècle, Jacquemin de Bovech y tient un fief important en la mairie de Feix. Thiry de Preit y tient également un fief, qui sera vendu en 1371 à William Masson. Vers 1380, Libier de Hun, époux de Marie de Warnant, née Philippart, relève le fief de Jacquemin de Boveche. Cette seigneurie foncière, dite del Vaux, est acquise par Colar d'Oultremont en 1450 et reste aux mains de la famille jusqu'en 1725. À ce moment, la famille d'Oultremont, en la personne du comte Jean-Baptiste, garde la partie censale, la partie féodale passant au comte de Hoen, qui testa en faveur de sa sœur Marie-Michelle, comtesse de Hoen, laquelle vendit Bovesse en 1743 au comte de Balâtre, Marie-Joseph-Godefroid de Gosée. Le neveu de ce dernier, Charles-Joseph de Ponty, obtint la seigneurie hautaine de Bovesse en 1755 par engagère. Il la céda en 1759 au comte Cornet d'Elzius, famille qui la garde jusqu'en 1793. Charles-Joseph de Ponty vendit aussi la seigneurie foncière en 1757. La partie féodale, château et dépendances, et la collation de l'office castral, furent vendus en 1780 aux Marchand de Merdorp.

À VOIR

Situés dans un parc entouré de murs d'enceinte, on peut découvrir, rue de la Distillerie, un petit **château** du 19e siècle et une **ancienne distillerie** face à une tour-porche datant du 16e. Le **bois Thibaut**, ensemble de 86 ares composé de nombreuses espèces d'arbres, est une oasis de détente. Rue des Fermes se trouvent la **ferme aux Chiens** (18e siècle), vaste quadrilatère en brique, grès et pierre bleue, et la **ferme Mohimont** (appelée aussi ferme du château, 17e siècle), avec une importante tour-porche en moellons donnant accès à une cour rectangulaire pavée ainsi qu'au bâtiment principal et à ses dépendances. Rue de la Ronce, la **chapelle Saint-Donat**, invoqué contre la foudre.

Bovesse : tour-porche du 16e siècle

La Bruyère : château (vue arrière)
PHOTO MAISON DE LA MÉMOIRE RURALE DE LA BRUYÈRE

ÉMINES | 5080

- en 1209 *Hesminnes*, en 1211 *Esmines*, en 1236 *Emines*, du germanique *imn-ina* : lieu aux prairies
- Éminois
- village résidentiel et agricole, plateau de la zone limoneuse de la Hesbaye namuroise, altitude de 167 m

Émines : vignoble (10 ha) créé en 2003 au Domaine du Chenoy
PHOTO MAISON DE LA MÉMOIRE RURALE DE LA BRUYÈRE

Meux : corps de logis de la feme de Mehaignoul (18e siècle)
PHOTO MAISON DE LA MÉMOIRE RURALE DE LA BRUYÈRE

- E 42, N 934, lignes de bus 2 Namur-Perwez, 53 Eghezée-Émines
- 916 ha

HISTORIQUE

Seigneurie hautaine où, au 13e siècle, le comte de Namur possédait tous les droits seigneuriaux et toute la justice, Émines appartenait probablement à la franchise de Vedrin. Émines est mentionné pour la première fois en 1047. Sur son territoire actuel se trouvaient autrefois deux seigneuries hautaines : émines et Saint-Martin Huglise (aujourd'hui disparu) et ses deux arrière-fiefs Seumois et Chenoy. La famille noble du nom d'Émines est présente au 13e siècle et disparaît à la fin du 17e. La seigneurie d'émines et de Villers-lez-Heest fut vendue en 1686 à Nicolas-Servais De Heusche. Acquise en 1732 par l'écuyer Nicolas-Joseph Lemède, la seigneurie d'Émines restera dans la famille jusqu'en fin de l'Ancien Régime.

À VOIR

La **ferme de Seumoy** est un vaste quadrilatère isolé sur le versant sud de la vallée du Houyoux. Son existence est fort ancienne. L'ancienne construction fut en partie détruite en 1644 par cinq régiments de cavalerie qui séjournèrent dans les environs et y commirent d'énormes dégâts. La **ferme de Saint-Martin**, ancien siège d'une seigneurie hautaine (Huy-Huglise), est un bel ensemble naguère fortifié en moellons de grès et calcaire sur le versant ensoleillé de la vallée du Houyoux. Cette ferme avait une chapelle castrale dédiée à la Vierge, qui renfermait un grand nombre de pierres tombales. La **ferme d'Hulplanche**, ancienne seigneurie hautaine de Huy-La-Planche, isolée au nord-ouest du village, est un quadrilatère sur un terrain légèrement vallonné. Cet ensemble en calcaire et briques chaulés, serré autour d'une vaste cour carrée et pavée, est, depuis peu, un centre de loisirs actifs. La **ferme de la Tour**, située au cœur du village en face du château et à proximité de l'église, est une ancienne propriété des d'Émines (probablement l'ancienne cense de la Motte, citée au 14e siècle). La **ferme de la Gloriette**, située dans la rue du même nom, vaste quadrilatère avec grange en long, date de la seconde moitié du 18e siècle. Son volume en moellons de grès et chaînages de calcaire s'ouvre par un portail surbaissé en harpes. Cet ancien fief remonte au 15e siècle. La **ferme Le Chenoy**, située entre Bovesse et Rhisnes au lieu-dit Chenoy, est un arrière-fief de la seigneurie de Saint-Martin, toute proche ; elle fut reconstruite aux 18e et 19e siècles autour d'une cour trapézoïdale. Le **château Ladmirant**, appelé château Ruzette, est situé rue de Rhisnes, en face de la ferme de la Tour. La statue du **Sacré Cœur** érigée dans la même rue est datée de 1932. Rue Trieux des Gouttes, la **chapelle Saint-Lambert,** avec la fontaine du même nom, remonte à 1853. Rue Royale, la **statue de sainte Thérèse** de l'Enfant Jésus est du début du 20e siècle.

MEUX | 5081

- en 1145 *Moul*, en 1207 *Meux,* en 1265 *Meur,* en 1241 *Meulis*, du latin *mola* : meule
- Meutois
- village résidentiel et agricole, plateau limoneux de Hesbaye, altitude de 173 m
- E 411, N 912, lignes de bus 32 Namur-Gembloux, 54 Éghezée-Meux
- 1 276 ha

HISTORIQUE

La présence d'objets en pierre taillée et pierre polie datés d'entre 2500 à 3000 ans avant J.-C., ainsi que des vestiges d'habitations romaines attestent une occupation précoce du territoire de Meux. À la fin du 12e siècle, les chevaliers de Malte y construisirent la chapelle Saint-Sauveur. Le village faisait partie du comté de Namur ; le comte de Namur y levait le cens sur 555 bonniers de terres. Meux comportait plusieurs fiefs et seigneuries qui dépendaient de la mairie de Feix. Au 14e siècle, Nicholle de Meux possède le fief de la Motte. Il passe ensuite aux familles Colle, de Mehaignoule, Honoré et de Jamblinnes. Ce fief sera saisi en 1706 et cédé à Philippe-Antoine Baré. Peu avant la Révolution, Marie-Thérèse Mazure en est propriétaire. Le fief du Petit Ban était à Jean de Chenoy, puis à Godfroid de Saint-Martin. Le fief de Racoux appartenait en 1441 à François d'Arracourt ; en 1772, il était aux La Bar dont le dernier, François-Joseph

La Bar, était étudiant en théologie. La seigneurie de Meux et Sclay apparaît en 1753, date où elle fut concédée à Herman de Jamblinnes. Walter de Weix est le premier titulaire connu du fief de Mehaignoul. Son fils Godefrin le vendit à Rennewart Honoré. Il fut cédé en accense à Grandjean de Mehaignoul en 1531 et, par mariage, à la famille Gillon en 1585. À partir de cette époque, on n'en trouve plus mention en tant que fief. En 1753, les trois seigneuries de Mehaignoul, Tripsée et Matignée ainsi que celles de Meux et Sclay sont concédées comme seigneuries hautaines à Herman-Joseph de Jamblinne, seigneur de Meux et de Noville. Son petit-neveu hérita du fief de Tripsée qu'il vendit en 1793 à François-Joseph de Gaiffier. Mehaignoul fut acquis en 1774 par le baron de Legillon et, en 1777, Matignée par Jean-Claude Marotte. Jusqu'à la Révolution française, Meux dépendra de la commune de Saint-Denis.

À VOIR

La **ferme et** le **château de Mehaignoul** (18e siècle) sont situés dans la large et paisible vallée de la Mehaigne. Une partie de la ferme sert de lieu de séminaires et réceptions. La **ferme de Tripsée** (19e siècle) est isolée dans ses champs sur l'ancienne route de Namur. La **ferme de Sclef** a appartenu à la famille de Jamblinne. Le portail nord de la grange porte des inscriptions de cette famille datant de 1775. Au pignon de l'ancienne **ferme d'Al Sicaye** (42, rue du Village), on peut voir sur un linteau semi-circulaire en calcaire, daté de 1464, les armoiries de Jean Honoré. Quatre chapelles font partie du petit patrimoine de Meux : Notre-Dame de Lourdes, Notre-Dame de Hal ou la Vierge Noire, Notre-Dame de Lorette et **Notre-Dame de Grâce**. Cette dernière, non loin de la Mehaigne, fut restaurée et agrandie en 1908.

Rhisnes : le château-ferme de La Falize, résidence seigneuriale du 16e siècle bâtie en style mosan PHOTO MAISON DE LA MÉMOIRE RURALE DE LA BRUYÈRE

RHISNES | 5080

- en 1211 *Raines,* en 1229 *Renes,* en 1265 *Rynnes, Rinnes,* en *1279 Rienes,* en *1513 Rinez* ; du germanique *rinna* : cours d'eau, sillon entre deux terres
- Rhisnois
- village résidentiel et rural, zone limoneuse de Haute Hesbaye, altitude 151 m
- E 42, N 904, ligne de bus 32 Namur-Gembloux
- 634 ha

HISTORIQUE

Un chevalier Henri de Rhisnes est cité en 1211. Son fils, Godefroid de Rhisnes, engage à l'abbaye de Salzinnes ses revenus sur la dîme de Rhisnes qu'il tient en fief de Henri de Loyers. Anciennement, il y avait la seigneurie du village, le fief du Pairois (le perron) et le fief d'Assolville. Au 14e siècle, Gilles de Hierneken d'Assomme-le-Ville de Rinez tient plusieurs terres en fief du comte de Namur. Rhisnes se serait développé au sein de ce fief. En 1627, il appartient à Robert de Goblet, seigneur d'Artet. C'est à partir de ce moment que la seigneurie foncière est absorbée par la seigneurie hautaine. La seigneurie fut engagée en 1755 à la comtesse Françoise-Brigitte de Glymes. Le fief du Pairois est cité au 14e siècle. Au 15e, Williame de Houssois en hérite de Jacquemin delle Spinée. En 1763, les Dames Blanches relèvent le fief du Piroy à Rynes.

Le nom de La Falise, seigneurie hautaine de Rhisnes, est porté en 1202 par le chevalier Godefroid de la Falise. En 1592, Gilles de Glymes de Brabant acquiert la seigneurie ; son fils Warnier la relève par décès de son père en 1640 et portera le titre de seigneur de la Falize et de Saint-Martin. La famille de Glimes en est propriétaire jusqu'en 1804. Françoise-Brigitte de Glimes, sœur du précédent, laisse la seigneurie à son neveu Honoré comte de Glymes, seigneur d'Artet. Sans enfant, il meurt en 1804. Sa sœur, héritière de tous ses biens, épouse la même année à Madrid Fernandez de Cordoba, comte de Sastago. M. Maes, régisseur de ce dernier, possédait Arthey. Après sa mort en 1825, sa veuve se remaria avec de Mévius. Rhisnes comptait également la seigneurie hautaine d'Artet. Adam d'Artaing est cité en 1305. La seigneurie est relevée en 1558 par J. de la Ruelle et en 1639 par Jean de Goblet. Les Goblet furent dépossédés d'Arthey en 1702. La veuve de Ch. E. d'Ochain de Jemeppe vend la seigneurie d'Arteit et le fief d'Assonville au comte Honoré de Glimes en 1748.

À VOIR

Une église existait déjà en 1268. L'**église Saint-Didier** actuelle fut construite au même endroit en 1841. Le **presbytère,** aujourd'hui classé, est une très ancienne construction bâtie au milieu d'un jardin emmuraillé. Le mur d'enceinte date de 1655. Le **château de La Falize**, transformé en ferme, semble dater du 16e siècle. Il est bâti en style mosan, très simple, avec des fenêtres rectangulaires à meneaux en croix. La tour principale, de forme carrée, atteste qu'il s'agit d'une authentique résidence seigneuriale. Le **château d'Arthey** possède une belle drève qui le relie à la route. Le nom est porté depuis le 13e siècle avec des orthographes diverses : Artaing, Artet, Arthey et même Arte. Le **château de la Bellardière**, aussi appelé le Chainiat, est une ancienne propriété de la famille de l'Escaille. La **ferme des Dames Blanches**, déjà citée en 1467, était primitivement la propriété d'une communauté religieuse carmélite. La **ferme du Spinoy**, située en face de l'église Saint-Didier, a conservé quelques parties remarquables. Dans la grange (encore visible), on percevait la dîme. La **chapelle Notre-Dame de Liesse**, encastrée dans le mur d'enceinte de la ferme Moriamé, a été reconstruite en 1887.

Saint-Denis : la ferme de La Bruyère, ancienne commanderie des Templiers, puis de l'Ordre de Malte

SAINT-DENIS | 5081

- en 1265, Saint Denis
- Dionysiens
- commune à vocation agricole et résidentielle, sur le plateau de la zone limoneuse de Hesbaye, altitude 188 m
- gare ferroviaire de Saint-Denis-Bovesse, N 4, N 912, ligne de bus 32 Namur-Gembloux
- 963 ha

HISTORIQUE

En 1848, on a mis au jour des ossements et différents objets provenant de tombes franques.

Le village se serait établi dans les premiers siècles de notre ère près des sources de la Mehaigne. C'est une des plus anciennes agglomérations de la province de Namur. Le nom de Saint-Denis apparaît pour la première fois en 805. La seigneurie hautaine de Saint-Denis appartenait, dès 1304, au chapitre de Saint-Pierre à Namur ; elle passa en 1559 au chapitre de Saint-Aubain. Le comte de Namur y possédait les autres droits. Sur le territoire de Saint-Denis se trouvait la seigneurie hautaine de Grimsée qui relevait de la seigneurie de Bioulx. La seigneurie foncière existait au 14e siècle et le dernier relief se fit en 1780. Au 14e siècle, le fief de Beaufau est tenu par Henri de Beaufau. En 1403, c'est le comte de Namur qui entre en possession du fief. Jean de Refayt le vend en 1422 ; ensuite, il passe aux mains de plusieurs titulaires dont les familles Taye, Honoré, de Juppleu. En mars 1595, Jeanne de Juppleu le vend à Jean de Huet dit Paquet. Par une donation, ce fief passe aux jésuites de Namur, qui en firent relief jusqu'à la fin de l'Ancien régime.

À VOIR

L'**église Saint-Denis**, entourée d'un cimetière, est un édifice classique à trois nefs de cinq travées et un chœur terminé par un chevet plat à angles rabattus. La **tour de l'église,** de type roman, classée depuis 1947, pourrait dater du 11e ou 12e siècle ; probablement en bois à l'origine et entourée d'un fossé, elle servait de donjon et possédait des meurtrières. À l'intérieur, on peut admirer deux très belles croix et neuf dalles funéraires. Parmi celles-ci, celle de Jean Dores († 1251), chevalier de Seumois, et de Jacquemin de Chenoit, qui ornaient autrefois le pavement de la chapelle Saint-Martin, ainsi que celles de deux prêtres, Vowe et Languenache, et de Charles d'Oultremont. La **ferme de Beauffaux** est une belle cense en carré typique hesbignonne, située à la limite de Lonzée et de Saint-Denis. Propriété de Johan de Bialfour au 14e siècle, elle fut offerte en 1623 aux jésuites de Namur, qui la conservèrent jusqu'à la Révolution française. C'est une ferme pédagogique toujours en exploitation qui permet aux jeunes de découvrir le métier d'agriculteur. La **ferme de La Bruyère** est une ancienne commanderie des Templiers, puis de l'Ordre de Malte. L'acte le plus ancien concernant la « Maison de la Bruiere » date de 1241. La Bruyère appartenait à l'Ordre du Temple, fondé en 1118 et supprimé en 1312. Une bulle donna aux Hospitaliers de Saint-Jean de Jérusalem, devenus plus tard l'Ordre de Malte, la plupart des biens des Templiers. Chantraine (Huppaye en Brabant wallon) fut le chef-lieu d'une importante commanderie ; 33 maisons en dépendaient, dont celle de La Bruyère. À la Révolution française, les biens de l'ordre seront nationalisés et mis en vente. Jean-Baptiste Buiron, royaliste français émigré en Belgique, achète le bien. Comme la plupart des fermes de la région, la cense de La Bruyère fut pillée et brûlée pendant les guerres du 17e siècle ; la chapelle attenante, profanée et détruite, ne fut pas reconstruite. Buiron fit construire près de la ferme en 1822 le **château de La Bruyère,** de style néoclassique, qu'il entoura d'un jardin.

VILLERS-LEZ-HEEST | 5080

- 962-987 *Uillers*, 1289 *Vileir le Hestre*, village avec un hêtre (?)
- Villersois
- commune agricole et résidentielle, plateau limoneux à faible relief ; altitude 177 m
- E 411, N 934, lignes de bus 2 Namur-Perwez, 53 Eghezée-Emines
- 467 ha

HISTORIQUE

Villers-lez-Heest était une seigneurie du comte de Namur, qui possédait la justice et les droits seigneuriaux depuis le 13e siècle dans la paroisse de Warisoulx. La seigneurie tréfoncière de Villers était un fief relevant de l'évêque de Liège. Le plus ancien possesseur connu fut Jean Hazart de Dinant. Les Hazard la gardèrent jusqu'en 1671, date à laquelle Nicolas Chauveau fut institué seigneur de Villers. Par mariage, en 1679, Jean-François de Zualart devient possesseur de la cour féodale et de la seigneurie tréfoncière. Plus tard, cette seigneurie fut vendue par le roi d'Espagne, alors comte de Namur, à Servais-Nicolas de Heusche ; son fils la vendit, en 1731, aux seigneurs tréfonciers, les deux frères Nicolas-Antoine et Ladislas de Cuvelier. Ceux-ci la cédèrent en 1761 à leur fils et neveu Nicolas-Charles, qui en fit donation, en 1794, à son neveu Édouard de Cuvelier, ainsi que des terres et seigneuries de Warisoulx. La terre d'Ostin fut cédée en 1231 par le comte Henri de Namur à l'abbaye de Villers, laquelle la revendit en 1584 à Jehan Marotte, seigneur d'Yvergnées. Cette famille la posséda à titre de franc-alleu jusqu'en 1755. La veuve de Philippe-Emmanuel de Marotte garda la seigneurie jusqu'à la Révolution. En 1843, le baron Louis-Joseph Mertens acquit le bien. C'est son fils, le baron Édouard Mertens, qui y créa une ferme expérimentale et donna l'impulsion aux travaux de drainage dans toute la Hesbaye namuroise. Le domaine d'Ostin fit partie ensuite de la commune de Warisoulx jusqu'en 1887, année où il fut rattaché à la commune de Villers-lez-Heest.

Villers-lez-Heest : l'église Saint-Georges avec sa tour crénelée d'inspiration anglaise (1891) PHOTO MAISON DE LA MÉMOIRE RURALE DE LA BRUYÈRE

À VOIR

Avec sa tour crénelée inspirée de l'architecture anglaise, l'**église** paroissiale **Saint-Georges,** à trois nefs de style ogival, a été construite en 1891 en bordure du château. Ensemble classique du 18e siècle précédé d'une cour d'honneur, le **château de Villers** est entouré d'un grand parc à la française. Jouxtant le château, la **ferme Petite-Tréhet** est un ancien fief relevant de la cour féodale de Villers. Le **château d'Ostin**, construit en 1714 au fond d'un parc par la famille Marotte, appartient aujourd'hui à la famille Boucher qui a entrepris sa restauration et l'ouvre à des stages musicaux pour enfants et adolescents. Il jouxte la **ferme d'Ostin**, dont les parties subsistantes les plus anciennes datent du 18e siècle. La **ferme de l'Hôpital** appartenait au 14e siècle au Grand Hôpital de Namur. La **Grande-Trehet**, ferme en carré de la fin du 16e siècle, appartenait au 18e siècle à Michel Zoude, maître de forges et échevin de Namur.

WARISOULX | 5080

- En 1262 *Warisueel* ; en 1289 *Warisoul* ; en 1505 *Warisaux*, diminutif de *Waret*
- Warisoliens
- village agricole et résidentiel, plateau limoneux de Hesbaye, altitude 179 m
- E 411, E 42, N 934, lignes 2 Namur-Perwez, 53 Éghezée-Émines
- 593 ha

HISTORIQUE

Un premier document de Pierre de Courtenay, confirmant la donation par Philippe le Noble d'une partie des dîmes du village de Warisoulx au profit du chapitre de Saint-Aubain à Namur, est daté de 1214. La localité a probablement appartenu à la franchise de Vedrin. Le comte de Namur y avait plusieurs droits et toute la justice. Au 13e siècle, Warisoulx faisait partie de la grangia de Dhuy (Ostin), domaine de l'abbaye de Villers. Une famille influente porta le nom du village. Michel de Warisoulx, dit le vieux, posséda les fiefs de Landenne. Parmi les maïeurs et échevins de Namur figure un Jehan de Warisoulx qui exerça les fonctions de maïeur de Namur de 1408 à 1427. Un autre membre de la famille, Michard de Warisoulx, est receveur du comté de Namur et maïeur de Namur au tournant du 15e siècle. Des écrits du milieu du 17e désignent Jean Goblet comme seigneur de Warisoulx. Toutefois, rien n'indique que la seigneurie ait été aliénée avant que l'impératrice Marie-Thérèse l'ait fait mettre en adjudication publique en 1755. Elle fut alors acquise, à titre d'engagère, par Nicolas-Charles de Cuvelier, seigneur de Villers-lez-Heest. Son fils Nicolas-Charles en fit relief en 1792. Peu après les révolutionnaires français transformaient le village en commune et la cour de Warisoulx cessa ses fonctions. Autrefois, Warisoulx comprenait Villers-lez-Heest et Ostin, dont elle fut amputée en 1887.

À VOIR

L'**église Saint Martin**, édifice néoroman à trois nefs bâti en 1871, domine le village de son haut clocher. Quelques **chapelles** ponctuent le périmètre de la commune : Notre-Dame de Warisoulx, Notre-Dame des Affligés, Notre-Dame de Lourdes et Saint Ignace de Loyola. Derrière une haie se trouve une **potale** dont le sommet de la bâtière porte le millésime gravé de 1819. La croix et la grille sont en fer. Sous la niche en plein cintre, on peut lire l'inscription *Notre-Dame des Affligés P.P.N.* Ces humbles constructions témoignent de la ferveur religieuse de nos ancêtres. La majeure partie du **fort** dit « de Cognelée » est situé sur la commune. Au chevet de l'église, la **Grande Ferme**, ancienne propriété de la famille Nassau-Corroy, appelée autrefois « ferme de Thisnes », est datée de 1784.

METTET

- arrondissement de Namur
- localités : Biesme, Biesmerée, Ermeton-sur-Biert, Furnaux, Graux, Mettet, Oret, Saint-Gérard, Stave
- 12 165 ha ; 12 831 habitants (01/01/2011)

Ermeton : le monastère Notre-Dame, ancien château d'Ermeton, qui fut propriété de la famille princière de Monaco, est occupé depuis 1936 par des religieuses bénédictines

Mettet : monument commémoratif des deux guerres mondiales, sur la place Joseph Meunier

BIESME | 5640

- en 868, *Beverna*, *Bebronna* : rivière du castor
- Biesmois
- village résidentiel et agricole, entre les vallées du Ry d'Oret et du Ry de Nefzée, éperon rocheux, de 200 à 260 m d'altitude
- N 98 ; lignes de bus 64 Namur-Biesme, 137A/138B Charleroi-Florennes
- 133 ha

HISTORIQUE

Les lieux sont déjà occupés à l'époque mérovingienne. Au Moyen Âge, le fief de Biesme est propriété du comte de Namur. En 1672, il est vendu à Jean de Gozée et en 1709, il passe dans la famille Desmanet, seigneur de Sart-Eustache. Sous le régime hollandais, le dernier Desmanet porte le titre de « vicomte de Biesme ».

À VOIR

L'**église paroissiale Saint-Martin** est un bel édifice roman datant en partie du 11e siècle, transformé plusieurs fois. Les nefs et les tours sont romanes, tandis que les transepts et le chœur sont gothiques. À l'intérieur, les plafonds de la nef et du chœur sont décorés de stucs datés de 1760 sur l'arc diaphragme. Les confessionnaux datent de 1618 et 1692. Ce monument a été restauré en 1962 et en 2005. À proximité de l'église se dresse le **château de Biesme** entouré d'un grand parc. Ce vaste ensemble clôturé remonte aux 16e et 17e siècles. Il a été agrandi au 19e siècle et restauré après un incendie survenu en 1914. Située à la sortie du village vers Mettet, la **chapelle Saint-Roch**, construction en pierre surmontée d'un clocher bulbeux, a été édifiée en 1635 par le curé Gille Léonard pour contenir l'avancée de la peste à Biesme. Elle a été restaurée par l'architecte Simon Brigode en 1973.

ÉVÉNEMENTS

- marche de Sainte-Rolende, le week-end de la Pentecôte et celui qui suit
- marche Saint-Martin, le dernier week-end d'août

BIESMERÉE | 5640

- en 868, *Bermeriacas* : « villa de Bermar »
- Biesmeréens, sobriquet « Pellos »
- village rural, dans une dépression creusée par la vallée du ruisseau de Stave et de la Floye
- N 98 ; lignes de bus 61 Florennes-Ermeton, 64 Namur-Biesme
- 763 ha

Biesme : l'église Saint-Martin comprend une partie romane – la tour et les nefs – et une partie gothique – les transepts et le chœur

HISTORIQUE

Au 10e siècle, Biesmerée est la propriété de l'abbaye de Lobbes. En 1277, un jugement de Marguerite de Hainaut reconnaît la haute justice au comte de Namur. La seigneurie foncière de Biesmerée reste propriété de Lobbes jusqu'en 1601. Elle est vendue en 1681 à Arnold de Ville et revient par héritage et par alliance en 1715 aux Montmorency, qui la garderont jusqu'à la fin de l'Ancien Régime.

À VOIR

L'église de Biesmerée, complètement reconstruite en 1972, est un bâtiment très moderne. Le clocher est une tour carrée faite en partie de poutrelles métalliques, avec les cloches apparentes. Le village compte quelques grosses fermes traditionnelles des 16e et 17e siècles.

ÉVÉNEMENTS

- marche Saint-Pierre, le dernier dimanche de juin

ERMETON-SUR-BIERT | 5644

- en 935, *Ermeton*, en 1131 *Hermeton* et *Biert*, du néerlandais *berg* : montagne
- Ermetonais ou *Molignards*

Ermeton : niché dans un écrin de verdure, le monastère Notre-Dame est un centre religieux et culturel très actif

- village rural au relief fortement vallonné (212 m), au confluent de la Floye et de la Béhoude, où commence la Molignée
- N 951 ; lignes de bus 21 Namur-Maredsous, 35 Dinant-Ermeton, 61 Florennes-Ermeton, 64 Namur-Biesme, 150A Tamines-Ermeton
- 849 ha

HISTORIQUE

Du 13e siècle au début du 17e siècle, les seigneurs hautains d'Ermeton sont les comtes de Namur. Les seigneurs fonciers appartiennent à la famille de Boussoit ou Bossoit. En 1595, Jean de Noha, seigneur de Grandschamps, achète le fief foncier et en 1603, la seigneurie hautaine. Il les revend en 1612 à Richard Noël dit Godart, maître de forge à Anthée. Plusieurs générations de Godart se succèdent à Ermeton jusqu'au mariage en 1734 de Louise-Marie Godart avec le baron de Flaveau de la Raudière, seigneur de Loverval. Leur fils sera le dernier seigneur d'Ermeton. Ensuite, le domaine change plusieurs fois de propriétaires avant d'être transformé en monastère par les religieuses bénédictines, qui l'occupent depuis 1936.

À VOIR

Au centre du village s'élève l'**église Notre-Dame de la Nativité**, bâtisse néoclassique en calcaire, élevée en 1853. Les autels latéraux sont datés de 1659 et 1681. Sur la route vers Mettet, au confluent de la Floye et de la Béhoude, le **monastère Notre-Dame**, ancien château d'Ermeton, déploie ses majestueux volumes au milieu d'un vaste parc. La tour et la chapelle castrale, dédiée à saint Georges, datent de 1630 et 1631. Quant au portail d'entrée, surmonté des armoiries Flaveau de la Raudière, il est daté de 1749. Dans un bois situé au nord du village, un **tilleul**, dit la « **T'Chabotte Saint-Nicolas** » et planté vers 1400-1430, possède une circonférence de 7,30 m et est signalé sur la carte de Ferraris. Notons

Graux : la chapelle Saint-Roch est un petit édifice reconstruit en 1866 avec les matériaux d'origine (1635), comme l'indique une pierre gravée au sommet du pignon

Furnaux : l'église de la Nativité de Notre-Dame, plusieurs fois remaniée depuis le 16e siècle, abrite des fonts baptismaux exceptionnels du 12e siècle

également le **chemin des Diligences**, constitué d'une allée d'environ deux cents hêtres, longue de 785 m.

ÉVÉNEMENTS

- chasse aux Macrales, le dimanche qui précède le mardi gras

FURNAUX | 5641

- en 1220, *Flenau*, du germain *flena* = le courant
- Furnautois
- village résidentiel et agricole, très accidenté
- N 932 ; lignes de bus 6 Namur-Mettet, 61 Florennes-Ermeton, 150A Tamines-Ermeton
- 497 ha

HISTORIQUE

Furnaux existe depuis le premier siècle de notre ère, comme l'attestent des vestiges romains. Au Moyen Âge, Furnaux constitue une seigneurie hautaine relevant en fief du seigneur de Morialmé et appartenant à la principauté de Liège, bien que le comte de Namur y possède certains droits. Cette situation provoquera de nombreux conflits et en 1780, après un interminable procès, Fenal, devenu Furnaux entretemps, est cédé au prince-évêque de Liège.

À VOIR

Au centre du village se dresse l'**église de la Nativité de Notre-Dame**, en style gothique du 16e siècle, remaniée plusieurs fois. À l'intérieur, outre de superbes dalles funéraires du 16e siècle, on peut admirer des **fonts baptismaux** du 12e siècle : une cuve baptismale romane en marbre noir de Dinant, ornée de sculptures et reposant sur quatre lions couchés, surmontée d'une coupole de cuivre du 16e siècle. Tout à côté, l'ancien **château de Fenal d'Outremont**, bâti en calcaire et en brique au 17e siècle, a été adapté au goût classique et amplifié à la fin du 19e siècle. Jouxtant le château, la **ferme de la Cour** regroupe ses bâtiments de la fin du 18e et du début du 19e siècle.

ÉVÉNEMENTS

- marche de la Nativité de Notre-Dame, en septembre

GRAUX | 5640

- en 868, *Grau* ; en 1161 *Grou* ; en 1399 *Graug*, du celtique *gravos* = gravier
- Grautois ou « Veaux »
- village agricole sur un large plateau culminant à 250 m d'altitude
- N 932 ; lignes de bus 6 Namur-Mettet, 136B Mettet-Bossières
- 607 ha

HISTORIQUE

Au Moyen Âge, Graux est à la fois fief liégeois et seigneurie hautaine du comté de Namur. Elle devient propriété de l'abbaye d'Aulne en 1276. De 1584 à 1611, elle appartient à Noël Tabollet, marchand de cuivre de Dinant, qui perd tous ses droits suite à un long procès. L'abbaye d'Aulne reprend possession de Graux jusqu'en 1797, époque à laquelle les fermes seigneuriales sont vendues comme biens nationaux.

À VOIR

L'**église Saint-Martin** est un édifice gothique du 16e siècle, remanié au 19e siècle. La tour néogothique date de cette époque. Elle est entourée d'un cimetière emmuré. Jouxtant l'église, le **presbytère** est un ancien refuge de l'abbaye d'Aulne. En face, la **ferme de la Grande Cense** impose ses importants volumes. Plusieurs fois remaniée, elle compte

Saint-Gérard : l'église Saint-Pierre est un édifice gothique en grès (16e- 17e siècle)

des éléments du 16e siècle. Rue des Blés, la **chapelle Saint-Roch** est un petit sanctuaire rebâti avec les matériaux utilisés lors de son édification en 1635. De nombreux ex-voto sont gravés dans ses murs.

METTET | 5640

- en 935, *Metting* ; en 1155, *Metin* ; en 1534, *Metting* ; en 1590, *Mettez*
- Djobins, en raison d'un culte rendu erronément à saint-Job
- village résidentiel et agricole ; paysage légèrement vallonné du Condroz occidental
- N 98 ; lignes de bus 6 Namur-Mettet, 56 Namur-Couvin, 61 Florennes-Ermeton, 137A/138B Charleroi-Florennes, 150A Tamines-Ermeton
- 2 928 ha

HISTORIQUE

Des objets retrouvés sur le site d'une importante villa gallo-romaine au nord-ouest de Mettet, au lieu-dit « Bauselenne », témoignent d'un peuplement ancien. Au Moyen Âge, Mettet appartient pendant un moment à l'abbaye de Brogne (Saint-Gérard) dépendant du comté de Namur, puis passe sous la tutelle des princes-évêques de Liège. En 1794, avec l'arrivée des Français, le pays de Mettet est rattaché au département de Sambre-et-Meuse, avec Fosses comme chef-lieu de canton.

Mettet : la chapelle Saint-Roch est une petite construction gothique en moellons chaulés du 16e siècle

À VOIR

Sur la **place Joseph Meunier** se dresse l'église Saint-Jean Baptiste édifiée en 1843. Autour de la place s'alignent harmonieusement des maisons construites pour la plupart au 19e siècle en calcaire provenant du sous-sol local. Jouxtant la place, la **rue Reine-Élisabeth** et la **rue Albert 1er** présentent quelques belles maisons entourées de jardins grillagés. La **chapelle Saint-Roch**, un peu en surplomb de la route, est un édifice du 16e siècle. À Scry se dresse le **château de Scry**, grande demeure classique (1857) entourée d'un parc planté d'arbres. En face, la **ferme de Foy** (17e et 18e siècles) se signale par son beau portail. Rue des Bosseuses, on aperçoit, dominant la vallée du ruisseau de Mettet, les imposants volumes de la **ferme** et du **moulin de Montigny** datant des 17e et 18e siècles.

À Pontaury, au milieu d'un massif boisé à l'écart du village, se cache le **château de Thozée** datant du 19e siècle. Il est agrémenté de jardins à l'anglaise et d'un bel étang. Il est surtout connu pour avoir été la propriété du peintre et graveur Félicien Rops (1833-1898). Classé depuis 1996, le château est aujourd'hui en voie de restauration.

ÉVÉNEMENTS

- *Gold Trophy* de moto sur le circuit Jules Tacheny, en mai
- marche Saint-Jean, le 4e dimanche de juin
- *Superbiker* de moto sur le circuit Jules Tacheny, en octobre

Oret : trônant sur une éminence, l'église Sainte-Remfroid est un édifice imposant, construit en 1865 grâce aux revenus de l'activité minière locale

Mettet : tour-colombier carrée en moellons de calcaire transformée en chapelle au 19e siècle

Saint-Gérard : enjambant la route de Graux, le pont du château de Bossière relie celui-ci à l'ancien potager enclos

ORET | 5640

- *Auracius* : « propriété d'Aurius » ou « maison d'or »
- Orétois ou *Ramponneaux*
- village agricole, très vallonné, traversé par le ruisseau d'Oret
- N 932 ; lignes de bus 61 Florennes-Ermeton, 64 Namur-Biesme, 137A/138B Charleroi-Florennes
- 569 ha

HISTORIQUE

Au 13e siècle, bien qu'appartenant à la franchise de Biesme, Oret relève du comte de Namur pour les principaux droits seigneuriaux et toute la justice. Celui-ci restera seigneur hautain d'Oret jusqu'en 1664. À cette date, la seigneurie est vendue et revient à Englebert de Bryas, seigneur de Morialmé, qui la conserve jusqu'à la fin de l'Ancien Régime.

À VOIR

Trônant sur une éminence, l'**église Sainte-Remfroid** est un très grand et haut édifice bâti en 1865. Au pied de l'église se regroupent quelques belles maisons en calcaire du pays.

ÉVÉNEMENTS

- marche Sainte-Remfroid, en juillet

SAINT-GÉRARD | 5640

- anciennement *Brogne*, du germain *born* : source, fontaine ; depuis la fin du 17e siècle s'y ajoute le nom de saint Gérard, fondateur de l'abbaye de Brogne
- Brognois
- terroir essentiellement agricole, entre les vallées du Burnot et du Fossé, crête flanquée de coteaux verdoyants
- N 951 ; lignes de bus 6 Namur-Mettet, 64 Namur-Biesme, 150A Tamines-Ermeton
- 2 661 ha

HISTORIQUE

L'archéologie permet de penser à un peuplement remontant à la préhistoire. Au 10e siècle, Gérard de Brogne, seigneur né aux environs de Stave, scelle le destin de la localité en y fondant une abbaye bénédictine dont il devient le premier abbé. Il meurt en 959 et est canonisé en 1131. L'histoire du village se confondra jusqu'à la Révolution française avec celle de son abbaye, le nom de Brogne s'effaçant progressivement pour devenir Saint-Gérard.

À VOIR

L'**église paroissiale Saint-Pierre** est un édifice gothique en grès (16e-17e siècles) avec un aménagement intérieur de style Louis XIV, daté de 1750. La chaire est de la même époque, les autels sont baroques. L'entrée de l'église et la tour ont été entièrement reconstruites en 1857. Elle est bordée d'un côté d'un cimetière enclos et de l'autre, du **presbytère**, construction des 17e et 19e siècles. En face se dresse l'**ancienne abbaye de Brogne**. Détruite en grande partie à la fin du 18e siècle, elle n'a conservé que les ailes sud et ouest du monastère ainsi que la ferme. Malgré d'importantes transformations effectuées vers 1902 à l'ensemble des bâtiments, la façade méridionale classique de style Louis XVI est restée intacte. La **Grand-Rue** est bordée d'un ensemble de constructions aux volumes harmonieux datant des 18e et 19e siècles. À gauche, on peut rejoindre un haut bâtiment en brique de style néoclassique : l'**ancienne tannerie**, témoin du passé industriel du village au 19e siècle. Rue de la Chapelle, la **chapelle Saint-Roch**, construite au milieu du 17e siècle, se trouve juchée sur une petite éminence entourée de tilleuls. Quittant Saint-Gérard en direction de Bambois par la N 988,

Stave : l'ancien fourneau de Vaulx est un ensemble de bâtiments à destination industrielle construits tout au long du 19e siècle

Saint-Gérard : statue de saint Gérard érigée en 1959 pour commémorer le millénaire de la mort du saint de Brogne

on peut apercevoir sur la droite les formes élégantes de l'**ancien château de l'Argilière**, construit en 1902-1903 sur les plans de l'architecte dinantais Édouard Franquinet, élève de Victor Horta. Au village de Maison, rue du Fond, se dresse la **Grande Cense,** de la première moitié du 18e siècle. Ses bâtiments s'organisent autour d'une vaste cour carrée et pavée. À Bossière, en face de l'église Saint-Charles Borromée, bâtie en 1874, se dresse le **château de Bossière**, entouré d'un **parc arboré.** Adossés au château, les éléments de la **ferme** s'organisent autour d'une cour pavée. On y accède par une majestueuse tour-porche du milieu du 19e siècle, surmontée du blason de la famille de Thomaz.

ÉVÉNEMENTS

- marche Saint-Nicolas (hameau de Maison), le 2e dimanche de juin
- chœurs de Brogne, festival de chorales (abbaye de Saint-Gérard), en juin
- procession Saint-Pierre, le 2e dimanche de juillet

STAVE | 5646

- en 868, du latin *stabulis* = étables
- Stavois
- village agricole, niché dans une petite cuvette entourée de petites ondulations
- N 98, lignes de bus 61 Florennes-Ermeton, 64 Namur-Biesme
- 1 158 ha

HISTORIQUE

Occupé dès l'époque romaine, Stave connaît au Moyen Âge une situation politique très complexe : le village est situé dans le comté de Namur, mais comporte une enclave liégeoise, Stavesoul, et une terre franche, les Francs-Douaires. Au sud-ouest, une zone appelée Cornelle dépend de la principauté de Liège, mais renferme aussi un alleu, aux mains de l'abbaye d'Aulne. Dès lors, quatre seigneuries hautaines jouissant de statuts différents coexisteront tout au long de l'Ancien Régime. Au siècle dernier, ces différentes propriétés sont rassemblées par la famille Thomaz de Bossière, qui constitue ainsi un immense patrimoine foncier. Celui-ci passera par mariage au baron de Labeville, puis à ses héritiers.

À VOIR

L'**église paroissiale de la Nativité de la Sainte-Vierge** est un édifice en pierre du pays dressé en 1848-1849. Le cœur du village est occupé par le château des Francs Douaires, aujourd'hui en ruines. À l'est, la **ferme de Stavesoul** est un quadrilatère à la fois traditionnel et classique complètement reconstruit au 18e siècle. À proximité, l'**ancien fourneau de Vaulx** est un ensemble de bâtiments à destination industrielle (exploitant le minerai de fer) construits tout au long du 19e siècle.

ÉVÉNEMENTS

- marche Saint-Gérard, le 2e dimanche de septembre

Saint-Gérard : abbaye de Brogne

FERME

NAMUR

- arrondissement de Namur
- localités : Beez, Belgrade, Boninne, Bouge, Champion, Cognelée, Daussoulx, Dave, Erpent, Flawinne, Gelbressée, Jambes, Lives-sur-Meuse, Loyers, Malonne, Marche-les-Dames, Namur, Naninne, Saint-Marc, Saint-Servais, Suarlée, Temploux, Vedrin, Wépion, Wierde
- 17 559 ha ; 110 458 habitants (01/01/2011)

BEEZ | 5000

- en 1243, *Beez*, étymologie incertaine, peut-être nom de personne
- Beezois
- village résidentiel, activité d'extraction et chantier naval ; paysage varié en bord de Meuse, composé de la rive, des rochers et d'un plateau en altitude, entre 80 et 171 m
- autoroute E 411 (sortie 14), lignes de bus 5 Salzinnes-Beez, 50 Namur-Beez
- 319 ha

HISTORIQUE

L'origine ancienne de la localité de Beez est attestée par les traces laissées par une villa romaine et un cimetière franc. En 1243, l'église de Sclayn obtint des droits sur l'avouerie de Beez. Entre les 14e et 16e siècles, celle-ci fut unie à celle de Bouge et parfois à celle de Fooz. Au 18e siècle, la seigneurie fut acquise par la dame de Montaigle. Le village de Beez dépendait de la paroisse de Lives jusqu'en 1871, date de l'érection de l'église Saint-Vincent-de-Paul en paroisse. La traditionnelle activité d'extraction de la pierre calcaire se maintient jusqu'aujourd'hui.

Namur : vue depuis la Citadelle de l'extension nord-ouest de la ville sur la rive gauche de la Sambre

Namur : statue des échasseurs près du pont des Ardennes

À VOIR

En venant de Namur, les **rochers des Grands Malades**, site naturel remarquable, doivent leur nom à la léproserie de Namur qui y était implantée depuis le début du 13e siècle. Dans leur prolongement, les anciens fours à chaux témoignent encore de l'activité industrielle de Beez. Les **Moulins de Beez**, siège actuel des archives administratives du ministère de la Région wallonne, sont situés entre la ligne de chemin de fer Namur-Liège et la Meuse. Construits en 1900-1901 pour la mouture du froment, leur architecture de type militaire est comparable à celle des bâtiments commandés par les grands capitaines d'industrie de l'époque. Après être passé sous le viaduc (1968-1971) permettant le franchissement de la Meuse par l'autoroute, on voit l'**église Saint-Vincent-de-Paul**, construite entre 1848 et 1850, qui devint le siège de la nouvelle paroisse de Beez en 1871. En aval de celle-ci et de l'imposant presbytère, le **château** de construction classique remontant à la fin du 18e siècle est entouré d'un parc comprenant plusieurs arbres remarquables dont une série de hêtres pourpres très anciens. Le long du fleuve, plusieurs **villas** résidentielles **d'architecture mosane traditionnelle** ont été bâties dès le début du 20e siècle sur des terres rendues disponibles par la construction des quais et la disparition d'un bras de Meuse.

ÉVÉNEMENTS

- festival des plantes au château de Beez, un week-end en mai et en octobre

Beez : rochers des Grands Malades

BELGRADE | 5001

- en 1719, *Belgrade*, du nom d'un cabaret-brasserie local
- village résidentiel, agriculture et zoning commercial ; terrains et sols variés allant des bords de Sambre au début du plateau de Hesbaye, entre 82 et 165 m
- autoroute E 42 (sortie 12) et N 4, lignes de bus 8 Erpent-Belgrade, 9 Jambes-Flawinne, 22 Namur-Soye, 23 Namur-Velaine, 71 Namur-Flawinne
- 289 ha

HISTORIQUE

Le prolongement de la chaussée Namur-Bruxelles jusqu'à Temploux au début du 18e siècle eut pour conséquence la création d'un hameau dépendant de Flawinne. Son nom fut repris à l'enseigne d'un cabaret-brasserie célébrant la bataille de Belgrade, qui opposa les troupes du comte d'Aspremont-Lynden aux Turcs en 1690. D'abord essentiellement agricole, le village de Belgrade a constamment accru ses caractéristiques résidentielles. Les terrains libres situés à la sortie de Namur sur un important axe de circulation contribuèrent à l'installation de petits zonings commerciaux. L'augmentation de la population au 19e siècle fut à l'origine du détachement de la commune de Belgrade de celle de Flawinne en 1897.

À VOIR

L'**église paroissiale Saint-Joseph** de Belgrade, construite en 1901 en style néogothique, est située au cœur du village, près de la principale place de la localité. Elle remplaça une chapelle devenue succursale en 1870. La taille de l'édifice se justifie par la croissance démographique que connut le village dans la seconde moitié du 19e siècle.

BONINNE | 5021

- vers 1160, *Buninis*, en 1175, *Boninis* ; *bon* = terrain plat
- Boninnois
- village agricole et résidentiel, légèrement vallonné, au seuil de la Hesbaye ; altitude entre 144 et 209 m
- autoroute E 411 (sortie 14) et N 80, lignes de bus 17 Namur-Acosse, 40 Namur-Vezin
- 534 ha

HISTORIQUE

Boninne fait partie depuis le Moyen Âge de la banlieue et franchise de Namur. Son histoire est intimement liée à celle de la famille de Gaiffier, seigneurs fonciers du lieu depuis le 15e siècle et hautains depuis 1655. Cette famille namuroise y demeura jusqu'en 1781, date de la vente de la seigneurie à Jean-Baptiste Barbaix. Les réformes introduites sous le régime français menèrent à l'érection de la localité en commune. La paroisse existait déjà en 1245. En 1803, l'église de Boninne devint succursale de la paroisse Saint-Loup de Namur. L'activité du village est essentiellement agricole, même si l'extraction du plomb, du fer et de la terre plastique y fut pratiquée jusqu'au 19e siècle. Incendié et ruiné lors de l'invasion allemande du 21 au 23 août 1914, le village nécessita d'importantes reconstructions après guerre. Son extension récente correspond à l'implantation de lotissements résidentiels.

À VOIR

Ayant fortement souffert lors des deux conflits mondiaux, l'**église Saint-Lambert** fut reconstruite en 1951 et 1952. Elle forme avec le **château** seigneurial, reconstruit en 1922 sur le modèle de celui de la famille de Gaiffier édifié en 1743, et les **fermes** du château le complexe central de la localité. L'**ancien presbytère** de style classique, datant du milieu du 18e siècle, complète cet ensemble.

BOUGE | 5004

- *Burges* en 1214, puis *Bouges* en 1456, dérivé du germanique *burg* = forteresse
- Bougeois
- banlieue résidentielle de Namur, activité agricole et zoning commercial ; entre 138 et 172 m
- autoroute E 411 (sorties 13 et 14), lignes de bus 5 Salzinnes-Beez, 7 Namur-Bouge, 16 Namur-Hannut,

Beez : Moulins de la Meuse

Beez : ancienne carrière PHOTO IVO HENDRIKX

17 Namur-Acosse, 27 Namur-Vedrin, 40 Namur-Vezin, 142B Namur-Jodoigne
• 491 ha

HISTORIQUE

La situation du site de Bouge et les traces d'occupation qui y ont été découvertes permettent l'hypothèse d'une fortification romaine ou franque à cet endroit. Sa position stratégique sur les hauteurs de Namur lui conféra une grande importance en périodes d'opérations militaires autour de la ville. Don Juan d'Autriche y mourut en 1578, emporté par la maladie. C'est depuis ces hauteurs que Louis XIV dirigea le siège de 1692, au terme duquel il conquit la ville et le château de Namur. Bien qu'ayant le statut d'avouerie, Bouge demeura sous le contrôle direct des comtes de Namur du Moyen Âge au milieu du 18e siècle. Ce n'est qu'en 1755 que la seigneurie fut engagée à Pierre-Joseph-Baudouin de Gaiffier. Jusqu'au 20e siècle, la principale activité développée sur le site fut agricole. L'extraction du plomb et du fer y fut aussi pratiquée au 19e siècle. En raison de l'accroissement de Namur, Bouge devint progressivement une banlieue résidentielle de la ville. Parallèlement s'y développa une importante activité commerciale le long de la chaussée de Louvain et dans de petits zonings. Cet axe principal de circulation coupe la localité en deux parties : à l'est, le vieux Bouge domine les vallées ; à l'ouest se situe le quartier de Moulin à Vent qui doit son nom à l'établissement vers 1730 d'un moulin à cet endroit.

À VOIR

En entrant à Bouge par l'est, le **centre du village** ancien s'organise autour de l'**église** paroissiale **Sainte-Marguerite**, qui obtint le statut paroissial en 1838 et fut reconstruite en 1870 dans un style néogothique. La **ferme du Quartier** voisine, reconvertie en restaurant, s'est développée entre les 16e et 20e siècles à partir d'un donjon médiéval du 12e ou du 13e. À proximité, les terrains constituant le **point de vue de Bouge** offrent une perspective remarquable sur les vallées de la Meuse et de la Sambre et sur la ville de Namur. À la sortie de l'hiver, ils sont annuellement le théâtre du **grand feu** de Bouge, le plus important de Belgique. Cette tradition folklorique bien ancrée dans la vie collective namuroise célèbre la naissance du printemps. À deux pas du centre, la **chapelle Sainte-Rita** est un lieu de pèlerinage prisé, fondé en 1935 par les pères augustins d'Heverlee. Ceux-ci y aménagèrent une crypte contenant la réplique du sarcophage de la sainte. Poursuivant vers l'ouest, on atteint le site du **bois du Coquelet**, enclave naturelle dans un environnement de plus en plus urbanisé. Il tire son nom d'une ancienne ferme construite au début du 17e siècle par Jean Cocquelet, membre de l'élite namuroise. Au nord, l'**étang de la Potresse**, petite zone humide occupant le fond d'une dépression entourée de champs, accueille une faune et une végétation aquatiques très intéressante, y compris des espèces assez rares. En approchant de la chaussée de Louvain, on découvre l'architecture moderne de la **clinique Saint-Luc**, construite entre 1971 et 1974 par les mutualités chrétiennes dans un environnement essentiellement agricole à l'époque. De l'autre côté de la chaussée de Louvain, une autre tour moderne émerge des lotissements récents. Il s'agit de la seconde église paroissiale de Bouge, dédiée à Notre-Dame de l'Assomption, qui dessert le quartier du Moulin à Vent. Construction en pierre calcaire due aux architectes Mairy et Thibaut, elle succéda en 1967 à une chapelle ayant accédé au statut paroissial en 1929. Au nord de ce quartier, la **ferme de Ponty**, vaste quadrilatère en pierres calcaires chaulées datant pour l'essentiel du 18e siècle, confirme la vocation initiale du territoire de la localité. L'exploitation agricole, d'origine médiévale, est entrée dans le patrimoine de la léproserie des Grands

Le plateau hesbignon à Daussoulx

Malades au plus tard en 1370. La réunion de son patrimoine à celui du Grand Hôpital de Namur, géré sous la responsabilité du magistrat de Namur dès le troisième quart du 16e siècle, entraîna le transfert de la propriété de la ferme aux institutions de bienfaisance locales mises en place par les autorités françaises après 1795.

ÉVÉNEMENTS

- Grand feu, le premier dimanche du Carême

CHAMPION | 5020

- *Champillons* en 1289, *Champillon* jusqu'au 17e siècle
- Champion(n)ais
- village agricole avec institution d'enseignement et zoning commercial, légèrement vallonné au seuil de la Hesbaye, entre 160 et 212 m
- autoroute E 411 (sortie 13), lignes de bus 16 Namur-Hannut, 27 Salzinnes-Vedrin, 142B Namur-Jodoigne
- 436 ha

HISTORIQUE

L'occupation humaine du site de Champion est attestée par les objets découverts lors des fouilles d'un tumulus remontant au Haut Empire romain. Le village proprement dit n'apparaît dans les textes qu'au 13e siècle. Il dépendait directement du comte de Namur et se situait dans le ressort paroissial de Frizet (Vedrin). En 1755, la seigneurie hautaine fut acquise par Ladislas de Cuvelier. Le village était desservi par une chapelle dédiée à sainte Catherine. Elle accéda au rang de succursale en 1837. L'activité agricole est la principale à Champion. L'industrie extractive s'y exerça également jusqu'à la fin du 19e siècle. L'accroissement de la banlieue de Namur fut à l'origine de l'implantation le long de la chaussée de Louvain d'un zoning commercial. Mais Champion est aussi le siège depuis 1833 d'une importante institution d'enseignement fondée par les sœurs de la Providence. L'établissement est toujours bien actif aujourd'hui au sein de la Haute école namuroise catholique. Lors de l'avancée allemande d'août 1914, Champion subit d'importants dégâts. Après la prise du village, les troupes allemandes le pillèrent et incendièrent de nombreuses maisons, tandis que les hommes étaient retenus dans l'église.

À VOIR

L'**église paroissiale Sainte-Catherine** a été bâtie en 1848 dans un style néoclassique, à l'emplacement de l'ancienne chapelle de la fin du 18e siècle, dont le chœur est encore conservé. Champion est indissociable du **pensionnat des sœurs de la Providence** construit entre 1833 et 1846 autour du **château classique** en brique blanchie et pierre bleue, édifié entre 1772 et 1778 par Albert-Ignace de Cuvelier, seigneur de Champion, et Marie-Isabelle de Maillen, son épouse. Dans la rue de Fernelmont, au-dessus de la porte d'une maison en calcaire des 17e et 18e siècles, une pierre datée de 1646 porte la mention *Pense que Dieu te regarde*. Elle est accompagnée d'une niche gravée destinée originellement à une statue de Notre-Dame de Hal.

COGNELÉE | 5022

- *Colineis* en 1034, *Colignées* en 1289, *Collengnées* en 1313, *Colgnée* au 14e siècle, dérivé du germanique romanisé *Coliniacas* = appartenant à Colo
- Cogneléen
- village agricole, légèrement vallonné, au seuil de la Hesbaye, entre 175 et 212 m
- autoroute E 411 (sortie 13), ligne de bus 142B Namur-Jodoigne
- 477 ha

HISTORIQUE

Durant une bonne partie de l'Ancien Régime, le village de Cognelée dépendait de Vedrin et était soumis directement au comte de Namur. Ce n'est qu'en 1680 que la localité fut érigée en seigneurie hautaine avec sa dépendance Jettefolz au profit de Mathias de la Rue, receveur général du comté. En 1783, elle fut vendue à Albert-Ignace de Cuvelier, déjà seigneur de Champion. Après 1795, Cognelée devint une dépendance de la commune de Champion. Son détachement n'intervint qu'en 1924. Sur le plan paroissial, Cognelée dépendait de Frizet, puis de Vedrin. La chapelle Saint-Nicolas ne fut érigée en succursale qu'en 1895-1896, à la demande des habitants. En 1914, le village eut à souffrir considérablement de la proximité du fort de Cognelée, intégré au système de défense de la Meuse. Celui-ci fut pris le 23 août 1914 par les troupes allemandes. Cognelée fut de tout temps essentiellement agricole.

À VOIR

L'**église paroissiale Saint-Nicolas** de Cognelée est une construction de style néoclassique datant de 1846. Elle subit d'importants dégâts en 1914 lors de l'avancée des troupes allemandes et fut restaurée après la guerre. Deux importantes fermes témoignent de la vocation agricole du village. La **Grande Cense** au centre de la localité est un vaste ensemble clôturé, construit en brique et pierre bleue dans la première moitié du 18e siècle, comportant encore deux tours carrées de défense. La **ferme de Jettefolz** est une ancienne dépendance de l'abbaye de Boneffe. Il s'agit d'un quadrilatère en brique et pierre bleue, reconstruit aux 19e et 20e siècles. On peut y voir dans les granges une dalle aux armes de Rémi Chavée, abbé de Boneffe, dont le père fut censier à Jettefolz. Le **fort de Cognelée**, construit pour la défense de la Meuse et de Namur entre 1888 et 1892, a une forme triangulaire. Touché par les bombardements allemands d'août 1914, il fut quelque peu remanié par l'occupant avant d'être abandonné après la Première Guerre mondiale.

Dave : les rochers, ressource économique et de loisirs

DAUSSOULX | 5020

- *Dalsuod* en 866, *Dasuls* en 1134, *Dasuz* en 1152, *Daussous* en 1289 (origine germanique)
- Daussoulois
- village agricole sur le plateau hesbignon, entre 180 et 197 m
- autoroute E 411 (sortie 13), ligne de bus 24 Namur-Daussoulx
- 374 ha

HISTORIQUE

Daussoulx fit partie intégrante du domaine comtal de Namur dès le Moyen Âge. Seul un alleu fut rendu en fief par le comte à Jean de Libines en 1345. La seigneurie hautaine ne fut vendue qu'en 1671 avec celle de Vedrin à Cécile Moniot, veuve de Broyart. La chapelle de Daussoulx dépendait de la paroisse de Frizet sous l'Ancien Régime. Elle fut rattachée à Warisoulx au début du 19e siècle. La paroisse de Daussoulx fut érigée en 1878. En 1914, dix maisons du village, situées dans le champ de tir du fort de Cognelée, furent détruites en raison des préparatifs militaires précédant le déclenchement de la Première Guerre mondiale.

À VOIR

À l'est de Daussoulx, la **ferme du Haut-Daussoulx** forme un quadrilatère fermé construit entre le 16e et le 18e siècle. Le logis primitif du 16e siècle se compose d'un rez-de-chaussée en moellons calcaires surmonté de deux étages en brique et pierre bleue et est flanqué d'une tour d'escalier carrée. Plus au centre du village, l'**église paroissiale Saint-Joseph** est un édifice néoclassique construit en 1859. À proximité, la **ferme de la Converterie** confirme la vocation agricole de Daussoulx. Exploitation citée en 1253 comme propriété de l'abbaye de prémontrés d'Heylissem, elle fut vendue comme bien national par les autorités françaises après 1795, puis acquise par la famille de Montpellier de Vedrin. Les bâtiments actuels, construits entre le 17e et le 20e siècle, forment un quadrilatère entouré de prairies. Le porche, daté de 1780, donne accès à une cour dotée d'un haut puits couvert d'un appentis. Le portail est surmonté d'une dalle aux armes de l'abbaye portant sur un phylactère

Gelbressée : église paroissiale Notre-Dame

Non dure sed mansuete. Le paysage de Daussoulx est marqué par l'**échangeur autoroutier** desservant les autoroutes des Ardennes et de Wallonie. Il fut mis en service en 1973 pour servir au contournement de Namur, lors de l'ouverture du tronçon entre Daussoulx et Courrière.

DAVE | 5100

- *Davles* vers 1082, *Daveles* en 1085
- Davois
- village agricole et résidentiel, exploitation de carrières ; terrain très inégal des bords de Meuse au départ de l'Ardenne condruzienne, entre 84 et 260 m
- gare ferroviaire, autoroute E 411 (sortie 15), N 90 et N 947, ligne de bus 433 Namur-Dinant
- 1 135 ha

HISTORIQUE

Les seigneurs particuliers de Dave sont régulièrement cités depuis le 11e siècle. En 1284, Guy de Dampierre, comte de Namur, leur octroya en accroissement de fief des droits supplémentaires, notamment de justice, sur Dave, Naninne et Monceau. Seigneurs puissants du comté de Namur, les Dave obtinrent en plus une vicomté leur donnant tous les droits justiciers sur des chemins débordant largement le territoire de leur seigneurie. À l'extinction de la lignée au 15e siècle, le domaine passa successivement aux mains des Boulant (1427), des Barbançon (1576) et des comtes d'Arenberg (1609). En 1678, les fiefs qui le composaient furent relevés par le prince de Barbançon, gouverneur de Namur, avant de passer au 18e siècle aux Wignacourt. L'habitat seigneurial de Dave suivit l'évolution classique d'une forteresse construite sur les hauteurs (14e siècle) à un château résidentiel plus confortable en bord de Meuse (17e siècle). La paroisse de Dave était sous l'Ancien Régime à la collation de l'abbé de Waulsort, de celui de Leffe et du seigneur de Dave. Son ressort s'étendait de part et d'autre de la Meuse aux villages de Naninne, de Fooz et de Wépion. Il connut des modifications au 19e siècle par l'érection en paroisses des églises de Naninne, de Fooz et de Wépion tout en incorporant des portions de territoire appartenant aux paroisses de Jambes et de Lustin. L'activité économique principale jusqu'au milieu du 20e siècle fut l'agriculture. On note cependant la présence de forges sur le ruisseau de Dave dès la fin du Moyen Âge. L'industrie extractive profitant des rochers de la vallée de la Meuse s'y implanta dans la seconde moitié du 20e siècle.

À VOIR

En venant de Jambes, les **rochers du Néviau** constituent un site naturel remarquable. Il s'agit de parois calcaires où se développe dans les fissures une végétation spécifique aux conditions extrêmes de fort ensoleillement en été et de rareté de l'eau. Les versants boisés du site accueillent une forêt composée de hêtres, de chênes et d'érables. Sur ces hauteurs se situent les **ruines du fort de Dave**, un petit fort triangulaire construit entre 1888 et 1892. En 1914, il résista pendant cinq jours aux assauts des troupes allemandes, avant d'être pris le 25 août. Il fut réarmé vers 1930 pour mieux résister aux tirs d'artillerie. Sa résistance en 1940 fut de neuf jours, entre le 15 et le 24 mai. Sur la chaussée de Jambes, la **chapelle Notre-Dame de Bon-Secours** est un petit édifice en brique et pierre bleue, chaulé, adossé à la pente boisée, face à la Meuse. Elle date de la deuxième moitié du 18e siècle. À l'est, un magnifique **tilleul** d'environ 25 m de haut, à l'entrée de la **Haie des Pauvres,** borde la rue de l'École. De l'autre côté du chemin de fer, le **château de Dave**, propriété depuis le 19e siècle des ducs de Fernan-Nunes, est situé en bord de Meuse dans un vaste parc boisé. Il s'agit d'un ensemble de bâtiments construits entre le début du 17e siècle et le 19e siècle en brique et pierre bleue. De taille imposante, le château marque le paysage des bords de Meuse par ses deux niveaux sur cave dont le soubassement est en pierre calcaire. La porte axiale est surmontée d'un cartouche millésimé de 1755 et du blason des Wignacourt. Les tourelles d'angle circulaires ont été adjointes au 19e siècle. Le parc à l'anglaise, entouré d'un mur en pierre, comporte une drève, un pavillon de tir du 19e siècle et une fabrique du 18e dotée d'une fontaine. Située en bord de

Meuse, l'**église** paroissiale **Saint-Martin**, entourée de son **cimetière**, est un édifice de taille modeste d'origine romane. Les éléments les plus anciens, à savoir l'amorce de la nef et le gros-œuvre de la tour, remontent au 11e siècle. Les autres éléments architecturaux ont été mis en chantier entre le 13e et le 19e siècle. À l'intérieur, le maître-autel en bois, daté de 1761, est l'œuvre du sculpteur D.G. Bayar. Dans le collatéral sud, plusieurs dalles funéraires reproduisent des gisants. Il s'agit de Jehan de Boulant († 1481) et Catherine de Fexhe († 1520), de Catherine de Boulant († 1554), de Robert de Villenfaigne († 1677) et de Jean-Baptiste de Villenfaigne († 1680). Le **presbytère** est une habitation de style classique dotée d'une dépendance. Le corps de logis principal date de la première moitié du 17e siècle et a été remanié dans la seconde moitié du 18e. La porte de remploi dans le mur reliant les deux bâtiments est du milieu du 16e siècle. Le site de Dave comporte aussi des éléments naturels remarquables. La présence des **prairies** situées face à l'île de Dave, près du château de Wasseige, a permis de préserver l'incontestable qualité du paysage des bords de Meuse. L'**île de Dave** elle-même est une des rares îles de la Meuse à être restée sauvage, constituée principalement de peupliers et d'arbres de forêts alluviales. Riche refuge pour la faune et la flore, elle présente tout au long de l'année un grand intérêt ornithologique et a le statut de réserve naturelle domaniale. Autrefois exploitée, elle comporte encore les traces d'un ancien verger.

ERPENT | 5101

- *Erpenz* en 1140, *Herpenz* en 1143, *Erpent* en 1209
- Erpentois
- village agricole et résidentiel, zonings commerciaux et enseignement ; terrain inégal composé d'une partie du flanc mosan et d'un plateau légèrement vallonné au départ de l'Ardenne condruzienne ; entre 81 et 215 m
- autoroute E 411 (sortie 15), N 90, lignes de bus 8 Belgrade-Jambes, 8R Namur-Erpent, 42 Namur-Andenne, 66 Namur-Ciney, 89 Namur-Naninne
- 576 ha

HISTORIQUE

Durant une bonne partie de l'Ancien Régime, les droits seigneuriaux sur Erpent appartinrent au comte de Namur. Si des enclaves allodiales appartenant à la famille d'Erpent semblent bien avoir existé au Moyen Âge, celles-ci entrèrent sous sujétion comtale dès le 14e siècle. La localité était intégrée à la banlieue et franchise de Namur. Ce n'est qu'en 1775 que la seigneurie fut engagée à Thierry Dahin. Elle fut ensuite vendue à Chr. Vanderdussen. L'abbaye jamboise de Géronsart disposait d'importants biens à Erpent, dont la collation de l'église paroissiale. Une partie de son domaine foncier accueillit bien plus tard, en 1971, le collège jésuite Notre-Dame de la Paix, transféré depuis Namur. Supprimée par le Concordat de 1803, la paroisse d'Erpent ne fut rétablie qu'en 1842. Jusqu'au milieu du 20e siècle, la principale activité du village était l'agriculture. L'importance prise par la nationale 4, à l'ouest du centre ancien, contribua au développement de lotissements résidentiels et commerciaux en périphérie de Namur et de Jambes. L'évolution du mode de vie des classes aisées de la ville provoqua une migration vers d'anciens terrains agricoles facilement accessibles en voiture, divisés pour accueillir des villas à quatre façades dotées de larges espaces de jardins. Des surfaces commerciales ont pris possession des abords de la nationale, moins prisés pour l'habitat, établissant ainsi un lien avec le zoning industriel et commercial de Naninne tout proche. Elles renforcent l'importance économique de l'axe sortant de Namur dans la direction du Luxembourg.

À VOIR

Dans la partie ancienne du village, l'**église** paroissiale **Saints-Pierre-et-Paul** est un édifice de style classique en brique et pierre bleue, daté de 1771 sur son portail d'entrée. Elle est entourée d'un cimetière dont le seuil d'entrée est une pierre marquée de l'inscription *IHS 1725*. Elle fut dotée de sacristies de part et d'autre du chevet en 1879. À proximité, une **ancienne ferme** dépendant de l'abbaye de Géronsart est formée par un quadrilatère en calcaire, actuellement divisé en quatre propriétés. De part et d'autre de la tour-porche datée à la clé du portail *IHS 1726*, les bâtiments furent réaménagés sur les plans réalisés en 1955 par l'architecte Roger Bastin. Les autres ailes et leurs bâtiments attenants sont des constructions plus anciennes remontant aux 18e et 19e siècles. Dans l'Allée verte, une **petite chapelle** en brique et calcaire, de plan rectangulaire, est datée par l'inscription *AVE MARIA IMMACULATA 1740* sur le linteau de la porte. De l'autre côté de la nationale 4, le paysage est marqué par l'imposante silhouette blanche du collège Notre-Dame de la Paix, construit entre 1968 et 1971. Entre Erpent et l'ancienne commune de Lives-sur-Meuse, le **bois d'Erpent** et le **bois Wanchalle** sont des sites naturels remarquables. Situés sur le plateau du Condroz namurois et sur le versant de la vallée de la Meuse, ils accueillent une faune typique des vieilles forêts de chênes.

FLAWINNE | 5020

- *Hlopanna* au 8e siècle, *Flouanna* au 11e siècle, *Flawene* en 1187, du germanique *hlaupan* = courir, sauter
- Flawinnois
- village agricole, industriel et résidentiel, sur le versant nord de la vallée de la Sambre, entre 83 et 202 m
- gare ferroviaire, N 958, lignes de bus 9 Jambes-Flawinne, 22 Namur-Soye, 23 Namur-Suarlée, 71 Namur-Flawinne
- 671 ha

HISTORIQUE

Au 7e siècle, la villa de Flawinne appartenait à une femme nommée Roga, qui fit don d'une partie de son domaine, sur la rive droite de la Sambre, à saint Berthuin pour y fonder l'abbaye de Malonne. Entre le 13e et le 17e siècle, Flawinne appartenait à la franchise de Namur. Le comte de Namur y détenait la haute justice et les droits seigneuriaux. La cour foncière était par contre aux mains des échevins de Saint-Lambert à Liège. En 1686, la seigneurie hautaine de Flawinne fut vendue à la famille d'Hinslin, qui acquit en 1755 celle de la dépendance de Ronet. Le hameau de Belgrade, créé au début du 18e siècle, connut une telle croissance qu'il fut érigé en commune en 1898, par détachement de celle de Flawinne. La paroisse de Flawinne, fort ancienne, est citée pour la première fois en 1187 dans la documentation conservée. Rétablie par le Concordat après la Révolution française, elle connut une réduction de son ressort territorial au moment de l'érection de la paroisse de Belgrade en 1870. Plusieurs institutions ecclésiastiques se partageaient le terroir agricole de Flawinne dès le Moyen Âge. La localité fut touchée par l'industrialisation. Deux mines de houille y sont signalées au 19e siècle et 90 entreprises en 1896. La dépendance de Ronet accueillit en 1890 une gare de formation gérée aujourd'hui par la SNCB. Parallèlement à ce développement économique, des quartiers résidentiels furent construits. Malgré la réduction de l'activité industrielle dans la seconde moitié du 20e siècle, la fonction résidentielle ne cessa de croître en raison de la proximité et du développement de Namur.

À VOIR

En venant de la chaussée de Nivelles par le nord, le **château David de Lossy de Flawinne** domine la localité et la vallée de la Sambre. Il fut le siège de la seigneurie hautaine acquise par la famille Hinslin et prit le nom de son propriétaire vers 1900. Accessible par une drève de tilleuls, le château fut construit en briques enduites et pierre bleue dans le premier tiers du 18e siècle. Une remise à voitures et une écurie en brique et pierre bleue furent bâties au même moment. Il fut doté de dépendances supplémentaires, dont certaines à pans de bois, dans le courant du 19e siècle. Au centre de la cour, un puits circulaire est surmonté d'une ferronnerie de la même époque. La ferme du château, située au nord-est du domaine, se compose de bâtiments en moellons de calcaire construits entre le 17e et le 19e siècle autour d'une cour rectangulaire. L'élément le plus ancien en est le logis, de style traditionnel, situé à l'angle est. Le parc du château comporte un jardin à la française composé de cinq terrasses étagées. La terrasse supérieure est plantée de marronniers du 18e siècle. En son milieu trône une petite chapelle rectangulaire de style classique. Au sud du château, au cœur du village, l'**église paroissiale Notre-Dame** est un édifice néoclassique construit en 1841, comportant des éléments plus anciens. Au rez-de-chaussée de la tour, le monument funéraire de Jean Bovinisty et de Jeanne Staplau comporte une croix entourée des défunts, de leurs patrons et de leurs enfants. Les fonts baptismaux de style gothique remontent au 16e siècle. Dans la rue Vandy voisine de l'église, une partie de l'ancien presbytère est devenue une dépendance de celui construit en 1872. Cette partie ancienne, construite à la demande du curé Joseph Desgrange, est datée par chronogramme de 1795 (*ConstrUXit Me IosephUs DesgrangIUs paroChUs fLaWinensIs*). En remontant la rue Henri Linchet, sur la droite, le **château Ladry** est une grosse maison traditionnelle du milieu du 18e siècle dont la façade avant fut remise au goût du jour au 19e. À l'arrière de la propriété, une tour rectangulaire des 17e-18e siècles a été transformée en grange. Sur la voirie, une petite chapelle abrite une statue de la Vierge de la fin du 17e siècle. Rue Cochar, vers Belgrade, l'imposant complexe en brique de la caserne Sous-lieutenant Thibaut, construite en 1937, accueille actuellement le 2e Bataillon commando de l'armée belge. Il abrite depuis 1980 le **musée des Commandos**, consacré à l'histoire des commandos belges depuis 1942, date de la création de leur première unité en Grande-Bretagne au sein des troupes alliées.

GELBRESSÉE | 5024

- *Giselberceis* en 1125, *Gislebreceies* en 1156, du germanique romanisé *Gisalberhtiacas* = appartenant à Gisalberht
- Gelbresséen
- village agricole, industrie extractive, terrain vallonné, entre 133 et 201 m
- autoroute E 411 (sortie 14), N 80, lignes de bus 17 Namur-Acosse, 40 Namur-Vezin
- 328 ha

HISTORIQUE

Au Moyen Âge, le village de Gelbressée dépendait directement du comte de Namur, qui y possédait tous les droits seigneuriaux. Seuls deux fiefs constituaient des enclaves au statut différent : celui de Dave et, dans la dépendance de Marquelette, celui de Donstienne. La seigneurie fut finalement engagée à Charles-Philippe de Wasserwas en 1626. Elle passa aux mains des Groesbeeck en 1679 et des Croix en 1791. Sur le plan paroissial, la chapelle de Gelbressée dépendait dès le Moyen Âge de Marchovelette. Elle devint paroisse au moment du Concordat. L'extraction du minerai de fer est mentionnée à Gelbressée dès 1323. Cette activité est encore signalée au 19e siècle. Les mines appartenaient alors au marquis de Croix. Dans la seconde moitié du 19e siècle s'y développa l'extraction de pierre dans la carrière du Berger, ouverte par François Jadoul. Mais l'activité principale du village est l'agriculture, ce qui explique la configuration typique de l'habitat ancien. Gelbressée eut à souffrir des bombardements des forts des alentours lors de l'avancée allemande de 1914. Plusieurs maisons furent incendiées à cette occasion.

À VOIR

Sur la butte dominant le village et le ruisseau, l'**église paroissiale Notre-Dame** de Gelbressée, en moellons de grès et calcaire, comporte une tour romane dont le clocher est surmonté d'une flèche du 17e siècle. Le porche d'entrée est daté de 1770. Le chœur de l'église a été reconstruit au 14e siècle, tandis que la nef et les collatéraux sont du 16e. À l'intérieur, plusieurs dalles funéraires correspondent à plusieurs styles artistiques. Celles d'un chevalier et sa femme (14e siècle) et de Nicolas de Baillet (1526) sont gothiques. Celle d'Antoine des Woyaulx (1561) et Catherine de Thy, sa femme (1555), est de style Renaissance. On trouve encore les stèles de Marie-Anne de Groesbeeck (1762), de Philippe-Joseph Demesny, vicaire (1763), et d'Elisabeth de Groesbeeck (1782). L'église est entourée d'un **cimetière** ceint de hauts murs. En contrebas, orientée vers la Gelbressée, la **ferme du Tilleul** forme un ensemble clôturé composé de bâtiments des 17e et 18e siècles. Dans la cour, une bâtisse de la fin du 18e siècle dénote par l'usage de la brique en plus de la pierre calcaire. À proximité, un puits circulaire en saillie sur le mur est surmonté d'une toiture polygonale. À l'est du village, le **bois d'Ambraine**, traversé par le ruisseau de Franc-Waret, est un site naturel remarquable.

Jambes : donjon et ferme seigneuriale d'Anhaive

JAMBES | 5100

- *Iamne* en 1134, *Jamneda* en 1142, *Jame* en 1155, d'origine germanique
- Jambois
- localité résidentielle, administration wallonne et commerces ; plaine alluviale de la rive droite de la Meuse et versant de la vallée, entre 80 et 126 m
- gare ferroviaire, autoroute E 411 (sortie 15) et N 90, lignes de bus 2 barré Jambes-Saint-Marc, 8 et 8R Namur-Erpent, 9 Jambes-Flawinne, 11 Namur-Saint-Servais, 12 Namur-Huy, 42 Namur-Andenne, 56 Namur-Couvin, 64 Jambes-Biesme, 65 Namur-Jambes, 66 Namur-Ciney, 80 Namur-Jambes, 88 Namur-Bastogne, 89 Namur-Naninne, 433 Namur-Dinant
- 761 ha

HISTORIQUE

L'occupation au moins ponctuelle du site de Jambes sur la rive droite de la Meuse à des périodes fort anciennes est attestée par le dolmen dit de la Pierre du Diable et la découverte d'objets de l'époque néolithique. Des tombes à incinération découvertes à Jambes et dans ses dépendances de Velaine et d'Anhaive, remontant au haut empire romain, correspondent sans doute à de petites exploitations agricoles ou industrielles voisines. Le cimetière situé au centre de la localité actuelle fut encore utilisé au bas empire. Au Moyen Âge, Jambes fit partie du domaine correspondant à la paroisse primitive de Notre-Dame dont le siège était sur la rive gauche de la Meuse. Au terme de l'extension des pouvoirs du comte de Namur, au tournant des 12e et 13e siècles, Jambes demeurait une seigneurie appartenant à l'évêque de Liège. Cependant, le comte y détenait beaucoup de droits seigneuriaux. Son territoire faisait partie de la banlieue de Namur et la haute cour du lieu allait en *rencharge* auprès des échevins de Namur. Jambes appartenait donc bien au comté de Namur, même si son seigneur direct restait l'évêque de Liège. Il en était de même d'Anhaive et de son logis seigneurial, occupé jusqu'à sa mort en 1291 par Jean de Flandre, évêque de Liège, fils de Guy de Dampierre, comte de Flandre et de Namur. Par contre, les dépendances actuelles d'Amée et de Velaine relevaient directement de la franchise de Namur. Sur le plan paroissial, l'église Saint-Symphorien de Jambes était filiale de la paroisse primitive de Notre-Dame à Namur. Elle en fut séparée au 13e siècle. En 1803, elle devint succursale de Wierde et comprenait dans son ressort les dépendances d'Amée et de Velaine. En 1848, Amée fut rattachée à la paroisse de Dave. En 1888, Jambes acquit le statut d'église primaire en lieu et place de Wierde. Au sein du diocèse de Namur, elle demeure actuellement le siège d'un doyenné s'étendant sur plusieurs localités de la rive droite de la Meuse. Outre un petit artisanat limité

Jambes : Quelqu'un, œuvre de l'artiste Jean-Michel Folon

Jambes : Élysette, siège du Ministre-Président de la Région wallonne

aux abords du pont de Meuse, Jambes était jusqu'à il y a peu une localité essentiellement agricole. Les maraîchers, appelés les *cotelîs*, y étaient très actifs. Depuis le 19e siècle, plusieurs industries s'y sont implantées. Si l'extraction de la houille fut vite abandonnée, la verrerie s'est développée de manière plus durable à partir de 1850. Associées dès 1867 à celles d'Herbatte et de L. Zoude, les gobeleteries-cristalleries de Jambes entrèrent en 1879 dans le giron de la société du Val Saint-Lambert à Seraing. L'établissement resta actif jusqu'en 1934. À la fin du 19e siècle, Édouard Materne débuta à Jambes la fabrication de confitures, profitant de la proximité de la ligne de chemin de fer pour le transport des produits. Son fils Jean, bourgmestre de Jambes, poursuivit le développement de l'entreprise et lui conféra une dimension internationale. Ce n'est qu'en 1980 que le siège principal fut transféré dans la nouvelle usine de Floreffe. Les ateliers de construction métallique de Jambes eurent à leur actif quelques réalisations bien connues, comme le pont des Ardennes à Namur (1954), l'Atomium à Bruxelles (1957-1958) ou le viaduc de Beez (1968-1971). Plus récemment, Jambes a pris une nouvelle orientation liée au statut de Namur. La localité est devenue le site d'accueil privilégié de l'administration centrale du ministère de la Région wallonne, ce qui n'a fait qu'accroître les fonctions résidentielle et commerciale de la localité, au détriment de ses activités traditionnelles.

À VOIR

À l'entrée de Jambes par la chaussée de Liège, le **donjon** et la **maison seigneuriale d'Anhaive** font partie intégrante du site de la place Jean de Flandre, dénomination adoptée en 2005 en souvenir du prince-évêque de Liège, fils de Guy de Dampierre, comte de Namur, qui renforça et occupa la seigneurie à la fin de sa vie entre 1285 et 1291. La tour carrée en calcaire de Meuse, autrefois entourée de douves, remonte au bas Moyen Âge. Les deux premiers niveaux sont d'origine. Le troisième date probablement de la fin du 15e siècle. La toiture à la Mansart est un ajout du 18e. Le rez-de-chaussée, couvert d'un plancher bas, était occupé par le cellier. Le premier étage était réservé aux activités de la vie quotidienne (cuisine, salle à manger). La chambre à coucher était installée au troisième niveau. Les modifications de la fin du 15e siècle peuvent être attribuées à la riche famille bourgeoise Lamistant, qui acquit la seigneurie aux de Gesves vers 1450. Ceux-ci en avaient hérité par alliance des Spirou, famille membre de l'élite bourgeoise de Namur. Un descendant d'Étienne Lamistant, Englebert, fit construire en 1535 la maison seigneuriale qui adopte résolument une nouvelle architecture alliant la brique et pierre bleue, typique du style Renaissance mosane. À l'extinction de la lignée, la petite seigneurie rurale et la ferme qui en dépendait passèrent aux mains de familles nobles qui ne les considérèrent que comme source de revenus. En 1750, le patrimoine fut acquis par Henri Moreau, riche exploitant agricole. L'évolution des fonctions dévolues au territoire de Jambes dans le courant du 20e siècle et les modifications consécutives de l'aménagement du territoire constituèrent une menace pour ce patrimoine. Une partie de la ferme disparut en raison de la construction d'une surface commerciale, ce qui justifia le classement du site. Actuellement, au terme d'une ambitieuse et remarquable restauration, les bâtiments restants sont affectés à un pied-à-terre namurois de la Fondation Roi Baudouin, à une antenne touristique du Syndicat d'initiative de Jambes et au Centre d'archéologie, d'art et d'histoire de Jambes qui dispose ainsi d'un espace d'expositions temporaires. À proximité, sur la chaussée de Liège, l'**ancienne ferme d'Anhaive** comporte une série de bâtiments en pierre calcaire, dont certains construits probablement au

17e siècle. Ils dépendaient directement de l'ancienne seigneurie et confirment la fonction agricole d'origine de l'endroit. Surplombant la chaussée de Liège, au-delà de la N 4, l'Institut Sainte-Marie de Jambes dispose d'une **chapelle de plan circulaire** en brique, construite en 1963 sur les plans de plusieurs architectes dont Roger Bastin. Sur les hauteurs de la montagne Sainte-Barbe, le **cimetière de Jambes** offre une vue impressionnante sur la vallée de la Meuse, la Citadelle et la ville de Namur. Elle permet de comprendre l'intérêt stratégique de ces hauteurs pour la prise de la ville lors des sièges de l'époque moderne. Au-delà du cimetière, l'avenue du Camp permet d'accéder à l'**ancienne abbaye de Géronsart**. Entre 1124 et 1128, un prieuré de l'ordre des chanoines réguliers de Saint-Augustin fut fondé à Géronsart par l'évêque de Liège Albéron. Les premiers religieux étaient originaires de l'abbaye de Flône. En 1221, la communauté fut dissoute et remplacée par des chanoines réguliers du Val des Écoliers de Langres. En 1617, le prieuré fut érigé en abbaye par le pape Paul V à la demande des archiducs Albert et Isabelle. Celle-ci fut supprimée en 1796 et vendue en 1797. Le site fut transformé en filature, puis en une demeure privée. Des bâtiments de l'abbaye, il ne reste plus actuellement que le quartier abbatial, long bâtiment de style classique construit dans la première moitié du 18e siècle en brique et pierre bleue. Au fronton figure le blason d'Ignace Charlier, abbé de 1715 à 1745, avec la devise *DEUS MEUS ADJUTOR MEUS*. À proximité, les bâtiments de l'ancienne ferme de l'abbaye forment un U. Ils remontent à la deuxième moitié du 18e siècle et furent construits également en brique et pierre bleue. Le portail de la tour-porche est daté de 1766. En contrebas, dans la rue de Sedent, l'ancien moulin de l'abbaye, de style traditionnel des environs de 1700, a été transformé en habitation. En suivant le chemin du Masuage, une ancienne ferme accueille le **Musée du Génie**, inauguré en 2001 et consacré à l'histoire de cette composante de l'armée belge. Par la rue de la Poudrière, on aboutit à la rue de Dave. Sur celle-ci, en direction de Dave, la **maison de la Pierre du Diable** est une ancienne auberge du deuxième tiers du 18e siècle. Il s'agit d'un bâtiment en moellons calcaires chaulés, prolongé par deux petites ailes à l'arrière. Au-dessus de la porte, une dalle de remploi représente les armes d'Espagne entourées du collier de la Toison d'Or. Elle est gravée des lettres *C.M.* et du millésime 1788. C'est dans la cour de cette maison que fut détruit en 1820 le dolmen de Velaine dit aussi *Pierre du Diable* ou *Pierre Brunehaut*. De l'autre côté de la voie ferrée, en bord de Meuse, le site du parc d'Amée accueille une **cité sociale** construite à partir de 1952-1953 sur les plans de l'architecte José Ledoux. Le terrain était à l'origine le parc du **château d'Amée**, construit en 1873 par Armand de Lhoneux, banquier de Namur, et Hortense Moncheur, son épouse. L'ensemble fut acquis par la commune de Jambes en 1952. Le château et ses abords sont toujours propriété de la ville de Namur. Vers le centre de Jambes en suivant le boulevard de Meuse proche du fleuve, une **maison de maître classique** datée de 1772 consiste en un double corps de deux niveaux en brique enduite et calcaire harmonieusement composé. Elle est surmontée d'une grande toiture en ardoises où se distribuent deux rangs de lucarnes disposées en quinconce. Au bout du boulevard, le **pont de Jambes** est le lien ancestral entre Jambes et Namur. Côté jambois, il offre une perspective exceptionnelle sur la citadelle de Namur. Signalé pour la première fois en 1228 dans les textes conservés, il constitue aussi la limite entre la franchise de Namur et la seigneurie de Jambes. Les comptes communaux de Namur depuis la fin du 14e siècle mentionnent régulièrement son entretien et ses reconstructions, nécessitées par l'usure du temps, l'érosion de l'eau et les effets des glaces en hiver. Au 14e siècle, il comptait sept arches de pierres. Sur la dernière pile se trouvait une tour carrée, percée d'une porte à pont-levis que prolongeait une passerelle de bois supportée par une pile et aboutissant sur la rive droite à Jambes. À la fin du 18e siècle, le pont de Jambes acquit l'allure qu'on lui connaît aujourd'hui. Il dut cependant être restauré suite au dynamitage subi lors de la Première Guerre mondiale et, en 1964-1965, les deux arches centrales furent remplacées par une seule, laissant ainsi le passage à des péniches de plus grande capacité. En aval du pont, entre le quai de Meuse et la rue Mazy, la **Maison de la Présidence de la Région wallonne**, appelée plus généralement l'**Élysette**, est à l'origine une grande villa construite en 1877 par le maître tanneur Xavier Thibaut-Éloin, d'où son ancienne appellation de ***Château Thibaut***. Le bâtiment en brique et pierre bleue, de style néoclassique tardif, est de plan rectangulaire et comporte trois niveaux dont un étage de combles sous bâtière. Il fut acquis par la commune de Jambes en 1976 et accueillit plusieurs associations locales. Cédé à la Région wallonne en 1985, il devint officiellement le siège des services du ministre-président wallon le 7 juin 1991. Le lieu se veut aussi une vitrine pour les artistes wallons. Y sont exposés des sculptures-colonnes et des sculptures-portes de Félix Roulin, une tête de Rops par Charles Delporte, un coq créé par les époux De Pas et un autre coq caractéristique de l'œuvre de Martin Guyaux. En figure de proue, le célèbre *Quelqu'un* de Jean-Michel Folon est parfaitement visible côté Meuse. Non loin du pont de Jambes dans l'avenue Jean Materne, après être passé devant l'ancien relais à l'enseigne *Au cornet d'or. Bon logis à pied et à cheval 1698*, on s'arrêtera devant une **maison de commerce *modern style*** (nos 82-84) construite aux environs de 1910 et signée par l'architecte A. Ledoux. Il s'agit d'un bâtiment à deux niveaux en brique et pierre bleue comprenant des fenêtres à résille de petits-bois chantournés. Après le carrefour, sur la place de la Wallonie, s'élève le siège du secrétariat général du ministère de la Région wallonne. Il s'agit d'un imposant immeuble administratif construit en brique et pierre bleue en 1992-1993. Il remplaça alors l'ancienne maison communale de Jambes et les écoles attenantes construites entre 1887 et 1890, au moment de la création de la place. Témoin de l'importance institutionnelle prise par la capitale de la Wallonie et du développement considérable de la fonction administrative de Jambes, le complexe se compose d'un premier bâtiment en U à front de place, d'un deuxième de plan rectangulaire et d'un troisième à l'arrière en L à l'angle de deux rues. Dans la rue Mottiaux reliant la rue de Dave à la Meuse, deux **maisons *modern style*** en briques jaunes et noires sont datées de 1907 et signées par l'architecte A. Ledoux. Plus en amont, dans la rue de Francquen parallèle à la précédente, le petit **musée de la moutarde Bister** retrace l'histoire de la fabrication de moutarde à Jambes. Fondée en 1930 par François Bister, l'entreprise connaît depuis un succès international.

Loyers : localité à vocation agricole

Malonne : cour d'honneur de l'ancienne abbaye PHOTO JULIEN VAN REMOORTERE

ÉVÉNEMENTS

- fête de saint Vincent de la frairie des Masuis et Cotelis jambois, le 19 janvier
- festival des Folklores du Monde de Jambes, cinq jours en juillet
- marché de l'Ascension, à cette date
- corso fleuri, le lundi de Pentecôte

GASTRONOMIE

- la *Jamboise*, bière à la moutarde

LIVES-SUR-MEUSE | 5101

- *Live* en 1284, *Lives* en 1464, *Lives-sur-Meuse* en 1949
- Livois
- industrie extractive, terrain montueux, sol calcaire, entre 81 et 155 m
- autoroute E 411 (sortie 15), ligne de bus 12 Namur-Huy
- 333 ha

HISTORIQUE

Bien que soumises à des institutions liégeoises, Lives et sa dépendance Brumagne appartenaient sans doute depuis le Moyen Âge au comté de Namur. Le comte y détenait en effet des droits seigneuriaux hautains. En 1500, le comte céda à Thierry Bonnant, maire de Namur, la haute justice de la seigneurie de Brumagne. En 1520, celle-ci entra dans le patrimoine des Salmier, qui la conservèrent jusqu'en 1684. Elle passa alors par alliance aux Marbais. Elle fut réunie à celle de Lives en 1772 par Nicolas-Ignace de Woelmont. Au 13e siècle, la paroisse de Lives relevait du chapitre Notre-Dame à Namur. Au 18e, son ressort s'étendait aussi aux villages de Loyers et de Beez et à sa dépendance de Brumagne. Au moment du Concordat de 1803, elle devint succursale de Wierde, puis fut rétablie comme église paroissiale en 1808. Son ressort couvrait alors les villages de Beez, Loyers et Erpent. Des paroisses séparées pour chacun de ces villages furent érigées dans le courant du 19e siècle. Dans cette partie de la vallée de la Meuse fort encaissée, la principale activité est l'extraction de la pierre. Les ouvriers des carrières faisaient partie du métier des tailleurs de pierre et des maçons de Namur. Selon la charte de ce métier en 1619, ils disposaient d'un représentant au sein de la chapelle du métier. Cette activité industrielle s'y maintint encore aux 19e et 20e siècles.

À VOIR

Le village de Lives se caractérise par un groupement de maisons en pierre bleue locale autour de l'**église paroissiale Saint-Quentin**, au pied du versant abrupt de la vallée de la Meuse. Entouré de son **cimetière**, l'édifice est composé d'une tour trapue, de trois nefs sous une seule bâtière et d'un chœur à chevet plat. Il fut construit au 16e siècle, mais conserve des éléments plus anciens, notamment dans le chœur (13e-14e siècles). Quelques modifications furent introduites plus tardivement comme le portail classique de la tour daté de 1752 et la surélévation du chœur remontant au 18e siècle. À l'intérieur, plusieurs éléments du mobilier remontent au 16e siècle : le calvaire sur la poutre de l'arc triomphal, les fonts baptismaux de la tour et la statue de sainte Barbe. Une dalle funéraire date de la même époque. D'autres sont plus tardives. Un cartouche de style Louis XV précise : *icy ce mettent les offrandes à l'honneur St Quentin 1759*. À proximité de l'église, dans la rue de l'Intérieur, le **presbytère** est une grande demeure en moellons calcaires de style classique construite vers 1775. Il s'agit d'un bâtiment à deux niveaux sur caves disposant de grandes fenêtres vers l'ouest et la Meuse. L'entrée du côté de l'église est de style néoclassique et date de 1860. À l'intérieur, l'escalier est d'origine et on observe la présence de stucs à la manière des frères Moretti. Les annexes remontent au 19e siècle. Tant le cimetière que le jardin du presbytère sont clos par des **murs** anciens. Plusieurs maisons voisines en moellons calcaires remontent aux 17e et 18e siècles. L'une d'elles comporte une porte datée par un cartouche : *Maître. Nicolas Gabriel. Me fecit Anno 1643*. Surplombant le village, à l'angle où la rue de Loyers forme une épingle à cheveux, la **Roche à l'Argent** est un piton rocheux remarquable de près de 15 m de haut et 2 de large, se composant de bancs de calcaire carbonifère. Un petit ruisseau coulant au pied de la roche complète le site. Un peu en aval du village, les **rochers de Lives** constituent un site naturel remarquable. Il est constitué d'escarpements rocheux et de falaises calcaires. Il s'y développe une végétation typique. En poursuivant vers Andenne, le village de Brumagne, dépendant de Lives, s'étend de part et d'autre de la route nationale. Surplombant celle-ci, l'**église annexe Notre-Dame de Lourdes** fut construite en 1908-1909 sur un terrain communal. Une grotte artificielle est aménagée depuis 1913 à proximité. Entre la chaussée et la Meuse, le **château de Brumagne**, propriété de la famille Carton de Wiart depuis 1920, est l'ancien siège de la seigneurie locale. Il est situé dans un parc en face des rochers de Marche-les-Dames. Construit en brique et pierre cimentée dans le courant du 18e siècle, il fut agrandi au 19e siècle et doté d'un petit pavillon et d'un perron après 1920. Au sud-est du château, des dépendances en brique et pierre bleue blanchies accueillaient les écuries et le garage à voitures. Dans le mur d'enceinte longeant la Meuse, une grande niche comporte un fronton surmonté d'une croix en fer forgé et marquée des armoiries de la famille Marbais et un chronogramme de 1758 : *saCree Vierge MarIe pLeIne De graCe P.P.N.* À côté, attachée à la muraille, une petite croix d'occis rappelle l'exécution à cet endroit de Marie-Françoise Rouflin en 1738. Les blasons de la famille Carton de Wiart-de Moreau surmontent le porche d'entrée à l'ouest.

Lives-sur-Meuse : église Notre-Dame de Lourdes à Brumagne

LOYERS | 5101

- *Loiu* en 1234, *Loier* en 1284, *Loiers* en 1297
- Loyersois
- agriculture et industrie extractive ; terrain inégal du versant de la Meuse au plateau condruzien, sol argileux et rocailleux, entre 81 et 219 m
- autoroute E 411 (sortie 15), ligne de bus 42 Namur-Andenne
- 856 ha

HISTORIQUE

Au Moyen Âge, Loyers faisait partie du comté de Namur. Le comte y détenait les droits seigneuriaux et la haute justice. Cependant, au 14e siècle, le seigneur de Loyers relevait un fief dépendant du comté de Looz, comportant notamment la banalité du moulin de Willeval, et constituant ainsi une enclave parmi les possessions comtales. En 1753, la seigneurie hautaine de Loyers fut engagée à Marie-Thérèse d'Harscamp et celle de Limoy, sa dépendance, à Willem Théodore de Kessel. Une autre dépendance de Loyers, Bossimé, fut érigée en seigneurie hautaine en 1653. Avec Lustin et La Marlière, elle constitua la baronnie d'Harscamp en 1675. Sur le plan paroissial, la chapelle de Loyers dépendait de Lives. Elle ne fut érigée en paroisse qu'en 1895. L'activité extractive est déjà mentionnée à Limoy à la fin du 13e siècle. Elle perdura comme à Lives tout au long de l'Ancien Régime et jusqu'à une période récente, laissant des traces dans le paysage, comme à Bossimé. Si des mines de houille ont bien été exploitées au 19e siècle, c'est sans aucun doute l'agriculture qui a constitué la principale activité à Loyers.

À VOIR

Sur la route venant de Lives, avant d'arriver au village, une potale en calcaire datée de 1800 est disposée au bord d'un champ sous un chêne. À l'entrée de Loyers, rue de Maizeret, des **petits bosquets** précèdent le **château-ferme**. Celui-ci est un vaste quadrilatère en brique et pierre bleue chaulées construit au début du 17e siècle et remanié aux 18e et 19e. Une partie des bâtiments est entourée d'eau. La plus ancienne construction (15e siècle ?), en moellons, est située dans la cour de la ferme, contre le château. Elle fut doublée au début du 17e siècle, période de construction intense sur le site. C'est en effet des environs de 1600 que datent l'aile sud-est et la muraille sud-ouest de la ferme, dont le portail d'entrée est frappé du blason de Gérard d'Eve et de ceux des familles d'Eve, de Berlo et de Heyenhoven. Le château, situé au nord-ouest, fut entièrement reconstruit aux 19e et 20e siècles en style traditionnel, hormis la tour et deux façades. Celui d'origine remontait probablement à 1606, selon une pierre de remploi de la façade sud, également frappée des armes de Gérard d'Eve. Côté cour, près de la tour primitive, l'ancienne porte d'entrée du logis est conservée avec sa décoration d'origine. Elle était autrefois précédée d'un perron. Le parc attenant au château fait partie intégrante du site classé. À proximité, l'**église** paroissiale **Saint-Sébastien** est un édifice en calcaire d'origine gothique, transformé au 19e siècle. Son chœur date de la première moitié du 13e siècle. La nef fut construite en 1569. Elle fut allongée en 1883-1884, en même temps que la reconstruction de la façade. Une tour latérale néogothique fut alors également construite sur plans de

Marche-les-Dames : ancienne abbaye Notre-Dame du Vivier

l'architecte Baclène. La voûte intérieure est encore plus récente (1906). À l'intérieur, la tourelle du Saint-Sacrement en pierre de sable est datée de 1583. De nombreuses pierres tombales des 16e et 17e siècles sont scellées dans les murs de l'église et du cimetière. Sur le mur-pignon d'une ferme de la même rue est scellé un fronton baroque du 17e siècle, provenant probablement d'une maison de jésuites. En suivant à droite la rue de Bossimé, on accède à la **ferme de Bossimé**, ancien siège de la seigneurie hautaine détenue entre 1653 et la fin de l'Ancien Régime par la famille d'Harscamp. Cette imposante exploitation agricole en brique et pierre bleue a presque entièrement été reconstruite aux 19e et 20e siècles. Il ne subsiste plus de l'ancienne ferme que les tours remontant au tournant des 17e et 18e siècles. Parmi celles-ci, la tour-porche de plan rectangulaire au nord était jadis dotée d'un pont-levis permettant de franchir les fossés aujourd'hui disparus.

ÉVÉNEMENTS

- la Miaou (fête du village), à la mi-août

GASTRONOMIE

- le Craya, pâtisserie à base de pâte, de lardons et de pommes
- la Macrale, bière artisanale blonde, ambrée ou brune

MALONNE | 5020

- *Maglonia* en 935-937, *Malonia* en 1006, de l'ancien germanique *magalunjo* = la grande, puissante (forêt)
- Malonnois
- territoire vallonné entre Sambre et Meuse, sol calcaire et schisteux, forêt et agriculture, parc industriel, enseignement et zones résidentielles, entre 83 et 212 m
- autoroute E 411 (sortie 13) et N 90, autoroute E 42 (sortie 12) N 4, N 958, lignes de bus 6 Namur-Mettet, 6 barré Namur-Malonne, 10 Namur-Châtelineau, 28 Namur-Malonne, 56 Namur-Couvin, 64 Jambes-Biesme
- 1 148 ha

HISTORIQUE

La fondation du monastère bénédictin de Malonne par saint Berthuin au 7e siècle marqua le début de l'histoire de Malonne. Jusqu'à la Révolution française, l'abbaye conserva la maîtrise de la localité. Reprise au 10e siècle par des clercs, elle fut occupée à partir de 1147 par une communauté de chanoines réguliers de Saint-Augustin. Terre liégeoise depuis le 11e siècle au plus tard, Malonne est soumise au pouvoir de l'abbé sur les plans paroissial, judiciaire et administratif. Elle constitua donc une enclave dans le comté de Namur, ce qui fut source de conflits de juridiction entre les deux principautés. La progression du peuplement de Malonne au Moyen Âge se fit au détriment de la forêt de Marlagne. Le défrichement permit l'extension des surfaces cultivables. L'arrivée des révolutionnaires français mit fin à la suprématie abbatiale. La communauté religieuse fut dissoute. Mais les bâtiments furent acquis en 1797 au profit des religieux eux-mêmes. En 1841, l'ancienne abbaye fut vendue à l'évêché de Namur. Elle accueillit alors l'école normale des Frères des écoles chrétiennes, lesquels acquirent le complexe en 1846 et y installèrent progressivement un internat (aujourd'hui fermé) et un cycle d'enseignement complet. La paroisse de Malonne fut rétablie au Concordat. Elle eut pour siège l'ancienne abbatiale devenue propriété communale. La position de Malonne sur la Sambre, à proximité de Namur, lui conféra très tôt une certaine importance économique. Un marché s'y implanta dès le 13e siècle. L'industrie s'y développa. On y exploita notamment la houille jusqu'au 19e siècle. Plus récemment, la création du parc industriel en bord de Sambre en 1967 renforça son attrait économique en liaison avec le développement de Namur. Mais la principale activité de la localité fut de tout temps l'agriculture. La tendance récente est l'accroissement des lotissements résidentiels dans les espaces arborés de la Marlagne, au profit d'une population de navetteurs travaillant notamment à Namur.

À VOIR

En venant de Namur par la chaussée de Charleroi, on aperçoit en contrebas, côté Sambre, la **ferme blanche** qui comporte un ensemble de bâtiments en brique chaulée et pierre bleue, construits entre le 17e et le 20e siècle. En 1692, elle servit de quartier général à Louis XIV lors du siège de Namur. La propriété fut acquise en 1754 par l'abbaye de Malonne aux Jacqmin. Vendue après la Révolution française, elle entra dans le patrimoine de Lambert Baré, maître tanneur de Namur. Elle accueillit entre 1903 et 1906 un couvent de sœurs clarisses, déplacé ensuite au lieu-dit Tombois. Les bâtiments sont actuellement reconvertis en restaurant et dancing. Il s'agit d'un quadrilatère qui se distingue dans le paysage dégagé du méandre de la Sambre par ses quatre tours d'angle, partiellement reconstruites au 19e siècle. En prenant le Fond de Malonne, puis en empruntant la rue des Potales et le Crestia, une **ferme avec dépendances** qui lui font face rappellent la place de l'activité agricole de la localité. En remontant par la rue du Fond de Malonne vers le centre ancien du village, on accède au site de l'**abbaye de Malonne**. L'**église paroissiale Saint-Berthuin** en est l'ancienne abbatiale reconvertie. Il s'agit d'un édifice en calcaire construit aux 17e et 18e siècles. La grosse tour occidentale, datée de 1655, est coiffée d'une flèche de style baroque. L'entrée se situe au niveau du collatéral nord sous un grand portail baroque frappé des armes de Jean Stapleaux, abbé de 1649 à 1673. La nef de l'église est rythmée par quatre travées. Le grand arc triomphal est daté de 1653. Le chœur à trois pans précédé de quatre travées est daté de 1722. Au revers de l'arc triomphal figure le chronogramme *bIDart ChorUM ConstrUXIT*. Le mobilier intérieur se compose notamment d'un maître-autel classique et de stalles de style Louis XIV surmontées de six panneaux en cuir peint et de six épisodes de la Bible signés du peintre Juppin, du 18e siècle. Les fonts baptismaux en calcaire et une piéta dans la baie d'imposte remontent au 16e siècle. À l'extérieur, plusieurs pierres tombales d'abbés de Malonne des 17e et 18e siècles sont situées dans le jardin. La **châsse de saint Berthuin**, conservée dans l'autel latéral droit, est datée de 1601. Œuvre de l'orfèvre namurois Henri Libert, elle est constituée d'une structure en chêne sur laquelle sont appliquées des plaques en argent aux bas-reliefs repoussés contrastant avec des plaques de cuivre plaquées d'or. Elle est aussi ornée de cabochons en verre coloré. Le reste du **complexe abbatial** est actuellement repris dans l'Institut Saint-Berthuin. Le cloître, voisin de l'église, date du 18e siècle. À l'est, dans la grande cour d'honneur, le quartier de l'abbé Farsy est un grand bâtiment classique construit entre 1731 et 1752, dont le frontispice est couronné d'un fronton marqué des armes et de la devise de l'abbé. L'aile sud de la cour a une façade arrière du 17e siècle dotée d'un portail figurant les armes de l'abbé Pierre d'Hinslin (1622-1640) et comportant le chronogramme de 1637 *qVoD tIbI regaLI patet hospes IanVa fronte. HinsLIno abbatI MVnVs opVsqVe refer*. L'aile nord fut construite entre 1752 et 1780 par l'abbé Bonvoisin dans le même style que celle de l'abbé Farsy. Enfin, à l'extrémité de l'aile sud, la chapelle Saint-Berthuin, mononef en grès de style néogothique, date de 1854. Son maître-autel en marbre provient de la collégiale de Huy. Le buste-reliquaire de saint Berthuin réalisé en 1888 par les frères Dehin, orfèvres liégeois, y est conservé. Au cœur de l'Institut fut aussi construit en 1980 un sanctuaire dédié à saint Mutien-Marie, frère des écoles chrétiennes (1841-1917) béatifié par le pape Paul VI en 1977 et canonisé par Jean-Paul II en 1989. Sur la même rue du Fond de Malonne, une haute **maison de style néoclassique** en pierre bleue date de 1842. Au-dessus de la porte, on peut lire sur une niche l'inscription *Marie PPN J B COLLARD 1842*. En poursuivant par la rue d'Insevaux, le **bois de la Navinne** ou *Bois de Falji* est un site naturel remarquable occupant le versant sud d'un petit vallon sec. Il s'agit d'une forêt de pente composée essentiellement d'érables, de frênes et de tilleuls. À proximité, l'**ancienne carrière du Malpas** contribue à la richesse naturelle du site. Au-delà de la place du Terminus, une pierre calcaire sculptée au milieu du 16e siècle, provenant d'une ancienne chapelle, est scellée dans un mur d'une maison du 19e, située place du Malpas. Y figure une représentation du calvaire avec Jérusalem fortifiée en arrière-plan et le blason de l'abbé de Malonne Laurent Cornélis (1523-1562). Au bout de la rue du Curnolô, la rue du Piroy permet d'accéder au chemin du Cratère. Là, l'**ancienne carrière du Piroy** présente des caractéristiques géologiques particulières. Elle était en effet exploitée pour sa roche, la rhyolite, issue du refroidissement de lave injectée dans le schiste local, et pour le kaolin, sorte d'argile blanche, fruit de l'altération de la lave au contact de l'eau et de l'air, utilisé pour la fabrication de céramique. Le site abandonné dans un état semi-sauvage accueille une flore et une faune aquatiques qui se sont adaptées à l'étang naturel né de l'accumulation des eaux dans la carrière. Dans le bois de la Vecquée, le **fort de Malonne**, construit en forme quadrangulaire entre 1888 et 1892, domine la Sambre à l'entrée ouest de Namur. Aujourd'hui abandonné, il constitue depuis 1991 une réserve domaniale pour les chauves-souris, inaccessible au public en raison de la fragilité des espèces présentes.

Marche-les-Dames : monument à la mémoire du roi Albert Ier

ÉVÉNEMENTS

- procession de saint Berthuin, à la Pentecôte
- festival namurois de l'accordéon, en octobre
- marche Saint-Berthuin, le dimanche le plus proche du 28 novembre

GASTRONOMIE

- aumônière de Malonne, à base de pâte brisée garnie d'une farce au chou vert aux lardons et au fromage Saint-Berthuin
- bière de l'abbaye de Malonne, bière de haute fermentation blonde, brune ou ambrée

MARCHE-LES-DAMES | 5024

- *Mareka* en 1152 ; *Marche* en 1178
- Marchois ou Marche-les-Damiens
- agriculture, forges et industrie extractive. terrain accidenté depuis la rive de Meuse, entre 80 et 202 m
- gare ferroviaire, autoroute E 411 (sortie 14), N 80 et N 959, ligne de bus 40 Namur-Vezin
- 690 ha

HISTORIQUE

L'occupation au moins ponctuelle du site de Marche-les-Dames dès la préhistoire est attestée par de nombreuses découvertes archéologiques faites dans les rochers, en bordure de Meuse. En 1152, Marche est citée pour la première fois dans un acte conservé par lequel le comte de Namur Henri l'Aveugle cède un alleu à l'abbaye de Floreffe. Celle-ci y fonda un hospice mentionné dès le 13e siècle. Probablement établie dans un premier temps à Tillier, la communauté religieuse féminine de Marche-les-Dames s'intégra officiellement dans l'ordre cistercien entre 1241 et 1247. C'est à partir de cette abbaye que la réforme monastique promue par Marie de Berwier, provenant de l'abbaye liégeoise de Robertmont, et Jean de Gesves, avec l'appui du comte de Namur, Guillaume II, prit son essor. La refondation de Marche-les-Dames réinstaura dès 1406 la clôture et la renonciation à toute propriété privée par les moniales. Une fois l'abbaye supprimée à la Révolution française, les bâtiments monastiques furent rachetés par les religieuses. La fermeture définitive de l'abbaye intervint en 1856, au décès de la dernière moniale. Par la suite, plusieurs communautés conventuelles occupèrent les lieux : les sœurs de Saint-Vincent de Paul jusqu'en 1875, les ursulines jusqu'en 1914, les carmélites de 1920 à 1965, les petites sœurs de Bethléem de 1981 à 2000. Au Moyen Âge, le comte de Namur détenait tous les droits seigneuriaux sur Marche et ses dépendances. Ce n'est qu'en 1755 que la seigneurie hautaine fut vendue à Pierre de Gaiffier de Tamison. Jean-Baptiste Barbaix l'acquit en 1782. La dépendance de Wartet, originellement dans la seigneurie de Ville-en-Waret, fut engagée seule en 1638 à Guillaume aux Brebis, puis passa par alliance aux Pinchart et aux Mozet. Marche-les-Dames et Wartet dépendaient en large partie de la paroisse de Namêche. L'ancienne abbatiale devint siège paroissial en 1843 et Wartet fut érigée en paroisse en 1899. La tradition d'activité de forges à Marche-les-Dames se maintint du 14e au 19e siècle. Le relais industriel fut pris par l'extraction de la pierre et l'exploitation de la dolomie, toujours actuelle. L'agriculture a aussi joué un rôle important, comme en témoigne encore l'organisation spatiale des lieux. En 1947, l'ancien château d'Arenberg, devenu propriété de l'armée belge, fut transformé en quartier général de para-commandos.

À VOIR

Sur la rive gauche de la Meuse en venant de Namur, le site des **rochers de Marche-les-Dames** se compose de calcaires carbonifères se présentant sous forme de dolomie, du fait de leur altération par l'air et l'eau de pluie. Cette fragilité des falaises les rend dangereuses pour l'escalade. Elle fut fatale au roi Albert Ier le 17 février 1934. L'accident mortel du souverain est rappelé par une **plaque commémorative** et un **autel** sous auvent au bord de la route. Un peu plus loin, la **chapelle de la Vierge des Sept Douleurs** est un édifice de plan carré en calcaire dont l'autel porte les dates de 1686 et 1940, année de sa reconstruction. La statue de la Vierge à l'intérieur est du 16e siècle. À droite, sous un auvent, est fixé un grand Christ en bois peint du 18e siècle. La rue Notre-Dame du Vivier mène à l'**ancien château d'Arenberg**, aujourd'hui occupé par les paracommandos ; il fut construit en 1803 par le maître de

Namur : vue de la citadelle et du pont de Jambes depuis la rive droite de la Meuse

forges Jean-Joseph Jaumenne sur les plans de l'architecte tournaisien Antoine Payen. En 1834, le duc Prosper d'Arenberg acheta le château, ainsi que les forges de Jaumenne. Il l'aménagea en villa de campagne et le mit à la disposition de son frère Philémon-Paul. Incendié après la pénétration des troupes allemandes en 1914 et reconstruit rapidement par l'architecte namurois Louis Lange en 1916, à la demande de la princesse Pauline d'Arenberg, le domaine revint à l'État à la mort de celle-ci en 1921. En haut de cette rue, une **potale** cylindrique en calcaire datant de 1826 est dédiée à saint Hubert. Un peu plus loin apparaît sur la gauche le site de l'**ancienne abbaye de Marche-les-Dames**. Les bâtiments conventuels s'inscrivent dans un site cerné de murs en calcaire. L'ancienne église abbatiale, devenue paroissiale en 1843, est un édifice gothique de plan rectangulaire de la première moitié du 13e siècle, fortement restauré en 1904-1905 par l'architecte Lange. Seuls le chevet et le gros œuvre de la nef sont d'origine. Le portail sud, combinant des éléments gothiques et Renaissance, date du 16e siècle. À l'intérieur, la statue en chêne creuse de Notre-Dame du Vivier remonte au 13e siècle. Les stalles Louis XV sont l'œuvre du menuisier Baudouin George et du sculpteur François Van den Base. L'aile orientale, qui était destinée aux principales fonctions de la communauté (salle capitulaire, réfectoire, cuisine et dortoir), a une architecture gothique typique du 15e siècle, altérée par des modifications postérieures. Le petit quartier de l'abbesse en brique et pierre bleue, dans le prolongement de l'église, fut construit en 1724 par l'architecte namurois Charles Defoux. Au-dessus de la porte d'entrée figurent le millésime de 1724, ainsi que les armes et la devise de l'abbesse Constance de Bulley. Charles Defoux construisit l'année suivante le quartier des hôtes, perpendiculaire au quartier de l'abbesse. Le salon médian est décoré de stucs réalisés par un des frères Moretti. Voisine de ce bâtiment, l'ancienne hôtellerie, de style traditionnel, date de 1610. Au nord de l'église, le cloître sur deux niveaux en brique et pierre est rythmé par des baies fermées. L'accès au préau central consiste en une porte au nord surmontée des armes de Louise de Fumal et du millésime 1762. Les quatre galeries comportent une série de pierres tombales des 16e, 17e et 18e siècles. Le quartier des converses au nord, construit aussi en 1762, est de style plus traditionnel. L'aile ouest, contemporaine de la précédente, était destinée à la circulation des converses. Au sud des bâtiments conventuels, la porterie de 1774 a été reconstruite à l'identique en 1991-1992 par l'architecte Christian Dejardin. En face du quartier des hôtes – l'actuel presbytère – une vasque ovale de style baroque datée de 1620 rappelle le retour à la

Namur : confluent de la Sambre et de la Meuse en contrebas de la citadelle au Grognon

prospérité au 17ᵉ siècle sous l'abbesse Clémence de Castro. Dans l'environnement de l'abbaye, la **forêt domaniale de Marche-les-Dames** se compose essentiellement de hêtres, de chênes et d'érables.

En montant par la rue aux Vallées vers Wartet, on arrive au lieu-dit Bayet, sur la gauche. La **ferme du château** est l'ancien siège de la seigneurie de la Tour. Il s'agit d'un imposant ensemble fortifié comportant des éléments architecturaux du Moyen Âge au 19ᵉ siècle. À l'est, un logis de style traditionnel avoisine une tour d'origine médiévale. Au nord et à l'ouest, des dépendances délimitent une cour fermée au sud par un mur ancien. Une tour talutée en moellons de grès jouxte l'angle sud-est de la cour. L'ancien logis des 15ᵉ-16ᵉ siècles en grès a été remanié et étendu au 18ᵉ siècle. Des bâtiments en brique furent construits à l'est au 17ᵉ siècle. L'aile nord de la ferme fut construite dans la première moitié du 18ᵉ siècle. Elle est centrée par une tour-porche de style classique en brique et pierre bleue et comporte un logis traditionnel en grès, sans doute réservé au fermier. De minces tours d'angle renforcent la défense de la ferme. L'aile ouest, du 19ᵉ siècle, est une imposante grange. Au nord-ouest du complexe, un grand jardin est clôturé par un mur dont la défense est renforcée aux angles par des tourelles en moellons et en brique de plan carré. La **chapelle seigneuriale Sainte-Apolline**, fort délabrée, se situe à l'est du logis, auquel elle était originellement reliée par une passerelle. Il s'agit d'un édifice mononef en grès de quatre travées, construit dans le courant du 17ᵉ siècle. À l'intérieur, une dalle est marquée des armes de la famille Auxbrebis. À l'ouest, une tribune en bois du 17ᵉ siècle était réservée au seigneur. De nombreuses pierres tombales des seigneurs du lieu datent du 17ᵉ et du 18ᵉ siècle. Lors de l'érection de la paroisse de Wartet en 1899, une nouvelle église Sainte-Apolline fut construite au centre du village en style néogothique.

NAMUR | 5000

- *Namucho* en 692, *Namuco* au 8ᵉ siècle, *Namur* et *Namurco* au 13ᵉ siècle
- Namurois
- capitale du comté de Namur, marché, artisanat, industrie, commerce, administration, enseignement, capitale

Namur : site de l'ancien château comtal et ses tours du 13e siècle

de la Région wallonne ; terrain inégal de part et d'autre de la Sambre sur la rive gauche de la Meuse, sol schisteux et calcaire, sol limoneux et de remblais dans la vallée, entre 80 et 214 m

- gare ferroviaire, autoroute E 411 (sorties 13 et 14), autoroute E 42 (sortie 12), lignes de bus 2 Namur-Perwez, 2 barré Jambes-Saint-Marc, 3 Namur-Citadelle, 4 Namur-Profondeville, 5 Salzinnes-Beez, 6 Namur-Mettet, 7 Namur-Bouge, 8 et 8R Namur-Erpent, 9 Jambes-Flawinne, 10 Namur-Chatelineau, 11 Namur-Saint-Servais, 12 Namur-Huy, 16 Namur-Hannut, 17 Namur-Acosse, 21 Namur-Maredsous, 22 Namur-Soye, 23 Namur-Velaine, 24 Namur-Daussoulx, 27 Namur-Vedrin, 28 Namur-Malonne, 30 Namur-Bois-de-Villers, 32 Namur-Gembloux, 33 Namur-Piednoir, 34 Namur-Dinant, 40 Namur-Vezin, 42 Namur-Andenne, 50 Namur-Beez, 56 Namur-Couvin, 64 Jambes-Biesme, 65 Namur-Jambes, 66 Namur-Ciney, 71 Namur-Flawinne, 80 Namur-Jambes, 88 Namur-Bastogne, 89 Namur-Naninne, 142B Namur-Jodoigne, 433 Namur-Dinant
- 1 039 ha

HISTORIQUE

Au confluent de la Sambre et de la Meuse, le site de Namur était naturellement propice à l'accueil d'une implantation humaine. La première fixation durable d'habitat remonte, selon les découvertes faites depuis le 19e siècle, à la période romaine. De part et d'autre de la Sambre ont été mis au jour des vestiges de maisons, d'entrepôts et d'activités artisanales remontant déjà au Haut Empire. Au Bas Empire, l'occupation s'est repliée entre Sambre et Meuse. Les traces de sépultures romaines rue Pépin délimitent partiellement l'extension de l'agglomération antique sur la rive gauche de la Sambre. La période mérovingienne s'inscrit en continuité de la précédente. L'activité mise au jour par les fouilles archéologiques se concentre au confluent alors que les tombes retrouvées étaient creusées sur la rive gauche de la Sambre. C'est sans doute de cette époque que date la fondation de l'église Notre-Dame, paroisse-mère de la ville desservie par un collège de clercs, dans ce qui deviendra la rue Notre-Dame, en contrebas du flanc sud de l'éperon rocheux, le long de la Meuse. La période carolingienne fut à la base de la nouvelle extension de l'agglomération de Namur. Elle se traduisit par la création du *portus* autour de la cha-

Namur : Maison de la Culture et ancienne Halle à la Chair sur la rive gauche de la Sambre PHOTO KOEN DE LANGHE

pelle Saint-Hilaire au centre des quartiers entre Sambre et Meuse, et par la délimitation d'un espace de croissance sur la rive gauche de la Sambre, près de la chapelle Saint-Rémy. La division de la paroisse primitive intervint avant le début du 10e siècle. Saint-Jean-Baptiste devint alors la paroisse comtale sur la rive gauche de la Sambre. C'est également du 10e siècle que date le choix de Namur comme capitale du *pagus Lomacensis*, puis du comté de Namur. La résidence comtale se fixa sur l'éperon rocheux dominant le confluent. Le prince fonda ensuite le chapitre Saint-Aubain, dont le siège était situé à la limite nord-ouest de l'extension médiévale de la ville. Avant la fin du 12e siècle, les paroisses Saint-Loup et Saint-Jean-l'Évangéliste complétèrent le paysage religieux de la rive gauche de la Sambre. En amont sur la Sambre, la dépendance de Salzinnes accueillit vers 1197 une communauté de femmes dont l'incorporation officielle à l'ordre cistercien est attestée en 1204. Cette abbaye se maintint jusqu'à la fin de l'Ancien Régime. Dans le premier tiers du 13e siècle, les couvents des croisiers et des franciscains s'implantèrent dans la périphérie. Les 12e et 13e siècles virent aussi se développer l'activité hospitalière. Le premier hôpital de Namur, datant probablement du milieu du 12e siècle, fut remplacé vers 1270 par un second situé près du Pied du Château, à l'emplacement de l'actuel parlement wallon.

Le marché de Namur, cité en 1200, prit place sur les fossés du premier périmètre défensif de la rive gauche de la Sambre, s'inscrivant ainsi dans l'aire d'extension privilégiée de l'habitat urbain. À la tête de la franchise de la ville naissante, le comte plaça dès le 12e siècle un maire et des échevins réunis dans un organe aux fonctions judiciaires et administratives. Celui-ci fixa son siège en 1213 dans une maison voisine de la chapelle Saint-Rémy. Cet espace fut à l'origine de l'ancienne grand-place de Namur, créée entre 1514 et 1617 à la suite du déplacement de l'hôtel de ville. Le comte de Namur favorisa au 13e siècle l'économie locale en dotant la ville de moulins domaniaux de part et d'autre de la Sambre et en faisant aménager des halles au blé (à l'est de la maison de ville), au drap (sur le marché) et aux viandes (voisine du pont de Sambre). Les deux premières furent déplacées vers la rue des Fossés Fleuris et la rue des Brasseurs entre 1265 et 1300, laissant la place à des quartiers d'habitat répondant à la croissance démographique de la ville. Le 13e siècle fut aussi la période de formation du réseau de voiries en damier, dévolu principalement à l'activité artisanale, notamment textile, et reliant les quartiers anciens à Saint-Aubain. L'aboutissement du processus fut marqué par la construction de l'enceinte de réunion englobant toutes les zones d'habitat entre l'embouchure du Houyoux, ruisseau traversant la plaine alluviale et se jetant dans la Meuse à l'est du confluent, et le chapitre comtal, à l'ouest. Plus en aval, au-delà du Houyoux, la comtesse de Namur Yolande accorda en 1214 une

Namur : esplanade des jeux construite par l'architecte Hobé à la citadelle

Namur : hôtel Château de Namur à la citadelle

charte de franchise à la Neuve Ville, citée dans les textes en 1192. Sa limite orientale était l'église Saint-Nicolas primitive consacrée par l'évêque de Liège en 1153. S'y développèrent dès le 13e siècle plusieurs activités artisanales dont la brasserie. Dans la rue qui y donnait accès s'implantèrent toutes les tanneries de Namur et une partie des potiers de terre. Dans les prés en aval se tenait annuellement la foire d'Herbatte. Dans les autres zones extérieures à l'enceinte se développèrent des activités maraîchères et viticoles d'une part, extractives d'autre part. Les lieux-dits de Buley et de La Plante accueillent l'essentiel des vignes namuroises dès le 13e siècle, avec à la clé une production locale de vin bien cotée pour l'époque. Les carrières d'Herbatte, à l'est de la Neuve Ville, ont été exploitées de longue date pour la pierre calcaire destinée aux métiers de la construction.

Au 16e siècle, Namur acquit une dimension supplémentaire. Elle devint siège d'évêché en 1559. Le chapitre Saint-Aubain, renforcé par les chanoines de Saint-Pierre au château, devint cathédral. Les institutions centrales du comté aménagèrent en ville, laissant le château à la seule fonction militaire. La ville fut un temps la capitale des territoires des Pays-Bas demeurés fidèles à l'Espagne, au moment de la *reconquista* entamée en 1578. C'est aussi l'époque où elle choisit de moderniser son architecture, remplaçant progressivement le pan de bois par la brique, toujours associée à la pierre bleue. Le processus aboutit à l'image du vieux Namur d'aujourd'hui, avec ses maisons de style traditionnel. Enfin, c'est au 16e siècle qu'est finalisée la construction du dernier périmètre défensif de la ville, débuté dès le 14e siècle. Les travaux postérieurs ne consisteront plus qu'en son renforcement.

Au 17e siècle, la croissance démographique en ville se traduit par une occupation plus intense des espaces déjà construits. Les zones semi-rurales sont seulement exploitées pour l'implantation de nouveaux couvents, d'hôtels de maître et de casernes. La ville subit à la fin du siècle deux sièges qui restèrent célèbres. En 1692, les troupes françaises conduites par le roi Louis XIV lui-même prirent Namur. En 1695, la ville fut reprise par l'armée alliée de la Ligue d'Augsbourg. Au terme du siège de 1746 par les troupes de Louis XV, l'ingénieur Jean-Baptiste Larcher d'Aubancourt entreprit les plans nécessaires à la réalisation du plan en relief, constituant une source de première qualité pour la connaissance de la ville. Après l'annexion des anciens Pays-Bas méridionaux à la France en 1795, Namur devint le siège de la préfecture du département de Sambre et Meuse. Les nouvelles institutions correspondant à la structure administrative imposée par la Révolution française, puis par l'Empire napoléonien s'y installèrent. Sous le régime hollandais et lors de l'indépendance de la Belgique, la ville resta le chef-lieu de la province de Namur. Au 19e siècle, abandonnant son statut de ville forte, elle retrouva sa vocation de lieu d'échanges grâce au développement du chemin de fer sur l'axe industriel du bassin de la Sambre et de la Meuse. Les espaces libérés par les couvents supprimés permirent de nouveaux lotissements et le percement de nouvelles rues. Namur ne fut pourtant que modérément touchée par l'industrialisation. Seules sortent du lot la verrerie dans l'ancienne Neuve Ville et en Herbatte, et les ateliers ferroviaires à Salzinnes. Par contre, les activités de service s'y sont fortement développées dès le 19e siècle et plus encore au 20e. Le commerce et l'enseignement, comme la fonction administrative, y occupèrent dès cette époque une place importante. Namur devint aussi un centre régional d'activités culturelles et touristiques. Les deux conflits mondiaux du 20e siècle furent à l'origine de destructions importantes dans le centre de la ville. En 1914, par exemple, les quartiers entourant l'ancienne grand-place furent copieusement bombardés par les troupes allemandes. Ils nécessitèrent une reconstruction qui en modifia considérablement la morphologie initiale. En conséquence de la fédéralisation de l'État belge, le parlement de la Région wallonne fut amené à choisir la capitale de la nouvelle entité. Il choisit Namur par décret du 11 décembre 1986.

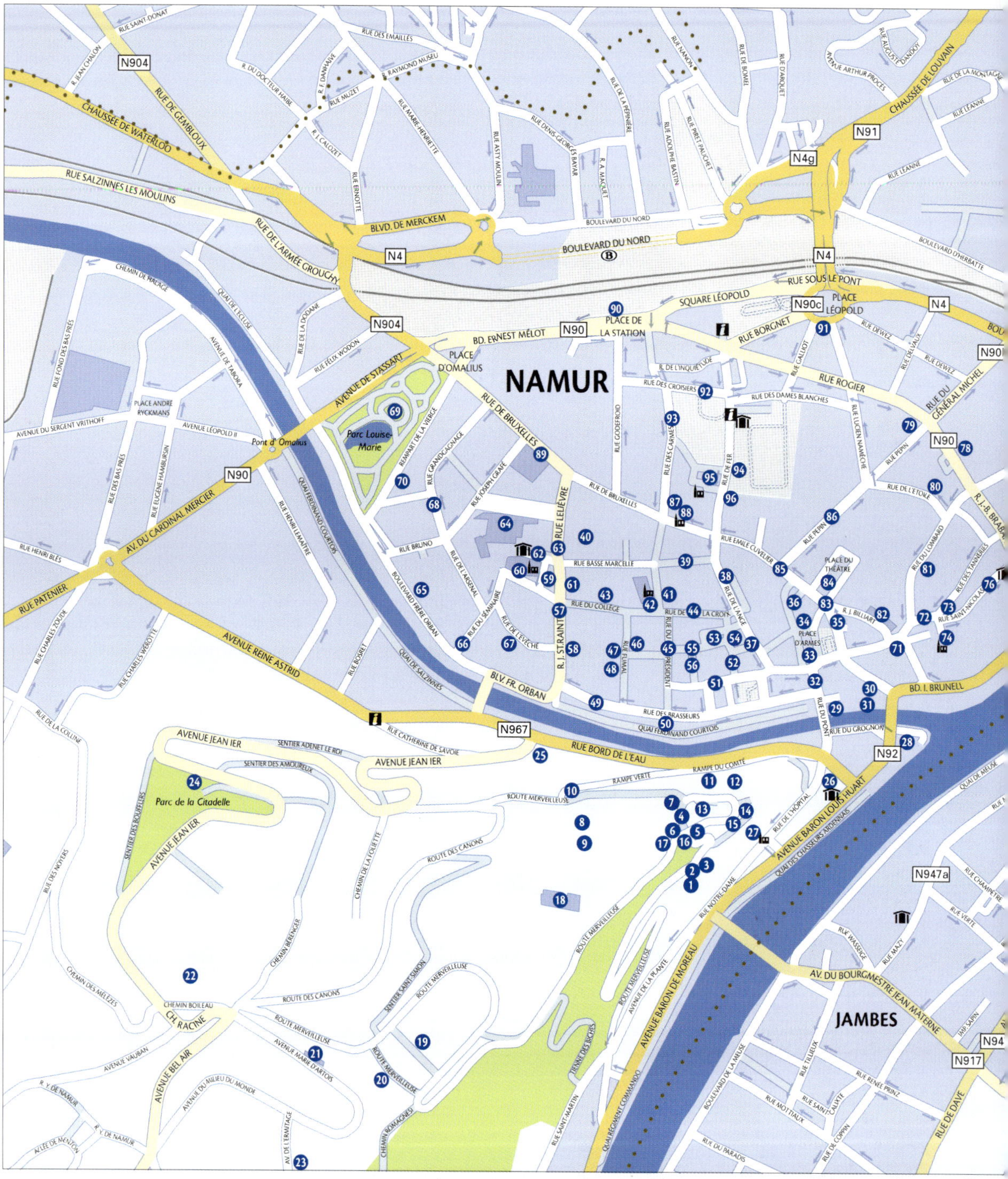

À VOIR

1 Tour Joyeuse
2 Tour César
3 Petit jardin d'inspiration médiévale
4 Fossé médiéval du 12e siècle
5 Deux tours du 13e siècle
6 Chapelle Saint-Pierre
7 Tour Dessus Bordial
8 Deuxième fossé
9 Ancienne poudrière du 19e siècle
10 Rampe Verte
11 Escalier dit des Pas de géants
12 Puits
13 Logis comtal du bas Moyen Âge
14 Tour du guetteur
15 Tour à la citerne
16 Pont des Hollandais
17 Parfumerie
18 Terra Nova
19 Esplanade des jeux
20 Théâtre de verdure
21 Ancien palais forestier
22 Lunette de fortification
23 Hôtel Château de Namur
24 Tour Carrée
25 Porte de Bordial
26 Hospice Saint-Gilles
27 Église Saint-Materne
28 Statue équestre du roi Albert Ier
29 Halle à la Chair
30 Maison de la Culture
31 Porte de Sambre et Meuse
32 Rue du Pont
33 Place d'Armes
34 Bourse de commerce
35 Tour Marie Spilar
36 Beffroi

37 Rue de l'Ange
38 Pompe de l'Ange
39 Rue Haute-Marcelle
40 Tour Baduelle ou de la Monnaie
41 Hôtel de Lemède de Waret
42 Église Saint-Loup
43 Athénée royal
44 Rue de la Croix
45 Rue du Président
46 Porte baroque
47 Musée provincial Félicien Rops
48 Maison de la Poésie
49 Rue des Brasseurs
50 Porte de Sambre
51 Rue des Fossés fleuris
52 Rue de la Halle
53 Marché aux Légumes
54 Église Saint-Jean-Baptiste
55 Rue Saint-Jean
56 Place Chanoine Descamps
57 Rue J. Saintraint
58 Musée de Groesbeeck-de Croix
59 Place Saint-Aubain
60 Cathédrale Saint-Aubain
61 Gouvernement provincial
62 Musée diocésain
63 Rue Lelièvre
64 Palais de Justice
65 Arsenal
66 Rue du Séminaire
67 Palais épiscopal actuel
68 Rue Grandgagnage
69 Parc Louise-Marie
70 Chapelle Notre-Dame du Rempart
71 Porte de l'ancien refuge de l'abbaye de Floreffe
72 Place l'Ilon
73 Maison des Tanneurs
74 Hospice d'Harscamp
75 Cheval Bayard
76 Rue Saint-Nicolas
77 Église Saint-Nicolas
78 Musée africain
79 Grand Manège
80 Ancien couvent des célestines
81 Mont-de-piété
82 Trésor d'Hugo d'Oignies
83 Statue de Nicolas Bosret
84 Théâtre royal de Namur
85 Rue Émile Cuvelier
86 Rue Pépin
87 Hôpital Saint-Jacques
88 Église Saint-Jacques
89 Rue de Bruxelles
90 Gare de Namur
91 Hôtel Bibot
92 Rue des Carmes
93 Rue des Croisiers
94 Hôtel de ville de Namur
95 Église Saint-Joseph
96 Hôtel de Gaiffier d'Hestroy

À VOIR

ENTRE SAMBRE ET MEUSE

La **citadelle de Namur** est le site le plus remarquable de la ville. Elle domine les vallées de la Meuse et de la Sambre depuis l'éperon rocheux surplombant le confluent jusqu'aux abords de l'ancienne forêt de Marlagne. Son développement s'échelonne depuis le haut Moyen Âge. Des traces d'occupation remontant au plus tard à la période carolingienne y ont été mises au jour. Les textes révèlent que le comte du *pagus Lomacensis*, puis de Namur demeura sur le promontoire rocheux dès le 10e siècle, moment du choix de Namur comme capitale de sa principauté. Le château resta la résidence comtale principale jusqu'au décès du dernier comte particulier, Jean III, en 1429. À cette date, la vente du comté de Namur à Philippe le Bon, duc de Bourgogne, devint effective. Celui-ci fut remplacé au château par son représentant, le gouverneur. Mais bientôt, les institutions civiles établies dans le giron du comte émigrèrent en ville, sur la rive gauche de la Sambre. Parallèlement, les fortifications castrales commencèrent à s'étendre sur le plateau de Champeau vers la Marlagne. Le plus ancien plan connu de la ville, daté des environs de 1575, représente ces premiers bastions, prémices de la citadelle des Temps Modernes. Confirmant la fonction militaire du château, la suppression du chapitre Saint-Pierre en 1560 par la réunion des prébendes canoniales à celles de Saint-Aubain signifia la disparition d'une institution ecclésiastique fondée au 12e siècle par les comtes de Namur. Situé à la pointe de l'éperon, sur une terrasse en contrebas du logis comtal du bas Moyen Âge, le quartier canonial entourait la collégiale Saint-Pierre. Les maisons des chanoines furent détruites après 1560 et la collégiale disparut après le siège de 1746, suite à l'explosion d'un magasin à poudre tout proche lors du bombardement de la citadelle par les troupes du roi de France, Louis XV. Durant toute la période moderne, le château, puis la citadelle eurent à subir régulièrement le siège d'armées étrangères. Au centre de l'Europe occidentale, Namur devint un verrou convoité par les grandes puissances des Temps Modernes. Le siège le plus célèbre est celui de 1692, où les troupes françaises emmenées par Vauban, en présence du roi Louis XIV, prirent la citadelle. Après la prise de la ville par les révolutionnaires français en 1794, le site conserva sa vocation militaire. Les Hollandais le restaurèrent et l'aménagèrent en profondeur. L'importance militaire de la citadelle se réduisit à la fin du 19e siècle du fait de la construction d'une série de forts sur les hauteurs de la ville. Une partie du site fut confiée à la ville, qui l'aménagea progressivement en lieu de villégiature. Seuls y demeurèrent des espaces de casernement. Le départ de la dernière unité militaire, des paracommandos, date de 1977. En 1975, l'ensemble des terrains fut cédé à la ville de Namur, qui y développe depuis des activités touristiques.

En empruntant la Route Merveilleuse gravissant le versant côté Meuse, on accède à l'espace fortifié. Les premiers éléments remarquables sont les **tours Joyeuse** ❶ et **César** ❷, qui surplombent le pont de Jambes. Leur construction remonte au dernier quart du 15e siècle. Avec des murs contemporains, elles assuraient la jonction entre les fortifications urbaines aux abords du pont et le deuxième périmètre défensif du château. La tour César est l'ancienne tour sur la Rochette construite en 1475. Juste à côté, un **petit jardin d'inspiration médiévale** à flanc de coteau ❸ vient d'être aménagé. En poursuivant son ascension, la route emprunte le fossé médiéval du 12e siècle ❹. De cette période persiste le barrage de l'éperon en pierre sur lequel sont venues se greffer les **deux tours du 13e siècle** encore conservées ❺. Dans ce mur, une pierre de remploi comporte une inscription funéraire d'un citoyen romain datant du 1er siècle. Les tours semi-circulaires de flanquement furent construites à la fin du 13e siècle, sans doute sous le règne de Guy de Dampierre, comte de Flandre et de Namur. Le soin apporté à leur construction et les matériaux utilisés dénotent une influence certaine de la construction castrale française initiée sous le roi Philippe Auguste. Elles furent par la suite modifiées par le percement de fenêtres et la suppression d'au moins un étage. En face de ces tours, de l'autre côté de la Route Merveilleuse, la **chapelle Saint-Pierre** ❻ fut construite en 1754, en remplacement

Namur : Halle à la Chair de la fin du 16e siècle

Namur : fronton de la porte de Sambre et Meuse

de l'ancienne collégiale détruite en 1746. Ce modeste édifice en moellons de grès et calcaire de plan rectangulaire fut restauré au 19e siècle et a été pour partie reconverti en salle d'exposition du service d'archéologie de la province de Namur. Celui-ci occupe en contrebas un ancien bâtiment d'état-major postérieur à la Première Guerre mondiale. La **tour Dessus Bordial** ⑦, voisine de cet ensemble, est le seul vestige visible de l'enceinte du 14e siècle renforçant les structures défensives du château. Elle est actuellement intégrée à la porte de Médiane, enceinte bastionnée achevée dans le courant du 16e siècle. Celle-ci est délimitée à l'ouest par un **deuxième fossé** ⑧**,** comprenant une **ancienne poudrière du 19e siècle** ⑨, accueillant actuellement les réserves de la Cinémathèque royale de Belgique. Au-delà du fossé, il est possible de redescendre en ville par la **Rampe verte** ⑩**.** À l'est de la tour Dessus Bordial, l'**escalier dit des Pas de géants** ⑪**,** datant du 19e siècle, conserve le tracé de l'ancien accès au château depuis la ville. Il était originellement jalonné d'une série de bâtiments dont ne reste aujourd'hui qu'un **puits** ⑫ remontant certainement à la période médiévale. Il est actuellement intégré à une casemate et le système de pompage conservé remonte au 19e siècle. L'escalier permet aussi l'accès à des terrasses artificielles aménagées pour le renforcement de la citadelle contre l'artillerie moderne. Le tracé de la Route Merveilleuse longe un imposant bâtiment reparementé au 19e siècle et comportant des vestiges de l'ancien **logis comtal du bas Moyen Âge** ⑬**.** Pour accéder à son étage supérieur, la route passe devant les vestiges des murs de l'ancienne collégiale Saint-Pierre, construite au 12e siècle et détruite en 1746, intégrés à un talus, d'une part, et l'esplanade de la **tour du guetteur** ⑭**,** d'autre part. Celle-ci fut construite en 1852 pour abriter les personnes chargées de surveiller la ville et d'alerter les habitants en cas d'incendie. En amont de cette structure, la **tour à la citerne** ⑮ fut reconstruite au début du 19e siècle à l'emplacement d'une ancienne, de forme pentagonale, remontant au 13e-14e siècle. Comme son nom l'indique, elle était destinée à l'alimentation en eau du château. Au-delà du **pont des Hollandais** ⑯, construit au début du 19e siècle pour franchir le fossé médiéval, un bâtiment de la même période, originellement destiné à un laboratoire d'artillerie, est actuellement occupé par une **parfumerie** ⑰**.** En poursuivant la route, on accède à **Terra Nova** ⑱**,** dernière enceinte bastionnée établie au 17e siècle. Dans cet espace, un bâtiment casematé, aux murs et voûtes renforcées datant de la période hollandaise, remplissait la fonction de caserne pour 1200 soldats. C'est aussi de Terra Nova que partent les grands souterrains voués originellement à la circulation des soldats entre les différents secteurs de la citadelle à l'abri de l'ennemi. En contrebas de la caserne, le hangar aux affûts construit vers 1840 était destiné à l'entreposage des affûts de canon de l'armée belge. En face fut aménagée une poudrière casematée et entourée d'un vide ventilé. La Route Merveilleuse aboutit à l'**esplanade des jeux** ⑲ et au **théâtre de verdure** ⑳, construits en 1909-1910 par l'architecte Georges Hobé dans le cadre du projet de parc lancé à l'instigation du bourgmestre Henri Lemaître avec l'appui du roi Léopold II. C'est dans ce même cadre que s'inscrit l'**ancien palais forestier** ㉑ bâti en 1901 par l'architecte bruxellois Henri Van Massenhove et récemment restauré par la ville. Le parc comporte aussi un espace arboré composé de plusieurs essences remarquables. À proximité, une **lunette de fortification** ㉒ construite à la période hollandaise avec deux autres disparues depuis, s'est substituée au Fort d'Orange de l'ingénieur militaire Coehoorn, concurrent de Vauban. En empruntant l'avenue Marie d'Artois, puis l'avenue de l'Ermitage, on accède à l'**hôtel Château de Namur** ㉓**,** construit après la guerre 14-18. En redescendant côté Sambre par l'avenue Jean Ier, la **Tour Carrée** ㉔ témoigne de l'architecture militaire de la période hollandaise. Il s'agit d'un bâtiment en calcaire, très bas et taluté, comportant de longues fentes de tir et des percements répartis entre les contreforts. Au bas de cette route, la **porte de Bordial** ㉕, datant du 17ᵉ siècle et reparementée au 19ᵉ, refermait l'enceinte de Terra Nova côté Sambre et servait de porte d'accès à Namur. Son portail 18ᵉ, en brique et pierre bleue, en est l'élément le plus remarquable.

En longeant la Sambre par la rue des Moulins, l'ancien **Hospice Saint-Gilles** ㉖ marque le début de la rue Notre-Dame. Son origine remonte au 13ᵉ siècle. En effet, l'hôpital de Namur fut fondé à cet endroit entre 1266 et 1270 par la bourgeoisie locale. Il succédait à une première institution qui se situait près du pont de Jambes actuel. À l'origine, il ne s'agissait que d'un bâtiment de plan rectangulaire entre la rue et la rive de la Meuse, dont des vestiges retrouvés lors de fouilles archéologiques menées en 1990-91 ont été partiellement conservés en sous-sol. Jusqu'en 1571, la gestion courante de l'institution fut assurée par une confrérie laïque composée de bourgeois de Namur disposant de moyens suffisants pour obtenir une prébende de haut rang. Le service spirituel était exercé par un ou deux prêtres. Après cette date, le relais fut pris par du personnel salarié composé d'un gouverneur, de servantes et d'un curé. Depuis le 13ᵉ siècle, les autorités urbaines ont exercé un contrôle permanent sur l'hôpital, renforcé dans la seconde moitié du 14ᵉ siècle lors de la création d'élus de Namur spécialement chargés des finances de la ville et de la bienfaisance publique. Si à l'origine, l'institution accueillit des pèlerins, des pauvres et des malades, elle fut au fil du temps de plus en plus destinée à un public namurois, ce qui nécessita son extension entre le 14ᵉ et le 16ᵉ siècle. La réforme de 1571 visait aussi à mieux contrôler la pauvreté, perçue comme une menace pour l'élite sociale. Elle imposa ainsi l'enfermement des nécessiteux au sein de l'établissement. En temps de crises, celui-ci fut transformé en hôpital militaire ou des pestiférés. Après la Révolution française, sa gestion fut confiée à la nouvelle institution des hospices civils de Namur. Il conserva sa fonction d'hospice polyvalent accueillant malades, enfants orphelins ou abandonnés, malades et vieillards. Jusqu'en 1965, il ne servit plus qu'à l'hébergement de personnes âgées de condition modeste. Après une profonde rénovation entre 1991 et 1998, il abrite aujourd'hui les locaux du **parlement wallon**. Les bâtiments actuels sont le fruit de deux campagnes de reconstruction principales. La direction acquit entre le 14ᵉ et le 16ᵉ siècle neuf maisons situées de part et d'autre de l'implantation primitive. Au terme de cette phase, elle décida de renforcer la cohérence du complexe hospitalier. Des bâtiments du début du 16ᵉ siècle demeure celui, de style gothique, avec façade en calcaire sur la rue Notre-Dame. L'ensemble actuel fut recomposé en brique et pierre bleue entre 1667 et 1724, à partir du bâtiment du 16ᵉ siècle. Son architecture fonctionnelle est marquée par ses grandes fenêtres de style Louis XIII, ses portails baroques et la régularité de son plan en U ouvert côté Meuse. L'aile est, et son retour rue Notre-Dame, furent construits entre 1667 et 1671 à l'initiative d'un couple de bourgeois de Namur, Nicolas Chaveau et Anne Leveau, comme le rappellent deux stèles baroques fixées dans les murs des deux chapelles superposées. Cette superposition des oratoires dédiés à saint Nicolas et saint Gilles respecte la disposition traditionnelle de l'hôpital médiéval à deux niveaux. Un deuxième chantier entre 1699 et 1701 permit de renouveler l'aile nord de l'hôpital tout en respectant le style architectural choisi. L'aile ouest, destinée aux dortoirs des hommes et, en sous-sol, aux éléments d'intendance, ainsi que les deux pavillons côté Meuse abritant les latrines datent de 1724. Celles-ci étaient raccordées à un canal d'évacuation courant du pont de Jambes au Grognon, aménagé au 16ᵉ siècle et toujours en fonction aujourd'hui.

Malgré les profondes mutations subies depuis le début du 19ᵉ siècle, la rue Notre-Dame a conservé un gabarit de type médiéval qui contraste nettement avec le boulevard baron Huart, côté Meuse. Dans la rue Notre-Dame, l'**église Saint-Materne** ㉗**)**, adossée à la citadelle, bâtie vers 1899, rappelle modestement l'emplacement de l'ancienne collégiale Notre-Dame, siège de la paroisse primitive de Namur depuis l'époque mérovingienne, détruite au début du 19ᵉ siècle. À la pointe du Grognon, au confluent de la Sambre et de la Meuse, l'imposante **statue équestre du roi Albert Iᵉʳ** ㉘, datant de 1954, est l'œuvre du sculpteur namurois Victor Demanet.

NAMUR CENTRE SUR LA RIVE GAUCHE DE LA SAMBRE

Juste au-delà du pont de Sambre, dont l'emplacement n'a pas changé depuis la fin du 12ᵉ siècle, la **Halle à la Chair** ㉙ est un des édifices majeurs de la capitale wallonne. Elle fut construite à la demande du gouvernement de Bruxelles entre 1588 et 1590 à l'emplacement de l'ancienne halle aux viandes en pans de bois. Le chantier fut dirigé par les maîtres des ouvrages du comté de Namur, Bastien Sion et Conrad de Nuremberg. C'était alors le principal lieu de vente de viande et de poisson de mer. Depuis 1806, le bâtiment est propriété communale. La ville y installa en 1856 son **musée archéologique**, dont la gestion fut confiée à la Société archéologique de Namur. Il s'agit d'une construction typiquement mosane de style traditionnel. Sur un haut soubassement en pierre calcaire, le bâtiment de plan rectangulaire est en brique et pierre bleue. Sur la rue du Pont, le portail d'entrée est surmonté d'une dalle de pierre aux armes de Philippe II d'Espagne, martelées à la Révolution française et repeintes par après. L'édifice est coiffé d'une toiture en ardoise percée par deux rangées de lucarnes. Gravement endommagée en 1940 lors de la destruction du pont de Sambre, la halle fut restaurée en 1948-49 par l'architecte Puissant et le musée réouvert en 1950. Jusqu'aujourd'hui, la Société archéologique de Namur y expose ses collections d'archéologie pré- et protohistorique, romaine et mérovingienne provenant exclusivement de sites de la province de Namur. On peut également y voir la reproduction partielle du plan en relief de la ville de Namur de 1750, dont l'original (conservé à Lille) fut réalisé par l'ingénieur français Larcher d'Aubancourt après la prise de Namur par les troupes de Louis XV. Il offre une vue relativement fidèle de la ville à la fin des Temps Modernes.

À l'arrière de la halle sur l'avenue Golenvaux, la **Maison de la Culture** ㉚ de la Province de Namur marque le paysage de son empreinte au débouché du pont de France, qui franchit la Sambre. Œuvre des architectes Collin, Lambeau et Bourgeois, elle fut inaugurée le 24 mai 1964. Elle remplit une importante fonction culturelle en abritant une salle de spectacle, plusieurs espaces d'exposition, une bibliothèque et une médiathèque. Dans le jardin voisin, conçu par René

Namur : Beffroi, ancienne tour de fortification Saint-Jacques

Pechère, la **Porte de Sambre et Meuse ㉛** permet d'accéder au chemin de halage de la Sambre. Elle constitue le dernier témoignage visible de l'ancienne organisation du quartier des bouchers, radicalement modifiée suite aux destructions engendrées par les deux conflits mondiaux. Il s'agit d'un portail de style baroque en calcaire dessiné par l'architecte Denis Georges Bayart en 1728. Au-dessus de la clé saillante frappée du lion de Namur, un imposant fronton courbe est brisé par une coquille dans laquelle deux vieillards couchés versent de l'eau, symbolisant le confluent.

Rue du Pont ㉜, la belle **maison classique** du début du 18e siècle située aux numéros 7-9 est construite en pierre bleue, structurant des allèges en brique. Elle est constituée de quatre niveaux dont le premier transformé en commerce. La toiture en bâtière est percée de deux lucarnes à fronton. Le côté ouest de cette rue a été complètement reconstruit dans des styles anciens après la Première Guerre mondiale. Au bout de cette artère, la **place d'Armes ㉝** est aussi le fruit des remaniements urbanistiques rendus nécessaires par la destruction de la grand-place et de l'hôtel de ville en 1914. Elle fut aménagée à l'emplacement de celui-ci au début des années 1920, tandis que l'ancien espace public fut modifié par la création de la rue Marchovelette et les reconstructions de maisons à front de rue. La **bourse de commerce ㉞,** située au nord de la place et dont l'allure de la façade rappelle vaguement celle de l'hôtel de ville du 16e siècle, date de 1934. Après avoir accueilli le Conseil régional wallon jusqu'en 1999, elle fut récemment restaurée en profondeur et transformée en centre de congrès. La place d'Armes fit quant à elle l'objet d'importants travaux entre 1996 et 1999 pour la rendre piétonne et y aménager un parking souterrain. Elle est maintenant recouverte d'un plancher en bois agrémenté de trois fontaines, conçu par les architectes Liard et Poncelet. Au sous-sol, l'entrée du parking communique avec des latrines médiévales en pierre, remarquablement conservées. Retrouvées lors des fouilles archéologiques menées à cet endroit, elles furent remontées *in situ* lors de la construction du parking. Au nord-ouest de la place, les **statues** en bronze **de *Djoseph* et *Françwès***, accompagnés de deux escargots dont un en cage, sont un hommage à leur créateur namurois, Jean Legrand. À l'est de la place d'Armes, la rue de la Tour tient son nom de la **tour Marie Spilar ㉟**, venue renforcer entre 1388 et 1390 l'enceinte urbaine du 13e siècle. Restaurée en 1949 par les architectes Lalière, la tour de plan semi-circulaire est une construction massive en calcaire. Au rez-de-chaussée, presque aveugle, trois archères contribuaient à la défense des murs. Au premier étage, une porte permettait l'accès aux courtines de la fortification. Au nord de la bourse de commerce, le **beffroi de Namur**, l'ancienne tour Saint-Jacques **㊱,** reconnu Patrimoine mondial de l'humanité par l'UNESCO, était situé sur le même périmètre défensif urbain. Également destinée à l'origine à renforcer l'enceinte du 13e siècle, cette tour fut construite en 1388 par le maître maçon Godefroid de Bouffioulx. Elle a toutes les caractéristiques de ce type de construction militaire. De plan circulaire, l'édifice est construit en pierre calcaire. L'élévation primitive fut probablement réduite au 16e siècle par la suppression de deux étages. L'édifice fut restauré en 1733 comme l'indiquent les ancres du sommet : *SPQNR 1733*. La fonction de beffroi ne lui fut attribuée que bien après la désaffectation de l'enceinte qu'elle desservait, en 1746, suite à la destruction de celui situé au château. En effet, depuis au moins le 14e siècle, le beffroi urbain, sans doute une ancienne tour de défense du comte reconvertie par l'adjonction de cloches et d'une horloge, servait aussi de tour à la collégiale Saint-Pierre au château. Dès le 16e siècle, la tour Saint-Jacques devint la cloche-porte servant à signaler la fermeture des portes urbaines. La toiture fut renouvelée dans sa forme actuelle en 1733. Elle comporte un campanile, une superstructure en cloche et une flèche bulbeuse. Elle est aussi percée de lucarnes en bois et dotée d'une horloge et d'une girouette. À l'intérieur, plusieurs aménagements furent destinés à le rendre habitable par un concierge. Malgré des conditions spartiates, cette fonction d'habitat fut maintenue jusqu'au 20e siècle.

En face du beffroi, l'*Espace beffroi* est une longue galerie reconvertie en salle d'expositions temporaires. En empruntant la rue de la Monnaie, créée en 1734 à l'emplacement de l'ancien hôtel servant d'atelier de frappe monétaire, on accède à la **rue de l'Ange ㊲**. Cette rue, dont l'origine du tracé remonte au moins à la période carolingienne, doit son nom à un ancien hôtel cité au 15e siècle, intégré au 17e dans le couvent des ursulines. Depuis 1200 certainement, elle reçut la fonction de marché, ce qui explique ses anciennes appellations de Grand Marché et Marché des Fèvres. La place centrale était originellement occupée par une halle aux draps désaffectée dès la fin du 13e siècle au profit de l'habitat qui s'y maintint jusqu'au 20e siècle. Le nom actuel est incarné par la **pompe de l'Ange** 38, située sur la place dégagée lors de la destruction en 1937 de ce quartier central, bordé à l'arrière par l'ancienne rue de la Cloche. Œuvre du sculpteur namurois François-Joseph Denis datée de 1791, elle est constituée d'un piédestal surmonté d'un ange jouant de la trompette. L'ensemble est en pierre bleue et de style Louis XVI. La rue de l'Ange est bordée de nombreuses constructions de style traditionnel en brique et pierre bleue remontant aux 17e et 18e siècles qui lui confèrent une certaine harmonie, malgré la transformation des rez-de-chaussée en devantures commerciales. Il faut aussi noter quelques maisons de styles différents. Telle, au coin de la rue des Échasseurs, la très belle **maison d'angle** en pierre bleue de style classique du début du 18e siècle, disposant de trois étages entièrement ouverts sur les quatre travées donnant sur la rue de l'Ange. La corniche en pierre est surmontée de trois lucarnes à croupe. Au centre de l'îlot situé entre la rue de la Monnaie et la place, une belle maison baroque en brique et pierre est datée de 1680 dans un cartouche entre les deux étages. Au premier étage, les linteaux des fenêtres forment la base de frontons courbes moulurés. Deux autres maisons de style classique sont non moins remarquables. Celle comportant sur sa façade en pierre un cartouche martelé et l'inscription *A L'ECU DE FRANCE* fait référence à une enseigne très ancienne, déjà présente au Marché des Fèvres en 1430. La deuxième, en brique et pierre bleue, est datée par un cartouche de 1738 comprenant l'enseigne sculptée *AU CHEVAL RELEVE*. La plupart des maisons traditionnelles de Namur ont été construites à l'emplacement d'anciens bâtiments en pans de bois sur soubassements sous planchers en pierre. À partir du 16e siècle, les sous-sols sont progressivement transformés en caves voûtées. De beaux exemples peuvent être identifiés rue de l'Ange. Aux nos 12-14 par exemple, une cave de style gothique en pierres de taille et moellons calcaires est divisée par un alignement de quatre colonnes. Sa voûte est constituée de dix croisées d'ogives séparées par des arcs doubleaux.

Entre la rue de l'Ange et Saint-Aubain, le réseau routier urbain forme une sorte de damier irrégulier dont la majeure partie a conservé un gabarit de type médiéval ou traditionnel. C'est particulièrement le cas de la **rue Haute-Marcelle** 39 débutant dans la section nord de la rue de l'Ange. Les maisons qui la bordent sont principalement en brique et pierre bleue de type traditionnel. Autre particularité, les rez-de-chaussée n'ont pas été transformés en vitrines commerciales modernes et ont conservé leurs caractéristiques d'origine. À noter aussi que l'enseigne du Pot d'or, probablement du 18e siècle, d'une des premières maisons de la rue a été remployée pour une construction néoclassique datée de 1870. Cette enseigne est en effet déjà mentionnée à cet endroit dans la première moitié du 17e siècle. Au coin de la rue Basse-Marcelle et de la rue de l'Ouvrage, tracée en 1736, la **maison** formant l'angle coupé est datée par ses ancres sur la façade de 1775. Il s'agit d'un bâtiment de style traditionnel tardif en brique et pierre bleue. Au centre du premier étage, une grande niche en pierre coiffée d'un fronton abrite une armoire vitrée en bois contenant une statue de la Vierge. En poursuivant vers l'ouest dans la rue Basse-Marcelle, on peut distinguer sur la droite, dans l'enceinte du lycée de Namur, la **tour Baduelle ou de la Monnaie** 40 ; bien que remaniée, elle constitue le seul vestige encore en élévation des structures primitives de l'enceinte urbaine du 13e siècle. De plan semi-circulaire, cette structure est bâtie en moellons. L'intérieur conserve quelques éléments du dispositif d'origine, notamment la porte d'accès aux courtines et des archères.

Namur : Djoseph et Françwès, statues en bronze sur la Place d'Armes

À la jonction de la Basse et de la Haute Marcelle, on peut emprunter vers le sud la rue Saint-Loup. Sur la gauche, celle-ci est bordée par l'**hôtel de maître de Lemède de Waret** 41 en brique et pierre bleue, disposé en U et clôturé à rue par un mur. D'inspiration classique, ce bâtiment est le fruit de chantiers de construction de la fin du 18e et du début du 19e siècle. Il fait face à l'exceptionnelle **église paroissiale Saint-Loup** 42, dont le portail axial donne sur la rue du

Namur : vue depuis la citadelle de la cathédrale Saint-Aubain

Collège. À l'origine, il s'agissait de l'église Saint-Ignace du collège des pères jésuites de Namur, fondé en 1610. Après la suppression de la Compagnie en 1773, elle devint église paroissiale en remplacement de celle située à l'emplacement de l'actuelle place Marché aux Légumes. Il s'agit d'un édifice de style baroque construit entre 1621 et 1645 sur les plans du jésuite Huyssens, un des architectes attitrés de la Compagnie au début du 17e siècle. Si le plan de l'église est relativement classique, c'est par sa décoration qu'elle se distingue particulièrement. La façade refaite entre 1860 et 1867 respecte le style de celle d'origine, hormis pour le matériau. Elle conserve en effet un style typiquement baroque par la juxtaposition d'éléments décoratifs caractéristiques, faits notamment de colonnes, de pilastres et de chapiteaux. Le décor intérieur, également de style baroque, est particulièrement riche. De puissantes colonnes baguées à chapiteaux ioniques portent les arcades. Les marbres noirs et rouges s'accordent à l'impressionnante décoration de la voûte. La voûte centrale en berceau à lunettes a été sculptée dans de la pierre de sable de Maastricht. Elle est richement décorée de motifs naturalistes. Dans le chœur de plan semi-circulaire, le maître-autel en bois peint contient un grand crucifix gothique. Les autels latéraux en marbre blanc et noir sont datés de 1649 et de 1677. L'intérieur est complété par du mobilier qui s'intègre remarquablement à l'architecture. L'**athénée royal** ㊸ voisin est en fait l'ancien collège des jésuites. Lors de la suppression de celui-ci, il devint collège royal, puis, sous la période française, l'École centrale du département de Sambre-et-Meuse. Enfin, de 1803 à 1816, la ville géra directement l'établissement avant sa transformation en athénée, maintenant ainsi sa vocation d'enseignement ininterrompue. Les bâtiments d'origine, en brique et pierre bleue, furent construits peu avant l'église, entre 1611 et 1620. Leur style est cependant d'inspiration traditionnelle. De l'aile à rue, seul demeure d'origine le portail d'entrée en plein cintre daté de 1614. Le reste fut considérablement remanié aux 18e et 19e siècles. Autour de la cour intérieure, l'aile ouest est la plus ancienne : elle remonte à 1611. Pratiquement contemporaine, l'aile nord encadre une tour rectangulaire massive en saillie. Sa partie gauche se vit adjoindre en 1661 une tourelle pentagonale dont l'entrée est surmontée d'une belle niche baroque destinée à une statue gothique de la Vierge à l'Enfant et du chronogramme *MarIae VirgInI DeIparae CLIentes*. Entre la tour et l'aile à rue, une galerie de style Renaissance, datant sans doute de la deuxième moitié du 17e siècle et surmontée d'un étage construit au 19e, départageait l'espace destiné à l'enseignement à l'ouest et celui réservé à la communauté jésuite à l'est autour de la seconde cour. De ce côté, une aile moins importante fut construite en 1739. Au coin des rues Basse-Marcelle et Saint-Loup, un bâtiment de style néo-classique intègre l'ensemble classé.

La rue du Collège se caractérise par une succession de maisons et d'hôtels de maître témoignant de la place prise par cette ancienne portion de la rue de la Croix dès le 17e siècle. Quelques-uns de ces bâtiments sont classés. En face de l'église Saint-Loup, au n° 17, le **presbytère** est en fait une ancienne maison privée réaffectée à cette fin en 1906 par la fabrique d'église. Elle fut construite en 1719 en brique et pierre bleue dans un style d'inspiration baroque. Sa façade est marquée par la superposition de pilastres doriques, ioniques et corinthiens, caractéristiques de cette architecture. Aux nos 31-35, un important **hôtel de maître** est actuellement occupé par des services de la province de Namur. Les bâtiments en brique et pierre bleue qui le composent allient les styles traditionnel et classique. Il est daté de 1742 par les ancres du pignon donnant sur la rue Fumal. À noter sa toiture d'ardoises à la Mansart percée sur deux niveaux de 14 lucarnes à croupe. Enfin, au n° 41, une **maison** en brique et pierre bleue de style baroque remonte à la seconde moitié du 17e siècle. Elle fut partiellement modifiée en façade dans le courant du siècle suivant. Entre la rue du Collège et la place de l'Ange, la **rue de la Croix** 44**,** citée dès le 13e siècle, doit son nom à un perron surmonté d'une croix autrefois au centre de la petite place voisine de l'église Saint-Loup. Cette artère commerciale comporte toute une série de maisons alternant les styles traditionnel et classique typiques de l'habitat privé du centre-ville. L'influence baroque se fait cependant sentir dans quelques cas, comme au n° 17, dans le décor des fenêtres du deuxième étage, ou au n° 44, par les éléments décoratifs entourant la porte-fenêtre de l'étage, munie d'une élégante grille du 19e siècle.

Depuis la petite place voisine de l'église Saint-Loup, la **rue du Président** 45 prend la direction de la Sambre. Son nom rappelle la présence de la demeure du président du Conseil provincial de Namur sous l'Ancien Régime. Cette institution s'y installa dès 1526, ce qui eut une influence sur le niveau social des habitants. Les artisans de l'industrie textile y furent progressivement remplacés par des magistrats souhaitant se rapprocher du Conseil. Ceci explique la présence d'hôtels et de maisons de maître. Les pouvoirs du Conseil émanaient directement du comte de Namur et s'étendaient aux matières à la fois législatives, administratives et judiciaires dans tout le ressort de la principauté. La suppression de l'institution en 1795 fut l'œuvre des révolutionnaires français. L'**ancien Conseil provincial** est actuellement occupé par la communauté scolaire Sainte-Marie de Namur, héritière de l'Institut tenu par la congrégation du même nom, fondée au 19e siècle à Namur. Il consiste en un hôtel de maître en brique et pierre bleue construit en 1661-1662. L'accès à l'avant-cour, fermée par un muret surmonté de grilles, se fait par un portail baroque en pierre bleue, encadré de pilastres surmontés d'une sphère. Sur le toit émerge la lucarne centrale en pierre cantonnée d'ailerons, sous un fronton triangulaire orné d'un mufle de lion. Aux nos 19-21 de la même rue, une plaque rappelle qu'*ici naquit François Bovesse poète député ministre gouverneur 1890-1944*. Il s'agit en effet de la maison natale de cet homme de lettres et homme politique namurois, ardent défenseur de la Wallonie, assassiné par des rexistes le 1er février 1944. En son milieu côté ouest, la rue du Président est coupée par la **rue Rupplémont**. À l'angle de la rue Fumal, une maison du 17e siècle est desservie par une **porte de style baroque** 46

Namur : façade de l'église Saint-Loup (détail)

portant l'inscription *ESCHOLLE DOMINICALE POUR LES PAUVRES 1660*. L'histoire de cette institution d'enseignement fournit l'explication du nom de la rue. C'est en effet Anne de Rupplémont qui, avec son fils Jean Huet, jésuite, fonda cet établissement destiné aux enfants pauvres. Originellement située à l'hôpital Saint-Jacques, elle prit ses quartiers dans cette demeure en 1660 afin de répondre à son succès. Après la suppression de la Compagnie de Jésus en 1773, la direction de l'école passa au clergé séculier, puis, après la Révolution française, devint communale. C'est en 1865 que la rue prit le nom de la fondatrice. L'établissement ne ferma ses portes que dans la première moitié du 20e siècle.

La **rue Fumal**, reliant la rue du Collège à la rue des Brasseurs, s'inscrit parfaitement en continuité des précédentes. Les bâtiments qui la bordent combinent essentiellement les styles traditionnel et classique. En face de la rue Rupplémont, le **Musée provincial Félicien Rops** 47 est situé dans un ancien hôtel de maître de la première moitié du 18e siècle en brique et pierre bleue. Le bâtiment, fortement transformé au 19e siècle, fut propriété des beaux-parents de Félicien Rops, les Polet de Faveaux, de 1834 à 1866. L'objet du musée est de présenter tous les aspects de l'œuvre de l'artiste (1833-1898) au gré des grandes étapes de sa vie. Il fut fondé en 1964 et n'a cessé depuis d'accroître ses collections. Il présente en outre régulièrement des expositions temporaires, en rapport plus ou moins étroit avec Félicien Rops.

Namur : coupole de la cathédrale Saint-Aubain

Créée en 1985 sur l'initiative de Robert Delieu, la **Maison de la Poésie de Namur** 48 a pris ses quartiers au n° 28 de cette rue, dans une grosse maison de style classique de la première moitié du 18e siècle.

Refermant le damier de rues côté Sambre, la **rue des Brasseurs** 49**,** classée comme site urbain, est une longue artère dont l'existence est attestée dès le 13e siècle. Elle s'appelait originellement la rue du *Vicus* ou de *Vis*, en référence à l'agglomération médiévale à laquelle elle donnait accès. Son nom actuel correspond à la principale fonction qu'elle remplit à partir du 14e siècle, à savoir l'accueil des brasseries, qui y furent particulièrement nombreuses aux 17e et 18e siècles comme l'attestent plusieurs détails architecturaux des maisons conservées. Celles-ci sont marquées, comme dans les rues précédentes, par le style traditionnel et le recours à la brique et à la pierre bleue. Un grand nombre de bâtiments furent classés dans les années 1970 et restaurés dans le cadre de l'opération de rénovation urbaine de la rue. À l'ouest, au coin du quai des Joguiers, le très bel **hôtel de maître** daté de 1643 fut construit en brique et pierre bleue sur l'initiative de Jean Thomas, échevin de Namur. Il fut doté de deux ailes supplémentaires vers la Sambre dans la seconde moitié du 17e siècle. À l'angle, une petite niche contemporaine accueille une statue de la Vierge à l'Enfant. Le pavillon néoclassique du jardin remonte au 19e siècle. Au n° 175, un autre **hôtel de maître** fut construit en 1663 par Nicolas Cuvelier, président du Conseil provincial. Cet imposant bâtiment en brique enduite et pierre bleue présente quelques caractéristiques baroques. Aux nos 171-173, une **modeste maison traditionnelle** en brique et pierre bleue date de la première moitié du 17e siècle. Plus ancienne encore est la façade arrière de la **maison** n° 169, dite aussi *maison Rops*, de style gothique, qui remonte à la première moitié du 16e siècle. De même, la **maison** du n° 107, construite entre 1550 et 1565 par Godefroid Gaiffier, maître drapier, dans une architecture d'esprit gothique. Son originalité à Namur consiste en sa façade intégralement en pierre calcaire appareillée. À gauche de cette maison, une ruelle mène au quai sous la **Porte de Sambre** 50**,** construction monumentale en calcaire, œuvre du maître François Waneson. De style Louis XIII, la structure fut mise en chantier dans le deuxième quart du 17e siècle. Elle porte l'inscription *CHARLE DU MONIN BOURGMRE 1644 JACQUE MALEVE SECOND ESLEV*. Depuis la rive droite de la Sambre, on dispose d'une intéressante perspective sur le bâti arrière de cette rue, correspondant à l'occupation classique du parcellaire depuis la fin du Moyen Âge, à savoir une première maison à rue doublée d'une seconde sur Sambre, les deux bâtiments étant séparés par une cour intérieure pavée.

En traversant la place Maurice Servais, on accède à la **rue des Fossés Fleuris** 51 et à la **rue de la Halle** 52. Ces deux voiries formant un angle arrondi en direction de l'église Saint-Jean respectent au niveau du bâti l'esprit architectural du Vieux Namur. La première, dont le nom évoque la proximité des fossés de la première enceinte de la rive gauche de la Sambre, présente en plus un témoignage du style baroque. Il s'agit aux nos 4-6 de la façade d'une **maison double** de quatre niveaux en brique et pierre bleue, datée de 1696. La maison voisine (nos 8-10) porte une plaque commémorative en l'honneur de Nicolas Bosret, musicien et chansonnier dialectal namurois, né à cet endroit en 1799. La rue de la Halle doit son nom à l'ancien complexe d'entrepôts établis sur les anciens fossés de la première enceinte de la rive gauche de la Sambre par le domaine comtal, entre cette petite artère, la rue des Brasseurs et la rue de l'Ange. Elle rejoint aux abords de l'église Saint-Jean la rue des Fripiers, de même style, qui permet d'accéder au **Marché aux Légumes** 53. La place fut créée dans la seconde moitié du 18e siècle à l'emplacement de l'ancienne église Saint-Loup et de son cimetière. Après le transfert du siège paroissial vers l'église de l'ancien collège jésuite, la ville acquit le terrain (1781-1784) pour y créer un nouvel espace de marché et fit édifier en son centre une **pompe** monumentale de style Louis XVI. Sur un socle finement mouluré, un mince pilier à chapiteau toscan orné de palmettes est surmonté d'une corbeille de fruits et légumes. Il est renforcé à la base par d'imposantes volutes. Autour de la place s'agencent des maisons construites entre le 18e et le 19e siècle. Côté est s'élève l'**église paroissiale Saint-Jean-Baptiste** 54. Fruit de la division de la paroisse primitive Notre-Dame, Saint-Jean remonte probablement au début du 10e siècle. L'édifice actuel, de style gothique, correspond à plusieurs phases d'aménagement entre le 16e et le 19e siècle. Quelques éléments médiévaux demeurent dans la partie basse du chœur à trois pans. La clé de voûte est datée de 1547. Donnant sur la place, la tour de l'église fut dotée d'un étage au début du 17e siècle et d'une nouvelle façade au 19e comme le rappellent les ancres formant les dates 1616 et 1890. À l'intérieur apparaissent les voûtes gothiques et un riche décor de stucs style Louis XV appliqués au 18e siècle. Une belle série d'autels baroques en marbre remonte au 17e siècle. Les meubles en bois, à savoir les stalles, les confessionnaux, les lambris, la chaire de vérité et le jubé, sont de style Louis XV. Initialement, l'église était dotée d'un cimetière s'étendant jusqu'à la rue de l'Ange. Cet espace fut assez rapidement loti pour laisser place à de l'habitat privé. Actuellement, cette église est le théâtre de la désormais traditionnelle messe en wallon du lundi des Fêtes de Wallonie.

Longeant la place, la **rue Saint-Jean** 55 constitue une autre artère du damier établi à la période médiévale. Face à la place Chanoine Descamps, aux nos 4-6, un bel **hôtel de maître** d'inspiration traditionnelle fut construit dans la première moitié du 18e siècle en brique et pierre bleue. Le bâtiment est doté sur la gauche d'un grand portail de style Louis XIV surmonté d'une corniche et d'une fenêtre finement décorées. La **place Chanoine Descamps** 56, ancien curé de Saint-Jean-Baptiste, qui relie les rues Saint-Jean et des Fossés Fleuris, est une création plus récente du Vieux Namur. Elle fut aménagée sur l'initiative du magistrat de Namur qui commanda à cette fin au début du 16e siècle le rachat de l'ancienne demeure médiévale des Lombards de Namur. Les bâtiments furent au moins partiellement détruits pour créer un nouveau marché au beurre, nom qu'elle portera jusqu'en 1898. La place est parfaitement mise en valeur par les maisons de style traditionnel qui la bordent, lui conférant une réelle homogénéité.

Namur : chaire de Vérité de la cathédrale Saint-Aubain (détail)

À L'OUEST SUR LA RIVE GAUCHE DE LA SAMBRE

À l'extrémité ouest de la rue des Brasseurs, le quai des Joguiers, qui servait anciennement de débarcadère secondaire, s'inscrit dans le prolongement de la **rue J. Saintraint** 57, l'ancienne rue Saint-Aubain rebaptisée en 1924 du nom d'un ancien bourgmestre de Namur. Sur la gauche, cette voie est bordée par le jardin de l'évêché de Namur, où s'élevait depuis 1496 le couvent et hôpital des Récollectines. Sur la droite, au n° 7, l'ancienne école des Bateliers est remarquable par sa **chapelle néoclassique** de la première moitié du 19e siècle. Cet établissement remplaça en 1905 le Carmel fondé en 1837 par l'évêque de Namur Dehesselle dans l'ancien hôtel de maître de la famille de Meldeman de Bouré. Juste à côté de cet ensemble, le **Musée de Groesbeeck-de Croix** 58 occupe l'ancien hôtel urbain de cette famille. L'abbaye de Villers en Brabant, qui possédait l'immeuble depuis le 13e siècle, modifia son refuge en 1605. La baronne d'Harscamp le racheta en 1688. Son petit-fils, le comte Alexandre François de Groesbeeck demanda à l'architecte Jean-Baptiste Chermanne de le transformer en un immeuble à la française entre 1751 et 1753. Légué à son petit-fils le marquis de Croix, le bien fut vendu par une descendante en 1935 à la ville de Namur. D'une grande qualité architecturale, l'hôtel de maître a gardé son authenticité. Il devint à cette date un musée des arts décoratifs reflétant la vie namuroise sous l'Ancien Régime. À l'arrière du bâtiment, un jardin à la française d'inspiration baroque apporte sa note de verdure

Namur : vue de la vieille ville depuis la citadelle

à l'ensemble. Au n° 1, l'ancien **hôtel de Propper** est actuellement occupé par les services de l'administration provinciale de Namur. Le bâtiment orienté en U vers la cour intérieure, de style classique, fut construit en 1763 sur l'initiative de Jean-Guillaume de Propper, seigneur de Hun, par l'entrepreneur Philippe Phazelle.

Au nord, la rue Saintraint débouche sur la **place Saint-Aubain** (59), bordée par des constructions de plus grande ampleur, privilégiant l'architecture classique. S'y font face la **cathédrale Saint-Aubain** (60) et l'ancien palais épiscopal, symbolisant ensemble la puissance de l'évêque durant la période moderne. L'origine de cet évêché est à trouver dans la fondation du chapitre Saint-Aubain en 1047 par le comte de Namur Albert II, en vue de contrebalancer le poids du collège de clercs liégeois de Notre-Dame et de servir de lieu de sépulture à la famille du prince. À la création de l'évêché de Namur en 1559, le chapitre Saint-Aubain devint cathédral. Il fut notamment doté des prébendes du chapitre Saint-Pierre supprimé. La cathédrale actuelle vint remplacer un édifice dont ne subsiste qu'une tour de l'avant-corps à l'ouest, constituée de deux niveaux du 11e siècle reparementés dans le dernier quart du 14e et surmontée d'un dernier étage millésimé de 1648. Son clocher, de style baroque, se termine par une flèche pyramidale. La cathédrale fut donc reconstruite entre 1751 et 1767 sur les plans de M.-G. Pisoni par l'architecte Jean-Baptiste Chermanne. Elle prit aussi la place de l'église paroissiale Saint-Jean-l'Évangéliste, dont l'autel fut déplacé dans le nouvel édifice. Il s'agit d'une église orientée à l'ouest, composée de trois nefs de trois travées coupées par un transept terminé par des demi-cercles. À la croisée du transept, une coupole est surmontée d'un lanternon et d'une croix à double traverse. L'architecture est principalement classique avec quelques notes d'inspiration baroque, notamment en façade. Le mobilier intérieur, principalement des 17e et 18e siècles, provient pour partie de plusieurs institutions supprimées à la fin du 18e. Le maître-autel était à l'origine celui de l'ancienne abbaye de La Ramée à Jauchelette.

L'ancien palais épiscopal devint le siège de la préfecture du département de Sambre-et-Meuse après la Révolution française, puis du **gouvernement provincial** (61). Il fut construit sur l'initiative de l'évêque Thomas de Strickland entre 1728 et 1732 par l'entrepreneur Charles Defoux, relayé par l'architecte Jean-Thomas Maljean, à l'emplacement des maisons acquises par les évêques de Namur dès la création du diocèse. L'aile gauche fut reconstruite en 1937. Le bâtiment, de style classique, en brique enduite et pierre bleue, forme un plan en U refermé sur la place par une galerie basse s'ouvrant dans l'axe par un riche portail. Le bâtiment central est doté d'un frontispice de trois travées sur lequel est venu s'accoler vers 1775 un porche ouvert composé de trois arcades cintrées, surmonté d'une balustrade en fer forgé reliant des piédestaux à statues. À l'intérieur, dans l'axe, le grand vestibule et l'ancienne chapelle, siège du Conseil provincial, sont décorés de stucs Louis XVI signés Moretti (1773) et de paysages du Namurois peints par Ferdinand Marinus entre 1851 et 1863. Au nord de la cathédrale, la petite place du chapitre est bordée au n° 1 par une maison du 17e siècle en brique et pierre bleue, reste de l'aile est des bâtiments claustraux. Celle-ci accueille le **Musée diocésain** (62), qui conserve notamment le trésor de la cathédrale, comprenant des œuvres d'orfèvrerie exceptionnelles dont les plus anciennes faisaient partie du trésor des comtes de Namur.

L'accès nord à la place Saint-Aubain est constitué par la **rue Lelièvre** (63), du nom du bourgmestre qui dirigea la ville entre 1867 et 1876. Celle-ci est remarquable par la qualité des maisons traditionnelles qui y furent construites dans la première moitié du 18e siècle, dénotant la richesse de leur commanditaire. Le n° 2 porte l'enseigne *A LA MAISON BLANCHE*. Cette **maison traditionnelle**, en brique et pierre bleue, est datée par deux cartouches en façade indiquant l'année 1710. Au n° 24, une autre **maison traditionnelle** très soignée allie elle aussi la brique et la pierre bleue très en vogue à Namur durant la période moderne.

De là, on accède sur la gauche à la place du Palais de Justice, accueillant sur la droite une partie des bâtiments modernes des Facultés universitaires Notre-Dame de la Paix. À gauche, elle est longée par l'imposant **Palais de Justice de Namur** (64). Il s'agit en réalité de l'ancien palais du gouverneur du comté de Namur, représentant du prince. L'origine de cette implantation remonte à 1515, date à laquelle les États de Namur acquirent une maison noble donnant sur la place Saint-Aubain pour l'offrir à l'empereur Charles Quint. Cet événement marque symboliquement le

Namur : rue Fumal, anciennement Piconnelle

Namur : Arsenal construit en 1692-1693

transfert progressif de l'administration civile du comté de Namur du château vers les quartiers de la rive gauche de la Sambre. Le prince étant généralement absent, c'est tout naturellement son représentant qui occupa la demeure, initialement adossée à la fortification urbaine. Les bâtiments actuels, en brique et pierre bleue, formant un quadrilatère, ne conservent de cette période que la façade donnant sur la place. Datée de 1631, elle comporte deux ailes de part et d'autre d'une tour-porche formant un avant-corps. En son centre, un portail monumental donne accès par un passage voûté d'ogives à la cour intérieure bordée par une galerie. Les bâtiments, bien que conservant une architecture de type Renaissance, furent adaptés au 19e siècle à leur nouvelle fonction et restaurés en profondeur entre 1886 et 1892 sur les plans de l'architecte provincial Boveroulle. C'est en effet après la Révolution française que furent instaurées de nouvelles institutions à vocation exclusivement judiciaire. En 1800, la réforme consulaire est à l'origine de la création du tribunal de première instance de Namur, qui occupe toujours actuellement ces locaux.

Par la rue Grafé voisine, on accède à la **rue de l'Arsenal**, du nom de l'entrepôt militaire qui y est toujours visible. L'**arsenal** 65 fut réalisé en 1692 et 1693 en moellons de calcaire sur des idées de Vauban, l'ingénieur militaire du roi de France, dans une belle architecture fonctionnelle, dénuée de toute fioriture. De plan rectangulaire allongé, chaque niveau est partagé en trois nefs d'égale hauteur par deux rangées de lourds poteaux. Le rez-de-chaussée était destiné aux trains d'artillerie. Son éclairage est mesuré. L'étage ne dispose au sud que d'un seul accès de plain-pied avec le quai de Sambre, par un pont sur cinq arches de pierre, dont la conception récente est de R. Dury. L'étage était presque aveugle. Au-dessus, des combles de grande taille sont ventilés par quelques lucarnes. L'arsenal fut utilisé par l'armée jusqu'au lendemain de la Seconde Guerre mondiale. Menacé de démolition, il fut classé en 1972 et racheté par les Facultés universitaires Notre-Dame de la Paix. Restauré par l'architecte Roger Bastin entre 1977 et 1982, il accueille un restaurant universitaire et des salles de conférence.

Vers l'est, on aboutit ensuite à la **rue du Séminaire** 66 reliant la place Saint-Aubain à la Sambre. Au coin de la rue de l'Évêché, une belle **maison traditionnelle** de plan pentagonal à trois niveaux de brique et pierre bleue remonte aux 16e et 17e siècles. Annexe du séminaire de Namur, cette maison accueillit en 1809 Julie Billiart et sa communauté des Sœurs de Notre-Dame, expulsées d'Amiens et accueillies par l'évêque de Namur Pisani de la Gaude. Institué de manière bien modeste en 1569 par le premier évêque de Namur Antoine Havet, le **grand séminaire de Namur** fut véritablement fondé et établi en 1656 par l'évêque Jean de Wachtendonck à son emplacement actuel, sur le site d'un ancien béguinage, dit Hors-le-Postil. Supprimé en 1797, il fut restauré en 1805 par l'évêque Charles-François de Pisani de la Gaude. Transféré en 1967 à Salzinnes, à l'emplacement d'une ancienne abbaye de cisterciennes, le grand séminaire de Namur, devenu séminaire Notre-Dame, réintégra en 2000 les murs de l'antique institution. Le bâtiment actuel, doté d'une chapelle, fut construit vers 1735 sous l'évêque de Strickland. Des modifications y furent apportées au

Namur : Cheval Bayard, œuvre de l'artiste Olivier Strebelle (1953)

Namur : maison de la rue des Brasseurs en bord de Sambre PHOTO KOEN DE LANGHE

19e siècle. Il s'agit d'un complexe de bâtiments de style traditionnel, de plan en U ouvert sur une cour intérieure, à trois niveaux de brique et pierre bleue.

Dans la rue de l'Évêché, qui mène à la rue Saintraint, le **palais épiscopal actuel** 67 est en fait l'ancien refuge urbain de l'abbaye de Malonne, auquel furent annexés le terrain de l'ancien couvent des récollectines et une maison voisine. L'ensemble fut acquis en 1805 et 1806 pour accueillir l'évêque de Namur Pisani de la Gaude. Le bâtiment principal fut construit vers 1760 sur l'initiative de l'abbé de Malonne, Guillaume Bonvoisin. Une première extension intervint sous l'évêque Pisani. Une seconde, consistant principalement en le renouvellement de la chapelle, fut décidée par l'évêque Dehesselle en 1858. Précédé d'une cour pavée ceinte côté rue par un haut mur, l'hôtel Louis XV de plan en U, en brique et pierre bleue enduites, se prolonge par des dépendances de style néoclassique. Le corps principal est doté en son centre d'une avancée soulignée par des pilastres de refend supportant un fronton courbe où figurent les armes de l'abbé Bonvoisin et la devise *Benevole et fortiter*.

De retour vers le quartier des Facultés, on peut emprunter la **rue Grandgagnage** 68 en face de la rue de l'Arsenal. L'ancienne rue des Nobles allie architectures classique et contemporaine. À côté de l'extension des bâtiments universitaires bâtis sur les plans des architectes Bastin et Van Oost, quelques maisons du 18e siècle sont classées. C'est le cas du n° 7 consistant en une **maison classique** en brique et pierre bleue ajourée de six travées de fenêtres. Ce l'est aussi des nos 2b-4, à savoir d'un **hôtel de maître** construit pour lui-même par l'entrepreneur Hubert Pétiaux (1684-1751), très actif à Namur durant la première moitié du 18e siècle, et du n° 2 formant un ensemble avec le n° 71 de la rue de Bruxelles, **maison** en brique et pierre bleue du deuxième quart du 18e siècle.

Par la rue Blondeau, on accède ensuite au Rempart de la Vierge, longé par le **parc Louise-Marie** 69**,** du nom de la première reine des Belges. Ouvert au public en 1880, il fut aménagé suite à un concours remporté par Constantin Schmits. Établi sur les anciens fossés de la dernière fortification urbaine, ce parc à deux niveaux se compose d'une partie basse agrémentée d'une grotte artificielle et d'un étang central, et d'une partie haute. Il présente quelques arbres remarquables. Sa rénovation en 1988 permit le dégagement et la mise en valeur du pont hollandais, vestige de la dernière porte de Bruxelles. En face du parc, la **chapelle Notre-Dame du Rempart** 70 témoigne d'une dévotion attestée dès 1661, date de la pose d'une potale dédiée à la Vierge sur la fortification. Il s'agit d'un édifice néoclassique en brique et pierre bleue, daté de 1868 sur l'entablement du porche, remarquable par son portail d'entrée composé de deux colonnes ioniques sur piédestal portant un entablement et un fronton triangulaire.

À L'EST

Venant du centre-ville par la rue Bas de la Place, on aboutit rue de Gravière dont le n° 2 est la **porte de l'ancien refuge de l'abbaye de Floreffe** 71**.** La présence de l'hôtel urbain de Floreffe est attestée dès le début du 14e siècle à proximité de l'actuelle porte de Sambre et Meuse. Après le démantèlement de la fortification du 13e siècle, l'abbaye acquit des terrains lui permettant d'étendre son emprise au-delà des anciens fossés. Dès 1647, cette nouvelle porte en pierre de taille fut construite à la demande de l'abbé de Séveri en style baroque, comparable à celui de l'église Saint-Loup. Il s'agit de deux pilastres supportant un entablement, lui-même surmonté d'une loge destinée à une statue de la Vierge du sculpteur Georges Hanicq, réalisée en 1650 et aujourd'hui disparue. La porte fit l'objet d'une restauration en 1953, consécutive aux dégâts subis lors du bombardement allié de 1944 qui fut fatal aux autres bâtiments du refuge.

Dans le prolongement de cette rue, la **place l'Ilon** (72) doit son existence aux aménagements rendus nécessaires pour la maîtrise du cours du Houyoux, maintenant complètement voûté. L'architecture du bâti est particulièrement marquée par le style traditionnel souvent rencontré dans le Vieux Namur. Cette place est aussi le haut lieu de l'action sociale chrétienne à Namur. Au n° 17, l'abbé Jean Pierlot acheta en 1910 un ancien hôtel de maître pour en faire le siège d'un syndicat des verriers. Ce bâtiment, restauré après la Seconde Guerre mondiale, abrite depuis 1952 la Maison du Travail, qui regroupe de multiples associations liées au Mouvement Ouvrier Chrétien.

Au-delà de la place débute la **rue Saint-Nicolas**, qui doit son nom à une des deux églises qui la jalonnent. Dès les 13e-14e siècles, cette longue artère était dénommée Tanneur rue et Neuve Ville, en référence à une des principales activités artisanales qui y étaient exercées et à la franchise qui y fut créée par la comtesse de Namur Yolande en 1214. De nombreux bâtiments témoignent de l'activité des tanneries qui se perpétua dans la rue jusqu'au début du 20e siècle. Au n° 1, faisant le coin de la place l'Ilon, l'ancienne **maison des tanneurs** (73) fut construite au 16e siècle en brique et pierre bleue. Dans la première moitié du 18e, elle fut rehaussée et dotée d'une nouvelle façade. Le rez-de-chaussée fut encore remanié au début du siècle passé. Elle comporte encore de l'origine deux petites fenêtres gothiques dans le pignon donnant sur la place, ainsi qu'une petite niche de style Renaissance à l'angle droit du rez-de-chaussée. Pratiquement en face, l'ancienne **église** paroissiale **Notre-Dame** et l'**hospice d'Harscamp** (74) forment un ensemble tirant son origine de l'implantation à Namur d'un couvent de frères mineurs vers 1224, du vivant de saint François d'Assise. L'église Notre-Dame, désacralisée en 2004, était dédiée jusqu'à la Révolution française aux saints Pierre et Paul. Elle ne devint paroissiale qu'au Concordat en remplacement de la collégiale Notre-Dame détruite en 1803. Il s'agit d'un important édifice de style classique, en brique et pierre bleue, construit entre 1749 et 1753 sur les plans de l'architecte namurois Maljean. Son plan traditionnel se compose de trois nefs de cinq travées, d'un transept et d'un long chœur de trois travées fermé par une abside en hémicycle. L'ancien couvent des récollets fut acquis en 1807 par la Commission des Hospices civils de Namur à destination de la fondation d'Harscamp, créée par la volonté testamentaire d'Isabelle Brunel, veuve de Pontian d'Harscamp. L'hospice qui y fut installé était destiné, selon les volontés de la défunte, à l'accueil de personnes âgées, issues de la bourgeoisie mais socialement déchues. La maison de retraite, gérée par le Centre public d'action sociale de Namur, est toujours en fonction, indépendamment du déménagement récent des services administratifs vers une nouvelle implantation à Jambes. La

Namur : Place d'Armes et ancienne bourse de commerce
PHOTO KOEN DE LANGHE

façade du bâtiment donnant sur le parvis de l'église, visible depuis la rue Saint-Nicolas, date de la création de l'hospice. Elle fut réalisée en brique et pierre bleue dans un style néoclassique. Y figure en grandes lettres romaines l'inscription *HOSPICE D'HARSCAMP*. Au sud des nefs de l'église, un petit cloître du 18e siècle contient dans le mur extérieur de son aile est quelques vestiges architecturaux remontant sans doute à la fondation du couvent au 13e siècle. La partie classée se compose de la longue aile sud de l'hospice, parallèle à l'église et à la Meuse, et du jardin qui la jouxte, visibles depuis le boulevard Isabelle Brunel. La façade du bâtiment construit au 18e siècle est en moellons de calcaire chaulés. Elle s'achève à l'est par un bâtiment plus ancien, des 16e-17e siècles. Au centre du jardin, la statue en pierre d'Isabelle Brunel est l'œuvre du sculpteur Guillaume Geefs. Son projet s'inscrivit dans la volonté de la Commission des Hospices civils d'aménager le parc. Elle fut officiellement inaugurée le 15 mai 1872. Au bout du boulevard Isabelle Brunel, le pont des Ardennes permet d'accéder à Jambes sur la rive droite de la Meuse. L'ouvrage fut construit par les Ateliers de construction de Jambes-Namur et mis en service en 1954. Au pied de celui-ci, la statue moderne du **cheval Bayard** (75) monté par les quatre fils Aymon, en bronze incrusté de céramique, est l'œuvre du sculpteur Olivier Strebelle. Elle fut réalisée en 1953 et exhibée à l'Exposition universelle de Bruxelles de 1958, avant d'être installée définitivement à Namur.

Comme dans le reste de la vieille ville, la **rue Saint-Nicolas** (76) se caractérise par la succession de constructions en brique et pierre bleue d'architecture traditionnelle ou

L'extrémité martiale des fortifications de la citadelle vue depuis le Grognon, dominée par la pacifique tourelle néogothique des guetteurs

PATRIMOINE FORTIFIÉ EN NAMUROIS

Le comté, puis la province de Namur s'articule, au point de vue géostratégique, sur la Sambre et la Meuse, qui se rencontrent à Namur. Presque naturellement, les principales forteresses essayeront de contrôler le cours de ces voies de communication importantes.

À partir du 10e siècle, les comtes de Namur édifient leur château principal au confluent de la Sambre et de la Meuse, et acquièrent ou font bâtir au fur et à mesure des forteresses placées stratégiquement, abritant leur garnison : Samson, Poilvache, Bouvignes et Château-Thierry sur la Meuse, Montaigle sur la Molignée, Viesville près de la Sambre et Golzinne au nord. Le monastère de Floreffe est lui aussi place forte comtale jusqu'en 1188. Si à Floreffe plus rien n'apparaît de son passé militaire, si Viesville a entièrement disparu, les autres restent présents dans le paysage par leurs ruines plus ou moins monumentales. Dans les campagnes, les seigneurs vassaux veillent sur le territoire depuis leur donjon. Parfois même, comme à Villeret, le prince aide financièrement à l'édification de la tour rectangulaire faisant face au château brabançon de Corroy.

À cela, il faut ajouter les villes fortifiées : Namur, Bouvignes et Walcourt sont les principales. Floreffe et Poilvache en étaient deux autres, protégées par une enceinte muraillée. La seconde, désertée depuis le 15e siècle, constitue en quelque sorte la Pompéi de la vallée mosane. Sa puissante enceinte flanquée de tours des 13e et 14e siècles entoure un site dominant la vallée, aujourd'hui réserve naturelle.

Au 15e siècle, le comté entre dans les possessions de Philippe le Bon, duc de Bourgogne. C'est l'époque du développement de l'artillerie à poudre. De nouvelles formes fortifiées apparaissent comme les tours d'artillerie et les boulevards ; les meurtrières s'adaptent elles aussi à l'arme à feu. La tour Saint-Jacques à Namur – beffroi depuis 1746 – est bâtie en 1388 avec de larges canonnières. Devant les portes, des boulevards d'artillerie en terre et bois, puis en maçonnerie, en protègent les accès. La tour de Crèvecœur, à Bouvignes, en présente, au delà des restaurations abusives du début du 20e siècle, l'aspect volumétrique. À plus petite échelle, le château de Fagnolles, enclave du Hainaut, est muni d'un petit boulevard pentagonal bien conservé.

Dinant, ville liégeoise jusqu'en 1795, s'entoure également d'une enceinte muraillée, détruite par le duc de Bourgogne en 1466, puis rebâtie après 1500. De cette époque subsiste la moitié du boulevard de Saint-Nicolas, au sud. Sur le rocher, le château épiscopal surveille ville et fleuve.

Le siècle de la Renaissance est celui de la gestion centralisée de la défense du territoire. Intégré dans les possessions de Charles Quint, puis des rois d'Espagne, le comté de Namur est une zone de combats. Les ingénieurs Donato di Boni et Sébastien van Noyen y édifient des villes neuves modernes : Mariembourg en 1546, Philippeville en 1555. Leurs remparts sont flanqués de bastions en terre et en maçonnerie. Les trames urbaines rayonnantes et les grandes places d'armes attestent leur fonction militaire. Plus en arrière, Namur est une base dont le château seul est modernisé par la construction de Médiane. Dinant aussi sacrifie – modestement – à la modernité, avec la construction d'un unique bastion sur la Meuse, à l'aplomb du rocher du château, œuvre de l'ingénieur italien Pasqualini.

Après 1550, les vieux châteaux comtaux perdent leur valeur militaire et sont délaissés. Les donjons seigneuriaux demeurent le symbole du pouvoir local et s'intègrent soit à des fermes, soit à des châteaux plus habitables.

La formule du bastion se généralise au 17e siècle ; les dispositifs se complexifient jusqu'à former de véritables étoiles fortifiées. Les conquêtes de Louis XIV grignotent le territoire du comté : Mariembourg et Philippeville sont françaises de 1659 à 1815. Dinant est conquise en 1675, Namur en 1692. Toutes reçoivent la visite de Vauban, principal ingénieur du roi de France. S'il fait raser Mariembourg, il renforce Philippeville et Namur et fait de Dinant une redoutable forteresse au départ du château des princes-évêques, jusqu'au rasement total de 1698. À Philippeville, les longues galeries de contremine et un magasin à poudre, à Namur, l'arsenal – le seul de Belgique – des souterrains à la citadelle et le fort Balart témoignent de l'art du grand ingénieur et de ses collaborateurs.

La physionomie actuelle des fortifications des villes mosanes en Namurois doit tout au 19e siècle : après 1815, les forteresses sont reconstruites par les officiers du génie hollandais. Muni de vastes casemates à canons, le fort de Dinant, tel un « fort Boyard » terrestre, continue à surveiller le fleuve. La citadelle de Namur, au tracé simplifié, contrôle la Sambre et la Meuse avec la ville, Philippeville et Mariembourg, aux enceintes rebâties, sont des sentinelles avancées vers la France. L'industrialisation de la Belgique, la fin des octrois communaux et les progrès de l'art de la guerre les rendent inutiles à partir de 1850. Les remparts urbains sont démantelés, le fort de Dinant vendu à des privés, la citadelle de Namur peu à peu démilitarisée.

Ce patrimoine militaire est désormais mis en valeur à des fins toutes pacifiques, comme témoin de l'histoire et de l'évolution technique.

– Philippe Bragard

Namur : porte du chemin de ronde à Terranova (citadelle)

classique. C'est le cas de la **maison** classée du n° 59, datant du deuxième tiers du 18e siècle. À côté du n° 121, dans l'ancienne Neuve Ville, l'**église paroissiale Saint-Nicolas** (77) est l'héritière lointaine d'un édifice consacré au milieu du 12e siècle par l'évêque de Liège, qui se trouvait à l'origine à proximité de l'actuel boulevard Cauchy, mais fut déplacé à la fin du 17e siècle en raison de l'extension de la fortification bastionnée de la ville. L'église actuelle fut reconstruite entre 1901 et 1905 dans un style éclectique. Elle contient du mobilier récupéré remontant aux 16e, 17e et 18e siècles et de nombreuses dalles funéraires du 17e. Au bout de la rue Saint-Nicolas, la place des Cadets doit son nom à l'ancienne école du même nom, construite à cet endroit sous le roi Léopold II et occupée depuis 1962 par un institut technique. Parallèle à celle-ci, la rue des Bourgeois est bordée par le site des anciennes casernes qui se développèrent pour l'accueil des garnisons militaires aux 17e et 18e siècles. Cette fonction s'est maintenue aux 19e et 20e siècles, comme en témoignent les bâtiments de l'ancienne caserne Léopold datant de la fin du 19e siècle, accueillant aujourd'hui le **Musée africain** (78), et du **Grand Manège** (79), reconverti en centre dédié à l'action culturelle. Le Musée africain trouve son origine dans le Musée colonial de Jambes, fondé en 1951. Il aménagea à Namur sous son nouveau nom en 1984. À travers ses collections issues de dons d'institutions ou de particuliers, il cherche à refléter l'âme du continent africain telle qu'elle apparut aux explorateurs de l'Afrique centrale à la fin du 19e siècle. Il se veut aussi un outil pédagogique en reconstituant l'action tant positive que négative des premiers colons.

En revenant vers l'ouest, la rue des Bourgeois se prolonge par une artère plus sinueuse, la **rue du Lombard**. Son nom rappelle la présence de la table de prêt de marchands lombards à la fin du 16e et au début du 17e siècle. En retrait de la chaussée, une **aile de l'ancien couvent des**

Namur : fresque des Wallons dans le patio de l'hôtel de ville

Namur : Hôtel de ville

célestines (80) fut restaurée en 1996-1998 et reconvertie en bâtiment administratif de la Région wallonne. Établies à Namur depuis 1630, les fondatrices des célestines, provenant des communautés de Liège et de Nancy, érigèrent leur nouveau couvent entre 1635 et 1658 au départ de plusieurs propriétés situées en Petite Herbatte. La communauté y demeura jusqu'à sa suppression en 1784 par l'empereur Joseph II. Le bâtiment restant est en réalité l'aile centrale qui était destinée aux pièces communes. Il s'agit d'un imposant édifice de style traditionnel en brique et pierre bleue, comportant dix travées de fenêtres. Après sa suppression, le couvent servit d'abord d'annexe aux casernes voisines, puis de tannerie au 19ᵉ siècle et enfin d'entrepôt au 20ᵉ. Au nᵒ 22, une **maison**, partiellement reconstruite après la guerre, a conservé sa façade arrière en brique et pierre bleue du 16ᵉ siècle et une tourelle d'escalier hexagonale de style gothique de peu postérieure. Elle constitue un témoignage précoce du renouveau architectural qui s'amorce à Namur dès cette période. Voisin immédiat des nᵒˢ 12-20, l'ancien **Mont-de-piété** (81) a été reconverti en **Académie des Beaux-Arts** de la ville. Il fut fondé en 1626 par Wenceslas Cobergher, architecte-ingénieur de la Cour et superintendant des Monts. Celui-ci y fit construire un grand bâtiment et récupéra plusieurs maisons dont la façade fut homogénéisée au 18ᵉ siècle. L'allée cochère du nᵒ 20 donne accès à une élégante cour intérieure bordée notamment par la construction de Cobergher en style Louis XIII et par une galerie de style Renaissance composée de quatre arcades en plein cintre sur colonnes toscanes. En 1921, date de la suppression définitive du mont-de-piété de Namur, l'Académie des Beaux-Arts, fondée en 1835, prit ses quartiers dans le bâtiment.

Depuis la rue de Gravière, les **rues Julie Billiart** et **Émile Cuvelier** sont des voiries courbes tracées parallèlement à la fortification du 13ᵉ siècle. Leur ancien nom de rue des Fossés trahit cette origine. Julie Billiart fut la fondatrice de la communauté religieuse des sœurs de Notre-Dame. Celles-ci conservent au n° 17 le **trésor d'Hugo d'Oignies** (82), composé d'un ensemble unique d'orfèvreries mosanes du 13ᵉ siècle, d'ivoires et de verres arabes du 12ᵉ. Une bonne part des pièces est l'œuvre de frère Hugo, certainement actif au prieuré à partir de 1228. L'ensemble, d'une très grande richesse, fut conservé au prieuré d'Oignies jusqu'à la fin du 18ᵉ siècle. Il échappa à la vente forcée après la Révolution française et échut en 1818 aux sœurs de Notre-Dame. Au croisement avec la rue de la Tour, la statue de **Nicolas Bosret** (1799-1876), musicien et chansonnier namurois (83)**,** est l'œuvre du sculpteur Désiré Hubin. Elle date de 1929 et fut d'abord placée sur le boulevard Isabelle Brunel avant de venir faire face au théâtre. Nicolas Bosret fut en 1843 un des membres fondateurs de la Société Moncrabeau ou Académie des Quarante Molons, toujours active dans le folklore et le maintien des traditions namuroises. Il composa notamment *Li Bia Bouquet*, adopté comme chant officiel namurois par le conseil communal de Namur le 31 juillet 1856.

Sur la place du Théâtre voisine, le **Théâtre royal de Namur** (84) s'impose par son élégant avant-corps d'entrée d'inspiration néoclassique et son éblouissante salle de spectacles à l'italienne d'esprit Napoléon III. Si des représentations théâtrales sont attestées à Namur depuis le 15ᵉ siècle, c'est en 1824 que le Conseil de Régence décida de la construction d'un théâtre à l'emplacement actuel. Achevé en 1825, il brûla à trois reprises et fut reconstruit à chaque fois. Le bâtiment actuel fut inauguré le 27 septembre 1868. Conçu par l'architecte de la ville, Thierry Fumière, et profondément transformé par l'ingénieur-architecte Julien-Étienne Rémont, il occupe une place importante dans le paysage urbain namurois. La restauration qui prit fin en 1998 lui redonna tout son lustre tout en le dotant de l'infrastructure d'accueil nécessaire, alliant respect du patrimoine et modernité. En 1999, une toile moderne du peintre Gérard Garouste vint orner le plafond du foyer.

Namur : Théâtre royal néoclassique (1868)

Dans la **rue Émile Cuvelier** 85, au coin de la rue Pépin, l'ancien Hôtel de Flandre est une **maison** de style classique en brique et pierre bleue à deux niveaux datant du milieu du 18e siècle. Hormis ce cas, cette rue est essentiellement marquée par une architecture néoclassique appliquée à des constructions du 19e siècle. **Rue Pépin** 86, une bonne partie du bâti côté nord est occupée par l'Institut Saint-Louis, fondé en 1853 et installé dans la rue depuis 1859. La chapelle actuelle correspond à une aile transformée de l'ancien couvent des capucins, datant du 18e siècle, dont les bâtiments furent acquis en 1939. L'implantation des capucins à Namur, favorisée par les archiducs Albert et Isabelle, remonte à 1605. Le couvent fut supprimé en 1795 à l'arrivée des révolutionnaires français. Les bâtiments accueillirent alors le tribunal criminel de Namur et une prison. En 1876, la commission administrative des Hospices civils de Namur les transforma en orphelinat.

AU NORD

Au-delà des quatre coins, la rue Émile Cuvelier se prolonge par la **rue Saint-Jacques**. Son nom évoque tout naturellement l'ancien hôpital dédié à saint Jacques depuis 1406, date de sa fondation. L'**hôpital Saint-Jacques** 87 fut porté sur les fonts baptismaux par une confrérie comportant les personnalités les plus éminentes de Namur au début du 15e siècle, à savoir le comte Guillaume II et son épouse, Jeanne d'Harcourt, ainsi que son frère Jean de Namur, le futur comte Jean III. Destiné à l'accueil des pèlerins, il fut opportunément placé à l'extérieur de l'enceinte du 13e siècle. Au fil des conflits de la période moderne, il servit occasionnellement d'hôpital militaire. En 1755, l'hospice fut racheté par la confrérie des frères de la Miséricorde Saint-Jean Décollé, qui le reconstruisirent et y fondèrent en 1758 un hôpital pour indigents. Après la Révolution française, le complexe fut confié à la commission administrative des Hospices civils, qui y maintint un hôpital jusqu'en 1902. En 1908, les bâtiments furent vendus aux oblates du Sacré-Cœur de Montluçon, qui y créèrent dès 1915 une école destinée aux seules filles. Après la Seconde Guerre mondiale, les dames de Saint-Jacques cédèrent progressivement leurs bâtiments à l'institut que nous connaissons aujourd'hui, qui l'ouvrit à l'enseignement technique et professionnel. L'**église Saint-Jacques** 88 est un édifice classique en brique et pierre bleue, construit en 1756-57. Il comporte une courte nef avec façade à rue, une rotonde surmontée d'une coupole prolongeant la nef et un chœur terminé par une abside semi-circulaire. Le portail axial porte dans l'imposte l'image de saint Jean Décollé, entourée de quatre têtes d'anges. Son mobilier date principalement du 18e siècle. À droite de l'église, un portail en plein cintre dessert un passage permettant d'accéder aux bâtiments hospitaliers. Une inscription gothique scellée dans le mur rappelle la fondation de la charité des pauvres par Pierre de Lestienne, décédé en 1536. L'ancien corps de logis de l'hôpital fut construit sur les plans de l'architecte Hubert Pétiaux dans un style traditionnel. Lui fait face une autre construction traditionnelle datée de 1714 sur une dalle armoriée, au-dessus de la porte, comportant l'inscription *I.F. Bousmanne Maitre de l'hopital St Jacque*.

Bordée par des immeubles caractéristiques des 18e et 19e siècles, la **rue de Bruxelles** 89 prolongeant la précédente comporte encore deux maisons classées. Aux nos 55-55b, l'ancien **hôtel de maître de Veyder**, de style classique, date du troisième quart du 18e siècle. Construit en brique et pierre bleue, il comporte une longue façade rythmée par onze

Namur : la Meuse et l'île Vas-t'î-frotte à La Plante PHOTO IVO HENDRIKX

travées d'ouvertures. Au nº 57, au coin de la rue Lelièvre, une **maison** en brique et pierre bleue de style Louis XV date d'environ 1760. Son élégante façade rigoureusement agencée est composée de cinq travées de hautes baies. La travée d'angle est encadrée de deux pilastres moulurés surmontés d'un chapiteau ionique.

La rue Godefroid reliant la rue de Bruxelles à la place de la Station offre une perspective sur la **gare de Namur** 90 récemment restaurée. L'architecture de ce bâtiment correspond bien à l'époque de sa construction, qui voit le développement triomphal du rail dans la Belgique industrialisée. Conçue en 1861-1864 par l'architecte Lambeaux sur le modèle de la gare d'Anvers, elle fut agrandie en 1887-1890 pour faire face à l'accroissement du nombre de voyageurs. Sa façade néoclassique tournée vers la ville arbore les blasons des neuf provinces de l'époque. C'est en fait une combinaison d'ailes et de pavillons en pierre autour d'un corps de bâtiment central à trois ouvertures avec attique couronné d'un fronton percé d'une horloge. La construction de la gare nécessita la création d'un franchissement des voies pour rejoindre la traditionnelle route d'accès à Namur que constitue la chaussée de Louvain. Les routes convergèrent donc vers le pont de Louvain. À son embouchure, la place Léopold, créée en 1869, devait constituer une étape de l'important plan d'urbanisme prévoyant la destruction des anciens bastions de fortification et l'aménagement des boulevards périphériques, marquant la transition de Namur d'une ville fermée à une ville ouverte. Au centre fut placée une statue de Léopold Ier, roi des Belges. Au nº 3, l'**hôtel Bibot** 91 fut construit en 1882 dans un style éclectique marqué d'influences néo-Renaissance. Le bâtiment se composait en réalité de trois maisons contiguës, se prolongeant latéralement dans les rues Gaillot et Namèche. En pierre bleue et blanche au rez-de-chaussée, pierre bleue et briques aux étages, l'ensemble présente trois niveaux et aligne sept travées vers la place et trois de part et d'autre. Il est animé de nombreux éléments architectoniques. L'immeuble fut restauré en 1997-1998 pour abriter des services administratifs wallons.

Entre la rue Godefroid et la rue de Fer, le quartier de la **rue des Carmes** 92 et de la **rue des Croisiers** 93 offre les plus beaux exemples de **maisons et immeubles Art déco** de Namur, construits dans l'entre-deux-guerres. La **rue de Fer**, qui doit son nom à la porte de fer qui fermait la fortification à son extrémité nord, est l'ancienne *Cuvisrue* déjà mentionnée au 13e siècle. Marquée par les architectures traditionnelle et classique typiques de Namur, elle n'en comporte pas moins plusieurs bâtiments intéressants qui s'en distinguent. L'**hôtel de ville de Namur** 94 est à l'origine un hôtel particulier construit par l'architecte Henri Beyaert pour le peintre namurois Franz Kegeljan et son épouse Louise Godin entre 1878 et 1880. Il fut acquis en 1919 par la ville en quête d'un nouveau siège pour son administration depuis la destruction en 1914 de l'hôtel de ville néoclassique construit en 1828 à l'emplacement de l'actuelle place d'Armes. Après les bombardements de 1944, le bâtiment nécessita une profonde restauration. En raison de la fusion des communes en 1977, synonyme d'accroissement des services communaux, la ville bâtit encore de nouveaux locaux à proximité de cette propriété. L'architecture de Beyaert, d'esprit néo-Renaissance, fait cependant appel à des matériaux modernes pour l'époque. La façade à rue dénote une recherche de symétrie malgré la surcharge d'éléments décoratifs.

De l'autre côté de la rue, l'**église** paroissiale **Saint-Joseph** (95) remonte à la fin du premier tiers du 17e siècle. Elle fut construite par les carmes pour desservir leur couvent voisin fondé en 1622. Après la suppression de celui-ci, l'église fut affectée au service paroissial en 1808. Elle subit pour cette raison quelques transformations en 1866. De plan traditionnel, l'édifice est cependant doté d'une façade baroque, structurée par des pilastres d'angle et des cordons horizontaux, et décorée de moulures et de niches surmontées de frontons. Au-dessus de la fenêtre, un cartouche aux armes de l'Ordre vient briser un autre fronton. Au sommet, la façade se termine par un pignon à courbes et contre-courbes renforçant l'esprit baroque. Les autels et le mobilier intérieurs des 17e et 18e siècles concordent globalement avec le style du bâtiment. Ne reste de l'ancien couvent qu'une partie du cloître longeant l'église au sud et comportant encore six travées. Aux nos 28-30 subsiste une des rares maisons *modern style* de Namur, datant des environs de 1900, qui se distingue par la structure en fonte supportant le balcon du premier étage et son décor en céramique. Au n° 24, l'ancien **hôtel de Gaiffier d'Hestroy** (96) accueille depuis 1964 le **Musée provincial des Arts anciens du Namurois**. Il s'agit d'une élégante demeure patricienne à la mode française, entre cour et jardin, clôturée par un édifice de façade. La construction du corps de logis en brique et pierre bleue, de style traditionnel, remonte au second quart du 18e siècle tandis que le bâtiment de façade a été édifié en 1768 par l'architecte namurois François-Joseph Beaulieu. Le mur de clôture à rue, supportant un entablement et une balustrade de pierre, est rythmé par des pilastres déterminant des panneaux décorés de stucs. Le portail en plein cintre mouluré est surmonté d'un fronton triangulaire décoré de motifs sculptés. Le musée abrite des œuvres du plus haut intérêt pour la connaissance des arts du Moyen Âge et de la Renaissance de la région namuroise et de la ville de Namur.

BOMEL

Le quartier de Bomel, au nord de la gare de Namur, à l'emplacement de l'ancien lieu-dit de Heuvis, a connu une évolution récente marquée par l'implantation de services administratifs dans des bâtiments modernes. Ceux-ci longent la voie ferrée et le boulevard du Nord. Perpendiculaire à celui-ci, la rue Bastin contient un témoin de l'architecture *modern style* à Namur. Aux nos 35-37bis, une haute maison en brique est dotée aux étages de deux loggias en métal parées de décor végétal. Entre les rues Piret-Pauchet et Nanon, pratiquement parallèles à la précédente, l'**ancien abattoir communal** est un exemple de l'architecture industrielle moderniste. Il fut construit en 1939-1940. Par la rue d'Arquet, en direction de Vedrin, on accède à la place Monseigneur Heylen où fut construite entre 1904 et 1906 l'**église** paroissiale **du Saint-Sacrement** sur les plans de l'architecte Lange. L'édifice en grès et pierre bleue est de style néogothique. Il n'était alors qu'une annexe paroissiale de Saint-Joseph. L'érection en paroisse de Bomel n'intervint qu'en 1925. Celle-ci fut desservie jusqu'en 1983 par les chanoines réguliers de Latran du prieuré voisin, construit dans le même style que l'église.

LA PLANTE

Au-delà du pont de Jambes en venant de Namur, le Casino de Namur implanté avenue Baron de Moreau fut construit en 1911 par l'architecte bruxellois Georges Hobé. À la jonction de l'avenue de La Plante, de la chaussée de Dinant et de la rue Saint-Martin (qui rappelle l'emplacement de l'ancienne chapelle et de son cimetière), la **maison Legrand** est un exemple de villa mosane d'esprit néoclassique en vogue au 19e siècle. Précédée d'un petit parc comportant quelques essences remarquables, elle s'inscrit harmonieusement dans le paysage entre la Meuse et la Citadelle. De l'autre côté de la chaussée, un **abribus** remarquable jouxte le **parc de La Plante** qui s'étend le long de la Meuse. Son aménagement, lié à la construction de l'écluse voisine, remonte à 1853. Il fit l'objet d'une importante restauration à l'occasion de son 150e anniversaire. On peut y admirer une œuvre du sculpteur Charles Van der Stappen datée de 1903 : la statue du peintre Théodore Baron (1840-1899), lequel donna son nom à la rue longeant le parc. Parmi les riches maisons qui le bordent, ressort au n° 16 celle, de conception contemporaine, construite en 1958 par l'architecte Roger Bastin. Un autre témoin de ce style est situé au n° 3 de l'avenue Félicien Rops. Il s'agit d'une maison de grès construite en 1949 sur les plans de l'architecte Callebout. Au bout de cette avenue, l'**église** paroissiale **Saint-Pierre-aux-Liens** est un édifice néoclassique construit en 1866. Dans le porche d'entrée, un bas-relief de la charité de saint Martin daté de 1649 est scellé dans le mur. Depuis les bords de Meuse, on a vue sur l'**île Vas-t'î-frotte**. Celle-ci, actuellement très arborée, sert d'habitat à de nombreuses espèces d'oiseaux aquatiques. Cette configuration est relativement récente, car l'île fut exploitée dans le passé par des maraîchers. Elle servit aussi d'espace de loisir, mais l'événement le plus mémorable reste la réception qui s'y tint en 1577 en l'honneur de la reine Margot de passage à Namur. En remontant l'avenue de la Pairelle le long de la Meuse, on arrive au **château de la Plante** de style néoclassique, récemment restauré et affecté à des services administratifs. Il se compose d'une partie ancienne aménagée au 19e siècle à partir d'une maison 18e et d'un bâtiment moderne très bien intégré. Entre les bâtiments et la chaussée de Dinant, la propriété est agrémentée d'un parc clôturé. Côté chaussée, un pavillon d'angle néoclassique est surmonté d'une toiture en cloche. Au coin de l'avenue de la Pairelle et de la rue Dohet, les **maisons, chapelle et dépendance** des nos 44-45 forment un ensemble classé. Au n° 44, la maison perpendiculaire à la route, en brique et pierre bleue, de style classique, date du dernier tiers du 18e siècle. La maison du n° 45 avec dépendance en calcaire remonte au début du 18e siècle ; des aménagements plus récents en ont transformé l'allure par l'introduction de la brique. La chapelle Notre-Dame de Lorette, reconstruite en 1899, a conservé une statue de la Vierge à l'Enfant

Saint-Servais : ancienne carrière

et son autel en pierre de 1654, portant sur un cartouche le nom de son commanditaire, Jean Rousselle, maître des ouvrages de maçonneries du comté de Namur. En revenant vers Namur par la chaussée de Dinant, on passe devant la **chapelle Notre-Dame du Pilier**, située à l'angle du tienne Maquet. Il s'agit d'une potale datant de 1764 scellée dans un mur de jardin.

SALZINNES

Sur la rive gauche de la Sambre, en venant du Grognon, on accède à Salzinnes par l'avenue Reine Astrid. Au bout de celle-ci, la **statue de Léopold II**, en bronze, œuvre du sculpteur Victor Demanet, se dresse au centre de la place Wiertz. Elle fut inaugurée en 1928 sur la place d'Armes nouvellement aménagée, avant d'être déplacée à son emplacement actuel en 1958. Rue Henri Blès, le **campus provincial** de Namur occupe les bâtiments construits sur le site de l'ancienne abbaye cistercienne de Salzinnes à destination du grand séminaire de Namur, sur les plans des architectes Bastin, Schumacker et Van Oost. La fondation de l'abbaye, sans doute encouragée par le comte de Namur Philippe le Noble, remonte probablement à 1197. Son incorporation à l'ordre cistercien intervint quelques années plus tard. Après sa suppression à la Révolution française, la majeure partie des bâtiments furent abattus en 1820. Le séminaire de Namur en possédait le reste. Entre 1964 et 1967, l'évêque de Namur Charue fit construire les bâtiments actuels, qui accueillirent les séminaristes jusqu'en 2000. Ils furent ensuite repris par l'administration provinciale de Namur. De l'ancienne abbaye, il ne reste qu'un portail de ferme de la fin du 17ᵉ siècle côté Sambre. Au départ de la place Wiertz, la rue Patenier permet de rejoindre l'**église** paroissiale **Sainte-Julienne**, édifice de style néoroman construit à la fin du 19ᵉ siècle. En remontant ensuite la rue du Belvédère et l'avenue de la Marlagne, on atteint au n° 52 l'**espace Kegeljan,** issu de la fondation en 1889 par Louise Godin, épouse du peintre namurois Franz Kegeljan, d'un hospice destiné aux enfants nécessiteux de Namur et portant le nom de son fils disparu à l'âge de 17 ans. Sa gestion en fut confiée aux sœurs de la Charité, actives à Namur depuis leur création en 1734 par Marie-Martine Bourtonbourt. Après avoir fermé ses portes à la fin du siècle passé, le bâtiment a récemment été transformé en un espace polyvalent résolument en pointe sur le plan du développement durable. L'une des rues croisant l'avenue de la Marlagne en direction de la citadelle porte le nom de Vauban. Dans celle-ci, plusieurs maisons sont l'œuvre de l'architecte Roger Bastin. En 1959-60, il s'était réservé celle du n° 2 pour y habiter et y abriter son atelier.

ÉVÉNEMENTS

- salon des brocanteurs, en janvier
- NamRock Festival, un jour de mars
- Wiska festival, un jour de mars
- FolkNam, festival de folklore et des traditions, en avril
- festival des arts forains, en mai
- festival international et marché de Poésie, en juin
- festival international de musiques actuelles Verdur Rock, fin juin
- festival musical de Namur, en juin-juillet
- médiévales de la Citadelle, le 1ᵉʳ week-end de juillet
- fêtes de Buley et joutes nautiques à La Plante, un week-end d'août
- fêtes de Wallonie ; combat des échasseurs ; messe en wallon à l'église Saint-Jean, en septembre
- festival international du film francophone, en septembre-octobre
- festival du film nature, en octobre
- salon des antiquaires *Antica*, en novembre
- salon du vin et de la gastronomie, en décembre

GASTRONOMIE

- l'*avisance*, saucisse enveloppée de pâte feuilletée ou brisée
- *caracoles* ou petits-gris de Namur (escargots)
- gosette aux pommes
- tarte au riz
- biétrumés, caramels au beurre ou au chocolat et noisettes grillées
- pékèt
- blanche de Namur, bière blonde trouble

NANINNE | 5100

- *Nanines*, en 1194
- Naninnois
- village résidentiel, activité agricole, zoning industriel et commercial, terrain vallonné du Condroz namurois, entre 180 et 245 m
- gare ferroviaire, autoroute E 411 (sortie 16) et N 941, N 4, lignes de bus 42 Namur-Andenne, 66 Namur-Ciney, 89 Namur-Naninne
- 600 ha

HISTORIQUE

L'histoire de Naninne coïncide avec celle de Dave jusqu'en 1859, date de l'érection de la localité en commune. Cependant, une famille noble portant le nom du lieu existait à la fin du Moyen Âge. Sur le plan paroissial, Naninne est également liée à Dave. Une première chapelle fut fondée en 1646 et agrandie en 1739. La paroisse de Naninne fut enfin détachée en 1840. En plus de l'activité agricole, le village développa au 19e siècle et au début du 20e une industrie extractive assez importante, notamment dans le domaine de la terre plastique. Plus récemment, l'attrait de l'axe de communication que constitue la Nationale 4 suscita la création d'un zoning industriel et commercial étendu, contribuant notablement à l'économie namuroise.

À VOIR

Depuis la Nationale 4, en prenant la rue de Jausse, puis la rue du Cotibeau à gauche, on découvre un petit château qui a donné son nom à l'endroit, constitué d'une imposante maison du milieu du 18e siècle entourée d'un petit parc. Juste à côté, une petite ferme du début du 19e siècle lui est contiguë. La rue de Jausse se poursuit au-delà du chemin de fer par la rue de la Gare de Naninne, dans laquelle la **ferme de Limont** se distingue notamment par son corps de logis en brique et pierre bleue et par une belle grange allongée du 18e siècle. Plus loin, l'**église** paroissiale **Saint-Lambert** est un édifice néoroman construit en 1874-75 en calcaire par l'architecte Degreny. En prenant à droite la rue des Viaux, on peut voir un autre témoin de l'activité agricole traditionnelle du village. La **ferme de Là-Haut** comprend un ensemble de bâtiments en calcaire du 18e siècle entourant une cour rectangulaire.

SAINT-MARC | 5003

- *Sains March* en 1265
- Saint-Marcois
- village résidentiel, activité agricole et industrie d'extraction, terrain inégal et escarpé, entre 100 et 190 m
- N 904, lignes de bus 2 Namur-Perwez, 2 barré Jambes-Saint-Marc
- 440 ha

HISTORIQUE

Des traces d'habitat de la période gallo-romaine furent découvertes sur le site de Saint-Marc. À l'époque carolingienne, celui-ci faisait partie du *fiscus* de Vedrin correspondant au ressort paroissial de Frizet. Le village, comme le reste de ce domaine, appartient au Moyen Âge au domaine comtal de Namur. En 1753, Saint-Marc fut érigé en seigneurie hautaine au profit de Jean-Joseph et Nicolas-Joseph Lemède. En 1791, celle-ci fut relevée par Charles-Vincent de Legros. Sur le plan paroissial, Saint-Marc dépendait de Frizet. Les démembrements paroissiaux successifs réduisirent le ressort de l'église primitive à la seule localité de Saint-Marc à la fin du 19e siècle. La paroisse de Saint-Marc a succédé de fait à celle de Frizet suite à la construction d'une nouvelle église au centre du village en 1897-99. Si l'activité principale du village était agricole, l'industrie extractive du plomb et du fer s'y développa au 19e siècle, suivie un peu plus tard par l'industrie chimique, ce qui entraîna la croissance démographique de la localité.

À VOIR

Sur l'artère principale de Saint-Marc, la rue du Centre, l'**église** paroissiale **Saint-Antoine de Padoue** fut construite entre 1897 et 1899 dans un style néogothique en brique et pierre bleue par l'architecte Lange. Par la rue du Parc de Saint-Marc, on accède à la rue des Nobles dans laquelle, au n° 4, une maison fut construite à la fin du 19e siècle avec des matériaux récupérés de l'ancienne église d'Émines. Ceci explique que plusieurs pierres portent des millésimes du 17e siècle. Depuis la rue du Centre débute, à droite, la rue du **château de Saint-Marc**. Cette habitation en brique et pierre bleue de style traditionnel était le siège de la seigneurie établie au 18e siècle. Elle fut doublée vers le parc d'une construction néoclassique offrant une façade de style Louis XIII dessinée par l'architecte Balat vers 1850. Proche du château, au n° 28, la **ferme de la Tour** comporte des structures en moellons calcaires, aménagées progressivement entre le Moyen Âge et le 20e siècle. L'ensemble fit l'objet d'une importante restauration en 1964 par l'architecte Mairy. En prenant *Su l'Tidge* et en tournant à droite *Al' Tchôde Ewe*, on rejoint le lieu-dit Frizet partagé entre Saint-Marc et Vedrin. Dans la rue, une **chapelle du Saint-Sacrement** de style néoclassique en moellons de calcaire fut construite par le curé de Frizet en 1826.

SAINT-SERVAIS | 5002

- *Saint-Servais* au 17e siècle, nom venant d'une des chapelles desservant la localité
- Saint-Servaitois
- banlieue industrielle de Namur, industrie extractive et autre, quartiers résidentiels, terrain accidenté autour du Houyoux, entre 100 et 160 m
- N 4, lignes de bus 2 Namur-Perwez, 2 barré Jambes-Saint-Marc, 8 Erpent-Belgrade, 11 Jambes-Saint-Servais, 22 Namur-Soye, 23 Namur-Velaine, 32 Namur-Gembloux, 71 Namur-Flawinne
- 351 ha

HISTORIQUE

Des traces d'une occupation gauloise, puis romaine ont été découvertes, notamment sur le plateau d'Hastedon. Au Moyen Âge, la localité était divisée en plusieurs hameaux appartenant au domaine comtal. Une cour foncière de Vocaing dépendant de l'abbaye de Malonne y fut active entre le 16e et le 18e siècle. Saint-Servais fut érigé en seigneurie hautaine en 1755 au profit de Charles-Joseph Noust. Dès le 13e siècle, l'abbaye d'Aulne y détenait des possessions, dont un moulin sur le Houyoux qui deviendra plus tard le Prévôt moulin. Un petit domaine y fut aussi constitué à la même période. Il prit le nom d'Hastimoulin, en raison de la présence d'un autre établissement de ce type, et appartenait dans la seconde moitié du 13e siècle aux héritiers d'Henri d'Outremeuse, bourgeois de Namur. Deux oratoires, dédiés respectivement à saint Servais et à la sainte Croix, desservaient le territoire. Le second, qui dépendait de l'église Saint-Loup de Namur, fut érigé en paroisse en 1633. Après la Révolution, l'église Sainte-Croix fut rattachée à la paroisse Saint-Jean, puis redevint paroissiale en 1839. Une seconde paroisse fut érigée en 1919, mais l'église du Sacré-Cœur ne fut construite que quinze ans plus tard. En 1958, Sainte-Croix devint le siège d'un nouveau doyenné. Outre les moulins jalonnant le Houyoux, l'activité industrielle s'est développée à Saint-Servais depuis le Moyen Âge. Elle s'accentua encore aux 19e et 20e siècles, notamment dans les domaines de l'extraction de la pierre et de la papeterie. La proximité de Namur explique aussi l'accroissement de sa population, malgré la baisse récente de la place de l'industrie. Parallèlement, la localité fut dotée d'équipements de service rendus nécessaires par cette croissance.

À VOIR

Si l'on vient de Namur par la Nationale 4, la rue de Gembloux permet d'accéder au centre de Saint-Servais. L'**église** paroissiale **Sainte-Croix**, située sur cet axe, est un édifice néogothique en brique et pierre bleue, consacré en 1855 et agrandi en 1900 par l'architecte Van Gheluwe. Le long de la rue de l'Industrie, le site des **anciennes carrières d'Hastimoulin** est le témoin d'une des activités principales de la localité. S'y sont développées une faune et une flore qui l'ont transformé en site naturel remarquable. Par la rue de l'Industrie, on accède à la **chapelle Notre-Dame d'Hastimoulin**, située rue des Carrières, actuellement enserrée dans une cité sociale. Elle est le dernier vestige d'un domaine situé sur le Houyoux. Le petit édifice en moellons calcaires et de plan rectangulaire fut construit peu après 1259 en style gothique par Henri d'Outremeuse ou par ses descendants directs. Une restauration respectueuse lui a rendu récemment tout son lustre. En prenant la rue Muzet, puis la chaussée de Waterloo, on passe devant une maison *modern style* en brique jaune, signée par l'architecte Corthouts (n° 146). À droite, la rue Leblanc permet d'accéder à la rue de Bricgniot. La **ferme de Bricgniot** (n° 157) est constituée d'un quadrilatère chaulé en moellons calcaires comportant des constructions des 16e, 17e et 18e siècles. Elle fut propriété des croisiers de Namur avant la Révolution française. En remontant la chaussée de Waterloo vers Belgrade, l'église du Sacré-Cœur, construite en 1934, est le siège de la deuxième paroisse de Saint-Servais. On découvre ensuite le plus important cimetière de l'entité de Namur qui, bien que situé sur le territoire de Saint-Servais, est dit de Belgrade. Il constitue une étape importante du pèlerinage provincial du Souvenir qui marque les Fêtes de Wallonie, et durant lequel hommage est rendu aux anciens combattants de 1830 et des deux guerres mondiales ainsi qu'à à François Bovesse.

SUARLÉE | 5020

- *Sorleis* en 1238 ; *Suarlée* en 1667
- Suarléen
- village agricole, terrain peu vallonné sur le plateau hesbignon, entre 155 et 186 m
- autoroute E 42 (sortie 12) et N 4, lignes de bus 22 Namur-Soye, 23 Namur-Velaine
- 1 006 ha

HISTORIQUE

Au Moyen Âge et à l'époque moderne, Suarlée fait partie du domaine comtal de Namur. Vers 1600, l'avocat namurois Jacques Lambert y détenait des biens pour lesquels il était redevable au comte de Namur. En 1673, la localité fut érigée en seigneurie hautaine au profit de Marc-Antoine Lambert. En 1699, elle fut vendue à Nicolas de Ponty. La famille de Ponty la conserva jusqu'à la fin de l'Ancien Régime. Suarlée dépendait sur le plan paroissial de Temploux. En 1617, une première chapelle Saint-Materne fut fondée à Suarlée par Jacques Lambert. La paroisse de Suarlée ne fut créée qu'en 1859. L'activité principale du village fut de tout temps l'agriculture.

À VOIR

Sur le chemin de Morivaux, près de la Nationale 4, la **ferme de Morivaux** est un ensemble homogène reconstruit au 19e siècle à l'emplacement d'une exploitation agricole déjà signalée en 1612 comme possession de l'abbaye de Salzinnes. Le chemin suivant à droite mène au **fort de Suarlée**, construit par Brialmont à la fin du 19e siècle dans le cadre du système défensif de Namur. Il fut pris par les Allemands le 25 août 1914 après avoir subi de lourds bombardements. Réarmé dans les années 1930, il capitula à nouveau suite à l'invasion allemande, le 19 mai 1940. Il s'agit d'un grand fort triangulaire à courtine étroite complètement en ruine.

Plus au sud, en prenant la rue de Zualart à gauche, on accède à la rue du château de Suarlée, ancien siège de la seigneurie hautaine de la localité. Le **château de Suarlée**, grande demeure de style classique en brique blanchie et pierre bleue construite dans un parc, date de la deuxième moitié du 18e siècle. Il est flanqué de dépendances limitées de part et d'autre par un pavillon d'angle de style traditionnel, formant l'amorce d'un plan en U. À proximité, une petite chapelle classique, dédiée à la Vierge, date du milieu du 18e siècle. La rue du château se poursuit par la rue Georges Roquiny menant à droite à la rue Maria de Dorlodot. C'est là que s'élève l'**église** paroissiale **Saint-Materne**, un édifice de style classique en brique et pierre bleue, daté de 1856-58. Son cimetière fut rendu célèbre par la visite de Marguerite Yourcenar, venue en 1956 découvrir la tombe de sa mère dans le caveau familial des de Cartier de Marchienne. Par la rue de la Grotte, puis le chemin des Alaudes, on accède aux Comognes de Suarlée où se trouve la petite **chapelle de Hannot**, édifice en brique construit en 1853 en remplacement d'un premier fondé par Jacques Hannot en 1764.

ÉVÉNEMENTS

- fête du Muguet, fin avril - 1er mai

TEMPLOUX | 5020

- *Templus* vers 1070 ; *Templues* en 1198, du gallo-romain *templavus*, dérivé de *templum* = temple
- Temploutois
- village agricole, aérodrome de Namur, terrain inégal à l'amorce du plateau hesbignon, entre 130 et 186 m
- autoroute E 42 (sortie 13), N 4 et N 93, ligne de bus 23 Namur-Velaine
- 1 147 ha

HISTORIQUE

Suite à une donation par l'évêque de Liège Notger en 987, Temploux entra dans le patrimoine de l'abbaye de Gembloux, qui y maintint sa seigneurie foncière jusqu'à la fin de l'Ancien Régime. Par contre, au Moyen Âge, le seigneur hautain fut le comte de Namur. Ses possessions lui servirent à doter plusieurs institutions ecclésiastiques namuroises. Le hameau de Boquet fut dès le 13e siècle un fief relevé par une famille locale, puis par les Baduelle. La seigneurie hautaine de Temploux fut engagée en 1628 à la famille 't Serclaes de Tilly, puis vendue en 1643 aux Baduelle de Boquet. En 1755, elle fut à nouveau engagée à la famille de Ponty, tandis que Boquet était détenu par les de Francquen. Sur le plan paroissial, Temploux a dès la période carolingienne un ressort dépassant les limites de la localité. Suarlée, Boquet et Maleroit en dépendaient. La collation de la cure appartenait depuis 1211 au chapitre Saint-Aubain de Namur. Rétablie après le Concordat, la paroisse de Temploux fut démembrée en 1859 par la création de celle de Suarlée. L'extraction du plomb, attestée à Temploux déjà au 14e siècle, s'y maintint encore au 19e siècle. Mais l'activité traditionnelle du village reste l'agriculture. Temploux accueille aussi actuellement un aérodrome destiné aux aéronefs légers. Celui-ci trouve son origine à la fin de la Deuxième Guerre mondiale, quand les forces alliées installèrent sur le plateau de Temploux un poste avancé de l'US Air Force. Au départ de cet ancrage abandonné fin 1945, on inaugura le 21 juin 1947 le nouvel aérodrome de Namur, à l'initiative de l'asbl Aéroclub de la Meuse.

À VOIR

Aux nos 124-126 de la chaussée de Nivelles, le **château** et la **ferme de Boquet** furent le siège de la seigneurie foncière du même nom remontant au moins au 13e siècle. Il s'agit d'un ensemble de bâtiments en brique peinte et pierre bleue, reconstruit aux 18e et 19e siècles et se répartissant autour de deux cours rectangulaires. Quelques structures du 17e siècle furent préservées : le mur de façade d'une grange fermant la cour du château au nord et une tourelle octogonale voisine datée de 1618 par le blason de Jean Baduelle, seigneur du lieu. Le domaine est agrémenté d'un jardin à la française et d'une drève de tilleuls. Par la rue Saint-Fargeau-Ponthierry, où l'on trouve les fermes de la Tourette et de l'Escaille, autres beaux témoignages de l'activité agricole du village, on accède à l'**église** paroissiale **Saint-Hilaire**, un édifice de style gothique du 16e siècle précédé par une tour romane. Les trois nefs furent portées à cinq lors de la restauration et de l'agrandissement de 1910-11. La tour, de plan carré, comporte trois niveaux de grès surmontés par un clocher du 17e siècle doté d'une tourelle d'escalier au 20e siècle. Dans le mur extérieur du chœur fut encastrée une pierre tombale datée de 1560 figurant un Christ en croix et un squelette. Une autre pierre tombale de 1619 est visible dans la tour. Dans la rue Lieutenant-Colonel Maniette voisine, le **presbytère** est une ancienne petite ferme en brique chaulée et pierre bleue de la première moitié du 18e siècle, formant un plan en L. Proche de l'église aussi, rue sous l'Église, une exploitation agricole comporte autour d'une cour des bâtiments des 17e, 18e et 19e siècles. Le plus ancien consiste en une grange datée de 1673 par une brique à l'angle sud-est et sur une pierre du pignon nord portant le chronogramme *ereXIt Me nICoLaUs DVY*. Depuis la rue Maniette, la rue Sainte-Wivine permet de rejoindre la route de Spy. En face du no 8, la **chapelle Sainte-Wivine**, restaurée récemment, est un édifice octogonal de style classique construit en 1747 lors d'une épidémie de fièvre aphteuse. Elle est construite en brique blanchie et pierre bleue et surmontée d'un clocheton octogonal et d'une croix en fer forgé. Dans le prolongement de la rue Maniette, la rue du Hierdeau permet d'accéder à celle de l'Ermitage Saint-Hilaire. Au no 23, l'**ermitage Saint-Hilaire**, ancien lieu de pèlerinage, fut supprimé par Joseph II en 1783. Les locaux furent alors transformés en école paroissiale. De la fin du 16e siècle subsiste le rez-de-chaussée de la partie orientale abritant la chapelle. Celle-ci consiste en un petit bâtiment de plan carré en moellons de grès chaulés couvert d'une voûte d'ogives. Elle fut surmontée d'un étage de brique en 1702.

ÉVÉNEMENTS

- bourse de collections et brocante internationale, le week-end fin août

VEDRIN | 5020

- *Uindrinio* en 839 ; *Vendraco* en 1134 ; *Uendreng* en 1212
- Vedrinois
- village agricole, activité minière et quartiers résidentiels, terrain très inégal à l'amorce du plateau hesbignon, entre 130 et 196 m
- E 411 (sortie 13), lignes de bus 24 Namur-Daussoulx et 27 Salzinnes-Vedrin
- 787 ha

HISTORIQUE

Des vestiges gallo-romains et mérovingiens retrouvés à Berlacomine et au Tomboir attestent l'ancienneté du peuplement de ce territoire. Vedrin était un *fiscus* carolingien dont les limites correspondaient à celles de la paroisse de Frizet. Au Moyen Âge, Vedrin entra dans le domaine comtal et constituait à la fin du 14e siècle une franchise distincte de celle de Namur. Trois seigneuries se répartirent le territoire. La seigneurie foncière de Celle devint un fief du comte de Namur au milieu du 14e siècle. Elle entra en 1639 dans le patrimoine d'une société d'exploitation des mines de plomb. En 1671, Cécile Moniot en acquit les droits hautains. La seigneurie foncière de Frizet, cédée en 1376 à la famille de Dave, devint seigneurie hautaine en 1626 au profit de la famille de Pinchart. Enfin, Berlacomine fut aux mains de seigneurs locaux qui tinrent la seigneurie foncière des comtes de Namur. Elle fut érigée en seigneurie hautaine en 1755 au profit de Charles-Joseph de Ponty. L'église-mère de Frizet avait un ressort paroissial très étendu. Démembrée au 19e siècle par l'érection des paroisses de Warisoulx, Vedrin, Champion, Daussoulx et Cognelée, elle fut supprimée en 1900 au profit de la nouvelle église de Saint-Marc, tandis que le territoire de Frizet fut rattaché à la paroisse de Vedrin. La collation de la cure de Frizet sous l'Ancien Régime appartint depuis 1198 au chapitre Saint-Pierre et depuis 1559 au chapitre Saint-Aubain de Namur. Une activité d'extraction est attestée à Vedrin dès la période gauloise. En 1633 débuta l'exploitation industrielle du minerai de plomb, qui devint la plus importante de Belgique à la période française. Le fer fut aussi extrait à Vedrin depuis au moins le 17e siècle. Encore au 20e siècle, ces industries extractives y furent plus importantes économiquement que l'agriculture. Depuis, l'exploitation des mines de pyrite a été remplacée par un point de captage d'eau à destination du réseau de distribution.

La fraise de Wépion PHOTO IVO HENDRIKX

À VOIR

Venant de Namur par la rue des Frères Biéva, on accède au lieu-dit Rond Chêne par la rue René Copette. Aux nos 42-44, le **château du Rond Chêne** est déjà cité à la fin du 16e siècle. Il s'agit actuellement d'une ancienne ferme comportant des bâtiments construits dans la première moitié du 18e siècle et au 19e. L'ensemble est en brique, pierre bleue et moellons calcaires et s'organise autour d'une cour rectangulaire. Le logis 18e siècle est de style traditionnel. À l'angle ouest, une chapelle néogothique fut construite au 19e. Dans la même rue, au lieu-dit Berlacomine, la **ferme de Berlacomine**, classée comme site avec les terrains environnants, est implantée sur un plateau dominant les vallées de la Sambre et de la Meuse. Siège d'une seigneurie foncière devenue hautaine au 18e siècle, elle consiste en un imposant quadrilatère fortifié dont il subsiste les tours nord et sud. Cette dernière est raccordée à un grand portail, qui fut porteur d'un pont-levis franchissant un fossé maintenant disparu. Les bâtiments sont représentatifs de diverses époques, principalement le dernier tiers du 17e siècle. À noter le logis en pierre bleue à l'ouest, dont la construction d'origine remonte au milieu du 16e siècle. Par la rue des VII Vôyes, on arrive au lieu-dit Frizet. La **ferme de Frizet**, également siège d'une ancienne seigneurie, domine la vallée du Vedrin. Elle consiste en un grand quadrilatère irrégulier en moellons calcaires construit aux 17e, 18e et 19e siècles. Face à l'entrée, le corps de logis de style traditionnel du 17e siècle est situé sur le point haut du site. En contrebas, le **calvaire de Frizet** et les arbres qui l'entourent constituent un site classé abritant un remarquable Christ en croix en bois peint de la première moitié du 16e siècle. Plus bas, l'ancienne **église paroissiale Saint-Martin**, en ruine, présente des vestiges en moellons calcaires pour l'essentiel des 16e et 18e siècles. Le chœur à cinq pans et quatre travées de la grande nef sont de style gothique, alors que la cinquième travée et les collatéraux, plus récents, sont d'inspiration classique. Au n° 4, l'ancien **presbytère de Frizet** est une maison classique de la fin du 18e siècle en moellons chaulés et pierre bleue. Sur le linteau de la porte sont gravés les mots *Domus pastoris* et sur la clé saillante, on reconnaît l'inscription *Dono MJ Rase*, du nom d'un curé de la paroisse entre 1780 et 1829. Par la rue François Lorge, on rejoint le centre du village. En prenant à droite la rue de la Sitrée, on arrive à proximité de l'**église** paroissiale **Notre-Dame du Carmel**, construite en style néogothique en 1843-45. Au n° 10 de la rue du Blanc Bois, la **ferme du château** dépendait du château de Celle, ancien siège de seigneurie, aujourd'hui détruit. L'exploitation agricole fut en grande partie reconstruite au 19e siècle. À noter au-dessus de l'entrée la dalle de style Régence frappée des armes de la famille de Montpellier.

ÉVÉNEMENTS

- marche Saint-Éloi, le 1er mai

WÉPION | 5100

- *Weupillon* en 1380
- Wépion(n)ais
- village agricole et résidentiel, culture de la fraise et surfaces commerciales, terrain inégal entre la rive de Meuse et la forêt de Marlagne, entre 82 et 252 m
- N 92, lignes de bus 4 Namur-Profondeville, 21 Namur-Maredsous, 30 Namur-Bois-de-Villers, 34 Namur-Dinant
- 1 613 ha

HISTORIQUE

Des traces d'occupation du site à la période gallo-romaine ont été révélées par des découvertes archéologiques. Au 14e siècle, le fief de Wépion dépend du comté de Namur. La seigneurie foncière de Fooz et Wépion fut acquise en 1623 par Albert de Tamison et érigée en seigneurie hautaine en 1753 au profit de Thomas Maloteau, chevalier. Suite à la cession de Fooz par l'évêque de Liège Baldéric à l'abbaye de Florennes au début du 11e siècle, ce hameau passa sous la dépendance de la paroisse de Dave, Wépion restant dans le giron de celle de Notre-Dame à Namur. En 1802, toute l'entité fut attachée à la paroisse de Dave. En 1843, c'est l'église de Fooz qui devint siège paroissial. En 1904, celui-ci fut transféré dans la nouvelle église du Vierly. Finalement, en 1912-14, Fooz fut à nouveau érigée en paroisse par détachement de celle de Wépion. L'histoire de la localité est aussi intimement liée à la fondation par les archiducs Albert et Isabelle en 1618 du désert de Marlagne pour les carmes déchaussés. Le domaine fut vendu comme bien national après la Révolution française, puis cédé en 1816 à l'évêque de Namur, qui y installa une maison pour séminaristes. Devenu domaine privé, puis couvent de religieuses bénédictines, le site finit par tomber en ruine. L'agriculture a toujours joué un rôle prépondérant dans l'économie locale. La culture de la fraise y est encore aujourd'hui assez importante, malgré la réduction des terrains cultivables suite au développement de la banlieue résidentielle de Namur. L'activité industrielle et d'extraction de la pierre tinrent à Wépion une modeste place au 19e siècle.

À VOIR

En remontant à gauche la rue Marcel Lecomte depuis la chaussée de Dinant, on accède aux hauteurs de Wépion et à la Marlagne. Le long de la route, la **ferme de Notre-Dame au bois** est l'ancienne habitation du desservant de la chapelle voisine aujourd'hui détruite. Le bâtiment principal, du début du 18e siècle, est une construction traditionnelle en brique et pierre bleue. Au-dessus de la porte figurent des armoiries et l'inscription gravée *Jacque Ferdinand de Lindeman Baron de Nevelstein Gouverneur de la province de Namur 1708*. Les dépendances de la ferme ne remontent qu'au 19e siècle. En prenant à gauche la route des Forts, puis la rue de Suary, on accède au chemin des Archiducs, où se découvrent les vestiges de l'ancien **désert de Marlagne**, comportant un porche classique de 1721 et une chapelle de 1620, transformée en habitation et portant au-dessus de la porte l'inscription *Deo O. Max. hoc sacellum Magistr. Namur fieri fecit et dedica MDCXX*. Sur ce site se situe également la chapelle Sainte-Marie-Madeleine fondée par l'évêque de Namur Pisani de la Gaude, construite en moellons calcaires au début du 19e siècle. Au-delà de la route de Saint-Gérard, la rue de l'Église mène au lieu-dit Vierly. L'**église** paroissiale **Notre-Dame de l'Assomption** est une construction néoromane bâtie entre 1902 et 1904 sur les plans de l'architecte Van Gheluwe. En descendant la rue du Vierly, puis la rue Armand de Wasseige, on arrive au lieu-dit de Fooz. L'**église** paroissiale **de l'Assomption de Notre-Dame** est un édifice néoclassique en grès et pierre bleue, construit en 1848 par la commune de Wépion. Au n° 1105 de la chaussée de Dinant, le **château de Fooz** est l'ancien siège de la seigneurie. Le bâtiment regardant vers la Meuse, axé par une tour carrée en saillie, fut construit au 17e siècle et largement remanié au 19e siècle par la famille de Wasseige. Les autres ailes furent bâties pour l'essentiel au 18e siècle et modifiées également au 19e. En revenant vers Namur, au n° 1037, le **Musée de la fraise**, hébergé dans une annexe de l'ancienne maison communale de Wépion, se veut le gardien de la mémoire locale et la vitrine de l'activité de culture de la fraise. La promenade des bords de Meuse à Wépion offre une intéressante perspective sur la localité de Dave. Elle réserve également la découverte de quelques belles villas mosanes construites à la fin du 19e et dans la première moitié du 20e siècle.

GASTRONOMIE

- la fraise de Wépion et ses produits dérivés

WIERDE | 5100

- *Werde* en 1103, *Werthe* en 1152, *Werden* en 1215; mot d'origine germanique
- Wierdois
- village agricole et résidentiel, terrain inégal et vallonné à l'amorce du Condroz namurois, entre 155 et 232 m
- E 411 (sortie 16) et N 941, lignes de bus 42 Namur-Seilles, 66 Namur-Ciney, 89 Namur-Naninne
- 1 158 ha

HISTORIQUE

Au Moyen Âge, Wierde et ses dépendances font partie du domaine du comte de Namur, qui y détient les droits seigneuriaux et la justice. Dès le 14e siècle au moins, des seigneuries foncières tenues en fief du comte se répartissent sur le territoire. Celle de Wierde est aux mains d'une famille locale au début du 15e siècle. Après plusieurs transferts, elle échoit finalement en 1696 aux de Waha. Wierde et Andoy furent érigées en seigneurie hautaine en 1687 au profit de Philippe de Wespin. Les de Waha acquirent celle de Wierde en 1726. Après quelques avatars, Andoy passa en 1763 aux mains de la famille Raymond, qui la conserva jusqu'à la fin de l'Ancien Régime. Après la Révolution française, Wierde fut instituée en commune avec un territoire comprenant la localité de Sart-Bernard. Celle-ci fut détachée et érigée en commune indépendante en 1870. Depuis le Moyen Âge, l'église de Wierde a toujours eu un statut paroissial. Celle d'Andoy fut unie à Erpent en 1437, puis érigée en paroisse en 1614 en raison de la croissance démographique de la localité. Andoy et Erpent furent réunies entre 1808 et 1842, date à laquelle la paroisse d'Erpent fut rétablie à part entière. Celle de Sart-Bernard fut détachée de Wierde en 1886. En 1888, l'église de Wierde fut ramenée au rang de succursale tandis que Jambes accédait au statut de cure. Depuis le 13e siècle, la *derlière* d'Andoy est exploitée au profit des batteurs de Dinant et de Bouvignes. En 1328, les seconds l'acquirent en accense perpétuelle. Cette activité d'extraction de la terre plastique se perpétua sur le territoire de Wierde jusqu'au 20e siècle. Mais la principale activité resta tout au long de son histoire l'agriculture, avec notamment plusieurs grandes exploitations, dont celles du Tronquois et de Weez aux mains de l'abbaye de Grandpré.

À VOIR

En arrivant à Wierde par la rue de Jausse (N 941), au n° 139, la **ferme de Reppeau** est un ancien arrière-fief du comté de Namur, déjà cité à la fin du 14e siècle. De plan en U, l'exploitation comporte une série de bâtiments construits entre le 16e et le 20e siècle. Il faut noter la remarquable grange en pierre calcaire datée de 1571 sur la clé de la porte côté sud. Celle-ci se prolonge par une étable du 18e siècle et par le logis de style traditionnel de la seconde moitié du 17e siècle dont la fenêtre axiale est surmontée d'une pierre de remploi gravée des mots *In nomine Ihesu omne genuflectatur IHS coelestium terrestrium et infernorum Reppeau*. Dans la même rue, près de l'église, le **château de Wierde**, ancien siège de la seigneurie

Le premier étage du musée provincial Félicien Rops

FÉLICIEN ROPS ET SON MUSÉE

Félicien Rops (1833-1898), artiste né à Namur, est connu pour son côté sulfureux, mais le musée de la Province de Namur qui porte son nom met à l'honneur le travail de toute une vie. Étudiant à l'Université libre de Bruxelles, Rops crée le journal Uylenspiegel, qui se veut un reflet de la société bruxelloise de son temps. Politiquement engagé, l'artiste s'attaque également dans ses lithographies à la peine de mort, aux régimes dictatoriaux et à l'Église. Sa rencontre avec Charles Baudelaire en 1864 marque un tournant : le diable, la mort, la femme font leur entrée dans son œuvre. Il réalise pour le poète le frontispice de son recueil Les Épaves. Se rendant régulièrement à Paris, où il veut se faire connaître comme illustrateur, il peint les bas-fonds de la capitale française : les bouges, l'alcoolisme au féminin, les prostituées. 1878 est une période intense de création : il va vers le symbolisme et l'allégorie, représentant les relations hommes-femmes de son siècle. La décadence, cet esprit fin-de-siècle qui touche toutes les disciplines artistiques dont la littérature, l'inspire : il crée des frontispices pour de grands auteurs comme Barbey d'Aurevilly, le Sâr Péladan, Mallarmé, etc. D'esprit libertin dans sa vie privée comme dans son art, Rops préfère « appeler un chat, un chat » et clame son indépendance d'esprit et sa liberté créatrice. Les Sataniques, dernière série sur laquelle il travaille, révèlent les liens qui unissent la femme à Satan et provoquent, encore aujourd'hui, l'étonnement, voire le scandale. Voyageur, grand épistolier, sportif confirmé, amoureux de la nature, Rops gardera avec Namur une relation ambiguë, oscillant entre mépris et désir de reconnaissance. Il meurt à la Demi-Lune, sa maison de Corbeil-Essonnes, près de Paris, en 1898, ayant vécu une existence riche de rencontres, de créations et d'innovations, surtout dans le domaine de la gravure.

Créé en 1964 pour accueillir la collection d'un amateur de Félicien Rops, le comte Visart de Bocarmé, un premier musée Rops s'ouvre à l'hôtel Gaiffier d'Hestroy à Namur, un hôtel de maître du 18e siècle. Dès les années 1980, la Communauté française Wallonie-Bruxelles aide et soutient la province de Namur dans sa mission d'acquisition, de conservation et de diffusion de l'œuvre de Rops. C'est ainsi que le musée déménage dans un autre hôtel de maître, sis rue Fumal 12, au cœur du vieux Namur, non loin de la maison natale de l'artiste et de l'église Saint-Loup, édifice de style baroque classé patrimoine majeur de Wallonie. Mais rapidement, le musée se trouve trop à l'étroit pour exposer la collection qui ne cesse de s'accroitre, grâce aux acquisitions de la Communauté française et de la province, et pour remplir ses missions de diffusion et d'éducation.

Dès 1993, la province et la Communauté française s'accordent sur un plan d'extension et de modernisation du musée, organisé en trois phases. Dans un premier temps (1997), un ancien atelier de torréfaction du café, situé à l'arrière du musée, devient un espace d'exposition temporaire et comprend un atelier éducatif. La seconde phase consiste en la destruction et la reconstruction du 14 rue Fumal, bâtiment voisin du premier musée. La façade de l'immeuble est entièrement revue : les normes de conservation très strictes en matière de conservation d'œuvres sur papier déterminent le choix d'une façade quasi aveugle. Deux nouvelles salles d'exposition permanente, une salle audiovisuelle, une zone administrative, une réserve pour les gravures ainsi qu'un ascenseur sont accessibles au public à partir de mars 2001. Fin 2002, suite à un concours européen d'idées, Filip Roland, archiscénographe, est désigné pour repenser la présentation de la collection permanente de l'œuvre de Rops et pour y intégrer des techniques modernes de conservation : fibres optiques, système de climatisation, mesure de l'hygrométrie, etc. « En finale, le musée Félicien Rops est la concrétisation d'une audace discrète et d'une rigueur désinvolte, qui révèle un coin de notre intimité. Mettre en œuvre cette réflexion était un acte délibéré, qui n'a pu être mené à bien qu'en prenant appui sur l'univers de ce sacré Fély », dira Filip Roland de sa réalisation.

En 2005, une dernière touche doit encore être finalisée : le jardin du musée, depuis longtemps livré à un entretien minimal, est le lieu idéal pour l'intégration d'une œuvre d'art contemporaine. Anne Jones, sculpteur, tire son inspiration des carnets de botanique de l'artiste et compose un jardin « d'en haut » et un jardin « d'en bas », où les plantes favorites de l'artiste sont largement représentées. Sa sculpture, vingt-cinq boules d'ardoises patiemment confectionnées, prennent place dans le jardin « d'en bas », laissant toute la simplicité de ce matériau s'harmoniser avec la lumière d'un espace vert de ville, entouré de murs.

– Véronique Carpiaux

hautaine, date de la première moitié du 18ᵉ siècle et fut réaménagé en 1898. Il s'agit d'un ensemble de bâtiments en pierre calcaire ébauchant un plan en U vers le jardin. L'**église** paroissiale **Notre-Dame du Rosaire**, entourée du mur du cimetière, est un remarquable édifice roman en moellons de grès construit aux 11ᵉ et 12ᵉ siècles. La tour du 11ᵉ siècle est un donjon seigneurial réaffecté. S'y adossait probablement à l'origine une mononef remplacée au siècle suivant par trois nefs et par un chœur à chevet plat. L'arcade qui donnait sur l'ancienne nef fut rebouchée. Quelques modifications furent apportées à l'ensemble en 1837. L'église fut restaurée dans les années 1970 avec le souci de respecter l'architecture d'origine. Son mobilier date pour l'essentiel des 17ᵉ et 18ᵉ siècles. Au n° 21 de la rue du Fond du Village voisine, le **presbytère** est à l'origine une maison du 17ᵉ siècle fortement réaménagée au siècle suivant. Les parties primitives sont en moellons de grès tandis que les structures postérieures sont en brique. À Andoy, accessible depuis la Nationale 4 par la rue Grande, la **chapelle Notre-Dame de Géronsart** (n° 43) est une petite construction en moellons chaulés et en brique de 1821. Surmontée d'une croix en fer forgé, elle abrite une Vierge à l'Enfant du 18ᵉ siècle provenant de l'abbaye de Géronsart. Au n° 67, une **ferme** des 18ᵉ et 19ᵉ siècles appartenait anciennement à cette même abbaye. La plupart des bâtiments sont construits en moellons calcaires. Seule une grange à l'est, datée de 1751 par une dalle aux armes de l'abbé Augustin Jacoby, est bâtie en brique sur une base en calcaire. L'**église** paroissiale **Saint-Alphonse de Liguori**, reconstruite par la fabrique d'église en 1839-40 dans un style néoclassique, fut encore agrandie en 1872-73. Au n° 73, le **presbytère**, construit au 18ᵉ siècle en moellons calcaires et remanié depuis, est aussi une ancienne possession de l'abbaye de Géronsart. Il fut vendu comme bien national après la Révolution française, puis cédé à la fabrique d'église en 1828 par le chevalier de Moreau d'Andoy. En continuant par la rue du Perseau, on accède à une ruelle menant au **château d'Andoy**, qui fut le siège de la seigneurie hautaine engagée à la famille de Wespin en 1687. L'ensemble fut construit à partir d'un donjon médiéval de plan carré en moellons, remanié au début du 18ᵉ siècle. Un logis traditionnel de la seconde moitié du 17ᵉ siècle fut englobé par les constructions en brique et pierre bleue de la fin du 18ᵉ, qui donnèrent son plan en U au château et l'homogénéisèrent dans un style d'inspiration classique. Au début du 19ᵉ siècle fut construite une belle orangerie en brique à l'ouest. Au nord du château s'est développée une importante ferme traditionnelle en brique et pierre bleue de la fin du 18ᵉ siècle, au départ d'une longue grange datée de 1717. Au-de là de la E 411, sur la droite de la rue du Perseau, l'ancien **fort d'Andoy** fut construit à la fin du 19ᵉ siècle pour assurer la défense de la route de Marche et de la vallée de la Meuse aux abords de Namur. Après un bombardement intensif, ce grand fort triangulaire tomba le 24 août 1914 aux mains des troupes allemandes, qui le restaurèrent et l'utilisèrent jusqu'à la fin de la guerre. Réarmé dans l'entre-deux-guerres par l'armée belge, il résista en 1940 aux assauts allemands jusqu'au 23 mai. Il fut abandonné après 1946 et tomba en ruine. Au sud de Wierde, au lieu-dit Tronquois sur la route d'Arville, l'ancien **moulin** alimenté par le ruisseau du Tronquois appartenait à l'abbaye de Grandpré. Il s'agit à l'origine d'une construction en grès de style traditionnel datant du 17ᵉ siècle.

OHEY

- arrondissement de Namur
- localités : Évelette, Goesnes, Haillot, Jallet, Ohey, Perwez
- 5 663 ha ; 4 757 habitants (01/01/2011)

ÉVELETTE | 5350

- en 1349 *Evelette*, diminutif du hameau de Ève
- Évelettois
- village rural dans le Condroz namurois, altitude de 230 à 300 m
- N 983, lignes de bus 13 Andenne-Ciney, 15S Huy-Ciney
- 1 385 ha

HISTORIQUE

Évelette fut tôt habité : les découvertes d'une villa gallo-romaine et de vestiges mérovingiens en témoignent. Du petit hameau qu'il était, Évelette est devenu un gros village aux modestes maisons serrées le long de chemins étroits. À la fin du 19e siècle, les exploitations de terre plastique et les fours à chaux ont fait sa prospérité. Sous l'Ancien Régime, le village était une seigneurie ecclésiastique appartenant au chapitre de la collégiale Notre-Dame de Huy. La paroisse Saint-Germain est ancienne ; le premier curé connu est cité en 1349. Ève, Libois, Résimont et Tahier étaient de petites seigneuries voisines et distinctes. En 1808, tous ces hameaux furent regroupés pour former une seule commune.

En 1906, la commune protégea par un grillage cet arbre multicentenaire, centre et témoin de la vie villageoise. À l'arrière-plan, une maison du 18e siècle en pierre de grès, ancienne école primaire officielle

Face à la ferme du Perron, point de départ de la « guerre de la vache », sous un orme vénérable, le pilori de justice, haute et étroite stèle de calcaire surmontée d'une croix en fer forgé

À VOIR

Au Moyen Âge, Ewan (Ève) est le hameau qui a donné naissance à la commune actuelle. Il n'en reste que la **ferme de Froidmont**, d'aspect sévère avec son donjon, carré imposant rappelant qu'à sa place se dressait jadis une forteresse féodale. À Évelette, l'**église Saint-Germain**, de style néo-classique, fut agrandie en 1895. À remarquer, outre la statue en bois du saint patron (14e siècle), les croix mortuaires encastrées dans les murs extérieurs de l'église. Dans le voisinage de l'église, on peut encore voir quelques demeures anciennes ainsi que l'ancien **manoir de la Rochette** du 17e siècle, transformé en ferme, dont il reste le beau corps de logis. Le hameau de Libois possède un admirable ensemble rural. La **chapelle Saint-Hubert**, datant de 1772, superbement restaurée, est un vrai trésor. L'influence du baroque autrichien se manifeste dans toute la décoration intérieure. Les stucs du chœur en style Louis XV furent réalisés par Duckers entre 1778 et 1780. Dans les environs, la **ferme de l'Avouerie**, remarquable ensemble du 17e siècle en calcaire, flanqué de tourelles, est un ancien bien de l'avoué Pierre-François de Rossius, chanoine tréfoncier de la principauté de Liège. En face, la **ferme du château** avec son donjon trapu, carré et taluté, masse presque aveugle avec une seule ouverture au nord (logis et étables du 17e siècle). À quelques pas se dressent fièrement un **joli château** d'esprit baroque (demeure privée) et sa **ferme** datée de 1721, marquée aux blasons Jamar de Maillen et de la Rochette. Le hameau de Résimont est déjà évoqué en 1317, quand on parle de la ville de « Rossiemont en Condroz ». Dès 1384, Résimont est une seigneurie hautaine relevant de la principauté de Liège. Dans un parc agrémenté

Sur le flanc sud de la vallée de la Flemme, important ensemble clôturé en calcaire, aux volumes drus : la ferme du Perron. Dans la vallée, riches cultures céréalières. Sur le versant nord, le village s'étire sur la colline. Un paysage typiquement condrusien

d'étangs se dresse un **château classique** du 18e siècle. Suite à une vente judiciaire en 1902, le domaine fut acheté par la famille Van Beneden-Duquesne. Une stèle à l'entrée de la propriété évoque la mémoire d'Édouard Van Beneden, éminent savant biologiste liégeois, décédé à Liège en 1910. En 1961, le curé d'Évelette, Émile Matagne, mit au jour une villa gallo-romaine du 2e siècle (site aujourd'hui remblayé). Un dépôt se trouve au Musée de la Céramique d'Andenne.

Dans le hameau de Tahier, un splendide ensemble privé groupe la **chapelle Saint-Servais** du 11e siècle (restaurée au 18e siècle), une ancienne **grange aux dîmes** et un **château-ferme** de la première moitié du 17e siècle avec une élégante **tourelle de défense**, elle-même terminée par une tourette de vigie et une girouette.

ÉVÉNEMENTS

- à Évelette, fête du village avec course folklorique de caisses à savon, le 3e week-end de mai
- à Libois, procession de la chapelle, le 15 août

GASTRONOMIE

- fromages de vache et de chèvre, et beurre de la ferme Fabriferm

GOESNES | 5353

- en 1155 *Guesnes* (de *Gundso* : propriété de...)
- Goesnois
- village essentiellement agricole du Condroz namurois, altitude de 230 m
- N 698, pas de ligne de bus
- 670 ha

HISTORIQUE

Le premier document officiel citant Goesnes est un diplôme de 1155, par lequel l'empereur Frédéric Barberousse confirme, en les énumérant, les possessions de l'Église de Liège : *castrum Guesnes cum allodio* (la forteresse de Goesnes avec son alleu). En 1231, la seigneurie de Goesnes couvrait approximativement les territoires actuels des communes de Goesnes et Jallet. Elle était défendue par trois ouvrages fortifiés : la forteresse de Goesnes, une tour de défense à Hodoumont et une maison forte à Filée. Cette seigneurie, située à la limite du comté de Namur, fut au 13e siècle le point de départ de la Guerre de la Vache. En 1275, un paysan de Goesnes ayant volé une vache en territoire namurois fut assassiné sur ses terres, ce qui déclencha une guerre sans merci : les cultures et de nombreux villages furent incendiés, plus de 10 000 personnes perdirent la vie. Les ruines, les souffrances et les deuils firent de tout le Condroz, mais aussi d'une partie de la Hesbaye, une terre de désolation. En 1297, après de nombreux arbitrages, il fut finalement décidé que Goesnes appartiendrait au comté de Namur. En 1686, les seigneurs de Goesnes ont la justice haute, moyenne et basse. Ils ont la collation de la cure, les droits de mortemain, de formorture et de pâturage.

À VOIR

Au hameau de Goesnes, la **ferme du Perron** et la **chapelle Saint-Pierre** se dressent sur une éminence à l'emplacement de la forteresse détruite en 1275 (début de la Guerre de la Vache). La ferme actuelle a été reconstruite en 1687 par les Warnant-Waha, sur des fondations et parties de murs beaucoup plus anciennes. Une aile a été aménagée en château résidentiel en 1925. Le portail de la ferme donne accès à une cour au fond de laquelle se blottit la **chapelle Saint-Pierre.** Le chevet est du 13e siècle, les fonts baptismaux (remarquables) du 12e, une statuaire populaire (saint Hubert et saint Roch) du 18e. À peu de distance de la ferme, un **pilori** très ancien s'abrite sous un **orme centenaire**. Ce témoin unique rappelle que les seigneurs de Goesnes avaient le droit de haute justice. La **ferme de la Tour,** à Filée, possède un donjon-porche avec poterne ogivale, construit à la fin du 13e siècle en moellons de calcaire et de grès. C'est le reste d'une maison forte des sires de Beaufort, seigneurs de Goesnes. Un corps de logis a été ajouté à la fin du 16e siècle. Sur la petite place, le **vieux puits** de Filée est daté de 1758. Le **château-ferme de Baya** est la « cense de la seigneurie de Goesnes » ; le corps de logis fut restauré en 1740 par Jean-François de Gotte, greffier au chapitre noble d'Andenne et homme d'affaires. L'extérieur et l'intérieur ont fait l'objet d'une nouvelle restauration récente. Le plafond de la chapelle conserve des stucs de toute beauté (fin 18e siècle). Dans la majorité des pièces, on découvre également des stucs Louis XVI d'une grande finesse d'exécution.

Haillot : intérieur de la chapelle Saint-Mort. En 1996, des voleurs ont emporté le mobilier de valeur, dont les bancs en chêne du 18e siècle. Les bancs neufs sculptés à l'ancienne ont repris leur place dans la nef restaurée

HAILLOT | 5351

- en 1280 *Hailleul, Hallier* (racine germanique *hasal* = petit hallier)
- Haillotois
- village rural du Condroz namurois, altitude de 250 m
- N 698, lignes de bus 13 Andenne-Ciney, 14s Andenne-Ohey, 15S Huy-Ohey
- 1 074 ha

HISTORIQUE

De nombreuses trouvailles archéologiques ont été faites à Haillot : outre des monnaies et des armes romaines, les fouilles du cimetière mérovingien situé au sud du village, effectuées en 1932, ont mis au jour 17 tombes, des ossements ainsi qu'un mobilier funéraire de grand intérêt qu'on peut voir au Musée du Cinquantenaire de Bruxelles. Aujourd'hui encore, le service ARCHÉOLO-J fouille une villa romaine du hameau de Matagne ainsi que le site de la cense seigneuriale (10e-19e siècles) voisin de l'église paroissiale. En 1281, le comte de Luxembourg reprend en fief du comte de Namur la terre de Poilvache, territoire dont fait partie Haillot. Il s'ensuit de nombreuses querelles entre les comtes de Namur et les dames du chapitre d'Andenne. Ces dernières prétendaient que la seigneurie foncière appartenait au chapitre noble Sainte-Begge d'Andenne depuis le 11e siècle au moins. C'est en 1762 seulement que Marie-Thérèse d'Autriche confirma définitivement la seigneurie hautaine d'Haillot au chapitre d'Andenne. Au sud de la Meuse s'étendait la grande forêt d'Arche. Le Terrier de 1602 relate qu'à Haillot la communauté exerce ses droits d'usage sur 300 ha de bois, dont les deux tiers appartiennent au chapitre d'Andenne et le dernier au souverain. Pour les Haillotois, le bois était la richesse de base, car la terre était de faible rendement ; l'essartage permettait aux familles d'éviter la famine pendant ce 17e siècle calamiteux. Aujourd'hui, les essarts sont progressivement libérés par la disparition des petites exploitations agricoles et vendus par la commune.

À VOIR

L'**église Notre-Dame de l'Assomption,** de style néo-gothique, fut construite entre 1869 et 1871. À signaler à l'intérieur : le triptyque du chœur et les autels latéraux en bois datés de 1714, la Vierge habillée de l'école de Del Cour, les fonts baptismaux gothiques du 16e siècle et les bénitiers du 18e. Tout à côté, sur la Chavée, le bâtiment classique de l'ancienne église du 18e siècle transformé au cours des ans (école, maison communale), dont on perçoit encore le chevet semi-circulaire d'origine. En face, le **presbytère** en moellons de grès et calcaire, avec le millésime 1736 sur un linteau de porte. Au pied de la rue des Écoles subsiste une maison en grès de 1779, à deux niveaux d'ouverture à linteau bombé, précédée d'un **tilleul** multicentenaire. Par la rue du Gros Hêtre (arbre disparu par l'effet de la foudre), on a accès à la **pierre du Diable**, un menhir en bloc de poudingue. Au nord de la commune, au hameau de Devant-les-Bois, se trouve l'ancienne **chapelle** votive dédiée à **Saint-Mort** (1621). Mort en 613, ce saint est invoqué contre les maux de tête et de dents ainsi que contre l'apoplexie. Sous l'autel, un mégalithe dit « pierre Saint-Mort », serait, d'après la croyance populaire, l'oreiller et le siège du saint, trouvé dans la hutte bâtie en cet endroit de la forêt condruzienne où il vécut en ermite.

ÉVÉNEMENTS
- procession à Saint-Mort, le premier dimanche d'août
- kermesses, le week-end après le 15 août et le 3e week-end d'octobre

GASTRONOMIE
- la «boulette de Huy», fromage fermier (lait de vache écrémé, caillé et fermenté)

JALLET | 5354

- en 1091 *Jalein*. En ancien français, jalet = caillou rond : allusion aux carrières de grès du pays
- Jalletois
- village du Condroz namurois à activité agricole prédominante, altitude de 260m
- N 698, pas de ligne de bus
- 651 ha

HISTORIQUE
Au 14e siècle, Jallet et Hodoumont se séparent de Goesnes. Hodoumont, dépendance de Jallet, est le siège d'une seigneurie hautaine relevant de la prévôté de Poilvache. Le premier détenteur connu de cette seigneurie fut Jamekin de Jamotines vers 1343. Les successeurs prirent plus tard le nom de Hodoumont; ils tinrent la seigneurie jusque dans la moitié du 16e siècle. En 1763, elle échut à Charles Dauvin, seigneur de Burdinne.

À VOIR
L'**église Saint-Victor de Filée** a remplacé une église romane des environs de l'an 1100. À l'emplacement de l'école communale existait déjà au 12e siècle une chapelle dédicacée à saint Martin. Il en reste, dans le mur de soutènement, la pierre tombale de J. Le Grenson (1624) et la croix funéraire de l' « honeste home H. Jaspar » (1712). Quant au patron de l'ancien sanctuaire, sa statuette en bois polychrome se trouve dans une niche encastrée dans le pignon est de l'école. La nef de la nouvelle église a été construite en 1756, le chœur et les annexes en 1865. À signaler la chaire à décor Louis XIV, seul meuble conservé de l'église ancienne, et un petit Christ du 17e siècle en bois polychrome. À l'extérieur, des croix tombales intéressantes des 17e et 18e siècles avec un important ensemble de blasons se rattachant à la famille de Celles et aux sires de Hodoumont-Jallet. À noter aussi, rue Saint-Martin, les bâtisses typiques en grès, parmi lesquelles l'école communale construite en 1895 sur les vestiges de l'ancienne chapelle susdite.

Construit vers 900, le **château d'Hodoumont** a remplacé une fortification romaine établie sur la ligne de défense des Romains dans l'ancien Condroz ; il fut incendié en septembre 1275, lors de la Guerre de la Vache. Aujourd'hui, le beau manoir d'Hodoumont est à peu près tel que nous l'a légué le 17e siècle, avec son imposant donjon médiéval et ses trois élégantes tours rondes, coiffées de toitures pyramidales qui se terminent soit par un bulbe, soit par un clocheton en lanterne. Il était autrefois cerné de douves et défendu par une ferme fortifiée flanquée de trois tours circulaires ; la tourelle nord-est est percée d'arquebusières. C'est un joli type de châtellenie agricole, protégée par un cadre incomparable de futaies séculaires.

OHEY | 5350

- en 953 *Olhais-o*, de *alta loca* = hauts lieux, et du germanique *Heis* ou *Hey* = bois, taillis
- Oheytois
- village suburbain du Condroz namurois, altitude de 230 à 270 m
- N 698, N 921, ligne de bus 13 Andenne-Ciney, 14 Ohey-Gesves, 14s Andenne-Ohey, 15s Huy-Ohey
- 1 232 ha

HISTORIQUE
Ermenfried et Guodila cèdent avec réserve d'usufruit à l'abbaye de Cornelimünster leur domaine de Ville-en-Hesbaye et d'Ohey ; l'acte du 21 mars 866, conservé à la bibliothèque de Leningrad, qui atteste cette cession est la première citation connue du nom d'Ohey. Au 12e siècle, Ohey est rattaché à la prévôté de Poilvache. En 1275 sévit la terrible « guerre de la Vache » : les milices liégeoises et hutoises livrent aux flammes trente villages et hameaux, dont Ohey. En 1342, Jean l'Aveugle, duc de Luxembourg, désargenté, vend Poilvache à la comtesse de Namur, Marie d'Artois. En 1421, au décès de Jean III, comte de Namur, son comté rejoint l'état bourguignon de Philippe le Bon. Ohey, Haillot, Goesnes et Jallet connurent tour à tour la domination des Bourguignons, des Autrichiens, des Espagnols, puis à nouveau des Autrichiens et des Français. Le château féodal, cité en 1321, était défendu par trois tours hors enceinte et entouré de douves. Au 18e siècle, le marquis de Maillen, seigneur d'Ohey, transforma le château-fort en château moderne et luxueux. Par mariage, celui-ci passa à la famille de Béthune, qui vendit la propriété en 1938. Le château fut alors démoli par son nouveau propriétaire. Il ne reste que le caveau ancestral et quelques annexes. La seigneurie de Reppe, citée pour la première fois dans un acte de 1422, fut vendue en 1708 au seigneur de Wallay. Sous le régime français, les seigneuries de Wallay et Reppe furent rattachées à la commune d'Ohey pour en devenir des hameaux. Au 19e siècle, la route et le tram relient entre eux les divers hameaux du village ; le site habité se déplaçant vers le nord, Ohey-Try devient le centre du village.

À VOIR
L'**église paroissiale Saint-Pierre** est une construction néogothique en briques datée de 1890. Elle possède une belle poutre de gloire avec la Vierge et saint Jean, de la première moitié du 16e siècle, et un Christ quelque peu postérieur. Les vitraux sont de Louis-Marie Londoz (1974).

Le **château de Wallay,** en briques, de la deuxième moitié du 17e siècle, a été complètement modernisé vers 1890. La **chapelle Saint-Hubert** (1700) comporte des pièces de mobilier des 18e et 19e siècles (propriété privée de la famille de Monge). En face du château, en bordure de la route Andenne-Ciney, le **tilleul** Saint-François servit en 1790 de poste d'observation aux Autrichiens. La **ferme du Petit Wallay**, réaménagée, a gardé son corps de logis en style néoclassique du 19e siècle.

ÉVÉNEMENTS
- festival des Fanfares royales d'Ohey, le dernier week-end d'avril

Perwez : église Saint-Lambert. Surplombant la vallée du ruisseau, le Lilot, la situation de l'église offre un large panorama du village

Jallet : château d'Hodoumont. Dans un parc agrémenté d'un étang, la propriété composée du logis seigneurial et d'une ferme fortifiée. Au 14e siècle, le puissant donjon en pierre calcaire fut coiffé d'une toiture d'ardoises piquée d'une tourelle de vigie. La tour d'angle circulaire, terminée par un petit bulbe, date du 17e siècle

- festivités de Saint-Christophe, le premier week-end de juillet (bénédiction des véhicules à moteur)

PERWEZ | 5352

- en 1227 *Pierouwes en Condros*, de *petra* (pierre) et *vadum*, étang, gué (wez ou kgué pierreux)
- Perwézien
- village rural, agricole du Condroz namurois, altitude de 240 m
- N 698, ligne de bus 13 Andenne-Ciney, 15S Huy-Ohey
- 655 ha

HISTORIQUE

Perwez, au même titre que le sud de Haillot et d'Ohey, était traversé par un chemin antique, l'ancien *diverticulum* allant de Huy à Lustin. L'église actuelle de Perwez ainsi que les anciennes églises de Haillot et Ohey occupaient une ligne de tumuli, c'est-à-dire des sortes de buttes de défense avec l'autel de la divinité protectrice. La paroisse de Perwez remonte à 1262 et dépendait du diocèse de Liège. La seigneurie de Perwez était d'ailleurs une enclave de la principauté de Liège dans le comté de Namur. Une situation souvent inconfortable jusqu'au 17e siècle, car source de conflits entre les deux pouvoirs régionaux, mais aussi lieu de passage des troupes étrangères avec pour conséquences pillages, «mengeries», fuite des habitants et épidémies. En 1636, la commune est ravagée par la peste qui fit périr environ 225 personnes. La seigneurie de Perwez subsista jusqu'à la Révolution française.

À VOIR

L'**église Saint-Lambert**, construite à la fin du 18e siècle, fut complétée au 19e d'une tour à l'ouest. À signaler à l'intérieur, une statue de saint Roch en bois polychrome datant de 1739, œuvre du sculpteur haillotois J. P. Hanoul, une statue de saint Lambert habillée, en bois polychrome, et des dalles funéraires du 18e siècle. En contrebas de l'église, on peut encore voir quelques maisons anciennes du 18e siècle, souvent remaniées au 19e siècle. La **ferme de Sur-les-Sarts** est un ancien siège d'un fief namurois : portail daté à la clé de 1739 et à l'ouest, porche d'entrée avec portail surbaissé en pierre daté de 1820, ancienne tour-colombier carrée des années 1720 (le bâtiment fait actuellement l'objet d'une restauration).

Le château-ferme Godart (1740), à l'est du village, en bordure du Lilot, est en brique et pierre bleue sur soubassement en pierre. C'est un ensemble de conception classique qui sépare les fonctions agricoles et la fonction résidentielle, ouverte sur un parc agrémenté d'un ruisseau. La façade du logis est d'une symétrie agréable avec une porte à traverse chantournée dont le linteau repose sur deux consoles en quart-de-rond.

ÉVÉNEMENTS

- fête annuelle, le 1er week-end de septembre

ONHAYE

- arrondissement de Dinant
- localités : Anthée, Falaën, Gérin, Onhaye, Serville, Sommière, Weillen
- 6 500 ha ; 3 154 habitants (01/01/2011)

ANTHÉE | 5520

- en 1018 *Anteia* = villa, ferme d'Antieus, en 1180 *Antheia*, *Anthegia*
- Anthéens
- village essentiellement rural, altitude de 270 m
- N 97, ligne bus 20 Dinant-Florennes
- 1 003 ha

HISTORIQUE

Ce village tient son nom et sa notoriété d'une des plus grandes villas romaines du nord de la Gaule, d'une superficie de 6 ha, construite sous Tibère (1er siècle de notre ère) par un nommé Anteius, légat impérial. De 1863 à 1872 des fouilles menées à proximité de la route Dinant-Philippeville ont mis au jour de nombreux objets provenant de cette villa romaine, du nom d'*Urbana* ou *Rustica*. Une statuette du dieu Mercure retrouvée sur le site est devenue l'élément principal des armoiries de la commune d'Anthée, puis de la nouvelle entité d'Onhaye. Elle se trouve avec les produits des fouilles au Musée archéologique de Namur. Willy Maltaite (1927-2000), célèbre dessinateur de bandes dessinées (Will), est né à Anthée. Créateur de *Tif et Tondu* (1949-1991) et du personnage d'*Isabelle* (1989-1993), il fut un des principaux collaborateurs de la célèbre maison d'édition Dupuis de Marcinelle. C'est à Miavoye, petit hameau du village d'Anthée qu'est par ailleurs décédé Paul Van Ostaijen, célèbre écrivain flamand (1886-1928). Il était en traitement à la villa « Le Vallon », qui servait de sanatorium pour tuberculeux.

Les ruines de Montaigle font partie du patrimoine exceptionnel de Wallonie

Onhaye : le presbytère

À VOIR

Anthée possède trois châteaux. Le **château de Fontaine** est une vaste demeure seigneuriale bâtie sur un quadrilatère, flanquée de trois tours circulaires et d'une tour carrée au nord-est, d'une vaste cour, d'une ferme en forme de U à l'ouest et de magnifiques jardins à la française sur les terrasses. Remacle Leloup (milieu du 18e siècle) nous a laissé un dessin remarquable de cet ensemble. Le **château de la Forge** est une ancienne demeure des barons de Jacquier de Rosée, maîtres de forge à cet endroit. Sa construction daterait de la fin du 17e siècle. Il resta dans les mains des Jacquier jusqu'en 1938, quand il fut vendu à Paul Coppin, directeur des usines de la Providence, qui l'utilisa comme seconde résidence. Il devint ensuite un centre de vacances de la Prévoyance Sociale, pour finalement être racheté par un privé. Quant au **château d'Ostemerée,** il fut construit de 1910 à 1919 par les architectes Gauchet et Flanneau et pourvu de magnifiques jardins et étangs. Il a appartenu de nombreuses années aux de Ribaucourt et hébergea pendant la guerre 1940-1945 des enfants de milieux pauvres et, dans le plus grand secret, des enfants juifs.

L'**église Saint-Materne,** avec son clocher de 45 m, est datée d'environ 1850. Elle renferme des orgues restaurées en 1980 par les établissements Thomas de Ster-Francorchamps grâce à des dommages de guerre.

ÉVÉNEMENTS

- kermesse, le dernier week-end de juillet

Falaën : le château-ferme édifié à la fin du 17e siècle

FALAËN | 5522

- en 1265, *Faiens Laiens* (latin), déformation de *faing* = fagne (?)
- Falaënois
- village rural condruzien, implanté sur les deux versants d'un petit vallon, tourné depuis quelques années vers le tourisme, altitude de 201 m
- N 97, N 971, lignes de bus 31 Dinant-Falaën, 35 Dinant-Ermeton-sur-Biert
- 1 369 ha

HISTORIQUE

L'histoire de la commune se confond avec celle du château de Montaigle, déjà mentionné en 1310 dans une bulle pontificale de Clément V. Il était bâti sur le territoire de la seigneurie de Montaigle-la-Ville, ainsi dénommée pour la distinguer de Montaigle-la-Forteresse, qui dépendait du comté de Namur. En 1791, Joseph de Coppin reçoit en donation la seigneurie et le château. Un de ses fils, Feuillen Marie-Joseph, né en 1800, fut membre du Gouvernement provisoire et devint gouverneur de la province de Brabant.

À VOIR

Occupé depuis la préhistoire (grottes), le site de Montaigle acquit sa vocation défensive à la fin de l'époque romaine. Les premiers murs d'enceinte, de deux mètres d'épaisseur, furent construits aux 3e et 4e siècles. En 900, le seigneur de Faing y établit sa résidence, qui sera aménagée en forteresse et siège du bailliage. Son incendie par les troupes d'Henri II en 1554 scelle son déclin. Consolidées par un procédé de micro-béton, les **ruines de Montaigle** se visitent et se dressent encore fièrement au détour du confluent de la Molignée et du Flavion. Classées depuis 1946, elles font partie du patrimoine exceptionnel de Wallonie depuis 1993.Nombre de maisons des environs furent construites avec les pierres de ses ruines.

Le **château-ferme** (classé depuis 1970), édifice de style Renaissance du dernier tiers du 17e siècle, est le siège de la confrérie gastronomique « Li Crochon », très active dans la vie associative locale, tout en étant toujours une exploitation agricole en activité. Jadis cerné de douves, vaste quadrilatère de briques enduites et de moellons calcaires flanqué de quatre tours (dont l'une est aujourd'hui en ruine), il inspire plus la défense que l'accueil. Une grosse tour-porche, datée de 1672, est gainée de harpes d'angles et coiffée d'une toiture à croupes et coyaux. Au centre de la cour se dresse le **pilori**, symbole de justice qui devait se trouver dans une des prairies proches où se tenaient les plaids (tribunal féodal) par temps favorable. L'intérieur du vaste bâtiment d'habitation, aménagé au 18e siècle, respire une douceur de vivre fort éloignée de la rigueur médiévale.

Falaën : les draisines de la Molignée rendent vie à notre ancien patrimoine ferroviaire

Anthée : le château de la Forge fut la demeure de plusieurs générations de maîtres de forge

Un **musée des confréries gastronomiques de Wallonie et de Bruxelles**, logé dans les magnifiques combles de cette bâtisse, propose une exposition didactique et vivante sur ces associations. Les **draisines de la Molignée**, sur l'ancienne ligne de chemin de fer Dinant-Tamines, permettent de parcourir cette vieille voie ferrée en pédalant sur un *rail bike*, sorte de cuistax animé par des pédales et transportant deux pédaleurs et deux passagers. Le départ se situe à l'ancienne gare de Falaën. Deux trajets sont possibles, l'un vers Maredsous et l'autre vers Warnant. Le nouveau tronçon du Ravel, Anhée-Maredsous, sur cette même ancienne ligne de chemin de fer, côtoiera prochainement les draisines. L'**église Saint-Léger**, du 18ᵉ siècle, abrite un autel baroque de la fin du 17ᵉ, des fonts baptismaux en calcaire du 17ᵉ et deux confessionnaux de style Régence datés de 1734 et 1738. La localité se caractérise par un joli ensemble d'habitations du 19ᵉ siècle en pierre calcaire sous toitures de pannes rouges, implantées souplement de part et d'autre de la voirie et souvent précédées de courettes pavées. Falaën a obtenu le label « Un des plus beaux villages de Wallonie ».

GASTRONOMIE

- le « crochon » : un petit pain fourré de fromage de Chertin, de dés de jambon et de crème fraîche, le tout passé au four
- fromages le Chertin, le Molignard et le Falaën, de la fromagerie Frippiat
- foire du Vin, le dernier week-end de novembre

ÉVÉNEMENTS

- fête au château, jeux anciens et concours du plus grand mangeur de « crochons », le 1er dimanche de juillet
- marche gourmande de jour et de nuit, le 2e week-end de septembre

GÉRIN | 5524

- en 1289 *Gérins*
- Gérinois
- village rural et résidentiel, arrosé par le Flavion, altitude de 260 m
- N 97, ligne de bus 20 Dinant-Florennes
- 545 ha

HISTORIQUE

Depuis la fin du 11e siècle et jusqu'à la Révolution française, Gérin faisait partie des possessions de l'abbaye de Waulsort-Hastière. Les potiers de Dinant et de Bouvignes s'approvisionnaient en terre plastique dans les environs du village. Les environs immédiats ont gardé les traces de « la machine à eau » : bassin de retenue, chenal et système de vannes permettant la régulation de l'eau suivant les conditions climatiques. Un mode de production d'énergie électrique propre et écologique qui mériterait d'être remis en fonction. Gérin devient une commune autonome en 1805 et ce, jusqu'à la fusion des communes.

À VOIR

L'**église Saint-Remacle** est datée de 1878.

ONHAYE | 5520

- au 10e siècle, *Honhaia*, du latin *haia* (haie ou sous-bois fangeux)
- Onhaytois ou Walhérois (référence au culte de saint Walhère)
- localité rurale et résidentielle, altitude de 236 m
- N 97, N 936, ligne de bus 20 Dinant-Florennes
- 1 240 ha

Serville : l'église Saint-Pierre, classée depuis 1936

HISTORIQUE

Dès la nuit des temps, les premiers habitants s'installèrent dans les grottes des environs. Comme on parle d'Onhaye dans des actes de 814, on présume que le village existait déjà durant le règne de Louis le Débonnaire et appartenait au comté de Namur. Saint Walhère, né à Bouvignes au 12e siècle, doyen de Florennes et curé d'Onhaye, mourut assassiné par son neveu, le curé de Waulsort, d'un coup de rame en traversant la Meuse à Waulsort le 23 juin 1199. C'est une génisse qui aurait tiré le chariot portant la dépouille de l'infortuné vers Onhaye, car les chevaux attelés pour ce faire refusaient la tâche. On invoque depuis le saint pour les maux de tête et les maladies du bétail. Une procession avec sortie des reliques a lieu chaque année en juin. L'imposition d'un casque contenant les reliques du saint se fait ce jour-là. En 1999, on a fêté les 800 ans de la manifestation. Onhaye a compté plusieurs sites d'exploitation de terres plastiques utilisées dans la sidérurgie jusque dans les années 80 ; certains ont été reconvertis en zones *Natura 2000*.

À VOIR

L'**église Saint-Martin**, datée de 1860, abrite la châsse de saint Walhère. Ses vitraux retracent les épisodes de la vie du saint. Une pierre tombale située au fond de la nef de droite, datée de 1552, a été commandée par Pierre de Harroy, curé du lieu entre 1536 et 1561.

ÉVÉNEMENTS

- *Agrifolk*, fête de l'agriculture ancienne, le lundi de Pentecôte
- festivités de la Saint-Walhère, le dernier week-end de juin

SERVILLE | 5521

- en 920, *Serevilla* ou *Seraevilla* sur le Flavion alors nommé *sara* : « endroit où coule l'eau »
- Servillois
- village à vocation agricole, terrain montueux, altitude de 205 m
- N 97, pas de ligne de bus
- 666 ha

HISTORIQUE

On a trouvé de nombreux sites de travaux liés au fer et au cuivre dans la localité, qui était située à proximité de la villa romaine d'Anthée et de la voie romaine Bavay-Trèves. Ancienne seigneurie hautaine, elle fut vendue en 1666 à Dom Diego Fernando de Villegas. En 1738, elle passa à Jean Dominique Augustin de Moniot, du bailliage de Bouvignes.

Durant la Première Guerre mondiale, le village fut victime d'exactions de l'armée allemande, qui fusilla de nombreux habitants du village et des villages voisins venus y chercher refuge.

À VOIR

La **chapelle Saint-Pierre,** chœur de l'ancienne église, est classée depuis 1936. L'**allée des tilleuls,** classée depuis 1976, rue Saint-Pierre, fait la jonction entre le village et l'église actuelle. Près du pont sur le Flavion, à l'ancien gué, se trouve le monument en l'honneur du jumelage entre Onhaye et la commune française de Le Tholy, près de Gérardmer dans les Vosges. La **ferme Moeykens**, rue Cléda n° 7, dont le logis est daté des années 1600, demanderait une sérieuse rénovation.

GASTRONOMIE

- fromages et chocolats artisanaux de la ferme de Bois-le-Couvert

SOMMIÈRE | 5523

- viendrait d'une villa romaine *Summaria*, *summus* voulant dire sommet
- Sommiérois
- village agricole et résidentiel, altitude de 233 m
- N 96, ligne de bus 31 Dinant-Falaën
- 929 ha

Weillen : le pont sur le Flavion

HISTORIQUE

On a découvert des tombes à incinération, expliquées par le voisinage de la chaussée romaine Bavay-Arlon-Trèves toute proche.

À VOIR

L'**église Saint-Urbain** est datée de 1878. Ce saint est invoqué pour les produits de la terre.

La **fontaine voûtée de Hersaint**, vieille de plus de 700 ans, marque à l'endroit où se situait le premier village de Sommière, en pleine campagne, entre le village actuel et la ferme de Grange. La très **belle ferme** gothique située au lieu-dit , Hontoirsur la route en direction de Haut-le-Wastia, est une ancienne seigneurie foncière ayant appartenu dès le début du 13ᵉ siècle au vigoureux lignage des Hontoir, pour passer en 1573 successivement aux de Sucre, Herbois et Gérard de Duras en 1626.

ÉVÉNEMENTS

- fête de Saint-Hubert, en novembre, le dimanche qui suit le jour de la Saint-Hubert

GASTRONOMIE

- fromage « le Sommière » de la fromagerie Hazard

WEILLEN | 5523

- de *Welin, Welins, Weling* en 1269, *Welling et Wellien* en 1792 (origine germanique)
- Weillenois
- village agricole et résidentiel, altitude de 192 m
- N 97, ligne de bus 31 Dinant-Falaën
- 803 ha

HISTORIQUE

La localité était traversée par la chaussée romaine Bavay-Cologne. Les premiers seigneurs furent sans doute Henri de Flun et Thierry de Brandebourg (1547). Une très grande partie du village, de ses bois et de ses terres appartint ensuite à la famille de Giey. La vie économique de Weillen fut marquée par les forges et les affineries de fer, créées à cet endroit du fait de la proximité de mines de fer, de l'énergie hydraulique et des grandes forêts. On y exploitait également de la terre plastique pour la fabrication de pipes.

À VOIR

Weilen, baigné par le Flavion, possède un charme intemporel grâce à ses maisons en moellons de calcaire et à toits de tuiles rouges. Depuis plus de cent ans, le village n'a pratiquement pas changé de physionomie. L'**église Saint-Pierre,** de style ogival lancéolé, date de 1846.

L'imposant **château de Weilen,** vaste bâtiment en briques et pierres calcaires, a été érigé au 18ᵉ siècle sur un quadrilatère fortifié du 17ᵉ. Les anciennes douves qui l'entouraient, sauf au sud, ont disparu pour laisser la place à un grand parc planté de diverses essences très anciennes. Il appartient à la famille de Giey depuis quatre générations. La **chapelle du Baty**, qui remonte au 17ᵉ siècle, est le chœur de l'ancienne église du village, restaurée par les habitants en 1984. On peut y voir un plafond mouluré Louis XIV avec la colombe du Saint-Esprit, un autel à retable daté de 1685 et un tabernacle du 18ᵉ siècle. Elle renferme aussi une pierre tumulaire, martelée sans doute à la Révolution, renfermant les restes de Michel d'Auxbrebis, escuyer du seigneur du lieu, y décédé le 17 juillet 1692.

PHILIPPEVILLE

- arrondissement de Dinant
- localités: Fagnolle, Franchimont, Jamagne, Jamiolle, Merlemont, Neuville-le-Chaudron, Omezée, Philippeville, Roly, Romedenne, Samart, Sart-en-Fagne, Sautour, Surice Lautenne, Villers le Gambon, Villers-en-Fagne, Vodecée.
- 15 672 ha ; 9 079 habitants (01/01/2011)

FAGNOLLE | 5600

- au 13e siècle *Faignoeulle, Faignoul*
- Fagnollais
- village agricole de la Fagne, construit sur un tienne à la limite de la Calestienne, altitude : 205 m
- N 5, lignes de bus 74/3 Philibus, 156B Mariembourg-Heer-Agimont
- 1 045 ha

HISTORIQUE

Le site fut habité à la période néolithique. Des fouilles effectuées au début du 20e siècle mirent au jour plusieurs marchets (sépultures néolithiques). À la fin du 11e siècle, Baudouin II vend une partie du comté de Hainaut au prince-évêque de Liège ; mais Fagnolle ne fut pas inclus dans cette vente et allait devenir une terre franche. Les premiers seigneurs appartenaient aux Rumigny-Florennes. Par la suite, de successions en successions, le fief passa aux familles de Fagnolle, d'Enghein, de Barbançon, de Warchin. À la fin du 16e siècle, la terre souveraine de Fagnolle devint la possession de la famille des princes de Ligne et cela jusqu'à la fin de l'Ancien Régime.

Fagnolle, un des « Plus beaux Villages de Wallonie », typique de la Fagne namuroise

Philippeville : statue de Louise-Marie d'Orléans, première reine des Belges

À VOIR

Au centre du village, l'**église Saint-Martin** entourée par les murs du cimetière fut construite au 16e siècle et remaniée jusqu'au 19e. L'intérieur, composé d'une nef à deux travées, possède un mobilier remarquable. La rue du Bailli, bordée de maisons et de fermes mitoyennes en moellons de calcaire datant des 18e et 19e siècles, conduit au **presbytère**, anciennement maison du bailli. Cette magnifique construction en calcaire est flanquée d'une tour percée d'une arquebusière à proximité de la porte d'entrée. Le **château médiéval de Fagnolle**, bâti en plusieurs étapes au 13e siècle en moellons de calcaire, forme un quadrilatère régulier. Depuis le 18e siècle, il est à l'abandon. C'est un château de plaine dont ni le plan ni la construction n'ont été modifiés depuis le 16e siècle.

FRANCHIMONT | 5600

- en 1000 (dans la *Vita Hadelini*) : *Mons Francherii*
- Franchimontois
- village agricole construit sur un promontoire dominant la vallée de la Chinelle ; altitude : 230 à 275 m
- N 40, lignes de bus 74/3 Philibus, 156B Mariembourg-Heer-Agimont
- 753 ha

Entrée de la ferme du château de Merlemont

HISTORIQUE

À la fin du 19e siècle, des fouilles mirent au jour deux nécropoles mérovingiennes. Peu de traces de l'histoire du village sont restées, les archives seigneuriales emportées en Allemagne ayant disparu. Depuis plusieurs siècles, les Franchimontois ont honoré saint Hadelin. C'est lors d'une grande sécheresse qu'il aurait enfoncé son bâton en terre et aurait ainsi fait jaillir une source.

À VOIR

À l'entrée de la localité, rue de Franchimont, un magnifique tilleul de 5 m 50 de tour abrite la **potale Sainte-Anne**. L'**église Saint-Martin,** de style néoroman, date de la fin du 19e siècle. À l'intérieur, on remarquera le retable de l'autel avec la statue de saint Hadelin. La **fontaine Saint-Hadelin**, rue des Tanneurs, est une source naturelle qui coule dans deux abreuvoirs en pierre ; à proximité, une potale est dédiée au saint. La **ferme de la Scierie** était une ancienne scierie de marbre du 18e siècle construite en moellons de calcaire. Une carrière de marbre rouge fut ouverte dans le village en 1750. L'**ancien moulin** date de la même époque ; l'emplacement de la roue est toujours visible dans le pignon.

ÉVÉNEMENTS

- carnaval, le deuxième samedi de mars

JAMAGNE | 5600

- en 1018 *Gemonia* ; en 1049 et 1215 *Jamonia* ; en 1608 *Jamangne* ; en 1616 *Jamoigne* ; vient du germanique *gamuntha* = confluent.
- Jamagnais
- village résidentiel établi sur le versant du ry des Gattes, altitude de 223 à 282 m
- N 5, lignes de bus 136A Florennes-Walcourt, 136D Florennes-Rance, 451 Charleroi-Couvin
- 762 ha

HISTORIQUE

L'abbaye de Saint-Jean a possédé d'importantes parties de Jamagne, qui relevait du domaine de la famille de Rumigny-Florennes. Jusqu'au traité des Pyrénées, où le village devint français et fut uni à Philippeville, il fut l'objet de contestations entre le comté de Namur et la seigneurie de Florennes. Il fera partie du département des Ardennes jusqu'en 1815.

À VOIR

Rue Général Hontoy, une importante **ferme** en moellons de calcaire est datée 1679 par les ancres. Rue de l'Ancienne Gare, la **ferme de la Tour**, datée du 19e, se caractérise par une tour circulaire crénelée de 1936. Rue du Ry des Gattes, une belle **ferme** également en moellons de calcaire porte le millésime 1633.

JAMIOLLE | 5600

- au 11e siècle *Gaminulis*, au 12e siècle *Jamiulis* et *Jaminulis*, au 13e siècle *Jamineulle*, au 16e siècle *Jamegnoulle* ; diminutif de Jamagne venant du germain *Gamuntha* : confluent, donc petit confluent.
- Jamiollais
- village agricole, altitude : 257 à 280 m
- N 5, ligne de bus 136D Florennes-Rance
- 455 ha

HISTORIQUE

Une nécropole de la période franque a été découverte dans le village. Au 11e siècle, le nom de celui-ci apparaît parmi les possessions de l'empereur germanique Conrad. Au 13e siècle, Hugues de Rumigny, seigneur de Florennes, ajoute les terres de Jamiolle au patrimoine de l'abbaye de Florennes.

À VOIR

À l'entrée du village, la **chapelle Saint Éloi**, de style néogothique, est datée de 1848 et construite en moellons de calcaire. À côté, la **ferme Cartrysse** en U date des 16e et 17e siècles. Sur le linteau de la porte d'entrée figure une brebis tenant un livre entre les pattes, rappel de sa dépendance de l'abbaye Saint-Jean-Baptiste de Florennes. À la sortie de la localité, un **Christ en fonte** s'abrite sous deux tilleuls.

MERLEMONT | 5600

- en 1155 *Merlemunt* ; en 1301 *Mielmont, Melmont,* = mont aux merles (?)
- Merlemontois
- village résidentiel et agricole, le long d'un promontoire rocheux, altitude 255 m
- N 40, lignes de bus 74/2 Philibus, 138A Florennes-Doische
- 864 ha

HISTORIQUE

Des tombes datant de la première époque franque furent mises au jour dans le village. De 1115 à 1789, Merlemont fit partie de la principauté de Liège. Aux 12e et 13e siècles, une

Ruines du château de Fagnolle

famille de chevaliers dits de Merlemont y vivait. Ensuite la seigneurie passa aux seigneurs de Pesches et de Florennes. À la fin du 16e siècle, elle fut vendue à Jean de Roly. Cinquante ans plus tard, elle échoit aux Fusco. Au début du 18e siècle, elle appartient aux vicomtes de Baillet, qui continuèrent à l'habiter.

À VOIR

Le **château de Merlemont** (non visitable), situé sur un promontoire surplombant la vallée du ruisseau du Grand Pré et ses étangs, est d'origine médiévale, bien que l'essentiel des bâtiments appartiennent au début du 17e siècle. En contrebas, la **ferme du château** forme un bel ensemble en moellons de calcaire du début du 17e siècle. Rue du Viveroux, une autre ferme en U plus classique est datée 1886.

NEUVILLE-LE-CHAUDRON | 5600

- en 1064 *de Nova Villa* ; en 1350 *Nuefville* ; en 1354 *Neufville* ; en 1360 *Noville* ; au 14e siècle *Neuville Le Chaudron*, du nom de la famille de Châdron
- Neuvillois
- village résidentiel et agricole, divisé par le ruisseau des Machenées, altitude de 280 m
- N 5, lignes de bus 74/3 Philibus, 451 Charleroi-Couvin
- 1 401 ha

HISTORIQUE

En 1980, l'association Archéophil découvre une villa romaine au lieu-dit Les Machenées. Une cave, un praefurnium et l'hypocauste furent mise au jour. La terre de Neuville en pays de Liège dépendait des domaines de la famille de Rumigny, mais était divisée en plusieurs fiefs dont celui de la famille de Neuville était le plus important. Les premiers seigneurs de Neuville sont mentionnés dès le 10e siècle. Au 15e, Neuville était régi par deux seigneuries : celle d'Yves et celle de Florennes. Dans la seconde moitié du 15e, les seigneurs de Romerée construisirent le château fortifié.

À VOIR

Sur la place actuelle, du **château-ferme** partiellement fortifié subsiste la tour de défense de l'entrée avec ses trois meurtrières. Une porte datée de 1581 présente le blason des Auxbrebis. L'**église** paroissiale **Saint-Jean-Baptiste**, de style classique en moellons de calcaire, date du 18e siècle. La **tour du Frère pêcheur** est un monument étrange et mystérieux. Une légende raconte que cette tour abritait le moine qui ravitaillait le monastère de Florennes en poisson, car elle était proche de l'étang. La **chapelle Saint-Hubert** se situe

Romedenne : musée Gambrinus Drivers

sur un ancien fief des seigneurs d'Yves. Elle daterait de 1572, mais fut probablement reconstruite vers 1647. La **chapelle de Notre-Dame de la Salette** date de 1861. Elle fut édifiée par le curé au moyen de dons provenant des habitants.

OMEZÉE | 5600

- en 1243 *Omesees*, nom mixte à racine germanique et suffixe latin : « terres d'Ummo » (nom d'homme francique)
- Omezéens
- village à vocation essentiellement agricole, altitude de 240 à 251 m
- N 97, ligne de bus 74/1 Philibus
- 393 ha

HISTORIQUE

Après avoir été la possession de la famille de Rumigny depuis le 13e siècle, les seigneurs de Boulogne se titrent d'Omezée au 16e. En 1638, la seigneurie d'Omezée passe par mariage à la famille Rougrave. Charles-Alexandre de Rougrave, colonel de cavalerie, la revendra en 1814 à Jean-Baptiste Roosens. Cette dernière famille restera propriétaire du château jusqu'en 1949, année où il sera vendu à la famille Herbecq.

À VOIR

L'**église** paroissiale **Saint-Feuillen**, ancienne chapelle castrale, subit plusieurs transformations du 18e au 20e siècle. Le cimetière y attenant renferme d'anciennes stèles et croix en fer forgé. Sur la route de Soulme, la **ferme seigneuriale** remonte au 18e siècle. Au-dessus du porche d'entrée de style classique figurent les armoiries de la famille Rougrave. Au n° 7 de la rue d'Omezée, l'artiste-peintre et sculpteur Jean Morette s'est installé dans une ancienne fermette rénovée.

PHILIPPEVILLE | 5600

- nom donné à la forteresse par Charles Quint en l'honneur de son fils Philippe
- Philippevillains
- ville résidentielle et agricole, sur un plateau s'abaissant vers le nord, altitude de 291 m
- gare ferroviaire, N 5, N 40, N 97, lignes de bus 56 Namur-Couvin, 74/1/2/3 Philibus, 132A Walcourt-Philippeville, 136D Florennes-Rance, 451 Charleroi-Couvin, 452 Philippeville-Matagne-la-Grande, 453 Philippeville-Heer-Agimont, 561 Philippeville-Thy-le-Château
- 1 121 ha

HISTORIQUE

Philippeville est une ville neuve construite de toutes pièces sous le règne de Charles Quint en réaction à la prise de Mariembourg par les Français. Pendant 104 ans, la forteresse fut sous domination espagnole. Suite au traité des Pyrénées, elle fut cédée à la France jusqu'à la défaite de Napoléon. Après 156 années de régime français, la ville passa sous domination hollandaise jusque 1830. Suite à l'indépendance et à la neutralité de la Belgique, le traité de Londres stipula que les ouvrages de fortification des places situées le long de la frontière seraient démantelés ; le démantèlement de ceux de Philippeville commença en 1853.

À VOIR

L'**église royale et paroissiale Saint-Philippe** fut construite en 1556. De style gothique en pierres calcaires, elle était à l'origine une chapelle militaire trapue bâtie pour la garnison. Situé dans le bastion de la Reine, le magasin à poudre fut transformé en 1922 en **chapelle** dédiée à **Notre-Dame des Remparts.** C'est un bâtiment rectangulaire en moellons, élevé sur des murs latéraux de 2,70 m d'épaisseur avec une voûte en berceau à parement en briques. Le **réseau de souterrains** mis en place par Vauban est resté en excellent état et est visitable. Sur la place d'Armes, la **maison du gouverneur** a été amputée de sa moitié droite à la fin du 19e siècle lors de la construction du siège de la Banque Nationale ; elle est actuellement le siège de l'administration communale. À la même époque, la **maison du lieutenant du roi** fut transformée pour accueillir le bureau de poste. Les **halles** datent de la fin du 18e siècle ; elles présentent côté rue de France cinq arcades en plein cintre à piliers carrés, tandis que du côté de la place, ce sont trois arcades inégales séparées par deux colonnes toscanes. La **Justice de paix** fut construite dans les années 1870 sur l'emplacement de l'ancienne prison de passage. L'**ancienne caserne** construite en 1785 et située à la rue de la Reine était occupée par le 7e de Ligne, tandis que le 10e de Ligne occupait les bâtiments de l'**ancien hôpital militaire** à la rue de l'Hôpital. Une **statue de Louise-Marie d'Orléans**, première reine des Belges, réalisée par le sculpteur Joseph Jacquet, avait été érigée en 1878 sur l'emplacement de l'ancien puits ; présentant un danger, elle fut enlevée en 1995. Une copie en bronze en a été réalisée et placée sur le square de l'ancienne école moyenne.

Neuville : ferme-château et sa tour d'angle

Omezée : château-ferme et son porche d'entrée du 18e siècle

ÉVÉNEMENTS

- marche folklorique Saint-Philippe, le premier week-end de mai
- fête des orchidées, en juin
- visites de village tous les vendredis en juillet et août

GASTRONOMIE

- lapin à la bière et aux orties, préparé avec la bière locale, la *Schwendi*

ROLY | 5600

- au 10e siècle *Roslerum* ; au 11e siècle *Roliers, Rolliers, Roslier* ; au 13e siècle *Rosliers*, au 14e siècle *Rolier, Roliez* ; de *Ros-lura* : lande de roseaux
- Roligeois
- village agricole sur la pente d'un mont boisé, altitude de 213 m
- N 5, lignes de bus 74/3 Philibus, 451 Charleroi-Couvin
- 1 794 ha

HISTORIQUE

La présence de l'homme est attestée dès la période néolithique. Plusieurs marchets (tombes circulaires composées de grosses pierres), des lames de silex, des pointes de flèches, différents objets de la période gallo-romaine ainsi que des caveaux en tuf de l'époque mérovingienne ont été mis au jour dans la localité. Au 11e siècle, les terres étaient divisées en deux fiefs : celui de la Tour de Rolier, appartenant à la famille des de Roly, l'autre dépendant de l'abbaye de Florennes. Les de Roly, famille de chevaliers, furent seigneurs jusqu'au 18e siècle. Ensuite, la seigneurie passa aux Groesbeek, qui la conservèrent jusqu'à la fin de l'Ancien Régime. Par après, le château et les dépendances appartinrent aux Kerouartz, les derniers propriétaires nobles. En 1995, le château a été acheté par les époux Leone, qui y ont réalisé de nombreux travaux de restauration tout en respectant l'esprit des bâtisseurs de l'époque.

À VOIR

Sur un versant assez abrupt s'élève l'**église** paroissiale **Saint-Denis**, dont le collateur était l'abbé de Florennes ; on peut voir le blason de ce dernier dans le chœur. Elle a conservé un ensemble exceptionnel de mobilier des 16e et 17e siècles. En contrebas se dresse le **château-ferme**, doté d'un donjon de la fin du 12e siècle et du début du 13e qui sert actuellement de corps de logis. À gauche du porche d'entrée, la **chapelle castrale** contient différentes fresques remises au jour. L'aile droite, joli ensemble architectural, peut accueillir toutes sortes de réceptions. L'ancien mécanisme d'une roue à aube a été mis en valeur à l'intérieur. Les communs, porcherie, bergerie, écurie, étable et grange où se tient le marché de Noël, enserrent la cour remise à neuf. Dans le village, on peut encore voir différentes maisons et fermes en moellons de calcaire datant des 17e et 18e siècles ainsi que l'**ancien moulin** en contrebas du château.

ÉVÉNEMENTS

- pèlerinage à la grotte de Notre-Dame de Lourdes, le premier dimanche de septembre
- marché artisanal de Noël dans le château, en décembre

ROMEDENNE | 5600

- en 817 *Rumendinis*, d'origine germanique, anciennement hameau de Surice
- Romedennois
- village agricole entouré de bois, altitude de 155 à 162 m

Philippeville : ancienne halle du 17e siècle

- N 40, ligne de bus 74/1 Philibus, 138A Florennes-Doische, 453 Philippeville-Heer-Agimont
- 1 415 ha

HISTORIQUE

Des fouilles ont mis au jour des bas fourneaux des époques néolithique et romaine ainsi que des poteries gallo-romaines. Vers 815, Romedenne aurait été offert à l'abbaye de Saint Hubert. Au Moyen Âge, il dépendait comme Surice de l'abbaye de Florennes. Au cours du 17e siècle, le village souffrit des ravages occasionnés par les troupes françaises en guerre contre l'Espagne. Lors de l'offensive allemande du 25 août 1914, 119 maisons sur 198 furent incendiées ou détruites.

À VOIR

À l'entrée du village, une **brouette géante** inscrite au livre des records a été installée en 1998 par les habitants. L'**église** paroissiale **Saint-Pierre**, de style néoroman, fut construite en 1890 et restaurée en 1922. Le **Gambrinus Drivers Museum**, un des seuls musées dédiés aux

Philippeville : l'édicule et son poinçon taillé dans un pin douglas finlandais

camions, en l'occurrence de brasserie, présente une vingtaine de véhicules, 60 vitrines thématiques et 17 salles dans une brasserie-malterie du 19e siècle. Des visites-découvertes sont régulièrement organisées dans les **anciennes argilières** devenues réserves naturelles. Le **moulin**, grand bâtiment en moellons de calcaire situé dans la vallée du ruisseau de la Chinelle, fut édifié au 17e siècle. Il a été agrandi au 19e siècle et aménagé actuellement en restaurant.

ÉVÉNEMENTS

- fête de la brouette, le premier week-end d'août

GASTRONOMIE

- foie gras artisanal, magrets et spécialités à base de canard, rue du Monument
- la boulette de Romedenne, à base de lait de vache caillé

SAMART | 5600

- en 1147 *De sancto Medard* ; Samart est une contraction du nom du patron de l'église Saint-Mard ou Médard
- Samartois
- village situé sur un étroit promontoire, altitude de 176 à 238 m
- N 5, ligne de bus 74/3 Philibus
- 495 ha

HISTORIQUE

Les archives mentionnent un chevalier de Saint-Médard en 1090. À l'époque, le village de Samart entre dans le domaine de Morialmé. La famille de Saint-Mard restera en posses-

Philippeville : magasin à poudre du 17e siècle transformé en chapelle

Philippeville : ancienne maison du gouverneur

sion du château jusqu'au 16e siècle, avant de le céder aux Auxbrebis. En 1590 apparaissent les Glymes, une famille d'origine brabançonne, qui en restera titulaire jusqu'à la Révolution française. À la fin du 19e siècle, le château est acheté par Eugène Gérard, notaire à Philippeville. Les derniers propriétaires ont entrepris sa restauration complète.

À VOIR

Le **château-ferme de Samart**, non visitable, est un bel ensemble architectural qui vaut le détour. La porte d'entrée en plein cintre arbore les armes seigneuriales Glymes-t'Serclaes. Dans le chœur de la **chapelle Saint-Médard** se trouve la pierre tombale des Auxbrebis. À la sortie du village en direction de Philippeville, un gros tilleul couvre une potale. De l'autre côté du chemin, on peut encore voir une **borne France/Liège** datant du traité des limites en 1773.

SART-EN-FAGNE | 5600

- en 1080 *Sartum*, au 12e siècle *Sarto Sanctae Mariae*, au 15e siècle *le Saure en Faingne* ; = lande marécageuse
- Sartois
- village dans la vallée de l'Hermeton ; altitude : 176 et 238 m
- N 40, lignes de bus 74/2 Philibus, 138A Florennes-Doische
- 373 ha

HISTORIQUE

Au 11e siècle, l'épouse de Bernard de Roly fit donation à l'abbaye de Florennes des biens qu'elle possédait en ce lieu. Ces biens étaient englobés dans le domaine des seigneurs de Rumigny. À la fin du Moyen Âge, l'église dédiée à Notre-Dame de la Nativité appartenait à l'abbé de Leffe, qui reçut de Yolande d'Aubrives la dîme et le patronat de Sart-en-Fagne. Plus tard, la dîme fut partagée entre les deux abbayes, Florennes et Leffe. Le 24 janvier 1944, lors d'un combat aérien, un réservoir de carburant s'abattit sur l'école du village. La jeune institutrice et ses neuf élèves périrent brûlés vifs.

À VOIR

Dans la vallée de l'Hermeton, en dehors du village, le **moulin** est une ancienne propriété des seigneurs de Roly, les Groesbeeck. Sur le côté, la **ferme du Moulin** en briques et en pierres bleues est intéressante à voir, ainsi que plusieurs maisons du 19e siècle. Fort endommagée, l'**église** paroissiale **Notre-Dame** fut remplacée en 1965 par un sobre édifice, représentatif de l'architecture de Roger Bastin. Les tombes des enfants martyrs de la Seconde Guerre mondiale sont disposées à ses côtés.

ÉVÉNEMENTS

- fête communale, le 2e week-end de septembre

SAUTOUR | 5600

- en 1155 *Soture*, en 1157 *Saturia*, en 1412 *Saultour* ; de *saltus*, défilé boisé (?)
- Sautourois
- village en Fagnes et Famenne, au relief très accidenté, établi le long de la vallée de l'Hermeton, altitude de 236 m

Samart : château-ferme et église Saint-Médard

- N 5, lignes de bus 74/2 Philibus, 452 Philippeville-Matagne-la-Grande
- 817 ha

HISTORIQUE

Un bas fourneau d'époque gallo-romaine a été découvert dans la localité. Sautour appartient à la famille des Rumigny jusqu'en 1259. Son territoire passe à la famille de Merode, qui en sera seigneur jusqu'en 1792. C'est une des plus anciennes paroisses de la contrée, administrée par les moines de Floreffe de 1280 à 1810. En 1575, les Français rasèrent le village et ruinèrent la forteresse, que ses habitants délaisseront pour s'établir dans la nouvelle forteresse de Philippeville.

À VOIR

L'**église** paroissiale **Saint-Lambert** de style néoclassique fut édifiée au milieu du 19e siècle. Quant à l'église ancestrale, qui se trouvait sur l'emplacement actuel du cimetière, il n'en subsiste que le chœur faisant à présent office de chapelle. La **forteresse**, bâtie sur un éperon rocheux au-dessus du village, semble dater du 14e siècle. Beaucoup de demeures du haut du village, reconstruites dans ses ruines, datent du début du 17e siècle. Le bas du village s'étire dans la vallée de l'Hermeton jusqu'à la **ferme du Vieux Sautour**.

ÉVÉNEMENTS

- animations médiévales, le dernier dimanche de juillet

SURICE-LAUTENNE | 5600

- en 1196 *Suriz, Suriche*, du germanique *sura* = humide (?)
- Suriçois
- village agricole, altitude de 160 à 258 m
- N 40, lignes de bus 74/1 Philibus, 453 Philippeville-Heer-Agimont
- 1 268 ha

HISTORIQUE

Des fouilles ont permis de découvrir différents objets de l'époque romaine, mais la découverte la plus importante fut un cimetière mérovingien. Surice appartenait à la principauté de Liège et dépendait de la baronnie de Florennes. Un horrible massacre eut lieu lors du passage des troupes allemandes le 25 août 1914 : 37 hommes furent fusillés sous les yeux de leurs familles et 32 autres personnes trouvèrent la mort dans leur maison ; 130 habitations furent incendiées ainsi que l'église.

À VOIR

L'**église** néoromane **Saint-Lambert** est une construction en calcaire de 1924. À côté, le **presbytère**, à double niveau, date de la fin du 18e siècle. Chemin de Soulme, le **château de Surice**, avec son parc entouré d'un mur, est bâti en moellons de calcaire ; les ancres indiquent 1687. Il fut remodelé après la Première Guerre mondiale. Un monument en l'honneur des victimes du massacre de 1914 fut érigé dans la prairie en bordure du chemin vers Romedenne.

ÉVÉNEMENTS

- journée « ferme ouverte » (produits de la ferme, buffet campagnard, marché du terroir), le dernier week-end de juin
- fête communale de Lautenne, avec lancer de ballots de paille, le dernier week-end d'août

GASTRONOMIE

- la *Dindon*, bière artisanale de la brasserie de Lautenne, hameau de Surice
- la boulette de Surice, à base de lait de vache caillé

VILLERS-EN-FAGNE | 5600

- au 16e siècle *Villenfaigne*, au 18e siècle *Villenfagne*
- Villersois
- village agricole au sommet d'un mamelon, altitude de 190 à 241 m
- N 40, lignes de bus 74/2 Philibus, 452 Philippeville-Matagne-la-Grande
- 654 ha

HISTORIQUE

Les terres de Villers-en-Fagne appartenaient à la principauté de Liège et dépendaient de l'abbaye de Florennes et de la châtellenie de Sautour. Au Moyen Âge, les seigneurs du lieu étaient de la famille des Rumigny-Florennes. Au 16e siècle, le fief appartint au seigneur de Roly et deux siècles plus tard, au baron de Presles.

À VOIR

L'**église** paroissiale **Saint-Michel**, datée de 1884 au-dessus de l'entrée, est érigée sur une butte entourée par les murs du cimetière. Sur la route de Matagne, une ancienne **ferme** en moellons de calcaire porte les armoiries des seigneurs de Roly et date de 1751. Le logis comprend un bâtiment du 16e siècle qui, à l'origine, aurait été une tour.

Roly : château-ferme en bordure du village

VILLERS-LE-GAMBON | 5600

- en 1188 *Villare le Gambo* ; au 16e siècle *Villers le Gambo* ; au 18e siècle *Villers le Gamboz*, de *villa Gamboni*, villa exploitée par Gambonius
- Villersois
- village étiré au sommet du versant du ruisseau du Grand Pré ; altitude : 260 m
- N 40, lignes de bus 74/1 Philibus, 138A Florennes-Doische, 453 Philippeville-Heer-Agimont
- 1 190 ha

HISTORIQUE

Le site fut occupé dès le début de l'ère chrétienne. Des fouilles y ont mis au jour une vingtaine de tombes franques. Au 11e siècle, il figure dans les biens cédés à l'abbaye de Florennes lors de sa fondation. Lors des guerres entre la France et l'Espagne, la localité fut incendiée. Les pierres servirent à la construction des fortifications de Philippeville.

À VOIR

L'**église** paroissiale **Saint-Remy**, de style néogothique, est construite en moellons de calcaire et porte la date de 1850. L'**ancien château de la Mosée**, ferme établie près du ruisseau du Grand Pré, rue de Givet, forme un ensemble en moellons de calcaire de la fin du 18e siècle. Sur le haut du village, la **chapelle Saint-Roch**, dont l'origine pourrait remonter à l'épidémie de peste qui sévit dans la région au 16e siècle, est entourée de tilleuls plus que centenaires. En flânant dans le village, on pourra découvrir dans chaque rue tantôt une ferme, tantôt une habitation datant des 18e ou 19e siècles.

ÉVÉNEMENTS

- ducasse d'*el coupète*, le 2e week-end de juin

GASTRONOMIE

- la source de Villers Monopole, exploitée depuis le 16e siècle, produit une eau reconnue pour sa faible minéralisation

VODECÉE | 5600

- au 9e siècle *Waldrecheis*, de *Waldericia*, terre de Walderic
- Vodecéens
- village résidentiel à vocation agricole, sur une crête longée par le ruisseau des Gérinaux ; altitude : 245 à 303 m
- N 40, lignes de bus 74/1 Philibus, 136D Florennes-Rance, 138A Florennes-Doische, 453 Philippeville-Heer-Agimont
- 674 ha

HISTORIQUE

Ainsi qu'en témoignent des vestiges de nombreux bas fourneaux et des « crayats de Sarrasins », l'activité essentielle de Vodecée à l'époque romaine fut la métallurgie. La localité est citée pour la première fois au 9e siècle. En 1180, Vodecée fait partie de l'abbaye Saint-Jean de Florennes. Au 17e siècle, elle revient aux mains des seigneurs de Florennes. Le dernier seigneur connu est un ancien officier, Lambert de Mortier, qui acquiert la seigneurie en 1771.

À VOIR

Sur la place, la **chapelle Sainte-Geneviève** fut construite en style néoroman au début du 20e siècle. La **ferme du Gaï,** proche du ruisseau de Gérinaux et bâtie en moellons de calcaire, date du 17e siècle. L'**ancien moulin Luc**, dans la même vallée, date du 19e et regorge de statues réalisées par son propriétaire.

PROFONDEVILLE

- arrondissement de Namur
- localités : Arbre, Bois-de-Villers, Lesve, Lustin, Profondeville, Rivière
- 5 019 ha ; 11 664 habitants (01/01/2011)

ARBRE | 5170

- un arbre repère a dû servir pour désigner les lieux
- Arbrois
- localité rurale, résidentielle et montueuse, entre 120 et 250 m
- N 928, pas de lignes de bus
- 1 066 ha

HISTORIQUE

Des traces d'une occupation préhistorique ont été découvertes au lieu-dit le Normond.

Dès 932, un diplôme d'Henri l'Oiseleur cite la ferme de Montigny parmi les possessions de l'abbaye de Brogne (Saint-Gérard). La vallée du Burnot a été aménagée de très longue date pour permettre l'implantation d'une véritable « industrie rurale », principalement la métallurgie. La plus ancienne des mentions connues d'une forge arbroise remonte à 1442.

En 1832, le dictionnaire géographique de Ph. Vander Maelen signale « sept usines pour le cuivre, deux laminoirs, une tréfilerie de laiton, une scierie de marbre, un moulin à farine et un à huile, quatre métiers à tisser des toiles et un four à chaux ». La localité d'Arbre a été une dépendance de la paroisse de Lesve jusqu'en 1842, date à laquelle est érigée une nouvelle paroisse avec saint Hubert pour patron ; le hameau de Besinne reste dépendant de Lesve.

Lesve : au premier plan, le chemin et le porche d'accès à la ferme, en arrière-plan, le bâtiment principal du château

Bois-de-Villers : l'église précédée de son narthex

À VOIR

En entrant dans Arbre par l'est (N 928), remontons le Burnot qui a été aménagé pour servir les usines hydrauliques. Il passe par la maison « du Meunier », une glacière à glace naturelle, et le **château du Marteau-Longe**, ses étangs et son parc. Des chênes majestueux dominent la route qui va vers Bois-de-Villers tandis que, en suivant la vallée, on rencontre la **Vilaine Source** (une résurgence et son réseau souterrain) et la **cense d'Arbre** avec sa grange en long datée (en clé de voûte) de 1726. En montant le « cherrau », on atteint la **place du village** et son habitat ancien : le château Bivort et le presbytère (transformé aujourd'hui en galerie d'art). Une chapelle hexagonale dédiée à saint Donat veille sur la sortie nord, en haut du village. En sens inverse, dans la pente, on découvre la petite **église paroissiale Saint-Hubert**, peut-être due en partie à J.-B. Chermanne, architecte du 18e siècle natif d'Hanzinelle. Au pied de la rue de la Grotte, on remonte le Burnot pour passer devant le **château d'en-Haut**, son parc et un ancien atelier métallurgique restauré en habitation dans son gabarit initial. En montant le Fond des Rivaux, on atteint le **Normond et son chantoir** avant de continuer vers le hameau de Besinne. De cette hauteur, un sentier descend près de la chapelle de Besinne et offre de beaux panoramas. Au pied de la colline, par la rue de la Forge et celle de Montigny, on longe une ancienne meunerie avant de grimper vers Montigny, au centre d'un vaste paysage, d'où on descend vers la ferme de Neffe et la vallée du Burnot. En longeant la rivière vers l'aval, on rejoint le village par la ferme de Romiée et son logis du 17e siècle.

Lesve : l'église au sommet du village

BOIS-DE-VILLERS | 5170

- le bois de l'abbaye de Villers (en Brabant wallon)
- Bois-de-Villersois
- localité résidentielle et agricole, sur un plateau vallonné, entre 120 et 269 m
- N 928, N 951, lignes de bus 6 Namur-Mettet, 30 Namur-Bois-de-Villers, 64 Namur-Biesme
- 1 036 ha

HISTORIQUE

Sur la rive gauche de la Meuse, le territoire était couvert par une forêt dont le nom, la Marlagne, laisse entendre combien elle était vaste. Les premiers défrichements significatifs de Bois-de-Villers, à l'initiative des moines de Villers, sont postérieurs à 1231. Ils ont laissé une marque visible : un vaste rectangle délimité par le « chemin de 16 pieds ». D'autres défrichements suivront, en particulier après 1830. Ainsi, Bois-de-Villers est devenu un village nouveau et une paroisse, érigée seulement en 1683, sous le patronage de saint Roch.

Le fort Saint-Héribert, au sud de la Position fortifiée de Namur, a été construit entre 1888 et 1892 sur les plans du général H. A. Brialmont. Le 24 août 1914, il fut surclassé par les moyens supérieurs de l'ennemi. Ce matin-là, au carrefour des Six-Bras, des civils ont été maltraités, cinq maisons brûlées et beaucoup d'autres pillées. En 1940, la garnison de Saint-Héribert a été citée à l'ordre du jour de l'armée pour sa résistance du 11 au 21 mai.

À VOIR

Au sud-est de la lisière actuelle de la Marlagne (autrement dit le Bois du Duc), la rue Camille Borbouse suit le « vieux chemin de Namur ». Celui-ci quittait le terroir par l'ermitage Saint-Héribert. De là, par les rues Édouard Binamé (Chêne à l'Image) et Georges Marchal, on rejoint la **ferme du Biafau** (beau hêtre), ancienne possession des ducs d'Arenberg, dont les bâtiments actuels remontent au 19e siècle. En direction de Wépion, on peut longer le bassin de la tête d'adduction de VIVAQUA et visiter la **« Criée » (aux fraises)** propriété de Profondeville sur Wépion, où les producteurs disposent d'un vaste local d'exposition des lots et d'une **salle de vente « à l'horloge »**, la dernière en fonction au sud du pays. En direction de Profondeville et Bois-de-Villers, on côtoie une remarquable dépression karstique aveugle qui aboutit au « chantoir » dit le **Trou des Nutons**. Suivant les rues A. Barré et C. Stavaux, on franchit le vallon de la Meurette pour arriver sur le vaste plateau de la Sibérie. En le traversant du nord au sud, on retrouve la vallée du Burnot par le sentier dit des Meuniers. Verse le nord, on entre dans le noyau du village. La place de l'Armistice, à l'intersection des diagonales du rectangle formé par le « chemin de 16 pieds », en constitue le centre. L'**ancien presbytère**, de la fin du 17e siècle, occupe le côté ouest de cette place. Dos à cette demeure, on remarque la façade de la nouvelle église Saint-Roch, bâtie de 1966 à 1968 sur les plans de l'architecte R. Bastin. Un incendie avait détruit l'ancienne église en 1965.

ÉVÉNEMENTS

- kermesse, le week-end de l'Ascension
- *Dicause 1900*, le deuxième week-end de septembre

LESVE | 5170

- « *labia* » ou « *lavia* » : lèvre au sommet d'un « tige » condruzien, ou « *l'aive* » ou « *l'ève* » : eau
- Lesvois
- localité résidentielle et rurale, montueuse, vallonnée, entre 180 et 268 m
- N 951, lignes de bus 6 Namur-Mettet, 64 Namur-Biesme
- 1 071 ha

HISTORIQUE

Le village de Lesve est né d'anciens défrichements successifs dans la Marlagne. Ceci explique le nombre de hameaux : les Hayettes, les Fonds, le Chevauchoir, le Bourdon d'Hiver... Le dernier défrichement notable (la Levée) date des débuts du royaume de Belgique. La première mention connue remonte à 1021, quand une dame « Alpaïde » fait don de ses propriétés, dont une *ecclesiola* (petite église ou chapelle). L'existence de la paroisse paraît antérieure à 1267. Son patron est

Le chantoir Trou des Nutons, à Bois-de-Villers

Le typique village d'Arbre

saint Wilmart ; religieux à Hautmont, il aurait aussi vécu en ermite, abrité dans un arbre creux. Selon une « prisie » de 1294, la mairie de Lesve comprenait de nombreuses localités du baillage de Bouvignes. Quatre sections de la commune, Lustin et Rivière exceptés, relevaient de cette mairie. En 1630, Lesve eut deux frères pour seigneurs : l'un chargé de la seigneurie hautaine ayant son siège à La Bouverie, l'autre de la seigneurie foncière sur le site du château actuel. Celuici date du 18e siècle, comme l'église (1775), construite selon les plans de J.-B. Chermanne. Au 19e siècle, selon Vander Maelen (1832), « les habitants se livrent principalement à l'agriculture ; un grand nombre sont employés à l'extraction et à la taille de la pierre calcaire et à l'exploitation des bois ». En août 1914, Lesve a subi des pillages, l'incendie d'une maison, ainsi que trois assassinats. En mai 1940, les troupes françaises y ont perdu une trentaine d'hommes.

À VOIR

Selon François Joseph Galliot, historien namurois du 18e siècle, « on voit à *Leves* un château, qui a pour assiette une colline dont la vue découvre un paysage charmant, formé par des montagnes et des plaines à perte de vue, mêlées de vergers et de bois. À l'orient de ce château, qui peut passer pour un des plus beaux de la Province, tant par ses bâtiments et ses jardins que par les belles promenades qui l'environnent, on voit encore une belle ferme placée sur une éminence... ». Cette description du versant sud du village a conservé une certaine actualité : des éléments du **château de Lesve** sont classés comme monuments, les jardins et les alentours en site. La **ferme de La Bouverie** (constructions du 17e au 19e siècle), autrefois siège de la seigneurie hautaine, a conservé de ses origines un logis et une tour circulaire imposants.

Dans le patrimoine bâti de Lesve se distinguent encore l'église paroissiale et trois chapelles : la **chapelle du cimetière** (qui indique l'emplacement probable de l'ancien sanctuaire) abritant un calvaire du 16e siècle, la **chapelle Saint Roch** (rue du Centre, vers Saint-Gérard) et la **chapelle « aux Loups »** (au flanc d'un vallon à l'ouest de la route de Saint-Gérard). Au nord du village, le « vallon sec de Lesve » prend la forme d'un vaste arc de cercle, du Fond de Biauri à l'ouest au Fond des Vaux à l'est. Il compte quelque **quatre-vingts « chantoirs »** dont l'abîme de Lesve ou **Trou des Nutons**, le **double chantoir du Moulin** et le **Trou du Renard**.

ÉVÉNEMENTS

- kermesse, le dimanche le plus proche du 21 juillet

LUSTIN | 5170

- habitation de *Lusto*
- Lustinois, *les djusses* (cruches) au village, les *potis* (potiers) vers la gare
- localité résidentielle et rurale, lieu de villégiature, activités industrielles, relief montueux, entre 85 et 270 m
- gare ferroviaire, N 92, N 947, ligne de bus 433 Namur-Dinant
- 924 ha

HISTORIQUE

La littérature scientifique fait état d'ossuaires du néolithique découverts à Lustin. Deux bas fourneaux antiques ont été mis au jour sur la rive droite de la Meuse entre Lustin et Godinne lors des travaux pour l'écluse devant Rivière (1870). Les traces de la romanisation sont nombreuses. Celles du *castrum*, à l'extrémité ouest des rochers de Frêne, sont les plus notables. Certains pensent que, lors d'une invasion hongroise (954), des moines venus de Fosses

Lustin : le massif de Frêne

purent encore s'y réfugier avec les reliques de saint Feuillen. La paroisse existait dès le 11e siècle : église, cure et dîmes sont données en 1066 par l'évêque de Liège à la collégiale de Huy. Sourcier et guérisseur, saint Lupicin serait l'évangélisateur de la paroisse. C'est à lui qu'elle est dédiée.

Parmi les sections, Lustin est la seule qui n'a pas été inscrite dans le baillage de Bouvignes, mais dans la prévôté de Poilvache. L'extraction et le travail du fer ont été des activités séculaires dans la vallée des Fonds. Ph. Vander Maelen écrit en 1832 : « Au hameau de Tailfer se trouve un haut-fourneau pour la fonte du minerai de fer ; il est alimenté par l'eau du ruisseau des Fonds de Lustin. » La ligne de chemin de fer Namur-Givet est mise en service à partir de 1863, l'écluse de Tailfer et le premier pont de Lustin, en 1872. La route de Jambes à Dinant (rive droite) ne sera cependant ouverte qu'en 1911.

À VOIR

Le village de Lustin est perché sur un plateau. Le presbytère, sa grange aux dîmes (18e siècle) et l'église (1857) sont les pièces maîtresses de sa **place**. Un calvaire du 16e siècle, en bois polychrome, a été restauré et replacé dans l'église. À proximité, une placette plantée d'un hêtre entoure la **potale** et la **fontaine Saint-Lupicin**, ainsi que le monument aux morts. En face se dresse le plus ancien bâtiment de la localité et de la commune, appelé localement **« Le Monastère »**. Pour l'essentiel, il remonterait à la première moitié du 16e siècle. À l'ouest du plateau, la **chapelle Notre-Dame de Covis** est encadrée de deux chênes et d'un hêtre remarquables. Aux sorties est et nord-est ont été érigées d'autres chapelles : Saint-Lupicin à la rue des Quatre-Arbres et Saint-Roch, au bout de la rue du même nom. En descendant vers la Meuse par les Fonds, on découvre un habitat varié : traditionnel, rénové ou moderne. Dans ce bâti, remarquons une maison à colombages (18e siècle, rue des Acremonts), plusieurs villas mosanes et, dans un parc, rue de Tailfer, une belle et vaste demeure en pierre (1777). Vers le sud, dans le garage du *Café des Rochers*, les amateurs de spéléologie trouvent l'entrée du **« Trou Alexandre »**. Plus loin, on peut admirer la **dalle de Tailfer** (puissant banc calcaire, incliné à 45°, large de 85 m à sa base, haut de 75 m) et le **synclinal de Walgrappe** (dégagé sur quelque 600 m à sa base et quelque 110 m en hauteur). Le siège lustinois de VIVAQUA est implanté en face d'une carrière. Son activité, d'importance vitale, est opérationnelle depuis 1973 : le pompage et le traitement de l'eau de la Meuse, distribuée à plus de 2 000 000 de consommateurs, notamment à Bruxelles. On arrive dans le **massif de Frêne** : une lame calcaire dressée à 90°, orientée est-ouest, longue de quelque 800 m et haute de quelque 95 m à l'est. Un tunnel ferroviaire passe sous les rochers, parcourus de réseaux karstiques. La rue des Rochers de Frêne zigzague dans un défilé avant de rejoindre la rive droite de la Meuse. À l'ouest du zigzag, le mamelon isolé, haut d'une quarantaine de mètres, contient quelques grottes. C'est aussi le socle sur lequel le castrum romain était juché. Vers l'est, un sentier grimpe jusqu'au sommet, ses grottes visitables et ses panoramas magnifiques. De là, on peut longer ou traverser le beau Bois de Nismes pour aboutir au quartier de la gare, aux Fonds Delvaux ou encore au Chemin d'Hestroy. Au bas du chemin d'Hestroy, on est à un jet de pierre du **« Trou d'Haquin »**, célèbre et profond chantoir sur la limite entre Assesse et Lustin.

ÉVÉNEMENTS

- kermesse, le week-end de la Pentecôte

PROFONDEVILLE | 5170

- *Profunda villa*, villa à l'extrémité du domaine
- Profondevillois, *les pètés* (éclatés)
- localité résidentielle et commerçante, lieu de villégiature, relief montueux, vallonné, entre 85 et 260 m
- N 92, N 928, lignes de bus 4 Namur-Profondeville, 21 Namur-Maredsous, 30 Profondeville-Dinant, 34 Namur-Dinant
- 712 ha

HISTORIQUE

Des ossements du néolithique ont été exhumés dans les grottes à proximité du collège de Burnot. La première mention écrite de Profondeville se trouve dans un acte de l'abbaye de Florennes : en 1018, Henri II, empereur d'Allemagne, cède la moitié du droit de pêche devant Profondeville. Une paroisse, dédiée à saint Remy, est citée en 1294.

En août 1914, la garnison de la Position fortifiée de Namur a fait retraite en traversant la commune. Suite à un dangereux quiproquo, une compagnie d'infanterie belge a capturé deux officiers allemands : leur qualité de parlementaires était mise en doute. Isolée après de longues marches en pays conquis, elle bivouaque dans les bois de Profondeville et finit par négocier sa reddition. Rangée sur la place de Profondeville, le 25 août en fin d'après-midi, la troupe est désarmée. Elle reçoit sa solde et le droit de rentrer dans ses foyers ; les officiers obtiennent un laissez-passer pour traverser le pays, en tenue et en armes, et rejoindre leur armée. Les 13 et 14 septembre 1941, sous le couvert d'une réunion d'archéologues, une vingtaine d'anciens du P.O.B. (venus de tout le sud du pays) tiennent un congrès clandestin dans l'auberge de jeunesse de Burnot. Le but était d'organiser un nouveau parti et sa participation à la Résistance. La nuit du 4 au 5 septembre 1944, Burnot subit le sort de Rivière : incendie des maisons et victimes des combats.

À VOIR

La visite de Profondeville commence le plus souvent par la rive de Meuse, du nord vers le sud, de la Sauvenière à la Botte. Les coudes du fleuve sont amples, le plan d'eau est vaste, la vue sur les rochers de Frêne, illuminés la nuit, est superbe. Au sol, gravé dans la pierre, un « chemin philosophique » suit le halage. Ensuite, on découvre le « centre ancien protégé », un réseau de vieilles rues étroites et de ruelles remarquables par l'habitat ancien qui y subsiste ici et là : petites maisons basses unifamiliales, généralement en grès ferrugineux. Après quoi le visiteur parcourt le **« méandre coupé »** de la Meuse. Les vergers ont été remplacés par un habitat aéré et un centre sportif. Le **bois de la Petite Hulle** est planté sur une butte au milieu du site. On peut s'y promener, faire du sport, ou encore s'instruire dans un arboretum de plus de 5 hectares contenant une collection de soixante-six espèces d'arbres. Enfin, on peut se rendre dans le bois de la « Grande Hulle » et s'arrêter aux points de vue : celui de la Couleuvrine, vers Lustin, la Meuse et Rivière, ou celui de la Sibérie, d'où on découvre le méandre coupé (remarquablement didactique grâce à son îlot central en forme de poire et boisé), le synclinal de Walgrappe, les premiers contreforts du Condroz, Frêne, Lustin.

Le curieux peut encore arpenter la périphérie : Burnot et sa rivière, la Pierre à l'Image, les quartiers du château de la Hulle et du Beauvallon, le golf de Rougemont, Boreuxville.

ÉVÉNEMENTS

- kermesse, les 1er et 2e week-ends d'octobre
- fête autour de l'eau, le 1er week-end d'août

RIVIÈRE | 5170

- la rivière a dû servir pour désigner les lieux de la rive droite, comme son nom, le Burnot, sert pour les lieux de la rive gauche
- Rivièrois
- localité rurale et résidentielle, montueuse, vallonnée, entre 85 et 255 m
- N 92, N 928, lignes de bus 21 Namur-Maredsous, 34 Namur-Dinant
- 210 ha

HISTORIQUE

Diverses découvertes montrent que la contrée a été visitée très tôt : l'abri de chasse de Bois-Laiterie date du magdalénien, 12 500 ans avant notre ère. Des sépultures du mésolithique témoignent par ailleurs d'occupations préhistoriques plus durables.

Dans l'organisation du comté de Namur, Rivière dépendait de la mairie d'Anhée, fraction du baillage de Bouvignes. Du point de vue religieux, Rivière et Bois-Laiterie étaient liés à la paroisse de Godinne. La première chapelle, simple succursale, semble dater de 1630. La paroisse, dédiée à la sainte Trinité, a été créée en 1838 et l'église actuelle, érigée en 1844-1845. En 1832, selon Vander Maelen, on comptait dans la commune « deux affineries de fer, un martinet, deux laminoir de cuivre, une batterie de cuivre et une fabrique de fil de laiton ». L'écluse de Rivière a été construite de 1868 à 1872. En 1914, durant la nuit du 23 au 24 août, le château de Rivière fut livré aux flammes. Dans la nuit du 4 au 5 septembre 1944, c'est tout le village de Rivière, le château et une quarantaine de maisons, qui fut volontairement incendié. Dans les combats qui suivirent, plusieurs victimes, civiles et militaires, furent à déplorer. Une cimenterie a été en activité à Rivière de 1900 jusqu'aux années 60. C'est également vers 1960 que la dernière « usine hydraulique » et le dernier « maqua » ont cessé d'y battre le fer.

À VOIR

Venant d'Annevoie par le **halage sur la rive gauche**, on découvre un des plus beaux sites bâtis des environs : sur la rive droite, l'ensemble formé en bord de Meuse par l'**église** et le **château de Godinne**. De cette rive droite, on bénéficie d'une vue plus large sur le remarquable adret rivièrois du **« Tienne de Rouillon »** ou « Mont Pelé » (255 m), surmonté d'un pylône géant (164 m) de télécommunication ; 28 hectares y sont protégés à titre de **réserve naturelle domaniale**. Après les **îles de Godinne**, on arrive au village où l'on passe par la chaussée de Dinant entre l'église, son presbytère et le château, devant les arbres remarquables du parc, pour prendre la rue des Béguines, bordée de quelques maisons anciennes (17e et 18e siècles). Parcourant la rue de Bois-Laiterie, on découvre un quartier aux petites maisons traditionnelles en grès ferrugineux. La montée de la rue des « Sept Meuse » conduit au point de vue du même nom orienté vers les méandres en amont, au pied du pylône. Dans la descente par le Sart à Soiles, on passe devant le point d'envol des parapentes (autrefois la « Fosse au canon », un poste d'artillerie des Patriotes de la révolution dite brabançonne). De retour à la rue de Bois-laiterie, on la traverse pour atteindre le centre du village par le chemin de Messe, aussi court que pittoresque.

ÉVÉNEMENTS

- fête de l'Écluse, le dernier dimanche de juillet

ROCHEFORT

- arrondissement de Dinant
- localités : Ave-et-Auffe, Buissonville, Éprave, Han-sur-Lesse, Jemelle, Lavaux-Sainte-Anne, Lessive, Mont-Gauthier, Rochefort (avec Havrenne), Villers-sur-Lesse, Wavreille (avec Belvaux)
- 16 527 ha ; 12 443 habitants (01/01/2011)

Les draperies minérales de la grotte de Han. Le massif de Boine recèle des merveilles souterraines sur deux kilomètres de galeries accessibles au public. Le Trophée, la Salle d'Armes, la Salle du Dôme (avec ses 145 m de hauteur) font de la grotte de Han une attraction majeure de Belgique

Rochefort : Raymond Devos, qui fut un hôte de marque du Festival du Rire, a désormais sa statue

AVE-ET-AUFFE | 5580

- en 1139 *Ave*, eau (?) et *Herpha*, herse en germanique (?)
- Avois et Arphiens
- villages résidentiels et agricoles, bâtis dans la vallée du Ry d'Ave, affluent de la Lesse, altitude de 190 m
- E 411 (sortie 23), N 86, ligne de bus 29 Jemelle-Grupont
- 1 195 ha

HISTORIQUE

D'origine mérovingienne, les deux villages ont fusionné en 1826. Le village disparu de Saint-Pierre-en-Mont se situait face à Auffe, sur le versant du Bois Niau. Durant l'Ancien Régime, Ave était un village liégeois, tandis qu'Auffe relevait du duché de Bouillon, partie du Luxembourg. De 1904 à 1955, un vicinal reliait Han-sur-Lesse à Wellin et desservait les deux villages.

À VOIR

À deux pas de l'**église Saint-Michel** (1772) – monument et site classés en 1977, avec le mur du cimetière – se dresse le **château d'Ave**, millésimé 1690, qui fut notamment la maison de famille de Georges Lamotte, auteur de l' *Étude historique sur le comté de Rochefort*. À Auffe, la **chapelle Saint-Lambert** du 18e siècle, flanquée de ses **deux tilleuls**, constitue également un site classé. Face au village d'Auffe s'étend le **bois Niau**. De 1814 ou 1815 à 1830, Edmond d'Hoffschmidt y résida dans son ermitage – dont il ne subsiste que des vestiges – avant de redescendre dans le château familial de Resteigne et de devenir bourgmestre de la localité.

ÉVÉNEMENTS

- fête villageoise à Ave le 29 septembre et à Auffe le dimanche après la Saint-Hubert

BUISSONVILLE | 5580

- en 1322, *Bussonville*, « villa de Boso »
- Buissonvillois, sobriquet à Forzée : *Tchitchaux* (amateurs de prunes)
- village résidentiel et agricole, dans les vallées du Vachaux et du ruisseau du Moulin, altitude de 335 m
- N 949 ; ligne de bus 421 Beauraing-Jemelle
- 1 426 ha

HISTORIQUE

Relevant anciennement de l'abbaye de Stavelot, Buissonville, Forzée et Navaugle étaient terres liégeoises durant l'Ancien Régime.

À VOIR

On trouve encore une borne du 14e siècle le long de la rue principale de Navaugle. Du **promontoire de Forzée**, on jouit d'une superbe vue sur la

Le classicisme de l'église Saint-Michel à Ave (18e siècle) et son cimetière ceint de murs. Monument et site classés

Alimenté par le ruisseau de Behotte, le vieux moulin d'Éprave. À l'intérieur, une poutre porte le millésime 1654

dépression de Famenne (site classé). La **chapelle Saint-Willibrord** à Forzée fut inaugurée en 1908. Un pèlerinage à ce saint, censé guérir les maladies nerveuses et l'épilepsie, connut un franc succès durant de nombreuses années. Le centenaire de la chapelle fut commémoré avec faste en 2008.

ÉPRAVE | 5580

- d'*Erpruvium*, la prairie près de l'eau (?)
- Épravois ; sobriquet : *Chovelettes* (fabricants de balais)
- village résidentiel et agricole, au confluent de la Lesse et de la Lomme, altitude de 165 m
- N 86; lignes de bus 29 Jemelle-Grupont, 166A Jemelle-Houyet
- 1 000 ha

HISTORIQUE

Lors des temps troublés dus notamment aux incursions des Germains, des promontoires rocheux facilement défendables furent aménagés en refuges et en postes militaires. Ce fut notamment le cas à Dourbes, Furfooz, Vireux-Molhain. À Éprave, dominant la plaine de la Lomme, un oppidum exista à la fin du 3e siècle. D'abord aménagé en hâte, il sera ensuite ceinturé de murailles. Tenu par des militaires romains, puis par des soldats d'origine germanique à la solde de Rome, l'oppidum deviendra le lieu de vie de ces militaires et de leurs familles, qui y jouissaient d'une relative opulence. Le tienne rocheux surplombant la vallée de la Lomme contient la grotte d'Éprave et domine le site de la résurgence. Au haut Moyen Âge, la petite forteresse deviendra le centre du domaine de Braibant et sera entourée de cimetières qui ont révélé un nombre très important de sépultures (Sur-le-Mont, Devant-le-Mont, Derrière-le-Mont, Rouge-Croix). Au Moyen Âge, le village était terre liégeoise, relevant de la juridiction de deux seigneurs jusqu'en 1610, date à partir de laquelle seul le comte de Rochefort l'administra.

À VOIR

Face à l'église, l'ancien **moulin-brasserie** est attesté en tant que moulin seigneurial dès le 15e siècle. Accolée au moulin, la brasserie Guérit Frères deviendra en 1933 la brasserie Rollin, comme pour sa « Royale de la Lesse ». En quittant le village vers Han-sur-Lesse, on aperçoit les collines boisées qui ont été les témoins d'une occupation millénaire. On accède par le bois aux vestiges de l'**oppidum romain** (site classé), qui offre une superbe vue sur la plaine de la Lomme (une colline circulaire, le Rond-Tienne, est une survivance de l'ancien lit de la rivière). Un sentier aménagé mène à la **grotte d'Éprave** – dans les premières décennies du 20e siècle, on pouvait y accéder en calèche au départ de l'Hôtel de la Gare (la ligne de chemin de fer Jemelle-Rochefort-Éprave créée en 1886 contribua beaucoup au tourisme à cet endroit) – puis au site naturel de la « résurgence » (réapparition des eaux de la Wamme et de la Lomme, infiltrées dans le sol par des pertes dans leurs lits).

Le Trou de Han. Il s'agit de la sortie de la Lesse souterraine après son parcours au sein de la colline de Boine. A deux pas de là, la superbe allée (classée) des marronniers

L'arbre à clous de Han-sur-Lesse, en face de l'église Saint-Hubert

ÉVÉNEMENTS

- kermesse, à la Saint-Martin

HAN-SUR-LESSE | 5580

- en 1085 *Ham*, la courbe, le méandre (en germanique)
- *Ayets* (manière de dire « oui »)
- village résidentiel, à vocation principalement touristique, baigné par la Lesse, altitude de 165 m
- E 411 (sortie 23), N 86 ; ligne de bus 29 Jemelle-Grupont
- 944 ha

HISTORIQUE

Han fut autrefois un domaine de l'abbaye de Saint-Hubert (l'église primitive était d'ailleurs dédiée à saint Hubert). Sous l'Ancien Régime, Han était une terre luxembourgeoise, ne relevant pas du comte de Rochefort. C'est au 11e siècle que se fixe à Han un seigneur qui érige un château contrôlant le gué de la Lesse. Ce château connaîtra plusieurs incendies et reconstructions avant de disparaître dans la seconde moitié du 16e siècle.

À VOIR

Face à l'église se dresse un **arbre à clous** (et à vis !), censé chasser les maux de dents. En suivant l'**allée des Marronniers** (site classé), on accède à la **grotte de Han**, célèbre entre toutes, avec ses différents circuits de visites ; outre son intérêt naturel majeur, le site présente un grand intérêt historique, la grotte ayant, depuis des temps immémoriaux, servi de refuge aux populations. Le matériel archéologique découvert notamment par des fouilles subaquatiques s'est avéré de tout premier ordre. Des explorations furent déjà entreprises au début du 20e siècle par E. de Pierpont et, dans les années 1960, des plongeurs (dont Marc Jasinski) développèrent la fouille subaquatique et permirent la découverte du réseau sud. À la même époque, Guy Deflandre découvrit la « saint-Nicolas ». Si seuls 500 mètres de galeries étaient visitables il y a 200 ans, ce sont aujourd'hui 17 km de galeries, de passages et de salles qui sont accessibles. Acquis en 1856 par le baron de Spandl, le massif de Boine (qui recèle les grottes) s'est vu aménager dans les années 1857-58. La S.A. Grotte de Han sera fondée en 1895. La ligne vicinale Rochefort-Han-Wellin sera le point de départ du chemin de fer de la Grotte (qui permet, aujourd'hui encore, de visiter le Safari). Haut lieu de tourisme et de patrimoine, la grotte fut naturellement à la base du développement économique du village de Han ; mondialement connue, elle a reçu la visite de nombreux hôtes de marque, y compris du monde artistique.

La Chavée, vallée sèche de la Lesse (la rivière y circulait il y a quelque 100 000 ans) peut être admirée du haut du point de vue du **Belvédère** et de sa **terrasse en pelouse calcaire** (site classé). À la sortie du village, vers Auffe, on découvre un remarquable **anticlinal calcaire**, également site classé.

ÉVÉNEMENTS

- grande kermesse de Saint-Hubert, le 1er dimanche de novembre

JEMELLE | 5580

- au 13e siècle, *Gamedella*, confluent
- Jemellois ; sobriquet : *Ralètcheus d'pêle* (relècheurs de poêle)
- village résidentiel situé au confluent de la Lomme et de la Wamme, altitude de 135 à 205 m
- gare ferroviaire, N 86, N 849, lignes de bus 29 Jemelle-Grupont, 166A Jemelle-Houyet, 420 Aye-Nassogne, 421 Beauraing-Jemelle, 162B Libramont-Jemelle, 424 Rochefort-Aye
- 968 ha

À Jemelle, l'Archéoparc de Malagne la Gallo-Romaine propose une interprétation des vestiges fouillés d'une grande villa romaine du nord de la Gaule

HISTORIQUE

La localité conserve de nombreux témoignages d'une occupation préhistorique. Dans le hameau de Lamsoul, on a récemment mis au jour et analysé un site mégalithique daté d'environ 3 000 ans avant J.-C., actuellement recouvert. D'autre part, une importante villa romaine a été identifiée au lieu-dit Malagne. Durant l'Ancien Régime, Jemelle était terre liégeoise, relevant du comte de Rochefort. Au 19e siècle, le développement des routes et des lignes de chemin de fer transforme le petit village rural en un centre ouvrier et industriel : le nombre d'habitants est multiplié par sept dans la seconde moitié du siècle.

À VOIR

Le patrimoine le plus important de la localité est l'**archéoparc de Malagne la Gallo-Romaine** (monument et site classés). La présence de la grande villa romaine de Malagne est attestée dès l'an 50 de notre ère et son occupation durera quatre siècles, avec des fortunes diverses. Si, jusqu'au milieu du 3e siècle, la vie y est typiquement celle d'une villa (corps de logis majestueux et nombreux bâtiments annexes, tant agricoles que voués à l'artisanat), l'occupation du site se révèle davantage liée au travail des métaux après cette date. Inscrite dans un terroir direct de quelque 50 ha, la villa de Malagne a pu, avec son élevage extensif, gérer un territoire de 300 à 400 ha. La proximité d'une source, d'un *diverticulum*, d'un cours d'eau (la Lomme), de terres fertiles (sur le plateau du Gerny) et de gisements de fer et de plomb a vraisemblablement guidé les Romains dans le choix de leur implantation. À côté de la *pars rustica*, constituée de grands bâtiments agricoles et artisanaux en dur, d'une mare et d'enclos, un corps de logis de plus de 100 m de long s'élevait dans la *pars urbana*. Ce bâtiment comprenait, sur une longueur de 30 m, un espace de thermes et comptait deux caves et trois systèmes d'hypocauste. L'architecture typiquement romaine de ce corps de logis laisse à penser que le propriétaire des lieux (jusqu'ici, aucune source historique ne mentionne ni la villa, ni le statut de son *dominus*) a pu être un magistrat ou un grand propriétaire foncier d'origine romaine. Le site fut fouillé deux fois dans les années 1890 par la Société archéologique de Namur sous la direction d'A. Mahieu, qui publia ses travaux en 1895, et dans un second temps de 1992 à 1998 par le Service de l'archéologie de la Région wallonne (archéologue Philippe Mignot). Décapages systématiques des abords, étude palynologique et étude des sols, approche plus fine des vestiges ont permis de se faire une meilleure idée de la fonction et de l'évolution des bâtiments au cours des siècles, ainsi que des activités artisanales qui s'y sont exercées.

Le **site fortifié du Fays** (dit le Vieux-Château) fut longtemps considéré comme un oppidum romain. Cependant, les dernières fouilles et mises au jour effectuées en 1998 n'ont révélé aucun mobilier romain et ont attesté un appareil architectural typiquement médiéval (à rapprocher, par exemple, du site de Château-le-Duc à Ucimont). Il s'agirait d'un refuge ayant appartenu à l'abbaye de Saint-Hubert, aménagé plus spécialement lors des invasions magyares que le pays a connues au 10e siècle. Le site mériterait certes plus d'attention et une réelle mise en valeur, mais les moyens financiers et humains font apparemment défaut.

LAVAUX-SAINTE-ANNE | 5580

- de *vallis*, vallée, en 1597 *Vaz en Famenne*
- Valésiens, sobriquet *Petias* (petites poires sauvages)
- village résidentiel et agricole, sur la rivière Wimbe et le ruisseau du Gongon, altitude de 175 m
- E 411 (sortie 22 bis), N 94 ; ligne de bus 166A Jemelle-Houyet
- 1 146 ha

HISTORIQUE

Au 8e siècle, les moines de Saint-Hubert possédaient à cet endroit un vaste domaine qui contenait notamment le village de Jusserenne, maintes fois incendié durant le Moyen Âge. Si, dès le 16e siècle, les habitants du village se rapprochent du château (afin d'y chercher protection), la vieille église servira encore de lieu de culte jusqu'en 1635. Le lieu-dit *tienne de la vieille église* témoigne de ce passé. Durant l'Ancien Régime, Lavaux fut terre liégeoise.

À VOIR

Château de plaine du 13e siècle, le **château de Lavaux** (monument classé, avec la ferme attenante, en 1937) présentait un seul donjon avant de se parer d'autres tours et de courtines. Le cercle de douves le protégeait efficacement. C'est au 17e siècle que furent construits les appartements somptueux de la cour intérieure, ainsi que la ferme attenante (1634). Le petit village de Jusserenne avait été tant de fois la cible des brigands et des épidémies de peste que la population avait préféré venir se réfugier dans la vallée ; l'église actuelle avait alors été aménagée dans l'ancienne grange aux dîmes. Le porche d'entrée du château, millésimé

Assis dans la plaine de Famenne, le château de Lavaux-Sainte-Anne et sa cour Renaissance. Le majestueux édifice abrite un musée et est un musée à lui tout seul. En fond, le clocher de l'église, ancienne grange aux dîmes

1634, porte les traces de son antique pont-levis. En ruines au début du 20e siècle, le château est restauré après 1933 par les soins de la baronne Lemonnier et de sa ligue des Amis du château. À la suite d'une rénovation complète réalisée en 2004, le château abrite désormais un **musée de la nature, de la vie des seigneurs de Lavaux et de la vie rurale en Famenne** ; il propose également la visite d'une vaste zone humide à caractère didactique.

La **chapelle Notre-Dame de Walcourt** fut élevée en 1820 par Joseph Frankart en exécution d'un vœu qu'il avait prononcé étant prisonnier. Dans le parapet du **pont sur la Wimbe** (monument et site classés), on peut voir gravée l'ancienne mesure de Lavaux (étalon pour les tissus à vendre sur le marché local).

LESSIVE | 5580

- au 13e siècle *Leciae*, lié sans doute à la Lesse
- Lessivois ; sobriquet : *Tchabots* (chabot : petit poisson à tête plate)
- village essentiellement résidentiel bâti sur les rives de la Lesse, altitude de 146 m
- N 86 ; ligne de bus 166A Jemelle-Houyet
- 528 ha

HISTORIQUE

Durant l'Ancien Régime, Lessive était terre liégeoise et relevait du comte de Rochefort.

Un oratoire existait dans le village dès le 11e siècle. Il donna lieu à une église romane qui s'élevait autrefois près de l'ancien cimetière accolé au presbytère. L'église actuelle fut construite à la fin du 19e siècle à l'autre bout du village.

À VOIR

Le **moulin de Lessive**, encore en activité en 1968, possède un bief de 950 m de long (monument et site classés). À signaler la **sculpture** de Vinciane Renard représentant un *tchabot* (sobriquet des habitants de Lessive) sur des *skasses* (échasses) et le bâtiment de l'**ancienne brasserie Pirlot**, rue de l'Île. Mais le nom de Lessive est surtout connu pour sa **station terrienne de télécommunications via satellite.** Installée en 1972 dans le bois de la Héronnerie, celle-ci présente d'énormes antennes permettant l'acheminement des communications internationales et intercontinentales. La cuvette peu venteuse de la vallée de la Lesse et le micro-

À Lessive, la station terrienne de télécommunications par satellites. Ses antennes blanches côtoient les antiques fûts de chêne du Bois de la Héronnerie

La chapelle Reine Astrid, anciennement Saint-Nicolas, à Briquemont (Mont-Gauthier), dans sa livrée 18e siècle

climat de la Famenne convenaient particulièrement à ce type d'implantation. Depuis quelques années, le site, toujours tourné vers les technologies de pointe de la communication, est en pleine reconversion.

ÉVÉNEMENTS

- le groupe folklorique des Skassis évoque la coutume des gens du village de se déplacer sur de longues échasses pour braver les inondations. Ils animent les fêtes du village les 2e week-end de juillet et 1er week-end d'octobre

MONT-GAUTHIER | 5580

- en 1280 *Mons Walcheri* : mont de Wautier
- Monthiérains (peu usité), sobriquet : *Malautchis*
- village résidentiel et agricole sur une hauteur qui domine la vallée de la Lesse, avec ses trois hameaux dans la vallée du Ry de Vachaux, altitude de 189 m
- N 929, ligne de bus 421 Beauraing-Jemelle
- 1 200 ha

HISTORIQUE

Durant l'Ancien Régime, Mont-Gauthier, terre liégeoise, ne relevait pas du comte de Rochefort. En revanche Laloux, Frandeux et Navaugle s'inscrivaient dans le comté. Briquemont (Vanagne avant le 17e siècle, du nom ancien du Vachaux) possédait un château et était siège d'une seigneurie.

À VOIR

À Briquemont, l'ancienne **chapelle gothique Saint-Nicolas** fut réhabilitée au 18e siècle (monument et site classés) ; depuis 1935, elle a été rebaptisée chapelle Reine Astrid. Une messe y est célébrée chaque 28 août, date anniversaire du décès accidentel de la reine.

ROCHEFORT | 5580

- de *Rocca fortis* : château fort
- Rochefortois ; (localement : *ceux du d'sus* et *ceux du d'sous*)
- ville résidentielle et secteur tertiaire (tourisme), chef-lieu de canton lové dans une boucle de la Lomme, altitude de 189 à 314 m
- N 86, N 803, N 911 ; lignes de bus 29 Jemelle-Grupont, 62 Rochefort-Mirwart, 162B Jemelle-Libramont, 166A Jemelle-Houyet, 421 Beauraing-Jemelle, 424/2 Rochefort-Aye
- 2 868 ha

HISTORIQUE

Rochefort s'inscrit dans le terroir de Famenne et plus particulièrement de la Calestienne, cette longue et étroite bande de terrain calcaire qui borde l'Ardenne et se fond dans la Fagne-Famenne, de Chimay à Remouchamps. Les grottes de Han-sur-Lesse et de Jemelle, le Trou de l'Ambre à Éprave, les nombreux marchets (peut-être aussi la fortification primitive du Vieux-Château à Jemelle) attestent la présence et l'activité de l'homme dans la région bien avant l'arrivée des Romains. Il semble que le site de la villa de Malagne, à Jemelle, ait été négligé par les nouveaux occupants germaniques qui, au 5e siècle, s'établirent dans une boucle de la rive droite de la Lomme (avec un cimetière au lieu-dit Coirbois). L'importance de cette communauté fut suffisante pour susciter une christianisation en profondeur : attestée au 9e siècle, l'église décanale de Behogne, chef-lieu du doyenné (concile) de Famenne, exista sans doute avant l'an 700 et le cimetière de la communauté s'établit désormais autour d'elle. Entre 1041 et 1064, Gozélon de Montaigu, comte de Huy, réside à Behogne et se fait appeler *comes Bohaniae*, comte de Behogne. La tour qu'il y fait construire est vrai-

Fresque à Rochefort. Le Festival International du Rire, c'est ici !

Symbolisant le pouvoir civil, l'hôtel de ville de Rochefort. En face, le monument aux morts, durement touché lors de l'offensive allemande de l'hiver 44-45

semblablement le donjon du futur château de Rochefort, car si le *castrum* Rochefort.

Avec le château naît Rochefort, bourgade entourée de murailles, abritant des bourgeois qui jouissent des privilèges de leur statut. À une portée d'arc subsiste le village de Behogne, sans muraille, avec son moulin, peuplé de manants auxquels les privilèges des bourgeois ne s'appliquent guère. Son sol relevait d'ailleurs toujours de la cour foncière de la collégiale Notre-Dame de Huy et non du seigneur de Rochefort. Au 13e siècle, la seigneurie de Rochefort est détenue par la famille de Walcourt, vassaux de l'évêque de Liège et du comte de Luxembourg. Mais la famille se sent plutôt liégeoise : participation de Thierry (en 1213) à la bataille de Steppes aux côtés de l'évêque, fondation (en 1230) de l'abbaye de Saint-Remy par Gilles, en tant que *legius* et *fidelis homo* de l'évêque, octroi par un autre Thierry (en 1285) d'une charte de franchises selon le droit de Liège. Cette cosuzeraineté provoquera quelques contestations, nécessitant un arrangement, en 1317, entre un Walcourt et Jean l'Aveugle, comte de Laroche et de Luxembourg et roi de Bohème : outre les villages de On, Thys, Forrières et Hamerenne, reconnus fiefs du Luxembourg, d'autres villages en contestation (Aye, Marloie, Jemeppe, Hargimont, Humain et Sinsin) sont cédés à Jean l'Aveugle, qui y détient haute justice. Durant les 14e et 16e siècles, la seigneurie de Rochefort va encore s'agrandir des seigneuries d'Agimont, de Briquemont et d'Éprave. Après les Walcourt, elle passe aux La Marck, puis aux princes allemands Stolberg et Loewenstein. Élevée en comté en 1494, la seigneurie de Rochefort fut donc un centre politique, mais également judiciaire, avec sa cour de justice, sa cour féodale, sa cour allodiale, son Conseil du comte.

Le « siècle des malheurs » ne commence pas trop mal pour Rochefort, sous le comte Jean-Théodore de Loewenstein et la comtesse Josine, adulée par le peuple. La fondation du carmel remonte à cette époque, de même que la procession à Notre-Dame de Foy, née en 1626 et toujours vivace. Mais la peste, les sièges et le passage des garnisons se succèdent jusqu'à la fin du siècle et laissent le pays exsangue. À proximité du château et vénérable témoin de cette époque, la Croix Saint-Jean est une borne qui matérialisait la frontière entre le territoire liégeois et celui de Luxembourg ; c'était aussi une halte pour le condamné qu'on menait à la potence. Au 18e siècle, les réquisitions militaires et le pouvoir seigneurial sont de moins en moins supportés par le peuple, qui fomente quelques émeutes. Mais ce sont les événements de France et des Pays-Bas autrichiens qui amènent davantage encore de troubles dans le pays : garnisons autrichiennes au château (l'une d'elles s'empare à Rochefort du « voyageur » La Fayette, le 19 août 1792), passage de troupes françaises, annexion du pays à la France le 1er octobre 1795, suppression de l'abbaye de Saint-Remy, vente du château à des particuliers.

Au 19e siècle, Rochefort et les environs connaissent un développement inédit dû à l'amélioration des communications (construction de routes aux environs de 1845 et des lignes de chemin de fer de Bruxelles et Liège vers Luxem-

L'église romane à l'abbaye de Saint-Remy, à Rochefort

Belvaux : le gué sur la Lesse

bourg entre 1858 et 1866, complétées par leur raccordement à Dinant via Rochefort en 1895) et à l'aménagement touristique des grottes (à Han en 1858 et à Rochefort en 1865). La région se tourne vers le tourisme. Dans le même temps, la démographie locale progresse rapidement et le secteur secondaire connaît un bel essor (tanneries, briqueteries, ateliers de transformation, carrières de marbre et de calcaire, fours à chaux...). Reflet de cet essor, l'hôtel de ville : élevé dans les années 1860 aux limites de Behogne et de Rochefort, il n'a plus rien d'une quelconque maison communale rurale. Comme pour concurrencer ce symbole du pouvoir civil, l'église décanale se voit modifiée et prend des allures de cathédrale. C'est l'époque où le Rochefortois François Crépin sort de l'anonymat : engagé par le Musée royal des Sciences naturelles, il deviendra directeur du Jardin botanique national. On lui doit le remarquable *Manuel de la Flore de Belgique* et un très riche herbier (notamment du genre *Rosa*). Comme le reste du pays, la région est secouée par l'invasion de l'été 1914, qui inaugure une longue et pénible occupation. Mais c'est surtout le second conflit mondial qui touche la région : le 23 décembre 1944, les panzers allemands fonçant vers la Meuse se heurtent, dans les villages avoisinants et à Rochefort, à une farouche résistance américaine. Lors des terribles combats qui précèdent l'arrêt des Allemands dans le triangle Foy-Notre-Dame, Conneux, Conjoux et qui ponctuent leur retraite, la plupart des agglomérations comptent leurs cohortes de tués et de sinistrés. Rochefort elle-même est touchée à 80 % par les destructions.

Dite « ville » depuis la charte de franchises que Thierry de Walcourt octroya en 1285 aux bourgeois de Rochefort, celle-ci fut reconnue officiellement comme telle par la loi du 5 mars 1985. Ses armoiries sont celles des Walcourt-Rochefort : « d'or à une aigle éployée de gueules, becquée et armée d'azur » (blason à fond d'or portant une aigle rouge aux ailes déployées dont le bec et les serres sont bleus). Avant la fusion des communes, le hameau de Havrenne a été partagé entre les communes de Humain (province de Luxembourg) et Rochefort.

À VOIR

En partant du pont de pierre qui, au bas de la ville, enjambe la Lomme, s'arrêter devant l'**église décanale de la Visitation de la Sainte-Vierge**. Un ancien édifice roman fut remplacé en 1874 par cette église de style néoroman, conçue par l'architecte Jean-Pierre Cluysenaar. De vénérables demeures avoisinent le bâtiment. Plus haut, vers le centre, après le **centre culturel des Roches** (ancienne maison Delvaux, monument classé), on atteint l'**hôtel de ville** : l'édifice est soigné, avec escalier monumental, perrons, tour élevée ; de style éclectique avec de nombreux décors néoromans, il marie la brique, la pierre bleue et la pierre de sable. La localité affiche son caractère bon enfant : des sculptures représentent çà et là des personnalités qui ont marqué son histoire. En passant devant différentes **demeures classées** (dont celle de Mgr Jacquet, évêque suffragant de Liège, un édifice du 17e siècle accolé au rocher qui soutient le château), on se retrouve dans l'ancien bourg de Rochefort, autrefois ceinturé de murailles.

Á quelques mètres de là s'ouvre l'entrée des **grottes de Rochefort** ; découvertes en 1865 par le Rochefortois Alphonse Collignon, elles connurent rapidement un grand succès touristique et furent électrifiées en 1901. Félicien Rops les visita vers 1870. Aujourd'hui, la grotte de Lorette-Rochefort propose une approche interactive des phénomènes telluriques. Le **Trou Maulin** et la **colline de la grotte** constituent un site classé. Une drève de tilleuls mène à la **chapelle**

À Rochefort, à quelques mètres de l'entrée de la grotte, la chapelle Notre-Dame de Lorette

Rochefort : siège d'un doyenné, l'église de la Visitation, dans sa version néoromane datant de 1874

de Lorette (17e siècle) et à un **calvaire**, également monuments et site classés, comme le sont les **vestiges du château comtal** qui dominent l'ancien bourg de Rochefort. Le *castrum* Rochefort existe dès le 11e siècle. Ce donjon de plan carré subsistera jusqu'aux grands aménagements opérés vers 1700 pour transformer la forteresse en un château de plaisance. L'enceinte du château intégrait la muraille qui enserrait la bourgade. Défendu par des tourettes et une courtine, le bas château était le domaine des manants des villages avoisinants, qui devaient y faire le guet et entretenir à leurs frais les ouvrages défensifs. Si des sondages archéologiques ont révélé une courtine et des tours avec archères remontant au 13e siècle, on connaît peu de choses du château d'avant la seconde moitié du 16e siècle. À cette époque, Louis de Stolberg est comte de Rochefort. On abat la muraille du 13e, on crée une vaste terrasse à canons, on comble des caves, on perce des canonnières, on érige de nouvelles tours et de nouvelles courtines. Au début du 17e siècle, les Loewenstein ayant acquis le comté, Jean-Théodore et son épouse Josine de la Marck résident au château et y développent une cour fastueuse : écuries de chevaux, meute de chiens de chasse, équipages de faucons, domestiques en livrée, soirées de poésie avec repas pantagruéliques, amenée d'eau venant de Hamerenne, horloge castrale sonnant les heures. Un siècle plus tard, sous Jean-Ernest de Loewenstein, semble-t-il, le château se mue en demeure de plaisance : modernisation de la porte d'honneur, qui sera encadrée par deux pavillons symétriques, agrandissement de la cour haute par la construction de dix énormes arcades, aménagement du bas château. En 1795, après l'annexion de nos régions à la France, le patrimoine tombe sous le séquestre de guerre. Administré par un particulier pour le compte des Stolberg, le château tombe en ruines. On vend son mobilier, puis le château lui-même. Les nouveaux propriétaires doivent à leur tour se résoudre, en août 1812, à mettre en vente la totalité des matériaux de l'édifice, qui devient une véritable carrière.

En dehors du centre, en direction de Ciney, l'**abbaye trappiste Notre-Dame de Saint-Remy** apparaît noyée dans la verdure. Fondé en 1230 par le seigneur Gilles de Walcourt pour des moniales cisterciennes, le monastère s'est considérablement développé au cours des siècles malgré les périodes d'épidémies et les incursions des Lorrains. Après les événements de la fin du 18e siècle, l'abbaye tombe sous statut de bien national et est vendue à des particuliers. En 1887, des pères trappistes venant d'Achel relèvent les bâtiments, qui retrouvent leur statut d'abbaye en 1912. À part le porche d'entrée, du 16e siècle, les bâtiments affichent des styles des 18e et 19e siècles. Dans les années 1991-1993, l'église – ouverte au public – est restaurée en un style roman d'une grande pureté. Depuis 1595, les pères trappistes brassent une bière qui est aujourd'hui l'une des six bières trappistes mondialement reconnues. La pureté de la trappiste de Rochefort provient de la qualité de l'eau utilisée (la source de Tridaine) et de celle de la levure, cultivée

Le gouffre de Belvaux PHOTO : JULIEN VAN REMOORTERE

RICHESSE DU PATRIMOINE KARSTIQUE DU NAMUROIS

On donne le nom de phénomènes karstiques aux phénomènes naturels qui se produisent dans des roches modérément solubles comme les calcaires. Les manifestations les plus spectaculaires sont des pertes massives de rivières sous terre, des retours à l'air libre de puissantes rivières souterraines, de vastes réseaux de galeries, puits et salles souterraines.

La province de Namur est richement pourvue de ce type de phénomènes. Qui ne connaît les grottes de Han, d'Hastière, de Dinant ? Cela vient de la présence sur le territoire de la province de massifs calcaires importants traversés par des rivières qui coulent au creux de profondes vallées : la Meuse à Dinant, la Lesse à Han et à Furfooz, la Lomme à Rochefort. Les eaux de pluies tombant sur les plateaux, ou encore des rivières, ont taraudé chimiquement la roche calcaire en élargissant peu à peu certaines fissures qui se sont progressivement transformées en vides plus larges et, pour certaines d'entre elles, en grottes.

Deux grands types de systèmes de grottes se partagent le sous-sol calcaire du Namurois. Le premier est illustré par le réseau des grottes de Han. Une rivière, en l'occurrence la Lesse, profondément encaissée dans le socle rocheux, recoupe souterrainement son méandre aérien qui devient ainsi une vallée sèche : la Chavée à Han. La Lesse se perd totalement en étiage dans le gouffre de Belvaux. De là, les spéléologues ont pu suivre son cours intégralement, en plongeant parfois dans des parties totalement noyées jusqu'à plus de 40 mètres de profondeur sous le niveau de la rivière souterraine : les fameux siphons des plongeurs spéléologues. La rivière revoit le jour au Trou de Han, là où ressortent les touristes après un périple souterrain. Les anciens trajets souterrains de la rivière, maintenant abandonnés, constituent des galeries fossiles souvent encombrées de stalagmites, stalactites, colonnes et coulées stalagmitiques.

Le second type de systèmes de grottes comprend des pertes de petits ruisseaux sur le plateau, au creux de vallons qui sont en grande partie sans écoulement aérien. Ces pertes sont suivies de cavités à caractère vertical, des gouffres appelés chez nous chantoirs. Les eaux de ces ruisseaux confluent sous terre pour ressortir au grand jour par une résurgence au creux d'une des profondes vallées évoquées ci-dessus. On trouve ce type de réseau entre le village de Lesves et le Burnot, à Bois-de-Villers et à Mont Godinne, les eaux ressortant là sur les rives de la Meuse.

Bien sûr, il existe encore d'autres grottes qui constituent des fragments de réseaux plus vastes, souvent inconnus. Mais, d'une manière générale, ces cavités doivent uniquement leur existence à la dissolution chimique qui, au cours de millénaires et même de millions d'années, a patiemment dissous la roche calcaire. Ces grottes, actives dans une première phase, deviennent ensuite sèches quand les eaux souterraines s'enfoncent plus profondément et s'ornent alors de ces étranges constructions minérales que sont les concrétions stalagmitiques. Enfin, on trouve également des galets, sables et argiles apportés dans le passé par les courants d'eau qui ont circulé dans ces grottes.

– Yves Quinif

À Jamblinne, la chapelle Saint-Barthélemy fut anciennement chapelle castrale

Campé sur la frémissante et poissonneuse Lesse, l'ancien moulin à eau de Belvaux

sur place. Aucun stock n'est gardé au sein de l'abbaye, qui écoule chaque semaine toute sa production.

Une **carrière** aujourd'hui désaffectée (site classé) produisait le fameux marbre rose dit « de Saint-Remy » qu'on trouve dans des édifices prestigieux comme l'église Saint-Loup à Namur. On le retrouve aussi dans certaines rues et façades du **hameau de Havrenne**. Tout en haut de la rue Jacquet, au square La Fayette, une maison et une tour classées constituent les vestiges de la **porte haute de Rochefort**, défendant l'accès ouest de la bourgade.

ÉVÉNEMENTS

- festival international du Rire, Carrefour BD et marché du Rire, en mai
- pèlerinage annuel à Foy-Notre-Dame « sous les armes », c'est-à-dire en costumes, tous les sept ans. En 2009, commémoration de la découverte de la statue réputée miraculeuse de la Vierge, à Foy

GASTRONOMIE

- la brasserie de l'abbaye produit trois types de Trappiste Rochefort : la 6, la 8 et la 10. La 6, qui titre 7,5 % d'alcool, a un goût épicé et terreux ; la 8, qui titre 9 % d'alcool, procure des arômes plus larges ; la 10, qui titre 12 % d'alcool, a des arômes de figue et se pare d'un brun intense
- coq à la trappiste ; variantes avec raisins secs, pommes et vinaigre de cidre

VILLERS-SUR-LESSE | 5580

- de *fundus*, un domaine (villa) sur la Lesse
- Villersois ; sobriquet : *Cwarnayes* (corneilles) ; pour les habitants du hameau de Jamblinne : *Mouchons d'te* (moineaux de toit)
- village résidentiel bâti le long de la Lesse, altitude de 163 m
- N 94, N 918 ; lignes de bus 166A Jemelle-Houyet, 421 Beauraing-Jemelle
- 2 474 ha

HISTORIQUE

Seigneurie vassale de Liège dès le début du 14e siècle (construction du château), le village est étroitement lié au comté de Rochefort sans en faire partie puis, au 20e siècle, à la Donation royale. L'histoire de Genimont semble tourner autour de sa maison forte, du début du 16e siècle (y figure une dalle de Jean de Hodister, de 1533). À Jamblinne, il subsiste du château de Jean de Marbais (1634) une ferme fortifiée surplombant l'ancienne halte royale de la ligne ferroviaire 150, qui desservait le château de Ciergnon.

La Donation royale au pays de Rochefort est particulièrement importante. Grand chasseur, amateur averti en matière d'arboriculture et d'agriculture, le roi Léopold Ier séjournait volontiers dans sa Tour du Rocher, au domaine d'Ardenne, et plus rarement dans le château qu'il avait fait édifier à Ciergnon. Pas moins de cinq cent vingt transactions immobilières furent effectuées par le roi entre 1857 et 1865. Il légua ce domaine de plus de 4 000 ha à son fils, Léopold II, qui poursuivit et développa encore la politique de son père. À sa mort en 1909, le domaine royal d'Ardenne représentait quelque 6 500 ha. Le 9 avril 1900, il léguait ses propriétés à l'État belge « pour qu'elles contribuent à l'agrément et à la beauté des localités où elles se trouvent ». La Donation royale était née (avec un actif de plus d'un milliard de francs-1947, dans lequel le domaine d'Ardenne intervenait pour 200 millions).

Châteaux, fermes, fermes-châteaux, moulin, chapelles, terres agricoles, bois et parcs, tel est l'actif actuel du domaine situé dans les limites de l'ancien comté de Rochefort.

À VOIR

À Jamblinne, on peut admirer l'ancienne **chapelle castrale Saint-Barthélémy** (monument classé). À Villers, le **château jaune** fut élevé au 14e siècle par le seigneur Jean de Villers. Acquis par la Couronne en 1892, le château abrita régulièrement le prince Léopold et la princesse Astrid de 1930 à 1934. Il est actuellement propriété de la Donation Royale. Mentionnons aussi les fermes fortifiées de Nanfal et de Nâron.

Les vestiges en pierre calcaire du château comtal de Rochefort. La vénérable façade sud domine les toits de la vieille ville

Genimont possède un ensemble classé comprenant la **maison forte**, au centre d'une exploitation agricole, et la **chapelle Notre-Dame**, citée en 1413, mais rebâtie en 1852.

WAVREILLE | 5580

- de *Wavrelia*, terre en friche, trieux (?)
- Wavreillois ; sobriquet : *Panses d'arègnes* (ventres d'araignées)
- village résidentiel et agricole à l'entrée de l'Ardenne, altitude de 256 m
- N 803, lignes bus 62 Rochefort-Mirwart, 162B Jemelle-Libramont
- 1 131 ha

HISTORIQUE

Durant l'Ancien régime, le village était terre liégeoise ne relevant pas du comté de Rochefort.

À VOIR

Le hameau d'Hamerenne avait sa **ferme fortifiée**, témoin des époques troublées du 17e siècle. Le porche de la grande ferme blanche en carré, bâtie par le seigneur du lieu, Évrard du Mont de Hustinay, est millésimé 1661. À deux pas de là, lovée dans ses tilleuls, la **chapelle Saint-Remy** (monument classé). Issu d'un donjon du sire de Hamerenne, le petit édifice roman a été profondément remanié au cours des siècles ; on y vénère depuis 1715 sainte Odile, censée guérir les maux de la vue. Sur la route parallèle au chemin qui mène à la chapelle, **deux chênes séculaires** déploient leurs ramures ; l'un d'eux a vu la construction de la ferme et le remaniement de la chapelle (site classé).

Dans le hameau de Belvaux, en aval du village, on trouve une curiosité unique en Belgique : le « **gouffre** » par où la Lesse entame son parcours souterrain dans le massif de Boine, formant ainsi les grottes de Han-sur-Lesse. La **ferme-château** qui surplombe le village appartenait en 1563 à François de « Belleva », seigneur du lieu. En amont du pont, rive droite et face aux bras de la Lesse qui alimentent l'antique moulin, l'**ancien four banal**, rue du Hambeau, jouxte la **chapelle Saint-Laurent** et son cimetière. On voit dans le lit de la rivière une sculpture signée Stéphane Renard représentant les *Caracolis*, le village étant renommé au début du 20e siècle pour ses élevages d'escargots. À cet endroit, le **gué de la Lesse** serait l'ancien passage de la voie romaine.

À voir aussi la charmante **mare**, rue des Raines (site classé en 1948) et, sur la place de Wavreille, le **lavoir en pierre**.

À Villers-sur-Lesse, le « château jaune » est le castel bâti au 14e siècle par le premier seigneur de Villers. Il domine une ferme du 18e siècle. Les deux bâtiments sont propriété de la Donation royale, laquelle administre également plus de 6 500 ha de bois et de terres dans l'ancien Domaine royal d'Ardenne, compris dans les limites de l'ancien comté de Rochefort

AUY

SAMBREVILLE

- arrondissement de Namur
- localités : Arsimont, Auvelais, Falisolle, Keumiée, Moignelée, Tamines, Velaine-sur-Sambre
- 3 849 ha ; 27 418 habitants (01/01/2011)

Tamines : monument aux Fusillés. Sculpture de Jules Mascré. À l'endroit où eut lieu le massacre du 22 août 1914, une femme, allégorie de la ville de Tamines, crie sa douleur, entourée de trois civils qui gisent à ses pieds, symbolisant les 383 victimes de la fusillade

Velaine : la Roche-qui-tourne... lorsque sonne la cloche de la ferme voisine

ARSIMONT | 5060

- en 1246 *Harchimont*, aux 17e et 18e siècles *Harcimont, Arcimont, Harsimont* ; du bas-latin *harcia, arces* = liens pour fagots Arsimontois
- village essentiellement agricole et résidentiel, bâti sur le versant sud du sillon Biesme-Sambre, altitude de 191 m
- N 988, N 98, ligne de bus
- 416 ha

HISTORIQUE

Sous l'Ancien Régime, Arsimont et *Auvelois-le-Comté* sont une seule et même paroisse et commune qui dépend du comté de Namur et de la principauté de Liège. Dès le Moyen Âge, l'abbaye de Floreffe et le chapitre de Fosses s'en partagent la seigneurie. Une église y est construite en 1864, puis la paroisse Saint-Jean-Baptiste y est établie en 1867, à laquelle sont rattachés également les hameaux du Gay et du Culot. Le 15 juin 1887, une loi érige Arsimont en commune autonome, dans les limites de la paroisse. En 1896, deux puits d'extraction de charbon occupent 743 personnes, dont 700 ouvriers. Les activités cessent en 1925. Cependant l'activité agricole est restée prépondérante. Les 21 et 22 août 1914, Arsimont est au cœur de la bataille de la Sambre et voit la défaite, face à la 2e armée allemande de von Bulow, de l'avant-garde du 10e corps de la 5e armée française commandée par le général Lanrezac. En 1917 et 1918, on exhuma plus de 1 600 corps de soldats français et allemands disséminés sur le territoire de la commune.

À VOIR

L'immense **panorama de la vallée de la Sambre** est visible depuis un point d'observation situé entre l'église et l'école communale, 68 m au-dessus de la Sambre. On peut y contempler le saisissant paysage du versant nord de la vallée qui s'étale depuis les confins de Charleroi jusqu'à Jemeppe-sur-Sambre, embrassant d'un même regard une ligne d'horizon d'environ 40 km. Depuis la rue Adjudant Roisin, quelque 200 m plus haut que la chapelle Saint-Christophe, une trouée entre les maisons permet d'accéder à un autre point de vue aussi surprenant sur la vallée, s'étendant cette fois vers l'est, en direction de Jemeppe, Ham-sur-Sambre et, plus loin encore, de Namur. C'est dans ce magnifique paysage que se déroulèrent les terribles combats des 21 et 22 août 1914.

L'**église Saint-Jean-Baptiste**, rue du Fayt, est un édifice néoclassique construit en 1864. Elle possède un autel en marbre rouge de 1926 avec un tabernacle doré et des scènes en cuivre repoussé évoquant des épisodes de la Bible. On peut y admirer un grand Christ en croix en dinanderie, œuvre de Marcel Nullens créée en 1961. Les confessionnaux datent de 1866. Une belle statue en bois de saint Jean-Baptiste orne également l'église. Devant l'église, le **calvaire**, construit en 1733, marque l'ancienne limite d'Auvelais et d'Arsimont. La **chapelle Saint-Christophe**, rue Adjudant Roisin, fut construite

Auvelais : Jean le Porion, bronze de R. Ligna. La mémoire de la mine est vivace à Sambreville

en 1855 par la famille Pinchart. C'est ici qu'a lieu chaque année, après la messe de Saint-Christophe, la bénédiction des véhicules. Au carrefour de la rue Lieutenant Lemercier et de la bretelle de la N 98, le **monument Lieutenant Lemercier**, inauguré en 1925, commémore les 962 soldats français tombés glorieusement à Arsimont les 21 et 22 août 1914.

ÉVÉNEMENTS

- fête intervillages du 15 août

AUVELAIS | 5060

- en 1113 *Nauloiz* et *Avoloit*, en 1151 *Aulois*, depuis 1229 jusqu'au 19e siècle *Avelois*, *Auvelois*, puis *Auvelais*. Selon le chanoine Roland, du celtique *abal-*, *aval-*, pomme, et *-oit* ou *-ois*, traduction de la désinence *-ocium* qui désigne un ensemble, une collection. Auvelais tirerait donc son nom d'un verger et serait d'origine gauloise ou gallo-romaine
- Auvelaisiens
- ville à la fois résidentielle, industrielle et commerçante, sur la rive droite de la Sambre, altitude maximale de 172 m
- gare ferroviaire, N 98, N 90, ligne de bus
- 715 ha (31/12/2007)

HISTORIQUE

L'histoire d'Auvelais, tout comme de l'ensemble de Sambreville, est inséparable de l'élément essentiel qui a façonné son paysage et son développement : la Sambre. L'écluse et le barrage de Grogneau (ou Grognaux) ont été, jusqu'à la Révolution française, la propriété de l'abbaye de Floreffe, qui avait construit dès 1138 un moulin à cet endroit. En 1823, la Sambre est canalisée et une nouvelle écluse est établie à la *Pêcherie,* dite aussi la *Prée,* en aval de celle de Grogneau, où l'on modifie l'écluse existante. Un nouveau barrage avec écluse est construit en aval de l'écluse de Grogneau en 1937. La suppression des écluses de Grogneau et de la Prée, l'approfondissement et l'élargissement du lit de la Sambre entre Tamines et Auvelais sur une longueur de 3,5 km, ajournés par la guerre, ne s'achèveront qu'à la fin des années cinquante. En 1947, on met en service le nouveau barrage, terminé dès avant la guerre. Les travaux se poursuivront jusqu'à mai 1969.

Sous l'Ancien Régime, Auvelais est formée de deux territoires distincts : *Auvelais-le-Comté* (qui inclut Arsimont) dépend du comté de Namur, bailliage de Bouvignes, tandis qu'*Auvelais-le-Voisin* dépend de la principauté de Liège. Aux 12e et 13e siècles, l'abbaye de Floreffe entame une lente récupération du village d'Auvelais-le-Comté dont un quart reste cependant en possession du chapitre de Fosses, qui le gardera jusqu'en 1721. La seigneurie d'Auvelais-le-Voisin, territoire du prince-évêque de Liège, appartient en alleu au chapitre de Fosses, et s'appelle de ce fait *seigneurie de Saint-Feuillen au Voisin.* Les deux territoires forment cependant une même paroisse. Au centre du village se dresse l'église, seul édifice en pierre dont l'origine, selon les fouilles de 2004, remonterait à l'extrême fin du 10e ou au début du 11e siècle. Le 10 juin 1653, des troupes de Charles de Lorraine assaillent Auvelais. Les habitants se réfugient dans l'église. Les soudards allument un foyer sous la tour, qui s'embrase entièrement, et réussissent à y pénétrer. S'ensuit une tuerie. Mais les charpentes de l'église s'enflamment, et assiégés et assiégeants périssent dans les flammes. Seuls quelques rescapés s'échappent par les fenêtres. Ainsi périssent 245 soldats, 30 officiers et un major, et 103 Auvelaisiens. Jusqu'au 19e siècle, la culture, l'élevage et l'exploitation du bois sont les occupations principales des habitants d'Auvelais. Quelques grosses fermes exploitent la plus grande part des terres cultivables. Parmi elles, la cense de Floreffe, propriété de l'abbaye de même nom. La première allusion à l'industrie houillère date de 1512, dans un document citant un échevin nommé Jean le Houilleur. Au cours du 19e siècle se créent à Auvelais plusieurs sociétés minières. L'industrie verrière se développe à partir de la création en 1875 des *Glaces d'Auvelais,* puis des *Glaces nationales belges* en 1889. La fin de l'exploitation houillère et le bouleversement des techniques de production du verre plat par le procédé « *float glass* » induisent à partir des années 1970 une réduction considérable de l'emploi industriel et le glissement progressif des activités vers le secteur tertiaire.

À VOIR

Le **château du Voisin**, au nord, non loin de la Sambre, est une belle construction bâtie en 1746 par le baron de Sternback et son épouse Claudine de Calabro, propriétaires du domaine de la très ancienne *grande Cense du Voisin.* Il est maintenant occupé par l'Institut Notre-Dame,

Arsimont : panorama vers la Biesmes et la Sambre. Les 21 et 22 août 1914, les armées allemande et française s'affrontèrent ici en de sanglants combats

établissement d'enseignement technique. Le **cimetière des Français** a été établi en 1917 sur un promontoire de la rive gauche de la Sambre. Il regroupait à l'origine les tombes des soldats français et allemands tombés à Tamines, Auvelais et Arsimont lors de la sanglante bataille des 21 et 22 août 1914. Les corps des soldats allemands furent rapatriés ultérieurement. C'est un cimetière paysager, exceptionnel par sa disposition et son ambiance, toute de silence, de recueillement et de sérénité, avec les tombes disposées en arcs de cercle épars dans le sous-bois fleuri. Le **phare breton,** élevé au centre du cimetière des Français, fut inauguré le 19 août 1934. Reproduction en granit de Bretagne d'un phare breton, il commémore le sacrifice des 355 officiers et soldats français qui reposent là, originaires pour la plupart de Bretagne et de Normandie. La **Grand-place** a été l'objet d'une remarquable reconstruction en 2005. Savamment éclairée ainsi que l'église, elle est devenue le centre des activités récréatives et culturelles de Sambreville. À l'est de la grand-place, l'**église Saint-Victor,** imposant et bel édifice de style néoroman en grès rose, a remplacé en 1908 l'antique église millénaire. Elle contient notamment un joli lutrin en cuivre ciselé de 1912 ainsi qu'un élégant tabernacle en cuivre jaune. Les grandes orgues (facteur Delmotte à Tournai) ont été installées en 1959. Bâti en 1980, le nouvel **Hôtel de ville,** d'architecture résolument contemporaine, referme le quadrilatère de la place. Avec sa programmation de grande qualité, son **théâtre** se place, directement après Namur, au sommet de l'activité culturelle de la province. Le **ruisseau de la Biesmes**, ou **ry de Fosses**, s'écoule dans une petite vallée bucolique et verdoyante que l'on peut admirer le long de la rue d'Arsimont. Il actionnait autrefois le **moulin banal** établi à cet endroit probablement avant le 10e siècle. En mauvais état, celui-ci fut reconstruit en 1730 sur un terrain cédé à l'abbaye de Floreffe en échange de la construction du **Pont-à-Biesmes**, qui permit le passage des bestiaux et chariots. Le moulin cessa ses activités au début du 20e siècle. Ses vestiges sont toujours visibles près du pont. Non loin de ces derniers, la **cense du Pont-à-Biesmes** existait déjà au début du 16e siècle. Au début du 17e, la **cense Dupont** fut construite à proximité. En 1840 fut bâti à proximité de la ferme ancestrale le **château du Pont-à-Biesmes**, dont la famille Petit est toujours propriétaire.

ÉVÉNEMENTS

- cavalcade, cortège folklorique avec les géants Jean le Porion et Marie delle Potée, le lundi de Pâques
- bourse internationale des collectionneurs, en avril
- fête de la Sambre, animations sur et autour de la Sambre, en mai
- kermesse du quartier du Pont-à-Biesmes, début juin
- les dimanches du Syndicat d'Initiative : balades, visites, croisières sur la Sambre, en juillet et août
- marché artisanal de Noël au château du Voisin, en décembre

Auvelais : le château du Pont-à-Biesmes. Il fut construit en 1840 par Ferdinand Petit, propriétaire d'un charbonnage à Auvelais

GASTRONOMIE

- bière *L'Auveloise* et ses dérivés : pâtés, fromage, saucisson, pralines, pain « à l'Auveloise »
- tarte du Porion, à base de lardons et de fromage
- jambon sec fumé « Val de Sambre » au genièvre ; pâté aux noix

FALISOLLE | 5060

- au 11e siècle *Phalisolis* et Faliseolas, en 1227 *Falizoles*, en 1248 *Falisuel*, en 1372 *Falisoul*, en 1664 *Falisolle* ; du germain *falis* (petits rochers)
- Falisollois
- commune résidentielle et agricole, établie au sommet d'une falaise qui domine la vallée de la Sambre, altitude de 100 à 191 m
- N 930, N 902, ligne de bus
- 483 ha

HISTORIQUE

On a découvert en 1988 au lieu-dit Claminforge les restes de trois enfants et de deux adultes du mésolithique, c'est-à-dire d'environ 9 000 ans avant J.-C. Au 7e siècle, Falisolle fait partie des possessions cédées au monastère de Fosses par Itte, veuve du maire du palais Pépin Ier. De ce fait, le village relèvera de la principauté de Liège jusqu'à la fin de l'Ancien Régime. En 1823, l'église actuelle, dédiée à saint Remy, est bâtie en lieu et place de l'ancienne.

À l'approche des sans-culottes, c'est dans l'ancienne ferme du Trau des Prés que trouve refuge, un jour de 1794, le trésor du prieuré d'Oignies. Il est amené clandestinement avec l'aide du fermier Philippe-Joseph Moussiaux, qui le cache dans une pièce murée. Le 27 juin 1817, sa veuve remet les précieux objets au curé de Falisolle, en présence de l'ancien et dernier prieur d'Oignies. Ils sont confiés l'année suivante aux sœurs de Notre-Dame à Namur. Ce trésor comprend des reliquaires, châsses et quantité d'autres objets d'orfèvrerie inestimables, dont un grand nombre d'œuvres d'Hugo d'Oignies (1187-1234). En témoignage de reconnaissance, le prieur offre à la paroisse de Falisolle un magnifique reliquaire, œuvre de l'orfèvre Henry Libert (1575-1651), contenant la mâchoire inférieure de sainte Marie d'Oignies. Récemment, il a hélas fallu, par mesure de sécurité, mettre cette précieuse pièce en dépôt chez les sœurs de Notre-Dame à Namur, avec le reste du trésor.

À VOIR

Le **panorama de la vallée de la Sambre** peut être admiré au bout de la rue du Gau. Là s'étale, sur 180°, le fond de la vallée et son versant nord. C'est dans ce décor que se déroulèrent les durs combats des 20, 21 et 22 août 1914, connus sous le nom de « bataille de la Sambre ». Rue de la Logette, la **chapelle Notre-Dame du Bon Secours**, blottie sous un gros tilleul au

Auvelais : l'église Saint-Victor, œuvre de l'architecte Lange, a remplacé en 1908 l'antique église millénaire qui se dressait auparavant à l'ouest de la place

centre d'un carrefour, est un édifice de plan carré du 19e siècle, couvert d'un pavillon de tuiles, avec une porte en plein cintre. L'**église** paroissiale **Saint-Remy** date de la fin du 18e siècle et a été agrandie d'une tour au milieu du 19e ; elle renferme un maître-autel en chêne avec une belle peinture du 18e et, dans la chapelle, des fonts baptismaux et un Christ en bois peint du 16e. Le **moulin de la Fluette** a été construit en 1848 au bord de la Fluette, nom que porte en ce lieu la Biesmes. C'était un moulin à eau destiné à moudre le blé. Le bâtiment, rénové et transformé en salle pour banquets et réunions, a gardé fière allure. Les aménagements du bief et du barrage de retenue sont toujours visibles. La belle **chapelle dédiée à Notre-Dame de Walcourt**, située au carrefour de la rue de la Clé d'Or et de la rue du Gay, fut construite en 1862 par la famille Bruyère en remerciement à la Vierge, qui aurait permis de sauver de la noyade une petite fille tombée dans une mare de boue et de purin. En de nombreux lieux du village, on peut admirer de magnifiques **panoramas** vers la vallée de la Sambre et vers l'Entre-Sambre-et-Meuse.

ÉVÉNEMENTS

- grand feu et carnaval des « Tètars di Farjole », le samedi suivant le mardi gras

GASTRONOMIE

- liqueur « li Spène di Prunèli », à base de prunelles
- pâtisserie « li Gôye » (choux à la crème)

KEUMIÉE | 5060

- en 1265 : *Keumegnies*, de *communiacae terrae*, terres auprès des biens communaux ; sous l'influence germanique, devient successivement *Kominotés, Köminote, Keumignote, Keumiote* et Keumiée
- Keumiéens
- village essentiellement agricole et résidentiel, divisé en deux parties distinctes : le trieu de Ligny et Keumiote, altitude de 172 m
- N 912, N 988, ligne de bus
- 222 ha

HISTORIQUE

L'abbaye de Floreffe possède déjà une ferme à Keumiote au 12e siècle. En 1289, le village est une dépendance de Velaine et relève donc du comté de Namur. Selon un dénombrement de 1374, Keumiote est rattaché au duché de Brabant. On compte à cette occasion dix feux. En 1531, Keumiote est, avec Sombreffe, une dépendance de la seigneurie de Ligny. Après 1697, la seigneurie échoit à la famille de Looz-Corswarem. La cour de Ligny va octroyer à des habitants de Keumiote une parcelle de forêt appelée « golettes ». L'ensemble de ces golettes attribuées à des « mazuirs » forme le lieu-dit « trieu de Ligny ». En 1821, on adjoint ce trieu de Ligny au hameau de Keumiote pour en faire une commune indépendante, du nom de Keumiée. Cette curiosité – un

Tamines : le cimetière des Fusillés. Toutes les tombes portent ici des prénoms masculins et la même date de décès : 22 août 1914, jour où se perpétra l'un des actes les plus illustratifs de la barbarie humaine

village constitué de deux parties distinctes – existe toujours. Keumiée n'a jamais eu d'église, ni de cimetière. Le village est toujours rattaché à la paroisse de Velaine.

À VOIR

Le **château-ferme de Keumiée-Keumiote** est un vaste quadrilatère blanchi à la chaux, situé dans la campagne brabançonne. Ses constructions, datées des 17e, 18e et 19e siècles, sont disposées autour d'une grande cour rectangulaire. Le porche d'entrée s'ouvre par un portail surbaissé en harpes, jumelé avec celui de la grange, qui date de la fin du 17e siècle, comme le montrent la porte et le portail en plein cintre donnant sur la cour. En face de l'entrée, l'énorme corps de logis est daté de 1886 sur un écu scellé dans la façade. Le **château Gayette** est une belle maison de maître, entourée d'un parc de 1,5 ha. Elle a été bâtie vers 1900 par un mineur, marchand de charbon après ses heures de travail, ce qui lui a valu, par dérision, son nom de *château Gayette* (mot wallon désignant un gros bloc de charbon).

MOIGNELÉE | 5060

- en 1440 *Mollingnee*, en 1573 *Mohynie*, en 1608 *Molgnÿ*, en 1749 *Monelée*, en 1777 *Moinelay* ; viendrait du patronyme *Manilus* ou *Maniliacum*
- Moigneléens
- commune résidentielle et agricole, altitude de 92 à 140 m
- N 930, N 90, ligne de bus
- 163 ha

HISTORIQUE

L'existence d'une villa est attestée à Moignelée à l'époque gallo-romaine. Au 5e siècle, le nouveau propriétaire franc du domaine rural établi sur l'aire de cette villa abandonnée aurait étendu son autorité sur celles d'Aiseau et Le Roux. Ainsi se dessinent les contours de la paroisse de Moignelée, correspondant à ceux des anciens domaines d'origine gallo-romaine. Au 12e siècle, l'église de Moignelée, dédiée à Notre-Dame, étend sa juridiction sur Aiseau, Menonry, Oignies, Le Roux, ainsi que sur une partie de Moignelée et une frange de Lambusart. Le territoire de la paroisse coïncide avec une vaste exploitation rurale à l'intérieur de laquelle s'établit la seigneurie féodale d'Aiseau, dépendant du duché de Brabant. À la fin du 18e siècle, le territoire de la seigneurie est divisé en quatre paroisses. Celle de Moignelée est rattachée en 1809 à celle de Tamines, et il n'y a plus de curé résident. En 1838, elle est « distraite » de celle de Tamines et érigée en succursale. L'église actuelle date de 1862.

Deux portions du territoire actuel de Moignelée font partie de la seigneurie d'Aiseau et représentent ensemble environ la moitié de sa superficie. Le reste, c'est-à-dire principalement le hameau de Malonne, fait partie de la seigneurie de Lambusart, terre namuroise. De tout le marquisat d'Aiseau, c'est à Moignelée qu'on trouve, dès 1686, les preuves les plus anciennes de livraisons de charbon extrait sur place. En 1815, l'aire d'exploitation du charbonnage « de la Marmite » s'étend sur 45 ha. La profondeur n'excède pas 50 toises. En 1827, la concession est étendue à 124 ha. Elle fusionne en 1899, sous l'appellation Charbonnages Réunis de la Basse-Sambre, avec une autre concession sous Tamines, d'une étendue de 426 ha.

À VOIR

La **maison de l'Octroi**, rue de Fleurus, est une petite construction basse en brique chaulée du 19e siècle, sous bâtière de tuiles, avec pignons débordants et porte à linteau de bois entre deux fenêtres avec volets. Le **monument aux Mineurs** est composé d'un authentique wagonnet de mine décoré de branches de gui, des outils du mineur et de deux profils de mineurs, avec l'inscription : « Honneur à nos courageux mineurs » ; à son sommet, une lampe de mineur est incrustée dans une pierre. L'**église de l'Immaculée Conception** date de 1862. Les fonts baptismaux du 17e siècle, avec cuve godronnée en pierre bleue, en constituent l'une des principales richesses, avec les jolies statues en bois polychromes de sainte Barbe et de saint Hubert, et, dans le chœur, le très bel autel en granit de Denée. À remarquer aussi à côté de la chapelle d'hiver, la pierre funéraire du curé Maniette, en granit noir. Sous la chapelle, une porte avec le millésime « 1764 » donne accès à une crypte.

La **Vieille Sambre** est une zone naturelle qui s'est formée entre la Sambre actuelle et son ancienne noue, abandonnée lors de la canalisation de la rivière en 1825. Paradis de pêcheurs, ce lieu tranquille, reconquis par la nature, est devenu l'un des plus beaux sites naturels de la région, avec une faune et une flore d'une richesse surprenante.

Falisolle : rue de la Montagne, invitation à la promenade, dans un paysage bucolique aux confins de l'Entre-Sambre-et-Meuse

ÉVÉNEMENTS

- fête communale, le 2ᵉ week-end de juillet

TAMINES | 5060

- en 1192 *Thaminnes*, de 1214 à 1331 *Thamines*, en 1538 *Thamyenne*, en 1553 *Tammez*, en 1772 *Taminne* ; du germanique *Tamma*
- Taminois
- ville résidentielle et commerçante, au nord et sur la rive gauche d'une vaste boucle de la Sambre, altitude entre 95 et 165 m
- gare ferroviaire, N 988, ligne de bus
- 614 ha

HISTORIQUE

Au hameau de la Praile, l'oppidum du Cheslai, Cheslet ou Chesselet (*Tcheslet* en wallon) a été succinctement fouillé en 1982. Des traces romaines sont également révélées par la toponymie : le *Tienne des Villers*, les *prés sous la Ville* et de *Sonderville* témoignent de la présence d'une *villa* romaine.

Le prieuré d'Oignies, fondé en 1187, joue un rôle prépondérant à Tamines. Il finira par acquérir l'entièreté du territoire et y instaurera un échevinage. Le territoire de Tamines était partagé entre une seigneurie des Alloux, dépendant du comté de Namur, et une double seigneurie de Tamines dépendant de la principauté de Liège. Tamines n'a jamais possédé de château féodal, ni donc de résidence fixe des seigneurs sur leurs terres. Aux yeux des habitants, ceux-ci étaient des étrangers. Leur influence fut minime sur la vie de la communauté, et nulle au point de vue économique. L'existence de la paroisse Saint-Martin est attestée pour la première fois dans un texte de 1295. Elle englobait l'entièreté des seigneuries, namuroise et liégeoises. On connaît une image de l'église, datée de 1608, dessinée par Adrien de Montigny pour les albums du duc de Croÿ.

En 1696, Josué de Hennezel fils, associé au marchand *vittrier* Jean Dubois, construit un ou plusieurs fours pour la fabrication du *verre en table* (verre plat). Mais la diminution d'impôts accordée peu après par le roi sur l'importation du verre d'Allemagne provoque la ruine de cette *huissine à verre*.

L'exploitation du charbon va, au contraire, s'intensifier à partir du 18ᵉ siècle. En 1899, la surface exploitable couvre la plus grande partie de Tamines et des portions des villages environnants, totalisant 696 ha. Cette exploitation cessera en 1965. L'essor de l'activité sidérurgique suit celui des charbonnages. L'une de ces usines acquerra une renommée internationale sous la dénomination *Fonderie et Poêlerie de Tamines*. Sa devise « Tamines domine » se propagera partout en Belgique, dans le Nord de la France et aux Pays-Bas.

Le chemin de fer a également joué un rôle majeur dans le développement de la ville. L'inauguration du chemin de fer

Moignelée : la Sambre canalisée, dans son écrin vert

Moignelée : la « Vieille Sambre », vestige d'avant la canalisation

Charleroi-Namur via Tamines a lieu le 30 juillet 1843. En 1868, la ligne de Tamines à Landen est mise en service. S'ajoutent ensuite les lignes de Tamines à Gembloux et Bruxelles par la vallée de l'Orneau, puis vers Dinant, Gosselies et Luttre. Ces deux dernières seront supprimées après 1950.

Le 21 août 1914, les troupes allemandes investissent Tamines, y commettant de nombreuses exactions. Le lendemain, un millier de civils sont rassemblés dans l'église des Alloux. Peu après 19 h, 600 hommes sont amenés sur la place Saint-Martin remplie de troupes allemandes du 77ᵉ corps d'infanterie. Ils reçoivent l'ordre d'aller se ranger au fond de la place, le long de la Sambre. Vers 20 h, un coup de sifflet retentit, signal de la fusillade. Ceux qui ne sont pas tués par balles sont atrocement achevés à coups de baïonnettes ou de crosses de fusils. Le bilan officiel fait état de 613 victimes parmi lesquelles 315 fusillés sur la place, 40 noyés, 22 tués en dehors de la fusillade, 9 tués au café Hennion, 13 carbonisés et 24 personnes décédées des suites des événements. Les destructions dues aux combats et aux incendies allumés par la soldatesque approchent du chiffre de 300 maisons calcinées.

À VOIR

Au nord, l'antique **oppidum du Cheslai** occupe, au quartier de la Praile, une butte triangulaire d'environ 1 ha. Ce site a été fouillé en 1982 sous la direction de Mme A. Cahen-Delhaye. Au sud-est de ce site, l'ancien **terril du puits Sainte-Eugénie** constitue un superbe point d'observation de la vallée de la Sambre. Le site est maintenant en grande partie boisé, des mares s'y sont formées, des espèces rares peuvent y être observées. Des promenades nature y sont organisées périodiquement par le Syndicat d'Initiative de Sambreville. À l'est du quartier des Bachères, rue Barthélemy Mollet, le **château Soupart**, beau bâtiment en briques rouges daté de 1915, est bâti au milieu d'un parc. Rue de Velaine, l'**église Notre-Dame des Alloux** est un édifice néogothique bâti en 1886-1887, comportant trois nefs à deux étages de fenêtres, un clocher de 50 m et un portail surmonté d'une très belle rosace. L'église, le presbytère et les écoles paroissiales, bâtis dans le même style, forment un ensemble architectural harmonieux. Un **vieux calvaire** qui figure déjà sur la carte de Ferraris, précédé d'une drève de magnifiques marronniers, se dresse en bordure de la place du Jumelage, à l'arrière de l'hôtel de ville. L'**hôtel de ville**, un édifice de style néoclassique construit peu après 1870, est l'un des bâtiments les plus remarquables de Sambreville. Son illumination nocturne renforce encore sa prestigieuse allure. La **ferme de la Tour**, ancienne ferme seigneuriale, est située au nord-est de l'église Saint-Martin. Un très beau porche y donne accès. Visible sur la gouache peinte en 1608 par Adrien de Montigny pour les albums du duc Charles de Croÿ, elle est sans doute, avec sa tour seigneuriale à laquelle elle doit son nom, le plus ancien édifice de la localité. L'**ancienne tour seigneuriale de Tamines**, située au côté ouest du quadrilatère de la cour de la ferme précédente, est une construction massive, de forme carrée, sorte de donjon haut de 13 à 14 m surmonté d'un toit d'ardoises. Les murs épais sont en moëllons de grès. Sous la corniche, on remarque un alignement de pierres saillantes en corbeaux, destiné probablement à soutenir une galerie de défense en bois telle qu'on peut en voir à Crupet. Avec son unique porte d'entrée en chêne, bardée de fer, elle présente toutes les caractéristiques d'une construction défensive qui permit aux habitants de trouver refuge en temps de troubles, notamment lors des nombreux conflits entre les évêques de Liège et les comtes de Namur.

L'**église Saint-Martin** est un édifice néoclassique bâti en 1833, avec une tour latérale de même style érigée en 1896. L'autel principal, en marbre, date de la fin du 19ᵉ siècle. Les deux latéraux sont du 17ᵉ ou du 18ᵉ. Dans le chœur, le Christ en chêne est du 16ᵉ. Le magnifique **orgue Merklin de 1876** est composé de deux claviers et 26 jeux. Le **cimetière des Fusillés**, autour de l'église, rassemble les corps de ceux qui périrent lors de la terrible fusillade du 22 août 1914. Particulièrement émouvant, c'est sans doute l'unique cimetière d'un jour en Belgique, toutes ces vies s'étant arrêtées le même soir tragique. Tous les défunts sont des hommes. Des grands-pères, pères et fils tombés ensemble y reposent parfois côte à côte. Le **monument aux Fusillés** se dresse entre la place Saint-Martin et la Sambre, à l'endroit où se déroula le massacre. Haute de plus de 4 m, la sculpture représente une femme, allégorie de Tamines, entourée de trois hommes gisant à ses pieds, vêtus en civils, symbolisant les victimes exécutées sur place. À gauche et à droite, quatre pelouses entourées de haies marquent l'endroit où 383 Taminois périrent fusillés. Leurs noms sont gravés sur trois plaques de pierre contre le mur du pont.

La **Vieille Sambre,** rue de l'Abattoir, ancien lit de la rivière dont le cours fut déplacé lors des derniers travaux de rectification, est devenue un endroit bucolique fréquenté par les mordus de la pêche et de nombreux promeneurs. Le **monument à Jean-Baptiste Scoriel** (1883-1956) fut érigé en bordure de la « Vieille Sambre » à l'occasion de la rétrospective consacrée à l'œuvre du « peintre de la neige et de la Sambre **»** en 1954**.** Le médaillon de bronze à son effigie est l'œuvre du sculpteur Victor Demanet. Le long de la route de Falisolle, le **monument au caporal Pierre Lefeuvre** commémore l'exploit du 22 août 1914 dont le caporal français, tireur d'élite du 70e d'infanterie, fut le héros. Avant de trouver lui-même la mort, ce jeune Breton de 24 ans allait supprimer cinquante-trois ennemis. Ce monument, érigé à la mémoire de l'armée française, consacre un « héros » qui symbolise cette armée toute entière.

ÉVÉNEMENTS

- carnaval des Gilles, fin février ou début mars

GASTRONOMIE

- apéritifs « Li Porion », à base d'orange et de raisins
- truite à la « bière des Macrales »
- potions des Macrales, liqueurs à la rhubarbe et aux raisins
- pâté de la Basse-Sambre
- bière *La Nuitone*, blanche, blonde, brune ou ambrée, bière du jumelage avec Nuits-Saint-Georges

VELAINE-SUR-SAMBRE | 5060

- en 1064 *Veslanus*, en 1155 *Vellaines*, en 1265 *Velaynes*, puis *Velaines en Dargnaules* (1345), *sur Dargnaul* (1360), *sur Dargna* (1440), *en Darignard* (1445), *sur le Doregno* (1467), *en Darnia, en Dargna, en Dargeau* en 1669. On note encore les graphies *Vellenne* (1688), *Velleine* (1748), *Velaine-lez-Fleurus* sous la République française. Du latin *villana*, terre dépendant d'une villa
- Velainois
- commune principalement agricole et résidentielle, occupant la bordure sud du plateau hesbignon, altitude entre 92 et 182 m
- N 98, N 912, N 988, ligne de bus
- 876 ha

HISTORIQUE

Le menhir *La Roche qui Tourne* et deux polissoirs témoignent d'une très ancienne présence humaine. Les polissoirs seraient d'un âge antérieur à celui du menhir, dont on ignore l'usage : religieux, astronomique, lieu de ralliement, observatoire, ou tout cela à la fois ou successivement ? Velaine a probablement pour origine une *villa* romaine dont la rue de *Villez* pourrait être une réminiscence. Le village faisait partie du *pagus Darnuensis*, subdivision du grand *pagus Lomacensis* ou pagus de Lomme, apparu à l'époque franque. De cette appartenance Velaine gardera jusqu'à la fin de l'Ancien Régime l'appellation de « *Velaine en Dargneau* ». De l'époque franque, Velaine a peut-être hérité du quartier du *Tombois*, ou cimetière. Au Moyen Âge, le village appartient au comté de Namur. Au 14e siècle, il est inclus dans le baillage de Fleurus. Plusieurs familles exercèrent le pouvoir seigneurial : en 1155, Philippe de Velaine, chevalier, au cours du 17e siècle, la famille d'Argenteau, à laquelle succède celle de Corswarem jusqu'à la Révolution française. La paroisse Saint-Martin fut créée en 1241, selon une mention dans le registre de la cure de 1762. Velaine a été peint en 1604-1605 par Adrien de Montigny dans un des albums du duc de Croÿ. L'église Saint-Martin y est représentée à l'endroit où se situait l'église démolie en 1985.

Si l'essentiel des activités du village est resté de tous temps agricole, d'autres activités s'y sont néanmoins pratiquées. En 1345, un certain *Gérars le charbonnier* est autorisé à ouvrir une fosse à houille dans un bois de Velaine. Ce document est un des plus anciens connus relatifs à l'exploitation de la houille en Wallonie. En 1811, une concession est accordée pour l'exploitation de la veine dite « du Coppiat ». En 1905 est créée la S.A. des Charbonnages Élisabeth dont la concession regroupe 989 ha sous Velaine, Keumiée, Auvelais et Jemeppe. L'exploitation cesse à Velaine dès 1912. La dernière mine ouverte dans la Basse-Sambre à la fin des années 1950 l'est à Velaine, au moyen d'une galerie inclinée. Mais dès 1961, les travaux sont arrêtés. Une industrie d'extraction du minerai de fer a également existé à Velaine. Elle cessa en 1876 à cause du niveau de la nappe aquifère. À la fin du 19e siècle, on fabrique à Velaine de la poudre noire destinées aux mines et carrières des environs. *La Poudrière* est située dans le bois Coppiaux à proximité des Golettes. La fabrication est arrêtée vers 1907 et les bâtiments serviront à entreposer des explosifs jusqu'en 1940. L'industrie du lin fut également exercée de longue date à Velaine. Le blanchiment du lin se pratiquait dans la campagne à l'est du Trou d'Amot, que les anciens appellent toujours « la Blanchirie », où se trouvait un étang qui fut supprimé en 1885. Les toiles de lin étaient ensuite étendues à blanchir sur les prés.

En juin 1689, l'armée de Louis XIV passe la Sambre à Jemeppe et vient camper dans la campagne entre Velaine et Boignée. Le quartier général est au château de Velaine. Le 1er juillet, l'infanterie française part de son camp de Velaine, traverse la plaine entre Fleurus et Ligny et va prendre position en avant de Fleurus, sur la plaine entre Saint-Amand et Wangenies. Les Français sont victorieux. Mais le pays est dévasté, les récoltes détruites ou pillées, les habitants soumis à contributions et réquisitions.

En juin 1794, l'armée révolutionnaire française fait le siège de Charleroi. Le 26 juin, vers 3 h du matin, trois colonnes des armées coalisées avancent à l'est de Fleurus, en direction du sud vers la Sambre, face à l'aile droite française qui est au niveau d'Auvelais et du bois Coppiaux à Velaine. Les Français se retirent dans le bois Coppiaux, mais doivent bientôt reculer vers Lambusart, qui est emporté et repris plusieurs fois successivement par les uns et les autres. Là a lieu le combat le plus acharné des guerres républicaines. Le champ de bataille est en flammes, les moissons ayant pris feu. Vers 17 h, ayant appris la reddition de Charleroi, les coalisés battent en retraite, anéantissant au passage les récoltes des campagnes à l'est de Velaine, à Balâtre, et dans les environs de Fayat. L'armée de Jourdan est victorieuse.

Lorsque s'engage la bataille de Ligny, le 16 juin 1815 entre 2 et 3 h de l'après-midi, l'aile droite de l'armée française occupe le nord des campagnes de Velaine. Le gros de la cavalerie de Grouchy se trouve à l'est de la route de Fleurus vers Gembloux. Les 1er et 2e corps de cavalerie des généraux Pajol et Excelmans, formant l'aile extrême droite française, occupent l'un le carrefour sur le chemin de Mons à Namur, au nord de la ferme de la Couverterie, l'autre les deux côtés de la route de Velaine vers Ligny. Vers 17 h, les cavaliers de Pajol s'emparent de Boignée et de Balâtre. Vers 19 h, les Prussiens sont rejetées vers Brye. La terrible bataille, perdue pour eux, s'est poursuivie jusque près de 10 h du soir. Plus de 20 000 Prussiens et 13 000 Français, blessés ou morts, perdus dans la nuit, jonchent le champ de bataille. Deux jours après, ce sera Waterloo...

Velaine restera essentiellement agricole, même si quelques activités industrielles continueront à s'y développer quelque temps, comme l'extraction du charbon ou du minerai de fer. Les 1ère et 2e guerres mondiales apportent leurs lots de malheurs. Cependant le village reste plus ou moins à l'écart des grands combats et ne connaît pas le triste sort de Tamines, d'Arsimont, d'Auvelais ou de Falisolle, même si nombre d'exactions ne manquent pas d'y être commises.

À VOIR

La **cense de la Couverterie**, au nord-ouest, est probablement la plus ancienne ferme de Velaine. Elle a appartenu aux prémontrés de Floreffe, ce qui explique sans doute son nom : il s'agirait d'une « converserie », ferme tenue par des frères convers. On la dit millénaire. C'est une construction fermée, basse, en briques et pierres bleues, avec des murs épais. Autrefois, elle formait un quadrilatère. Le **château Cornil** est bâti à l'emplacement de l'ancienne **ferme de la Conception**, qui s'est aussi appelée **château de Salignat**. Le corps de logis a été entièrement reconstruit en 1910. Il s'agit d'un très élégant bâtiment de briques à un étage, de plan carré, avec toiture à quatre pans. Cette propriété, plantée de quelques arbres remarquables, fut dans la première moitié du 20e siècle un atelier de construction de voitures automobiles. La **ferme de l'Ayarbre, *cinse di l'Ayaupe***, tire son nom d'une ancienne appellation de l'érable : *ayarbre* ou *ajarbre*. C'est une très ancienne ferme en carré, peu ouverte vers l'extérieur. La vaste grange prend à elle seule toute une aile du bâtiment. Le **menhir**, connu depuis des temps immémoriaux sous le nom de « **Roche-qui- tourne** » haut de 3 m et d'un pourtour de 5 m, date probablement du néolithique. Les deux **polissoirs** couchés sur le même site seraient l'œuvre d'une population antérieure à celle qui érigea le menhir. La dénomination *Roche-qui-tourne* résulte de la légende qui prétend que le menhir fait un tour sur lui-même lorsque sonne minuit à la ferme voisine de Fayat. Le long de l'ancienne place communale, les bâtiments connus sous les noms successifs de **ferme Delcorde, Petit, Debois,** furent probablement la ferme seigneuriale. Aujourd'hui elle n'est plus exploitée. Seul le corps de logis est resté intact. L'**ancienne cure,** près de l'ancienne église, a été récemment restaurée. La ferme avec sa tour a été représentée en 1604-1605 par Adrien de Montigny dans l'album de Croÿ. Autrefois, on y brassa la bière. Rue du Villez, la **ferme du Tombois**, visible sur la carte de Ferraris, est également très ancienne. C'est peut-être elle qui est représentée à l'avant-plan à droite sur la gouache d'Adrien de Montigny. C'est en tout cas de son voisinage que le peintre a dû exécuter son croquis du village.

La nouvelle **église** paroissiale **Saint-Martin** a été érigée en 1987 en haut de la rue du Villez. D'un style résolument contemporain, l'édifice est construit en briques, avec plafond en boiserie, et décoré d'un grand vitrail circulaire des ateliers Carpet de Biesmes. Un orgue de 874 tuyaux, des ateliers Marchand, a été installé en 1995. Quelques rares éléments de l'ancienne église ont été conservés, dont un buste en bois, une belle descente de croix, des fonts baptismaux de 1601, une grande croix ainsi qu'une Vierge à l'enfant, en bois. L'ancienne **maison communale de Velaine** est un beau bâtiment construit en style néogothique au début du siècle dernier. Le **château de Quirini**, au quartier de la Duve, belle et grande demeure de deux étages entourée d'un grand parc, fut construit en 1900, et a conservé son bel intérieur. Il a remplacé une très vieille et importante ferme en quadrilatère, qui figure sur la carte de Ferraris. C'est maintenant une maison de retraite. La **chapelle Notre-Dame de Hal**, à la Duve, est un édifice en brique chaulée et pierre bleue du 18e siècle. Le **moulin des Golettes** fut un bel et imposant moulin à vent construit en maçonnerie de briques, probablement au 18e siècle. Il figure sur la carte de Ferraris (1777). Jadis, il était coiffé d'une toiture en zinc en forme de casque à pointe, avec une penne latérale. Il est maintenant aménagé en belvédère, et constitue un magnifique lieu pour admirer le splendide panorama environnant. À la limite de Velaine et Jemeppe, dans la *campagne de Prahy*, la **ferme sur les Ternes** est également visible sur la carte de Ferraris. Au début du siècle dernier, sa position culminante a justifié l'implantation dans son voisinage d'un château d'eau, détruit il y a peu et remplacé par des réservoirs enterrés. C'est un endroit privilégié pour admirer le magnifique **panorama de la vallée de la Sambre** et son versant sud, jusqu'aux confins de l'Entre-Sambre-et-Meuse. Par temps clair, la vue y porte à plus de vingt kilomètres.

ÉVÉNEMENTS

- cortège et marché de Noël, en décembre

Tamines : le prestigieux hôtel de ville de style néoclassique est l'un des bâtiments les plus remarquables de Sambreville

SOMBREFFE

- arrondissement de Namur
- localités : Boignée, Ligny, Sombreffe, Tongrinne
- 3 555 ha ; 8 167 habitants (01/01/2011)

BOIGNÉE | 5140

- *Boignies* 1223, *Boignées* 1265, *Boignez, Boigneez* 1272 ; de *Boviniacas, Boviniacae villae* = fermes pour l'élevage des bœufs
- Boignéens, *Maccaras* (surnom)
- village agricole, de plus en plus résidentiel, altitude d'environ 150 m
- autoroute E 42 (sortie 14), N 98, ligne de bus 347A Gembloux-Tongrinne/Onoz
- 362 ha

HISTORIQUE

Bien que sa dénomination indique une origine romaine, aucune trace archéologique n'a encore permis de faire remonter la naissance du village à cette époque. L'endroit est cependant situé sur le tracé de l'antique « voie de Namur » qui reliait cette localité à la grande chaussée Bavay-Tongres. Étant situé aux confins du Namurois et du Hainaut, le village sera plutôt disputé entre le comte de Namur et le prince-évêque de Liège. Le premier l'obtiendra finalement au terme d'un procès qui clôture un conflit s'étendant de 1343 à 1446. En 1245, un hôpital (dit de Grandval) y sera installé à l'initiative du chapitre de Fosses. Durement frappé par les guerres des 16e et 17e siècles, Boignée est cédé à Charles d'Argenteau, seigneur de Ligny, Tongrinne et Keumiée en 1627. Passée par mariage à la famille des Corswaren, la seigneurie de Boignée est érigée en marquisat avec celles de Ligny, Tongrinne et Humerée au profit du chambellan de l'impératrice Marie-Thérèse, le duc Charles-Auguste de Looz-Corswaren (1779). Après l'annexion à la République, la commune de Boignée est intégrée dans le département de Jemappes. Située dans la province de Hainaut depuis 1815, elle n'est rattachée à la province de Namur qu'en 1977, suite à la fusion des communes, qui l'intègre dans la commune de Sombreffe.

À VOIR

Dominant le village, la silhouette de l'**église Saint-Lambert** attire naturellement le regard. Cette construction de type néoroman s'impose d'autant plus massivement qu'elle a perdu son clocher, démoli en 1977. Bâtie un siècle plus tôt selon les plans de l'architecte E. Tirou, elle s'élève sur une église antérieure à une seule nef, construite au 18e siècle. Juste à côté, les **écoles**, datant elles aussi de 1877, se dressent orgueilleusement. Bâties symétriquement autour d'un imposant corps central ayant anciennement fait office de maison communale, les deux ailes accueillaient respectivement les filles et les garçons du village. Cet édifice original, construit en brique, comprend dix travées de deux ou trois ouvertures. Actuellement, il accueille les activités des « Archives de Boignée ». Cette association propose une exposition permanente de photographies anciennes et contemporaines consacrées au village et à ses habitants. Les collections sont présentées de façon particulièrement didactique.

À proximité également, au n° 74 de la rue des Écoles, l'ancien presbytère, construit en moellons calcaires, date de la seconde moitié du 18e siècle. Rehaussé de briques aux environs de 1800, il présente aussi un élégant

Le château de Tongrinne et sa puissante ferme fortifiée, emblématique des riches campagnes hesbignonnes de la commune de Sombreffe

L'ensemble homogène des écoles communales de Boignée

Le monument érigé à Ligny en 1969 pour le bicentenaire de la naissance de l'Empereur

pignon surmontant la porte d'entrée. Au bout de la rue s'ouvre la rue de la Ferme, dont l'entrée est solidement gardée par la **ferme du chapitre**. Principale exploitation agricole du village, elle tire son nom du chapitre Saint-Feuillen de Fosses, qui avait obtenu les bénéfices ecclésiastiques sur la paroisse de Boignée dès le 11e siècle. Autour d'une vaste cour trapézoïdale pavée, on peut voir un corps de logis à deux niveaux daté de 1621. En prolongement des étables, la grange présente trois parties distinctes dont la plus ancienne remonte au 17e siècle. Le porche ainsi que les autres bâtiments sont du 19e. Empruntant la rue Dallose, on pourra ensuite découvrir les maisons plus humbles de la localité. Celles-ci sont progressivement restaurées et présentent un charme particulier avec ce mélange de moellons calcaires, sortis des carrières locales, et de briques rouges. De beaux points de vue sur la vallée de la Ligne et ses grasses pâtures ponctuent la promenade. Située au bas du village, la **place de Boignée** a perdu l'animation qui entourait naguère les luttes du jeu de balle. Réputée à travers tout le royaume, l'équipe de Boignée s'est surtout distinguée à « la petite balle au tamis ». Les plus perspicaces découvriront encore, au début de la place, l'emplacement où était posé le tamis.

LIGNY | 5140

- en 1163 *Linei* ; ensuite *Lignies* ou *Ligney*, de *Liniacus* = proche de la Ligne (Linia, le ruisseau)
- Lignards
- village à forte densité, entouré de plusieurs exploitations agricoles, altitude d'environ 130 m
- gare ferroviaire, N 29, N 98, ligne de bus 147 A Gembloux-Tamines
- 589 ha

HISTORIQUE

La première mention de Ligny remonte au 12e siècle. La localité comprenait deux fiefs. Le premier, dit des six bonniers, avait été acquis par Gui de Dave au 14e siècle. Il passa ensuite aux d'Argenteau, puis aux Looz-Corswaren pour suivre la même destinée que la seigneurie de Boignée jusqu'à la fin de l'Ancien Régime. Le second fief, dit de la Tour, appartenait à Thibaut de Ligny en 1289 et relevait du comté de Namur. Il fut acquis par la famille d'Argenteau à la fin du 16e siècle tout en dépendant toujours du comté de Namur. Avant le 18e siècle, Ligny est une localité mineure. Elle n'est érigée en paroisse qu'en 1717. Cependant, l'exploitation de plusieurs carrières locales et l'installation d'industries liées à la transformation des pierres (scieries de pierres, fours à chaux) entraînent son développement économique et démographique à partir de la fin du 18e siècle. Le village connaîtra un essor important jusqu'à la Première Guerre mondiale, qui causera l'inondation des carrières et, bien sûr, la fin de leur exploitation. Il bénéficia aussi de l'établissement de deux stations de chemin de fer, l'une sur la ligne Tamines-Landen (désaffectée aujourd'hui) et l'autre sur le trajet Charleroi-Ottignies.

La célébrité de Ligny tient avant tout à la bataille du 16 juin 1815, qui fut « la dernière victoire de Napoléon ». Deux jours avant Waterloo, 65 000 Français affrontent 90 000 Prussiens retranchés derrière la Ligne entre Wagnelée et Balâtre. L'empereur doit battre rapidement les hommes de Blücher avant d'affronter les Anglais de Wellington pour éviter que les deux armées ne puissent se rejoindre. Sous un soleil de plomb, les combats s'engagent au début de l'après-midi. Les Français partent à l'assaut des villages de Saint-Amand, Bryet Ligny. La résistance prussienne est acharnée. La violence se déchaîne. Ligny, vidé de ses habitants, est la proie des flammes et le théâtre d'affrontements particulièrement sanglants. La décision est incertaine jusqu'à l'intervention de la Garde impériale, le corps d'élite de l'armée napoléonienne. Blücher, blessé à la suite d'une chute de cheval, échappe de justesse à la capture. Son armée doit battre en retraite. Cependant, la cavalerie française n'entame pas de poursuite immédiate. Le lendemain, les forces prussiennes peuvent se réorganiser. Elles interviendront à nouveau le 18 juin sur la « morne plaine » de Waterloo.

À VOIR

Le circuit de visite de Ligny peut emprunter l'itinéraire suivi par les soldats français en juin 1815. Ceux-ci sont arrivés par Fleurus et ont d'abord été confrontés à la résistance prussienne embusquée dans la **ferme d'En-Haut**. Les bâtiments actuels conservent le porche de 1733, le reste de l'édifice venant d'une reconstruction réalisée au 19e siècle. De l'autre côté de la rue, le presbytère, restauré récemment, date de la fin du 18e. En continuant la descente, le visiteur aboutit à la place du village. L'**église Saint-Lambert**, construite en style néogothique dans la dernière décennie du 19e siècle, est bâtie sur les fondations de deux édifices précédents, érigés respectivement au 14e siècle et au milieu du 18e. Elle a été restaurée en 1915 et en 2007. Les fonts baptismaux remontent au 16e siècle. De belles dalles funéraires rappellent le souvenir de seigneurs de Ligny des 16e et 17e siècles. La dernière restauration a particulièrement veillé à la sauvegarde et à la valorisation des vitraux de la fin du 19e siècle.

Plus bas sur la place, on peut observer au-dessus de la **porte du n°10** une intéressante enseigne de café décorée de cruches et de verres (1777). À quelques mètres, les restes d'une grange à la dîme accueillent les clients d'un nouveau café. En continuant vers la Ligne, on arrive en face de la **ferme d'En-Bas**. Ce bâtiment accueille les nombreuses activités du Cercle local et surtout les représentations du célèbre « Jeu de la Passion », qui attire chaque année les amateurs d'art dramatique religieux. Le corps de logis a conservé certaines parties de l'édifice original datant du 18e siècle. Non loin de cette ferme, en reprenant la route vers Sombreffe, le promeneur atteint le **Centre Général Gérard** installé dans une petite ferme dont certaines parties remontent au 17e siècle. L'ensemble comporte un beau corps de logis allongé, percé de petites fenêtres, ainsi qu'une grange imposante dont la base en moellons est percée d'une porte cintrée en pierre bleue, elle aussi du 17e siècle. Outre un restaurant et une salle de réception, cette ferme, complètement restaurée en 1991, héberge un intéressant **Musée napoléonien**. Celui-ci conserve une impressionnante collection de pièces authentiques, de figurines et de documents originaux relatifs au Premier Empire et surtout à la campagne de 1815. Continuellement modernisé depuis sa création, le musée présente de façon didactique les différentes phases de la bataille du 16 juin 1815 et accueille, de façon temporaire, les collections déposées par des collectionneurs et des passionnés. Il a ainsi obtenu en dépôt la chemise, dite de Napoléon, dérobée à Genappe lors de la retraite de l'empereur après Waterloo.

Le souvenir du 16 juin 1815 est particulièrement vivace dans le village de Ligny. De nombreux monuments sont placés aux endroits stratégiques de la localité. En particulier, une impressionnante pièce d'artillerie a été installée à l'entrée du village, entre la ferme d'En-Haut et le Centre Général Gérard. Ce **canon de forteresse** de 5 600 kilos, coulé en 1811, a été inauguré en 1969, année du bicentenaire de la naissance de Napoléon. Une association, « Les Amis de Ligny », prend soin d'organiser, depuis 1964, des manifestations rappelant la « dernière victoire de Napoléon » : reconstitution d'un régiment de Chasseurs à pied de la Garde, organisation des journées napoléoniennes offrant une reconstitution de la bataille du 16 juin 1815, salon du livre napoléonien, salon de la figurine, etc.

ÉVÉNEMENTS

- journées napoléoniennes, le premier week-end de juin

Entrée du musée napoléonien de Ligny (Centre Général Gérard)

SOMBREFFE | 5140

- en 1070 *Sombrefia,* en 1159 *Sumereffe*, de *Sumara, Sumarafa* = proche du Som ou Sombre, le ruisseau
- Sombreffois
- village au caractère traditionnel rural, altitude de 154 m
- N 93, N 29, lignes de bus 147A Gembloux-Tamines, 247A Gembloux-Sombreffe
- 1 763 ha

HISTORIQUE

Le nord de la commune est traversé par la chaussée Bavay-Tongres, aussi appelée chaussée Brunehaut. À proximité de celle-ci a été découverte une tombe romaine du 1er siècle, dont le riche mobilier (vases en céramique, fibules en bronze, fioles en verre et assiettes en terre sigillée) est conservé au Musée archéologique de Namur. Une broche mérovingienne (première moitié du 7e siècle) découverte près de l'église de Mont est, elle aussi, conservée à Namur. Les premières mentions de Sombreffe ne remontent pas au-delà du 12e siècle. Un premier Godefroid d'Orbais, seigneur de Sombreffe, est régulièrement cité à partir de 1115. L'église de Mont, près de Sombreffe, est cédée par Jacques d'Orbais à l'abbaye de Bonne-Espérance en 1190. Dès cette époque sans doute, l'actuel village est scindé en deux fiefs selon le tracé de la frontière séparant le duché de Brabant du comté de Namur. La partie située au nord de la chaussée Nivelles-Namur était brabançonne, excepté les terres situées autour du hameau de Vieilles Maisons, tandis que le sud, autour de Mont, appartenait au Namurois. Néanmoins, très vite, les deux territoires dépendent du même seigneur. Si son château est situé en Brabant, l'église paroissiale est érigée au plus tard au 12e siècle à Mont, dans le comté. Les cours scabinales sont distinctes, mais siègent parfois en même temps, et le mayeur est parfois le même. En 1377, Jean de Sombreffe accorde une charte de privilèges aux habitants de Mont. Ce document, conservé d'après une copie du 18e siècle, est un exemple rare de l'extension de la « loi de Namur », c'est-à-dire des privilèges accordés aux bourgeois de la ville de Namur par son comte.

Le beau porche-colombier de la ferme de l'Encombrie

Les campagnes fertiles autour de la ferme de la Houssière

Sombreffe, érigé en baronnie, appartint à d'importantes familles. Les d'Orbais, propriétaires d'importants domaines dans le Brabant hesbignon, furent seigneurs de Sombreffe jusqu'au 15e siècle. Le fief passa alors par mariage dans la famille des Virnenbourg, à la tête d'un riche domaine dans l'Eifel allemand. Au 16e siècle, Sombreffe entra en possession d'Antoine de Lalaing, comte d'Hoogstraeten et lieutenant-général de Charles Quint. Après les tumultes des guerres de religion, auxquels les de Lalaing furent mêlés, la baronnie échoit à Philippe de Lannoy au 17e siècle. Plusieurs enfants de ce personnage important naquirent à Sombreffe et y furent baptisés jusqu'à la fin de ce siècle. La famille de Lannoy resta en possession de Sombreffe jusqu'à la fin de l'Ancien Régime, mais sans plus y résider à partir du 18e siècle.

Après la conquête française, Sombreffe fut rattaché au département de Sambre-et-Meuse, mais deux municipalités furent créées : Mont et Sombreffe. La fusion fut finalement réalisée en 1810. Après quelques modifications apportées aux frontières de la commune sous le régime hollandais, le territoire de Sombreffe est fixé en 1827 et présente une des plus vastes superficies de la province. Son destin économique sera surtout lié à l'agriculture (fermes et industries alimentaires : sucrerie, brasserie, fabrique d'engrais), mais aussi au développement des voies de communication. Les routes Namur-Nivelles, Charleroi-Gembloux et Fleurus-Chastre confèrent à Sombreffe une position particulièrement stratégique.

À VOIR

Sur la place de Mont se dresse l'**église Notre-Dame**, édifice néogothique construit en 1858 pour remplacer un bâtiment plus ancien dont la tour s'était effondrée durant un office. L'ancienne église apparaît encore très bien sur une gouache de l'Album de Croÿ. Son mobilier d'origine a été dispersé (les confessionnaux sont aux Isnes, le tabernacle à Suarlée et les autels latéraux à Balâtre). Il ne reste dans l'édifice actuel que l'autel majeur du 17e siècle et la chaire de vérité de style Louis XV du 18e. Sur la place, deux habitations attirent l'attention. Le **presbytère**, de la fin du 18e siècle, est situé en retrait derrière un jardin clôturé et deux grands arbres majestueux. En face de l'église, une petite **maison en moellons** chaulés évoque significativement le type d'habitation traditionnelle du début du 19e siècle. Quelques mètres plus loin, le promeneur peut emprunter un charmant **sentier dit « de messe »** qui rappelle le caractère rural de la localité. Au cœur du noyau villageois primitif, une vaste prairie accueillait les troupeaux des villageois. Le sentier aboutit à une petite ferme dont le logis est séparé de l'ancienne grange. L'imposante façade de cette dernière est datée de 1788 par ancres. Un peu plus loin, une **chapelle encadrant un calvaire en bois** du 17e siècle jouxte la chaussée de Nivelles. Construite en 1903, elle a conservé l'abside de la « Grosse chapelle » édifiée par Marie de Ligne en 1636 et dédiée à Notre-Dame de Consolation. En se dirigeant vers Namur par la chaussée, on atteint un carrefour dont une des rues (la rue Hanoteau) conduit aux fermes de Vieille Maison. La **ferme du Postillon** présente un quadrilatère de pierres bleues et de briques peintes dont les parties les plus anciennes datent du début du 18e siècle, notamment le logis et le porche-colombier. À côté, la **ferme de la Tourette** présente un profil semblable quoique plus ramassé. Le logis, en brique sur soubassement en moellons, a été fortement remanié au 19e siècle. En poursuivant après Vieille Maison, on rejoint la Chaussée Romaine. Si on emprunte cette antique voie de communication vers l'ouest, on parvient aux hameaux des Bruyères et de l'Encombrie. À proximité du premier apparaît le grand quadrilatère de la **ferme de la Houssière**. Ces beaux volumes homogènes de briques et de pierres bleues datent du début du 19e siècle.

Les tours jumelles gardant l'entrée du solide château féodal de Sombreffe. À l'arrière, le second donjon est parvenu pratiquement intact du 14e siècle

Dans le second hameau, les exploitations agricoles sont de plus petite taille, mais elles dégagent beaucoup de charme. Elles datent des 18e et 19e siècles. Le porche-colombier de la **ferme de l'Encombrie** est particulièrement élégant.

En revenant vers le village de Sombreffe, le promeneur utilise la chaussée de Chastre. Bien vite, les tours du **château féodal de Sombreffe** imposent leur forte silhouette. Avec leur teinte rougeâtre et leur toit violet, elles sont entourées de vertes prairies où l'on devine la présence d'anciennes douves. Marquant solidement depuis le 13e siècle la limite entre le duché de Brabant et le comté de Namur dans cette petite vallée marécageuse de la Sombre, le château semble s'être élevé en plusieurs étapes. De la première forteresse bâtie en moellons non appareillés ne subsiste aujourd'hui que la base du donjon central. Celui-ci présente un porche qui a conservé ses moyens défensifs (coulisses de herse et archères). Une seconde enceinte élevée ensuite, sans doute au 14e siècle, est composée d'une dizaine de tours construites en moellons schisteux bien appareillés. La plupart sont rondes, engagées dans la muraille, percées de meurtrières et coiffées de poivrières. L'accès du château, constitué par un pont muré qui a remplacé un pont-levis, donne sur une solide porte gardée par deux tours jumelles et surmontées d'un auvent d'ardoises. À proximité, un second donjon s'élève majestueusement. Sa toiture, plus tardive, coiffe une plate-forme qui présente quatre belles échauguettes d'angles et douze gargouilles. À l'intérieur, trois salles se superposent. Au premier étage, la grande salle présente un intérêt majeur ; elle semble être parvenue intacte du 14e siècle : voûte sur croisée d'ogives, latrine, cheminée à crossette, niches trilobées, belles figures sculptées au bas des voûtes. Au second étage, les fenêtres ont conservé leur banc de guetteur. Après l'incendie de 1600, le donjon central a été relevé, sans doute dans la seconde moitié du 17e siècle, vu les maçonneries. Le corps de logis actuel, de style classique, date du 18e siècle. Quant aux annexes, elles ont été construites vers 1900 lorsque le bâtiment a été transformé en exploitation agricole. Abandonné à la fin des années 1960, le château est classé en 1971, mais sans faire l'objet de mesures de sauvegarde ni de restauration. Heureusement, il est acquis en 1982 par un médecin anversois, Achille Geerts. Grand érudit et passionné d'histoire, ce dernier parvient à sauver les ruines et à redonner vie à ce formidable complexe castral.

TONGRINNE | 5140

- en 966 *Tongrinas* = Petit Tongres (?)
- Tongrinnois
- village composé de deux agglomérations bien distinctes à caractère respectivement rural et commercial, altitude d'environ 150 m
- N 93 et N 29, lignes de bus 147A Gembloux-Tamines, 247A Gembloux-Sombreffe, 347A Gembloux-Tongrinne/Onoz
- 841 ha

Au milieu des douves, la tour-porche de la ferme de l'ancien château de Tongrenelle

HISTORIQUE

Les vestiges d'une villa romaine ainsi que le mobilier d'une tombe du Bas-Empire ont été exhumés à Tongrenelle. En outre, la mention de Tongrinne dans un diplôme de l'empereur Otton Ier daté de 966 atteste bien l'ancienneté de la localité. Très tôt, deux fiefs divisent le village actuel. Tongrinne appartient au duché de Brabant tandis que Tongrenelle dépend du comté de Namur. Le premier suit, dès le 14e siècle, la même destinée que la seigneurie de Ligny avec celles de Dave, d'Argenteau et de Looz-Corswaren. Le fief de Tongrenelle est donné au chapitre Saint-Aubain de Namur au 12e siècle. Il passe ensuite à différents petits seigneurs relevant du comte de Namur. Vendu en 1626 à Florent de Noyelles, baron de Tarsy, il passe successivement au comte de Tilly, au baron d'Harscamp en 1718 et enfin au comte de Mercy d'Argenteau en 1789.

À VOIR

Depuis le carrefour du Docq (croisement des chaussées Namur-Nivelles et Charleroi-Gembloux), on peut atteindre le centre du village par une route en gros pavés. Son entrée est gardée par un solide ensemble en moellons de calcaire. Il reste du **château** deux tours circulaires ainsi que la tour-porche. La façade du logis date du 17e siècle. La **ferme**, accolée au château, est plus tardive (début du 19e siècle). Par contre, un donjon d'habitation remontant au 12e, voire au début du 13e siècle, est encore intégré dans cet ensemble hétéroclite. Il a subi d'importantes restaurations au cours du 20e siècle. Sur la place, en face du château, une imposante porte cochère s'ouvre sur une cour occupée par l'élégant bâtiment du **presbytère**. Si le portail est de la moitié du 18e siècle, la maison date des environs de 1800. Juste à côté, le promeneur peut s'engager dans le **sentier de messe**, qui conduit directement à l'église en passant par les prairies traversées par le ruisseau. L'**église Notre-Dame** est l'édifice religieux le plus intéressant de la commune de Sombreffe. Sa tour en pierre calcaire porte les traces architecturales du 16e siècle (cordon-larmier sur les faces nord et sud). Les trois nefs classiques datent plutôt de la fin du 18e siècle, comme l'indique le millésime « 1774 » placé dans une coquille au sommet d'un arc triomphal situé à l'entrée du chœur. Le mobilier homogène est de style Louis XV.

Le promeneur peut ensuite continuer à monter au-delà de l'église et prendre la rue du Moulin, qui le conduit, en redescendant, vers le cours de la Ligne. Au milieu de larges douves, on peut apercevoir les vestiges de l'ancien **château de Tongrenelle**, démoli en 1860. Il reste, aujourd'hui, quelques éléments de la ferme qui le précédait. La tour-porche en calcaire, datée de la première moitié du 17e siècle, gardait un pont-levis dont il reste des traces de glissières. Les étables, bâtiment bas accroché à la porte, datent de 1634. Une petite construction défensive, équipée d'arquebusières, les flanque. En prolongement, un imposant logis de style traditionnel a été construit en 1728 par le baron d'Harscamp.

Un témoin privilégié des combats acharnés du 16 juin 1815 à Ligny : la tour-porche classée de la ferme d'En-Haut.

SOMME-LEUZE

- arrondissement de Dinant
- localités : Baillonville, Bonsin, Heure, Hogne, Nettine, Noiseux, Sinsin, Somme-Leuze, Waillet
- 9 509 ha ; 4 999 habitants (01/01/2011)

BAILLONVILLE | 5377

- en 1307, *Baillonville*
- Baillonvillois
- Famenne schisteuse, alt.182 m, agriculture, bois, résidences
- N 63, lignes de bus 162A/2 Marloie-Noiseux, 162A/3 Marloie-Mellereux
- 995 ha

HISTORIQUE

Possession de l'évêché de Liège dès les débuts du Moyen Âge, Baillonville constitua avant 1307 une seigneurie hautaine, apanage de la famille de Waha et, dès 1371, de sa branche Waha-Baillonville, qui s'y maintint jusqu'en 1706. La seigneurie échut alors aux La Tramerie, aux Hoensbrouck de Gueulle en 1738 et aux Hohenzollern-Hechingen de 1762 à 1795. Un décret impérial du 21 août 1806 fusionna les communes de Baillonville et de Rabozée.

À VOIR

Le **château** construit en style néoclassique en 1804 (propriété privée) est situé dans un vaste parc de 6 ha, bordé par le ruisseau d'Heure et par de nombreux **arbres remarquables** plantés voici deux cents ans par un nommé Massange, alors directeur de l'École horticole de Liège. L'**église Saint-Hubert**, d'origine romane, contient plusieurs belles pierres tombales dont celle de Claude de Waha et de Catherine d'Ayseaux. La **maison communale** de Somme- Leuze est implantée à Baillonville, localité plus centrale. Ce sont aussi les armoiries de la famille Waha-Baillonville qui furent retenues pour toute l'entité de Somme-Leuze. À voir aussi, la très belle **ferme Notre-Dame** ainsi que la **chapelle Notre-Dame de Lourdes**, qui fut érigée en 1895 par le chanoine Fisse. Elle sert de support à la plaque commémorative dédiée aux *Railspitters* américains, dont les canons aidèrent à réduire la poche de Verdenne en décembre 1944, bloquant à cet endroit l'avance de l'offensive dite von Rundstedt. Le **moulin** de Baillonville, à l'entrée du village en venant de Heure, est cité dans les chartes et actes de 1440 à 1843. Il cessa toute activité en 1870 (propriété privée).

Chardeneux : premier des « Plus beaux Villages de Wallonie »

Baillonville : la chapelle Notre-Dame de Lourdes, où fut bloquée l'avance de l'offensive von Rundstedt en 1944

BONSIN | 5377

- en 1028 *Boncin*
- Bonsinois
- à la limite de la Famenne et du Condroz, altitude 182 m, agriculture, bois, résidences
- N 63, lignes de bus 48 Ciney-Bonsin, 99 Warzée-Bomal
- 1 093 ha

HISTORIQUE

Une villa gallo-romaine a été découverte et fouillée sur le plateau de Mâgraul, fournissant un bel hypocauste et de nombreuses pièces de fouilles, dont un superbe masque en terre cuite. Elle était reliée à la voie romaine

Bonsin : l'église Saint-Martin avec sa tour carrée de trois niveaux, presque aveugle, du 12e siècle

Bonsin : la plaine Sapin fut un lieu de parachutages pour la Résistance

Tongres-Trêves, qui traverse Chardenneux-Bonsin. Dès 1028, Bonsin fut englobée dans le banc de Boffeu, ainsi que son écart Chardeneux. Ce banc fut longtemps méconnu, car le nom n'en subsistait que dans un petit bois et une rue, le tout ayant disparu lors de la guerre de Trente Ans et de la peste de 1636. Depuis 1510, vingt-six familles se partagèrent la propriété de cette seigneurie allodiale, dont plusieurs fournirent des bourgmestres à la ville de Liège, telles les Oultremont (1491), Merode (1631) et Méan (1585). Chardeneux peut s'enorgueillir de la visite de Napoléon et d'avoir suscité deux combattants qui méritèrent de ramener en la chapelle de la Nativité de la Vierge des trophées pris aux Turcs ottomans en 1683 et en 1789.

À VOIR

À Bonsin, l'**église Saint Martin,** perchée sur sa colline, est entourée par son cimetière. C'est un bel édifice en moellons calcaires. Une partie de la nef et la tour de 9 mètres de haut datent des 11e et 12e siècles. La **tour carrée** de trois niveaux, presque aveugle, fut classée en 1936, ainsi que la **maison** sise au n° 14 rue de Borlon, en 1975. À Chardeneux, le premier des « Plus beaux villages de Wallonie », il faut voir la **chapelle de la nativité de la Vierge**, petit édifice roman de la première moitié du 12e siècle, remanié au 16e et classé le 15 janvier 1936. À l'intérieur, belle théothèque gothique du 13e siècle.

HEURE | 5377

- en 879 *Heidres*
- Heuriens
- Famenne argileuse, altitude 198 m, agriculture, bois, résidences
- N 4, ligne de bus 162A/2 Marloie-Noiseux
- 1 420 ha

HISTORIQUE

Sur un petit plateau au nord-est du village, on a découvert de nombreux tombeaux francs. En 879, l'empereur Louis le Germanique donne sa villa royale de Heure à son fidèle Ebroin ; le fils de celui-ci, Eibert de Florennes, fondera l'abbaye de Waulsort, dont l'abbé devient seigneur foncier, puis hautain selon le relief de 1358. En 1739, l'abbé de Waulsort, Lambert de Hardenne, vend à Antoine de Rasquinet la seigneurie de Heure, dont la famille de Vivario héritera jusqu'à la fin de l'Ancien Régime. Dès le 18e siècle, des mines furent exploitées à Heure pour le plomb et la pyrite, mais peu rentables, elles furent abandonnées en 1939.

À VOIR

L'**église Notre-Dame** date du 17e siècle. Son importante tour carrée millésimée 1611 est classée depuis le 12 novembre 1954. Le monument commémoratif honore **quatre habitants de Briscol** fusillés à Heure par les Allemands en 1914. Le **moulin** dont on voit le bief de la route fut restauré récemment. Le **Syndicat d'initiative** de l'entité Somme-Leuze a trouvé sa place à Heure.

Chardeneux : chapelle des Prisonniers

Baillonville : château en style néoclassique de 1804

HOGNE | 5377

- en 1289 *Huigne*
- Hognais
- Famenne schisteuse, altitude 220 m, village agricole
- N 4, ligne de bus 162A/2 Marloie-Noiseux
- 531 ha

HISTORIQUE

Le château de Hogne fut dès le début du 14e siècle une des résidences favorites du prince-évêque de Liège, dont plusieurs chartes sont datées de ce château. La partie liégeoise de Hogne est restée dans le domaine direct de l'évêque jusqu'à la fin de l'Ancien Régime. La partie luxembourgeoise, seigneurie foncière, fut acquise par François de Soy, échevin de Marche en Famenne, et passa par sa fille à Jean d'Ochain, dit « Bras de Fer », bourgmestre de Marche, qui avait combattu les Turcs en Hongrie et y avait laissé un bras. En 1672, érigée en seigneurie hautaine, elle passa à Edmond d'Ochain, dont les descendants la conservèrent jusqu'à la fin de l'Ancien Régime. Le 23 mai 1790, les dragons de Latour, constitués de Belges au service des Autrichiens, remportent un éclatant succès en enlevant onze canons aux Patriotes de la Révolution brabançonne.

À VOIR

La **chapelle Saint-Étienne**, au bord de la N 4, date du milieu du 18e siècle. Une croix funéraire est encastrée dans le mur sud. Le château, construit en 1676-1677 par Edmond d'Ochain, a été démoli et remplacé par un camping.

NETTINE | 5377

- en 814, *Nentina*
- Nettinnois
- Famenne chisteuse, altitude 238 m, village agricole
- N 4, ligne de bus 162A/2 Marloie-Noiseux
- 604 ha

HISTORIQUE

Un cimetière franc de quatorze tombes a été fouillé en 1905 au lieu-dit « village ». Selon la tradition, lors de la translation du corps de saint Hubert de Liège vers Andage (à l'abbaye qui prendra ultérieurement son nom), le corps du saint aurait été déposé dans la chapelle de Nettine au lieu-dit « Chipré ». On sait qu'au plan féodal, il faut distinguer les seigneurs hautains et les seigneurs fonciers. La puissante famille de Thynes possédait déjà des droits importants à Nettine, mais c'est Pierre, dit Hustin, qui sera le premier désigné comme seigneur hautain en 1341. Au 15e siècle, Nettine passera successivement de la famille de Celles à la famille de Boulan, à Évrard de Barbençon, à Albert de Ligne, prince d'Arenberg et de Barbençon, puis, par mariage, aux Solis de Vignacourt. La seigneurie foncière est dévolue dès 1440 au chevalier Justin de Bohyrs ; la dernière fille de ce nom épouse en 1684 le seigneur du Mont de Rochehaut, dont la fille épousera à son tour en 1718 Ernest-Herman-Joseph de Moreau des Fossez, dit Gerbehaye. Leur magnifique pierre tombale gît en l'église de Sinsin, car Nettine et Sinsin connurent souvent les mêmes seigneurs.

À VOIR

L'**église Saint-Martin** fut construite, dit-on, pour répondre au vœu du seigneur de Nettine à son retour de croisade. L'église actuelle est de style classique du 18e siècle, augmentée en 1904 d'une tour néoromane. Le plafond de la nef est recouvert d'un très riche et exceptionnel décor de stucs Régence. De nombreuses pierres tombales sont enchâssées dans les murs. L'**église Saint-Martin** et le **mur d'enceinte du cimetière** ont été classés le 28 avril 1980. Le

Heure : monument aux quatre habitants de Briscol fusillés à Heure par les Allemands en 1914

Nettine : l'église Saint-Martin, de style classique du 18e siècle, augmentée en 1904 d'une tour néoromane

château Thiery, bâti vers 1850 par la famille Le Boulengé, fut revendu en 1976 à la commune de Watermael-Boistfort pour y accueillir des classes vertes. Du **moulin**, déjà cité en 1509, ne subsistent actuellement que le bief et deux meules, qui ont cessé de moudre en 1930.

NOISEUX | 5377

- en 1314, *Noiseur en Famenne*
- Noiseutois ; surnom *les Cwerba* (corbeaux)
- en Famenne, village étiré sur un plateau dominant l'Ourthe, altitude 179 m, village agricole et résidentiel
- N 63, lignes de bus 11/5 Noiseux-Mellereux, 12/1 Namur-Hotton, 162A/2 Marloie-Noiseux
- 1 123 ha

HISTORIQUE

On a découvert vers 1885 les vestiges d'un camp de l'époque carolingienne au lieu-dit « Larmont » (*armorum mons*) proche de la chaussée romaine Arlon-Tongres. Au Moyen Âge, Noiseux fit partie du banc de Fronville, qui appartint à l'évêché de Liège jusqu'en 1812, date de son érection en commune. Elle était gérée par un avoué héréditaire de la famille de Waha. Noiseux partagea donc son histoire avec les composantes de ce banc, à savoir : Fronville, Monville, Monteuville, Deulin, et Focagne. Selon deux sources différentes, Victor Hugo aurait séjourné à Noiseux lors de son exil à la révolution de 1848, soit pendant plusieurs mois dans une ancienne ferme ayant appartenu au vicomte Harlez de Deulin, soit durant deux étés à la ferme Juzaine, ce qui n'est pas nécessairement contradictoire. Selon son hôte Monsieur Jamoine, il composait des poésies et noircissait journellement des feuilles de papier. Noiseux eut beaucoup à souffrir lors de la dernière guerre. Le 10 mai 1940, l'armée belge fit sauter le pont. Par crainte de combats, presque toute la population fut contrainte à l'exode vers la France. Le 9 septembre 1944, ce sont les Allemands qui font sauter le pont. Le 21 décembre, une grosse concentration d'artillerie américaine envahit le village pour tirer sur la poche de Verdenne à 6 km de là.

À VOIR

L'**église Notre-Dame de l'Assomption** de style néoclassique est datée sur la tour par un chronogramme de 1874. L'église primitive aurait été construite par les « Sarrasins », vocable utilisé pour des bâtiments très anciens ou même mystérieux. Le **moulin** de Noiseux, visible du pont sur l'Ourthe, est daté de 1842. Au nord-est du bâtiment, une cage en grand appareil de calcaire cache la grande roue métallique du moulin, dont la mécanique intérieure est bien conservée.

SINSIN | 5377

- en 875 *Carcinium* (pierres à chaux)
- Sinsinois
- Famenne schisteuse et calcaire, altitude 239 m, village agricole
- N 4, lignes de bus 48 Ciney-Bonsin, 162A/2 Marloie-Noiseux, 88 Namur-Bastogne
- 1 435 ha

HISTORIQUE

Très importante station préhistorique, habitée ensuite par les Celtes, les Gallo-Belges, les Gallo-Romains, puis les Francs. On y a relevé les restes d'un oppidum gallo-germanique datant de la première invasion romaine et des traces d'un cromlech et d'autres pierres rituelles druidiques. Au

Somal : château-ferme du 16e siècle

Moyen Âge, deux seigneuries se partagent le village actuel. *Sinsin-Petite* ou Sinsin-au-Moutier est liée à Nettine sur le plan féodal, tant pour la seigneurie hautaine que pour le domaine foncier, et ressortit dès lors à la Principauté de Liège. *Sinsin-Grande* relève en 1207 du comté de La Roche. Wéry II, seigneur de Rochefort, devint seigneur hautain de Sinsin en 1252, mais lors d'un échange sous Thierry III, Sinsin passe dans le domaine direct des comtes de Luxembourg et n'aura pas de seigneur hautain particulier, étant administrée par des baillis. En 1729 seulement, elle devint seigneurie hautaine dévolue à Prosper de Cassal, prévôt de Durbuy. Ses descendants s'y maintiendront jusqu'à la fin de l'Ancien Régime.

À VOIR

L'**église Saint-Georges**, bâtie en 1702, sera dotée en 1870 d'une tour en style néogothique. Les vieux meubles intérieurs ont été dilapidés, mais il nous reste la magnifique **dalle funéraire** d'Ernest-Herman-Joseph de Moreau dit de Gerbehaye (mort en 1737) et de son épouse Anne-Isabelle du Mont de Rochehaut (morte en 1783) avec seize quartiers de noblesse. L'ancienne **maison de justice**, millésimée 1714, est connue dans le village sous le nom de « à la Cour ». Les amateurs de spéléologie ne manqueront pas le **trou de la Louve** (« trô del heuve »), l'**abîme du Fourneau** et le **trou du Renard**. Enfin, la **grotte Notre-Dame du Rosaire**, bénie en 1905, est toujours fréquentée, surtout l'été.

SOMME-LEUZE | 5377

- en 946 *Suminara*, du nom de la rivière Somme
- Somme-Leuziens
- sur la limite de la Famenne et du Condroz, altitude 195 m, agriculture, bois, résidences
- N 63, lignes de bus 11/5 Noiseux-Mellereux, 99 Warzée-Bomal
- 1 428 ha

HISTORIQUE

L'actuelle commune est composée des villages ou écarts de Somme et Leuze et, depuis la fusion des communes, de Somal, détaché de Havelange. *Somme* fut dès l'origine un apanage du chapitre de Saint-Lambert à Liège, et passa en 965 à la collégiale Saint-Martin. Puis, par le truchement de l'avouerie, Somme devint une seigneurie foncière sous divers notables locaux. Le village de Somme fut surtout marqué par les atrocités allemandes du 20 août 1914. Sous

Somal : la chapelle Saint-Roch, merveilleusement restaurée, remonte à 1636

un faux prétexte, ceux-ci incendièrent vingt-deux maisons et tuèrent ou brûlèrent onze civils, dont cinq femmes, qui furent repoussées dans leur maison en feu. *Leuze* fut dès 1255 une maison templière, par le don que fit Jean de Somal à son retour de la croisade. En 1313, suite à la suppression de l'ordre des Templiers, elle passa à l'ordre des Hospitaliers, dit ordre de Malte depuis 1530. Leuze fut vendue comme bien national en 1797 par le Directoire.

Somal, en 1070 *Summoulium,* à l'origine un alleu donné en 1070 à l'abbaye de Saint-Hubert, devint seigneurie hautaine de la principauté de Liège pour la famille de Prez, puis passa en 1345 aux Vyle et, fin du 15e siècle, aux Masbourg jusqu'en 1750, date de la mort de Philippe-Théodore-Goswin de Masbourg, qui la légua par testament à Guillaume de Wal, âgé de 14 ans, lequel devint plus tard chevalier teutonique et fut l'auteur de l'*Histoire de l'Ordre Teutonique par un chevalier de l'Ordre*, ouvrage magistral en huit volumes écrit de 1784 à 1790. Somal passa dès lors au frère du chevalier, et ce jusqu'à la fin de l'Ancien Régime.

À VOIR

À Somme, l'**église Saint-Remy** de style néoroman en briques et pierres bleues, fut construite en 1869-1870. Le **moulin** de Somme fut installé en 1840 ; ses vieilles meules de huileries sont encore visibles dans le pavement d'une cave.

À Leuze, dans un site exceptionnel où rodent encore les fantômes des Templiers et des Hospitaliers, la **ferme dite des Templiers** date de la première moitié du 18e siècle. C'est un témoin exceptionnel, par sa rareté et sa bonne conservation, d'une importante ferme en pans de bois. En contrebas, au bord de la rivière Somme, les vestiges du **moulin** (bief et roue) sont transformés en ferme privée.

À Somal, dans un cadre superbe, la **chapelle Saint-Roch**, merveilleusement restaurée, remonte à 1636, date de la Grande Peste. À l'intérieur, on peut voir une pierre de la fondation datée de 1636 aux armes des Masbourg/Mombeeck, le **monument funéraire** du dernier Masbourg avec ses seize quartiers de noblesse et trois dalles funéraires des Vivario de Ramezée (19e siècle). Le **château-ferme** du 16e siècle garde au fronton de sa porte l'inscription « *Vnis Malgre L'Envie 1742* » rappelant le mariage contesté par la famille d'un Masbourg et d'une de Hoen. La chapelle Saint-Roch et le château-ferme voisin avec leurs alentours furent classés le 25 juillet 1980.

WAILLET | 5377

- en 1130, *Waillens*
- Wailletois ou les *Singlets (*sangliers)
- Famenne schisteuse, altitude 200 m, village très boisé, agriculture
- N 4, ligne de bus 162A/2 Marloie-Noiseux
- 880 ha

HISTORIQUE

Selon une antique tradition, la seigneurie foncière de Waillet fut donnée à l'abbaye de Stavelot par saint Remacle lui-même, puis elle passa au chapitre de Saint-Lambert à Liège qui la garda jusqu'à la fin de l'Ancien Régime. La seigneurie hautaine de Waillet fut aux Samrée dès 1582, aux Lamock, aux Monfort en 1687 et aux Lanaye, qui la vendirent en 1744 à Charles-Fortuné van der Straten. La seigneurie hautaine de Mont qui dépendait du duché de Luxembourg appartint successivement aux La Marck, d'Ochain, Verlaine, Crisgnée, puis par mariage à Charles-Fortuné van der Straten, dont la famille occupe toujours le château de Waillet. Le 23 mai 1790, lors d'un combat opposant Patriotes et Autrichiens (révolution brabançonne), le capitaine de Baulieu fut blessé mortellement dans les bois de Waillet.

À VOIR

L'**église Saint-Pierre**, avec une nef à deux travées, date du milieu du 18e siècle. On y adjoignit vers 1850 une **chapelle funéraire** néoclassique des van der Straten-Waillet dotée d'un magnifique **vitrail armorié**. Le château traditionnel en briques blanchies et pierres calcaires date du début du 18e siècle. Propriété privée.

L'église classée de Chardeneux, édifice roman de la première moitié du 12e siècle, remanié au 16e

VIROINVAL

- arrondissement de Philippeville
- localités : Dourbes, Le Mesnil, Mazée, Nismes, Oignies-en-Thiérache, Olloy-sur-Viroin, Treignes, Vierves-sur-Viroin
- située au sud de l'Entre-Sambre-et-Meuse, la nouvelle entité doit son nom au Viroin, affluent de la Meuse
- 12 100 ha ; 5 975 habitants (01/01/2011)

DOURBES | 5670

- en 868 *Doherpa, Dothorpa* ; en 1064 *Durbe* ; en 1235 *Dorbe* ; en 1364 *Dourbes* ; en 1558 *Durbes* ; origine germanique (?)
- Dourbois
- village axé sur l'agriculture et l'élevage. Entre Nismes et Dourbes, l'Eau Blanche et l'Eau Noire se rejoignent pour former le Viroin. Altitude moyenne de 200 m
- N 939, ligne de bus 156B Mariembourg-Heer-Agimont
- 977 ha

HISTORIQUE

Dès le début du 12e siècle, Dourbes était partagé en deux seigneuries : celle de Dourbes-le-Val appartenait à la famille de Hierges et dépendait de la principauté de Liège, tandis que celle de Dourbes-le-Mont dépendait de la seigneurie de Haybes dans la prévôté luxembourgeoise, puis namuroise de Poilvache.

Oignies-en-Thiérache : Centre géographique de l'Europe des quinze. Cathédrale de verre de Bernard Tirtiaux

Vierves-sur-Viroin : mausolée des comtes de Hamal

À VOIR

L'**église Saint-Servais**, édifice en moellons calcaires situé à l'extrémité du village et entouré par les murs du cimetière, fut construite au 13e siècle et remaniée au 17e. Lors de sa restauration en 1951, on découvrit sous la nef deux tombes mérovingiennes, qui sont exposées à l'entrée du petit cimetière. L'église Saint-Servais est classée depuis 1948. Un cimetière mérovingien, situé au nord-ouest du village, a été fouillé dans les années 1980. L'**ancien château Biot**, dénommé aussi Maison du Grand Joseph, est une imposante construction en moellons calcaires du milieu du 17e siècle. Les travaux de restauration des ruines débutèrent en 1978. Ce château a été racheté par un particulier et ne peut être visité. Le **château de Haute Roche**, comme son nom l'indique, est accroché au sommet d'un pic rocheux et domine Dourbes et la vallée du Viroin d'une cinquantaine de mètres. Sans doute construit dans le courant du 12e siècle, il fut détruit en 1554 lors des guerres opposant la France à l'empire de Charles Quint. Surmontée par la Roche à Lomme, au confluent de l'Eau Noire et de l'Eau Blanche, qui se réunissent pour former le Viroin, à proximité du chemin de fer de Vireux, la **tannerie Théodore Houben** est installée à cet endroit depuis 1876, sur l'emplacement de l'ancien moulin à tan Brachet. L'usine de Dourbes était destinée à produire du cuir à semelle et du cuir industriel. Vers 1960, la tannerie connut une reconversion. On y traita toujours le cuir, mais la production s'orienta vers la sellerie, la peausserie ainsi que le cuir pour les articles de sport. Les bâtiments actuels, en moellons et en briques, reconstruits après la guerre 1914-1918, s'étagent le long de la rivière, de part et d'autre de la route. La tannerie a cessé ses activités en 1980 et une partie des bâtiments a été rasée à la fin du 20e siècle.

Dourbes : ruines du château de Haute-Roche (12e -16e siècles)

Plusieurs promenades permettent la découverte de sites remarquables. La **Roche à l'Homme**, ou Roche à Lomme, est un pic d'une centaine de mètres entre Nismes et Dourbes, dominant le confluent de l'Eau Blanche et de l'Eau Noire. Elle a été occupée par les hommes du néolithique, les Romains et les Francs. L'occupation la plus importante date du Bas-Empire romain (3e-5e siècles), époque à laquelle une fortification stratégique munie d'une tour est installée sur le promontoire. On y a découvert des silex, des crayats, des poteries, des pièces de monnaie, des pointes de flèche, ainsi que des statuettes. L'habitat y est attesté jusqu'au 11e siècle. La **Montagne au Buis** est une colline aux flancs escarpés formée par des calcaires récifaux du frasnien. À côté des pelouses calcicoles, typiques des tiennes de la région, on peut y admirer une des végétations buissonneuses les plus caractéristiques des pentes calcaires, chaudes et ensoleillées : la buxaie. La buxaie de la Montagne au Buis est un maquis dense, aux senteurs capiteuses. Ces buissons ne tolèrent sous eux qu'une végétation très dispersée ne comportant guère que quelques graminées et la primevère, la mercuriale et le fraisier. Elle peut s'insinuer dans le sous-bois des taillis qui colonisent les sols rocheux et superficiels. Ceux-ci sont constitués par le charme, le chêne pédonculé, la viorne mancienne, le tilleul à grandes feuilles, l'érable champêtre et les cornouillers. On y trouve çà et là un chêne méridional, le chêne pubescent, très rare dans notre pays. Le **Trou des Blaireaux** est une grotte préhistorique située au Tienne aux Tassons. On y a découvert des ossements humains, des lames en silex, des poteries néolithiques et romaines, des stylets en fer ainsi que des monnaies. Le **Trou du Frère Jacques** est situé sur le flanc des Abannets ; on y a découvert une sépulture de l'âge du bronze. On peut observer une **ancienne mine de fer** à ciel ouvert au Tienne de Linnery et un **lavoir à minerai**, monument classé, au lieu-dit Saucy, au pied du château-fort. Sur le **Tienne des Fagnes**, on aperçoit des grosses pierres formant un énorme cercle et irrégulièrement disposées ; elles sont au nombre de sept avec quelques fragments plus petits. Ces énormes blocs mesurent en moyenne 2 m de hauteur et 8 m de pourtour. La *Pierre aux Sacrifices* est entourée de prétendus cromlechs et de marchets. D'après la légende, des druides y procédaient à des sacrifices humains. Il s'agit en fait de formations tout à fait naturelles dénommées fagnolithes, typiques de la région.

LE MESNIL | 5670

- en 1224 *Maisnil, Maysnil* ; en 1254 *Maisnilium* ; en 1635 *Mesnil-en-Thiérache* ; du latin *mansionile* = habitation
- Mesnilois

- village forestier et agricole, altitude de 300 à 359 m
- N 990, ligne de bus 60/2 Couvin-Le Mesnil/Mazée-Heer-Agimont
- 791 ha

HISTORIQUE

Second village-clairière enclavé dans la grande forêt ardennaise, Le Mesnil est le village le moins peuplé et le plus pittoresque de l'entité. À partir de 1450, il a pris le nom de son patron saint Martin pour se distinguer des très nombreux Mesnil ou Manil. Il était aussi dénommé Franc-Mesnil-en-Thiérache ou Mesnil-le-Lièvre, par déformation du nom du ruisseau qui l'arrose : la Lieve. Au Moyen Âge, la forêt autour du Mesnil faisait partie du domaine donné par Pépin le Bref et ses successeurs à l'abbaye de Saint-Germain-des-Prés. Le village a dû être établi vers l'an mil. L'ensemble fut cédé au 11e siècle aux prémontrés de l'abbaye de Chaumont-en-Porcien près de Rocroi. En 1254, Robert, sire de Vierves, notifie son acquisition de tout ce que les religieux de Chaumont en Porcien possèdent au Mesnil et aux environs, à savoir le moulin, les bois, les prairies et les terres. Le Mesnil partage ensuite l'histoire de la baronnie de Vierves, elle-même dépendante de la principauté de Liège. Une charte de 1613, accordée par Jean de Hamal, seigneur de Vierves, règle les droits et devoirs du seigneur et des habitants. Sous le régime français, Le Mesnil fit partie avec Oignies du département des Forêts (Ardennes) et de l'évêché de Metz. Il fut incorporé aux Pays-Bas en 1818 et au diocèse de Namur en 1823.

À VOIR

L'**ancien presbytère** est un bâtiment de style classique en grès et calcaire, édifié en 1788 derrière un jardinet fermé par un mur, par Lambert Scohiers, curé de la localité. La route de **la Folie** nous amène, à l'extrémité du village, au site du même nom : un pâté de maisons en pleine forêt. « Quelle folie d'habiter dans ce coin perdu, isolé de tout, sans le moindre confort », avaient dit les habitants du Mesnil lorsque, vers 1900, le boulanger Corniquet de Oignies-en-Thiérache fit construire sa maison à cet endroit. D'où le nom de ce lieu. Cette douce oasis de calme et de verdure, but idéal de promenade en l'occurrence, a pourtant toujours inspiré certaines âmes solitaires. La rumeur populaire rapporte que cet endroit était jadis le rendez-vous habituel des fraudeurs de toutes sortes. Il y avait aussi quelques artisans au Mesnil : tisserand, maréchal-ferrant, charron, cordonnier et, personnage important, le meunier du moulin banal, le Vieux Moulin, payant le cens au seigneur et chargé de moudre le grain des habitants (dans les trois jours).

Le Mesnil : église et hôtel de Ville

MAZÉE | 5670

- en 1180 *Maseais* ; en 1188 *Maseis* ; en 1298 *Mausées* ; du latin *mansus*
- Mazéens
- village vivant de l'exploitation forestière et de l'agriculture, altitude moyenne de 200 m
- N 99, N 963, ligne de bus 60/2 Couvin-Le Mesnil/Mazée-Heer-Agimont
- 667 ha

HISTORIQUE

Paisible localité située à l'extrémité est de Viroinval, Mazée en est une voie d'accès tant en venant de Doische par la route du Viroin, qu'en venant de Vireux et de la France par le poste frontière de Najauge. Peu étendu, le village se groupe autour de l'ancienne ferme-château, construite au début du 17e siècle à l'extrémité de la crête schisteuse dominant la vallée. Mazée dépend de l'abbaye de Florennes pendant tout l'Ancien Régime. Les habitants reçurent une charte de franchises en 1442. Jusqu'à la fin du 19e siècle, une mine de plomb et deux moulins furent les seules activités industrielles du village. La mine de plomb était située sur le versant sud, maintenant boisé, du village et était exploitée à ciel ouvert. De profonds sillons, appelés minières, sont encore visibles dans la sapinière que l'on traverse pour accéder au point de vue des crêtes. Le plus important des deux moulins est celui situé au croisement de la route de Vireux et de celle du Mesnil. La grande roue, encore visible, fonctionnait grâce à l'eau venant du Viroin tout proche. Le deuxième moulin, beaucoup plus petit en taille et en importance, dépendait de la ferme-château et était situé en aval de celle-ci. Il était alimenté par le ruisseau de la Caurette. La plupart des habitants de Mazée étaient des ouvriers sidérurgistes qui travaillaient aux forges de Vireux-Molhain en France. Ces usines, malheureusement fermées et démontées depuis quelques années, procuraient de bons salaires qui permirent aux ouvriers de se construire leur habitation, ce qui favorisa le développement du village et des entreprises artisanales.

À VOIR

La **ferme-château**, dominant l'extrémité de l'éperon rocheux du village, fut construite au début du 16e siècle par Jean de Condé, avoué de Mazée, pour l'abbaye Saint-Jean de Florennes. Elle se présente comme un robuste bâtiment de deux niveaux donnant sur une cour fermée autour de laquelle s'organisent les dépendances de la ferme.

LA CALESTIENNE ET LES PELOUSES CALICOLES

L'entité de Viroinval est traversée par une bande de collines calcaires, qui longe la forêt ardennaise. L'ensemble de ces crêtes, appelées tiennes dans le pays du Viroin, se nomme Calestienne. En plusieurs endroits (par exemple : tienne Breumont à Nismes, tienne Moessia à Treignes), ces collines sont à nouveau recouvertes de prairies rases : les pelouses calcicoles. Il y a une soixantaine d'années, ces pelouses occupaient encore la plus grande partie de la face sud des tiennes calcaires. Elles ont cependant régressé de manière spectaculaire. C'est ainsi que de 1905 à 1980, la superficie des pelouses calcicoles de la région du Viroin est passée de 930 à 100 ha. Il serait extrêmement dommage de voir disparaître ces milieux. Dans notre pays, les pelouses calcicoles comptent en effet parmi les endroits les plus riches en espèces vivantes. Heureusement, depuis quelques années, grâce à la mise en place du Parc naturel Viroin-Hermeton, elles sont à nouveau en progression. Pour comprendre les raisons de leur disparition, il faut connaître leur origine. À se promener dans une de ces prairies, on n'imaginerait jamais que ce milieu d'apparence sauvage est le résultat de l'action de l'Homme. Pourtant, c'est bel et bien l'activité humaine qui est à l'origine de ces paysages magnifiques. Avant que l'Homme ne s'installe dans la région, la presque totalité des reliefs calcaires était couverte de forêts, principalement de hêtres ou de chênes mélangés à des charmes. Très tôt, dès le néolithique, l'homme a procédé au déboisement de ces collines. Sur les plateaux calcaires, où il existe une couche de limon, il a installé des cultures céréalières et des pâturages pour les bovins. Par contre, le flanc des collines, dont le sol superficiel ne se prête pas à ce type d'exploitation, a été utilisé, après défrichement, pour le pâturage des moutons et des chèvres. En effet, sur les pentes, dès le moment où le sol n'est plus protégé par les arbres, il se trouve entraîné par les pluies, mettant ainsi la roche à nu en beaucoup d'endroits. Finalement, par le défrichement puis le pâturage des chèvres et moutons, on aboutit à une pelouse caractérisée par un sous-sol calcaire, un sol mince et pauvre, l'absence d'arbres et d'arbustes (les chèvres et moutons empêchent toute repousse de ces végétaux), associée à un climat local chaud et sec. Tous ces facteurs vont sélectionner une flore particulière, adaptée à la sécheresse, à la chaleur et à la présence de calcium dans le sol. C'est ainsi, par exemple, que l'on retrouve sur nos collines des plantes d'origine méridionale. Parmi les joyaux que l'on peut y observer,

Nismes : le Fondry des Chiens, entouré de pelouses calcicoles PHOTO PIERRE CATTELAIN

les orchidées se placent au premier plan. Notre région en connaît une diversité exceptionnelle. La faune, liée à la flore et au climat particulier des pelouses calcicoles, est aussi extraordinairement variée. C'est ainsi que par les belles journées, on peut voir le lézard des murailles se chauffer au soleil. Cette espèce, comme la couleuvre lisse qui s'en nourrit, est caractéristique de ces milieux chauds et secs. Mais l'animal le plus remarquable des pelouses calcaires est peut-être la cigale des montagnes. Cet insecte se trouve chez nous à la limite extrême de sa distribution nord et ne peut survivre dans la région du Viroin que grâce au climat particulier qui règne sur les tiennes calcaires. Comme on le voit, nous sommes en présence de sites d'intérêt scientifique et paysager considérable. Sous notre climat, le sort de toute prairie abandonnée est de redevenir une forêt. On peut d'ailleurs observer facilement cette recolonisation. Quelques années après l'arrêt du pâturage, les premiers arbustes à apparaître sont des épineux (prunellier, aubépine, églantier) qui aiment la lumière. Comme ces plantes portent des fruits colorés, on a donné à leur ensemble le nom de fruticée. À leur abri, des plantes comme le chêne, qui exige de l'ombre au début de sa croissance, vont pouvoir se développer. Voilà pourquoi, actuellement, la plupart de nos tiennes sont recouverts d'épineux ou de forêt. Le problème est que les buissons d'épineux, comme les arbres, étouffent la flore caractéristique de la pelouse calcicole. Heureusement, depuis quelques années, le berger communal mène à nouveau paître ses moutons sur les tiennes, ce qui relance le processus. La création de réserves naturelles est évidemment un premier pas dans le bon sens, mais on ne peut sauver ce milieu que par une politique de gestion moderne. Les pratiques pastorales traditionnelles ne suffisent pas, il faut y adjoindre le fauchage ou le débroussaillage pour arriver à un bon résultat. Pour vous convaincre de la beauté de ces sites, nous vous engageons à les parcourir par une belle journée d'été : vous ne pourrez être qu'envoûtés par l'ambiance quasi méditerranéenne, la profusion des floraisons multicolores et le parfum des plantes aromatiques. Un dernier mot d'avertissement : vous rendez visite à votre patrimoine. Respectez-le en bon père de famille : ne touchez ni aux plantes, ni aux animaux et ne quittez pas les chemins. Par contre, n'oubliez pas votre appareil photo : les orchidées adorent s'exhiber et vous ramènerez de votre promenade de superbes souvenirs.

– Pierre Cattelain

Oignies-en-Thiérache : intérieur de la cathédrale de verre de Bernard Tirtiaux

Sa vocation militaire semble avoir été plus symbolique que réelle. **Saint Roch**, patron du village, fêté le dimanche suivant le 15 août, occupe une très **belle chapelle** construite en 1742, classée depuis 1983 et restaurée en 1993. Les habitants de Mazée s'y rendaient en procession le jour de la fête du saint. Elle est située à la sortie du village en direction de Vaucelles et est entourée par trois tilleuls séculaires. La **ferme du point du jour** ou **ferme Hollogne**, qui appartenait à l'abbaye Saint-Jean de Florennes, a été édifiée en 1737. Au bord de la route menant à Vireux, le **hameau de Najauge** aligne une étonnante succession de maisons dont les façades pittoresques s'ornent de boiseries compliquées et de dessins en camaïeu. Il s'agit d'un ensemble de maisons ouvrières en style 1900 édifié pour les travailleurs des Forges de Vireux. À hauteur du poste frontière, le *quartier du Maroc* étage ses maisons cossues en style mauresque, construites pour les cadres de l'entreprise. Le **Vieux Moulin**, situé au croisement de la route de Vireux et de celle du Mesnil, a appartenu à l'abbaye Saint-Jean de Florennes de 1107 jusqu'à la fin de l'Ancien Régime. Le bâtiment actuel date du 18e siècle et fut construit en deux fois, en moellons de calcaire et de grès peints. Totalement transformé dans ses ouvertures aux 19e et 20e siècles, il abrite actuellement un gite rural.

La **maison paternelle d'Arthur Masson** se situe dans la rue Arthur Masson, plus exactement à « la voye à Toine », n° 17. C'est là, lorsqu'il revenait en vacances, qu'Arthur Masson écrivit une partie de son premier roman *Toine, obèse ardennais*. Une plaque commémorative a été apposée sur la façade.

NISMES | 5670

- en 996-1061 *Niman, Nimaud* ; en 1188 *Nima, Niema, Nieme* ; en 1222 *Nime, Nimes* ; en 1350 *Nymes* ; du celtique *nemeton* = lieu sacré
- Nismois
- village orienté vers l'exploitation forestière et l'agriculture, altitude de 175 à 200 m
- N 939, N 99, lignes de bus 56 Namur-Couvin, 60/2 Couvin-Le Mesnil/Mazée-Heer-Agimont, 156B Mariembourg-Heer-Agimont
- 2 465 ha

HISTORIQUE

Située aux confins de la Basse Fagne et de la Thiérache ardennaise, Nismes est bâtie dans la vallée de l'Eau Noire et entourée de collines et plateaux calcaires. Ses curiosités naturelles présentent un intérêt touristique et scientifique exceptionnel. Nismes fit partie très tôt du domaine de l'abbaye de Saint-Germain-des-Prés. Elle fut ensuite cédée au roi de France et intégrée en 996 au domaine du comte de Hainaut. Jusqu'à la fin de l'Ancien Régime, Nismes dépendra de la châtellenie de Couvin, inféodée à la principauté de Liège. L'économie de la localité reposait pour une bonne part sur le bois. Aussi y trouve-t-on jusque dans la première moitié du 20e siècle des sabotiers, des fabricants de charbon de bois ainsi que des préparateurs d'écorce de chêne pour la tannerie. Au 17e siècle, il y existait un moulin et une brasserie. L'industrie du fer y fut particulièrement importante : l'existence de plusieurs forges est attestée depuis 1451. Le trou d'Avignon abondait en minerai de fer, du moins jusque vers 1830, date vers laquelle seuls de petits amas étaient encore exploités. Un haut-fourneau appartenant à la famille Licot était actionné par l'Eau Noire. À l'aube du 20e siècle, toute trace d'industrie sidérurgique a disparu, mais on exploite en revanche des carrières de pierre et la saboterie occupe plus de 200 ouvriers. Pendant un siècle, de 1854 à 1954, le rail dessert la localité qui est devenue un centre de tourisme important pour la région. Depuis 1977, Nismes a été choisi comme centre administratif de l'entité de Viroinval. Le hameau de Regniessart est essentiellement composé d'anciennes fermes en moellons de grès, datant de la première moitié du 19e siècle. La chapelle Saint-Antoine et deux lavoirs du 19e siècle, joliment restaurés par les habitants du hameau, méritent l'attention.

À VOIR

Le **château de Bivort**, rue Vieille Église, est un ensemble en moellons calcaires construit en plusieurs phases, du 16e au 18e siècle, époque à laquelle il prend l'allure d'un manoir classique, notamment par ses deux ailes disposées en U. Ce château passe dans la famille de Bivort en 1771. L'**ancienne église paroissiale Saint-Lambert**, avec son cimetière fortifié, fut édifiée à l'emplacement de l'ancien château-fort, détruit en 1554 lors des guerres de Charles-Quint, au flanc d'une butte dominant le village et la résurgence de l'Eau Noire. Cet édifice fut désaffecté en 1845 au profit de la nouvelle église située au centre du village, avant d'être démoli en 1890. Les ruines sont classées depuis 1936. La **Maison des Baillis**, résidence des baillis de la châtellenie de Couvin, implantée au pied du château et de l'ancienne église, a été érigée à la fin du 16e siècle ou au début du 17e par Sébastien de Martin, lieutenant-bailli, mort en 1616. Classé depuis 1976 et entièrement restauré, ce bâtiment abrite actuellement les locaux de la Maison du Parc Naturel Viroin-Hermeton. En bordure de l'Eau Noire, l'ancienne cense du Maugré, ou **château Licot**, comprenait également des forges et des fourneaux. De 1864 à 1890, d'importantes transformations furent réalisées par Auguste Licot, cofondateur des usines La Providence. En 1923, le domaine fut racheté par la commune et restauré en 1964. De l'état ancien ne subsistent qu'au sud-ouest une portion de mur du 18e siècle, et devant l'entrée, une pierre datée *Anno 1736*. Ce château abrite aujourd'hui la maison communale de Viroinval.

Plusieurs promenades permettent la découverte des sites remarquables. Les **abannets** sont de larges cavités disséminées à la surface des plateaux calcaires. Celles-ci sont particulièrement nombreuses sur le territoire de Nismes, notamment sur le plateau des Abannets, qui en tire son nom. Les plus grands abannets sont appelés *fondrys* : les plus spectaculaires sont le *Fondry des Chiens*, de forme allongée, et le *Matricolo,* vaste dépression conique. L'étymologie de l'appellation abannet est probablement à mettre en relation avec l'ancien terme *abannir*, signifiant bannir, prohiber. Une prohibition d'accès, résultant du danger que présentent ces profondes cavités pour les gens et les troupeaux, est en effet levée en 1687 par l'ordonnance du prince-évêque, suzerain de la châtellenie de Couvin. Ces cavités sont d'origines diverses, mais la plupart ont vraisemblablement été creusées par des eaux d'infiltration acides lorsque, au tertiaire, notre région connaissait un climat tropical. Elles étaient alors recouvertes d'un sable riche en composés ferreux qui, entraînés par les mêmes eaux d'infiltration qui ont creusé les cavités, se sont retrouvés au fond de ces dernières sous forme de minerai de fer. Ces gisements, qui remplissaient à l'origine les abannets, étaient déjà exploités lors de l'invasion romaine, ce qui explique que la région fut traditionnellement le siège d'exploitations métallurgiques et que ces cavités se retrouvent vides aujourd'hui. Beaucoup de sites comportant des abannets sont recouverts de prairies calcaires. Le **Mousty** est un tienne calcaire, boisé de pins et de taillis, qui domine le village à l'ouest. Au pied de cette colline, une partie de l'Eau Noire, qui s'est engouffrée à Petigny en creusant les grottes de Neptune, revient au jour à la résurgence du Trou d'Avignon, non loin de la Maison des Baillis. À l'ouest du village, le chemin qui contourne le cimetière conduit au **Matricolo**. Cet abannet, qui fut vraisemblablement à l'origine un point d'effondrement audessus du cours souterrain de l'Eau Noire, a été jusqu'à la fin du 19e siècle un site d'exploitation du minerai de fer. L'éperon rocheux de la **Roche Trouée** comporte plusieurs sites archéologiques. La petite **grotte Saint-Joseph**, située sur le flanc ouest, a livré quelques objets qui remontent au paléolithique supérieur, entre 35 000 et 20 000 avant J.-C. Une autre **caverne** plus au sud, qui a donné son nom au massif, a servi de sépulture collective au néolithique, il y a environ 4 000 ans. À l'extrémité du plateau, un petit habitat romain a été occupé des environs de 300 jusqu'au 5e siècle de notre ère. Partiellement détruite au 19e siècle par l'exploitation d'un four à chaux, la **fortification romaine de la Roche-Sainte-Anne** montre les restes d'un système défensif comprenant deux fossés, un mur et un glacis. Le site a été occupé de 260 à 270 environ, puis abandonné au profit de la Roche à Lomme. Le **Fondry des Chiens**, abannet profond et chaotique, est une curiosité unique en Belgique. Il fut très tôt le siège d'exploitations métallurgiques. À la limite des territoires de Nismes, Olloy et Dourbes, la **Roche aux Faucons,** pic de 60 m de hauteur, observe, majestueux, le Viroin. De nombreuses promenades sont balisées au départ de l'église, où un panneau en indique les tracés. Les cartes des promenades sont disponibles à l'Office du Tourisme.

Nismes : château Licot, maison communale de Viroinval

OIGNIES-EN-THIÉRACHE | 5670

- en 794 *Aciniagas* ; en 1152 *Oginiaci* ; au 14e siècle *Ognies*, *Ognees*, *Oignees* et *Oignies* (1356) ; en 1422 *Oignies-en-Terraisse* ; du gentilice germanique *Auginiacas*
- Onégiens
- village agricole et forestier, altitude de 365 m
- N 990, ligne de bus 60/2 Couvin-Le Mesnil/Mazée-Heer-Agimont
- 2 595 ha

HISTORIQUE

Village-clairière du plateau ardennais, l'ancienne commune d'Oignies étend ses vastes forêts depuis la vallée du Viroin jusqu'au petit Ry d'Alisse, frontière naturelle avec la France. La localité la plus étendue de l'entité se blottit dans son vallon, protégée par une ceinture verte de sept kilomètres depuis Olloy jusqu'à Fumay et la vallée de la Meuse. Perdu au sein de la grande forêt de Thiérache, Oignies apparaît pour la première fois dans les documents en 794, lorsqu'il passe à l'abbaye de Saint-Germain-des-Prés près de Paris. Au Moyen Âge, le village passe sous la domination des différentes seigneuries. Comme toute l'Entre-Sambre-et-Meuse, Oignies eut maintes fois à souffrir des ravages des armées voisines, notamment après la bataille de Rocroi (1643). Gros bourg mi-rural, mi-forestier jusqu'au 19e siècle, minier ensuite, Oignies fut toujours pauvre, sinon misérable. La forêt fournissait le principal des ressources ; on trouvait à Oignies tous les métiers liés à son exploitation. L'agriculture et l'élevage y étaient également très développés. Mais Oignies fut

La villa gallo-romaine de Treignes PHOTO PIERRE CATTELAIN, 2006
© CEDARC ASBL

surtout le village des ardoisiers. À la fin du 19e siècle, il en comptait plus de 300, ce qui lui valut sa triste renommée de village des veuves. À partir de 1842, les ardoisières connurent un regain d'activité. Mais ces exploitations extractives ont fermé leurs portes depuis belle lurette. Il n'en reste que les vestiges et les sites désaffectés, tels l'Hamérienne ou le Trou des pauvres.

À VOIR

Les ardoisières d'Oignies étaient desservies par une ligne de tram vicinal, dont le tracé est actuellement utilisé par la piste cyclable RAVeL Oignies-Olloy. Le joli bâtiment de l'**ancienne gare vicinale** vient d'être restauré et transformé en gîte rural. En 1995, le lieu-dit Trou du Diable, du nom d'une ancienne ardoisière, est devenu le **centre géographique de l'Europe des Quinze**, sous la forme d'une étoile en pavés de granit entourant la *Cathédrale de lumière*, œuvre du maître-verrier Bernard Tirtiaux. Chaque branche de l'étoile représente un pays et a une longueur proportionnelle à sa date d'entrée dans l'Union européenne. Le granit symbolise l'unité européenne : c'est une pierre formée de millions de cristaux et de particules qui, au bout de milliers d'années, se sont unis afin de créer un élément stable, invulnérable, alliant force, poids et unité. En 2002, le dernier franc belge y a été symboliquement enterré. Plusieurs promenades mènent à la découverte des **anciennes ardoisières**.

OLLOY-SUR-VIROIN | 5670

- en 1243 *Oloes* ; en 1258 *Auloy* ; en 1343, 1558 et 1603 *Olois, Oloir, Oloys, Oloy* ; du gentilice latin *Auligius*
- Ollégiens
- village vivant de l'exploitation forestière et de l'agriculture, altitude de 220 à 365 m
- N 99, N 990, ligne de bus 60/2 Couvin-Le Mesnil/Mazée-Heer-Agimont
- 1 741 ha

HISTORIQUE

Au cœur de Viroinval, Olloy en est le carrefour routier. Son joli pont à trois arches salue le passage du Viroin, tandis que la localité propose ses belles promenades en forêt et ses nombreux panoramas sur la vallée. La terre d'Olloy dépendait à l'origine du comté de Namur et devint avec Hierges fief du château de Bouillon. Au cours du 11e siècle, Godefroid de Bouillon ayant besoin d'argent pour financer sa croisade, vendit son domaine au prince-évêque de Liège. C'est ainsi qu'Olloy devint, avec Hierges, terre liégeoise. Au 18e siècle, suite à une dissension territoriale entre la seigneurie de Bouillon et la principauté de Liège, des bornes matérialisant clairement les limites du territoire de la commune furent implantées aux confins d'Olloy et de Nismes. Ces bornes portent d'un côté le perron liégeois, de l'autre le monogramme N pour Nismes. Le 20 novembre 1815, après la bataille de Waterloo, le second Traité de Paris rétablit les frontières telles qu'elles étaient en 1790 : Olloy rentrait alors dans la province de Namur.

La localité était réellement pauvre du fait de son terrain rocailleux à base de schiste, qui ne permettait guère une exploitation productive. L'église fut construite au milieu du 17e siècle, démolie en 1865 et remplacée par une autre dont il ne subsiste que le clocher, le reste du bâtiment ayant été reconstruit au début des années 2000. La construction de la ligne de chemin de fer en 1854 contribua à un certain essor économique en permettant l'exploitation des ressources locales, carrières et bois principalement.

À VOIR

La **maison de Joseph Chot** se situe rue Jean Chot, 25. D'ancienne souche ollégienne, Joseph Chot, né en 1871, professeur puis inspecteur de l'enseignement moyen, y travailla et y mourut en 1952. Nul mieux que lui n'a su décrire les paysages mille fois parcourus des tiennes calcaires et des trys schisteux de la vallée du Viroin, en aimer les humbles travailleurs, sourire des astuces des braconniers et des fraudeurs qui lui contaient leurs aventures (*Carcassou, Un gai luron, Contes et Nouvelles de l'Entre-Sambre-et-Meuse*...). Ses chroniques des deux guerres qu'il vécut dans son village, les souvenirs des contacts qu'il eut avec nombre d'illustres amis (*Jardin des souvenirs*), ses romans historiques (*Le Génie d'Athènes, Cunroth le Scandinave, Fagnolle*), bref, son œuvre entier, introuvable maintenant, mériterait une réédition qui enrichirait notre mémoire du souvenir des mœurs, de l'histoire et de la vie laborieuse de cette si belle région du début de ce siècle.

Les curiosités et sites remarquables se découvrent grâce à plusieurs promenades. Situé au cœur de la localité, le **tienne du Try** donne une vue complète du village. On atteint le point de vue et le monument aux morts qui le domine par la Croisette. La route de l'autre côté de l'eau mène après les carrières Frimoye aux ruines d'une ancienne fortification, l'**oppidum**. Le plateau des Cinkes a été fortifié au tournant de l'âge du bronze et de l'âge du fer, entre 650 et 550 avant J.-C. Deux remparts en pierre ont été édifiés pour former un camp de 2,75 ha, protégé au nord et au

Olloy-sur-Viroin : pont sur le Viroin

sud par les escarpements rocheux. Le site a été réutilisé comme fortification à la fin de la période gauloise, sans doute vers 50-30 avant J.-C. Quelques tessons indiquent une présence romaine à la fin du 1er ou au début du 2e siècle. Après l'ascension du chemin rocailleux de la « Goulette », le promeneur découvrira, après un kilomètre vers Vierves, le superbe **point de vue de la Roche du Pas**. Surplombant le village, il offre un panorama d'une grande beauté sur la vallée du Viroin et les forêts avoisinantes. En poursuivant la promenade dans le bois, on dévale un sentier vertigineux jusqu'à la Croix Joli-Cœur située sur la route de Vierves. Après le camping Le Rolinvaux, emprunter le chemin qui continue tout droit pour pénétrer au cœur de la forêt couvrant toutes les collines du sud. Par temps clair, on découvre alors un vaste panorama s'étendant jusqu'à Philippeville et Romedenne. Retour par l'ancienne route d'Oignies. Au Pré de Velus, à la sortie du village vers Oignies, un chemin touristique, à droite, propose une très belle promenade à travers bois le long de laquelle on découvrira un **chêne** remarquable, plusieurs fois centenaire, appelé **Sept Frères**. Pour le retour, on poursuivra la promenade par le sentier à gauche pour rejoindre la route d'Oignies. Après le Try des Baudets, le sentier conduit à un autre **chêne** multicentenaire de 3,60 m de circonférence, appelé **Bon Dieu Bert**. Plus loin, on rencontre les **bornes historiques** qui, jadis, délimitaient le territoire de la principauté de Liège et la commune de Nismes. En suivant la rue de l'Autre Côté de l'Eau, un chemin à droite conduit jusqu'à la **Croix Jacques Sauvage**. En rebroussant chemin jusqu'au carrefour, laissez-vous guider jusqu'à la **roche Madoux**. Le sentier longe le cimetière et conduit au **petit pont** au bord du Viroin, qui forme une anse magnifique pour les bains en rivière. Par la Cité des Carrières, sur le bord du ruisseau du Ry du Nestry, on peut voir les **meules** où on lavait jadis la laine. On appelait également ce ruisseau Ry de la Pilerie car on y broyait le schiste gras et friable dont on extrayait cette mauvaise huile minérale qui alimentait, bien mal, les petites lampes de bronze, de fer ou de faïence.

TREIGNES | 5670

- en 1289 *Trigne* ; au 14e siècle *Trignes, Tringnes, Triny* ; au 16e siècle *Traine, Traignes* ; du gentilice latin *Trennus*
- Treignois
- village axé sur l'exploitation forestière et l'agriculture, altitude de 220 à 365 m
- N 99, N 963, ligne de bus 60/2 Couvin- Le Mesnil/ Mazée-Heer-Agimont
- 1 750 ha

Treignes : Toine Culot, fontaine de Claude Rahir

Treignes : classe 1932 à l'Espace Arthur Masson

HISTORIQUE

Le territoire de Treignes est partagé entre l'Ardenne et la Calestienne. Le village lui-même est placé au fond d'un méandre du Viroin. La superficie boisée y est très importante et les territoires de chasse très réputés, spécialement en ce qui concerne le gros gibier. Le sol est peu fertile. Au début du 19e siècle, on n'y comptait que deux fermes, mais l'élevage des moutons y était très développé ; des tisserands en travaillaient la laine à domicile, il y a 150 ans encore. On y trouvait également des *racloyeux* ou tondeurs de haies qui partaient à travers la Belgique pour créer et entretenir les haies des grosses propriétés. L'activité économique essentielle de Treignes fut l'extraction du minerai de fer et de la pierre. Ces deux industries disparurent au cours du 19e siècle. De nos jours, la vocation touristique de Treignes s'est affirmée par la création de plusieurs musées, ce qui lui vaut le surnom de « Village des musées ». Qui ne connaît *Toine Culot*, héros de nombreuses œuvres d'Arthur Masson ? Le village de *Trignolles* décrit par l'auteur wallon n'est pas imaginaire : *Trignolles* est en effet la contraction des noms de Treignes et Matignolles. L'hospitalité et la gouaille de Toine Culot sont bien celles qui caractérisent les Treignois.

À VOIR

Le hameau de Matignolles s'étire au sommet d'une éminence rocheuse. Il apparaît dans les textes du 12e siècle sous la forme Matheoule. La **ferme-château de Matignolles**, située à l'entrée du hameau, date du début du 17e siècle. Elle a appartenu successivement à plusieurs seigneurs ruraux, ce qui se reflète dans l'architecture du bâtiment comprenant manoir et chapelle castrale. La partie la plus ancienne de la ferme-château de Treignes est la tour qui daterait de la fin du 15e ou du 16e siècle. Par la suite, elle fut prolongée d'un autre bâtiment, le logis nord plus résidentiel avec de larges pièces mieux éclairées, auquel fut adjoint, plus tard encore, le logis ouest, aile d'apparat. Donnant sur la cour, les étables, l'imposante grange (incendiée en 1979) et le logis des domestiques sont enserrés dans le mur de clôture. La tour, autour de laquelle s'est organisé le reste de l'édifice, a dû être construite pour un membre d'une famille de la petite noblesse locale remplissant le rôle de prévôt de Vierves. La ferme-château, classée depuis 1983, abrite l'**Écomusée du Viroin** (asbl DIRE - ULB) qui tire un trait d'union entre passé, présent et avenir. Il présente les principaux métiers traditionnels de l'Entre-Sambre-et-Meuse. Des centaines d'outils illustrent les activités qui faisaient hier la richesse économique de la région : forestier, tonnelier, tanneur, bourrelier, sabotier, cordonnier, forgeron, charron... D'anciennes machines agricoles, soigneusement restaurées, sont exposées dans la cour. L'Écomusée présente également chaque année plusieurs expositions temporaires. La cafétéria et sa jolie terrasse proposent des spécialités trappistes. Situé dans les bâtiments de l'ancienne maison communale et des anciennes écoles, l'**Espace Arthur Masson** propose un parcours-spectacle sur le monde rural ardennais des années 1930 à 1960. Pendant une heure de détente et d'humour, les visiteurs découvrent, à travers des décors en 3D répartis en onze scènes, les truculents personnages de la « toinade ». Les dialogues sont en wallon, avec traduction simultanée en quatre langues via un audioguide. Dans l'École d'Autrefois, l'institutrice emmène ses élèves pour un cours dans sa classe de 1932 avec ses plumes et ses encriers, ses touches et ses ardoises d'époque. L'Espace propose aussi une exposition estivale et une cafétéria spécialisée dans les produits du terroir. Le **Musée du chemin de fer à vapeur** se trouve dans le périmètre de l'ancienne gare internationale de Treignes, qui abrite maintenant les laboratoires de stage de l'Université Libre de Bruxelles. Outre ses riches collections, il permet de découvrir les environs immédiats de la gare : plaque tournante, ancienne cabine de signalisation et atelier de réparation. Le musée rassemble sur quatre voies de 110 m de long une collection importante de locomotives à vapeur et de voitures à voyageurs datant du début du 20e siècle, ainsi que des autorails diesels et du matériel de service des années 50. La majeure partie de ce patrimoine a été rassemblée par l'asbl CFV3V. Des expositions temporaires proposent, dans plus de 60 vitrines, des collections d'objets et de documents relatifs à l'histoire des chemins de fer. Situé dans les locaux de l'ancienne centrale électrique du village, le **Musée du Malgré-Tout** propose un incroyable voyage dans le temps. La vie des hommes préhistoriques chasseurs-cueilleurs se dévoile dans le Parc de la Préhistoire : six reconstitutions d'habitats témoignent de leurs techniques de construction, de l'aménagement intérieur des tentes, des matériaux récoltés dans la nature et de leur utilisation. Le musée présente également des expositions permanentes et temporaires de préhistoire et d'archéologie, propose des animations archéologiques pour groupes, des visites guidées de sites gallo-romains, des publications pédagogiques et scientifiques, une riche bibliothèque de Préhistoire et d'Archéologie, et encore bien d'autres choses. Le **vieux pont**, qui date du 17e siècle, est classé depuis 1986, de même que le **Viroin et ses berges** sur une centaine de mètres en amont et en aval. Le site de la **villa gallo-romaine des « Bruyères »** a été découvert en 1979 par prospection du sol. Des fouilles entreprises l'année suivante par Amphora se sont poursuivies jusqu'en 1987 ; elles ont ensuite été reprises et achevées par le Cedarc/Musée du Malgré-Tout de 1994 à 1999 avec l'aide de la Région wallonne. Les prospections ont montré l'existence de vestiges sur une surface supérieure à 6 ha. Jusqu'à présent, les fouilles se sont essentiellement portées sur le bâtiment principal, qui correspond à la *pars urbana* de la villa. Elles ont livré plus de 50 000 objets. Sept états successifs ont pu être distingués dans l'évolution du secteur étudié. Le premier habitat romain remonte à la fin de l'époque julio-claudienne. Une petite forge, édifiée au début du 2e siècle, fut incendiée puis reconstruite sur un plan identique, mais légèrement décalé. Un vaste ensemble comportant une grande installation de bains fut bâtie dans la deuxième moitié du 2e siècle : elle comprend un *caldarium*, un *tepidarium* et un *frigidarium*. Après modification de certaines pièces, une cave fut accolée au mur de la façade nord. La villa fut détruite à la fin de l'année 260 ou au début de 261, en même temps qu'une vingtaine d'autres sites de la vallée du Viroin. Par la suite, dans le courant du 4e siècle, d'autres modifications furent apportées au bâtiment : transformation du système de chauffage, réaménagement de certains sols. L'occupation semble cesser vers 380, pour reprendre aux 13e-14e siècles. Le site est actuellement d'accès libre et pourvu de neuf grands panneaux didactiques trilingues. Des visites guidées pour groupes peuvent être organisées sur demande. Au lieu-dit Trou Maillard, à gauche du pont qui enjambe le ruisseau des Fonds de Ry (ruisseau de Matignolles) et sur la rive gauche, on peut voir une dalle de pierre bleue qui est un vestige d'un ancien **lavoir public**. En 1928, les lavandières l'utilisaient toujours. La commune comprend également de magnifiques **pelouses calcaires**, particulièrement aux lieux-dits Le Moessia et Les Rivelottes.

Treignes : le château-ferme abritant l'Écomusée du Viroin (ULB)

VIERVES-SUR-VIROIN | 5670

- en 814 *Virvia* ; aux 11e-12e siècles *Virve* ; en 1331 *Vierve* ; en 1497 *Virvez* ; du celtique *Wiruwia*
- Viervois
- village orienté vers l'exploitation forestière et l'agriculture, altitude de 220 à 365 m
- N 99, ligne de bus 60/2 Couvin-Le Mesnil/Mazée-Heer-Agimont
- 1 114 ha

HISTORIQUE

La petite localité se groupe autour du majestueux château, place forte au passé prestigieux. L'histoire comme les légendes séculaires ont survécu au temps et la communauté viervoise peut s'enorgueillir de l'authenticité de son folklore et de ses traditions. Les manifestations du carnaval et du mardi gras constituent tout un rituel scrupuleusement respecté chaque année.

Vierves a formé sous l'Ancien Régime une seigneurie importante, devenue baronnie à partir du 15e siècle, relevant de la principauté de Liège. Vers 1246, la terre de Vierves appartient aux Barbençon, originaires du Hainaut. En 1314, si Robert de Vierves y possède le château, une partie de la seigneurie appartient à Guillaume, seigneur d'Oignies. La dernière héritière des Vierves-Barbençon légua sa part à son neveu Gérard de Ville. Entre-temps, la partie de Vierves détenue par les seigneurs d'Oignies avait échu par héritage à Henri de Hamal. Celui-ci échangea en 1567 sa seigneurie de Montigny contre la partie qui appartenait aux Marotte. Elle allait rester dans sa famille jusqu'à la fin de l'Ancien Régime. Les Hamal ont atteint leur apogée au 18e siècle. Jusqu'au 17e, le château fortifié joua un rôle défensif dans la localité.

Vierves-sur-Viroin : château des comtes de Hamal. Tour d'Attila (18e siècle)

Incendié en 1775, il fut reconstruit aussitôt. Vierves était un petit centre commercial : on sait qu'il y existait une halle en 1461. Au 19e siècle s'y tenait une foire annuelle au bétail. Outre les pâturages, les vastes forêts voisines, fournissant bois de chauffage et de construction, ont conditionné la vie économique à travers les métiers liés au bois, principalement la saboterie. Des mines de fer ont également été exploitées dès le 16e siècle. Relié à la Meuse et à Couvin par de bonnes routes, Vierves fut atteint par le rail dès 1854.

À VOIR

La grande silhouette du **château** domine le village du haut de son éperon rocheux, qui lui assurait une situation défensive privilégiée. Il nous apparaît ainsi dans sa forme de la fin du 18e siècle, un incendie en ayant ravagé une bonne partie en 1775. Le donjon, qui surplombe le vide au milieu de la face arrière, est, avec la courtine est, le plus important vestige de l'ancien château féodal. La Tour d'Attila, d'abord aveugle sur trois faces, fut éclairée après l'incendie de dix grandes fenêtres face à l'ouest. Sur la Tour des Sorcières, on voit encore des meurtrières, canonnières et assommoirs. Cette belle demeure n'est malheureusement pas visitable, mais on sait qu'elle contient un très beau mobilier, en majeure partie de style renaissance italienne.

Du 15e siècle jusqu'en 1852, le château dépendait de la principauté de Liège et fut cour de justice ; fief des comtes de Hamal, il se rendit célèbre par ses retentissants procès de sorcières (16e et 17e siècles). Au pied du château, on peut voir les ruines de l'**ancien moulin**, ensemble de bâtiments en calcaire datant des 13e et 14e siècles. À l'entrée de Vierves, en venant d'Olloy, un beau petit bâtiment attire l'attention : l'**ancien lavoir**, dernier témoin de la vie communautaire d'antan. Un ancien abreuvoir creusé en pleine terre sur le passage du Ry du Moulin existait là à la fin du 19e siècle. Il fut amélioré par la construction de grands bacs de pierre, puis abrité sous un toit à belle charpente. Avant la dernière guerre, les femmes venaient rincer leur linge, et aussi laver le beurre dans cette eau courante particulièrement pure et fraîche, et de mémoire d'homme jamais tarie, même par les étés les plus secs. Le ruisseau naît d'une source jaillissant dans une prairie voisine, puis passe sous la route pour aller se jeter dans le Viroin. L'ancien lavoir est classé depuis 1982.

Treignes : le musée du Chemin de fer à vapeur

COCKERILL
SERAING
04

VRESSE-SUR-SEMOIS

- arrondissement de Dinant
- sections : Alle, Bohan, Nafraiture, Orchimont, Sugny, Vresse
- 10 100 ha ; altitude de 160 à 190 m ; 2 865 habitants (01/01/2011)

Le château d'Orchimont, comme la seigneurie du même nom, remonterait au 10e siècle

Laforêt : l'église Sainte-Agathe (18e siècle)

HISTORIQUE

Le très lointain passé n'a guère laissé de traces sur le territoire de Vresse. Certes, des silex ont été récoltés dans les terres alluviales de la vallée de la Semois. Par ailleurs, la toponymie locale laisse penser que des peuplades celtes puis germaniques (principalement des Francs, dans la foulée des grandes invasions) ont vécu ici, eu égard aux nombreux noms de lieux dont elles seraient à l'origine. Il y a également l'hypothèse – constamment réitérée par des archéologues et des historiens – du passage de la voie romaine Reims-Tongres à travers l'actuelle commune de Vresse, la Semois étant guéable soit à Membre, à Vresse, ou encore à Mouzaive. Il y a enfin des fortifications anciennes, dont certaines attendent encore d'être fouillées (comme Le Châtelet, à Bohan), tandis que d'autres l'ont déjà été avec succès. À cet égard, un site absolument remarquable est le **Tchèsté de la rotche**, à Sugny. Les découvertes archéologiques ont montré qu'entre 750 et 1100, trois châteaux se sont succédé en ce lieu. Le premier n'avait pas de donjon, le deuxième en avait un en bois, et le troisième en avait un en pierre. Cette tour et d'ailleurs l'ensemble du château étaient érigés au sommet d'un piton rocheux, ce qui explique le nom donné à ce site.

Jusqu'à la fin du premier millénaire, le territoire vressois est compris dans la vaste région forestière, demeurée assez sauvage et difficile d'accès, qui s'étend de la Famenne, au nord, à la Meuse, du côté de la future Charleville, au sud. Les noyaux villageois devaient y être assez rares et se sont sans doute constitués tardivement. En effet, les premières mentions des localités vressoises sont seulement des 12e et 13e siècles. Seule exception, Orchimont, cité en 1055 sous la forme *Urcisus mons*. Le **château d'Orchimont**, tout comme la seigneurie comtale du même nom, semble effectivement remonter au 10e siècle. Tous les villages vressois dépendront primitivement – directement ou en arrière-fief – de ce comté, sauf Sugny, dont l'histoire est intimement associée à celle du duché de Bouillon. Le comté d'Orchimont perdra son autonomie en 1331 en étant intégré au Luxembourg, dont il sera à l'avenir une prévôté. Il sera aussi continûment démembré. Ainsi Alle et Chairière seront partagés avec Bouillon.

À la fin de l'Ancien Régime, l'écheveau complexe des institutions peut être résumé comme suit. Le territoire vressois est soumis à deux juridictions : d'une part, la prévôté d'Orchimont (relevant du duché de Luxembourg, dans les Pays-Bas autrichiens), et, d'autre part, le duché de Bouillon (état souverain au 18e siècle). Constituent des fiefs ou des arrière-fiefs d'Orchimont : les seigneuries de Bohan (la plus importante), de Membre, de Mouzaive, de Chairière-la-Petite, de Nafraiture (dans l'orbite de Louette-Saint-Denis), de Neufmanil (dont dépendent Pussemange et Bagimont), d'Havresse (qui regroupe notamment Vresse et Laforêt). Appartiennent à Bouillon : la seigneurie de Sugny ainsi que Chairière-la-Grande, qui relève de la seigneurie de Gros-Fays. Enfin, Alle forme une terre souveraine, avec cour foncière, indivise entre les deux juridictions.

La réorganisation administrative, consécutive à l'intégration dans la République française, répartit les localités vressoises entre deux cantons et deux départements. Ainsi Sugny, Pussemange et Bagimont sont-ils rattachés au

Cherrière : séchoir à tabac

Laforêt : maisons typiques

canton de Neufmanil, dans le département des Ardennes, alors que tous les autres villages participent à la formation de l'éphémère canton d'Orchimont, lequel disparaît au profit de celui de Gedinne dès 1801, l'un et l'autre relevant toutefois du même département de Sambre-et-Meuse. En 1815, Sugny, Pussemange et Bagimont (qui ne seront qu'une même commune de 1823 à 1859) sont transférés au canton de Bouillon, dans la province de Luxembourg, tandis que le canton de Gedinne passe à la province de Namur. Cette organisation subsistera jusque dans la seconde moitié du 20e siècle. Une première série de modifications interviendra en 1964 lors de trois opérations de fusion de communes : Sugny, Pussemange et Bagimont constitueront à nouveau une seule entité sous le nom de Sugny ; Vresse, Membre et Laforêt seront regroupés sous la dénomination de Vresse-sur-Semois, en même temps qu'Alle, Chairière et Mouvaize sous celle d'Alle-sur-Semois. Une seconde restructuration, plus importante encore, aura lieu en 1976, quand les communes de Nafraiture, Orchimont, Bohan, Sugny, Alle et Vresse-sur-Semois seront fusionnées sous cette dernière appellation. Du même coup, Sugny, Pussemange et Bagimont – désignés parfois sous le terme générique de « l'Enclave » – seront transférés dans la province de Namur. Dans ces trois derniers villages se développera alors une forme d'irrédentisme luxembourgeois, attisé un temps par un conflit récurrent avec la nouvelle administration communale de Vresse, portant sur la mise en œuvre d'ancestraux droits d'usage en forêt.

Sous l'angle économique et social, le 19e siècle a consacré une rupture radicale avec le passé. Pendant un millier d'années, la population avait quasiment vécu d'une manière semblable. La combinaison de la nouvelle organisation administrative, de la généralisation de l'enseignement et du désenclavement de la région a manifestement modifié toute la donne. Ainsi, c'est au milieu du 19e siècle que se met véritablement en place le réseau routier ; par exemple, la section de la N 935 qui joint Gedinne à Membre est réalisée entre 1847 et 1852. Ces nouvelles voiries sont rapidement empruntées par les malles-poste qui joignent les villages de la Semois à Sugny aux gares installées sur la voie ferrée de Bertrix à Dinant. C'est également dans la seconde moitié du 19e siècle que se développent de nouvelles activités : extraction de l'ardoise du côté d'Alle, clouterie à Bohan et culture du tabac dans toute la vallée. L'agriculture aussi est profondément transformée : les techniques changent en même temps que les cultures se diversifient, on défriche tout en améliorant le sol par le recours aux engrais. Paradoxalement, l'espace forestier s'accroît également, grâce à l'enrésinement des landes et des sarts. L'épicéa remplace progressivement le mouton.

Un demi-siècle après l'apparition du réseau routier et la construction des ponts sur la Semois, le chemin de fer vicinal va pénétrer en territoire vressois. D'un côté, il y a la ligne qui – via Nafraiture et Orchimont – descend de la gare de Gedinne vers Vresse, où elle se sépare en deux branches : l'une va vers Alle, l'autre rejoint Membre, puis Bohan, où la jonction est opérée avec le train français de la Semoy. D'un autre côté, en provenance de Bouillon, par Corbion, une seconde voie vicinale gagne Sugny et Pussemange, où on peut emprunter un train français dont le terminus est Nouzonville. Le tramway vicinal (qui roulera jusqu'après la Seconde Guerre) contribuera grandement au développement du tourisme dans la vallée de la Semois. Des hôtels et des pensions de famille seront créés dans presque toutes les localités. Par la suite, la généralisation des congés payés et de l'automobile généreront de nouvelles formes d'hébergement touristique : des centres de tourisme social (comme *Les Dolimarts* et *La Besace*), des camps pour jeunes (tel *Soleil au cœur*), le camping-caravaning, les gîtes, etc.

Bohan-sur-Semois

Enfin, les deux guerres mondiales ont lourdement frappé la population vressoise. Non seulement chaque village a fourni son lot de soldats tués ou blessés sur les lointains champs de bataille, mais en août 1914, les pillages furent nombreux, notamment à Chairière, Membre, Nafraiture, Orchimont et Alle (où 38 maisons furent incendiées). Et à la fin de 1916, plusieurs dizaines d'habitants des localités vressoises furent déportés. Durant la Seconde Guerre, la région est connue pour avoir abrité – en 1943-44 – une douzaine de camps de maquisards. Il en subsiste toujours un dans les bois séparant Vresse d'Orchimont : le « camp des Blaireaux ».

Depuis la fin de la Seconde Guerre mondiale, l'affectation de l'espace a été profondément modifiée dans la vallée de la Semois en raison de la disparition progressive de l'activité agricole. Celle-ci – essentiellement constituée par l'élevage bovin et la production laitière – ne subsiste véritablement que dans les villages et les hameaux des hauteurs. Par ailleurs, le secteur primaire est exclusivement le fait des métiers en rapport avec la forêt (scierie et bûcheronnage, gestion des bois et des chasses, pépinières). Les activités industrielles sont quasiment absentes du territoire de Vresse. L'emploi local est lié pour une part non négligeable à l'administration communale et à des établissements à vocation sociale (homes, centre d'accueil de réfugiés). Néanmoins, le principal pourvoyeur d'emplois est le secteur du tourisme et du commerce. En termes de fréquentation, Vresse a été classée comme la deuxième commune touristique de la province de Namur et la huitième de la Région wallonne. Les dernières statistiques publiées (2007) sont révélatrices : 1 277 secondes résidences dont 530 caravanes, 1 307 caravanes dans les campings autorisés, 54 gîtes, 9 maisons avec chambres d'hôtes et 14 hôtels. Cet important parc d'hébergement touristique est évidemment complété par divers équipements et activités de loisirs, tels le centre récréatif Récréale, un réseau de 500 km d'itinéraires balisés, des sociétés de sports-aventure et de location de kayaks, etc.

ALLE | 5550

- *Ale* (1235), *Alle* (1290) ; aucune interprétation satisfaisante
- Allois
- N 945, lignes de bus 9 Alle-Gedinne-Beauraing, 45/2 Alle-Libramont
- 2 148 ha

BOHAN | 5550

- *Bohan* (1190) = la prairie humide (*han*, *ham*) de *Bolon* (nom d'homme germanique)
- Bohan(n)ais
- N 935, ligne de bus 9 Alle-Beauraing
- 1 400 ha

Vresse : La Glycine, rendez-vous des peintres de l'Ardenne

Vresse : le Centre d'Interprétation d'Art à côté de la maison communale

NAFRAITURE | 5550

- *Fraiture* (1265), *Naffraiteur* (1765) = terre défrichée ou en friche
- Nafraiturois
- N 935, ligne de bus 9 Alle-Beauraing
- 639 ha

ORCHIMONT | 5550

- *Urcisus mons* (1005), *Orcismont* (12e siècle) = le mont (ou l'habitation) d'*Ursin* (nom d'homme germanique)
- Orchimontois
- N 914, N 935, ligne de bus 9 Alle-Beauraing
- 1 013 ha

SUGNY | 5550

- *Chunacum* (1315), *Suni* (1657) = la terre de *Sonius* (nom d'homme romain) ou de *Suno* (nom d'homme germanique)
- Sugnygeois
- N 810, lignes de bus 8 Libramont-Pussemange, 45/4 Nafraiture-Bohan
- 3 315 ha

VRESSE | 5550

- *Verece* (1135) = propriété de *Vericius*
- Vressois
- N 914, N 945, ligne de bus 9 Alle-Beauraing, 45/4 Nafraiture-Bohan
- 1 585 ha

À VOIR

Comme dans toute l'Ardenne namuroise, le patrimoine vressois est avant tout caractérisé par l'environnement naturel. Il s'agit, d'une part, d'un ample paysage forestier, découpé par la vallée de la Semois et les vallons de ses affluents, et, d'autre part, d'une série de sites et de curiosités où la main de l'homme n'est pas – ou peu – intervenue. Sur le territoire de Vresse, la **Semois** ne dessine pas moins d'une dizaine de **méandres,** dont le plus fameux est celui qui – entre Membre et Bohan – offre la configuration d'un **Jambon**. Il se trouve d'ailleurs au cœur d'une vaste **réserve naturelle** de 177 hectares créée en 1949, improprement appelée « parc national ». Sont également intéressants les deux méandres recoupés d'Alle et surtout de Laforêt : ce sont d'anciennes boucles de la rivière, où aujourd'hui elle ne coule plus, et qui ceinturent chaque fois une colline. Au titre de curiosités ponctuelles, il y a lieu de relever les nombreuses crêtes et cavités rocheuses, ainsi que des **pierres** ou des **rocs isolés** : le *Trou des fées*, la *Roche à Campa*, la *Table des fées*, la *Cheminée*, le *Trou de l'Homme sauvage*, le *Griôlou*, la *Roche-la-Dame*, les *Crêtes de Chairière*, le *Grivou*, les *Pierres du Diable*, le *Trou du Diable* et la *Roche percée*. Il convient d'y ajouter plusieurs **arbres remarquables**, au premier rang desquels : le *Chêne à l'image*, le *Chêne au vieil âge* et le *Chêne au visage*.

Le patrimoine religieux des localités vressoises n'est pas antérieur au milieu du 18e siècle. C'est en effet de la seconde moitié de ce siècle que datent les **églises et** les **chapelles** les plus anciennes : **Saint-Léger** (Bohan), **Saint-Walfroid** (Chairière) – dont la tour carrée est cependant parfois datée de la fin du 16e siècle –, **Sainte-Agathe** (Laforêt), **Saint-Lambert** et la chapelle **Notre-Dame de Walcourt** (Vresse). Pour le 19e siècle, on doit remarquer l'**église Saint-Martin**, à Sugny, un édifice à trois nefs de type halle, ainsi que l'**église Saint-Hilaire**, à Pussemange, qui a deux tours de façade (ce qui est très exceptionnel dans

Vresse : chapelle Notre-Dame de Walcourt

Vresse : vieux pont Saint-Lambert

toute la région). Comme celle d'Oizy (commune de Bièvre), l'église de Chairère (**Saint-Walfroid**) est toujours entourée par son cimetière ; elle possédait un remarquable retable (une Passion du Christ à trois caissons), de style gothique et remontant aux environs de 1530, qui a malheureusement été volé en 1973. Un autre **retable de la Passion**, probablement du 17e siècle, peut être vu dans la chapelle Notre-Dame de Walcourt, à Vresse. Dans le même village, l'église paroissiale (**Saint-Lambert**) a été enrichie par des œuvres d'artistes du 20e siècle (dont Albert Raty et Marie Howet) ; les quatorze stations du chemin de croix sont dues à quatorze peintres différents. L'église de Nafraiture (**Sainte-Anne**) possède un triptyque (la Sainte Trinité) réalisé par Léon Frédéric, qui jadis séjournait dans ce village. Enfin, le **domaine marial de Sugny** forme un ensemble aussi fantastique que religieux : dans un parc en forte pente se mêlent grotte, chemin de croix, chapelles, monuments, statues et édicules parfois assez étranges, le tout commencé à partir de 1911.

Le patrimoine civil, lui, est composé quasi exclusivement de **fermes** et de **maisons ardennaises traditionnelles**, aux murs en pierres de schiste et aux toits d'ardoises, construites au 19e siècle, voire – plus rarement – à la fin du 18e siècle. Font exception deux bâtiments qui sont d'anciens châteaux, plus exactement des **manoirs** (encore appelés parfois « maisons de fief ») ; ils ne remontent cependant qu'aux dernières décennies de l'Ancien Régime. Le premier se trouve à Vresse même, il est daté de 1772 et appartenait à la famille de Vauthier ; restauré, c'est aujourd'hui une annexe de l'administration communale. Le second se dresse à Nafraiture et était la propriété de la famille de Vaulx ; c'était en fait une ferme-château. À l'inverse de l'architecture seigneuriale, le **hameau de Laplet** (Alle) a vu la création – dans le dernier tiers du 19e siècle – d'une véritable **cité ouvrière**, destinée à loger des familles d'ardoisiers. Cette cité consiste en un ensemble linéaire de deux rangées de quatorze habitations accolées les unes aux autres. Il y a encore lieu de relever – au centre du village de Vresse – l'ensemble formé par la nouvelle maison communale, le Centre d'Interprétation d'Art et l'ancien hôtel-restaurant *La Glycine*, rénové et transformé en Maison du tourisme, ainsi que leurs abords verdoyants.

La Glycine fut également une galerie d'art assez connue durant toute la seconde moitié du 20e siècle. Elle contribua à attirer de nombreux peintres à Vresse et à susciter un fort intérêt local pour l'art pictural. C'est ainsi que s'est constituée l' « école de Vresse », dont se sont revendiqués des dizaines de créateurs. Le phénomène a pris une telle ampleur que la commune assure aujourd'hui sa promotion en recourant à la formule « Vresse, village d'art ».

ÉVÉNEMENTS

- le folklore se manifeste dans des manifestations festives, comme l'allumage des **grands feux** au sortir de l'hiver et la reconstitution du **procès des sorcières** de Sugny
- la **procession de la Trinité**, à Vresse, et le **pèlerinage** franco-belge dit **du 16 août**, à Sugny, constituent les seules festivités religieuses d'autrefois à se maintenir
- l'essentiel des manifestations et activités collectives est dorénavant en relation étroite avec les périodes d'affluence touristique, et privilégie donc les vacances et congés scolaires ainsi que certains week-ends d'avant et d'arrière-saison. C'est alors que se déroulent les brocantes, rallyes, courses, promenades, randonnées et visites de toutes sortes. Parmi toutes ces animations, on retiendra la **Fête de la Musique** (en juin, à Vresse), la **Foire artisanale et musicale** (en juillet, à Laforêt) ainsi que la **Fête du Bois** (en août, à Sugny)

WALCOURT

- arrondissement de Philippeville
- localités : Berzée, Castillon, Chastrès, Clermont, Fontenelle, Fraire, Gourdinne, Laneffe, Pry, Rognée, Somzée, Tarcienne, Thy-le-Château, Vogenée, Walcourt, Yves-Gomezée
- 12 315 ha ; 18 141 habitants (01/01/2011)

Walcourt : la basilique Saint-Materne (vue sud) et son clocher bulbeux

Fraire : fontaine publique sur la place

BERZÉE | 5651

- au 12e siècle, *Berezeis*, du germain *Bericiacas* : appartenant à Berico, ou du romain *Bercae* signifiant « buis » (?)
- Berzéens
- village au relief assez accidenté, dans la vallée de l'Eau d'Heure, antérieurement industriel, devenu résidentiel, altitude entre 175 et 213 m
- N 5, ligne de bus 111A Thuilies-Walcourt
- 612 ha

HISTORIQUE

Berzée existait probablement à la période gallo-romaine, en raison de la proximité du diverticulum la reliant à la chaussée Bavay-Trêves. Au 12e siècle, elle relevait de la seigneurie de Thy-le-Château, mais une charte de 1226 la signale comme appartenant à celle de Walcourt. À partir du 15e siècle, diverses « maisons » prennent possession des terres de Berzée : Oultremont, Berlo, Namur et Trazegnies.

À VOIR

La **ferme-château** est un ensemble architectural de style traditionnel, qui fut le siège d'une seigneurie namuroise du 13e siècle. Le donjon avec quatre tourelles est remarquable, ainsi que le logis et les dépendances. L'**église Sainte-Marguerite**, de la fin de l'époque gothique, fut consacrée en 1584. Le chœur avec l'autel, la chaire et les confessionnaux sont dignes d'attention.

ÉVÉNEMENTS

- marche militaire Sainte-Marguerite, le dimanche le plus proche du 21 juillet
- procession Notre-Dame de Grâce, le second dimanche de juillet

CASTILLON | 5650

- en 866, *Castilion*, du latin *castellum*, château
- Castillon(n)ais
- village agricole, traversé par deux ruisseaux, la Praile et le Coupiot, altitude entre 194 et 200 m
- N 53, ligne de bus 111A Thuilies-Walcourt
- 976 ha

HISTORIQUE

Castillon dépendait de l'abbaye de Lobbes, tandis que Mertenne, annexée par Liège au 14e siècle, fut restituée au comté de Namur en 1446. Un cimetière gallo-romain aurait existé aux environs du cimetière de Mertenne. Castillon et Mertenne étaient deux communes distinctes jusqu'en 1809, année où un décret impérial rattacha Mertenne à Castillon.

Berzée : l'église gothique Sainte-Marguerite

Castillon-Mertenne : l'église romane Saint-Feuillen

À VOIR

L'**église Saint-Martin** de Castillon est un édifice néogothique construit au 19e siècle. L'**église Saint-Feuillen** à Mertenne, d'origine romane, est entourée d'un vieux **cimetière**, récemment classé. À remarquer le chœur et un beau Christ. La **ferme Noël**, rue de Mertenne, est divisée en deux exploitations ; les plus anciens bâtiments datent du début du 17e siècle. La **ferme du Capitaine**, dans la même rue, possède de belles travées de voûte en calotte sur piliers de calcaire.

CHASTRES | 5650

- en 868 *Castritium*, au 12e siècle *Castrece*, en 1216 Kestereces, en 1289 Chastreche, au 14e siècle *Chestrech* ; en wallon *Tchestrès*
- Chastrelais
- village mi-agricole, mi-résidentiel, siège d'un zoning industriel, sur une crête ; altitude entre 190 et 234 m
- N 978, ligne de bus 136A Florennes-Walcourt
- 678 ha

HISTORIQUE

La plaine se situant en contrebas du village était traversée par la chaussée Bavay-Trêves. En 868, le village devait participer aux « bancroix » vers l'abbaye de Lobbes (obligation pour une paroisse d'apporter annuellement le produit des offrandes à l'abbaye dont elle dépend). Au 12e siècle, Chastres dépendait du comté de Namur, ce qui fut le cas jusqu'à la fin de l'Ancien Régime.

À VOIR

La **chapelle aux Splingues**, ou chapelle de Notre-Dame des Affligés, construite en 1859 au sommet du village, ménage de magnifiques points de vue. L'**église Saint-Martin,** d'origine romane, fut remaniée du 16e au 19e siècle. À remarquer, la tour trapue, la nef et le chœur, ainsi que plusieurs dalles funéraires et d'anciennes statuettes en bois.

ÉVÉNEMENTS

- marche militaire Saint-Roch, le 15 août

CLERMONT | 5650

- en 868, *clarum montem* (mont clair)
- Clermontois
- village agricole et artisanal vallonné, caractérisé par la présence de plusieurs grosses fermes, altitude entre 180 et 230 m
- N 53, pas de ligne de bus
- 1 313 ha

HISTORIQUE

Une présence humaine a été attestée dès le paléolithique moyen et même le mésolithique. Plus tard, le tracé de la chaussée Bavay-Trêves au nord de la commune donna naissance à des implantations gallo-romaines : on a retrouvé les restes de la substructure d'une grande villa, dans les campagnes dites du « Gau ». Une nécropole mérovingienne a été découverte en 1968.

Après avoir appartenu à diverses abbayes, dont celle de Lobbes, Clermont fit partie de la principauté de Liége. Passé au canton de Walcourt sous le régime français, le village appartint dorénavant au département de Sambre et Meuse et, par la suite, à la province de Namur.

À VOIR

L'**église Saint-Pierre-aux-Liens,** néogothique, fut construite en 1859. À remarquer le maître-autel et son tabernacle de style Louis XV, une belle *descente de croix* d'un auteur inconnu et des stalles de style Renaissance. La **ferme**

Berzée : paysage sur la vallée de l'Eau d'Heure

de Maugrétout, ancienne propriété de l'abbaye d'Aulne, est remarquable par sa cour rectangulaire bien pavée et un corps de logis d'une conservation impeccable. La **ferme du Buvernau** est également une ancienne propriété de l'abbaye d'Aulne ; le corps de logis, en brique et en pierre, est du 19e siècle. Parmi les fermes du plateau de Viscourt, la **ferme d'En Bas** fut construite en différentes étapes depuis le 16e siècle.

FONTENELLE | 5650

- en 1050-1080, *Fontenellis*, du latin *fontanella*, petite fontaine
- Fontenellois
- village agricole voué tant à la culture qu'à l'élevage, sur un plateau faiblement ondulé, altitude entre 187 et 249 m
- N 978, pas de ligne de bus
- 395 ha

HISTORIQUE

Découverte au 19e siècle, une sépulture à incinération permet de croire à une présence humaine à l'âge du fer. La première mention écrite du village date de 1026 dans une charte par laquelle Oduin, seigneur de Walcourt, cède des biens à l'église de Walcourt. Au 13e siècle, le village dépend de l'abbaye de Floreffe, qui le cède au 15e à l'abbaye de Soleilmont, située en terre namuroise. Liège s'empare de ce territoire au 14e siècle et le recède à Philippe le Bon en 1421. Fontenelle reste namuroise depuis lors.

À VOIR

L'**église Notre-dame de l'Assomption,** de style néogothique, fut bâtie au 19e siècle ; la chaire, le maître-autel et les confessionnaux sont du 18e. L'**étang du pré Millette**, rue de Mertenne, fait la joie des amateurs de pêche.

FRAIRE | 5650

- en 868 *Ferraria*, en 1470 *Fraire-la-Grande*, du latin *ferrariae*, mines de fer
- Frairois ou Frairots (en dialecte)
- village résidentiel et agricole, altitude entre 238 et 279 m
- N 5, lignes de bus 136A Florennes-Walcourt, 451 Charleroi-Couvin
- 788 ha

HISTORIQUE

Jules César, dans ses *Commentaires*, écrit que les Gaulois étaient très habiles à pratiquer des galeries souterraines, parce qu'il y a chez eux de grandes mines de fer. C'est le cas de Fraire : *Ferraria*. Après la période franque, Fraire appartient à la principauté de Liège (889) jusqu'à la Révolution française. De tout temps, Fraire a exploité son minerai : on trouve des « crayats de Sarrasins », ou scories de fer, dans l'empierrement de la chaussée romaine qui passe au nord. Au 19e siècle, le village est resté entièrement minier jusque vers 1870 qui voit l'effondrement de l'extraction. Au tournant du 20e siècle, Fraire possèdera plusieurs entreprises sur son sol : silex, fonderies, scierie, verrerie, terre plastique, fours à chaux, en plus de ses exploitations agricoles.

À VOIR

Au départ chapelle d'une villa romaine, l'**église Saint-Remy** devint ensuite franque et fut transformée au fil des siècles. Elle renferme un maître-autel en chêne de Russie (seconde moitié du 19e siècle) et un tableau du peintre dinantais Franz Sodar décrivant l'extraction du minerai de fer et le sauvetage d'un mineur en 1865. Les pierres tombales autour de l'église datent des 17e,18e et 19e siècles. D'abord villa romaine, puis villa franque, la **ferme-château** est un logis gothique intact du dernier tiers du 16e siècle.

Laneffe : la ferme-château, ancienne demeure seigneuriale aux bâtiments du 16e siècle restaurés. Un cadre exceptionnel pour des séjours touristiques ou professionnels

Propriété de Godescalc II de Morialmé en 1147, elle passe par mariage à la famille de Glymes, qui en conservera la souveraineté jusqu'à la Révolution française. À l'est du quartier de la Maroquette, quatre **croix d'occis de mineurs**, en pierre bleue, témoignent d'accidents mortels survenus dans les minières de fer, suite à un éboulement, une chute ou par asphyxie. La **promenade des croix d'occis** (3,5 km) permet de découvrir les vestiges de l'extraction du minerai de fer dans la campagne autour de la **chapelle Sainte-Barbe** (1861), dédiée à la patronne des mineurs.

Rue Saint-Ghislain, dans le prolongement de la rue d'Andenne, la **chapelle Saint-Ghislain**, invoqué pour les futures mères et les nouveau-nés, date de 1890 ; sa potale, comme le tilleul qui les ombrage, datent de 1848. La chapelle reçoit la visite de la marche Saint-Ghislain. La **fontaine monumentale**, érigée en 1871 sur la place communale et enlevée en 1951, était composée d'un bassin octogonal en pierre calcaire au centre duquel se dressait un socle ouvragé et quatre bornes-fontaines en fonte. Ce monument est en cours de réaménagement par les soins de l'ASBL « Les Sentiers du fer ». Deux **fresques murales** racontent l'histoire du village. La petite **chapelle romane de Fairoul**, dédiée à Notre-Dame de l'Assomption, rebâtie en 1841, est un vestige d'un édifice médiéval. On peut y admirer un autel à retable de style Louis XIV, un Christ en croix du 17e siècle et des pierres tombales des 17e et 18e. Le **château de Fairoul**, blotti dans la vallée, est un ensemble du 19e siècle. Dans la vallée de l'Eau d'Yves, la promenade des « Sept Ponts » emprunte un viaduc construit pour le passage de la ligne de chemin de fer Walcourt-Florennes, maintenant désaffectée.

ÉVÉNEMENTS

- marche militaire Saint-Ghislain, le 3e dimanche de juillet

GOURDINNE | 5651

- au 10e siècle *Gurdines*, en 1111 *Gordinis*, du gallo-romain *gordo*, enclos (?)
- Gourdinnois
- village semi-agricole et semi-résidentiel, sous-sol calcareux, présence de carrières, altitude entre 200 et 225 m
- N 5, ligne de bus 111A Thuilies-Walcourt
- 554 ha

HISTORIQUE

Des vestiges de la période néolithique ont été retrouvés au sud du village. Des restes d'une villa romaine ont également été mis au jour. Après avoir appartenu à la principauté de Liège, la commune fut restituée en 1446 à la Bourgogne, c'est-à-dire au comté de Namur. L'existence d'un fourneau y est citée au 16e siècle, et des carrières de calcaire y furent exploitées jusqu'il y a peu.

À VOIR

L'**église Saint-Remi**, de construction relativement récente, a remplacé une église primitive de 1167. On y vénère les saints Remi et Walhère, ce dernier étant le protecteur du bétail. Elle contient un remarquable ensemble du 18e siècle comprenant l'autel majeur et les autels latéraux, les confessionnaux, les lambris du chœur et de la nef et les stalles, ainsi que plusieurs statues en bois des 17e et 18e. Place Saint-Walhère, à proximité du monument aux morts des deux guerres, subsiste une magnifique **ferme en carré** construite au 18e siècle en moellons calcaires.

ÉVÉNEMENTS

- marche militaire Saint-Walhère, le 3e dimanche de juin

LANEFFE | 5651

- en 1060 *Nefia*, en 1070 *Lanaife*, en 1178 *Neffia*, au 13e siècle *Neffe*, d'un nom de personne (*Lanno* ?) et du germanique *effe*, pré humide (?)
- Laneffois
- village situé dans un vallon aux coteaux escarpés et boisés, altitude de 190 m
- N 5, ligne de bus 111A Thuilies-Walcourt, 137D Gerpinnes-Laneffe, 451 Charleroi-Couvin
- 664 ha

HISTORIQUE

Laneffe fut habité au début de l'ère chrétienne comme en témoignent les tombes gallo-romaines qui renfermaient des cruches en poterie, des urnes, des plateaux en terre rouge et des fibules émaillées. À l'exception des vestiges romains et d'une fonderie datant vraisemblablement du 5e siècle, c'est à partir du 11e que l'on parle de Laneffe, à propos des seigneurs du même nom. Ces derniers relevaient de la cour féodale de Morialmé et se maintinrent jusqu'au 13e siècle, lorsqu'ils cédèrent à l'abbaye d'Aulne le patronat de l'église et les dîmes qu'ils possédaient encore. Au 12e siècle, l'abbaye de Waulsort s'était déjà vu octroyer sur Laneffe des alleux qu'elle tint par la suite en fief de l'évêque de Liège et ce jusqu'au 18e siècle. Entre ces deux monastères surgirent de nombreux conflits, dont Aulne se sortit seul bénéficiaire des dîmes jusqu'au 18e siècle. L'économie de Laneffe fut toujours marquée par le travail du fer. Un haut fourneau fonctionnant au coke y était en activité pendant la première moitié du 19e siècle.

À VOIR

Dressée sur une petite butte entre les murs du cimetière, l'**église Saint-Lambert** est un édifice classique en calcaire à triple nef, construit entre 1732 et 1740 sur les plans de l'architecte B. Chermanne, et restauré en 1971 par l'architecte S. Brigode. L'accès se fait par des marches taillées dans la butte. La façade est marquée par une avancée de la nef principale surmontée d'un svelte clocheton que couronne une flèche bulbeuse. Le bas-côté et le chœur sont éclairés par de grandes fenêtres cintrées. Le mobilier est remarquable : maître-autel et autels latéraux avec retables, stalles de style Louis XIV avec lambris et bustes en médaillons en chêne sculpté, chaire de vérité, confessionnaux, tambour de porte, sculptures de saint Lambert (1740), saint Éloi et une Vierge habillée (19e siècle), monument funéraire de L. de Campen et de Marie de la Marck (morte en 1585) et dalles mortuaires de la famille de Ficheroulle (1772) et du curé F. Bourez (1729).

Le **presbytère**, élevé par Joseph Scrippe, abbé d'Aulne de 1765 à 1785, est une lourde bâtisse classique à double corps en brique et pierre bleue sur base en moellons de calcaire. La **fontaine Saint-Éloi** est un édicule en calcaire abritant un bassin-lavoir refait au 20e siècle. À remarquer dans le mur de façade le remploi d'une potale de tradition classique en pierre bleue, dont le socle porte l'inscription *Saint Éloi, P.P.N. Chapelle érigée par la Confrérie 1898*.

En face de l'église se dresse le **vieux château**, manoir de la première moitié du 18e siècle avec dépendances et parc clôturé à l'arrière. Le porche d'entrée a été remanié en conservant le portail d'origine. C'est une importante habitation classique, avec façade en brique et pierre bleue et porte d'inspiration Louis XIV. Son mobilier est intéressant : escalier Louis XIV, cheminée en marbre, lambris et armoires murales Louis XIV. En bordure de la Thyria, la **ferme du château** est une vaste ferme néotraditionnelle clôturée, en moellons de calcaire, reconstruite à la fin du 19e siècle, puis partiellement rebâtie en 1923-24 à la suite d'un incendie. Dans les étables, le gros œuvre est du 17e siècle. Elle est aménagée en restaurant, gîte, chambres d'hôtes et salle pour réunions.

Le long de la grand-route, on peut encore voir, au n° 89, une habitation du début du 19e siècle en moellons de calcaire, avec baies à linteaux droits et porte précédée d'un escalier, et au n° 78, une ferme clôturée de la seconde moitié du 18e siècle, en moellons de calcaire, remaniée au siècle suivant. Entre les deux portails, logis classique dont les baies du rez-de-chaussée ont été refaites dans la seconde moitié du 19e siècle. À gauche de l'habitation et en saillie, grange avec portail à linteaux de bois. À l'est, étables dont les ouvertures du rez-de-chaussée ont été refaites au 19e siècle. En face du logis, fournil sans doute du 19e siècle.

La chapelle Saint-Éloi, rue d'Hanzinne, est un calvaire construit en 1864 avec les pierres du haut fourneau.

ÉVÉNEMENTS

- marche militaire folklorique Saint-Éloi, le dimanche le plus proche du 25 juin

PRY-LEZ-WALCOURT | 5650

- en 1029 *Prereias*, au 12e siècle *Perias*, en 1232 *Perier*, de *petrerium* (pierre) ?
- Pryssiens
- village en partie agricole, en partie résidentiel, terrain relativement accidenté, traversé par l'Eau d'Heure, altitude moyenne de 175 m
- gare ferroviaire, N 978, ligne de bus 111A Thuilies-Walcourt
- 694 ha

HISTORIQUE

Des traces d'occupation romaine des 3e et 4e siècles ont été relevées sur le territoire ; il semble qu'une forteresse rurale y servait à défendre la chaussée Bavay-Trêves, longeant le nord du village. Un cimetière mérovingien (4e-6e siècles) y a été découvert. Au 17e siècle, la commune dépendait, semble-t-il, de l'abbaye de Denain, pour passer à celle du Jardinet au 18e. Des carrières et fours à chaux y ont été exploités ; une marbrerie y est encore en activité.

À VOIR

La **ferme de la Cour**, ancienne ferme en carré située à la rue des Falises, était une dépendance de l'abbaye du Jardinet, datant du 18e siècle. Les plus anciens bâtiments construits autour de la grande cour pourraient dater de la fin du 16e siècle ; on peut également admirer une grange du 16e. L'**église Sainte-Remfroid**, reconstruite au 18e siècle, contient des autels latéraux et des confessionnaux de style baroque du 17e ; l'autel majeur est du 18e. La **ferme de Maisoncelle**, entre Walcourt et Fontenelle, déjà citée en 1473, est également une ancienne propriété de l'abbaye du Jardinet ; le bâtiment actuel serait en partie du 17e siècle.

ÉVÉNEMENTS

- marche militaire Sainte-Remfroid, le 2e dimanche de mai

ROGNÉE | 5651

- en 868 *Rohignies*, en 1380 *Rohegnée*, en 1517 *Rochinée*, en 1620 *Rochnyes*, en 1759 *Rogniée*, en 1796 *Rogenée* ; tous ces noms ont pour racine « roc », ce qui signifierait le domaine de Rocco ou Roch
- Rognéens (peu usité)

Rognée : la ferme Bédoret

- village agricole, coupé de plusieurs petits ruisseaux, dont le ruisseau de Péruwez et celui du Fonds des Bois, plateau légèrement vallonné, altitude de 180 m
- N 978, ligne de bus 111A Thuilies-Walcourt
- 585 ha

HISTORIQUE

De nombreux outils en silex retrouvés sur place témoignent d'une présence au paléolithique et au néolithique. Une importante villa romaine a été mise au jour au lieu-dit Péruwez. Rognée dépendait de l'abbaye d'Aulne, avant d'être partagée entre la principauté de Liége et le comté de Namur.

À VOIR

L'**église Notre-Dame de la Visitation**, de style néoclassique, fut construite en 1857. Rue Boulvin, une grotte dédiée à Notre-Dame de Lourdes fut construite à l'issue de la guerre 14-18 par Sylvain Roland, curé de la paroisse, qui avait servi comme brancardier pendant le conflit et avait fait vœu de construire cette grotte s'il s'en sortait vivant. Le **château-ferme** occupé par la famille Bédoret est un vaste quadrilatère du 19e siècle ; la tour du porche est datée de 1887. La **ferme du Moulignat**, isolée au creux de la vallée du ruisseau du Fond des Bois, fut bâtie probablement sur le site d'une ancienne forge citée au 15e siècle ; on y trouve les vestiges d'un ancien moulin.

SOMZÉE | 5651

- en 868 *Sumulceias*, en 1247 *Somezee*, du germain romanisé *Suniwaldiacas* (appartenant à Suniwald)
- Somzéens
- village semi-agricole devenu résidentiel, relief assez régulier, altitude moyenne de 225 m
- N 5, lignes de bus 111A Thuilies-Walcourt, 137D Gerpinnes-Laneffe, 451 Charleroi-Couvin
- 604 ha

HISTORIQUE

Une présence romaine est attestée par la mise au jour de médailles, fibules et urnes funéraires. Relevant de la seigneurie de Thy-le-Château, inféodée à Liège, Somzée passa au comté de Namur au 15e siècle. Le 16 avril 1819, elle absorba la commune voisine de Saint-Maert.

À VOIR

La **ferme des Trois Fontaines**, rue des Marchais, est un vaste ensemble en U du 19e siècle ; on peut y admirer une belle grille aux colonnes en fonte. Deux niveaux inférieurs d'une ancienne tour carrée subsistent encore sur la droite et sur la gauche ; un beau portail de grange, surmonté d'une clé millésimée du 17e siècle, attire le regard. L'**église Saint-Maurice**, de style néoclassique, date de 1859-60.

Tarcienne : le castel d'Ahérée

Tarcienne : tombe allemande au cimetière militaire de la guerre 14/18

ÉVÉNEMENTS

- marche militaire Notre-Dame de Beauraing, le 2e week-end de juillet

TARCIENNE | 5651

- en 1228 *Tharsines*, en 1247 *Tarcines*, du nom *Tarusius* (?)
- Tarciennois
- village antérieurement agricole, devenu résidentiel, vaste plaine de terrain argileux, altitude entre 220 et 230 m
- N 5, lignes de bus 137D Gerpinnes-Laneffe, 451 Charleroi-Couvin
- 927 ha

HISTORIQUE

La localité est citée pour la première fois en 1228. Cette année, trois frères de la famille de Tarcienne se partagent des terres avec le prieuré d'Oignies. Il semble que le village dépendait de la seigneurie de Thy-le-Château, et en conséquence du comté de Namur. Par contre, Ahérée, hameau fusionné en 1809, appartenait à la principauté de Liège. De durs combats entre troupes allemandes et françaises se sont déroulés sur la territoire de Tarcienne lors de l'invasion de 1914.

À VOIR

Le **château d'Ahérée,** propriété privée, fut construit au 17e siècle dans le style château fort de campagne ; le portail d'entrée porte la date de 1674 ; le parc couvre 7 ha. Les bâtiments actuels de la **ferme de la Tour**, rue Sainte-Rolande, remontent au 17e siècle, avec un donjon de 1380. On y lit encore le nom de l'ancien maître des lieux : Jehan de Tarsinez. La **ferme d'Ahérée,** ancien siège d'une seigneurie liégeoise, est un quadrilatère avec logis en brique et pierre bleue construit au 18e siècle ; le linteau de la porte d'entrée porte l'inscription 1715-1727. Le **cimetière militaire de Lumsonry** réunit les tombes de 394 soldats français et de 178 soldats allemands de la Première Guerre mondiale. L'**église Saint-Martin** fut bâtie en 1890 en style néogothique. Ancien siège des Templiers, la **ferme de Bertransart**, rue Py des Tiennes, est déjà citée au début du 13e siècle ; sa chapelle gothique remonte au 17e.

ÉVÉNEMENTS

- marche militaire folklorique Saint-Fiacre, ouvrant la saison des marches de l'Entre-Sambre-et-Meuse, le premier dimanche de mai

THY-LE-CHÂTEAU | 5651

- en 868 *Thier*, en 1380 *Thier-le-chastiau*, colline et château en ancien français
- Thyrocastelloritains
- village agricole devenu résidentiel, creusé par la vallée de la Thyria, terrain accidenté, altitude entre 82 et 237 m
- N 5, lignes de bus 56 Namur-Couvin, 111A Thuilies-Walcourt, 136A Florennes-Walcourt
- 842 ha

HISTORIQUE

C'est au 9e siècle que Thy est mentionné pour la première fois dans un document écrit. Le registre des biens de l'abbaye de Lobbes, rédigé en 868-69, nous apprend qu'à cette date, Thy relevait de ce monastère. La seigneurie de Thy fut érigée en 1190 par Baudouin V de Hainaut. Son frère Guillaume de Saint-Sauve fut le premier seigneur. Celui-ci eut 28 successeurs issus des familles nobles les plus illustres. Citons les Melun, Ligne, Rohan et de Croÿ. Le dernier sei-

Thy : l'église des Saints-Pierre-et-Paul

gneur, Joseph-Anne-Maximilien de Croÿ, abandonna la seigneurie lors de la Révolution française. Le seigneur de Thy possédait 51 fiefs ; créés au Moyen Âge, ils subsistèrent jusqu'à la Révolution française. Au 6e siècle, il y avait à Thy-le-Château une forge, mais c'est au 17e siècle que les activités sidérurgiques débutèrent vraiment. En 1775, un haut fourneau au bois fut construit à proximité de la rivière, à la rue du Fourneau. Ces usines furent ensuite reprises successivement par les familles Meuret, de Valensart, les sociétés Carion, Delmotte et Courthéoux, Riche et Cie, l'Anglais Thomas Bonne-Hill et la société Blondiaux et Cie. Après un arrêt des activités en 1893, Louis Piret fonde en 1904 la S.A. Usines métallurgiques de Saint-Éloi, à laquelle succéda la Compagnie générale des Aciers (C.G.A.). Actuellement, l'activité industrielle se limite à société Precironds, qui emploie une dizaine de personnes.

À VOIR

Trônant au centre du village, le **château de Thy** est constitué d'un corps de logis, d'un donjon, d'une cour haute avec un pilori et d'une cour basse, le tout ceinturé d'un mur d'enceinte dominé par plusieurs tours d'angle. Son accès s'effectue par un châtelet. Il remonte au 12e siècle, quand Guillaume de Saint-Sauve fit bâtir un corps de logis roman à flanc de coteau. Du 12e au 18e siècle, la seigneurie passa dans les mains des divers seigneurs qui aménagèrent le château. Un donjon et des enceintes protégées par des tours virent le jour. À la Révolution française, le château fut abandonné et menaça ruine. Ses nouveaux propriétaires l'aménagèrent en brasserie, qui fonctionna durant tout le 19e siècle. Au début du 20e siècle, il n'existait plus qu'une partie du bâtiment principal, le donjon et les remparts ayant disparu. Le maître de forges Louis Piret racheta à son tour la propriété, qu'il entreprit de restaurer sous la conduite de l'architecte G. Puissant.

L'**église Saints-Pierre-et-Paul** abrite la remarquable **châsse** éponyme logée dans une vitrine. Elle se présente sous la forme d'un coffret rectangulaire en cuivre doré et argent sur quatre pieds boules. Ses parois sont illustrées par l'effigie de saints : Pierre, Paul, Brigitte, Jacques, Matthias, Anne, Barbe, Crespin et Alexis, ainsi qu'un compagnon de saint Victor. Le reliquaire a été réalisé par l'orfèvre Henri Libert en 1617, comme l'atteste le poinçon H.L. et la date. Dans la châsse se trouve un parchemin daté de cette année et signé par Jean d'Auvin, évêque de Namur, avec l'énumération des reliques qu'elle contient. Depuis près de quatre siècles, le village se rassemble chaque année pour fêter les saints patrons de la paroisse. À cette occasion, les villageois revêtent des uniformes de l'époque hollandaise et escortent la châsse contenant les précieuses reliques. Des pelotons de quelque 500 marcheurs, jeunes et adultes, défilent dans la localité suivant un itinéraire bien précis : les sapeurs avec leurs colbacks et leurs tabliers brodés, les fifres et tambours, le major à cheval, le porte-drapeau, les grenadiers avec leurs bonnets à poils et leurs fusils, les voltigeurs et les zouaves. Le **café *Le Relais*,** situé en face de l'église, est connu par ses fresques murales représentant les marcheurs de l'Entre-Sambre-et-Meuse.

Classé avec son bief en 1994, le **moulin de Thy** est situé à la sortie du village en direction de Rognée. Le dernier meunier en fut Louis Mazy, décédé en 1967. Son fils Georges utilisa encore les meules pendant quelque temps pour broyer la nourriture des animaux de la ferme. En 1975, le moulin fut racheté par Victor Gillon, qui entreprit sa restauration. Il comprend trois paires de meules et une roue à aubes de 2, 60 m de diamètre, actionnée par l'eau d'un bief alimenté par l'Eau d'Heure.

ÉVÉNEMENTS

- marche Saints-Pierre-et-Paul, le dernier dimanche de juin ou le premier dimanche de juillet

VOGENÉE | 5650

- en 1210 *Wadignies*, en 1380 *Wodegneez*, en 1474 *Waudegnies*, en 1670 *Vognie*, en 1686 *Vogenée*, forme mérovingienne (*Wadiniacas*) issue du nom d'homme Waldo
- Vogenéens
- village agricole ; altitude de 120 à 279 m
- N 5, N 40, ligne de bus 136A Florennes-Walcourt
- 450 ha

Thy : le château médiéval

HISTORIQUE

La période romaine est représentée par le *Cheslé*, forteresse qui occupait l'extrémité d'un étroit promontoire protégé de trois côtés par des ravins escarpés et vers la plaine par plusieurs ouvrages de défense. Dans le terrain s'étendant vers la campagne se trouvait le cimetière des habitants : deux tombes à incinération et vingt caveaux dallés renfermant un ou deux squelettes. Au Moyen Âge, Vogenée était un fief de l'importante seigneurie de Morialmé. Au commencement du 13e siècle, il était tenu par Élisabeth de Merbes, qui figure dans des actes avec le titre de Dame de Merbes. Celle-ci abandonna en 1210 la dîme de Vogenée au prieuré d'Oignies, libéralité ratifiée l'année suivante par Arnoul, seigneur de Morialmé, de qui relevait cette dîme. En 1217, nous la trouvons mariée à Gilles, seigneur de Barbançon. Cette maison demeura longtemps en possession de la seigneurie. Au début du 16e siècle, Vogenée appartenait aux de Pède, famille de chevaliers, avant de passer dans la famille de Watermaele. Le fief fut relevé en 1558 par les Vandernoot et acquis à la mort de leur dernier représentant en 1596 par Jean d'Yves, seigneur de Neuville, lequel le revendit au baron de Cartier. Vogenée a été le centre d'une importante activité métallurgique. Dès 1500, on signale la place du marteau au « pré al porte ». Des fouilles ont permis de mettre au jour des « crayats de Sarrasins » à l'emplacement des anciens fourneaux.

À VOIR

L'**église Saint-André** est un édifice de style classique datant de 1783. Près du chœur se trouvent trois pierres tombales de la famille Pepin, maïeurs de Vogenée aux 16e et 17e siècles.

ÉVÉNEMENTS

- marche Saint-André, le premier week-end du mois d'août

WALCOURT | 5650

- de *Vallis curta* : courte vallée
- Walcouriens
- ville semi-résidentielle, semi-industrielle, terrain très accidenté, sur un éperon rocheux dominant les vallées de l'Eau d'Heure et de l'Eau d'Yves, altitude entre 200 et 230 m

Walcourt : les stalles dans le chœur de la basilique

Basilique Saint-Materne : une vue partielle du jubé Charles Quint

- gare ferroviaire, N 978, lignes de bus 111A Thuilies-Walcourt, 132A Walcourt-Philippeville, 136A Florennes-Walcourt
- 828 ha

HISTORIQUE

Probablement occupé très tôt, l'éperon constituait une position stratégique importante, ce qui fut confirmé par le nombre de fois où la ville fortifiée fut assiégée et saccagée. Un cimetière gallo-romain fut retrouvé dans la vallée de l'Eau d'Heure au lieu-dit Lennery. Walcourt fut évangélisé dès le 4e siècle par saint Materne, qui y implanta le culte de Notre-Dame, encore très vivace de nos jours, en plaçant dans l'église qu'il construisit une statue de la Vierge sculptée de ses mains, dit la légende. Propriété de la très puissante famille des seigneurs de Walcourt, la seigneurie fut vendue par celle-ci au comte de Namur en 1363. En 1686, elle fut cédée à l'abbaye du Jardinet. Celle-ci avait été fondée en 1229 par Thierry II, seigneur de Walcourt, à la suite d'un vœu : un incendie ayant ravagé la collégiale, consacrée en 1026, la statue de Notre-Dame s'en échappa miraculeusement et se réfugia dans un arbre, dans la vallée ; elle ne consentit à en redescendre que quand Thierry, après l'avoir priée, eut fait vœu de fonder une abbaye en ce lieu (le Jardinet) et de faire reconstruire la collégiale. Quelques années plus tard, il s'ensuivit un pèlerinage qui subsiste encore de nos jours. Walcourt eut donc comme seigneur l'abbé du Jardinet jusqu'à la fin de l'Ancien Régime. C'était une des « bonnes villes » du comté de Namur. En 1848, elle devint le siège de la ligne de chemin de fer de « Sambre et Meuse » (la 132 actuelle), qui s'installa sur le site de l'abbaye, détruite par les sans-culottes en 1794. En 1914, les Allemands bombardèrent le clocher bulbeux de la collégiale. Culminant à 63 m et dominant toute la vallée, il constituait un poste d'observation stratégique. Il s'abattit en flammes sur des maisons de la place, qui furent incendiées.

À VOIR

La **basilique Saint-Materne** est un bâtiment gothique construit entre le 12e et le 15e siècle, avec sa tour au clocher bulbeux et ses quatre clochetons, reconstruits vers 1924-25 après l'incendie de 1914. À l'intérieur, on peut admirer dans le baptistère une mise au tombeau du 16e siècle. Coupant la nef centrale, le jubé dit de Charles Quint, daté de 1531, est une véritable dentelle de pierre blanche d'Avesnes ; on y distingue six grandes statues et vingt-trois petites. La croix triomphale au-dessus du jubé est du 15e siècle. Sur la gauche, l'**autel de Notre-Dame de Walcourt**, objet de toutes les dévotions. La statue originelle de la Vierge date de 950-1020 ; sculptée en bois de tilleul, elle fut recouverte de plaques d'argent aux 12e-13e siècles et habillée aux 16e-17e siècles. À l'intérieur du chœur, on peut admirer des stalles en chêne sculpté de 1501-1525 ; les sculptures ornant les miséricordes sont de toute beauté et constituent autant de leçons de morale chrétienne. Sur le pourtour du chœur qui, autrefois, constituait une clôture réservée aux chanoines, sont disposés des confessionnaux de style Louis XV. Dès le 14e siècle, une procession fut organisée pour commémorer la restauration de la collégiale ; un siècle plus tard, les archives nous apprennent qu'elle est escortée de « compaignons armés ainsi qu'il est de coustume ». Tout au long de l'Ancien Régime, cette escorte armée accompagnera la procession ; après la période révolutionnaire, elle sera remise en vigueur dès 1803 en même temps que la procession, et ce jusqu'à de nos jours. Cette marche folklorique de Notre-Dame de Walcourt est reconnue par le ministère de la Communauté française à titre de « Patrimoine oral et immatériel de la Communauté ». Au bas de la **grand-place**, deux poternes permettaient de quitter la ville fortifiée et de rejoindre les hameaux construits dans la vallée. Celle de droite (en tournant le dos à la basilique) donne accès à la pittoresque **ruelle Frère Hugo**, du nom du célèbre orfèvre né à Walcourt au 13e siècle. Le long de la route des Barrages, derrière la gare, apparaissent les **vestiges de l'abbaye du Jardinet** et, notamment, la porte monumentale du 18e siècle. La **ferme de la Haute-Abbaye**, rue du Jardinet, est une ancienne propriété de l'abbaye du 16e siècle. Le portail est orné des armes d'un ancien abbé. La **ferme de la Maladrerie**, en face du cimetière, est déjà citée au 15e siècle. En face, la chapelle dédiée à saint Martin et saint Servais, est du 17e. Près du pont sur l'Eau d'Yves, l'**ancien hôpital Saint-Nicolas**, déjà cité au 13e siècle, a été entièrement restauré depuis peu ; il abrite l'actuel Centre culturel. La **Basse-Rue** entièrement pavée qui contourne l'éperon rocheux était autrefois la seule voie d'accès à la ville fortifiée. À environ 5 km, à Silenrieux, ne manquez pas le **site des barrages de l'Eau d'Heure** (voir sous Cerfontaine).

ÉVÉNEMENTS

- marche folklorique de Notre-Dame de Walcourt, le dimanche de la Trinité, soit le dimanche qui suit la Pentecôte

Basilique Saint-Materne : le déambulatoire et un confessionnal

YVES-GOMEZÉE | 5650

- en 1221 *Yvia*, en 1018 *Gomenceias*, en 1497 *Gomezeez*, noms d'hommes francs (?)
- Yvetois et Gomezéens
- village agricole et boisé, relief tourmenté, arrosé par l'Yves, altitude entre 195 et 269 m
- gare ferroviaire, N 5, lignes de bus 136A Florennes-Walcourt, 451 Charleroi-Couvin
- 1 405 ha

HISTORIQUE

Les Celtes, qui connaissaient l'usage du fer, se sont déjà intéressés aux riches gisements de minerai de fer de la région. Ils y développent une activité industrielle importante, aussi bien à Yves qu'à Gomezée. Les Romains et les Francs s'y installent à leur tour. Yves dépendait autrefois de la principauté de Liège. Le pouvoir seigneurial de la noble famille d'Yves s'exerce dès 1125, jusqu'à ce que les lettres patentes de l'empereur Léopold créent le marquisat d'Yves en 1668. La seigneurie d'Yves sera vendue en 1817, avec tous les droits y afférents, à Jean-Baptiste-Louis de Cartier, maître des forges de Marchienne-au-Pont, qui acquiert le titre de baron en 1823.

Quant à la terre de Gomezée, qui appartient aux frères Isaac et Herman de Gomezée, elle revient finalement à l'abbaye de Florennes vers 1033. En 1824, église en ruine et cimetière, proches du domaine de l'abbaye (ferme de Froidmont) sont vendus au baron. Enclavés dans le village d'Yves, les Gomezéens devaient continuellement emprunter la voirie d'Yves (chemins et ponts). Depuis la vente de leur église et de leur cimetière, ils profitaient aussi du sanctuaire, du cimetière et même de l'école de leurs voisins sans intervenir dans les dépenses. Les conflits qui en résultèrent poussent les autorités à fusionner les deux communautés en 1825.

À VOIR

L'**église Saint-Remi** est un important édifice gothique en calcaire. Entamée vers 1400 avec une grosse tour carrée, elle a été modifiée et allongée en1865 avec une tour néogothique. Le chœur, détruit par un bombardement en 1940, a été restauré à l'ancienne. En 1950, la Commission des Monuments et des Sites a classé la partie ancienne de l'église : les trois premières travées des nefs, le transept et le chœur. En 1963-64, la tour haute de 46 m est allégée et abaissée. Subsistent encore de l'ancienne église : un bénitier en pierre orné de figures allégoriques et d'un écusson aux armes des seigneurs d'Yve ; quelques pierres tombales d'anciens curés ou paroissiens ; une peinture sur bois représentant le calvaire (1612) ; une allégorie de la Trinité signée Herreyns (1743-1827), récemment restaurée avec l'aide de la Fondation roi Baudouin ; *L'incrédulité de saint Thomas*, toile de Péry (18e siècle) ; une statue en chêne de Jean-Baptiste et une cloche posée en l'an 1737.

Le **château d'Yves**, édifice de grande allure entouré d'un vaste parc, est décrit en 1744 par le moine Saumery comme un bâtiment solide avec quatre pièces principales, entouré de grandes prairies que borde une charmille de haute futaie. Il fut racheté aux derniers marquis d'Yves par Louis de Cartier, maître de forge, qui le réaménagea et ajouta à chaque extrémité du bâtiment un grand pavillon carré surmonté d'une toiture élancée. En 1914, le château est incendié par les Allemands. En 1935, le baron Breuls de Tiecken y aménage un jardin à la française avec bassins et parterres. Aujourd'hui, le parc transformé en piste équestre fait le bonheur des cavaliers. Les anciens hauts fourneaux transformés en ferme et l'**ancien parc** situé en face du château appartenaient à la famille des barons de Cartier d'Yves. À l'un des murs, on peut voir une croix en souvenir d'un mineur mort d'asphyxie. La plupart des barons et baronnes reposent dans la crypte face à l'entrée du cimetière.

Au lieu-dit La Botte, une ancienne **ferme en long** néoclassique (devenue restaurant) se dresse sur la droite. Le logis est daté par ancres de 1832. À deux pas, rue des

Yves-Gomezée : l'église Saint-Remy

Raidons, au départ d'une longue drève plantée de bouleaux, la vieille **chapelle Saint-Pierre** a été écrasée par ses tilleuls protecteurs. Le long de l'ancienne chaussée de Philippeville, on ne compte pas moins de sept **potales** en pierre calcaire extraite et taillée au village, dédiées à Notre-Dame de Hal, la Croix de Malte, saint Augustin (1826), Notre-Dame de la Salette (1871), saint Lambert (1830), Notre-Dame de Bonne Espérance (1878) et Notre-Dame de Lourdes.

Rue Crèvecœur, au lieu-dit Neufmoulin, on découvre la **ferme du Neufmoulin** avec une vieille grange et un ancien moulin devenu habitation. Le logis à double corps (1850) est en moellons de calcaire. Au mur du pignon gauche, on voit les traces de l'ancien moulin du 17e siècle avec l'emplacement de l'arbre de la roue. À la droite du logis, une grange en moellons de calcaire est datée de 1808 par les ancres du gouttereau à rue. On y voit aussi, en amont, un long bief encore muni des vannes du canal de dérivation qui alimentait le moulin. Cinquante mètres avant, face aux stations de pompage de la Société des Eaux, se trouvait la célèbre **source de saint Laurent** où les gens du pays venaient puiser l'eau miraculeuse qui protégeait ou guérissait des affections cutanées. Elle a disparu lors de l'aménagement de la zone expropriée. Un petit chemin sinueux qui suit l'Eau d'Yves permet d'atteindre la maison de l'ancien maître de forge de Froidmont (milieu du 18e siècle) et la **ferme de Froidmont**, ancienne dépendance de l'abbaye Saint-Jean de Florennes. Isolée au milieu des champs, cette imposante propriété apparaît derrière les carrières Les Petons, qui laisseront vers les années 2036 d'importantes pièces d'eau. Sur la place Mimbercée, une nouvelle **potale** a été aménagée en l'honneur de saint Laurent, patron de l'ancienne paroisse de Gomezée. Chaque année, une marche folklorique est organisée en son honneur. Rue Entreville, une maison basse en moellons calcaires date de la moitié du 18e siècle. Sur le talus, une potale remploie un linteau datant de 1642. À droite s'ouvrent deux sentiers : le premier, dit de l'Insile, était une des limites des villages d'Yves et de Gomezée et permet de rejoindre la nouvelle gare d'Yves ; l'autre, un peu plus haut, mène à l'ancien moulin. Près de l'école paroissiale, dans la même rue, la grosse demeure carrée a été la propriété d'un ministre plénipotentiaire : Hector Charmanne. Après avoir construit la première ligne de chemin de fer dans l'ex-Congo belge, il a parcouru le monde afin de faire mieux connaître les industries belges au temps de Léopold II. Il est enterré avec toute sa famille dans le nouveau cimetière du village. En face, l'ancienne chapelle offerte par une baronne Drion du Chapois, descendante des barons de Cartier d'Yves, est devenue la salle de gymnastique de l'école. Route de Daussois, près du lieu-dit Camp de Boulogne, éventré au cours de la moitié du 19e siècle pour extraire des milliers de tonnes de crayats de Sarrasins, une potale dédiée à saint Fiacre voisine avec une croix d'occis élevée à la mémoire d'un mineur enseveli. En empruntant une route en béton toute proche et divers sentiers agricoles, on peut atteindre la **chapelle du Minérabia** et ses tilleuls centenaires. Une légende raconte qu'un mineur y resta enseveli plus d'un an, nourri quotidiennement par la Vierge Marie. Un sentier forestier conduit à la **stèle des sept sergents britanniques** engloutis avec leur Lancaster ED800 dans le sol argileux du bois de la Rosette. Cette stèle a été inaugurée en avril 1993, cinquante ans après la chute de cet avion abattu par la chasse allemande. Une exposition permanente est visible dans l'ancien secrétariat de la maison communale.

Les **sept ponts**, un ouvrage imposant construit lors de la création de la ligne de chemin de fer reliant Walcourt à Morialmé, surplombe la vallée de l'Yves.

ÉVÉNEMENTS

- marche Saint-Laurent, le dernier week-end du mois d'août
- cérémonie patriotique à la stèle des sept sergents britanniques, le second week-end d'avril

Walcourt : la ruelle Frère Hugo, orfèvre du 13e siècle

YVOIR

- arrondissement de Dinant
- localités : Dorinne, Durnal, Godinne et Mont-Godinne, Purnode, Spontin, Yvoir (avec Évrahailles et Houx)
- 5 684 ha ; 9 277 habitants (01/01/2011)

DORINNE | 5530

- en 1163, *Dorinna* ; en wallon, *Dorène* ; dérivé en *-ina* du latin *durus*, sol dur, ou du celtique *duros*, fortin
- Dorinnois ; *Mougneûs d' ruke*
- village résidentiel et agricole, relief condruzien de plateau, entre 160 et 280 m
- autoroute E 411 (sortie19), lignes de bus 128A Yvoir-Ciney, 431 Yvoir-Dinant
- 623 ha

HISTORIQUE

Durant des siècles, Dorinne a été partagée en deux communautés distinctes. Une partie du territoire de Dorinne constituait un écart de la seigneurie de Spontin (pays du Roi) au comté de Namur. L'autre partie, orientale et centrale, correspondant à la paroisse, était une des 32 hauteurs de la mairie de Ciney, dépendant de la cour féodale de Liège (pays de Liège). Cette enclave liégeoise en territoire namurois a appartenu aux familles de Fontaines (1314), de Dorinne (1400), de Brant (1460), de Salmier (1591), puis de Glimes de Brabant. La séparation subsista jusqu'au-delà de la Révolution, les deux sections n'étant réunies qu'en 1821, avant de devenir commune en 1830.

À VOIR

Le **centre ancien du village** est installé à mi-pente autour de deux grosses fermes (fortement transformées) remontant aux 17e et 18e siècles. L'habitat, étendu le long des rues en pente et sur le chemin de crête ou *tîdje*, est composé de maisons et petites fermes du 19e siècle. Le village a gardé son cachet traditionnel ; on compte peu de nouvelles maisons dans le centre. Le versant nord de la commune, en forte pente vers le Bocq et le hameau de Chansin, est couvert de bois importants. Le sud est réservé à l'agriculture ; un parc de six éoliennes y a été installé récemment. L'**église Saint-Fiacre**, construite en pierre du pays en 1888-89, est de style néogothique ; on peut y voir de remarquables piliers en petit granit local d'une seule pièce, quatre dalles funéraires du 18e siècle et une cuve baptismale du 16e. Quelques anciennes chapelles et potales (Saint-Roch, Saint-Donat), majoritairement du 19e siècle, sont dispersées dans le village et autour. Le **château de la Motte**, qui tient son nom de l'ancienne cense homonyme (1591), fut incendié en 1914 et reconstruit en 1922 en pierre du pays sur un autre emplacement. La **ferme de Mont**, située sur une colline au sud du village, est un vaste ensemble semi-clôturé de bâtiments massifs regroupés autour d'une tour carrée. Lui fait face la **ferme du Haut Tienne**, avec un beau logis édifié en plusieurs étapes. L'ancienne **ferme de Vervy**, aux élégants bâtiments datant de 1750, a fait place à un restaurant gastronomique qui en a repris partiellement le nom.

ÉVÉNEMENTS

- exposition d'artisanat à la salle Saint-Fiacre, le dernier week-end d'avril

Les ruines du château de Poilvache sont reconnues comme patrimoine majeur de Wallonie

Dorinne-Durnal : la gare sur la ligne touristique du Bocq

Godinne : ferme-château du 16e siècle

DURNAL | 5530

- vers 1131, *Dornella* ; en wallon, *Durnal* ; diminutif en *-ella* de Dorinne
- Durnaliens ; *les Pahauts*
- village résidentiel et agricole établi sur le versant sud, relief condruzien de plateau, entre 160 et 280 m
- autoroute E 411 (sortie 19), ligne de bus 128A Yvoir-Ciney
- 1 024 ha

HISTORIQUE

Depuis le 12e siècle et jusqu'à la fin de l'Ancien Régime, le territoire de Durnal a été partagé en deux parties sur le plan temporel : la plus importante constituait une partie de la seigneurie namuroise de Spontin, dépendant de la prévôté de Poilvache ; l'autre, plus petite, était un écart de la mairie liégeoise de Ciney. Sur le plan religieux, le même territoire de Durnal était divisé entre les paroisses de Jassogne (hameau de Herbefays) et de Spontin. Une paroisse autonome fut créée seulement en 1846 et la commune en 1850, toutes deux en s'émancipant de Spontin.

À VOIR

L'**église paroissiale Saint-Hubert,** bâtie en 1848, est un gros édifice néoclassique en brique et pierre bleue, comme la chapelle Saint-Roch. Quelques **fermes** intéressantes en U ou en long, construites en moellons de grès et pierre de taille calcaire aux 18e et 19e siècles, sont réparties au centre du village ou dispersées dans les divers hameaux et écarts. On remarquera les nombreuses portes à linteaux millésimées. L'ensemble de la localité, voisine de Crupet, présente tout l'attrait d'un village de caractère typiquement condruzien. Les rues de la bourgade ont gardé leurs noms traditionnels. Le **château Capelle** est un ensemble clôturé des 19e et 20e siècles en moellons de grès et pierre bleue, à fronton triangulaire, doté d'une tour et d'une tourelle ; il est entouré d'un beau parc privé.

ÉVÉNEMENTS

- fête foraine de la Saint-Hubert, début novembre

GODINNE | 5530

- en 747, *Caldina* (identification douteuse) ; en 1241, Goudines ; en wallon, *Gôdène* ; étymologie incertaine, puisqu'il est difficile de se baser sur la forme de 747 : dérivé en -ina d'un nom franc (Goldo ?) ou bien d'un mot germanique *guldina* (la dorée)
- Godinnois
- village résidentiel et cossu établi sur la rive droite de la Meuse, en léger adret entre 87 et 275 m d'altitude
- gare ferroviaire, N 947, ligne de bus 433 Namur-Dinant
- 616 ha

HISTORIQUE

Dépendance de la prévôté de Poilvache par l'intermédiaire de la seigneurie de Spontin, la terre de Godinne se mue au 16e siècle en un fief foncier, acquis en 1512 par Félix de Maillen. En 1612, les archiducs Albert et Isabelle constituent une seigneurie hautaine avec le territoire de la paroisse de Godinne, qui s'étend aussi sur Rivière, de l'autre côté de la Meuse, et l'engagent à François de Maillen, seigneur foncier de Berlo. Cette terre de Godinne passe ensuite aux de Waha (1638), aux d'Orjo (1643) et aux Moniot (1721), maîtres de forges dont les usines sont implantées au flanc des coteaux dominants, et qui vont la conserver jusqu'à la fin de l'Ancien Régime. Sous celui-ci, le hameau de Mont constitue sur le plan aussi bien temporel que spirituel un simple écart de la terre de Godinne, située dans la vallée, dont il partage la destinée politique. Mont ne se détache de Godinne qu'en 1865 pour être érigé en commune distincte, tandis que la paroisse ne devient autonome qu'en 1898. En 1964, la localité refusionne avec Godinne, sous le nom de Mont-Godinne.

À VOIR

Situé sur la rive droite de la Meuse, à mi-chemin entre Namur et Dinant, le village de Godinne s'est implanté dans la plaine alluviale d'une large boucle du fleuve, contrastant avec la rive opposée, plus abrupte et boisée. On le découvre s'étageant doucement de la Meuse jusqu'à une crête boisée, dominée par le collège Saint-Paul ; le village a malheureusement été coupé en deux par la ligne de chemin de fer et, plus récemment, par un viaduc routier. Le site est surtout connu des touristes par le groupement remarquable, au bord du fleuve, de l'église, du château et d'une grosse ferme seigneuriale.

Le **château** de Godinne, improprement appelé prieuré, a probablement été construit par Henry de Wildre (1501-1581), prévôt de Poilvache et « fondateur » de l'église. Précédé de la cour d'honneur, cet ensemble de type traditionnel de la seconde moitié du 16e siècle est composé d'un imposant logis en double corps, épaulé d'une tourelle d'escalier et d'une tour carrée implantée au bord de la Meuse. Le jardin emmuré est fermé à front de voirie par une dépendance du 19e siècle.

Godinne : la Vieille ferme abrite notamment le musée de la préhistoire locale

Depuis 1876, une aile de dépendances relie le corps principal à la grosse tour carrée. Le château est relié à l'église par une galerie conduisant du premier étage au jubé. Une jolie potale monolithe en calcaire, dédiée à saint Donat, est adossée au mur du château. La **Vieille ferme** compose avec **le château et l'église** voisins un remarquable îlot architectural classé (2/12/1959). Cette ferme seigneuriale s'ouvre à l'est par un portail en plein cintre surmonté du blason des de Maillen, millésimé 1623. Les bâtiments, édifiés en moellons et en pierre de taille, sont répartis autour d'une grande cour pavée et protégés par quatre murs d'enceinte flanqués de tours d'angle. Patrimoine communal, le Centre culturel y fonctionne depuis la restauration des bâtiments en 1981. Les anciennes étables abritent la bibliothèque communale, l'espace public numérique et le musée de la préhistoire locale. La grange monumentale accueille ponctuellement expositions artistiques ou didactiques, concerts, festivités et réceptions. La forge restaurée permet, comme jadis, le ferrage des chevaux.

L'**église** paroissiale **Saint-Pierre**, située aussi le long de Meuse, est un édifice hétérogène étroitement imbriqué dans les volumes du château voisin ; les multiples étapes de construction s'échelonnent de l'époque romane au 19e siècle. À noter la mince tour aveugle, le chœur gothique en grand appareil de calcaire, la sacristie du 17e siècle, des monuments funéraires des 16e et 17e. Le **presbytère** est une belle bâtisse de deux niveaux en moellons de calcaire peint, achetée en 1682 par le curé Némery, qui la fit rebâtir en 1718 pour servir de presbytère. Érigée en 1669, la petite chapelle Saint-Roch, construite sur un plateau, fut probablement remaniée à la fin du 19e siècle. La « **maison espagnole** », qui surplombe le chemin de halage, est une construction hétéroclite aménagée pour l'essentiel au 20e siècle, au départ d'une tour remontant sans doute au 16e et fortement restaurée.

Le **grand abri de Chauvaux**, découvert en 1837 et fouillé d'abord par A. Spring en 1842, a fait depuis lors l'objet de plusieurs autres fouilles ayant livré de nombreuses trouvailles (ossements humains et d'animaux, silex taillés, etc.) qui l'ont fait reconnaître comme une des plus grandes sépultures collectives du néolithique jamais découverte en Wallonie. Deux autres sépultures néolithiques importantes ont été dégagées en 1976 dans le même massif rocheux de Chauvaux ; le matériel archéologique et paléontologique découvert est conservé au musée situé dans la Vieille ferme.

Le **collège Saint-Paul** a été édifié par les pères jésuites en 1925-27 ; conçus de manière globale selon des objectifs pédagogiques précis, ces bâtiments en béton armé dominent le village de leurs masses imposantes et sombres inspirées du modernisme. Mentionnons encore ici et là quelques **villas** typiques de la vallée de la Meuse, des bâtisses tantôt plus classiques, tantôt plus modernistes et d'inspiration fonctionnaliste, qui ont attiré de nombreux artistes, dont le violoniste Eugène Ysaÿe.

La **gare de Godinne**, construite principalement en briques vers 1890, a été classée avec ses alentours (23/10/1989) comme gare caractéristique de la fin du 19e siècle. Un autre site classé – comme réserve naturelle – pour l'intérêt de la faune aquatique est celui des **trois îles de Godinne**. Troisième site classé (2/2/1944), le **village de Mont-sur-Meuse**, dominant la vallée de la Meuse, s'étale le long de deux rues principales recoupées perpendiculairement par quelques voiries secondaires. Composé de maisons en moellons de grès mêlés à du calcaire, son habitat a connu un développement important dans les dernières décennies. À noter surtout l'école communale, beau spécimen de l'architecture officielle du milieu du 19e siècle.

La **clinique universitaire de Mont-Godinne**, située au sommet d'une falaise qui domine la Meuse, était au départ un sanatorium destiné au traitement de la tuberculose (Institut Thérasse, créé en 1903). Racheté en 1954 par les Mutualités chrétiennes, désormais rattaché à l'UCL, il est devenu un des grands hôpitaux universitaires de Wallonie. L'**église paroissiale** est un petit édifice néoroman en calcaire, construit en 1874-76 sur les plans de l'architecte C.J. Luffin et remodelé en 1979-80 par l'architecte Jean Cosse. On notera le curieux clocher en forme de pyramide tronquée. Le site de Mont est particulièrement intéressant du point de vue spéléologique : on y répertorie de nombreux chantoirs, pertes, dolines et grottes. Citons le trou du Ry, le trou Wéron, découvert vers 1940, le trou de l'Église, exploré en 1950, avec une profondeur de 85 m, et surtout le **trou Bernard**, découvert en 1949, le gouffre le plus profond de Belgique avec plus de 120 m.

ÉVÉNEMENTS

- exposition de prestige à la Vieille ferme, à l'Ascension
- fête « Allo l'Eau », le 2e week-end de juillet

PURNODE | 5530

- vers 747, *Pronote*, au 14e siècle, *Prenodes* ; en wallon *Purnôde* ; étymologie incertaine
- Purnodois ; *Purnalîs* ou *Bauyaus*
- village résidentiel et agricole, avec brasserie artisanale de renommée internationale, relief condruzien de plateau ; altitude entre 160 m (vallée du Bocq) et 285 m
- autoroute E 411 (sortie 19), lignes de bus 128A Yvoir-Ciney, 431 Yvoir-Dinant
- 352 ha

HISTORIQUE

Purnode fit partie de la seigneurie namuroise de Spontin jusqu'à la fin de l'Ancien Régime ; ce territoire constituait une seigneurie foncière relevée pour la 1re fois devant la cour féodale de Poilvache par Gérard de Spontin en 1303. Au 15e siècle, ce n'était qu'un modeste hameau groupant cinq foyers. Le fief de Solonne, correspondant à une ferme seigneuriale brûlée par les Dinantais en 1445, a été repris en 1580 par un moine de l'abbaye de Moulins qui en a fait don à un monastère ; celui-ci l'a conservé jusqu'à la fin de l'Ancien Régime. En 1887, la commune s'accrut du hameau de Longue-Herbe, situé dans la vallée et aujourd'hui disparu.

À VOIR

Au creux d'un petit vallon perpendiculaire à la vallée du Bocq, Purnode est un village dont l'habitat est dispersé en plusieurs zones accusées par le relief du terrain. Un habitat linéaire, tranchant par son matériau, s'est développé le long de la route Yvoir-Spontin, créée au 19e siècle. L'**église** paroissiale **Saint-Remacle** est un édifice néoroman en calcaire construit à un nouvel emplacement en 1880-81. Plus intéressant, l'**ancien presbytère,** constitué d'un ensemble en U bâti du 17e au 19e siècle en moellons de calcaire et de grès chaulés. La **brasserie du Bocq**, fondée par Martin Belot en 1858 et restée longtemps une entreprise familiale, est une des rares brasseries encore en activité dans le Namurois. Brassant annuellement plus de 6 millions de litres de bière, toutes spéciales et refermentées après embouteillage, elle a construit un vaste hall d'entreposage et de fermentation. On peut la visiter lors de journées spéciales ou sur demande.

ÉVÉNEMENTS

- kermesse ou *dicauce* de Purnode, avec aubade aux nouveaux habitants et aux jeunes mariés (le lundi matin), le 1er week-end de septembre

GASTRONOMIE

- bières de Purnode : Gauloise (trois sortes), Triple Moine, Blanche de Namur, Red Bocq

SPONTIN | 5530

- depuis 1104, Spontin ; probablement avec *s-* épenthétique, *pontins* = petits ponts
- Spontinois
- village résidentiel et touristique, auparavant plus industriel (carrières, eaux minérales, béton), fond de vallée, entre 160 m (vallée du Bocq) et 285 m (hauteurs)
- autoroute E 411 (sortie 19), lignes de bus 128A Yvoir-Ciney, 431 Yvoir-Dinant
- 717 ha

HISTORIQUE

Le site de Spontin, établi le long d'un *diverticulum* conduisant de Dinant à Huy, fut occupé dès la fin de l'époque gallo-romaine ; un important cimetière du Bas-Empire et de l'époque franque y a été découvert au 19e siècle. Fief de la prévôté de Poilvache, la terre de Spontin a constitué une seigneurie hautaine, dévolue dès le début du 13e siècle à la puissante famille de Beaufort, avant de passer aux mains des de Glymes de Florennes (1518), puis de revenir aux de Beaufort-Spontin (1753), descendants des premiers seigneurs, jusqu'à la fin de l'Ancien Régime. La terre de Spontin eut à subir les ravages de la lutte entre l'évêque de Liège et le duc de Bourgogne ; elle fut en outre occupée en 1577 par les troupes des États lors de l'insurrection contre Philippe II. Au début du 19e siècle, la seigneurie de Spontin fut dissoute pour donner naissance aux communes de Spontin, Dorinne et Purnode ; Durnal ne s'est émancipé qu'en 1850. En 1887, Spontin a encore cédé 208 ha de biens communaux aux communes voisines. Le 23 août 1914, le village fut incendié et la population décimée. Le bâti actuel date donc des années

L'imposant château de Spontin (12e - 17e siècles), un des hauts-lieux du tourisme namurois

1920. L'industrie locale, axée sur l'exploitation des carrières de pierre bleue et de grès, prit un important essor à la fin du siècle dernier ; la plupart des carrières ont cependant cessé leur activité aujourd'hui. L'exploitation des sources thermales a largement favorisé la notoriété et la diffusion de l'eau de Spontin.

À VOIR

Le **château de Spontin**, classé depuis le 14/01/1950 à la fois comme monument (avec le château-ferme et les dépendances) et comme site (avec les alentours), illustre l'évolution d'une habitation seigneuriale du Moyen Âge à nos jours. À l'origine, vers le 12e siècle, ce château n'est qu'une simple tour défensive carrée, destinée à protéger les usagers de l'antique voie romaine Dinant-Huy dans la vallée du Bocq. Après de hauts faits d'armes, à la fin du 12e siècle, Guillaume « l'Ardennais » transforme le bâtiment primitif en une demeure fortifiée de trois étages, aux murs plus épais ; il y ajoute deux tourelles de défense avec pont-levis. C'est seulement au 14e siècle que la demeure prend son aspect de château fort classique. Dès le 16e siècle, les fortifications étant devenues inutiles, le château se transforme en résidence par le percement de fenêtres et la construction des toitures actuelles sur les tours. Les deux dernières transformations sont la construction d'une ferme fortifiée (1622) et la démolition d'une partie des fortifications arrière. Cet ensemble imposant fait de Spontin un des hauts lieux du tourisme namurois, même si, provisoirement, le château n'est plus visitable. L'**église** paroissiale **Saint-Georges**, de style gothique, construite en moellons de calcaire au sommet d'un raidillon, a été reconstruite après l'incendie de 1914 sur un modèle différent de celui de sa précédente restauration (1880-85) en style roman par l'architecte Van Assche. Elle abrite une belle lame funéraire en cuivre du comte de Glymes de Florennes (18e siècle). Le **moulin**, construit en aval du château en 1868, a fonctionné jusqu'en 1953 ; il est toujours en état de marche et se visite certains week-ends. Au rez-de-chaussée se trouvent l'énorme roue à aubes couverte et l'ensemble des rouages de transmission ainsi que le blutoir. Au 1er étage, les quatre paires de meules permettaient de moudre froment, orge et épeautre. Au 2e étage, la décortiqueuse d'épeautre complète l'installation. L'**usine d'embouteillage des Sources de Spontin** se trouve à l'écart du village, dans un cadre magnifique ; on ne peut malheureusement plus la visiter comme autrefois, lorsqu'elle était entourée de jardins d'agrément à l'anglaise. Ces sources (Duchesse, Presbytère et Clairchant) étaient jadis réputées pour leurs vertus curatives. Leur officialisation, en 1922,

La brasserie du Bocq à Purnode

TRADITION MONASTIQUE ET « BIÈRE À FAÇON »

La province de Namur n'est pas la contrée la plus brassicole du royaume, mais à défaut d'avoir la quantité, elle cultive incontestablement la qualité. À tout seigneur, tout honneur, elle accueille les trappistes de Rochefort. Des breuvages de 6, 8 et 10 degrés (valeurs des densités mesurées sur les moûts avant fermentation et non les degrés d'alcool, qui sont plus élevés) qu'on qualifiera de... divins, car ils ont effectivement un côté un peu surnaturel pour épater nos palais exigeants. Pas besoin de croire, du reste, pour les apprécier, c'est aussi une expérience « nirvanesque » pour les mécréants !

En fait, la survie des bières trappistes tint un peu du miracle... Et en même temps, elles ont sauvé la vie monastique en Famenne, où l'on brassait de la bière depuis le 16e siècle. Mais évidemment pas à l'aune de la consommation (inter)nationale actuelle. C'était donc loin d'être le principal revenu des cisterciens. La Révolution française avait bien failli balayer la tradition monastique rochefortoise. Mais celle-ci fut remise à l'honneur grâce à l'apport des cisterciens flamands d'Achel, à la frontière hollandaise, à la fin des années 1880. Une renaissance assez inouïe : en 1931, le monastère n'était pas loin de frôler les 80 membres ! Des bouches de moines se contentent certes de peu de nourritures terrestres, mais il fallait vivre et disposer de ressources, car le pendant de la prière a toujours été le travail (« Ora et labora »). Comme il n'y avait plus ni carrières, ni minières et que les privilèges de l'Ancien Régime avaient été perdus, l'abbaye vécut d'abord presque exclusivement de la culture et de l'élevage. Jusqu'à la Seconde Guerre mondiale, la production brassicole était surtout destinée à la consommation interne. C'est au lendemain de la guerre que, face au déclin des petites exploitations agricoles, les moines envisagèrent une production brassicole industrielle. C'est pourquoi la brasserie ne démarra vraiment qu'en 1952. Toutefois, contrairement à certaines de ses consœurs, Rochefort a voulu garder une dimension humaine ; c'est ainsi que les amateurs de ces célestes bibines sont parfois confrontés à des ruptures de stock.

Bières et miracles encore... c'est la brasserie du Bocq à Purnode. Examinez donc sa date de fondation : elle a 150 ans... tout comme les apparitions de la Vierge à Lourdes à une petite bergère du nom de Bernadette Soubirous. Même si Beauraing, autre lieu d'apparitions mariales qui datent, elles, de 1933, n'est pas loin, ici pas de phénomènes inexplicables, mais, depuis un siècle et demi, une tradition de changer l'eau en bière. Et dire que là aussi, tout est parti d'une toute petite échelle, celle de Martin Belot qui, constatant que les mois d'hiver n'étaient pas très profitables dans sa ferme, décida d'y brasser pendant la saison froide. Aujourd'hui, la production annuelle est de 60 000 hectolitres. Des bières de terroir synonymes d'un certain bien-être wallon, mais à la brasserie du Bocq, on s'est aussi spécialisé dans la fabrication de bières doublement spéciales, entendez : brassées à façon à l'occasion de manifestations exceptionnelles ou de jubilés hors du commun.

À côté de ces deux géants, il y a la brasserie de la Caracole à Falmignoul et celle des Fagnes à Mariembourg qui, chacune à sa manière, montrent depuis quelques années que l'esprit d'initiative est aussi une qualité namuroise et wallonne... Namur, une province brassicole où tradition et innovation se rencontrent pour le plaisir de nos papilles !

– Christian Laporte

s'est concrétisée par la création de la « Compagnie Générale des Eaux Minérales et Gazeuses ». Spontin est également le centre des captages de la CIBE dans la vallée du Bocq, qui alimente Bruxelles en eau potable depuis le creusement de galeries dans la roche de 1893 à 1899. Des quelques fermes concentrées au milieu du village, autour de l'église, plus aucune n'est en activité ; deux d'entre elles présentent encore leurs volumes imposants. À l'écart, au sud-ouest du village, la magnifique **ferme de Salazinne**, dotée d'une tour de défense, mérite le détour. Dans cette direction se trouve aussi le **centre géographique de la Wallonie**, déterminé par l'IGN en 2002 et rappelé symboliquement au centre du village (dans le parc d'attractions réaménagé le long de la ferme du château) par une sculpture en pierre bleue d'Élie Noirot (2006) représentant deux roues de moulin désaxées. La transformation de l'**ancienne ligne de chemin de fer 128** en ligne touristique au départ de Ciney permet de relier la capitale du Condroz à Spontin, et désormais jusqu'à Purnode. Durant la bonne saison, des autorails touristiques permettent la découverte de cette vallée sauvage, alternant ouvrages d'art, vallons boisés, escarpements et anciennes carrières. La gare de Spontin, reconvertie en salle de fête, a gardé son cachet d'antan.

ÉVÉNEMENTS

- Grand feu, à la mi-carême
- fête médiévale (tous les trois ans), le dernier week-end juillet

YVOIR | 5530

- vers 1133, *Oere*, en 1166, *Oria*, en 1263, *Oire* ; en wallon *(y)uwâr* ; soit d'un terme pré-roman *Oria* (hydronyme de sens non défini), soit, plus simplement, d'une forme féminine romane, *aurea*, qui a donné *oire* = d'or, dorée, en ancien français
- Yvoiriens ; *les p'tits messieurs sins l' sou*
- village résidentiel et touristique de la vallée mosane, resserré entre deux collines, entre 89 et 270 m d'altitude
- gare ferroviaire, autoroute E 411 (sortie 19), N 947, lignes de bus 128A Yvoir-Ciney, 431 Yvoir-Dinant, 433 Namur-Dinant
- 2 352 ha

HISTORIQUE

Site occupé dès la préhistoire, avec un atelier de silex découvert à Tricointe, Yvoir fut une dépendance de la prévôté de Poilvache, et paroisse de Senenne (Anhée), jusqu'à la fin de l'Ancien Régime. Dès le 14e siècle, la famille de Corioulle fait relief de la seigneurie, jusqu'au 17e siècle. Occupé par les Allemands, Yvoir fut assiégé en 1554 par l'armée du roi de France Henri II ; le château détruit fut reconstruit à partir de 1679. En 1688, Jacques de Corioulle cède à Jean Montpellier sa seigneurie d'Yvoir en garantie d'un prêt ; elle passera aux de Woelmont de 1727 à 1788, lorsque Nicolas de Woelmont la transporte au profit de Jean-Baptiste Wilmet, maître de forges. Le château sera vendu à Alfred Dapsens en 1868 ; sa famille l'occupe encore. Le site offre la force motrice nécessaire au développement de forges dont la présence est attestée depuis le 16e siècle, suivie, dès la moitié du 19e, par l'exploitation des carrières, encore en activité. Autour du centre ancien, groupant des édifices remontant au moins aux 17e-18e siècles, le village s'est étendu à la suite de l'arrivée du chemin de fer en 1862. Celui-ci affirme sa présence par deux viaducs en bel appareil de pierre calcaire, à bossage rustique sous tablier métallique. On mentionnera encore la destruction en 1940 du pont sur la Meuse afin de retarder l'invasion allemande, ainsi que les séjours à Yvoir de Goering (juin 1940) et de Hitler (octobre 1940), sans oublier les inondations catastrophiques de la Meuse et du Bocq en 1910, 1925, 1993 et 1995.

L'ancienne *commune d'Évrehailles* fut rattachée à Yvoir en 1964. Le domaine est déjà cité au milieu du 9e siècle comme possession de l'abbaye de Lobbes, puis de l'évêque de Liège. Celui-ci fit don en 1034 de ses biens situés à Évrehailles à l'abbaye Saint-Laurent, d'où le nom donné à la première seigneurie du village située près de l'église, aujourd'hui la ferme de Celles. Au Moyen Âge, le comte de Namur s'était vu confier l'avouerie d'Évrehailles. Le château fut le centre d'une seigneurie foncière et hautaine à partir de 1601.

L'histoire du *village de Houx* ne peut être dissociée de celle de Poilvache, la forteresse médiévale qui domine ce petit village mosan depuis 1228. L'illustration des albums de Croÿ indique clairement que, par ses murs protecteurs faisant face au sud à Dinant la liégeoise, Houx prolonge dans la vallée les défenses de Poilvache. Poilvache est dans la première moitié du 14e siècle une terre luxembourgeoise. Jean l'Aveugle, comte de Luxembourg, la vend à Marie d'Artois, comtesse de Namur ; ce sera dès lors une propriété du comte de Namur, de 1344 à 1421. Dans le cadre des guerres opposant Namur et Liège, Poilvache fut définitivement démantelé en 1430 par les troupes du prince-évêque de Liège. Houx, seigneurie foncière puis hautaine, appartenait sous l'Ancien Régime à la famille de Maucours, puis en 1755 à la famille de Gaiffier. La fusion avec la commune d'Yvoir est réalisée en 1964.

À VOIR

L'**île d'Yvoir** fut aménagée dès 1920 en site touristique, avec port de plaisance et jeux ; on y accède par un petit bac traversant la Meuse. Dignes d'intérêt également, le **parc de l'embouchure du Bocq** (classé le 20/04/1982) et la **forêt domaniale du Tricointe** (classée le 7/10/1991). L'**église Saint-Éloi**, dont le premier édifice date de 1515, a été transformée et agrandie en 1761, 1888 et 1938. Ce bâtiment classique, orienté à rebours, est construit en moellons de calcaire. Au-dessus du portail, un chronogramme porte la date de 1761. Plusieurs maîtres de forges y sont enterrés : les Dumont, Ruffe, Gendebien, Montpellier, Misson et Posson. Parmi les nombreuses chapelles et potales du village, Notre-Dame de Bonne-Garde domine la place des Combattants ; on y accède par un sentier abrupt. Bâtiments industriels et maisons de maîtres de forges témoignent les uns de l'activité importante, les autres de la richesse de leur propriétaire. Au centre, on peut admirer les façades de la maison Posson, de l'hôtel de ville, du **château de Bouvignes** et de la maison Le Terne. En se dirigeant vers Crupet, on remarquera le **château Dapsens d'Yvoir** (1679) et sa chapelle Saint-Roch (1681), puis la grotte Notre-Dame de Lourdes (1930), lieu de pèlerinage encore fréquenté quotidiennement. Subsistent également d'anciens fours à chaux

Perle de la Meuse, l'île d'Yvoir est un centre récréatif et de promenades, ainsi qu'une halte appréciée des plaisanciers

de style ogival. L'**église Saint-Laurent** d'Évrehailles, de style néoclassique, a été reconstruite au début des années 1920. Non loin, la **ferme de Celles** doit son nom à la famille de Beaufort de Celles, propriétaire de la seigneurie foncière de Saint-Laurent au 17e siècle. Remontant la chaussée, on observe à gauche la **ferme de Croquette**, qui hébergea à la Révolution des aristocrates français réfractaires. Plus haut, à droite, **la Bouverie**, magnifique ensemble qui fut au 18e siècle le siège d'une étude de notaires. Apparaissent ensuite sur la gauche le **château du lieu**, jadis siège de la seigneurie hautaine, magnifiquement restauré par le baron Tilmans, et la ferme, principalement du 17e siècle. Au bout de la rue du Château s'ouvre la **place du village**, anciennement place du seigneur, sur le Baty, sur les Trieux ou place du jeu de balle ; cette place, unique dans le Condroz tant par sa dimension que par la qualité de l'habitat, a été le théâtre de jeux pour les villageois depuis plus de deux siècles. L'habitat est particulièrement varié, tant dans le matériau qui marie le calcaire et le grès que dans l'importance et le gabarit des maisons, chaumières voisinant avec fermettes et maisons bourgeoises. La **maison Bellefroid**, construite en 1774 et barrant le bout de la place, porte le nom de la famille qui y habita aux 19e et 20e siècles. Les ruelles du centre du village, propices à la promenade, rassemblent un ensemble homogène d'habitations en pierre qui datent en général du 19e siècle. Dans les campagnes et la vallée, d'anciens hameaux (Fumy, La Gayole, Bauche) ou des fermes isolées (Les Loges, Harnoy) complètent la richesse architecturale du village. La **Plaine du Moulin** à Bauche est du reste classée (26/07/1977), de même que le **Bois des Roches** voisin, en partie sur Crupet (23/02/1983). La **réserve naturelle domaniale de Champalle et Poilvache** (classée le 30/08/1982) couvrant 51 ha comprend des bois, des ruines médiévales, des rochers, des pelouses calicoles et une végétation exceptionnelle. Les **ruines médiévales de la forteresse de Poilvache**, d'une superficie de 2,5 hectares, visitables une partie de l'année, font l'objet depuis quelques années de fouilles scientifiques systématiques ; elles sont classées tant comme site que comme monument (depuis le 30/08/1982), et plus récemment comme patrimoine majeur de Wallonie (en 1997). Plus au sud, vers Dinant, la **réserve naturelle domaniale de Devant-Bouvignes**, classée comme site, déborde sur le territoire de Houx. Le **petit village de Houx** est parsemé de venelles garnies de maisons de pierre au milieu desquelles se dresse la chapelle Saint-Barthélemy érigée en 1859. Un vignoble, le clos des Mannoyes, est remarquablement entretenu. Le corps de logis de la **ferme de Champalle** date du 16e siècle. Quant au **château de Gaiffier**, de style classique, il a été construit vraisemblablement au tout début du 19e siècle ; dominant ce château, la **tour de Géronsart**, en ruine, pourrait remonter au début du 15e. Sur les hauteurs aussi se dressent le château et la ferme de Blocmont. Le petit cimetière abrite la tombe de Jean Massart, grand spécialiste de la géographie botanique de la Belgique.

ÉVÉNEMENTS

- carnaval et grand feu, à la mi-carême
- fête du fer, à la mi-juin
- marché artisanal à Houx, le 15 août
- parcours de jeux à l'ancienne à Évrehailles, à la mi-septembre

GASTRONOMIE

- la Crayat, bière du S.I. d'Yvoir

La tour de Géronsart (15e siècle) dans le village de Houx

INDEX

Cet index reprend les toponymes et curiosités (A voir) cités dans l'ouvrage.
Les noms des COMMUNES sont donnés en CAPITALES, ceux des localités (composantes des communes), en romain, *les curiosités et monuments ou sites classés*, en italiques.
Les toponymes suivis d'une référence avec C (Carte) se retrouvent dans le cahier de cartes au début de l'ouvrage.

A

B

C

D

E

G

H

N

Q

R

S

T

U

V

W

X

Y